博雅®

企业与公司法学

（第八版）

Enterprise and Company Law

甘培忠 著

周 淳 周 游 修订

北京大学出版社
PEKING UNIVERSITY PRESS

图书在版编目(CIP)数据

企业与公司法学/甘培忠著. —8版. —北京:北京大学出版社,2017.2
(21世纪法学规划教材)
ISBN 978-7-301-27850-5

Ⅰ. ①企… Ⅱ. ①甘… Ⅲ. ①企业法—法的理论—中国—高等学校—教材 ②公司法—法的理论—中国—高等学校—教材 Ⅳ. ①D922.291.911

中国版本图书馆CIP数据核字(2016)第309836号

书　　名 企业与公司法学(第八版)
QIYE YU GONGSI FAXUE (DI-BA BAN)
著作责任者 甘培忠 著 周 淳 周 游 修订
责任编辑 冯益娜
标准书号 ISBN 978-7-301-27850-5
出版发行 北京大学出版社
地　　址 北京市海淀区成府路205号 100871
网　　址 http://www.pup.cn
电子信箱 law@pup.pku.edu.cn
新浪微博 @北京大学出版社 @北大出版社法律图书
电　　话 邮购部62752015 发行部62750672 编辑部62752027
印 刷 者 北京鑫海金澳胶印有限公司
经 销 者 新华书店
787毫米×1092毫米 16开本 29.5印张 730千字
1998年3月第1版 2001年2月第2版 2004年6月第3版
2006年6月第4版 2007年5月第5版 2012年5月第6版
2014年5月第7版
2017年2月第8版 2017年2月第1次印刷
定　　价 53.00元

丛书出版前言

秉承“学术的尊严，精神的魅力”的理念，北京大学出版社多年来在文史、社科、法律、经管等领域出版了不同层次、不同品种的大学教材，获得了广大读者好评。

但一些院校和读者面对多种教材时出现选择上的困惑，因此北京大学出版社对全社教材进行了整合优化。集全社之力，推出一套统一的精品教材。

“21 世纪法学规划教材”即是本套精品教材的法律部分。本系列教材在全社法律教材中选取了精品之作，均由我国法学领域颇具影响力和潜力的专家学者编写而成，力求结合教学实践，推动我国法律教育的发展。

“21 世纪法学规划教材”面向各高等院校法学专业学生，内容不仅包括了 16 门核心课教材，还包括多门传统专业课教材，以及新兴课程教材；在注重系统性和全面性的同时，强调与司法实践、研究生教育接轨，培养学生的法律思维和法学素质，帮助学生打下扎实的专业基础和掌握最新的学科前沿知识。

本系列教材在保持相对一致的风格和体例的基础上，以精品课程建设的标准严格要求各教材的编写；汲取同类教材特别是国外优秀教材的经验和精华，同时具有中国当下的问题意识；增加支持先进教学手段和多元化教学方法的内容，努力配备丰富、多元的教辅材料，如电子课件、配套案例等。

为了使本系列教材具有持续的生命力，我们将积极与作者沟通，结合立法和司法实践，对教材不断进行修订。

无论您是教师还是学生，在适用本系列教材的过程中，如果发现任何问题或有任何意见、建议，欢迎及时与我们联系（发送邮件至 bjdxcbs1979@163. com）。我们会将您的意见或建议及时反馈给作者，供作者在修订再版时进行参考，从而进一步完善教材内容。

最后，感谢所有参与编写和为我们出谋划策提供帮助的专家学者，以及广大使用本系列教材的师生，希望本系列教材能够为我国高等院校法学专业教育和我国的法治建设贡献绵薄之力。

北京大学出版社

2016 年 12 月

第八版序言

《企业与公司法学》于 2014 年 5 月出第七版之后，我即萌生了将此教材的续著事宜托付给青年才俊的想法，期望这本诞生于 1998 年的法学教材在我结束教学生涯后，在未来的岁月中能够繁衍常青，继续流传于法学田园。这是我的梦想。

天遂人愿。北京大学出版社责任编辑冯益娜老师欣然赞同我的意见，让我倍感鼓舞。更为重要的是我的两位资质聪慧、品学兼优的博士学生周淳和周游，在北大数年潜心求学，不仅完全熟悉了这本教材蕴含的法学知识背景和本书的结构及语言特色，而且读书广博，学术功底深厚，无论是传统知识还是新知识方面均已远超过我，让他们二人承担续著《企业与公司法学》教材之任务，我心十分欣慰释然。

周淳、周游二人如今均已担任大学教师，开设了包括企业法与公司法在内的多种课程。鉴于此，《企业与公司法学》(第八版)的修订完全由他们二人完成，我没有操心太多。现我将周游发给我的关于此次修订教材的电子邮件说明抄录如下：

> 第一，我跟周淳在修改上作了分工，我主要修改有限公司之前的部分以及最后两章，股份公司之后的内容由周淳负责。第二，修改过程中，主要围绕我国现行法中的新规定(尤其是规章)进行修改，这方面修改周淳那部分比较多，我那部分相对少一些。第三，对个别明显的错误进行改正，对部分表达进行修改。第四，域外规定也进行了检查修改。根据我和周淳的不同研究背景，我主要对全书中的日本、德国以及我国台湾地区的规定进行修正，周淳对英国、美国的部分进行修正。
>
> 老师之前说让我们作为共同作者，但这次的改动其实并不大，而且老师的教材已经形成了鲜明的个人风格，将我们列为作者感觉不太合适。我和周淳觉得在序言中作一说明就可以。

今后，对于本教材的修订延续我还会承担主体责任，但是主要工作已经移交给两位年轻学人了，期望读者继续欣赏本教材且给予批评指正。

甘培忠

2016 年 8 月 18 日

于北京大学陈明楼

第七版序言

2013年是我国公司法制历史上很不平凡的一年，年前深圳市的公司资本制度改革在广东省和中央有关领导“壮士断腕”般的直接鼓励推动下，栉风沐雨，大刀阔斧，将传统的法定资本制度体系劈开一个缺口孤军突进，最终由全国人大常委会在年底不得不匆匆完成法律的修订。而这一年，全国人大立法规划中并无《公司法》修订的任务安排，起因只是源自于经济体制深化改革。

改革需要快刀斩乱麻的坚定态度，需要顶层设计，国务院有关部门负责牵头组织《公司法》修订也是应然之举，但改革的目标制度选项和措施厘定不取决于单一行政机构的主观臆断，更不应是高层领导心血来潮的指示拍板。我国从上世纪70年代末期起算历经三十多年的稳定发展，社会的利益结构和法治秩序已经获得了国民的基本认同，远不是“凤阳小岗村”土地承包闹革命的时代。减少行政审批是一回事，而动摇公司资本制度是另一回事，因为它主要不是赋予行政部门管控市场投资的手段资源，而是在股东、公司、债权人之间划定责任区间的法律界桩，是公司实力的一种带有系列性法律规范维系的公示凭证和股东责任状。仅以需要降低公司设立门槛、鼓励投资为由而将公司资本制度中的最低资本标准和附期限实际缴付要求当做阑尾切除，不顾实际抛弃了这两项制度的积极价值，导致法定资本制度自身的规则合成发生紊乱。深圳的做法在程序上轻侮戏谑了全国人大的立法权权威，开创了“以下犯上、违法改革”和“生米煮成熟饭逼全国人大就餐”的立法模式；在实体上也具有罔顾我国诚信环境很差的国情，盲目与其他国家和地区接轨，结果是瓦解资本制度体系，给公司债权人利益保护造成制度缺口，同时也直接鼓励公司投资活动中的机会主义行为，将恶化交易安全环境。至于改革者所期望的“投资能量释放”很可能是“镜花水月”，因为核心的问题是中小企业持续发展中的融资难，而不是公司设立之初的法定最低启动资本标准。两相比较，结论就是成事不足败事有余。

在党的十八大以前的特殊历史时期，深圳的做法难说不具有官场文化难以明言的政治表演，迎合领导的意向替代理性考量，摘皇榜，抢风头，其中还带有制度走私的明显因素：如抢先制造公司设立条件洼地引流国内金融资源，谋求实行先照后证以卸去工商监管责任并试图转嫁执法累赘和风险。据我来看，深圳底线抢跑的做法，是借改革之名，行毁坏之实，工商机关暗度陈仓避实就虚，加大了债权人关注公司实绩的调查成本和交易风险，重创了我国经济社会的交易秩序安全。

2012年12月15日，因承担国家工商总局的课题，我和另外两三位学界同仁到深圳参会，会议由国家工商总局召集。其间，听取了深圳工商系统负责同志介绍他们即将在2013年3月1日正式施行的公司注册资本登记制度改革的安排和制度设计，主要内容是取消有限责任公司最低注册资本标准和附期限实缴要求，改实缴制为认缴制。当时，我即提出了比较尖锐的质询意见。我的意见是《公司法》是全国人大常委会通过的法律，地方政府无权作颠覆性的修正，有限公司3万元最低资本金的要求没有对中国经济的发展形成障碍，投资人获取有限责任隔离投资风险的利益的条件已经非常之低，中国的公司制度契合中国的现实环境，中国经济社会发展的主要矛盾是官员腐败、政府滥用权力设立名目繁多的审批制度、社会公德败坏挑战诚信底线、雾霾和土质水质大规模污染等，因此适度降低发展速度、转变经济发展方式、重建社会信用体系、治理环境污染、帮助中小企业便利融资才是国家的主要攻坚方向，而不是盲目模仿英国、美国、法国、日本、韩国以及我国台湾、香港等地区的公司资本改制做法，采用伤害债权人利益保护的手段去刺激投资。深圳的改革创造了一个"认缴制"的华丽名词，但其具体的内容却没有形成系统性的制度体系，没有逻辑化的完整的法律规范结构，在我看来就是官僚机构拍脑门子的心血来潮，所谓"认缴制"在全球四百多年的公司制度历史上属于非自然演进的政府创造的制度怪胎。我记得，当时我把这种改革和重庆的"唱红打黑"作了比较，但我强调这种比较不是在价值观意义上的，是就表面热热闹闹的场面冲动而言的，仍然遭到了当地官员的极大反感和愤慨。但是，我一如既往地坚持自己的学术立场，在后来的若干授课、演讲的场合，继续批评深圳的做法，包括到国家法官学院、国家工商总局的干部培训和一些论坛上的演讲发言。

2013 年 5 月 14 日，我受邀参加国家工商总局在北京召开的一个小范围的研讨会，讨论国家工商总局准备上报国务院的关涉公司资本制度改革方案的事宜。会上。另有两位从事公司法教学科研的大学教师，以及若干其他专业的学者。我在会议上发言的内容是支持深圳工商系统和国家工商总局"先照后证"的安排，同情并支持解脱工商系统长期基于查处无照经营活动的法律要求无形中扮演成别的政府部门"公共打手"的负担，借以倒逼其他政府机构废止更多谋求部门权势和利益的审批制度，但对深圳的公司注册资本制度改革仍然持有强烈的批评意见，认为其是地方政府对全国人大的公然羞辱和蔑视。我提出国家工商总局对深圳的做法可能带来的国内公司信用危机应当负道义责任。

2013 年 9 月 7 日，在中国人民大学举办的"公司法与证券法联动修改的前沿问题"研讨会上，我发言强调法定资本制度的核心是通过公示为债权人提供警示和追责保护，工商系统的登记行为可以不对股东的资本缴付承担实质审查义务，也不需要查处资本抽逃，但注册资本的数额确定和法定期限内的缴付以及不允许抽逃作为投资者享受有限责任庇护的对价，是为公司制企业投资便利和债权人保护的平衡设计，一旦制度安排倾向一味偏袒于投资者而罔顾债权人利益安全，紊乱的经济社会秩序同样会给经济的健康发展形成伤害，债权人视公司为"美女蛇"时商业活动必然受挫，至少会加大调查交易对方资信、落实担保安排、延长周期等交易成本。一些人认为注册资本因为公司造假已经使其价值荡然无存，他们一是没有发现许多债权人通过追索股东出资胜诉了案件并获取利益补偿，二是没有意识到公司或者股东的机会主义意识同样会在资产负债表、损益表、现金流量表等法律文件上展示其造假才华。下一步我们还要废掉哪个文件、哪项制度？废掉 3 万元的最低注册资本的实缴义务，就一定能带来真实的创业投资？正如有的学者所说，生出孩子是一回事，养大孩子是另一回事。投资者如果认为 3 万元的注册资本是个负担，那完全可以选择个人独资企业、合伙企业、个体工商户等小微企业投资，这些企业形态没有最低资本金要求。3 万元的实质投资是股东有限责任的法律对价，更是递进展示公司实力的信用阶梯的原点台阶，公司的注册资本数额越大，就代表其实力越强，而其背后则是法律的强制性压力，其他股东、公司本身、公司的债权人都具有监管和追究的权利安排。深圳的做法是在借助改革的名义，削减工商系统对公司注册资本的查处责任，同时掺进"先照后证"的沙子，甩脱政府其他部门公共"清道夫"的职责，是政府机构的一种机会主义表现。

从2013年5月以后,国家工商总局将其提交国务院的改革方案分别征求中央政府各部门的意见,直到2013年10月28日由国务院第28次常务会议通过了《注册资本登记制度改革方案》,废止了有限公司3万元、一人公司10万元、股份公司500万元的最低注册资本标准,以及两年内完成缴付的要求。国务院的决定来势极其凶猛,对现行有效的公司企业的整体信用平台拆除了支柱,这一事件在我国公司法制历史中是极其巨大的和严重的事件,影响长远。

例如,股份有限公司,本来就是公司企业中的富人俱乐部成员,其成立条件就代表其资金实力,最低注册资本从1000万降到500万已经是不小的社会进步,这次被全部废掉,变成一种平民化的企业实体,的的确确是有点"疯狂"。如同民用飞机废除头等舱和经济舱的区别,五星级酒店欢迎任何人入住和吃喝,至于能否结账在所不管。未来,两元钱注册资本的股份有限公司将会出现;注册资本为10亿但按公司章程安排先缴100元,其余部分在50年后缴付的股份有限公司也会出现。债权人与这类公司发生交易一旦出现些微的疏忽都将可能招致其带来的惨重损失。我国2013年修订的《公司法》因为取缔了最低资本标准和实缴要求,事实上给债权人利益安全网戳破一个洞,必须打个补丁,跟进新的制度添加,才能达到亡羊补牢的功能。也许有人认为我国《企业破产法》第35条已经有了安排,因此不用担心,但是债权人利益的平衡保护本来就是公司法自身体系的事项,公司法搞脏了身体让别的法来擦不干净的臀部有点滑稽可笑。很有意思的是,深圳的改制方案中的"先照后证"未被接受,特殊类型的公司的注册资本的最低标准和实缴制度未作改变,这说明政府其他有话语权的"实权机构"没有同意国家工商总局的意见,而这些机构里没有人对公司体制下保护债权人利益感兴趣或者根本不懂,说明是官本位文化主宰了这次的公司资本制度改变。而且,本属于全国人大常委会的立法权,国务院本应是通过一项立法建议,但事实上却复制了深圳地方政府的做法,直接宣布将有限公司、一人公司、普通股份有限公司的最低资本标准和实缴要求取消,也是欠缺法治精神的不适当的行政机关越权行为。

国务院关于部署注册资本登记制度改革的决定的通讯稿中强调要大力推进企业诚信制度建设。注重运用信息公示和共享等手段,将企业登记备案、年度报告、资质资格等通过市场主体信用信息系统予以公示。完善信用约束机制,将有违规行为的市场主体列入经营异常的"黑名录",向社会公布,使其"一处违规、处处受限",提高企业"失信成本"。推进注册资本由实缴登记制改为认缴登记制,降低开办公司成本。在抓紧完善相关法律法规的基础上,实行由公司股东(发起人)自主约定认缴出资额、出资方式、出资期限等,并对缴纳出资情况真实性、合法性负责的制度。由于改革注册资本登记制度涉及面广、政策性强,要抓紧依照法定程序推进相关法律法规的修订工作。各地区、各有关部门要密切配合,加快制定完善配套措施。各省级政府要按照统一标准和规范,抓紧建设本地区的市场主体信用信息公示系统。工商系统的有关领导也信誓旦旦地表示:"对工商部门而言,改革登记制度不是监管职责的弱化,而是对监管工作提出了更高更严的要求。在营造宽松准入环境的同时,综合运用行政、经济、法律、自律等手段进一步加大监管力度、提高监管效能。"事实上看,注册资本制度被修订后,工商机关无权就资本的附期限实缴负有任何监管职责,也就无权对其进行监管,工商机关通过此次改制,已经实现了金蝉脱壳的抽身,何以再出这种没有诚信的豪言壮语?从我国政府治理生产安全事故的现象看不可谓不重视,历年来领导人讲"红线"、讲"责任重于泰山"、讲"敬畏生命"、讲"一把手抓安全"等等,不一而足。但是导致几十人丧生的重大责任事故年年为继,政府的监管在哪里?从我国宣布酒驾入罪后的违法犯罪情形就可以判断，工商部门的未来行动将不会对公司投资的投机行为产生任何有效的防控作用，如果不能添加跟进的法律制度安排，此次《公司法》修订可能给交易安全带来的社会风险将远比安全生产事故的频率高出几万倍，新的债务危机完全可能毒化经营风险管控体系。国务院提出注册资本制度改革要“落地生根”，我不怀疑，确实不再可能倒退到原来的制度轨道，但我坚持认为本次改革产生的是一个有毒的产品，让它生根且不加新的“除草剂”类型的法律规范必然会贻害久远。

为此，我们应谨防资本约束效力减损情形下公司滥设给债权人带来的巨大风险，控制不良交易形成的债务危机在契约经济体系中的交叉感染，如同我国在20世纪80年代末90年代初的三角债危机和皮包公司危机。我于2013年12月3日应约给全国人大法工委领导提交了《关于将我国〈公司法〉修订列入近期立法计划的建议》(具体参见附录四)，与学界同仁商榷交流，供读者批评指正。

本书第七版修订的主要内容是将公司注册资本的相关内容作出了调整，全书的每章甚至每页都有更正，本序言对此作以上说明。

甘培忠

起始于2013年12月9日，完成于2014年3月31日

北大陈明楼522室

第六版序言

《企业与公司法学》于1998年诞生于北京大学的教学科研园地，至今已经历了14个春秋。由于有将近20所大学选择这本教材作为指定教科书或教学参考书，且2007年所出的第五版已经累计印刷10次合计逾5万册，故粗略估计有10多万莘莘学子曾经给予了本书垂青和沐爱，作为著作责任者和这个“学术孩童”的第一监护人，我倍感荣幸和压力。

本次第六版的修订，计划了三年的时间，可就是未能早早启动。当为其他的事情忙忙碌碌以致时间流逝，而年过半百的岁月之风日渐加剧销蚀人生的精力和意志，我眼睁睁地看着这本教材正在失去“与时俱进”的光彩，以及体味可能会误导读者的窘迫心境，的确万分着急。到了去年的9月，我承接了北京大学法学院的三门基础课，给自己定出戒律，推辞一切干扰事务，除了上课，只作教材修订。这样一来，保证每周有四个上午的时间可以安心改稿，这样的工作安排即使在刚刚过去的春节期间也没有任何改变，大年初一的早上我一如既往地到办公室坐在电脑面前。终于有了令自己比较满意的结果。昨天（正月十五）晚上9点，我作完了正文和附录部分的最后文稿，那一刻办公室窗外鞭炮鸣响，星辰灿烂，这个年过得好惬意啊，我感觉如释重负，心旷神怡。

本次修订是我多年来历次修订本教材中最费劲和最投入的一次。一方面因为自2007年以来，企业、公司法律制度的某些领域有重要的发展；另一方面我觉得对教材作一次全面的“体检”有相当的必要性。由是，我制定了三个目标：第一，通读全稿，修理任何不适当的文字和标点，特别是把中央政府部门的相关制度规范变化作到细致搜集、关键梳理、谨慎吸收、读解有据；第二，检讨体系的科学性和规范性，重新设计结构框架；第三，该删的就删，该添加的就添加。总的目标就是打造经典，冲刺个人学术眼光和观察、分析能力的极限，但又要谨言慎行，不刻意追求“华而不实”的“深度”，努力保持教材的本真与简约。

就框架而言，本次修订将第五版的三十章通过合并或者删除去掉五章，新加一章，变为二十六章。新增加了“附录”部分作为读者额外的阅读材料，这是一种教材主体内容之外的边缘安排，不作为学科知识体系的核心内容，读者随心情、精力和个人愿望对待之，教师也不必将其列入重点阅读和考试的范围。删除的三章是：原第九章“私营企业与个体工商户法律规定”，原第十四章“我国《公司法》2005年的修订——背景与总则”，原第十五章“我国《公司法》2005年的修订——重要价值揭示”。该三章全部置于“附录”中。合并的三章是原第十章“中外合资经营企业法律制度”，原第十一章“中外合作经营企业法律制度”，原第十二章“外资企业法律制度”，上述三章合并为“外商投资企业法律制度”一章，且在其中加入了“外商投资合伙企业”的内容。新增加的一章是将原第二十六章“公司的变更与分立及M&A”分设为“公司的变更与分立”、“公司的合并与收购”两章。这样，调整后的框架合共二十六章。此外，对个别章节的次序作了新的调整。

就修订内容细节而言，除文字方面继续进行精准性加工锻造外，淘汰或者改写了因法律发展变化而显陈旧的内容，丰富了一些学术视野，如在公司并购一章中增加了公司收购种类和反收购的法律措施的铺陈介绍，其中有杠杆收购、管理层收购、“白衣骑士”计划、“毒药丸”计划、“黄金降落伞”计划等，在企业破产法律制度一章中增加了“衡平居次”规则的简要点评。

国有企业、集体企业、私营企业三部分传统企业制度的内容，这次只是删除了私营企业制度。作这种区别对待的理由是国有企业、集体企业的内容不仅法律制度完整存在，而且还有现实社会中未改制的相关企业群体；私营企业则不同，虽然相关的条例并未废除，但我国的私营企业从出生时起就嵌合了企业组织形式的立法结构，独资企业、合伙企业、有限公司企业都已有独立且完备的立法加以规范，1988 年国务院发布的《私营企业暂行条例》已经失去了调控社会关系的任何功能，其只是一截体制“阑尾”。我们无法在制度安排上切除它，但教材中却无必要再行赘述适用价值已经荡然无存的“明日黄花”式的“法律残片”。个体工商户虽然具有营利目的性，但属于自雇就业的商贩，法律关系简单，因此将该两种制度一并移入新设置的“附录”中，是理想可行的选择。之所以将总结 2005 年《公司法》修订背景和价值的两章移入“附录”，主要是出于教材主体内容删繁就简的考虑；而在“附录”部分增加“股票期权法律制度概要”和“公司法适用中若干疑难争点条款的忖度与把握”两部分内容则是试图优化配置学生扩展阅读的资源。其中，“股票期权法律制度概要”，我在 2002 年写过一篇文章在《法学家》杂志发表，考虑到其是比较重要的企业与公司法学知识，需要法学院本科的学生有初步的了解，但它还不是该门课程或者教材的核心组成部分，因此放入“附录”中。我约请了一位北大法学院 2000 级的本科校友张莹按我的意思和要求助力完成。“公司法适用中若干疑难争点条款的忖度与把握”是我在 2011 年给北京市律协所作的讲座文稿，也供学生作兴趣阅读。

正当我完成本次修订的序言的今日，接获最高人民法院的通知于下个月参加最高人民法院讨论《中华人民共和国企业破产法》司法解释（二）的法官与学者的联席会议，且已收到解释（二）的草案文本，内容主要是破产债务人财产的范围和收集。这部分内容在本教材的此次修订中来不及吸收了，提请读者注意该解释（二）的正式发布，也许是今年的下半年。另外，新任中国证监会主席在内部工作会议上提出了彻底检讨 IPO 体制的问题，已在业界引起了广泛的讨论，但目前尚未有任何行动纲领和路线图，所以本教材中关于股份有限公司首次发行股份和新股发行的内容不作任何变动。

恳请读者在面对《企业与公司法学》第六版时“拍出板砖”，提出批评意见。

作　者

2012 年 2 月 7 日星期二（正月十六）

于北大法学院陈明楼 522 室

第五版序言

2006年8月27日，我国第十届全国人大常委会第二十三次会议通过了《中华人民共和国企业破产法》，修订通过了《中华人民共和国合伙企业法》，国家主席胡锦涛当日签署命令颁布，确定该两部法律于2007年6月1日起施行。该两部法律，无论是立法遵循的理念、原则，还是制度安排和条款设计的实现结构，都贯彻了创新和嵌合中国实际的求是精神，通过制度先行推进社会实践革新的国家意图跃然字里行间。从去年的9月份甚或更早些，我即已着手开始修订本教材，以使其相关的内容符合法律的发展状况。本教材的第四版于2006年6月出版，到2007年6月前必须出第五版，这种压力着实异乎寻常，负重前行，这脚步真是停不得，大抵做学问和做别的事一模一样。

还好，正值企业破产法和合伙企业法部分的教材内容修订完成时，第十届全国人大第五次会议审议的《中华人民共和国企业所得税法》已获通过，本教材中所涉及的有关企业所得税的零星的内容介绍可以吸收新税法的规定，这令我心情愉快。此外，国务院制定的《外商投资合伙企业管理办法》和修订的《合伙企业登记管理办法》的重要内容在本教材中也有体现。

本教材第五版的修订集中于以下方面：

第一，作系统性修改的部分共五章，包括第五章普通合伙企业法律制度，第二十四章母子公司与关联企业关系，第二十八章公司重整法律制度，第二十九章企业解散与清算及注销登记法律制度，第三十章企业破产法律制度。

第二，增加的部分共两章，包括第六章有限合伙企业法律制度，第二十七章公司人格否认法律制度。

第三，删去部分章节，包括原第九章企业承包与租赁经营及联营，第十章中外合资经营企业法律制度中第六节中外合资经营企业的利润分配，第二十四章母子公司与关联企业关系中第五节母公司对子公司的直接债务责任。

第四，作零星段落和文字修改的内容，几乎涉及每一章。

目前，业界热衷于讨论的外资并购内资企业以及外资并购国有企业的问题，政府主管部门匆匆忙忙发布了这样那样的规定，但基本上是属于政策层面的应对之举，且朝令夕改之风依然，强化部门地位之意图若隐若现，本次修订未作任何采纳。

为了培养学术新人，也为了减轻我的工作量，我吸收了两位博士生参加了本教材第五版的修订，其中朴文丹独立完成了公司人格否认法律制度一章，雷驰独立完成了公司重整法律制度一章。依我之见，她们二人完成的内容在体例、写作风格上与本教材天然合成，如出一炉。雷驰还帮我进行了较多内容的校正。因为她们是我的学生，言谢之辞不提也罢。

感谢国家工商行政管理总局的王磊处长和北京大学出版社的冯益娜编辑，感谢读者。

作　者

2007年3月26日

于圆明园花园

第四版序言

2005年10月27日，第十届全国人大常委会第十八次会议修订通过了《中华人民共和国公司法》。这次修订历时一年半之久，立法机关采取民主立法、开门立法的方式广泛征求社会各界的意见，集合各种利益相关群体的智慧和诉求，最终完成了一部真正与市场经济体制嵌合的经典的法律篇章。时下，我国正处在新旧社会类型的转换期，不同的学术思潮和舆论倾向时时冲击立法的进程并影响制度的选项，2005年修订的《公司法》虽无力承受决策中国社会未来构造模式的愿景之重任，但它生逢当时，在历史的关键时刻悄然出手点亮了一盏照耀国人内心黑暗迷茫的理性明灯，其真正伟大之处在于克服掉攀附在我们体内常常压迫我们思考神经、影响我们任何表达和行为的中国情结和意识形态束缚，使市场主体的立法依循自身的规律布局建设，而不再迁就政治社会结构的方向指引。于是，大小股东间利益冲突的平衡与协调，公司控制权的适当分配与监管，股东民主和公司自治精神的合理体现，董事、监事、高管人员的忠实义务和勤勉义务的设定，公司债权人利益的安全考量，解困公司僵局的通道设计等，法律关注的全部问题首先是商人们、律师们、法官们遇到的或者面临的问题，国际社会通行的公司法律技术规范、专业标准以及符合中国实际的制度选择构造了我国2005年修订的《公司法》的主体结构。

2005年修订的《公司法》颁布后，国内所有的相关教材一夜之间失去了其利用价值，《企业与公司法学》命运一样。2005年修订的《公司法》对1993年《公司法》90%以上的内容都作了改动，教材修订的任务量非常艰巨。面对浩大的工程，我曾经设想将本教材改成由我主编的教材，吸收青年教师和研究生共同完成，由此可以减轻我个人的工作强度。去年末今年初，我到全国各地举办《公司法》讲座时，遇到一些大学的老师，他们提出希望保持教材整体性的要求，令我感动，我毅然决定迎难而上，独立完成教材修订任务。从今年1月开始，我基本停止了手头的其他事务，全力以赴赶工。

这次教材修订中，根据我国《公司法》修订变化的情况，我增加了三章，同时对其他章节的内容全部作了清理，有约三分之一的章节的体例也作了调整。合伙企业法的部分，我本想对有限合伙单加一章撰写，但《合伙企业法》的修订尚未完成，还可以等一等，下次重印或修订第五版时再做功课也好。其实，在校对本教材清样的此时此刻，我的桌面上搁着的正是全国人大常委会法工委刚刚寄来的《中华人民共和国合伙企业法(修订草案)》征求意见稿。影响《企业与公司法学》这本教材生命周期的另外两大立法工程是《商事登记法》、《破产法》，该两项国家立法工程已然启动，今年或者明年会有结果，届时再作修订就是。

感谢北京大学法学院王轶教授、中国人民大学法学院叶林教授，关涉董事归责原则的问题我向他们请教了珍贵的意见，另外一些问题上我也和中国社会科学院法学研究所的刘俊海教授作了较多的讨论，一并致谢。感谢北大出版社的邹记东副主任，他的友情支持促使我夜以继日、不知疲倦地劳作。北大出版社资深编辑冯益娜女士,受命担任本教材的责任编辑,令我欣慰,有如释重负的感受,她的专业精神和学识才华值得我敬佩。

感谢上帝,他赋予了我们生命的价值和探索的使命;感谢读者,他们使我的工作获取了真切的回报。

作　者

2006 年 5 月 12 日

于圆明园花园

第三版序言

在我国建设市场经济法律调控体制的进程中,市场主体立法的宏观结构完成于20世纪90年代。但是由于我国商事法律传统基础薄弱,国企改革、政府职能转变、计划经济旧体制的结构性影响、社会安定对政治体制改革的羁绊等因素混合成我们习惯上称之为的中国国情,往往损害了我们对市场主体立法的规范性和科学性的价值追求。立法紧紧追随于政府推行的经济体制改革的步调,或是亦步亦趋,或是削足适履,很多情况下失去了自己的方圆规矩。到了新旧世纪交替的近几年,我国加入世界贸易组织这一重大的国家行为再一次刺激了法律的真正变革,统一颁行合同法,编纂民法典,修订公司法,重定破产法,浩大的立法工程一件件展开了。就市场主体立法的区域来看,以三部市场主体立法为基础整合现有的立法框架是势所必然,企业立法规则的细化、规范与科学以及制度设计方面的创新,已经形成了制度能否有效运行和是否具有活力的压力。为了推进法律制度的顺利实施并促进法律的变革,传统体制上规制企业行为的若干政府部门针对法律实施中的问题及时补充发布了具有普遍约束力的相关规则,最高人民法院发布了一些指导审判活动的司法解释,弥补了法律的缺陷,舒缓了法律利益的冲突,形成了制度方面的新的添附。不断变化的企业立法,使本教材在适应性方面时时面临压力和窘境,2001年下半年作者已经开始准备对本教材进行第三版的修订,但因作者承担了繁重的教学任务和其他科研任务,修订工作未能较早起步。2001年,北京市高等教育主管部门在全市大学开展精品教材资助项目计划,作者就《企业与公司法学》第三版的编写出版提出申请并获得通过。2003年2月25日,这部教材在国家司法部组织的优秀法学教材评审中获得三等奖。

上述情况是就本教材的第三版修订所作的背景介绍,尤其是获得北京市精品教材资助直接使此项工作纳入到政府社科项目的规划进程中,作者不敢稍有松懈。据作者了解,我国各高校近年来出版了多个版本的公司法方面的教材,在体例和内容上均表现出程度不同的创新,素材虽同但风格迥异,或以案例穿插求实证之效果,或铺陈别国之制度规范以比较论证全球经济一体化进程中的“西律东渐”和法系融合,对近年来我国企业法、公司法学界形成的专业研究成果大多予以谨慎的吸收。全球化至少给我们带来了一种景观,各国原来都面临着同样的问题:就业、经济增长、环境保护等。公司制度的建设上也是如此。在我国加入世贸组织后,市场主体法律与国际接轨不再仅仅是舆论与政策方面的呼应,深入其中的已经是制度的变革与更新,而且它需要我们付出长期艰苦的努力,不能急于求成。作者在近年完成的若干篇论文中曾对我国《公司法》的诸多方面提出了修改的建议,我国许多学者已就《公司法》的修订发表了不少真知灼见,这部教材的第三版原设想在我国《公司法》全面修订后再出版,但是某些客观因素改变了作者的这一初衷。这主要是:第一,我国企业改革的一些阶段性成果已经不可逆转地被嫁接到现行的公司法律制度中,发挥出原来的体制所不具备的对市场主体行为规制的功能,形成为我国市场主体立法的必要组成部分,这当然有必要在教材中得到体现,如上市公司的独立董事制度和其他涉及公司行为规范的制度等;第二,伴随着我国经济体制的深化改革,政府对市场主体经济活动干预的范围逐步压缩,教材中对旧体制的某些直观的反映演变成明日黄花,不能不对其进行调整,如政府对企业设立的审批制度;第三,北京市教育主管部门不同意纳入精品教材出版资助计划的任何项目延期完成。在这种情况下,作者对本教材第三版的修订出版构想自然作了改变,时间只能提前了。

本教材第三版修订所贯彻的主旨有如下方面:第一,章节结构根据实际需要作了一些调整,增加了"有限责任公司股权转让制度"和"股份有限公司的法人治理结构"两章,国有企业一章中适当增加了国有产权转让的内容,母子公司一章中添附了"关联企业关系"的内容,其他章节结构未作大的改动,以便与教学推进的实际的逻辑顺序保持协调;第二,谨慎地萃取我国理论界近年来研究企业法与公司法的某些成果,深化教材的学术内涵;第三,比较和借鉴其他院校的同类教材,博采其精华以营养自身,不为全而只为善;第四,鉴于我国《公司法》的修订未能完成,教材中涉及相关的法律规范时,作者以介评理论界研究成果和介绍、比较国外法律制度的方式予以分析,以便扩展学生的视野;第五,国外、境外最新的法律修订情况,作者会在相关的章节中作出简要介绍;第六,文字上尽量简化,各章节内容保持详略适当,给选用本教材的任课教师留有自由增减课堂教学内容的空间;第七,教材的内容体系的设置,应与我国企业法律基本制度的结构相协调。

本教材自1998年首次出版以来,每年发行1万册以上,其第二版已经重印6次之多,许多大学选用其为本科学生的指定教材,法院、律协和其他社会办学机构也常常选用其为辅助教材。频频反馈于作者的这种信息,每每使人感念不已,压力倍增,穷尽智慧达到经典是作者对本书的学术追求,以回报于北大和社会。作者祈望读者对本教材第三版给以新的关爱和批评。此外,最近两周以来,作者应中央政府有关机构的邀请,参加了数次关于我国《公司法》修订的研讨会,阅读了北京市有关机构新近发布的推进公司登记制度改革甚至涉及外商投资企业中允许中方为个人、公司资本制度中引入折中资本制等内容的文件。《公司法》的修订已经超越了酝酿的阶段,迈出了实质性的步伐。撰写至此,作者或多或少有一点"恐惧",这次对本教材第三版的修订花了整整一年半的时间,如果《公司法》的修订于年内完成的话,繁重的第四版的修订工作必将即时启动,假如想保持本教材与时俱进的生命力的话。

诚挚地感谢李志军编辑,在本书第三版的修订中她付出了辛勤的劳动。

作　者

2004年5月8日,子夜,

于圆明园花园

第二版序言

《企业与公司法学》于1998年3月出版，2000年3月进行了第二次印刷，现在要出第二版，形势真正逼人。伴随着我国企业体制的深刻变革的进程，我们可以聆听到我国将加入世贸组织的脚步声；体现企业制度的规范化，反映我国企业制度与世贸组织相关规则的协调性，既是本书最初写作的出发点之一，也是这次第二版内容调整修改继续奉行的准则。

这次修改的重点是：(1) 将全民所有制企业变更为国有企业，并试图从沿革的角度界定国有企业概念的内涵与外延；(2) 对我国外商投资企业立法的相关修正案作出陈述；(3) 调整了其他内容上的一些表达方式及文字。作者始终关注并在一定程度上介入的某些重大的企业制度尚未出台有关法律文件，故未作相关内容的变更，如商业登记法律制度、公司收购与合并法律制度、企业清算制度、企业破产制度、上市公司收购制度等。

作者建议使用本书的读者密切注意我国企业改革和立法的重大实践和事件，以弥补本书对现实反应的滞后性等不足。需要补充说明的是，国有企业债转股尽管影响很大，但它仅是某些法律关系的变更，企业制度上并未形成新的添附，况且也不稳定，故在本书中未作介绍。

值此新千年到来之际，我把本书的第二版奉献给国家的教育事业，并向各位读者致意。

作　者

2000年12月

序　言

从1993年开始，我着手撰写《企业与公司法学》这部教材，经五年才得完成。这是我人生中最感欣慰的事项之一。

1987年以来，我有幸在北京大学法律系主讲企业法、公司法、破产法的课程，历十年而未致他谋。这一期间，正值我国企业改革由浅入深、由表及里地推进，为反映这一现实的运作，课程的内容也不断变化，加之我也直接或间接地参加了若干企业法律、法规的制定工作以及以律师身份参与处理了逾30件涉及企业制度的案件，讲课内容逐步丰富，听课对象也渐次由本科学生扩大到研究生、中国高级法官培训班学员、香港树仁学院中国法课程班学员。这些年来，也曾为中央国家机关、中央党校及银行、大型企业、香港最高法院、香港联交所举办过多个专题的讲座。

科研是教学效果的必要保障，大学的教育尤其如此。十多年来，我结合我国企业改革每一阶段面临的相关问题撰写了近三十篇论文，主编完成了三本书，与其他专家合著了两本书，但我竟未能较早撰写出内容系统的一本教材。究其原因，主要是我国企业制度的确处在较大的变革之中，教材的内容构成体系难以确定，有些章节写完就改，最后却被废掉。此外，人生已至不惑之年，写字撰文，刻意求真求佳，也是拖延的原因之一。

我要感谢北大出版社的张晓秦同志，他不仅对本书的出版给以诚挚的帮助，并对我拖延交稿时间一年多而予以谅解；我要感谢所有听过我课程的各类、各地的学员、学生，他们求知的欲望和聪颖的智慧已经注入本书；我要感谢北大法律系的杨紫烜教授、刘瑞复教授、魏振瀛教授、吴志攀教授、贾俊玲教授、盛杰民教授、丛培国副教授、徐燕副教授，中国人民大学的刘文华教授，中共中央党校的周升涛教授，中国社会科学院法学所的王保树教授、崔勤之教授，北京大学的张秀明博士，国家工商局的欧阳青处长等，在本书写作过程中，他们对某些疑难问题提供了最合理的意见，以使本书臻于完善，同时也为我提供了一些重要的文献资料。我特别要感谢我的夫人李惠津，她承担了大部分家务琐事及教育孩子的责任，使我尽全力专心写作。

我深深地热爱教学的工作岗位，也热爱北大，为之奉献生命是我之所愿。在本书出版之际，写下以上的语句，以抒心中的感受。至于本书的见解、观点，若有疏漏谬误之处，谨望读者不吝指教。

甘培忠

1997年12月2日于燕园

目 录

第一章

企业与企业法

第一节　企业概述

一、企业的概念

“企业”(enterprise)一词,在汉语中本来没有。现在我们通常所称的“企业”,是从日本语中翻译过来的词语,而日本语中的词汇又渊源于英语语系中。

“企业”,作为在现代社会中人类使用频率最高的词语之一,从严格的学术角度讲,是一个经济学领域的概念,而非法学概念。企业,包容和渗透了人类生存的大部分价值和追求,它在不同的领域以不同的形式构建了人们活动的基本空间。它是人类社会中除家庭以外所能结合的最多的组织体,它占有资源,雇佣员工,物化劳动,生产或提供人类生活所必需的产品与服务,收益并分配财富,日复一日、年复一年地支撑起全球经济发展的每一步进程;它诱导和鼓励人类对未知的世界进行探索,进而把任何一个可能的创造引入谋利的商业轨道;它负载着投资人、债权人、管理者、政府、消费者甚至社会公众的不同期待,产生并通过法律规制的途径链接种种社会关系。学者在对“企业”一词下定义时,往往是从不同的角度表述其研究的结果,众说纷纭,莫衷一是。我们首先列举以下几种中外学者对企业所下的定义,以便进行分析和讨论。

(1) 企业是统一的社会和经济体制中独立的和基本的劳动组织。

(2) 企业是以获得利润为目的而进行活动的个别经济组织。

(3) 企业是一种把土地、资本、劳力、管理、技术等生产要素集合起来的组织,它对某种事业作有计划、有组织、讲求效率的经营,并在经营中承担一定的风险,其目的在于创造利润。

(4) 企业是现代社会中人们进行生产活动的一种组织形式和经营方式。

(5) 企业是从事生产、流通和服务性经营活动的营利性经济组织。企业又是一个独立或相对独立的商品生产者和经营者,具有经济上的独立性和自主权,具有自己独立的经济权利、经济责任和经济利益。因此,企业必须实行独立的经济核算和自负盈亏,对外是一个经济法人。

(6) 企业的概念,有其实实在在的内容,主要包括:企业是从事生产和经营活动的单位;企业是独立核算盈亏的单位;企业必须具有一定的权利和义务,具有法人资格。以上内容构成了一个从事生产和经营活动的经济实体。

列举出以上一些关于企业的定义,实际上具有两个意义:一是有利于我们从不同的侧面了解企业所具有的社会、经济方面的属性,把握企业的经济和法律特征,从而能对企业制度加深理解;二是我们对一些不恰当的甚至是错误的表述可以进行辨析,以使我们能形成正确的认识。前述定义中第四、五、六种说法在我国理论界和实践部门有广泛的影响,其实确有不当之处。第四种定义把企业描述成"现代社会中人们进行生产活动的一种组织形式和经营方式",虽然强调了企业的法律结构特征,但忽略了企业作为一种经济实体的本质特征,且把企业与企业的法律形式(即组织形式)相混淆;第五种定义在概括语中提出"企业必须实行独立的经济核算和自负盈亏,对外是一个经济法人",第六种定义提出企业"是独立核算盈亏的单位,……具有法人资格",这两种说法从表面上看,确实强调了企业在社会生活中的独立性,但是把企业与有法人资格的企业混同为一体,不加区别,是不严谨和不符合实际的。其实,有大量的企业并不能自负盈亏,并不具备法人资格;至于"经济法人"这种提法在法学上是不严肃和不科学的。

从逻辑学的视角看,每一个词语只是代表某一事物或现象的表象符号,定义是对该词语所代表的事物或现象的本质属性的揭示。因此,定义要简练和准确,从而形成一个科学的概念。从这一认识出发,我们认为:企业是指依法成立并具备一定的组织形式,以营利为目的,专门从事商业生产经营活动和商业服务的经济组织。

二、企业的特征

企业是现代社会中人类为了进行有规模的生产经营活动而组织起来的一种经济性实体,它具有与其他社会组织所不同的社会属性。这些社会属性直接表现为企业的特征。企业的特征主要有以下三个方面:

(1) 从企业存在的社会性质和功能的角度看,企业是专门从事商品生产经营活动和商业服务的经济组织。这一特征我们称之为企业的第一经济特征。

由于企业所从事的活动主要是经济活动,因而它是一种经济组织。企业需要集中资金、劳力、技术、原材料、管理甚至土地等生产要素,根据市场需要进行专门商品的生产、销售以及提供其他的商业服务,从而能满足人类社会在物质生活和精神生活方面的某种需求。这同国家机关、军队、医院、教会团体等部门的职能相区别。社会是一个集合的概念,它的多元化的构造体系不仅包容了千千万万种的个人以及由个人组合形成的组织作为主体,包容了他们之间的纷繁的关系,而且还通过自然的和人为的两种途径赋予各种组织有差别的社会功能。企业存在的社会功能就是商业性的产品生产和服务。

从企业活动的方式上来讲,企业的行为具有连续性、专门性以及住所和字号及服务标识品牌识别性和独立性的特点。所谓连续性是指在特定的以年为单位的时期内,企业的活动处于持续状态,任何由企业以外的主体进行的一次性的或季节性的短期商业活动则不认为是企业的行为。所谓专门性,是指企业以商业活动为常业,任何企业以外的组织或个人偶尔为之的业余的制作贩售,个人在跳蚤市场上出售多余物资的行为,农民参加农村的集市贸易时销售农副产品的行为,均不被认为是企业的行为。所谓住所和字号及服务标识品牌识别性,是指企业的常设管理机构所在的方位地址应当保持稳定并在企业登记机关予以记载,企业的名称中应当包含区别于同行业、同地区(知名企业以全国范围甚至全世界为同地区)其他企业的特殊文字组合为其字号,以该字号或者商标形成的服务标识或者品牌与其他的企业主体形成区别。这是法律对企业的要求,目的是便于政府对企业的行为实施监管,方便交易和维护交易的安全，维护消费者的合法权益。一般的流动摊贩本无固定住所，其活动自然不属企业的行为。所谓独立性，从普遍意义上来讲，是指企业对外的活动是以企业名义发生的，企业内部的分支机构对外活动时一般要取得企业的授权或认可，除非该分支机构已获得单独的营业资格。此外，独立性还表现在企业决策方面。对法人企业来讲，企业的决策权集中在法人的管理机关，非法人企业的决策权则集中在投资人手中。显然，这里所讲的独立性，是就企业的生产经营活动和企业与其他企业的交易关系而言的，它以商业交往的名义身份、商业决策的形成环境与规范、交易主体的利益切分为标准确立，与投资人对企业的责任承担形式有区别。在我国，法律规定法人企业以其经营管理的财产或所有的财产对外承担民事经济责任，体现了企业对外债务承担的完全的独立性；而非法人企业的债务要由投资者承担无限的或连带的责任，表现为不完全的独立性。

由上可见，企业从事商业活动，就必须具备下述基本条件：第一，应有自己的名称和固定的办公地点；第二，有独立支配或相对独立支配的经营性资产；第三，有经营管理的自主权；第四，实行经营核算制度，对外可独立或不完全独立地承担民事责任；第五，要取得合法营业的资格，通常是指领取到营业执照，特殊行业的企业依法还应持有政府主管机构的特别许可批准文件；第六，有相应的组织机构，法人企业还应有章程。

（2）从企业生存和发展的目的看，企业以营利为其活动宗旨。这一特征我们称之为企业的第二经济特征。

企业通过其具体的业务活动以求利润的实现，这种目的性植根于投资者的投资欲望和动机。投资者无论是机构还是个人，在把消费资金转为生产资金时一般都期望资本的增值，这种期望通过企业去实现，就表现为企业活动的营利性。凡为企业者，必以营利为宗旨，正如中国民间的谚语所说的“无利不起早”。在现代社会中，各国都存在一些为城市运转或为居民日常生活服务的公用企业，诸如自来水供应公司、天然气供应公司、公共交通企业和邮政企业等，它们虽然主要以社会服务为宗旨，并且多是由政府投资建立，形成了自然垄断，但也会考虑合理的经济利益，政府对其提供财政补贴时也强调它们应通过自身努力去实现收支平衡或有商业利润。例如，日本于2006年对邮政企业实行私有化改造，就在客观上突出了传统公用企业对营利性属性的依归。我国的一些城市公用企业近年来有私人资本和国外资本的加入，企业营利的社会属性日益明显。

在现实社会生活中，有一些社会组织或公民个人也通过自己对社会的服务去实现经济上的利益，如私立学校、私立医院、个人创办诊所执业行医、个人创办会计师事务所、个人创办律师事务所等，由于这些私人机构为人类提供服务时具有很强的道德性标准要求，其服务活动凸显个人的品格和技能，接受服务的公众往往从朴素的、传统的信赖意识出发把他们视为社会公信和良心的代表，而淡化了对这类服务的商业属性的认知，尽管在接受服务时支付了昂贵的对价。在现今的世贸组织框架下，这类服务业被直接称为服务贸易，这对我国过去奉行的由私塾办学、郎中行医演绎出的传统理念带来了较大的冲击。现在，我国的实务部门已将这些实体注册为企业，体现出与时俱进的革新态度。

（3）从企业存在的法律条件看，企业必须依法成立和运行并要具备一定的法律形式。这一特征即为企业的法律特征。

现代世界各国对各类企业的设立都制定有法律上的审查和注册制度，虽然程序繁简、管辖机关各不相同。对企业设立的制度性要求，在市场经济国家和非市场经济国家存在着一定的差别，但这不否认各国对企业设立都有法律上的规制。国内外历史上在公司制企业出现以前曾长期存在企业自由设立的原则和事实,随着人类社会步入资本主义阶段,企业的数量和规模急剧膨胀,企业在社会生活中的重要性以及企业在运行中牵连引动的种种社会关系的复杂性需要政府重视并制定专门的法律给以规范和指引,企业自由设立的状况随之改变。目前世界各国通行的企业设立制度有特许设立、许可设立和准则设立几种。在发达资本主义国家,主要实行准则设立制度,实践中也将这种设立制度称"注册制"。我国目前已经确立了准则设立制度,企业经营的业务中如有法律规定必须报政府有关机关批准的,要求在企业注册前或注册后办理政府机关的批准手续,特定行业企业由国家特许设立,如造币局或者国有资产经营管理公司。此外,企业在法律上有公司企业、合伙企业和独资企业三种形式,不仅各种形式的企业在设立时有不同的法律要求,且在企业的法律地位、权利义务、管理制度以及对外债务的承担上均有实质性的差别。对企业的上述关系都要由法律加以规定并调整。如有限公司这种企业形态,不同的国家根据本国的实际情况规定了不同的资本制度、不同的投资人人数标准,设立这种类型的企业的门槛高低条件就不同;再如两合公司,有的国家有规定,有的国家没有规定,在没有规定的国家当事人是不可能设立这类企业的。由此可见,企业依法设立,就包含了依法选择法律形式这一题中应有之义。政府把商人们长期经营所形成的某些规则以及政府对社会公共秩序和公共利益的维持和维护的具体要求熔于一炉,经冶炼锻造而提升成不同法律形式的企业在经营中所必须贯彻的规则,企业法律制度由此诞生。凡企业,于设立,于经营,均得遵守法律之规定。

三、企业沿革

人类社会的历史充满了探索、冒险和开拓的经历,企业的产生和发展把这种冒险和开拓的精神品格延伸并定位于无限广阔的工商领域。英语中的"企业"一词,往往被确切地理解为冒险干一番事业的情景。

"企业"一词固然是英国工业革命后人们对进行连续的工商业活动的组织的概括称谓,但它的雏形却产生并存在于农业文明时代。石器时代的工具简单到人人可以磨制的程度,那时以狩猎为生,社会尚不需要专门的工具制造业,人类为了满足低级的道德生活需要,其遮羞物和装饰物主要采自于兽类和植物类。到了原始的畜牧业与农业的第一次分工时期,家庭已经出现,即使是刀耕火种也需要有简单的工具。以家庭为主体的手工业(主要用于家庭消费的需要)和冶炼、制陶等手工工场开始出现,许多产品用来交换,交换的形式发展开发出通用的财富存在方式——货币,专门进行商业交换的店铺也产生了。家庭手工业逐步发展为家族手工业,手工工场的规模越来越大,各种器具的专门的制造业为适应人类社会的需要而产生,交换在更广泛的区域内进行并最终发展成海上贸易,独家进行的工商业活动或是合伙型的商业机构纷纷出现在东方和西方的文明社会中。生产不是为了自身的消费,生产在简单的专业化基础上进行,生产的规模性、有序性、连续性造就了创造企业的运动。

企业中独资形式和合伙形式的企业比公司形式的企业形成得要早。完整的独资、合伙的经营形态在欧洲可追溯到罗马时代。在罗马法中,已经有普通合伙与简易合伙之分别。到了中世纪,合伙制度有了较大发展,地中海沿岸的意大利各商业城市中出现了家族经营团体,家族经营团体是从独资经营中演变出来的,它是后来的无限公司及有限公司的胚胎形式。到了地理大发现时代,西方殖民主义者开始向海外掠夺,积累资本。当时出现于海上贸易方面的两种组织形式,一种是共同筹集资金、共担风险、共享利益的船舶共有制;另一种是有产者出资,将资产交船舶所有人或其他人在海外贩售货物,盈利按出资额分配,亏损时有产者负有限责任，贩售人负无限责任的康孟达(Commenda)组织。这两种形式的贸易发展对公司的形成具有重要作用，特别是康孟达组织的出现，意味着家族经营团体的亲情因素日益淡化，商人之间约定投资和利益分配及风险负担的结合体则占有重要位置。康孟达组织后来在欧洲演变为隐名合伙和两合公司。

在中世纪的英国，曾有一种经皇家颁发特许状设立的贸易团体，成为独立的法人。这种团体被称为合伙团体(societas)，商人可以自由入股参加，按入股份额分配利润。16 世纪时，这种团体在英国具有了所有合伙人的共同责任和共同免责的特征。这种英国式的合伙团体，到 17 世纪初即发展成特许设立的公司并影响了后来的合伙法和公司法。

在中世纪，欧洲商业最繁荣的地区是地中海沿岸的城邦国家。米兰、佛罗伦萨、威尼斯、热那亚等地，不仅有许许多多的独资、合伙性商业团体，而且还出现了大量的同业公会(类似于现代的商会组织)，公会可以制定商业交易规则，处理债权人与债务人间的纠纷，处罚一些行为不轨的商人以及保护入会商人的利益。世界上第一家银行也是在这时期产生于热那亚。银行可以借钱给政府，并监督政府的税收，银行家的责任也初步形成为有限责任，这对后来公司股东的责任形式有很大影响。

最早出现的公司是无限公司(无限公司实质上与合伙团体无本质区别)，之后出现的公司是两合公司(两合公司与康孟达组织也无本质区别)。无限公司与两合公司的出现，对公司制度的深化和发展并没有产生历史性的推进作用，而股份有限公司的产生则奠定了现代公司制企业的伟大工程的基础结构。1600 年 12 月 31 日，英国将皇家特许权授予了与东印度进行贸易的伦敦贸易公司(the Company of Merchants of London)，史称东印度公司，该公司有独立的章程，开设时的总资本为 68372 英镑，总资本划分为若干股份，成立时有 198 名负有限责任的股东(另一说为 218 名股东)。1602 年，荷兰也成立了东印度公司。这两大股份公司的成立，真正揭开了公司制度的篇章。到 18 世纪末，欧洲曾出现许多股份两合公司，它是将两合公司与股份公司合为一体，但这种公司形式随着工业化的进一步发展逐渐消亡了。

19 世纪中叶，美国横贯东西的铁路建设开始，股份公司制度起了巨大作用，股份公司在美国得到了相当规模的发展。资本空前地得到积累并集中使用，许多大的工程建设得以进行，公司的资产日益膨胀。到了 20 世纪，尤其是两次世界大战后，股份公司迅速繁衍，母公司、子公司、孙公司等形成了多层次的公司系统网络，在国际上形成了跨国公司体系。许多美国公司的资产额比世界上某些地区一国的资产还多，如通用汽车公司 1979 年的总资产达 322.2 亿美元，埃克森石油公司 1982 年总资产达 623 亿美元。1996 年，美国美林证券集团的总资产已达 2130 亿美元，而同期中国 450 多家证券公司的资产总和仅为 1600 亿人民币，尚不足其 1/10。21 世纪初，有国际组织在统计世界上拥有财富最多的前 100 个组织体时发现，一半左右的机构是跨国公司，而另一半是国家。到了 21 世纪初，由于中国成功加入世贸组织，国内企业赢得了空前发展的历史机遇，两次金融危机(亚洲金融危机和全球金融危机)在国家的整体防护措施得力的前提下，中国企业不仅少受损失，而且发展空间放大，其中一些企业迅速成长，资本积累速度急剧加快，成为全球大型跨国公司，如中石化、中石油、工商银行、中信集团、平安保险、银河证券等。

在现代资本主义市场经济条件下，小企业(包括独资企业、合伙企业、有限公司)和大企业处于并存状态，虽然许多大的股份公司在一些集约化程度高的行业中形成了垄断性的局面，但小企业经营灵活，且能方便顾客及社区居民，仍有较大的发展趋势。以美国为例，许多人认为美国大公司多,实际上根据联邦政府小企业管理局的报告,97%的美国企业都是小企业,总数超过1000万;根据联邦财政部税务机构国内税务局的报告,合伙企业数量占全体企业数的一半。当然大公司尽管数量少,但占有的资产额及雇用人员却是最多的。1978年,美国500家最大公司资产总额达8985亿美元,雇用员工超过1587万人,其资产额占全部非金融公司资产的40%,拥有全部银行资产的33%以及全部人寿保险公司资产的85%以上,所获利润占所有公司利润的75%以上,有5家公司处理的金钱数目超过全美国50个州中的任何一个州。

在中国的古代社会,士农工商的社会分工早已有之,以技艺立世的工匠以及以某种便利资源谋生的商贾人士兴办了个人的或家族的手工工场,各式店铺、镖局、砖窑、货栈、摆渡码头、绣房、商行、渔行、酒肆、药铺、饭馆、当铺、旅店、茶社、青楼等林林总总,绵延数千年,某些特殊行业由政府专营或在政府的严格监管下经营,如盐业以及冷兵器的冶炼锻造等,一些适宜流动经营的行业如刀剪器具的修磨,测字、看相、算命,江湖郎中的行医,街头卖艺,市井卖唱,货郎贩售等,业者并无固定的经营处所,行走江湖,风雨无阻。但是由于一个接替另一个的帝王政府纷纷奉行重农抑商的国策,工商业的发展长期依附于农业经济,整个社会经济的商品化程度很低,封建割据限制了资源和产品的流通,企业形态中又仅有独资企业和合伙企业两种受自然人生命限制而难以长期独立存在和发展的类型,企业的发展规模不大。并且,兵荒马乱的岁月,朝代更迭,自然灾害常常阻断了企业的经年延续;由于企业不具有独立人格,其生命的周期一般和业主的寿限连接,企业立世的诀窍、秘方也许会代代相传,甚至一些老字号能够逾百年而辉煌灿烂,但“富不过三代”的宿命终究把大部分企业作为家业败落的殉葬品而掩埋。

到了清朝晚期,伴随着对外通商和洋务运动的进程,中国首先出现了由华商附股的中外合资公司,后来在买办商务活动中学习了西方开办公司经验的中国商人们开始创办自己的公司,所经营的行业有机械制造、纺纱、丝绸印染、冶炼、采矿、铁路建设、建筑、河道运输、商业零售、火柴制造、报业、银行等,同一时期在传统上适宜由业主个人制和合伙制企业经营的行业自晚清政府推行“新政”后也有所繁荣。1898年清政府推行“新政”前,在洋务派官员的督导下,中国曾出现过官督商办的公司和官商合办的公司。民国时期,企业的发展开始摆脱封建的重农抑商政策的压制,商事法律相继公布实施,官办、商办企业空前发展,20世纪30年代公司股票进入有序的交易市场。新中国成立后,在稳定发展的数年内,私营企业尚能与官办企业和平并存,在法律类型上也因承继了民国时期的制度构造而较为全面。但由于当时恣意推行极端的社会主义改造政策,私人企业迅速土崩瓦解,消弭殆尽,代之而起的是法律形式无据、资产关系不清的国营企业和城乡集体企业。20世纪70年代末期,中国领导人发动了以企业改革为中心的经济体制改革,个人投资的活力释放和原有企业的改制同时并举,80年代末期私营企业重新合法存在,90年代股市重建,全球数百家超大型跨国公司投资中国,21世纪之初中国成功加入世界贸易组织,中国的企业在中国经济融入一体化的全球经济的平台上审视和校正自己的定位,无论投资方向的确定、经营决策的出台,还是公司管治结构的选择,甚至国际局部战争的发生、石油价格的走向都引致企业家们的特别关注。自此,中国企业闭关发展、自生自灭的时代一去不复返了。

在进入21世纪前后,全球公司合并与收购的规模有增无减,波音公司与麦道公司的合并案、时代华纳与美国在线的合并案,充分显示了公司向超大型化方向发展的趋势。这一期间,正值我国申请加入世贸组织成功在即,国内某些大型的明星企业未雨绸缪,为巩固业界的龙头位置，准备与跨国公司在中国市场展开竞争较量，通过资产置换、收购重组等方式，频频吞并其他企业，打造“航空母舰”，这方面的佼佼者如北京的东安市场股份有限公司、山东的青岛啤酒股份有限公司等。此外，国外、境外的许多大企业，为了发展其产品市场，也纷纷入资中国内地，其中不少是通过购并中国内资企业完成其战略计划的。目前，我国奉行市场经济体制，多种经济成分的并存将是必然的和长期的现象。企业形式中仍然存在独资、普通合伙、有限合伙、有限责任公司、股份有限公司等几种形式，大的股份公司形成了，但为数众多的小企业仍会得到发展。与此同时，我国的一些企业在中国政府的鼓励引导和各种中介机构的辅助下，开始将目光转向海外，在其他国家和地区投资设厂，步入了全球化的发展征途。

第二节 企业的分类

分类研究是社会科学与自然科学共用的一种传统的研究方法。对企业进行分类，即是从不同的角度依不同的标准对企业进行类型化处理，以从各个层面理解和把握企业的特质与属性。

一、单一企业和联合企业

单一企业和联合企业是依企业的主体性以及组织链接方式为标准划分的结果。单一企业是指一个实行自主经营、独立核算的经济组织，如单厂工业企业。单一企业的划分，仅是就企业的组织结构而言，并不反映投资关系，投资人可能是多元的，也可能是一元的。单一企业在生产经营上一般会形成一个纵向的内部管理系统，虽然它也可以设立一些分支机构。单一企业规模往往较小，产品或服务的专业性强，经营管理集中灵活。一般来讲，中小型企业多为单一企业。联合企业是由两个或两个以上的投资来源相同或在生产经营上存在经济联系的企业彼此联合组成的经济组织，形成总厂与分厂，总公司与分公司、母公司与子公司的群体联合企业。这类企业一般有两种类型：一种是加入联合体的企业丧失其独立性，成为联合企业中的一个组成部分，托拉斯以及我国企业集团中的核心层结构即是这种情况。另一种是加入联合体的企业并不丧失其独立性，只是根据共同协议相互协作，在相关联的生产经营中采取共同行动，其他业务则各自独立进行，卡特尔、辛迪加以及我国大量的企业集团外围层就是以这种契约联合的形式形成的。在企业法学界，也有一种观点是不承认企业集团为企业，理由是它只是企业的联合体，而非企业本身。

二、工业企业、农业企业、金融企业等

工业企业、农业企业、金融企业等划分是以企业主要经营的业务性质为标准进行的分类。通常工业企业除以工业加工制造业为主外，还包括矿山采掘业、勘探业、电力业等；农业企业有农场、畜牧业、家禽家畜饲养业等；金融企业主要指各种从事存款、贷款、汇兑、转账结算、信托投资、证券交易、保险等的各类商业银行、投资银行、钱庄、城乡信用社、财务公司、证券公司、信托投资公司、保险公司等。此外，还有商业零售企业、交通运输企业、旅游企业、餐饮企业、电信企业、传媒企业、高新技术企业等。

三、大型企业和中小型企业

大型企业和中小型企业主要是以企业生产经营的规模为标准来划分的。世界各国划分大型企业和中小型企业的标准不尽相同,有的看生产规模,有的看生产总值和利润,还有的要参考就业人员的多少。美国《幸福》杂志每年在全球范围内确定500家大型企业,主要是以销售额为标准。

企业规模不同,经营条件也不同,雇用职工的多寡有别,对社会经济生活的影响有大小轻重的区别。划分大型企业与中小型企业,方便国家实行区别的产业政策,以使经济结构合理,资源得以有效配置,促进经济的有序发展。如我国,前些年对大型企业实行一定的政策优惠,把企业改制的重点放在大型企业方面;2002年,我国颁布了《中小企业促进法》,对中小企业的发展采取全面的保护和鼓励措施。为贯彻落实我国《中小企业促进法》和国务院《关于进一步促进中小企业发展的若干意见》,工业和信息化部、国家统计局、发展改革委、财政部于2011年6月18日制定了《中小企业划型标准规定》,中小企业划分为中型、小型、微型三种类型,具体标准根据企业从业人员、营业收入、资产总额等指标,结合行业特点制定。优化分类与制定标准有利于明确重点,出台更有针对性、时效性的优惠政策,加大对小型、微型企业扶持力度。此外,世界上许多发达国家或接近于发达国家标准的次发达国家,一般对大型企业实施破产保护制度,而对小企业则不实行。

四、公用企业和非公用企业

公用企业和非公用企业主要是以企业的存在与社会公共利益的关系亲疏度来划分的。各国确定公用企业的标准和范围是不同的。随着人类社会的现代化发展进程,越来越多的人口集中生活在大中型城市,迫使政府对某类支持城市运转和供应重要消费资源的产业予以特别关注,必要时施以财政援助,有些国家干脆由政府设立官办企业经营。在我国,城市的公共交通运输企业(包括地铁和城市轻轨),煤气、天然气、电力、水资源供应企业,机场,市政建设管理企业,邮政企业,公共电信服务企业,政府开办的医院等应属于公用企业范畴。虽然随着我国经济体制改革的深化,这类企业经营的行业也会逐渐区分不同情况向社会开放,或是引入民间资本对原企业进行股权结构的改造,或是通过招标方式直接选择并允许其他企业参与竞争,以打破官办企业独家垄断经营的局面,但都不会完全改变这些行业中的企业的公用服务性质。2001年,美国发生了“9·11”恐怖事件,此后联邦政府和各州政府为防止新的恐怖袭击,把某些重要的公用企业的核心资产如水库、发电厂、电站、天然气与石油输送管道、机场、地铁等置于政府的特别保护视线之内,足以说明公用企业的安全运行对现代社会的极端重要性。其他企业虽然与人们的日常生活也有一定程度的关系,但其营利性比服务性更强,在某种情况下缺少其服务也不致引起人们基本生活的不便或社会的恐慌,故为非公用企业。一般来讲,各国的地方政府和城市政府对公用企业在税收上实行优惠,亏损时予以财政补贴,有些国家法律禁止公用企业破产。

五、多元投资企业和单元投资企业

依照企业投资资金来源的不同,可将企业划分为多元投资企业和单元投资企业。所谓多元投资企业是指一个企业的投资主体有两个以上,一般有合伙企业、联营企业、有限公司、股份有限公司、两合公司和股份两合公司等,当有限公司和股份有限公司的股份全部集中于一个投资主体时则为单元投资企业,如一人公司或全资子公司。所谓单元投资企业是指投资主体为单一的个人或社团组织以及政府独立投资举办的企业,企业的全部资产仅归一个自然人或一个单位(包括法人和非法人经济组织)所有,我国的独资企业、全民所有制企业、国有独资公司、一人公司、部分全外资企业以及部分集体所有制企业就是这种情况。划分多元投资企业与单元投资企业的意义并不在于企业是否享有独立的人格,而是要明确投资人与企业、投资人与投资人之间的关系,确立不同企业的内部管理体制、利益分配方式以及纳税的方式。

一般来讲,单元投资企业的收益和亏损由单元投资主体享有和承担,多元投资企业则依企业章程或联营协议中的约定确定利润分配和亏损负担的方式与比例。

六、外商投资企业和内资企业

内资企业与外商投资企业的区别主要是根据企业资本金中是否含有外国的企业、经济组织和个人的直接投资来划分的,外国投资者购买本国企业发行的股票达到一定比例时,也认为该企业为外商投资企业。内资企业中则不存在外方资金的投入。在我国,外商投资企业有中外合资经营企业、中外合作经营企业、外资企业、外商投资合伙企业等形式,并且来自中国香港地区、澳门地区、台湾地区的资金在政策法律上也被认为是外商资金。发展中国家甚至发达国家一般为了吸引国际资本流向本国市场,在本国形成生产经营能力,大都规定了对外商直接投资的各种优惠措施,我国也有此类规定。

七、国有企业、集体所有制企业、混合所有制企业和私营企业

国有企业、集体所有制企业、混合所有制企业和私营企业主要是以企业财产的归属关系为标准来划分的。国有企业包括纯粹的国有企业和国家控股的国有企业两大类。纯粹的国有企业是国家出全资兴办的企业,企业整体资产的终极支配权归国家,国家与企业的关系在传统制度上规定为所有权与经营权的分离体制,按照现代企业制度改革的观念理解,国家是这类企业单一的投资主体,拥有全部股权,企业有法人资格,拥有并经营其合法占有的实物形态的资产。国有独资公司虽然依据公司法设立和运行,但其投资者仅有国家授权投资的机构一方,因此属于纯粹的国有企业。国家控股的国有企业实际上是依据公司法设立的公司,公司中存在其他非国有投资主体的资本,国家作为控股股东,其行为受公司法约束和规制。国有企业在我国国民经济体系中占重要的地位。集体所有制企业是公有制经济中的重要组成部分,财产归集体性质的单位所有或是劳动者集体所有。混合所有制企业主要是指跨所有制界限组成的联营企业、中外合资经营企业、中外合作经营企业以及股份制企业。私营(有)企业主要有私营独资企业、私营合伙企业、私营有限公司等。从我国企业体制改革的方向观察,集体所有制企业和私营企业将会逐步淡出企业群体,其立法也会失去存在价值。

八、独资企业、合伙企业和公司企业

独资企业、合伙企业和公司企业是以企业法律形式为标准所作的划分,也是企业分类中最重要的一种。关于企业法律形式,我们将在本书第二章中集中讨论,此处不赘述。

第三节 企 业 法

世界上只有少数国家制定颁行了企业组织形式包括独资企业、合伙企业、公司企业的统一的企业法,如越南共和国于 1999 年 6 月将 1990 年颁行的《公司法》和《私人企业法》合并为一部法律,称为《越南社会主义共和国企业法》。但多数市场经济国家的企业立法是依据法律形式的不同而分别立法的。因此,在全球范围内,我们不可能像对刑法、民法、宪法、行政法那样对企业法界定其一般适用的标准含义,我们所能完成的定义性概括仅仅可能适用于一个国家或一个地区,任何试图对其作扩大的、延伸的理解,可能会导致学术上的谬误。

在现代社会,每一个国家都会支持企业的生存和发展,否则经济就不会繁荣发达,国民经济结构就会失去合理性;每一个国家都会制定、颁布关于企业的立法,否则因企业的行为而发生的社会关系就无法调整,经济秩序会遭受毁坏。但是因为社会性质、经济制度以及立法传统的影响,各国的企业立法当然存在差别,法律规定的企业组织形式彼此不同,公法与私法的归属关系不同,法律渊源上有成文法与判例法的不同,企业法律调整的社会关系的范围也不尽一致。既然如此,无论怎样概括企业法的概念都不可能具有一一对应的普适性的适用意义。在我国,经济体制的总体结构是转轨时期的市场经济体制,它强调经济资源的分配通过政府和市场两种力量去安排,而经济资源的合理分配和流动往往依赖千千万万个企业去实现。政府投资的企业不仅控制了与国计民生密切相关的资源分配与利用,如铁路、民航、电信、金融、新闻出版、石化、货币制造、机场等,而且在纯粹竞争性的行业中也因历史的原因无所不在;在传统企业公司化改制的过程中,某些必须承担国家政策性、战略性任务的企业将作为特殊企业保留,如国家开发银行、国家货币制造公司、宇航事业开发公司等,它们的存在和经营不能以公司法为法律根据;在集体所有制企业未完全完成公司化改制以前,仍以传统的形式和某种不规范的变通形式(这里指五花八门的股份合作制企业)存在;规制外商投资企业的法律与公司法的完全并轨须以经济体制改革的纵深发展为条件,并且还取决于社会普遍的价值认同包括立法机关的理念转变,因而这类企业在我国依然以独立的企业类型存在;独资企业、合伙企业已有专门的法律规定。法律虽然不能被解释成现实社会存在的制度性影像规则,但是它所固有的预见性、创造性和指引力还应植根于社会环境本身。我国的企业法是市场经济条件下的市场主体立法,它吸收了传统商法的合理内容,包容国家对各类市场主体特别是对特殊企业制定的公共政策规范,确立企业组织结构关系并调整企业行为。我国台湾地区"高等法院"法官刘清景在其《公司法》(台湾学知出版社 1995 年版)一书中表述道:"企业法即以企业的维持与发展为其内容之立法之谓。商事法上之企业,系指市场上以财货或劳务提供第三人,得其对价而谋求资本之增值的营利事业。就经营商事形态之历程而言,从最初之个人独资、再到集资之合伙经营,至大众投资的公司形态,商事的范围日益扩大,其立法的重心亦因而随之转移:初为规范商业主体的商人法,再进而为规范商行为的商事法,时至今日,则已跨入商企业法的阶段。"这一看法,是极有价值的见解。日本一桥大学法学院的课程体系中,企业法律制度单行独立,足证"英雄所见略同"一理。

笔者认为,企业法是规定企业的法律地位、企业设立与组织形式、管理与运行等方面的法律规范的总称。

一、企业法的历史溯源

资本主义社会中，对于企业的立法实际是事关商事主体的立法，而商法的产生和发展是在商业活动的过程中逐步确立的。商事活动产生了企业形式，产生了企业法。

企业形式中，最古老的形式是独资企业和合伙企业。独资企业形成前的家族、家庭的手工业，联合形式的工场制造业，并没有专门的法律实施调控，相关的法律责任是按民事法律、刑事法律来处理的。在罗马帝国时期，商人的地位、商人之间的关系已通过罗马法加以规范。在罗马法中，合伙被区分为简易合伙和普通合伙。简易合伙也称为单种交易合伙，即短期一次性实施某种法律行为的合伙，如合伙贩运货物、合伙打猎等。这种合伙的特点是不形成长期而稳定的经营性组织。普通合伙是以营利为目的而互约出资以共同经营某种事业，通常会形成为一种企业组织。罗马法之后，中世纪欧洲各国的商事活动取得相当规模的发展，最有代表性的是地中海沿岸的城市国家，商业处于相当繁荣的程度。中世纪的商事立法是以贸易为中心的，有关独资商人、合伙商人的地位、相互关系、债权债务纠纷、破产等问题均在一般的商事法律中加以规定。到了资本主义阶段，虽然这种立法格局并未发生明显变化，但资本主义商业的迅猛发展，使得原先的商事法律中对于企业形式的规定明显滞后和不足。随着公司形式企业的出现和发展，公司法律制度也开始产生。法国在路易十四时的商事敕令中已有关于公司的规定以及商人破产的规定，1807 年《拿破仑商法典》中的第三章首次从法律上规定了股份有限公司，并明确了股东的有限责任，该法典对 18 世纪末出现的股份两合公司也作了规定。1867 年法国制定了单行的公司立法，1925 年又制定了单行的有限公司法，以后又作了种种修改，1966 年又制定了全面的公司法，达 509 条。英国于 1856 年制定了第一部现代公司法，以后不断修改，且每 20 年修订一次。1890 年，英国制定了《合伙法》，1907 年制定了《有限合伙法》。有限责任公司制度是由德国于 1892 年首先颁行法律予以规定的，它展示了有限责任制度由贵族社会向市民社会的普及适用，对经济的发展起到了积极的促进作用。之后，葡萄牙、奥地利、法国、日本等国均效仿德国，颁行法律确认。美国的企业立法权在各州，纽约州早在 1807 年就颁布了第一个关于公司的法律，允许私人组建公司。1950 年，美国律师协会等机构制定了《标准商事公司法》，供各州议会采用，现已被多数州采用；有关合伙类型的企业的法律也由各州制定。进入 21 世纪后，西方各国的企业法律制度如同火山进入了“活跃期”，每年都有小的修订，过几年就会进行大的修订，法国、美国、日本均如此。

二、当代资本主义国家企业立法概况

自由企业制度是当今资本主义制度的一个集中体现，政府对于各种投资者在本国本地区的投资一般采取鼓励的态度。资本主义国家普遍强调法制，企业方面的立法透明度高，政策性调节的成分较少，即使有，往往与贸易管制和保障国家安全有关。资本主义各国由于立法传统及本国国情不同，在企业立法的形式上、范围上也有不同，我们仅就几个国家作些简要介绍。

（一）美国的企业立法

美国的企业立法师承英国传统，但也有相当大的不同点。美国的立法权是在州与联邦之间分权进行的。企业立法权依据联邦宪法由各州行使，各州独立制定本州的公司法、合伙法及其他企业立法，但企业破产的法律则由联邦政府制定，证券发行与交易方面的立法，传统上由州政府制定,但从 20 世纪 30 年代开始,联邦政府直接介入,如 1933 年的《证券法》、1934 年的《证券交易法》等。1950 年,美国律师协会曾制定了《标准商事公司法》,现已被多数州采用,一些州在采用时还作了修改,各州对公司法、合伙法的规定有差异,为了吸引资金,州法在方便投资者方面竞相采用灵活规定,如特拉华州的公司法规定相当灵活,程序简便,税收费用较低,许多投资者去该州注册,然后到别的地方营业,使得在纽约证券交易所上市的许多大公司都是在特拉华州注册的。如 20 世纪末该州对公司法所作的修订,允许持有一个公司 95%以上股份的股东可以强制收购其余 5%的股份,就是一个大的突破。1991 年,美国一些州颁行了有限责任合伙法,对有限责任合伙公司作了规定。在美国,企业法法律渊源的另一形式是判例法。2002 年,美国律师协会重新修订了《标准商事公司法》,美国国会在安然公司、世界通讯公司、安达信会计师事务所财务崩溃案发生后,为应对对公众公司管治的需要,制定了 2002 年《公众公司会计改革和投资者保护法》(Sarbanes-Oxley Act,中文译为《萨班斯—奥克斯莱法》)。2010 年,美国颁布了严厉监管金融市场的《华尔街改革与消费者保护法》(Dodd-Frank Act,中文译为《多德—弗兰克法》),对全球资本市场的法治环境产生了重大影响。

1914 年,美国统一州法全国委员会制定了示范性质的《统一合伙法》。1916 年,该委员会又制定了《统一有限合伙法》,推荐给各州采用。《统一合伙法》和《统一有限合伙法》被大多数州采用,推进了合伙企业的发展。到 20 世纪中叶后,合伙企业的规模日益扩大,成千上万的有限合伙人加入其中,复杂的融资活动、跨州经营、从事风险事业等使得原来的法律安排捉襟见肘,于是统一州法全国委员会于 1976 年推出了修订的《统一有限合伙法》,1985 年又作了重大修订。目前,许多州的《统一有限合伙法》采用了 1985 年的版本。《统一合伙法》在 1997 年也经历了重大修订。

（二）英国的企业立法

英国法律以判例法为主,但自进入资本主义社会以来,判例法浩繁不迭,议会也注意制定一些成文法。1855 年曾制定了有限责任法,第二年便产生了涉及有限责任的公司法例,即《合股公司法》。后来几经修改,于 1908 年制定了《统一公司条例》,1929 年重新制定了《公司法》,1945 年又颁布了新《公司法》。1985 年、1989 年、1996 年多次修订《公司法》。以前,英国公司按法律要求单有倒闭清算程序,英国破产法只适用于自然人。1986 年修订后的《破产法》统一适用于公司和个人。在英国,合伙关系由《合伙法》和《有限合伙法》调整。2001 年 4 月,经英国八千多家会计师行的长期推动,英国颁行了《有限责任合伙法》,其规定的有限责任合伙企业形式主要适用于会计师行、律师行,个别银行也有选用。在英国公司法的内容中,还包括重整程序以及证券发行管理,这与其他各国有区别。

（三）法国的企业立法

法国是典型的实行民商分立的国家。商法的内容中包括了商事主体,即商自然人、商事合伙和商事公司。对于商法不完善的地方,法国以单行法规予以补充。按商法典规定,商事合伙除隐名合伙外,自登记之日起就具有法人资格。1966 年,法国制定了新的内容详尽的《公司法》,各种公司都有规定。该《公司法》以其内容详尽、结构严谨而闻名于世,为其他国家的公司法提供了样板。1985 年该《公司法》又作了修订。2001—2003 年间,法国连续多次修订《公司法》,且于 2004 年继续修订。合伙企业及其合伙人与独资企业业主的法律地位及其关系均在商法中规定。

（四）德国的企业立法

两德统一后，其法律体制沿用原联邦德国的体制。德国于1861年制定了《商法典》，1897年制定了新的商法典，其中对商事公司、隐名合伙都作了规定，德国允许无限公司、两合公司、股份公司、股份两合公司的形式。1892年，德国颁行了《有限责任公司法》。到了20世纪，又以颁行单行公司立法的方式对商法典作了较多的修改。1965年制定了新的股份法。德国公司法没有规定有限责任公司成员人数的最低标准，也没有有限责任公司股东转让所持股份的限制性规定。德国公司立法中对“参与制”的规定，即公司监事会成员的1/3以上从职工中产生，在世界范围内有较大影响。2008年，德国对《有限责任公司法》作了重大修订。

（五）日本的企业立法

日本的企业立法原受德国法例影响较大，第二次世界大战后，由于美军占领，企业方面的立法又受美国立法的影响，当然日本的企业立法也有其自身特点。1890年日本颁布了《商法典》，1899年作了较大修改。1938年颁布了《有限公司法》。1950年以后，对《商法典》中的股份公司连续地作了修订，以后对《有限公司法》也作了较大修订。到了20世纪90年代，日本的修订仍不断，变化之一是允许一人设立有限公司。此外，日本有较多的中小型企业，关于扶持中小型企业的产业政策性立法很多。日本于2001年、2002年对商法及其他公司立法进行了修改。2005年日本彻底修改公司法，将商法典里面的公司法部分分离出来单独立为《公司法》，废止了有限责任公司组织形式，公司形式改为股份有限公司、合名公司（无限公司）、合资公司（两合公司）、合同公司四种。修订后的日本《公司法》于2006年5月1日正式施行，该法在近年来也经历了数次修订。

三、我国的企业立法

（一）我国企业立法的历史与现状

我国规范性的企业立法始于晚清政府的“新政”时期。19世纪70年代，清廷洋务派倡导在中国兴办官办和官督商办的民用企业，为早先设立的官办军事工业拓展完整的近代工业支持体系。纯粹官办的企业数量不多，主要有1876年所设的基隆煤矿、1880年所设的兰州织呢局、1890年所设的湖北织布官局、1891年在山海关所设的北洋官铁路局。在李鸿章的奏办、主持下，从1872年开始，先后成立了“商为承办，官为维持”的多家官督商办企业，如1873年1月在上海设立轮船招商局，1878年设立开平矿务局和上海机器织布局，1886年设立漠河金矿，1880年在天津设立电报总局，1886年设立开平铁路公司（1887年改名为中国铁路公司）。在“新政”之前，洋务派压制民营公司的设立，凡官督商办的行业，“只准华商附股搭办，不准另行设局”，企业控制权尽由官府执掌，企业亏损尽由商人承担，结果造成清政府与贪官“尽取天下之利权而归一己”的恶果。到19世纪90年代中期，由李鸿章独创的官僚企业在整体上出现普遍颓势，李鸿章自此也转而支持发展民族资本主义工商业。自19世纪中叶后，我国新兴的民族资本主义工业在西方资本主义的影响下萌动，少数私营的新型工商企业在19世纪60年代即已产生，到19世纪80年代私营的公司制企业大量出现。这些企业的产生促使清政府学习泰西之法律以制定颁行中国现代的企业法律，1903年制定了《公司律》，加上《商人通例》，合并为《钦定大清商律》，于1904年1月24日颁布。此外，清政府还陆续颁布了鼓励华商投资办厂的一些法律文件，如1898年颁布《振兴工艺给奖章程》、1906年颁布《奖给商勋章程》、1907年颁行《改定奖励公司章程》和《爵赏章程及奖牌章程》，

1906年还仿照西法颁行了《破产律》。

1912—1928年为北洋政府时期。在此期间,我国工商企业在连年战争和政局动荡的夹缝中不断发展,第一次世界大战导致外国列强放松了对中国的经济侵略,民族资本获得了繁荣的机会。北洋政府在对清政府《公司律》修订的基础上于1914年颁行了《公司条例》,条文由原来的131条增加至251条,其中规定的公司形式由无限公司、两合公司、股份有限公司和股份两合公司四种。在这一时期,许多大公司都是家族公司。南京国民政府成立后,即行制定系统的公司法,于1929年4月颁布《公司法》,于1931年7月1日施行。该部《公司法》规定的公司形式仍如《公司条例》一般,直到1945年修订时,才将有限责任公司一并规定其中。此外,1949年国民政府还颁行了《国营事业管理法》,对政府的官办企业和政府控股的企业实施特别的管理。1949年以后,蒋介石政权偏居台湾,其公司法多次修订,最大的一次修订于2001年完成。自2001年之后,台湾对公司法又作了多次修订,最近一次修订是在2015年。在台湾,合伙企业、个人独资企业没有单项立法,由《民法》债编和《商业登记法》、《商业登记法施行细则》规制。

新中国企业立法的历史可溯源到20世纪30年代。在第二次国内革命战争时期,中央苏区建立的工农民主政权即着手兴办工业企业,管理各种类型的私营或合作型的企业,制定了一系列相关的法令。1931年11月,在江西瑞金召开的第一次全国工农兵代表大会上首先通过了《关于经济政策的决议案》。其中规定,对于帝国主义开办的矿山、工厂要收归国有,但仍允许外国某些企业重新另订租借条约继续生产;“对国内资本家及中小手工业者,则允许保留在旧业主手中而不实行国有”。各类企业都要接受民主政府的管理。1932年1月,中央工农民主政府颁布了《工商业投资暂行条例》,鼓励私人资本进行投资,自主经营工商业。之后,又颁布了《工商业执照暂行条例》《工商业登记细则》和《矿山开采出租办法》等。1934年,中央工农民主政府颁布了《苏维埃国有工厂管理条例》,规定企业由厂长负责,厂长下设工厂管理委员会协助厂长工作,此外对企业与政府的关系也有规定。相应的一些条例、制度在抗日战争时期也有规定。

解放战争时期,边区及中央人民政府制定了一系列发展工业经济的法令和法规,并确立了没收国民党各级政府开办的企业以及大官僚开办的企业,保护一般民族工商业的政策。1949年4月25日,《中国人民解放军布告》对外宣布了中央政府的政策:“没收官僚资本。凡属国民党反动政府和大官僚分子所经营的工厂、商店、银行……和农场、牧场等,均由人民政府接管。”“凡属私人经营的工厂、商店、银行……等,一律保护,不受侵犯。”到1949年底,人民政府共没收了官僚买办企业2858家,奠定了我国国有经济的发展基础。

新中国建立后,人民政府又积极兴办工商业,建立了一批新的国有工商企业。同时,在一段时间内,发展、改造民族工商业,发展集体企业,促进经济的发展。为确立各类企业的地位及与政府的关系,尤其是管理好国营企业,在1979年以前国家曾制定了大量的法律、法令、条例、决议等近170件,例如,1950年发布的《关于国营、公营工厂建立工厂管理委员会的指示》《私营企业暂行条例》,1954年颁布的《公私合营工业企业暂行条例》,1957年颁布的《关于改进工业管理体制的规定》,1958年颁布的《关于工业企业下放的几项决定》《关于企业实行利润留成的几项规定》。此外,1961年中共中央制定发布了《国营工业企业工作条例(草案)》(即“工业七十条”),成为一部重要的企业管理文件,在当时的条件下,事实上起到了一部专门规范国营工业企业的地位、行为和管理的基本法规的作用。

1978年以后,我国实现了党的工作重点向经济建设方面的战略性重点转移。同时,全面的农村和城市的经济体制改革开始进行，农村的改革自然包容了乡镇企业的发展，而城市的改革主要以企业改革为中心进行。这期间为了引导改革的方向，保障每一步改革措施的实施，巩固改革成果，国家制定、颁布了大量以企业改革为中心内容的经济法规。涉及全民所有制企业改革的主要法律文件有：《关于扩大国营工业企业经营管理自主权的若干规定》（1979 年），《关于推进经济联合的暂行规定》（1980 年），《关于开展和保护社会主义竞争的暂行规定》（1980 年），《关于实行工业生产经济责任制的若干问题的暂行规定》和《国营工业企业职工代表大会暂行条例》（1980 年），《国营工厂厂长工作暂行条例》和《企业职工奖惩条例》（1982 年），《国营工业企业暂行条例》（1983 年），《关于改革建筑业和基本建设管理体制若干问题的暂行规定》和《关于进一步扩大国营工业企业自主权的暂行规定》及《国营企业第二步利改税实行办法》（1984 年），《关于增强大中型国营企业活力若干问题的暂行规定》和《国营企业固定资产折旧试行条例》（1985 年），《关于进一步推动横向经济联合的若干问题的规定》、《全民所有制工业企业厂长工作条例》、《全民所有制工业企业职工代表大会条例》、《关于深化企业改革增强企业活力的若干规定》及《企业破产法（试行）》（1986 年），《全民所有制工业企业承包经营责任制暂行条例》和《全民所有制小型工业企业租赁经营暂行条例》（1988 年）。1988 年，我国《全民所有制工业企业法》正式颁布并实施，这是企业立法的一个重要里程碑。1992 年，国务院又发布了《全民所有制工业企业转换经营机制条例》。此外，为指导、规范全民所有制企业试行股份化改革，加强国有企业资产的监管，推行现代企业制度，国家制定了一系列规范性文件及法规，如 2000 年 3 月 15 日，国务院颁行了《国有企业监事会暂行条例》，并废止了 1994 年 7 月 24 日国务院发布的《国有企业财产监督管理条例》。涉及集体所有制企业的法律文件主要有：《关于发展社队企业的若干问题的规定（试行草案）》（1979 年），《关于组织和发展农副产品就地加工若干问题的规定》（1983 年），《关于轻工业集体企业若干问题的暂行规定》（1988 年）。1990 年，国务院发布了《乡村集体所有制企业条例》，1991 年，又发布了《城镇集体所有制企业条例》。涉及外商投资的立法文件主要有：《中外合资经营企业法》（1979 年制定，1990 年和 2001 年分别作了修订）以及配套法规《中外合资经营企业法实施条例》（1983 年制定，1986 年、1987 年、2001 年、2011 年、2014 年分别作了 5 次修订）、《中外合资经营企业合营各方出资的若干规定》（2014 年 2 月废止）、《中外合资经营企业注册资本与投资总额比例的暂行规定》、《中外合资经营企业劳动管理规定》、《中外合资经营企业合营期限暂行规定》、《外汇管理条例》、《中外合资经营企业会计制度》、《对外商投资企业贷款办法》等。1991 年，第七届全国人大第四次会议通过了《外商投资企业和外国企业所得税法》（该法因 2007 年 3 月 16 日第十届全国人大第五次会议正式通过的内外资企业所得税并轨的《企业所得税法》而确定于 2008 年 1 月 1 日起终止施行）。此外，还有《中外合作经营企业法》（1988 年制定，2000 年修订）及《中外合作经营企业法实施细则》（1995 年制定，2014 年修订）、《外资企业法》（1986 年制定，2000 年修订）及《外资企业法实施细则》（1990 年制定，2014 年修订）。涉及私营企业的立法主要是《私营企业暂行条例》（1988 年）、《个人收入调节税暂行条例》等。涉及企业登记的法律法规主要有：《工商企业登记管理条例》（1982 年）、《中外合资经营企业登记管理办法》（1979 年）、《企业法人登记管理条例》（1988 年制定，2014 年修订）和《公司登记管理条例》（1994 年发布，2005 年 12 月根据新修订的《公司法》国务院作了重要修订，2014 年再次修订）、《合伙企业登记管理办法》（1997 年 11 月发布，2007 年 5 月根据新修订的《合伙企业法》国务院作了修订，2014 年再次修订）。2000 年 1 月 13 日国家工商局发布了《个人独资企业登记管理办法》。此外，还有一些实施细则性的规定。1993年,我国颁布了《公司法》(1999年、2004年作了两次修正,2005年10月27日完成重大修订,2013年对公司资本制度作了重大修订)。1997年我国颁布了《合伙企业法》,该法于2006年8月27日由第十届全国人大常委会第二十三次会议作了重大修订,施行时间为2007年6月1日。1999年颁布了《个人独资企业法》。1999年颁行了《证券法》,于2005年12月27日作了重大修订。另外,我国国务院于2009年11月25日颁布并于2010年3月1日实施了《外国企业或者个人在中国境内设立合伙企业管理办法》,作为我国《合伙企业法》的配套经济法规直接允许中国公民个人与外国的企业、个人在中国境内设立合伙企业,而且取消了商务部门的审批程序。这是一项具有历史性进步意义的国家行为,体现了我国对外开放的广度和深度,表现了面向全球经济一体化局势下的国家自信和我国企业法律制度的完备。本书作者曾在2005年12月29日在《法制日报》发表了《外商投资企业审批制度应当彻底废除》的文章,时下的这种制度进步应该被看成是缓到的初步回应,更有力度的制度变革将会直接触及政府审批利益的整体丧失,阻力会极其大,而观念的转变其实不是真正的掣肘因素。按照《外国企业或者个人在中国境内设立合伙企业管理办法》的规定,外国企业或者个人在中国境内设立合伙企业有三种形式:一是两个以上外国企业或者个人在中国境内设立合伙企业,合伙人全部为外国企业或者个人;二是外国企业或者个人与中国的自然人、法人和其他组织在中国境内设立合伙企业;三是中国的自然人、法人和其他组织在中国境内设立合伙企业后,外国企业或者个人通过入伙或者受让合伙企业财产份额的方式成为合伙人。国家工商总局于2010年1月29日依据我国《合伙企业法》以及国务院发布的《外国企业或者个人在中国境内设立合伙企业管理办法》和国务院发布的《合伙企业登记管理办法》,制定发布了《外商投资合伙企业登记管理规定》。

在企业破产方面,我国于1986年颁布了《企业破产法(试行)》,其适用范围为全民所有制企业法人,1991年颁行的《民事诉讼法》中第十九章对非全民所有制的法人企业的破产作了规定。对于特殊类型的企业的终止清算,国家有关部委颁行了行政规章。数年前,有关机关曾经考虑制定统一的商业登记法,以取代公司企业、非公司法人企业、合伙企业、独资企业登记制度分立的立法结构,内容包括不设企业的各种经纪人,以及以营利为目的的私立医院、诊所、学校等机构、各类商业中介组织、个体工商户等,但目前没有进入实质性立法议程。2006年8月27日,我国《企业破产法》正式颁布,其适用范围为所有法人企业,其他法律规定法人企业以外的企业组织适用破产法进行破产清算的,可适用该法,如合伙企业。《企业破产法》于2007年6月1日正式施行。2007年3月16日,我国统一的《企业所得税法》由第十届全国人大第五次会议审议通过,并于2008年1月1日起施行。我国原先实行的内外资企业适用不同税率的情况彻底发生改变,我国旨在建立统一的公平的投资环境的制度安排有了新的保障。

我国国家工商总局作为企业登记的主管机关,发布了比较重要的一些行政规章,如1991年5月21日发布的《企业名称登记管理规定》、2000年12月1日修订发布的《企业法人登记管理条例施行细则》、2004年6月14日发布的《企业名称登记管理实施办法》,以及有关企业经营范围、法定代表人、注册资本、年检等事项所发布的专项规定等。

此外,我国最高人民法院为了规范各类企业纠纷的司法处理,根据相关法律的规定分别作出了集中统一的司法解释,形成了重要的法律制度的添附。最高人民法院的这些司法解释文件目前主要有:

(1) 2006年4月28日公布并于2006年5月9日起施行的《关于适用〈中华人民共和国

公司法〉若干问题的规定(一)》；

(2) 2008年5月12日公布并于2008年5月19日起施行的《关于适用〈中华人民共和国公司法〉若干问题的规定(二)》；

(3) 2011年1月27日公布并于2011年2月16日起施行的《关于适用〈中华人民共和国公司法〉若干问题的规定(三)》；

(4) 2008年8月21日公布并于2008年9月1日起施行的《关于审理民事案件适用诉讼时效制度若干问题的规定》；

(5) 2010年8月5日公布并于2010年8月16日起施行的《关于审理外商投资企业纠纷案件若干问题的规定(一)》；

(6) 2011年9月25日发布并于2011年9月26日起施行的《关于适用〈中华人民共和国企业破产法〉若干问题的规定(一)》。

2013年10月25日，我国国务院决定对公司注册资本制度进行改革，废止了有限公司3万元、一人公司10万元、股份有限公司500万元法定最低注册资本标准，并取消了实缴要求，实行认缴制度。2013年12月28日，第十二届全国人大常委会第六次会议通过对《公司法》的修订，完成了把国务院决定上升为法律制度的必要程序。从此，我国公司法奉行的法定资本制步入了除特殊行业的公司外，无法定最低资本要求和实缴要求的新模式中。

(二) 我国企业立法的特征

(1) 企业立法与城市经济体制改革及企业改革密切相关。以国有企业为例，从扩大企业自主权开始，进一步扩权、实行二步利改税、建立企业法人制度(体现两权分离的理论和原则)、建立破产制度、完善登记制度、实行承包经营责任制和租赁经营、完善企业经营机制和实行股份制改革等，每一步改革进程都会有重要的法律文件产生。其他如私营企业的产生、外资的进入等无不反映了对外开放、对内搞活的进程与相关立法的配套安排。一定阶段的企业立法正好反映了我们当时对社会主义经济的理性认识及改革实践。

(2) 传统的企业立法与所有制关系胶合一起，难解难分。我国的经济格局处在转型阶段，新旧体制的摩擦、替换以及伴随的观念调整不可能在短时期内完成，目前的企业立法体系中仍然保留了部分旧体制下的立法模式。由于我国原来的经济体制基本上沿袭了原苏联的模式，经济结构中以所有制关系来划分企业类型的做法通行，造成对不同所有制的企业由国家制定不同的立法，这种情况目前并未彻底改观。如此，使立法本身丧失了规范性和科学性，产生了大量宏观调控政策的随意性和短期性。这种做法表征了政府与企业主体的职能混淆，政府机构容易在规范企业行为过程中发生寻租行为，不同行业的产业政策性法律文件多如牛毛，致使企业立法有数不清的临时性规定，法律本身被人为地复杂化和碎片化，透明度不高。而在公布的法律文件中，又有大量的行政性指标和其他行政性内容，造成法律相互矛盾、重复，操作性差。

(3) 我国的市场环境不良特别是商业主体的诚信水准较低，造成引入国外市场主体立法经验时，处处存在打折情形。一些很新的制度规范被引进，但实施效果往往不乐观。

(三) 我国企业立法的完善

我国推行社会主义市场经济体制，市场主体的立法要求规范化，能够与国际立法相对接。因此，应逐渐取缔目前以所有制关系为划分标准确立企业法律制度的做法，而以国外通行的以企业法律形式搭建我国企业立法的体系。我国已经颁布并施行了《公司法》《合伙企业法》和《个人独资企业法》，而且《公司法》和《合伙企业法》已经作了重大修订。随着市场经济的逐步发展,这三部企业基本法将会不断完善,做到更科学、更规范和更加细化,并视商业活动的发展要求而增加新的企业组织形式,为投资者提供更多的选择机会。此外,我国原已确立的国有企业法、集体企业法、私营企业法及外商投资企业法要逐渐修正,使其变成资产管理、政策扶助方面的规范性法律文件。国家专营或者执行政府特殊政策的某些企业,不能适用《公司法》的,应通过制定国有特殊企业法或特殊法人企业法予以规制。

第二章

企业法律形式

第一节　企业法律形式的概念

企业法律形式(legal form of enterprise),是指企业依不同的法律标准和条件所形成的组织形式。企业法律形式决定企业内部的组织结构和企业的法律地位,表彰企业的信用基础,决定投资人的风险责任范围并决定国家的企业立法体系。企业法律形式的不同,在一定意义上讲,也是企业的一种分类,但它在企业法学的研究中是一个重要的问题,因而需要专章介绍。

企业法律形式具有以下几个特征:

(1) 企业法律形式是由法律予以规定的。对于投资者来讲,其在一国进行直接投资时,可以在法律规定的形式中进行选择,但不能够超越法律规定的范围。比如,外国投资者来我国投资办企业,法律所规定的企业形态有中外合资经营企业、中外合作经营企业、全外资企业以及合伙企业,在中外合资经营企业的框架内,可选择有限责任公司或股份有限公司;在中外合作经营企业和全外资企业的框架内,投资者可以选择有限责任公司或非法人企业。我国法律没有规定的企业组织形式如两合公司,投资者是不可以创办的。

(2) 企业法律形式是可以发展变化的。实践是法律的先驱创造者,某种投资实践一旦具有普遍的适用性,法律上可能会形成一种新的方式。如中外合作经营企业这种形式,就是在法律尚无统一规定的情况下,在我国广东地区首先由中外投资者通过协议创办,而后作为一种有效利用外资的方式被地方政府确认,并进而推广至全国的。1979 年,我国制定颁布了《中外合资经营企业法》,规定合资企业是股权式的,不允许参加合资的各方提前回收投资。但这一时期,来自我国香港地区的许多投资者却提出了提前回收投资的要求。我国地方政府为了拓宽吸引外资的渠道,为改革开放创造经验与范例,吸引先进的技术和管理制度,许可了外方投资者的要求,于是中外合作企业的方式便在广东普遍发展。当时国家并无关于这种投资形式的法律,但中央政府对广东省在对外开放的政策创立方面有授权,因此从法理上讲,广东省确立中外合作经营企业模式得到了中央政府的授权认可。经过若干年的发展,中外合作的企业形式在全国迅速推广,直到 1988 年国家始得颁行《中外合作经营企业法》,到 1995 年 9 月我国对外贸易经济合作部(现并入商务部)才发布《中外合作经营企业法实施细则》。有限合伙企业也是如此。我国 1997 年颁行的《合伙企业法》只规定了普通的合伙企业,未规定有限合伙企业。新世纪以来,学界和实际部门对有限合伙企业讨论甚多,允许设立有限合伙企业的呼声此起彼伏,2006 年 8 月 27 日修订颁行的《合伙企业法》终于规定了该种企业模式。从另一个角度看,一些相对古老的企业形式又因不适应社会的发展而被淘汰,如股份两合公司,许多年前它在大陆法系国家的投资领域是一种重要方式,如今由于投资者不愿选择而相继被各国或地区废除,如日本和我国台湾地区已在公司法中将其予以取缔。

(3) 决定企业内部的组织结构。不同的企业组织形式,法律提供了不同的投资人关系制度和企业的决策、控制、运营、监管等制度,以保障各类投资者在企业中的利益期望和企业自身的健康运行。如公司企业有股东会、股东大会、董事会、监事会等机构,合伙企业有全体合伙人委任的执行合伙人等。不同的企业机构承担不同的职责,共同作用以使企业得以经营,从而使投资者的利益追求步入现实的进程。

(4) 企业法律形式表彰企业的信用基础,决定企业的法律地位和投资人的风险责任范围。在市场经济体制内,不同形态的企业在法律上具有不同的法律地位,构造出了差别很大的投资人与企业、投资人与投资人、投资人与债权人之间的法律关系,不同类型的企业的投资者对企业以其名义产生的对外债务承担的责任迥然有别。由此,企业法律形式直接对外宣示出企业的信用基础。不同形式的企业,不仅在制度设计的各个方面,哪怕仅仅从企业的名称中,就可以宣示出投资人对企业债务的责任界限,而且依据一国的基本经济法律可以断定目标企业的法律地位。

(5) 企业法律形式决定企业立法的体系和结构。在市场经济条件下,涉及市场主体的立法在各国普遍以企业法律形式进行,因为只有它才具有适应市场经济发展要求的完备的科学性和规范性。我国过去的企业立法不以此为标准,至今面临着改革与完善的艰巨任务。但可喜的是,我国企业体制改革已经找到了这一规范立法的方向,《公司法》《合伙企业法》《个人独资企业法》已经颁布,且《公司法》和《合伙企业法》分别于2005年和2006年进行了重大的修订,《公司法》于2013年再次作出了重大修订。依据企业法律形式立法并不断修订完善,是我国市场经济体制稳固确立的必要保障,我们已经把这只巨轮推入了稳健和正常运行的航道。

第二节 几种主要的企业法律形式

投资兴办企业,作为人类谋生和积聚财富、建立事业的手段和方式,从典型意义上讲是由自然人单独或联合进行的。虽然在现代社会甚或古代社会也有较大规模的官办企业(如中国古代的官办水利和官办陶瓷工场等),以及现代的国有企业与企业兴办的企业(包括大量的由机构投资者持股的公司企业),但企业法律形式主要是基于自然人投资是单独进行或是联合进行而规定的,这不仅源于制度演进的传统因袭,而且强调人类社会利益的最终归属是自然人而非各种机构。在投资形成的社会关系中,机构的责任和权利无异于自然人,是可以被包容和同质融合的。

一、独资企业

独资企业(sole proprietorship),是由一个自然人投资兴办的企业。独资企业是企业组织形式中最简单和最古老的形式。这种企业在一些发达国家被称为独资所有制(individual proprietorship)。如果某人决定要开办一个这样的企业,如一家餐馆,此人就对该餐馆的成败负全部责任,全部的盈利(profits)归他个人所有,他也要承担全部的亏损(losses),即使是倾家荡产,业主也得将餐馆的负债予以清偿,此谓无限责任。在企业法、公司法上所说的无限责任,一定是针对投资者对其所投资企业对外债务的承担形式而言的。这里存在由三种利益相关主体围绕企业组织形式搭建的基本法律关系:一是投资者与其所办的企业的关系;二是企业与其债权人之间的关系;三是投资者与企业的债权人之间的关系。当企业无力偿还其债务时,投资者负替代偿还责任的,该投资者的责任就叫无限责任,投资者与企业的债权人之间也就会产生债务清偿法律关系;投资者完全履行了投资义务而没有法定义务替代企业偿还其债务的,该投资者的责任为有限责任,投资者与企业的债权人之间没有直接的债务清偿法律关系。企业对其自己的债务是直接债务、自然债务,负有直接的、全部的清偿责任,这种责任与“无限”“有限”的说法无关,投资者对其自己的债务所负的清偿责任也是如此。

独资企业的特点是:(1) 投资者仅为一个自然人,这同合伙企业、普通公司有区别(这里讲的普通公司是指由复数成员组成的公司,不包括一人公司和国有独资公司)。(2) 业主对企业事务有完全的控制支配权,其作出关于企业的决定时不必征求别人的意见,完全依自己的意志进行活动,所获的利润归他一人所有。(3) 从税收方面来说,独资业主一般负税较少,其交税为个人所得税,税率往往低于公司企业的税率,且不存在双重征税的问题。(4) 独资企业不取得法人资格,投资人对企业债务承担无限责任,即投资人不仅要以他投入企业中的财产为企业清偿债务,而且要以他的其他个人财产为企业清偿债务,风险较大,但企业对外的信用较好。(5) 由于企业的存在与业主个人的民事人格不可分割,企业随业主的去世而结束。在这种情况下,虽然企业之财产在整体上可由他人继承,并继续所经营之事业,但从法律上讲,原来的企业消亡了,新的企业产生了,原企业所欠的债务应视为旧业主的个人债务,除非企业之财产有抵押或依据法律的明确规定,债权人不得以该继承发生后的企业之财产为偿债之保证,新企业已经不是原来的企业了。按照我国《继承法》的规定,继承人在继承财产的范围内对原企业的债务承担责任。然而,个人独资企业如被整体转让,是否会产生企业合并的法律后果,个人独资企业的对外债务是由原业主承担还是由新业主承担,问题较为复杂,请读者参看本书“独资企业法律制度”一章的内容。

二、合伙企业

合伙企业中包含有普通合伙企业(enterprise of partnership)、特殊的普通合伙企业(limited liability partnership)和有限合伙企业(limited partnership)三种,这三种类型的合伙企业在我国2006年修订的《合伙企业法》中均已作规定。这里,作者只对普通合伙企业作介绍,有关特殊的普通合伙企业、有限合伙企业的法律质素,请读者阅读本书的第五章和第六章的相关内容。

普通合伙企业,在许多国家和地区直称为合伙或商事合伙,是指由二人以上按照合伙协议共同投资(各自提供资金、实物、技术、营业场所、劳务、技能、信誉等)、共同经营、共享权益、共负盈亏的企业。普通合伙企业在法律上仍被视为自然人、法人之间的联合经营形式,企业没有独立于合伙人的法律主体资格。某些欧洲大陆法系国家法律已承认合伙商业的法人资格,但并未改变合伙人的负责形式。

民事上的合伙在中外历史上均有古老的渊源。在罗马法中已有简易合伙和普通合伙之区别。单就合伙之关系构成来看,它是两个以上的自然人、法人因完成一项共同追求的事业而共同工作所形成的合作关系,这种关系所表现的形式为契约(包括口头契约)。由于所要完成的事业的性质、任务量、时间期限以及法律条件的不同,形成的合伙就有许多种类,普通合伙企业只是其中的一种。某些合伙,如证券交易合伙、出版合伙、宗教合伙、科研合伙等,或是不具备以营利为目的的宗旨,或虽有这种动机但法律上不要求其具备特定的要式条件如注册登记,只是就一项交易形成短期合作,合伙之关系极不稳定,没有长期性,一般视为民事合伙,由民事法律对其关系予以调整;而普通合伙企业则不同,它是合伙中最发达、形式最完备、具有长期性与稳定性又以营利为目的的一种合伙,其成立必须经注册登记,以签署书面合伙协议为必要条件,合伙协议成立后形成能从事商品生产和商业服务活动的企业实体。这类合伙在国外某些大陆法系国家被视为商事合伙,规定由商法加以规范和调整。

就普通合伙企业与其他法律形式的企业相比较,普通合伙企业具有一般合伙的特征,是独资企业与公司企业所不具备的。它主要包括:(1)由两个以上的自然人、法人或其他组织共同合作参加组建,这同独资企业只有一位自然人投资兴办有区别。(2)全体合伙人共同经营,合伙人之间在合伙之业务范围内形成法定的相互代理关系,这同公司企业有区别。公司企业的股东并不都有权直接管理企业,通常由股东会或股东大会选举产生的公司的机关管理企业,股东之间也不形成类似于普通合伙企业中的代理关系。(3)普通合伙企业赖以存在的法律基础是合伙协议,它以合伙人之间存有信任关系为基础,这与公司类企业是有区别的。有限责任公司的股东人数不多,也在一定程度上要求有相互信任关系以维系良好之合作,但没有合伙关系那样密切;股份有限公司的股东成千上万,根本不要求这种关系,股东之间相互不认识是很正常的。(4)普通合伙企业因以契约为前提,故而国家强制性要求较少,设立的条件较公司企业要宽松,当事人有较多的权利与机会充分协商合伙之条款,形成"合同即法律"的存在与发展的空间。(5)合伙人对企业债务承担连带清偿责任,即普通合伙企业对外承担债务清偿责任不以合伙人在企业中的投资以及企业积累的财产为限,当企业无力清偿债务时,债权人有权向任一或全体合伙人要求清偿全部债务,清偿了全部企业债务的合伙人可要求其他合伙人按合伙协议约定之比例向其予以补偿。(6)普通合伙企业由于没有法人资格,且合伙人要负连带责任,故法律上并无注册资本的要求,合伙人也可以劳务、技能、社会信誉等方式参与投资,只要其他合伙人同意即可。(7)普通合伙企业虽然可以经债权人提起以破产方式了结业务进行清算,但法律并不免除合伙人的无限连带责任。法人企业破产时由于法律制度事先设置了有限责任的保护屏障而不可能追究投资者的其他责任,债权人未获清偿的债权自动消灭;自然人破产,如果该自然人没有重大的欺诈行为,其无力清偿的债务也会灭失,代价只是他的某些公权和生活消费空间会在一定期限如4年内受到法庭的限制。合伙企业的投资者对企业债务承担无限连带责任,这与破产免责制度是完全冲突的。因此,法律赋予合伙企业破产资格,仅仅是因为债权人担心合伙人除在普通合伙企业中的财产份额外无其他财产用来偿还普通合伙企业的债务,提起破产清算程序可以防止个别债权人抢光普通合伙企业的财产的情形发生。

三、公司企业

公司(company, corporation),是指以营利为目的,由一个股东单独投资组建或者特定人数的股东联合投资组建,股东以其投资额为限对公司负责,公司以其全部财产对外承担民事责任的企业法人。公司一经登记成立,便具有法人资格。

在现代企业形式中,公司是最具典型意义的、占有资产最多、经营规模最大的一种企业组织实体。各国因受法律传统和文化传统的影响不同,所确立的公司类型也有很大差别。

在大陆法系国家，有无限公司、有限公司、两合公司、股份有限公司及股份两合公司等，其中对于股份有限公司又从立法上及学理上区分为股票上市公司和不上市公司。在英美法系国家，“公司”一词可以为各类营利性组织的名称中采用，独资企业和合伙企业当不例外；而有限公司中则根据股份发行的范围区分为私人公司、公共公司或者封闭型公司、开放型公司等。

公司的资本和财产与其出资人的个人财产相分离而存在，由公司独立支配和运营，其独立性比普通合伙企业和独资企业强。此外，公司本身是独立于投资者的另一个民事主体，而独资企业与普通合伙企业在本质意义上则不是。公司的历史距今约有四百年，然而它作为商品经济发展的必然产物，作为市场经济社会商业存在和发展的基本形式，对资本主义的发展起了至关重要的作用。它在聚集资本、分散风险、创造新的商业文明和积累社会财富方面远比独资企业、普通合伙企业有更多的优势。

概括地讲，公司企业有如下的特征：(1) 公司具备法人资格，是独立的市场主体。公司经合法成立，便在法律上形成了与投资人相区别的另一个民、商事主体，成为民事和商事权利义务的享有者和承担者。公司以自己的名义对外进行各类民事活动和商事活动，以自己的财产对外承担民事责任。依据我国法律的规定，公司得在其章程中确定董事长或者经理为其法定代表人。(2) 股东人数符合法律规定。传统法理认为由于公司具有社会团体的性质，单个的自然人不具备团体性，因而不宜于一人创办公司，因此坚持这种法律理念的国家和地区不承认一人公司。但是，最近三十多年来，许多国家修订公司法承认一人公司。我国2005年修订的《公司法》规定有限责任公司由50个以下的股东出资设立，其股东人数的下限为1人；股份有限公司的发起人为2人以上，200人以下。如果一家股份公司是以发起方式设立的，其股东人数的下限为2人。(3) 股东对公司债务不承担个人责任。股东依公司法的规定，向公司投资，只要符合章程和投资协议的要求，并且股东不存在非法利用公司人格和股东有限责任损害债权人利益的行为的，公司如发生经营亏损，股东只以其投资额为限对公司负责，债权人的债权在公司无法满足时不得向股东请求。股东的责任是有限责任，而独资企业的业主和普通合伙企业的合伙人、有限合伙企业的普通合伙人则对企业债务负无限责任或无限连带责任。相比较而言，股东的风险较独资企业的业主和普通合伙企业的合伙人、有限合伙企业的普通合伙人的风险要小。(4)公司不得接受以个人信用、名誉、企业商誉、经营管理经验和劳务的投资。投资到位后，有限公司的股东取得出资证明书，也称为股单；股份有限公司的股东取得股票。股单和股票均成为特定投资财产的证明文件，是有价证券。当然，股单和股票虽同属有价证券，但它们的流通性却有天壤之别。(5) 公司设立、运营的基本准则是公司章程，而普通合伙企业、有限合伙企业和个人独资企业则一般不制订企业章程。公司的章程是公司作为法人机构宣示其合法存在的基本法律文件，由公司的设立人制订，其主要内容应符合公司法的规定，公司章程对公司、股东、董事、监事及公司的高级管理人员有约束力，违反公司章程的行为是无效的(但要注意公司不得以此为由对抗善意第三人)。对于公司企业来讲，通过章程所受的公共意志约束较合伙企业通过合伙协议所受的同类约束更严格。公司往往要向政府机关按期提交反映企业资本、经营业绩、股东变化等各方面情况的各种报表。(6) 公司利润的分配原则是依据股东出资比例进行分配，但有限责任公司可以通过股东协议、股份有限公司可以通过公司章程就此依法作出特殊安排。合伙企业的利润分配，如合伙协议中无约定或约定不明确，首先由合伙人协商确定；协商不成的，按各合伙人实缴的出资比例分配；无法确定出资比例的，由合伙人平均分配，而不论各合伙人出资多寡。个人独资企业则由业主一人独享全部利益。(7) 公司企业是独立的纳税主体,也具有破产资格。

第三节 企业法律形式选择

在本章前一节我们讨论了企业的几种法律形式。由于企业法律形式是由法律对市场经济条件下投资者从事商业活动所提供的一种基本途径和方式,因而在创办企业的活动时首先面临着法律形式的选择问题。投资者在法定形式中的选择是有效的,超出法定范围是不可能选择的,更谈不上受法律保护。

每一个投资者在进行投资活动时都有不同的客观情况和主观愿望,选择企业法律形式就要根据主观和客观的具体情况,结合法律规定来进行。通常,影响投资人选择企业法律形式的因素主要集中在以下方面:(1) 准备经营事业的性质和规模;(2) 参加经营事业的人员的数量、功能分配、责任心和其他素质,以及相互之间的信任关系状况;(3) 利润分配和亏损负担的结构;(4) 资本和信用的需求程度;(5) 风险的大小;(6) 投资利益转让的方便等。如果法律对某种行业规定了最低资本要求,甚或对投资者的身份有限制性标准规定,投资者的选择能力事实上会被压缩。

具体来讲,选择企业法律形式必须对下列因素进行综合的比较把握,以便使投资者根据自身情况和愿望选择最适当的形式进行投资活动。

一、税收

在西方发达国家中,企业创办人首先考虑的因素是税收。在美国有关公司法的书籍中,将这一因素称为决定性的因素。

以美国为例,作为法人组织的公司,由于它具有不同于其组织成员的独立法律人格,因此它是公司所得税的纳税义务人。公司盈利完税后,股东依其股份分得股息和红利,是个人所得,要计算缴纳个人所得税。由此可见,公司的利润在分到股东手中时,要计征两次所得税,即公司所得税和个人所得税。合伙企业和独资企业不同于公司企业。合伙型企业不取得法人资格,只是在各合伙人之间形成一种契约关系,所以它不是独立的所得税纳税义务人,而独资企业更不具有法人资格,也不是所得税的纳税义务人。因此,对合伙人和独资业主来讲,他们按合伙合同分得利润以及从企业单独取得收入时,只向政府缴纳个人所得税,而进行商业运作的企业则不作为纳税主体承担纳税义务。可见,合伙企业和独资企业的利润在分配至投资人手中时,只缴纳一次所得税,即个人所得税。当然,在税收上,公司有一些税收优惠的措施,而个人负税中抵扣的部分给纳税人带来的利益并不是很大。

2000 年 6 月 20 日,我国国务院下发了《关于个人独资企业和合伙企业征收所得税问题的通知》,为公平税负,支持和鼓励个人投资办企业,自 2001 年 1 月 1 日起,对个人独资企业和合伙企业停止征收企业所得税,对投资者的生产经营所得,比照个体工商户的生产、经营所得征收个人所得税。如此一来,我国独资企业、合伙企业均不再作为企业所得税的纳税主体,改由投资者缴纳个人所得税,与国际上一些发达国家的税收规定一致,取消了双重征税。而小规模的投资者如选择了个体工商户或个体合伙形式,也只是缴纳个人所得税,即缴一次税。按照 2005 年 10 月 27 日第十届全国人大常委会第十八次会议通过修订的并于 2006 年 1 月 1 日施行的《中华人民共和国个人所得税法》和 2005 年 12 月 19 日国务院修订的《中华人民共和国个人所得税法实施条例》的规定，个体工商户（包括个人独资企业业主和合伙企业的合伙人、企事业单位的承包经营者和承租经营者）的生产经营所得的税率为5级超额累进税率，纳税人以每一纳税年度的收入总额，减除成本、费用以及损失后的余额，为应纳税所得额。其中，全年应纳税所得额不超过5000元的，税率为5%；超过5000元至1万元的部分，税率为10%；超过1万元至3万元的部分，税率为20%；超过3万元至5万元的部分，税率为30%；超过5万元的部分，税率为35%。

2007年3月16日，第十届全国人大第五次会议正式通过了内外资企业所得税税率并轨的《中华人民共和国企业所得税法》，并确定于2008年1月1日起施行。《中华人民共和国企业所得税法》不适用于个人独资企业和合伙企业，只适用于有法人资格的各类企业，包括外商投资企业。该法确定的法人企业的所得税税率为25%。《中华人民共和国企业所得税法》规定：对国家需要重点扶持的产业和项目给予税收减免优惠，如从事农、林、渔、牧业项目的所得，从事国家重点扶持的公共基础设施项目投资经营的所得，从事符合条件的环境保护、节能节水项目的所得等；对符合条件的小型微利企业，减按20%的税率征收企业所得税，对国家需要重点扶持的高新技术企业，减按15%的税率征收企业所得税；民族自治地方的自治机关对本民族自治地方的企业应缴纳的企业所得税中属于地方分享的部分，可以决定减征或者免征；企业开发新技术、新产品、新工艺发生的研究开发费用的支出和安置残疾人员及国家鼓励安置的其他就业人员所支付的工资可以在计算应纳税所得额时加计扣除；该法公布前已经批准设立的企业，依照当时的税收法律、行政法规规定，享受低税率优惠的，按照国务院规定，可以在该法施行后5年内，逐步过渡到该法规定的25%的税率；享受定期减免税优惠的，按照国务院规定，可以在该法施行后继续享受到期满为止，但因未获利而尚未享受优惠的，优惠期限从该法施行年度起计算。国务院对各类企业的税收优惠可另行作出规定。

二、开办费用的大小与程序的繁简

企业开办时，通常会发生一系列的费用。开办费用不得列入企业注册资本金范围内。一般对小额开办费由投资者直接支付，花费数额较大时由公司设立人先期垫付后再经创立大会审核计入公司成本费用。就我国而言，企业开办的费用大小不一，少则几百元，多则上百万元，这当然是投资者在开办企业时需要考虑的一个因素。

对于开办个体工商户的投资者来讲，由于其经营规模不大，雇工人数不是很多，他所要筹措投入运营的资金不会太多，开办费也相对要少得多，并且开办的手续也很简单。依据现行规定，他只要提供户籍证明或身份证明，提供营业场地使用证明、提供非国家党政机关工作人员身份证明即可直接向工商登记机关申请营业执照。私营独资企业的开办费用虽然较个体工商户要大一点，但开办的程序却也不甚复杂。合伙企业赖以存在的法律基础是合伙协议，协议的制定与法律的某些强制性规定如不是直接冲突则是有效的。合伙企业成立时应提交合伙协议、合伙人身份证明、企业经营场所使用证明等文件。

公司企业成立时，则在手续的复杂性上远胜于独资企业和合伙企业，开办的费用也较大，如果开办股份公司，则程序更为复杂，费用也更大，提交的文件会更多，开办费少则几万元，多则达到上百万元。

三、资本和信用的需求程度

就普遍的情况来看，开办人有足够的资本，并愿意以个人信用为企业信用的基础，而且预计企业规模不会有很大的扩展，采用独资方式较为适宜；如开办人有一定的资本，但尚不足，又不想使未来的事业规模太大，或者扩大规模受客观条件的限制，采用合伙企业或有限公司的形式更为适宜；如需资金额巨大，而且希望所经营的事业规模宏大，采股份有限公司较为适宜。投资人资金不足时，可以联合其他投资者共同创办企业，也可以先办成有限责任公司，待时机成熟后变更为股份有限公司。

四、企业的控制和管理方式

一般地讲，投资者对企业的控制权与企业创办的资金来源成负相关关系，企业的资金来源渠道越少，出资人对企业的控制权就越大。因此，投资者如若想直接、最大限度地控制企业，可选用独资企业或者一人公司的形式。在合伙企业和普通有限公司条件下，投资人需要与其他投资人协商处事、共同合作，对企业实施控制和管理。如果购买了股份公司向社会公开发行的股份，由于股东众多且持股相对分散，小规模投资者对企业的控制权就更弱了。

五、利润分配和亏损的承担方式

在独资企业情况下，业主无需和其他人分享利润，其代价是业主一人承担企业的亏损。

在合伙企业形式下，利润和亏损由合伙人通过协商在合伙协议中约定；未约定的，临时协商办理；协商不成功的，按照各合伙人向合伙企业的实际出资比例确定；无法确定出资比例的，利润和亏损由每个合伙人按相等的数额分享和承担。在有限公司和股份有限公司条件下，公司的利润是按股东持有的股份比例和股份种类分享的，但是法律允许有限公司的章程约定另外的分配方式。对公司的亏损，股东个人不承担投资额以外的责任，虽然亏损的事实会影响和减少他们的股息、红利以及出售股票的价格。

六、投资人的责任范围

对企业所负债务，不同企业形式下的投资人所负债务责任界限不同，主要分为无限责任、无限连带责任和有限责任三种。

在独资企业条件下，企业主对债权人的债权请求负无限责任，其清偿债务的范围不以业主投入企业的财产为限。

在普通合伙企业情况下，合伙人对债权人的债权请求承担无限连带责任。就无限责任来看，每个合伙人和独资企业主是一样的，不同之处在于合伙人对企业债务不仅负无限责任，且要负连带责任，单个的每一位合伙人可能会对企业的全部债务首先予以清偿，尔后由其再向其他合伙人追偿。可见，在普通合伙企业形式下，每个合伙人在理论上虽然对合伙企业的债权人承担的责任要小，但连带责任的规定有可能使他承担合伙企业不能清偿的全部债务的责任，而向其他合伙人的追偿能否实现并不确定。在有限合伙企业中，有限合伙人承担的责任如同有限公司的股东那样，而普通合伙人则承担无限连带责任。

在有限公司和股份有限公司形式下，股东仅以其出资额为限对公司债务负责。

七、投资人的权利转让

独资企业主如转让他经营事业的权利,就等于出售企业,如转让一部分权利,可能会形成新的企业类型,如普通合伙企业。

合伙企业合伙人的权利一般来讲也是可以转让的,但要经其他合伙人一致同意。合伙人的权利主要分为以下几种:第一种是基于出资形成的与其他合伙人对合伙财产的共有权。合伙人在合伙存续期间不得要求分割合伙财产,除非全体合伙人均表同意,且要避开合伙事业的繁忙季节,于特定的时间提前提出。第二种是合伙人对合伙事业的管理权,不得转让。第三种是合伙人从合伙事业中分得的利益,是合伙人的个人财产,可由合伙人任意转让处理给第三人,但该第三人无权参与合伙管理,即使该第三人为普通合伙人的债权人。

有限责任公司的股东转让其股份,应依公司章程之规定办理,经全体股东的过半数股东的同意。股份有限公司的股东可自由转让其股份,但须依法律和章程的规定办理。不上市的股份有限公司,股东转让股份时应按章程办理;上市的股份有限公司,股东转让股份时可通过证券公司代理在股票交易所转让。

八、企业的存续期限

独资企业的存续期限一般以独资企业主的生命为限。如果业主去世,另有人继承其事业,则应视为一个新的企业。合伙企业从技术意义或法律原理上说,可以因一个合伙人的死亡、破产、退出、丧失行为能力等原因而终结。但事实上,剩余的合伙人可以通过多种协调方式使合伙企业保留下来。有限公司的存续期限一般在企业章程中订明,而股份有限公司如果章程不订明存续期限,则视为永久存在,不因股东的变化而受影响。

上述八项选择因素是相互关联的,投资人在选择企业法律形式时,需依据投资的目的、动机、条件,对各项因素进行综合分析,以选择出最适宜的企业法律形式。

第三章

企业设立法律制度

第一节　企业设立的概念和条件

一、企业设立的概念和法律效力

企业的设立，也称为企业的开办，是指企业设立人为取得企业生产、经营的资格，依照法定程序所实施的创办企业行为的总称。如果所设立的企业能够取得法人资格，则这种行为也可称为创设法人的行为。

企业设立依各国法例贯彻特定的设立原则。世界上由于法系、人文环境和市场经济发达程度的不同，在企业设立法律制度上各国依循的原则有所不同。历史上和现代社会所出现的设立原则大致有自由设立原则、特许设立原则、准则设立原则、行政许可设立原则等四种。自由设立原则主要是在欧洲中世纪以前存在，我国封建社会也大致如此，设立人要设立一个企业，一般不必报经政府批准。特许设立原则体现国王的王权或议会的权威，即某一特殊企业的设立须经国王或议会的特别许可，如英国于1600年成立的东印度公司即是如此。准则设立原则是适应资本主义市场经济高度发达阶段的产物，即由政府将企业设立的标准条件用法律予以规定，设立人依法律规定准备条件，尔后在法定的企业注册机关进行注册，政府不做实质性审查即可使企业宣告成立，故这种原则被实际部门称为注册制。行政许可设立原则与自由设立原则相反，是由特许设立原则演绎而来，并成为准则设立原则的补充，指企业的设立不仅要与法律之规定相符，还要经过政府的批准。我国现行企业（含公司）立法对企业设立体现了准则设立和行政许可设立相结合的原则，这与我国市场经济刚刚起步、商业文明尚不发达的国情是相符的，但其趋势是准则设立原则越来越占据主导方面。

封建社会时期，企业的组织结构较为简单，士农工商普遍接受礼教教化，社会信用不需要编制复杂的技术程序就可以得到维持，政府重农抑商的政策遏止了企业的大规模组建，围绕企业行为发生的交易数量不大，因此企业的自由设立一方面没有破坏当时的社会结构，另一方面未给正常的商业运作制造风险，政府放任其自生自灭也就不足为怪了。到了资本主义社会阶段，企业的规模作大，创办企业成为人类生活的主流选择，企业的组织结构变得非常复杂，登记确认企业设立和记载投资人的利益，公示企业的资本、投资者等成为交易安全的必要步骤，于是登记制度取代自由设立。

企业设立的程序（步骤）主要有以下方面：第一，企业设立人（指个人独资企业的业主、合伙企业的全体合伙人、有限责任公司的全体股东、股份有限公司的发起人）根据自身投资的愿望、条件、风险责任判断、税负、其他客观环境条件等因素，选定所设企业的法律形式，同时签署企业设立协议或发起设立协议。第二，设立人或者全体设立人指定的代表或者共同委托的代理人首先向企业登记机关申请企业名称预先核准。第三，全体设立人依据法律规定准备企业开办的各项条件，包括场地租用、资金筹措、章程起草，经营特别行业需经政府批准的或者拟定的企业经营范围中有需政府批准的项目的（企业设立后其经营范围中增加此类项目的，以企业名义申请批准）以预先核准的企业名称报有关政府机关履行批准手续。第四，政府有关审批机关接到申请后进行实质审查，并作出批准与否的决定。第五，设立人或者全体设立人、股份有限公司的董事会指定的代表或者共同委托的代理人持政府批准的文件、其他有关证明文件和《企业设立申请书》向企业登记机关申请登记。第六，企业登记机关受理企业登记申请文件后一般进行形式审核，特殊情况可能进行实质审核，对企业章程中存在违反法律、法规的内容的要求进行改正。所有申请文件齐全且无其他问题的，应当当场予以登记；需要调查核实的，自受理之日起 15 日内（《公司登记管理条例》和《个人独资企业登记管理办法》规定为 15 日，《合伙企业法》和《合伙企业登记管理办法》规定为 20 日）作出是否准予登记的决定。予以登记的，发给《企业法人营业执照》或《营业执照》及副本，不符合条件者则视具体情况要求设立人补办或否决申请不予核准。第七，由登记的企业持《企业法人营业执照》或《营业执照》刻制公章，开立银行账户，申请纳税登记，尔后开始从事生产经营活动。

企业设立是一种民商事行为，通常会产生一定的法律结果。这种法律结果也可以表述为法律效力，具有以下内容：

（1）企业设立应如实填报各种文件，真实如期地缴付出资，如因违反法律规定特别是企业登记法律规定的，要受到有关机关的处罚，甚至会被吊销执照。我国《公司登记管理条例》第 2 条第 2 款规定：“申请办理公司登记，申请人应当对申请文件、材料的真实性负责。”我国《合伙企业登记管理办法》也有同样的规定。上述规定说明，我国企业登记机关开始放弃对企业设立的实质审查，转而进行形式审查，这符合市场经济体制框架下主管企业登记事务的机构的适当职责，也可以避免登记机关对企业设立插手过多以至于造成行政越权。企业设立过程中，设立行为对他人造成损失，或者因设立行为而发生债务，全体设立人应当承担连带清偿责任；企业设立不成功，已收的非设立人的股金要如数并加银行利息退回。

（2）企业设立成功后，企业对企业名称取得专有使用权，其他企业或个人不得盗用企业名称从事商业活动或其他活动，企业可依法许可与企业存在关联投资业务的其他企业有偿使用其名称中的字号。

（3）企业设立成功，就依法取得了生产经营的资格，企业即可按注册登记的经营范围和经营方式开展商业生产经营和商业服务活动。

（4）符合法人条件的企业，一经设立便具有了法人资格，自主经营，自负盈亏，独立核算。

（5）企业的商业活动应依法在核准的经营范围内开展，否则可能会因为董事、高管人员越权的原因或者触犯国家禁止性规定而导致企业行为无效和受到行政处罚。

二、企业设立的一般条件

企业设立的一般条件是指不同法律形式、不同行业、不同投资来源、不同所有制的企业设立时应具备的共同条件。主要有：

(1) 产品或经营成果以及商业服务活动为社会所需要,且为法律所允许。

(2) 有自己的名称和住所。企业的名称是企业区别于其他法律主体的标志和符号,企业的名称应当符合法律规定;住所是指企业的主要管理机构所在地,住所在法律上的意义在于确定企业的空间位置,便于建立企业对外的联系和搭建社会管控网络,如确定企业纳税区域和司法管辖等。一些生产型企业还可能拥有自己的或者租赁使用的生产场地和厂房,以作为进行生产、科研、产品展示、货物储存和销售、提供商业服务的基地,这类企业没有这样的空间便无法正常从事上述活动。

(3) 有符合国家规定的资金。一般来讲,公司企业的投资额称为注册资本,非法人企业的投资称为资金数额,企业如不具备与其经营规模相适应的资金,便不能有效地开展各项业务活动,也无法对债权人的利益提供保障,从而使社会经济秩序发生紊乱。

(4) 有与生产经营活动规模相适应的从业人员。

(5) 要有相应的管理机构和负责人。法人企业要有法定代表人,其管理机构要符合公司法及其他有关法律的规范性要求;非法人企业要有企业负责人,如合伙企业的合伙事务执行人,个人独资企业的经理、厂长等。

(6) 有明确的符合法律规定的经营范围。

(7) 有明确、规范的财务会计制度。法人企业要实行独立核算,自负盈亏,能够编制资产负债表、损益表、利润分配表等,独立申报纳税事宜。非法人企业也须依法建立财务会计制度。

三、企业设立的特别条件

(一) 不同法律形式的企业设立的特别条件

公司企业设立以后即取得法人资格,因此法律上要求其开办的条件较合伙企业和独资企业要严格。除前述一般条件外,我国《公司法》和 2005 年、2014 年国务院修订颁行的《公司登记管理条例》还要求具备:(1) 股东共同签署或者创立大会批准的公司章程。(2) 健全的公司管理机构,包括股东会或股东大会、董事会、监事会、经理、财务部门等。(3) 股东通过投资协议或章程认缴注册资本并对其认缴行为负责,其中法律对有限公司、股份有限公司最低资本金另有规定的,服从其规定。(4) 公司的股东以货币、实物、知识产权、土地使用权以外的其他财产出资的,须满足可以用货币评估价值并能够依法转让的条件。股东不得以劳务、信用、自然人姓名、商誉、特许经营权或者设定担保的财产等作价出资。(5) 公司委任董事、监事、高级管理人员应不违反《公司法》第 146 条的规定。(6) 有限责任公司的股东人数为 1 人以上 50 人以下,股份有限公司的发起人最少为 2 人,最多为 200 人,其中须有半数以上的发起人应在中国境内有住所。(7) 股份有限公司以募集方式设立向社会公开发行股票的,发起人认购的股份不得少于公司股份总数的 35%,且要经国务院证券管理部门核准,要公告招股说明书,制作认股书,由依法设立的证券经营机构承销,并同银行签订代收股款协议。

合伙企业,依据我国《合伙企业法》和国务院于 2007 年、2014 年修订颁行的《合伙企业登记管理办法》的规定,则要有合伙协议。合伙协议对合伙的目的、经营事业、企业名称、合伙种类、投资数额和方式、合伙企业事务执行人、利润分配和亏损承担、入伙、退伙、纠纷解决等作出约定。

独资企业,在我国《独资企业法》和 2000 年 1 月 13 日国家工商局颁行的《个人独资企业登记管理办法》没有提出较一般条件更多的其他条件。

（二）特殊行业的企业设立的特别条件

对于一般行业的企业开办，市场经济国家的通行做法是交由投资者自由决定，并在注册登记的相关文件中加以体现。对于向特殊行业投资开办企业，政府都安排有审核批准的程序要求。被政府管制的特殊行业的范围各国并不完全一致。在我国，如大型工业企业设立时要选址、征地搞基本建设，要有能源、原材料、交通运输的必要条件安排，有污染的企业则要符合环境保护的要求，探矿采矿业、空中运输企业、危险品生产企业、医药生产企业等不仅要有完整的物质基础条件，而且要经过政府的审核批准；由政府规定市场准入标准并要求审核批准的其他行业有饮食服务业、房地产开发业、建筑企业、各类金融企业、新闻媒体企业、烟酒生产企业等。因此，特定行业的企业设立或者企业经营范围中涉及政府管制项目的，应当经过政府批准。

第二节 企业设立审批制度

在我国，随着经济体制市场化取向的纵深发展，传统的企业设立审批制度正经历着简政放权的革新，近年来政府每年都会取消数量不等的企业审批项目，包括对新设企业的审批，以回应市场经济的运行对政府职能转变的要求。主要资本主义国家虽然在 19 世纪下半叶对包括股份公司在内的企业设立均已采取准则主义制度，但随后又实施了某些严格的措施以维护交易的安全，防止公司滥设和利用公司从事欺诈，如规定公司的最低资本额，加重公司发起人的法律责任，确立大股东和董事的资格及义务，规定董事会秘书，强制性要求上市公司设立和运行中的信息披露等，学理上称其为严格准则主义。此外，对某些特殊行业的企业设立仍然采取审批控制手段，如火力发电、银行、核电、医药等，在美国供应吗啡类医药产品的企业全国也只有 3 家，我国澳门特别行政区政府于 2002 年以来共新批博彩公司执照 5 家，目前合计共有 6 家，美国政府于 2007 年最终否决了其中东盟友阿拉伯联合酋长国的商人对美国港口公司的收购要求等。在企业设立体制中，发达国家和地区事实上把彻底贯彻准则主义和维护经济安全（包括国家安全、国民经济安全、社会公共利益安全）以及有限资源的分配予以结合考量，是有广泛的借鉴意义的。

20 世纪 90 年代，我国相继颁布了《公司法》《合伙企业法》《个人独资企业法》，准则主义的企业设立制度已在其中有所体现，并且在 2005 年 10 月修订的《公司法》（2013 年再次修订）和 2006 年 8 月修订的《合伙企业法》中比较彻底地贯彻了准则主义，即一般的公司和合伙企业凭借当事人的意志就可以设立，但在某些特殊行业中设立公司、合伙企业的由法律、行政法规规定须报经有关部门审批，投资者在申请设立登记前以预先核准的企业名称首先报请政府机关批准；公司、合伙企业的经营范围中凡有须报经政府机关批准的项目的，可在设立登记前报经批准，也可在公司、合伙企业成立后申请批准。我国《公司登记管理条例》《合伙企业登记管理办法》和《个人独资企业登记管理办法》都体现了上述精神。从总体上来看，我国企业设立基本上贯彻了注册制，需要审批设立的情况有如下三种：

1. 产业管制政策专属审批

在现代社会经济体系中，某些行业的企业一经设立，单个的企业就会拥有浩大的资本和现金流量，它们占有重要的经济资源，与国家的经济安全和国民的生活保障息息相关。政府关注这类企业的经营状况，同时为了确保新设企业的质量，合理分配垄断性经济资源，保障政府经济发展和社会发展计划的实现,通过审批来掌控这些行业的经营格局是必要的。对进入这些行业的新设企业的产业管制政策性审批包括中国中央政府的银行业监督管理委员会对新设金融企业的审批,如 2007 年 3 月 20 日中国银监会批准汇丰、渣打、东亚、花旗四家银行在中国设立的有限公司法人银行,中央政府的证券监管机关、保险业监管机关对证券公司、期货公司、信托投资公司、保险公司类企业的审批,国家发改委和国务院对新建大型工业企业建设项目的审批,地方政府、中央政府有关部门甚或国务院对电信企业、能源企业、进出口贸易企业、高新技术企业的审批等。此外,在我国设立股份有限公司,凡向公众发行股份须由国务院证券监管机关审核批准。

2. 特殊行业经营资格确认审批

现代社会中,千千万万个企业设立后生产的产品品种或提供的商业服务项目不断细化,许多行业中企业经营的产品和服务与国计民生关系密切,涉及公共安全的保障和公众利益的维护,政府不仅对这类行业的经营活动制定出严格的标准,而且对进入到这类行业的企业的资格予以审查,以把不合格的经营者封堵在市场中特殊产品或者服务的供应者门外。市场经济发达国家为了提高企业设立的效率,把企业的商业登记与企业经营管制行业的行政许可分别处理,即所设企业如果不涉及政府特别监管和特别准许的,可先行由投资者组建企业并完成登记,设立后的企业如其经营的内容需经政府部门许可的,则由企业向政府申请获取经营牌照。无论是在国外发达国家还是在我国,不需要政府专审许可的行业,企业一经设立即可开展经营活动。我国目前的企业设立制度将需由政府专审许可的项目的申请审批程序设置在企业登记以前,这种做法使得某些企业的设立时间会延长,时间的拖延往往是由履行审批职责的政府机关低效率运行所致,而不在于登记机关。政府有关部门对经营危险化工产品、对环境存在重大影响的产品、涉及人身健康的医药保健产品、汽车生产、锅炉生产、烟酒类产品、计量器具产品、民用航空服务、律师会计师服务、旅游服务、进出口商检服务、印章制作服务、典当业、民用建筑、房地产开发等企业设立的申请依法履行审批职责。新设企业拟从事的经营业务如包含有前述项目的,须在企业申请登记前先行报请政府有关部门审批。

总的来看,目前实行的特殊行业经营资格确认审批制度尚不完善,在深化体制改革的过程中,有必要进一步简化程序,减少审批的项目,转变政府职能,以方便投资者设立企业,推进社会主义市场经济的发展。与此同时,基于我国控制碳排放的经济发展模式的确立,我国政府时下推行产业结构调整,对于以前设立的各种高污染的五小工业企业及其他严重污染环境的企业施行强制关闭,对于一些食品生产企业严重违法使用添加剂的予以严厉处罚直至关闭,对婴幼儿奶粉按药品标准实行管治等,同样体现了政府对这些特殊行业企业的强行监管。

3. 对外商投资企业的专项审批

目前,我国还保留有对外商投资企业的审批制度,凡在我国境内设立中外合资经营企业、中外合作经营企业、外资企业的,除按规定实行备案管理的以外,都需经过商务部门审批;但是,外商投资合伙企业及港澳居民在境内投资个体工商户,依据国务院规定以及地方政府的安排,已经突破了政府审批的制度藩篱,进入到同等国民待遇的境地。作者以为,在我国加入世贸组织后,之前建立的对外商投资企业的普遍的审批制度已经丧失意义,应当区分不同情形加以调整:对鼓励类的项目应改为备案制度;限制类的项目保留审批制;基于产业结构调整和环境保护的国家政策,对任何工业制造业项目的环境审核和重大投资项目投资审核，适用内外一致的审核制度；对可能关涉国家安全、经济安全和跨国并购涉嫌垄断的审查，当然予以保留，但也要考虑建立适当的程序规则。2016 年 9 月 3 日第十二届全国人民代表大会常务委员会第二十二次会议对《外资企业法》等作了修改，将原来一揽子的审批制度改为有条件的备案管理制度，相关内容详见本书第九章第一节。

第三节　企业设立登记

企业设立登记是指由设立人或者其委托的代理人依法向企业注册机关提出申请，注册机关进行形式审查无误后记载申请内容、确认企业设立、颁发营业执照的行为。企业设立登记是企业登记的一种，企业登记还包括变更登记和注销登记。其中，最主要的企业登记是企业设立登记。

一、企业登记机关及权限管辖

企业登记须在国家企业注册机关进行。各国企业登记机关有所不同，有的以法院为登记机关，如波兰、德国、法国等。德国《商法典》第 8 条规定："商业登记由法院履行"，德国《有限责任公司法》第 7 条规定："公司应向公司所在地有管辖权的法院申报，从而登记入商业登记簿。"在实践中，几乎所有的商业登记活动都在德国地方法院进行，地方法院就成了企业登记的主管机关。根据法国 1984 年《关于商事及公司登记的法令》第 4 条的规定，商事及公司登记簿由各商事法院或大审法院的商事书记官掌握，并由院长或专门委派的法官监督。有的在政府注册官署或其专设的附属机关进行登记，如美国、日本、意大利和中国及其香港特别行政区、台湾地区等。在美国企业设立登记事宜由各州州务卿秘书处负责，日本由政府的法务省负责企业的法人登记和营业登记，我国香港地区则由税务局下设的公司注册处负责，我国台湾地区制定有专门的《商业登记法》，其规定，商业登记的申请，由商业负责人向营业所所在地的主管机关为之。主管机关在台湾地区是指"经济部""建设厅"和"县（市）政府"。这里需要进一步说明的是，台湾地区的企业登记制度区分营业登记和公司法人登记，《商业登记法》所规定的登记仅仅包括独资企业和合伙企业两类，公司登记则依公司法的规定进行。非公司的法人组织的设立登记在法院进行，台湾地区"公司法"规定公司的登记机关是"经济部"和各地方的"建设厅"，公司经登记即可有效设立而不必再到法院重复作法人的设立登记。设立公司的登记行为同时产生法人设立和公司获得从事商业活动资格两种法律结果。意大利实行民商合一的制度，其《民法典》规定了企业登记的事项，企业设立登记虽在政府机关进行，但得由法院派员进行监督。第三种情况是民间登记制度，即由非官方的专门的注册中心或商会负责企业设立登记。瑞士的《债务法》《商事注册条例》规定，各州都应设立专门性的商事注册机构，包括州的中心注册机构和各区的单独注册机构。荷兰《商事注册法》规定，商事注册由当地商会负责，并由商会负责保留注册文件。在我国，企业登记机关是国家工商行政管理总局和地方各级工商行政管理局。下级企业登记机关在上级企业登记机关的领导下开展企业登记工作，国家工商行政管理总局主管全国的企业登记工作。

我国关于企业设立登记的法律文件主要有国务院发布施行的《企业法人登记管理条例》（1988 年颁布，2014 年修订）、《公司登记管理条例》（1994 年发布，2005 年和 2014 年修订）、《合伙企业登记管理办法》（1997 年发布，2007 年和 2014 年修订）、国家工商行政管理总局发布的《个人独资企业登记管理办法》（2000 年发布，2014 年修订）以及其他的有关行政规章。

依据前述有关法律文件的规定，我国工商行政管理机关依法独立行使企业登记职权，在其系统内实行分级登记管理的原则。我国登记机关的具体职责划分范围是：

国家工商行政管理总局负责登记国务院国有资产监督管理机构履行出资人职责的公司以及该公司投资设立并持有50%以上股份的公司；外商投资的公司；依照法律、行政法规或者国务院决定的规定，应当由国家工商行政管理总局登记的公司；其他应当由其登记的公司和大型国有企业。国家工商行政管理总局主管全国的公司、合伙企业、独资企业、外商投资企业(包括外商投资的合伙企业和个人独资企业、个体工商户)和其他企业的登记管理工作。

省、自治区、直辖市工商行政管理局负责登记本辖区内省级人民政府国有资产监督管理机构履行出资人职责的公司以及该公司投资设立并持有50%以上股份的公司；省、自治区、直辖市工商行政管理局规定由其登记的自然人投资设立的公司；依照法律、行政法规或者国务院决定的规定，应当由省、自治区、直辖市工商行政管理局登记的公司和省级国有企业；国家工商行政管理总局授权登记的其他公司等。省级工商局主管省内企业登记管理工作。

市级(地区)、县级工商局负责登记国家工商行政管理总局和省级工商行政管理局不负责登记的其他各类企业、公司，以及由国家工商行政管理总局和省、自治区、直辖市工商行政管理局授权登记的公司、企业。但股份有限公司由设区的市(地区)工商行政管理局负责登记。个人独资企业和合伙企业由于它们的规模不大，一律在县或县级市的工商行政管理局注册登记。

企业登记无论是设立登记还是变更登记、注销登记，均应在同一登记机关进行登记，但企业迁移或跨地区设立分支机构(分公司)的需要在入迁地或分支机构所在地登记机关申请变更登记。

二、企业设立登记

(一) 企业设立登记的概念和意义

企业设立登记，即由企业的设立人自己或全体设立人指定的代表或共同委托的代理人向企业登记机关提出企业设立登记的申请，经企业登记机关作法律审查和形式审查后予以注册，并向登记企业颁发营业执照的行为。企业设立人在企业申请登记的行为中也称为申请人，个人独资企业的设立人是独资企业业主，合伙企业的设立人是全体合伙人，有限责任公司的设立人是全体股东，股份有限公司的设立人是董事会。企业设立是一种法律行为，对企业设立申请登记注册，是公共权力机关和商业社会对企业设立事实的法律认可和公示宣告。

企业设立登记的意义在于：

第一，企业设立登记，可以从法律上确认企业设立的事实，尤其是能够确认具备一定条件的企业的法人资格的事实。

在我国，目前的企业设立登记制度没有严格区分企业法人设立登记和营业登记，因而企业设立时取得法人资格和取得营业资格产生于同一登记行为和同一时间，也以同一种法律文件加以表现。按照民商事法律制度的一般原理理解，凡依私法(现代的商事法律包括商业登记法律已经无法完全归属于私法之范畴，其中许多法律规范体现了公法的强制性、行政机关介入的广泛性，保护交易安全、提高交易效率、处罚违规行为、维护社会信用等公法的内在价值的渗透已经改变了商事法律的传统内涵)之规定产生之法人，不管其设立的目的是否为经商，其应经登记成立；凡社会组织或个人以从事商业为常业的，应经登记而为之。因此，法人企业登记中创建法人和获准以营利为目的的活动，实质上是同时发生的两项登记。提出这一问题，笔者并非主张将公司企业的法人设立登记和营业登记分别进行，而是强调应当厘清这两种不同的登记结果，并在制度安排上加以适当区分，如给新设的公司企业同时颁发《企业法人资格证书》和《企业法人营业执照》两种证书，以使工商机关对特定的企业法人作出吊销《企业法人营业执照》处罚时，仅是对该企业法人强制停止其经营活动的处罚，而不影响其法人资格的继续存在，在该企业法人纠正了违规行为后仍有机会恢复其营业活动，这在制度上会留有便利的通道。只有企业法人严重违法时，政府机关才有权通过严格的程序对其实施行政解散，同时撤销两个证书，迫使企业进行清算。企业设立一经登记，即告合法成立，取得了从事生产经营和商业服务活动的资格。未经登记或申请登记未获准，不得以企业名义进行经济活动。因此，设立登记是一种权利取得的过程和结果，在现代社会是人们进行商业营利活动的基本前提和首要条件。

第二，通过登记，可以确认企业的注册管辖地，进而确认企业的住所或经营场所以及通常以企业为被告时的司法管辖。我国法律规定以企业的主要办事机构所在地为企业的住所。大多数情况下，企业的主要办事机构所在地与登记地是一致的。

第三，通过企业设立登记，将企业的投资关系确定下来，以便保护投资人的合法权益；将企业的法律形式明确地记载并予以公示，从而为确定投资人的责任范围提供依据。通过对企业资产、营业范围、法人代表或企业负责人、分支机构、企业名称等内容的确认记载，便于让企业的交易对方了解到较为详尽的资料，以为保障交易的安全提供公示性资讯。

第四，通过登记，可以使国家掌握、了解企业的行业和区域分布及其他经济资料，便于国家实施宏观调控经济政策，合理安排生产力布局，对重要资源进行分配，以促进经济的稳定可持续发展；同时可以使国家对企业的微观活动进行监督管理，维护经济活动的秩序。

第五，通过登记，可以对非法经营活动进行制止和打击(如打击假冒伪劣产品的生产销售活动)，依法保护登记企业的各项合法权益和维护消费者利益、社会公共利益。

（二）企业设立登记的种类

企业设立登记根据是否需要进行筹建工作和是否具备企业法人资格两项标准，划分为筹建登记、开业登记、企业法人登记和营业登记四种情况。其中后三种情况在内容上有交叉，故我们把企业设立登记分筹建登记和开业登记两种情况来介绍。

1. 筹建登记

筹建登记主要是针对需进行基本建设的工业性项目规定的。超大型的工业企业从选址建设到生产产品往往需要数年时间，一般需要筹建期。在筹建过程中，企业尚未成立，为设立企业需进行集中的大量的商业采购、施工组织和管理、大额债权债务的清结、大额资金流的支配与管理、各类合同的订立和履行甚至可能向股东分配建业利息，种种活动既不能以未设立之企业的名义进行，也不宜以投资者个人或群体的名义进行，通过筹建登记建立起代表全体投资者的临时机构安排筹建事宜是适当的。根据我国《企业法人登记管理条例》第 36 条的规定，需要进行筹建的新建企业，其筹建期满 1 年的，应当按照专项规定办理筹建登记。

一般来讲，需要进行筹建的企业，应由其创办人、筹建组织和受委托的发起人、投资人申请办理筹建登记。大中型工业建设项目，应在计划开工前持有关机关的批准文件向建设项目所在地的市、县工商局办理筹建登记，领取筹建许可证。投资规模很小的项目，或投资数额虽大但不需要进行基本建设的，可直接申请开业登记。

进行筹建活动，一般应设立筹建委员会或其他筹建机构，筹建申请登记文件应由筹建负责人签署，同时，提交县以上人民政府及其主管部门批准筹建的文件副本。登记的事项主要有:筹建企业名称、地址、负责人姓名、筹建项目、投资总额、建筑面积、设计生产能力、筹建项目批准日期、计划竣工日期、筹建项目主管单位等。筹建申请一经获准登记,即可领取《筹建许可证》,刻制所需要的图章,开立银行账号,进行筹建工作。目前,我国工业企业需进行筹建登记的,由地方工商局按个案方式处理,全国并无明确的规范要求。

按照国务院《外资银行管理条例》规定,在我国设立外商投资的银行业营业机构,应当由符合资质条件的设立人先行申请为期 6 个月(经批准可延长 3 个月)的筹建期。《外资保险公司管理条例》规定申请筹建的期限是 1 年,必要时经批准可延长 3 个月。但是,该两个《条例》并未规定进行筹建登记,实践中的做法是以拟设机构名称后缀括弧"筹"字的形式安排,包括进行筹建工作和向政府机关提交报文。我国《保险法》也有关于筹建活动的规定。

2. 开业登记

开业登记是指申请人向登记机关申请登记取得企业生产经营资格和企业登记机关通过形式审查加以确认登记的行为。开业登记依企业是否取得法人资格而区分为企业法人登记和营业登记两种。在创办企业的过程中,是否使该企业取得法人资格,主要取决于下列三方面的因素:第一,创办人的主观愿望,即创办人对企业法律形式的选择;第二,创办的企业的实体条件是否符合法人企业的标准,是一种客观现实与法定条件的比照反映;第三,企业登记注册机关的法律审核和形式审核意见。这样来看,法人企业和非法人企业是由创办人创设出来的,而设立登记则是上述行为的一种公示记录,也即核实认可,登记机关的登记本身并不具备创设任何类型企业的功能。

依据现行立法,企业开业登记获准后,符合法人条件的企业即取得企业法人资格,领取《企业法人营业执照》,可以刻制公章,开立银行账号,在核准的经营范围内开展生产经营活动,谋求获取商业利润。企业法人设立的分支机构,领取《营业执照》。非法人企业,是合伙企业的,领取《合伙企业营业执照》,设立分支机构的,则领取《合伙企业分支机构营业执照》;是个人独资企业的,领取《个人独资企业营业执照》,设立分支机构的,领取《个人独资企业分支机构营业执照》。依据外商投资企业法律和《公司法》《公司登记管理条例》《合伙企业法》《外国企业或者个人在中国境内设立合伙企业管理办法》《合伙企业登记管理办法》的规定,外商投资企业符合公司法人条件的,可直接依据《公司法》设立为有限责任公司或股份有限公司,领取《企业法人营业执照》;符合合伙企业条件的,分别登记为有限合伙企业和普通合伙企业,领取《合伙企业营业执照》。

(三)企业设立登记程序

依据我国关于企业登记的法律、法规的规定,企业设立登记的程序是:

1. 申请企业名称预先核准

企业名称是一个企业区别于其他企业和各类民、商事主体的标志符号,不允许混同。我国国家工商总局和地方各级工商局是企业名称的登记、管理机关,对企业名称按专项规定实行分级管理。为防止企业名称发生混淆并提高企业注册的效率,许多国家和地区实行企业名称预先核准制度,我国也不例外。

我国最先规定企业名称预先核准的法规是 1988 年 12 月 1 日起实行的《企业法人登记管理条例实施细则》,根据其第 25 条的规定,外商投资企业应当在合同、章程签字之前,向登记主管机关申请名称登记,登记主管机关在受理后 30 日内作出核准名称登记或者不予核准名称登记的决定。申请名称登记,应当提交下列文件:(1) 组建负责人签署的登记申请书;(2) 项目建议书及其批准的文件;(3) 投资所在国(地区)政府出具的合法开业证明。外商投资企业名称经核准登记后，在登记主管机关核准企业开业登记之前，不得以该名称从事经营活动。当时，对外商投资企业实施这一制度的目的是保障外商投资企业的名称在全国范围内，同行业企业名称不能混同，因外商投资企业名称前可以不冠以行政区划名称。

1991年国家工商局发布的《企业名称登记管理规定》将企业名称预先核准的要求适用于开办国内企业，但并不是强制性规定，只是规定国内企业有特殊原因的，可在开业登记前预先单独申请企业名称登记注册。申请时，应提交组建负责人签署的申请书、章程草案和主管部门、审批机关的批准文件。申请经核准后，颁发《企业名称登记证书》，保留的企业名称期限为1年，有筹建期的，保留到筹建期满。保留期内，不得以此名称从事生产经营活动。

1997年11月19日，由国务院发布的《合伙企业登记管理办法》(2007年和2014年修订)中对合伙企业名称登记没有作出针对性规定，2000年1月13日由国家工商行政管理局发布的《个人独资企业登记管理办法》(2014年修订)第6条规定："个人独资企业的名称应当符合名称登记管理的有关规定，并与其责任形式及从事的营业相符合。个人独资企业的名称中不得使用'有限'、'有限责任'或者'公司'字样。"但对个人独资企业名称的预先核准，我国现行《个人独资企业登记管理办法》中没有明确规定，对此应当依循国家关于企业名称管理的专项规定办理。2005年、2014年国务院修订后发布的《公司登记管理条例》第17条、第18条、第19条对公司名称预先核准规定的主要内容是：设立公司应当申请名称预先核准。法律、行政法规或者国务院决定规定设立公司必须报经批准，或者公司经营范围中属于法律、行政法规或者国务院决定规定在登记前必须经批准的项目的，应当在报送批准前办理公司名称预先核准，并以公司登记机关核准的公司名称报送批准。设立有限责任公司，应当由全体股东指定的代表或者共同委托的代理人向公司登记机关申请名称预先核准；设立股份有限公司，应当由全体发起人指定的代表或者共同委托的代理人向公司登记机关申请名称预先核准。申请名称预先核准提交的文件有：(1) 有限责任公司的全体股东或者股份有限公司的全体发起人签署的公司名称预先核准申请书；(2) 全体股东或者发起人指定代表或者共同委托代理人的证明；(3) 国家工商行政管理总局规定要求提交的其他文件。经公司登记机关核准的，发给《企业名称预先核准通知书》。企业名称预先核准后，保留期为6个月。预先核准的公司名称在保留期内，不得用于从事经营活动，不得转让。我国现行《合伙企业登记管理办法》中对申请合伙企业名称预先核准作了与公司登记管理条例相同内容的补充规定，预先核准的合伙企业名称的保留期为6个月，不得转让，不得从事经营活动。

由上可见，我国首先对外商投资企业实施名称预先核准制度，尔后对国内企业以特殊规定的方式适用，到1994年后，对所有企业实行名称预先核准制度。

关于企业名称中一个比较复杂的问题是，是否允许合伙企业的名称中使用"公司"一词，由于2006年修订的《合伙企业法》中增加了"有限合伙企业"和"有限责任合伙企业(即特殊的普通合伙企业)"，故合伙企业的名称中不可能限制"有限合伙""有限责任"等字样，虽然"有限责任合伙"用"特殊的普通合伙"所替代。按照英美国家的商业法例，"公司"一词可以为任何企业包括合伙企业使用，但合伙型商业不可以使用"有限责任公司"或"有限公司"。考虑到我国的现实情况，国家工商总局发布文件禁止"公司"一词在合伙企业名称中使用，以防止发生严重的企业类型识别混乱。

2. 办理审批手续

由于开办企业经营的范围和项目中某些内容涉及国家社会安全和经济安全，需要实行严格的市场准入管理,如金融、期货、信托、保险、证券、基金、烟草酒类、医药、石油、工程施工和装修、天然气、煤气、电力、出租汽车、出版印刷、食品加工、爆炸物、房地产等,要在企业登记设立前办理政府许可批准手续。在企业名称预先核准登记后,企业设立人应以预先核准的企业名称名义申请办理有关的政府审批事宜,取得生产经营许可的文件或证书。此外,由外商投资兴办中外合资、中外合作和全外资的有限责任公司和股份有限公司依据现行法律的规定,还应当经各级政府的商务部门批准。这些批准手续属登记前置审批程序。

3. 申请开业登记

申请开业登记是企业成立的决定性行为,登记确立即告企业成立。

(1) 申请人资格。开办不同类型企业的申请人是不同的。一般来讲,登记申请人无论是机构或是个人,均为申请登记企业的创办人或称为设立人、发起人,或是创立大会产生的董事会。申请人并非是在程序意义上负责亲自向企业登记机关签署并递交申请文件的人,而是企业的创办人,是在未来企业中享有实体权利并承担义务的投资者,设立企业是出于他们的愿望,企业因登记而成立,全部的法律结果归属于全体申请人,而不是归属于指定的代表或者委托的代理人,因此申请人当属于公司设立人地位的程序性延伸。至于股份有限公司的申请人是董事会,是一种便宜的安排,因为股东人数较多且公司的创立大会已经成立了董事会机构。申请设立有限公司的,应由全体股东为申请人,股东较多时可共同指定代表或共同委托代理人向公司登记机关提出设立登记申请。申请设立国有独资公司,应当由国务院或者地方人民政府授权的本级人民政府国有资产监督管理机构作为申请人。申请设立股份有限公司的,作为申请人的董事会可以指定代表或者共同委托代理人办理具体申请事宜;以募集方式设立股份有限公司的,应当于公司创立大会结束后30日内向公司登记机关申请设立登记。

申请开办非公司企业的申请人情况有:申请创办个人独资企业,申请人即为该企业的业主;申请创办合伙企业,则申请人为全体合伙人,合伙人较多时可由他们指定代表或委托代理人办理具体的申办事宜。中外合资经营企业和中外合作经营企业在企业设立审批阶段,可由中外双方委托中方呈报审批文件,但在设立登记阶段得依《公司登记管理条例》的规定办理申请。

企业成立非独立核算的分支机构,由该企业申请。异地成立分支机构,则由该企业向分支机构所在地的登记主管机关申请开业登记。

(2) 申请开业登记应提交的文件。申请登记时,不同种类的企业应提交不同的文件。

申请设立有限责任公司,提交的文件有9种:① 公司法定代表人签署的设立登记申请书;② 全体股东指定代表或者共同委托代理人的证明;③ 公司章程;④ 股东的主体资格证明或者自然人身份证明;⑤ 载明公司董事、监事、经理的姓名、住所的文件以及有关委派、选举或者聘用的证明;⑥ 公司法定代表人任职文件和身份证明;⑦ 企业名称预先核准通知书;⑧ 公司住所证明;⑨ 国家工商行政管理总局规定要求提交的其他文件。此外,法律、行政法规或者国务院决定规定设立有限责任公司必须报经批准的,或者企业经营范围中存在需批准才可经营的项目的,还应当提交有关批准文件。批准文件自批准之日起超过90日才申请公司设立登记的,申请人应当报批准机关确认原批准文件的效力或者另行报批。依据我国《公司法》关于出资的规定,股东以非货币形式出资的,需向公司办理财产权转移手续,当然章程可以约定履行出资的时间。法律、行政法规或国务院决定规定所设公司注册资本有最低限额和实缴要求的,应提交验资机构的验资证明。

申请设立股份有限公司，董事会在申请时提交的文件有 9 种：① 公司法定代表人签署的设立登记申请书；② 董事会指定代表或者共同委托代理人的证明；③ 公司章程；④ 发起人的主体资格证明或者自然人身份证明；⑤ 载明公司董事、监事、经理姓名、住所的文件以及有关委派、选举或者聘用的证明；⑥ 公司法定代表人任职文件和身份证明；⑦ 企业名称预先核准通知书；⑧ 公司住所证明；⑨ 国家工商行政管理总局规定要求提交的其他文件。此外，法律、行政法规或者国务院决定规定设立股份有限公司必须报经批准的，或者企业经营范围中存在需批准才可经营的项目的，还应当提交有关批准文件。批准文件的有效期限同样不得超过 90 日。以募集方式设立股份有限公司的，还应当提交创立大会的会议记录和验资证明；公司设立时公开发行股票的，还应当提交国务院证券监督管理机构的核准文件。依据我国《公司法》关于股东出资的规定，股东以货币形成出资的，需向公司办理财产权转移手续，当然章程可以约定履行出资的时间。法律、行政法规或国务院决定规定所设公司注册资本有最低限额和实缴要求的，应提交验资机构的验资证明。

申请设立合伙企业，应当提交的文件有：① 全体合伙人签署的设立登记申请书；② 合伙人的主体资格证明或者身份证明；③ 全体合伙人指定代表或者共同委托代理人的证明；④ 合伙协议；⑤ 全体合伙人对各合伙人认缴或实缴出资的确认书；⑥ 经营场所证明；⑦ 合伙企业名称预先核准通知书；⑧ 国务院工商行政管理部门规定提交的其他文件。此外，法律、行政法规和国务院决定规定设立合伙企业须报经审批的或者合伙企业经营的内容需经政府有关部门批准的，应提交批准的文件；合伙协议约定或全体合伙人决定委托一名或数名合伙人执行合伙企业事务的，还应提交全体合伙人签署的委托书。作为合伙人的法人、其他组织执行合伙事务的，应当提交其委派代表的身份证明及委派书。以实物、知识产权、土地使用权或者其他财产权利出资，全体合伙人评估作价的，应当提交全体合伙人签署的评估作价确认书；经全体合伙人委托法定评估机构评估作价的，应当提交法定评估机构出具的评估作价证明。设立特殊的普通合伙企业，应当提交国家有关部门或授权机构颁发的各合伙人的职业资格证明。

申请成立个人独资企业，应提交的文件有：① 投资人签署的个人独资企业设立申请书；② 投资人身份证明；③ 企业住所证明；④ 企业名称预先核准通知书；⑤ 国家工商行政管理总局规定提交的其他文件。个人独资企业从事法律、行政法规或者国务院决定规定须报经有关部门批准的业务或者拟设企业的经营范围中存在须经政府批准的项目的，应当提交有关政府机关的批准文件。依据我国现行《个人独资企业登记管理办法》的规定，企业设立申请书应当载明如下的事项：① 企业的名称和住所；② 投资人的姓名和居所；③ 投资人的出资额和出资方式；④ 经营范围和方式；⑤ 投资人以个人财产出资或以其家庭共有财产出资情况的特殊说明。

申请个体工商户营业登记，应提交的文件有：① 业主个人或个体合伙人共同签署的营业登记申请书；② 经营范围中如有须经批准的项目的，有关机关的批准文件；③ 属于个体合伙的，提交个人合伙的协议；④ 业主的户籍证明文件(包括身份、住所)；⑤ 经营场所使用证明。

申请设立外商投资企业，符合中国法人条件的须提交下列文件：① 董事长签署的企业登记申请书；② 合同、章程以及审批机关批准的文件和批准证书；③ 项目建议书或可行性研究报告及批准文件；④ 中外投资者合法开业的证明(外方投资者为个人的，提交个人身份证明)；⑤ 投资者的资信证明；⑥ 法律、行政法规、国务院决定规定所设公司注册资本有最低限额、实缴要求的，应提交验资机构的验资证明，其他公司则不需要；⑦ 董事会名单及董事、监事、总经理、副总经理的委派、聘用文件和上述中方人员的身份证明;⑧ 经营范围中有须经批准的项目的,有关机关批准的文件;⑨ 住所、经营场所使用证明;⑩ 企业名称预先核准通知书以及其他有关文件、证件。按照国务院《外国企业或者个人在中国境内设立合伙企业管理办法》的规定,2 个以上外国企业或者个人在中国境内设立合伙企业,以及外国企业或者个人与中国的自然人、法人和其他组织在中国境内设立合伙企业,应当依照《合伙企业法》由全体合伙人指定的代表或者共同委托的代理人向国务院工商行政管理部门授权的地方工商行政管理部门(以下称企业登记机关)申请设立登记。申请设立登记,应当向企业登记机关提交我国《合伙企业登记管理办法》规定的文件以及符合外商投资产业政策的说明。企业登记机关予以登记的,应当同时将有关登记信息向同级商务主管部门通报。

外商投资企业申请设立分支机构或办事机构,应当提交下列文件、证件:① 隶属企业董事长签署的登记申请书;② 原审批机关的批准文件和原登记主管机关的通知函;③ 隶属企业董事会的决议及隶属企业执照副本;④ 分支机构负责人的任职文件、场地使用证明及其他有关文件、证件。

4. 登记机关受理并进行登记

按照我国现行《公司登记管理条例》的规定,申请人申请公司登记,可以到公司登记机关当面提交申请,也可以通过信函、电报、电传、传真、电子数据交换和电子邮件等方式提出申请。公司登记机关在收到申请人提交的全部申请文件后,对材料齐全、符合法定形式条件的,应当决定受理并出具《受理通知书》。可否登记,按以下规程处理:第一,申请人在公司登记机关当面提交申请文件且受理的,应当场作出准予登记的决定;第二,对申请人以信函方式提交申请文件且受理的,自受理之日起 15 日以内作出准予登记的决定;第三,对以电子通讯方式提交申请的,申请人应在收到《受理通知书》之日起 15 日内提交相应的书面文件材料原件,当面提交的,当场决定登记;以信函提交的,收到信函文件材料后予以登记;第四,出具《受理通知书》之日起 60 日内,未收到申请文件原件的,不予登记。对合伙企业和个人独资企业的申请程序,企业登记机关应当比照公司登记管理的规定办理。

企业登记机关对给予登记注册的企业的下述情况应记录在册:企业法人名称或企业名称;企业法律形式;住所及经营场所;法定代表人或企业负责人(包括合伙事务执行人)的姓名、个人身份材料及签字;企业经济性质(限国有企业和集体企业);经营范围;注册资本或资金数额;企业经营期限与分支机构;有限责任公司全体股东、合伙企业全体合伙人、个人独资企业业主、股份有限公司全体发起人股东的姓名或者名称及住所。对于合伙企业,还应当记载合伙企业类型、各合伙人承担责任的范围、出资评估方式等。对于一人公司,应注明是法人独资或自然人独资。同时,企业登记机关应当置备保管公司企业的组织章程或合伙企业的合伙协议。我国《公司法》第 6 条第 3 款规定:“公众可以向公司登记机关申请查询公司登记事项,公司登记机关应当提供查询服务”。我国《公司登记管理条例》第 56 条规定:“公司登记机关应当将公司登记、备案信息通过企业信用信息公示系统向社会公示。”现代社会是一个资讯社会,与公司进行交易的任何人,有权借助公司登记机关的社会性服务以获取交易对方公司的必要公开信息,以协助其研判公司的资信实力,确定是否交易或者为其避免风险提供决策资讯。公司登记机关应当做好该类社会服务工作。

企业登记机关在受理并登记企业设立申请后,分别核发经营执照:对具备法人条件的企业,核发《企业法人营业执照》;对不具备企业法人条件、但具备经营条件的企业和个体工商户,分别核发《合伙企业营业执照》《个人独资企业营业执照》和《个体工商户营业执照》。登记主管机关在通知法定代表人或企业负责人领取证照时，办理法定代表人或企业负责人的签字备案手续，在有关的证照上编定注册号，并记入登记档案。对其中核准登记注册的企业法人，即行发布公告。公告应在企业信用信息公示系统上发布。公告的内容包括企业名称、住所、法人代表、企业类别或公司类型、注册资本、经营范围、营业期限、一人公司是法人独资还是自然人独资的加注说明、注册号等。

企业领取的《企业法人营业执照》是企业取得企业法人资格和合法经营权的凭证；各类《营业执照》是非法人企业、企业的分支机构和分公司或其他营业性经济组织取得合法经营权的凭证。企业自领取《企业法人营业执照》或《营业执照》之日成立。企业或营业单位凭借上述证照即可开立账户，刻制公章，办理税务登记，开展核准的经营范围以内的生产经营活动。外商投资企业设立的办事机构虽不能直接进行经营活动，但可凭借《外商投资企业办事机构注册证》，开立银行账号，刻制公章，从事非直接营利性的业务活动。企业办理登记，应当按照规定缴纳登记费。

第四节 企业名称登记管理规定

一、企业名称及其组成

企业名称，也称为厂商名称，是一企业区别于其他企业的标志符号。企业名称在法律上有三层含义：第一，在一定的行政区域内保持唯一性，且一个企业只准使用一个名称，以使社会公众和商界能明确、清晰地在所处位置、产业特点、商业信誉、品牌影响力、资产实力等诸方面把该企业与别的企业区分开，帮助他们选择产品或是进行商业往来，也为国家管理活动的顺利进行创造条件；第二，企业名称登记后，企业对其名称享有的专用权受国家法律保护，其他单位和个人不得盗用企业名称从事各类活动；第三，企业名称具有身份属性和财产权利属性，企业可许可他人有偿使用企业名称中的字号。

企业名称一般来讲，包括以下方面的内容：字号（或是商号）、行业或者经营特点、组织形式，冠以所在行政区划名称。字号是企业开办人为企业选择的表达某种特定意蕴的不违反法律规定的词语或由两个以上的字组成的文字结构，如“同仁堂”“全聚德”“方正”“辉望”等。字号被注册登记后，成为企业名称中最显著的个性化标志符号，与专利、商标并列而成为企业知识产权的一类载体和权利形态。行业或是经营特点往往反映该企业从事经营的主营行业和经营的方式方法，如“电视机制造”“动力机械”“棉纺”“研究”“开发”“洗染”“编织”等。组织形式则是指企业法律形式和行号（“行号”一词，是本书作者给非公司传统企业缀号的称谓，内容包括“局”“所”“铺子”“楼”等），如“有限责任公司”“股份有限公司”“厂”“店”“事务所”“肆”等。所在区划名称包括省（直辖市）、市（州）、县（市辖区）名。合伙企业的名称中，还应当缀以合伙类型。

二、企业名称登记管理的一般规定

我国关于企业名称登记管理的法规主要有 1988 年国务院颁布的《企业法人登记管理条例》（2014 年修订）及国家工商局同年发布的《实施细则》（2014 年修订），1991 年国家工商局发布的《企业名称登记管理规定》，1994 年国务院发布并于 2005 年和 2014 年修订的《公司登记管理条例》，1997 年国务院发布并于 2007 年、2014 年分别修订的《合伙企业登记管理办法》,1999年国家工商局发布的《企业名称登记管理实施办法》,2000年国家工商局发布并于2014年修订的《个人独资企业登记管理办法》,2010年国家工商总局发布并于2014年修订的《外商投资合伙企业登记管理规定》等几个法律文件。此外,在其他法律、法规中也有个别的规定。从一般角度来看,我国企业名称管理制度包含以下主要内容:企业名称登记主管机关是国家工商行政管理总局和地方各级工商行政管理局,登记主管机关有权核准或驳回企业名称预先核准登记申请,监督管理企业名称的使用,保护企业名称专用权;企业名称实行分级登记管理(以中央至地方的行政级别区划为准),外商投资企业名称由国家工商局专属核定管辖;企业只准使用一个名称,在同一登记主管机关管辖区内不得与已登记注册的同行业企业名称相同或近似;确有特殊需要,经省级以上工商行政管理机关许可,可在规定的范围内使用一个从属名称;除全国性公司、国家级大型进出口企业和企业集团及其他全国性企业(上述四种企业名称前可冠以"中华""中国""国际"等字样)、外商投资企业、历史悠久、字号驰名的企业外,企业名称前应冠以企业所在地省、市、县的名称;企业名称应当使用汉字,民族自治区域中可使用通用的少数民族文字,企业使用外文名称的,应与中文名称相一致,并报登记主管机关注册;企业名称中不得出现以下文字:损害国家和社会公共利益的,有可能对公众造成欺骗或误解的,外国国家(地区)名称、国际组织名称,政党、党政军机关、群众组织、社会团体的名称和部队番号,汉语拼音字母和数字,其他法律、法规禁止使用的文字;企业的印章、银行账户、牌匾、信笺所使用的名称应与登记注册的企业名称相同;两个以上企业向同一主管机关申请相同的企业名称,登记主管机关依申请在先的原则核定,两个以上企业向不同登记主管机关申请相同的企业名称,登记主管机关依受理在先的原则核定,两个以上企业因登记注册的企业名称相同或者近似而发生争议时,登记主管机关依注册在先的原则处理;企业不得以未经注册的企业名称从事生产经营活动,不能擅自改变企业名称,不能擅自转让或出租企业名称,不能盗用别的企业名称从事商业活动。

三、企业名称登记管理的特殊规定

企业名称中如使用"总"字,则须有三个以上的分支机构;能独立承担民事责任的分支机构,应当使用独立的企业名称,并可使用所从属企业的字号;能独立承担民事责任的分支机构,所设立的分支机构不得使用总机构的名称,不能独立承担民事责任的分支机构,其名称应当冠以所从属企业的名称,缀以"分公司""分厂""分店"等词语,并标明该分支机构的行业和所在地行政区划名或者地名,但其行业与其所从属的企业一致的,可以从略。

股份有限公司名称中必须标明"股份有限公司"或"股份公司"字样,有限责任公司名称中必须标明"有限公司"或"有限责任公司"字样;独资企业、合伙企业(除有限合伙企业可以在其名称中使用"有限"外)的名称中不得使用"有限""公司""有限公司""有限责任公司""股份""股份有限"等字样。同时,鉴于我国在企业改革的进程中,所设计的企业法制制度的基本结构与大陆法系之法律制度相一致,故将"公司"二字规定只能用于有法人资格的企业名称中,且该类企业无论其法律形态是依据公司法所设的公司,还是依据其他企业立法所设的独立承担民事责任的非公司的法人企业,投资者均只以投资额为限承担有限责任,故为防止发生企业名称中文字使用不当造成责任形式混乱之局面,国家工商行政管理总局另行发文规定除"分公司"之外,个人独资企业和合伙企业的名称中不可以使用"公司"二字。从英美法系相关法律制度的规定情况看,有些国家和地区如英国、美国及我国香港地区,"公司"二字,仅是类似于"厂""中心""事务所"等词语的对商业经营体的一种通用的概括性称谓,本书作者对其起名为"行号"。一个企业的名称中可以使用"公司"二字而不一定缀以"有限""有限责任""股份有限""无限""LTD""INC""UNLIMITED"等限定术语,当然成立。因此,境外英美法系区域中,个人独资企业、合伙企业是能够在其名称中使用"公司"二字的。境内外商事制度的这种细微差别,实质上并不影响我国企业法律制度的规范性,可以不必追求趋同。

设立企业应当先行向公司登记注册机关申请企业名称预先核准,预先核准的企业名称保留期为 6 个月,预先核准的企业名称可以用来接受股东等的投资(如以实物资产投资时可过户)和向政府报请批准公司设立等,但不准以预先核准的企业名称从事生产经营活动。

中国企业的名称与外国企业的名称在中国境内发生争议并向登记主管机关申请裁决时,由国家工商行政管理总局依据我国缔结或参加的国际条约规定的原则以及我国关于企业名称的管理规定处理。

在企业分立或合并时,企业名称可以转让,且只能转让给一户企业。转让方与受让方签订书面协议,报原登记机关核准。

近年来,在企业名称侵权案中常常发生企业的商号被他人注册为商标的情况,或者反向为之,注册之商标的文字部分被他人登记之企业名称中选定为商号。商标由国家工商行政管理总局商标局统一注册,注册商标的申请注册人在全国范围内具有独立专用权,而企业名称中的商号经国家工商行政管理总局或地方各级工商行政管理局注册后只在特定行政区域内受到保护。从企业取得商标的成本和选定商号的成本比较,保护的重点应放在商标方面是无可非议的,然而这两种为商业活动须臾不可无的知识产权载体在早期产生纠纷是难以避免的,例外情况是其中一种先行取得并达到驰名的水平。司法实践中,所贯彻的纠纷处理原则有注册在先、驰名优先、反对恶意抢注等。在个别案件中,法院的判决也有各自维持的情况。1996 年 8 月 14 日国家工商行政管理局发布了《驰名商标认定和管理暂行规定》,其中第 10 条规定:"自驰名商标认定之日起,他人将与该驰名商标相同或者近似的文字作为企业名称一部分使用,且可能引起公众误认的,工商行政管理机关不予核准登记;已经登记的,驰名商标注册人可以自知道或者应当知道之日起两年内,请求工商行政管理机关予以撤销。"通常情况下,对于驰名商号被他人抢注商标的情况,商号之专用权人当然可以反向申请撤销商标注册。为了防止他人通过抢注商标的方式侵犯企业的商号专用权的情况发生,许多大型企业选择同时将商号注册为商标的方式。一旦发生侵权的现象,则除了采取申请撤销商标注册的方式保护本企业利益外,还可以提起制止不正当竞争的诉讼以获取救济。

第五节 设立企业的法律责任

设立企业是一种法律行为。在企业设立的过程中,不仅会产生创办人、企业与政府的行政管理关系,也会产生创办人、企业与社会其他主体之间的民事关系。此外,创办人与企业之间也会产生特定的法律关系。主体之间存在一定的法律关系,且是在创办企业过程中发生的,不仅具有其特点,而且也会导致相应的法律责任。本节主要讨论企业设立过程中的几种法律责任。

一、审批、登记机关的行政责任

设立企业是依据法律、法规的规定进行的。创办企业是社会主义市场经济条件下,公民个人、企业、社会团体以及法律许可的由政府授权的投资机构正常行使的一项民事权利，国家承认并保护这项权利是社会经济发展的重要前提。对企业设立行为进行政府审批，体现了国家对经济生活的干预，保障宏观调控措施的贯彻，保障社会资源的合理分配以及生产力布局的合理安排；对企业设立行为予以登记注册，可以使企业法人的创设有秩序地进行，以便明确各类市场主体的法律地位和权利义务，使经济秩序得到顺利运行。当然，政府行使企业设立审批和企业设立登记的权力应当依照法律的规定进行。企业的设立人依法设立企业，且符合法律规定的条件，审批机关和注册机关就应当依法批准和注册登记，不予批准和不予登记的行为，应当受到法律的责任追究。企业设立人就审批机关和注册机关所作的违法决定可以向上级机关申请复议，或者向人民法院提起行政诉讼，要求予以批准和核准，并要求违法机关赔偿其损失。

审批机关、注册机关对不符合法定条件的企业申请滥用权力，违法批准和注册的，通过行政监察机关及政府上级部门予以纠正，并对有过错的工作人员给予行政处分。

二、企业、设立人违反企业设立法律法规的行政责任

依据我国《行政许可法》的规定，企业设立登记行为是一种行政许可行为。这表明我国政府通过企业登记行为对企业的市场准入实施必要的监管，某些行业则通过企业设立审批制度加以控制。政府有足够的理由期望进入市场的企业能够符合法定的条件，投资者能够心怀善意发展事业，从而构建出市场经济主体产生的健康通道。为此，无论是《公司法》，还是《个人独资企业法》《合伙企业法》及各登记法规，均对企业或投资者在设立过程中的违法行为规定了处罚条款。企业登记机关处罚的行为对象主要有以下方面：(1) 无营业执照从事经营活动的行为；(2) 办理企业登记时提交虚假文件或采取其他欺骗手段或隐瞒主要事实，取得企业登记的行为；(3) 公司违反会计法律制度，另立会计账簿，或者在会计账簿上作虚假记载的行为；(4) 公司企业不依公司法的规定提取法定公积金的行为；(5) 在公司发生合并、分立、减资、清算行为时，不依法通知债权人或者公告的；(6) 企业登记事项发生变更不进行变更登记的行为；(7) 公司进行清算时隐匿财产、伪造财产清单、编造资产负债表的行为，或者私自分配公司财产的行为；(8) 其他损害社会利益、债权人利益和公共秩序的行为。对上述行为，法律规定由企业登记机关或者县级以上人民政府财政部门予以调查处罚，处罚的方式根据企业、投资者违法程度的不同，分别科以责令改正、予以取缔、没收违法所得、行政罚款直至撤销企业登记或吊销营业执照等。个别情节十分严重，构成犯罪的，依法追究刑事责任。

三、企业设立行为产生的民事责任的分配

企业的设立，存在一些法律关系和法律行为的节点，它们的表现形式的差别足以影响到我们对相关事实的定位判断。概括起来看，这些节点分为两大类：一是用谁的名义开展设立活动，其间发生的交易结果如何转移并确定最终归属；二是设立企业可能成功，也可能不成功。这一正一反的两种后果对先前形成的债权债务会有什么样的对接与磨合的路径。在我国，企业法律体系的立法结构存在多元性，有关企业设立的程序性规定在不同的法律法规中表述各异，而投资者在设立企业时也有根据具体交易的名义选择的便宜安排，因此企业设立行为产生的民事责任分配的分析过程就无法表现得非常直观和清晰，个别问题的把握在学界和实务部门存有争议。企业的创办在其实质层面看，是设立人为获取企业成立事实而实

施的一系列行为，所以一旦企业设立失败，无论设立行为是以设立人名义、筹建机构名义还是预先核准的企业名称的名义，所有因设立企业而发生的民事行为的责任全部当然归于设立人，设立人为数人时得承担连带责任，这是毋庸置疑的。此外，如果设立的企业是非法人的合伙企业或者个人独资企业，设立行为所发生的债务基于无限责任和连带责任的制度原理，都可归于设立人全体和个人，因此没有实质性差别。据此，我们以下要讨论的问题是在法人企业即公司设立成功的情况下，以不同的设立主体的名义进行的企业创办行为产生的债务关系该如何在设立人和新设公司间作出分配。

公司企业设立期间的债务主要有行政事务性经费支出、筹建合约债务以及其他债项包括侵权行为引发的债务等。这部分债务中的行政事务性费用需要设立人先行垫付，大额债务可能形成合同项下的远期债务，侵权之债的发生几率较小且确定数额要假以时日，因此在公司企业设立成功后，设立人垫付的费用可否转由公司企业回返以及其他大额债务在设立人和公司企业之间如何分配应当予以明确。

（一）公司企业设立成功，以设立人名义开展设立行为的责任承担

设立人以自己单独或者全体联合的名义设立企业，其责任主体自然是设立人本人或全体。但是，基于以下的理由和实践中情形可能会发生债务转移和债务人范围扩大到企业的状况：一是设立人不愿意继续负担设立企业形成的巨额债务期望由企业承继；二是债权人对设立人的偿付能力缺乏信心希望追加企业成为连带债务人，或者退而求其次希望企业单独承担设立债务；三是企业决策机构决议不承担设立债务，特别是企业决策机构认为设立人在企业设立名义下实施了利己的行为或者认为设立人的侵权行为与企业设立无关，但设立行为中的主要利益已由企业获得或者设立中的企业的名义被设立人混合使用；四是经企业、设立人、债权人三方协商同意将原由设立人承担的债务转为设立成功的企业承担；五是企业、设立人、债权人三方同意设立人和企业对设立债务承担连带责任。从原则上来讲，凡是经三方同意的任何安排均是合法有效的。在三方不能协商一致处理设立债务的情况下，应当按以下规则对待：第一，以设立人名义开展企业设立行为所形成的债务，未经债权人同意不得直接转为设立后企业的债务，借以防止设立人将高额债务向低能公司转嫁的图谋实现。第二，设立人以自己的名义假借设立企业的理由为自己的利益而从事的行为所产生的债务不可以转为企业承担或者增加企业为连带债务人。第三，企业实际享有设立行为所产生的主要利益或者享有设立人所签合同的权利并履行了合同义务，或者在设立后对设立人的设立行为予以认可的，在相关诉讼中人民法院应当支持债权人关于增加企业为债务人的请求。我国最高人民法院于 2011 年 1 月 17 日公布并决定于 2011 年 2 月 16 日施行的《关于适用〈中华人民共和国公司法〉若干问题的规定（三）》第 2 条第 2 款对此作了明确规定。第四，设立人在创办企业过程中因职务行为所发生的侵权后果，企业和其他设立人应当承担连带责任。

（二）公司企业设立成功，以筹建机构的名义产生的债务责任的承担

设立企业时首先进行筹建活动在我国现实的企业设立制度中存在两种情形：一是《企业法人登记管理条例》所规定的新设企业需要进行基本建设的，在经过筹建登记并领取《筹建许可证》后以筹建企业名义开展基本建设等活动，被筹建的企业尚未成立，并未取得法人资格或营业资格。《公司法》和《公司登记管理条例》未颁布之前，当时的法人企业可以是公司，也可以是非公司企业。在 1993 年之后，新设的法人企业均须采用标准的公司形态，而《公司登记管理条例》中并未规定筹建程序，因此筹建制度渐次成为一种无人问津的法律遗迹，大

型公司的设立即使需要基本建设,也可在公司成立后以公司名义直接进行。二是国务院在《外资银行管理条例》和《外资保险公司管理条例》中规定了设立外资、合资的商业银行或保险公司时,得以设立企业名称后缀“(筹)”的名义提出申请,开展规定期限(商业银行为 6 个月,保险公司为 1 年)的筹建活动。筹建机构在法律上具有双重身份关系,它一方面是设立人为实现特定目的而组建的非法人临时机构,执行设立人的意志,支配设立人投入的资财,是设立人的代理团体;另一方面是未来企业的前身,筹建期间的活动事实上是以未来企业的名义展开的。基于这种事实关系,在企业创办成功后,对于设立阶段的债务应当由设立人和新设企业连带承担责任,其理论依据是代理行为的责任归属、投资者在企业创设过程中不能以有限责任隔离其债务负担,以及企业债务的继承性。

(三)公司企业设立成功,以预先核准的公司名称的名义产生的债务责任的承担

公司企业设立时,须先行申请企业名称预先核准,法律许可设立人以预先核准的企业名称开展设立活动,前文提到的《外资银行管理条例》和《外资保险公司管理条例》中筹建企业名称实际也是由政府其他机关预先核准名称安排用来开展设立活动的情形。按照企业债务继承的基本法理,公司企业设立成功,其设立期间以预先核准的名称开展的设立行为所发生的债务当然由设立后的企业负责。我国最高人民法院发布的《关于适用〈中华人民共和国公司法〉若干问题的规定(三)》第 3 条第 1 款规定:“发起人以设立中公司名义对外签订合同,公司成立后合同相对人请求公司承担合同责任的,人民法院应予支持。”这是本问题在基本面上的解答。

但是,实践中如果存在另外两种情形,可能会导致债权人选择向设立人追索债务:一是设立公司的资本偏小,致使其无力承担设立期间的债务,如侵权类债务,而股东在缴付了资本后,因为有限责任的保护不会受连带责任牵连;二是设立人对外宣称设立公司会是巨额注册资本,以设立公司预先核准名称对外签署大额合同,先期获得债权人巨额履约利益,而后又注册资本额很小的公司,债权人的利益期望完全被架空。这后一种情形,对债权人而言,有选择以合同欺诈之理由主张对设立人提起刑事指控的可能,但仅有这种选择权是不够的,刑事指控一旦失败,会把债权人逼进权利维护的沼泽地带,同样因为有限责任对公司股东的偏重保护。因此,笔者认为,在这样两种情形下,债权人仍然有权向设立人主张债权。

四、股份公司发起人的地位及责任负担

股份公司的发起人既可以是自然人,也可以是法人。发起人因负有认购公司股份的义务,故在公司成立后成为公司的首批股东。从发起人动议发起公司到公司成立要有一定的期限,在此期间,要有必要的筹建活动,要花费一笔公司开办的费用。公司设立成功,即经核准注册,领取《企业法人营业执照》,公司开始进行生产经营活动,设立费用可转由公司负担,一般包括公司章程及认股书的制作费、股票印制费、广告费、通讯费、验资费、雇佣人员工资、房屋租金等,如要进行筹建活动还会发生数额较大的工程建设费用。公司的股金全部发行后,发起人应当在 30 日内召集举行由股份认购人组成的公司创立大会。公司创立大会的职责之一便是对公司的设立费用进行审查,经审查认为设立费用合理的,由公司承担,有关债务由公司负责支付;设立费用支付明显不合适或超额的部分,公司创立大会可决议拒绝承担,由发起人自行负担,并对未清偿债务承担连带偿还责任。

股份有限公司的发起人人数为 2 人以上 200 人以下,特定公司的发起人在此数量区间内由发起人确定。发起人集体是未成立公司的执行机关,发起人之间是一种合伙关系,需要

订立一个合伙式发起合同。发起人除了通常为了公司成立应承担办理各种证件、许可手续及准备材料等运作任务外，就资金方面应承担以下责任：(1) 公司以发起方式设立的，发起人应当认购全部资本；以募集方式设立的，发起人认购的公司股份额应当不少于公司股本金额的35%；(2) 发起人中有人以非货币方式出资的，在公司成立前后被发现其用以充抵股款的财产实际价值明显低于评估价值的，该项出资的发起人应当负责补足，其他发起人负连带补偿责任；(3) 公司不能成立时，发起人对设立行为所发生的费用和债务负连带责任；(4) 公开募股的公司不能成立时，对认股人已缴纳的股金，发起人负退还股金及法定利息的责任；(5) 发起行为触犯有关法律法规的，发起人应承担相关行政、刑事责任。

股份公司成立之后，发起人在企业设立阶段所付的开办费经股东大会审核后核转为企业成本，所欠付的债务应转为公司债务。这是因为发起人集体在此阶段是未设立公司的代表机关，所发生的债务是因创办公司而为，公司是最大的受益人，经公司创立大会认可则转为公司的债务。如果公司创立大会决议认为某部分费用和债务属于不合理开支，公司可以选择首先对该种费用和债务予以承担，然后由公司向发起人请求予以补偿；如果公司的创立大会决议拒绝先行承担，则由发起人自行负担。但是，这种法律规则的确立不能够影响到公司设立中债权人的权利主张，即债权人有合理理由认为与债权人发生的交易是发起人代表公司所为，有权就设立中债务针对公司提出诉讼请求。此外，在公司设立过程中，由于发起人的过失致使公司利益受到损害的，发起人应当对公司承担赔偿责任。

五、企业设立中提供验资服务的机构的法律责任

企业设立中，一些专业性的机构履行法律许可的职责，其服务行为同样以营利为目的，它们就是资产评估机构、验资机构和验证机构。因为，设立人可能以非货币的其他财产向公司类企业进行投资，而这类投资的商业价值需要评估，有无真正投资到位需要确认包括验证确认，设立人投资完成后需要验资以获取验资报告作为证明投资者投资到位的必要文件，因此企业设立中必须依赖上述机构的服务。虽然，2013年年底我国《公司法》修改时取消了最低注册资本、实缴要求和强制验资要求，但仍保留了一部分法定公司的注册资本和实缴要求，验资是必需的步骤，另外一些公司投资者为了证明投资到位，仍可自主决定聘用验资机构对其投资进行验资。这类服务机构的从业人员一般会经过国家或者行业协会组织的专业考试持有专业服务资格证书，凭借其智慧、知识和经验向社会提供商业服务，其出具的报告往往为公众和社会各类资信需求者利用，因此法律对他们提出了更高的诚信和谨慎标准。这类机构有各种资产评估机构如土地、房产、机器设备、无形资产评估事务所以及会计师事务所和审计事务所等。我国2013年修订的《公司法》第207条规定："承担资产评估、验资或者验证的机构提供虚假材料的，由公司登记机关没收违法所得，处以违法所得1倍以上5倍以下的罚款，并可以由有关主管部门依法责令该机构停业、吊销直接责任人员的资格证书，吊销营业执照。承担资产评估、验资或者验证的机构因过失提供有重大遗漏的报告的，由公司登记机关责令改正，情节较重的，处以所得收入1倍以上5倍以下的罚款，并可以由有关主管部门依法责令该机构停业、吊销直接责任人员的资格证书，吊销营业执照。承担资产评估、验资或者验证的机构因其出具的评估结果、验资或者验证证明不实，给公司债权人造成损失的，除能够证明自己没有过错的外，在其评估或者证明不实的金额范围内承担赔偿责任。"我国《公司登记管理条例》对此也作了相关的规定。

第四章

独资企业法律制度

第一节 独资企业的设立

一、独资企业的概念及特征

独资企业(enterprise of sole proprietorship),也称为个人独资企业,或独资商号、独资所有制企业、个体企业等,是指由一个自然人单独投资并经营,不取得法人资格,法律上不要求有注册资本,业主对其债务承担无限责任的企业。我国于1999年颁布并于2000年1月1日实施的《个人独资企业法》称之为个人独资企业,将其定义为依照该法在中华人民共和国境内设立,由一个自然人投资,财产为投资人所有的营利性经济组织。

独资企业,是企业形式中最简单并最古老的一种形式。应该说,它产生于人类社会的第一次分工时期。原始社会末期,伴随着农业文明的出现,人类在为维持生存而需要满足物质生活的多方面需要,某些专业性的体现个人技能的产品生产开始出现,劳动的协作有了新的意义:某些人从集体的围猎和集体的耕作中分离出来,以其某方面的技能去专事生产单一的产品,并把它用作交换,个人以此为生的事业便是最原始的独资企业。这一简单的商品生产和商业服务的形态经久不衰,在商业文明极度发展的今天仍然繁荣昌盛。如果某人决定由其单独投资(individual investment)开办一个企业,如一家理发店,此人便是该理发店的业主,他有权决定这个理发店的所有业务,并对其成败负全部责任;全部的财产及盈利归他个人所有,他也要承担全部的亏损;当企业资产比经营该企业所形成的债务要少,即使倾家荡产,业主也要以他的其他个人财产负责偿还理发店所欠之债务,该理发店所欠的债务,实质上是业主的个人债务。

独资企业在法律上具有以下特征:

(1) 独资企业的投资者仅为一个自然人,这同合伙企业要有两个以上的人联合投资形成区别;已经设立并具有法人资格的公司企业单独投资设立企业的,无论其设立的是分公司(无法人资格的分支机构)还是全资子公司(法人单独投资设立的一人公司),因该设立者是法人而非自然人,所设的分公司、子公司在法律上均不是独资企业。同理,由自然人设立的一人公司,以及在我国由政府的国有资产监督管理机构单独投资设立的国有独资公司、全民所有制企业均不是独资企业。外商投资企业中由一个境外的自然人或者公司来我国投资设立有限责任公司的,也不是独资企业。

(2) 业主对企业事务有绝对的控制与支配权,他就企业事务作出个人决定时在法律上没有义务去征求别人的意见，完全按自己的意志去经营所开办的企业。

(3) 企业的全部资产，包括企业经营中以企业之名义（或者说以商号名义）所获得的利润归业主个人所有。

(4) 企业虽然有自己的名称或商号，并以企业名义领取营业执照和开展经营活动，甚至以企业名义进行诉讼活动，但它无独立的法人资格，企业只是自然人个人进行商业活动的特殊形态。传统商法上，并不将这种从事商业经营之企业视为经济组织，而直接赋予其业主商自然人的地位，经商业登记而取得。

(5) 业主要对企业债务承担无限责任，当企业因各种原因而解散或者企业存续期间未能清偿在经营中所负债务的，业主须以其个人其他财产承担债务清偿责任。

(6) 在市场经济发展较规范的国家和地区，独资企业本身不是单独的纳税主体，独资企业之经营和收入可看做是业主的经营和收入，由业主个人缴纳各种税收。就所得税而言，因业主缴纳个人所得税，而个人所得税之税率往往较公司所得税税率低，因而独资企业的税负稍轻，且不存在同一笔收入两次征税的问题。

我国自 2001 年 1 月 1 日起，个人独资企业不再缴纳企业所得税，改为由业主缴纳个人所得税。

(7) 独资企业由于企业的存在与业主个人的民事人格不可分割，企业随业主的去世而结束，虽然企业的财产及运营由另外的人继承，但从法律上讲，原来的企业已经消亡了。同样的道理，原业主如将独资企业整体出让给别人，原企业也就消亡了，产生的则是新企业。但是，鉴于工商管理的便捷，我国 2000 年 1 月 13 日由国家工商局颁行的《个人独资企业登记管理办法》第 17 条规定："个人独资企业因转让或者继承致使投资人变化的，个人独资企业可向原登记机关提交转让协议书或者法定继承文件，申请变更登记。"

二、独资企业设立的条件

独资企业的设立，应当符合法律所规定的条件。就其设立的条件和程序讲，比合伙企业和公司企业更容易和宽松。

(1) 投资人为一个自然人。独资企业的投资者必须为一个自然人，就资本的拥有关系看，不存在两个以上的投资主体之间的联合；就投资主体的形态讲，任何法人组织或其分支机构不可以成为独资企业的投资人，国家也不是独资企业的投资主体，也就是说全民所有制企业和国有独资公司均不是独资企业，所谓"国有独资企业"的说法是错误的。依据民法之一般规定，投资于独资企业的自然人必须具有完全的民事行为能力，法律和行政法规禁止从事营利性活动的自然人，不得作为投资人申请设立个人独资企业。此外，由于我国现行的企业法律体制对内资企业和外商投资企业区别规定，故境外的自然人单独在中国境内投资设立企业，有法人资格的为有限责任公司，无法人资格的为外商独资企业，在法律没有实现并轨的情况下，外商独资企业应首先适用《外资企业法》并参照适用《个人独资企业法》。

(2) 要有合法的企业名称。我国《个人独资企业法》第 11 条规定："个人独资企业的名称应当与其责任形式及从事的营业相符合。"

由于独资企业的业主须对企业债务承担无限责任，故在企业名称中不可以出现"有限"或"有限责任"的字样。2000 年 1 月 13 日原国家工商局发布的《个人独资企业登记管理办法》第 6 条规定，个人独资企业的名称中不能使用"有限""有限责任""公司"等字样。在某些国家和地区的商业登记法律中，"公司"(company)可使用于独资企业的商号中，如我国香港特别行政区,设立独资商号的,应在税务局属下的企业登记署办理注册登记,独资企业的登记证书上可将独资商业登记为“××××××公司”,同时注明“组织形式”为“sole proprietorship”,但其法律禁止在独资企业的名称中使用“有限”和“有限责任”等字样。由此可见,在英美有关市场主体立法的框架内,“公司”二字与投资人的责任形式并无必然联系,它仅仅是商业投资活动所采用的一种通用行号而已。在我国,依据《公司法》规定和一般的实践,即使是尚未改制的国有企业和集体所有制企业,其名称中使用了“公司”二字的,一定是有法人资格且投资人承担有限责任的企业,故在登记时,独资企业在其名称中不可以使用“公司”二字,以体现企业名称与其责任形式的一致性。独资企业一般来讲是中小企业,千百年来这种企业在连绵的人类社会生活中就使用的商号和其经营之行业间建立了恒久的行号称谓联系,如经营旅客住宿的行业往往选用“旅店”“客栈”“饭店”等,经营餐饮业的称为“饭馆”“酒家”“茶社”等,经营产品制造业的叫“厂”等,所谓独资企业的名称与其从事的行业相符合正是如此。

(3) 有投资人申报的出资。在独资企业体制下,投资人得申报其必要的与其申办企业规模相当的经营资金,该经营资金不是注册资本,只是经营的条件,而不具有对债权人给以担保的效力。因此,从理论上说,法律并没有对独资企业的设立给定最低的投资数额标准,但投资人必须申报其向所设独资企业投资的资金的数额,投资人只需投资 1 元钱即可以成立个人独资企业,工商登记机关不得拒绝登记。这样的制度安排与境外的独资商业的营业登记相比,是基本一致的。

(4) 有固定的生产经营场所和必要的生产经营条件。

(5) 有满足其经营业务开展需要的从业人员。

三、独资企业的设立登记

设立独资企业,须经企业登记。企业自注册登记并领取个人独资企业《营业执照》之日起成立。在我国香港特别行政区,独资企业可先成立并进行营业,而于成立后 1 个月内完成登记,登记时以及每年换取牌证时只缴纳 1150 元港币即可继续营业。我国内地则不然,只有经先登记成立,才可进行营业。

独资企业登记成立时,依据我国《个人独资企业法》和《个人独资企业登记管理办法》的规定,投资者业主须提交下列文件:

(1) 由投资人签署的《个人独资企业设立申请书》。登记申请书上要记载的主要事项有:① 企业名称;② 企业主要经营场所的位置;③ 投资人的投资额、投资方式;④ 企业的经营范围;⑤ 业主的姓名与住所;⑥ 企业经营期限;⑦ 业主的签字及业主聘用的企业主要负责人的姓名及签字。个人独资企业投资人以个人财产出资或者以其家庭共有财产作为个人出资的,应当在《个人独资企业设立申请书》中记载明确。

(2) 业主的个人身份证明。

(3) 生产经营场所使用证明。

(4) 国家工商总局规定要求的其他文件。

业主委托他人代理办理企业登记事宜的,须提交委托书和代理人的身份证明或资格证明。此外,独资企业所从事的业务属于法律、行政法规或者国务院决定规定须经有关政府机构审批的,应于登记申请时提交批准文件。

经登记机关作法律审核和形式审核,对符合条件规定的独资企业即予以登记,并发给个人独资企业《营业执照》,企业于当日成立。独资企业要设立分支机构的,应在分支机构所在地的企业登记机关申请登记,领取个人独资企业分支机构《营业执照》。

第二节 独资企业的性质与一人公司

独资企业,严格来讲并非是一种传统民法上的主体概念,通过独资企业所表现出来的权利能力和行为能力,虽然与普通自然人有区别,但它只是自然人的一种特殊形式,是自然人之权利能力和行为能力在商业领域中的延伸,其主体事实上是投资业主本身。尽管独资企业可以有字号或商号,领取营业执照,刻制公章,并以企业之名义与外界发生经济交往,这的确与普通自然人有区别;但这种活动的实质是特定的自然人和私人资本家以法律许可的方式与他人进行民事联系,该自然人承担一切相关的后果,并享受因之而产生的权益。在民商分立的国家,这种自然人被称为商个人或商自然人、商自然人主体等。由此,可以说,独资企业是企业的一种法律形式,也可以说是自然人的一种特殊类型。

独资企业的主体资格是自然人而非法人,这种传统理论观点为各国的立法实践所接受。这是因为:第一,独资企业的财产权、决策权、指挥权、监督权集于业主一人手中,业主可以凭借他个人的权利随心所欲地处置企业财产而不违反法律和损害他人的利益,这种制度安排满足了一些自雇就业者和初创投资者对生活方式选择的需要。然而,它使得企业的财产与业主的其他个人财产无法划清界限,如果允许独资企业的业主对企业债务承担有限责任,其结果是债权人的利益必然得不到保障。为着交易的迅速达成及安全,债权人也只能在与独资企业往来时要求业主提供个人担保或设定财产抵押,否则,会大大降低商业交易的安全性,影响独资企业正常的商业活动的开展。为了使独资企业业主的权利与义务对等,国家设定独资企业的法律形式并强制性地规定业主对企业债务承担无限责任,是完全合情合理的。对此,各国制度概莫能外。第二,从法人团体存在的实质来看,它体现个人与团体在财产关系上的分离。在独资企业中,投资人投资于企业中的财产与他的其他个人财产无法分开,企业没有独立的财产且处于单一所有权之支配之下,也就不可能独立承担责任。因此,独资企业不能取得法人资格。这种主体和财产的混同,构成了独资企业的法律平台,将权利设置其上的业主对企业的全部行为予以个人的信用担保。

需要指出的是,在近数十年来西方资本主义的某些国家,立法或判例逐步确立了由一个自然人单独投资的有限责任公司或股份有限公司的地位。如法国1985年7月11日《第85-697号法律》第34条规定,有限责任公司是由一人或若干人仅以其出资额为限承担损失而设立的公司。当公司只有一人时该人取名为“一人股东”,一人股东行使公司股东大会的权力。该《法律》第36-1条规定,在有限责任公司的全部股份归集于一人之手的情况下,不适用《民法典》1978年1月4日《第78-9号法律》第1844-5条关于公司解散的规定。该法第36-2条规定,一个自然人只得成为一个有限责任公司的一人股东。一个由一人组成的有限责任公司不得成为另一个由一人组成的有限责任公司的一人股东。对于股份有限公司,法国尚保留有股东不得少于7人的限制。在传统的公司法理论上,公司是一种社会团体,单个的自然人不可能注册为团体,一人公司的出现,对公司法的理论进行了修正,在体制上造成原来在独资企业中负无限责任的投资者在一人公司中只负有限责任的局面。这种情况反映了资本主义国家经济高度发展的某些要求,并且由于其商事法律和商事的传统相当发达和久远,债权人与一人公司发生交易时,还会寻求其他的债权保障方式,不至于大规模出现一人股东通过一人公司利用有限责任损害债权人利益的状况。我国《公司法》颁布于1993年,当时市场经济刚刚处于起步阶段,商事传统有待培养,在商事主体的立法上多数法律专家主张从最规范的原点定位开始,否则,不切实际地跨越阶段势必带来经济秩序的混乱。简言之,我国1993年《公司法》未规定承认一人公司。但在我国《外资企业法》中,国家允许外国的个人到中国境内进行投资,我国《外资企业法实施细则》第18条规定:“外资企业的组织形式为有限责任公司。经批准也可以为其他责任形式。”由此可见,我国规定的外资企业的基本组织形式为有限责任公司,当一个境外的自然人独立来我国投资,其选择有限责任公司是完全符合法律要求的,故在我国注册的外资企业中,事实上有较多的一人公司。这种情况,是我国对外开放、吸引外资的一种特殊政策的体现,在我国确立经济发展为根本国策的背景下,急需国外资金的投入以提升经济发展的规模和品级,过分拘泥于传统公司法有关公司得由数位成员合意组成的规定显然会对吸收外资的国家政策的贯彻形成障碍,在法律形式上作出变通处理是很恰当的。2005年10月,我国修订的《公司法》正式确认在有限责任公司中允许一人公司合法存在,其范围有法人投资设立的一人公司和自然人投资设立的一人公司两种,股份有限公司尚不允许成立为一人公司。

就独资企业与一人公司相比较而言,一人公司的最大特点在于个人投资人只对企业以投资额负责,股东的风险大大降低了。但既然是公司,就会有资本金的要求,如德国公司法对这类公司有注册资本最低需2.5万欧元的规定,这对投资者也是一种条件的限制。如果所经营的事业规模不大,需要资金也不多,风险不大或是能得以有效控制,投资者就没有必要兴办一人公司,而乐意选择独资企业。独资企业较一人公司来讲,商业信誉好,灵活,政府干预和管制少,税负轻且税收关系简单。鉴于此,独资企业作为最小规模的一种企业形式,适应了人类社会生活的多层次需求而成为商业长青之树,延续至今,即使在发达的资本主义国家和地区,还有相当的发展规模。从法律的层面上看,独资企业与一人公司的共同点有两方面:一是这两种类型的企业的投资者均为一个主体,公司企业全资控有另一个公司的情况虽不同于自然人但也属于一人公司范畴;国有独资公司在我国公司法上有特别规定,不属于一人公司。二是它们都是营利性的经济组织。它们的不同点有四方面:一是从法律主体上看,独资企业没有法人资格,一人公司则相反,一经设立便具有法人资格;并且,独资企业的投资者只能是一名自然人,而一人公司的股东既可以是一名自然人,也可以是一家公司。二是从财产关系上看,独资企业没有注册资本,没有属于法律意义上的企业的财产,一人公司按公司法要求得有注册资本,公司独立拥有财产。三是从责任形式上看,独资企业的业主对企业债务承担无限责任,一人公司的股东对公司债务只负有限责任。四是从税收征纳体制上看,独资企业不是独立的纳税主体,业主应当将各种收入包括来自于独资企业的收入合并缴纳个人所得税,一人公司则是独立的纳税主体,股东的股利收入要接受公司所得税和个人所得税两次征收。

第三节　独资企业主的权利与企业管理

一、独资企业投资业者的资格限制

依据我国《民法通则》及其他相关法律的规定,独资企业的投资者须是享有完全民事行为能力且从事商业活动不受法律限制的自然人。我国《个人独资企业法》第16条对个人独资企业投资人的限制采用了概括的表述，并无列举。按照我国相关法律的一般规定，笔者认为下列人员不得举办独资企业：

(1) 法律、行政法规、国务院决定禁止从事商业活动的人。这种规定主要是国家本着政企分开和廉政的原则，限制政府公务人员以及负有社会公共事务管理职责的人员经商办企业，防止他们利用职权谋取不正当的商业利益，并对政府的正常工作和公信力带来损害。限制的对象主要是立法机关、行政机关、司法机关的工作人员及现役军人等。

(2) 无民事行为能力或限制民事行为能力的人。他们无法辨别事物的真伪，不能有效地控制自己的思想和行为，无法预防经营中的各种风险，根本上不具备经营商业的能力，这种人国外通常称为禁治产人。

(3) 依据破产法被宣告破产的自然人，其公权利遭法院褫夺期间，尚未复权时不得申请举办个人独资企业和其他企业。这种人也是国外法律上的禁治产人。我国破产法只适用于法人企业而不适用于自然人，因此没有法律依据确定在商业活动中彻底失败的个人其经济活动的行为能力的限制标准，但是《公司法》第 146 条第 5 项规定"个人所负数额较大的债务到期未清偿"的自然人不得担任公司董事、监事、高管人员，这种情形就目前而言不可以引申到独资企业的设立方面。这里，笔者不是讲法律层面的问题，仅是从法理、情理角度讲的。

二、独资企业业主的权利与义务

独资企业业主对企业的权利主要体现在以下方面：对企业资产及运营收益享有完全的所有权，即可以依法占有、使用、受益、处分；对企业的生产经营活动有完全的决策权、指挥权、管理权；有权销售企业生产的产品和提供商业性服务；有权依据国家《中小企业促进法》的规定，申请获得政府对中小企业的各种优惠鼓励措施的资助；有将其全部营业及财产转让、赠送、以遗嘱方式处分的权利；有为扩大其经营规模而收购、并入其他企业的权利和设置分支机构的权利；有权以独资企业名义取得土地使用权；为维护其合法权益，有权以企业的名义提起诉讼，获得司法救济。

独资企业业主的义务主要有：依法开展经营活动；为企业建立财务、会计制度，按期缴纳税收；保障职工利益；遵守国家安全生产制度；做好环境保护工作等。

三、独资企业的运营管理

独资企业的业主可以自任企业厂长、经理，管理企业的各项业务，也可以聘任其他的人员管理企业事务。投资人聘用他人管理企业事务的，要签订书面的聘用合同或委托合同，明确授权范围。受委托的人应当忠实地履行其职责，勤勉谨慎，在授权范围内开展独资企业的事务管理和运营指挥工作。

独资企业的受托管理人及其他从业人员因失职而致企业财产、利益损失的，要接受业主之处罚并承担损失赔偿责任。下述行动是法律所特别禁止的：(1) 利用职务上的便利，索取或接受贿赂；(2) 侵占企业财产；(3) 挪用企业资金归个人使用或将企业资金借贷给他人；(4) 擅自将企业资金以个人名义或者以他人名义开立账户存储；(5) 擅自以企业名义或财产为他人债务提供担保；(6) 未经投资人同意，进行与其任职企业相竞争的业务；(7) 未经业主同意与本企业订立合同或进行交易；(8) 泄露任职企业的商业秘密；(9) 法律、法规禁止的其他行为。

独资企业业主对于受聘管理人在正常经营活动中的行为有监督权，在其有违反聘用合同的行为或其他不轨行为时可解除其职务,停止聘用。受聘管理人正常履行职责所带来的效益归业主个人,如造成损失则要由业主承担责任。个人独资企业业主对受托人或其他被聘用人员的职权的限制,不得对抗善意第三人。

第四节　独资企业的营业转让

独资企业的营业转让是一个较为复杂的法律问题,它不同于财产的转让。单纯的财产转让不涉及转让方对外负债连同发生移转的事实。通常的情况下,商号往往是指企业名称中表明企业个性的最重要的文字集合,一个公司企业的商号可以被公司转让于他人而公司可以继续独立存在,继续进行其原来的营业。并且,公司企业以其拥有的全部财产对外承担民事责任,无论是转让商号或是转让公司的股权,均不涉及投资者所负担的责任形式的变化,除非发生公司合并的情况,或者个人以合并方式购买公司企业的情况。但是,在个人独资企业的状态下,商号与商号名义下的企业浑然成为一体,商号的债务在根本上是属于业主的个人债务;商号甚至可能是业主个人的姓名,业主将其拥有的商号转让,必然意味着对经营的产业一体转让,意味着业主会退出原有产业领域的经营。业主如果只转让商号名义下的部分权益,可能使独资企业演变为合伙企业,但商号的转让只会是整个企业的整体出让。

企业的转让不仅涉及商号、知识产权等无形资产,而且还涉及债权、债务。

就商号、无形资产而言,主要是转让方与受让方协商作价的问题,协商不成时可以聘请有关的专业机构评估作价。

对于转让人即原独资企业的业主来讲,其明示的义务是在接受受让人支付的价金时,应将企业整体交付给受让人,包括办理相关的变更登记手续,移转该商号名下的各类财产,交接企业的财务账目和公章文件、营业执照,使受让人获得能够有效利用这些财产进行营业活动的条件。此外,有相当规模的独资企业的转让人,还应当承担一项义务,即在转让行为发生后的一定时间和一定区域内不得继续从事与转让企业有竞争关系的商业。如日本《商法》第 25 条规定:“在已经转让营业的情况下,当事人没有另外的意思表示时,转让人在 20 年内不得在同一市、镇、村从事相同的营业。”转让人的另一项义务是对转让企业的技术秘密和营业秘密予以保守并不能另行转让,除非当事人有其他的约定。受让人的义务主要是支付价金和承担企业转让契约中设定的其他义务。

个人独资企业的商号转让时涉及商号与第三人之间的债权债务关系的处理问题,一般来讲无非有两种情况,一是商号转让不能免除原业主的偿债义务;另一种是连同债权债务一起转移。

大陆法系的某些国家和地区往往坚持固有的债权债务特定化的理念,以无限责任之制度原理解析商号债务的归属,认定商号的债务即是原业主的个人债务,各方当事人如不能达成相反的协议,商号转让的行为不影响原商号名义下的债权债务,由原业主享有和承担,就如同商号歇业时一样。这样的规定对于防止转让方非法逃债是有保障作用的。商号转让引发的债务承担人的变化毕竟不同于自然债务的转让,自然债务的转让非经债权人的同意对债权人不发生效力。我国台湾地区“民法典”第 305 条规定:“就他人之财产或营业概括承受其资产及负债者,因对于债权人为承受之通知或公告,而生承担债务之效力。前项情形,债务人关于到期之债权,自通知或公告时起,未到期之债权,自到期时起,两年以内与承担人连带负其责任。”这里,“概括承受其资产及负债”主要是指营业及商号的整体受让现象。“概括承受”,就是人们常说的“全盘接受”,它包括不对商号作任何的改动,且要对债权人作出明确的承诺,债务已对受让人发生效力。不满足前述条件的任何一项,如不是“概括承受”,或不向债权人作明确的承受债务的通知或公告,虽有商号的转让也不致让受让人承担转让前以商号名义发生的债务。为了防止转让人通过商号的出让逃避债务,即使受让人已经同意承受债务的情况下,法律还要求转让人在2年内对原商号的债务与受让人负连带偿还责任。日本的规定与我国台湾地区基本一致。我国香港特别行政区在法源上属于英美法系,其《业务转让(保障债权人)条例》(Transfer of Business [Protection of Creditors]Ordinance)第3(1)条规定,不管转让人与受让人之间有无任何相反的规定,受让人应该承担转让人经营业务而引起的全部债务和责任,包括根据《香港税务条例》应该缴纳的税款。当然,该《条例》对受让人承担的债务数额作了不超过业务转让日该等业务的价值总额的限制,同时在承担责任的期限上对受让人作了保护性规定。按照该《条例》第4条的规定,受让人的责任将在下列日期消灭:(1) 在业务转让发生日前,转让人和受让人发出不少于1个月但不多于4个月的营业转让通告,该通告的期限在营业转让日以前届满,在营业转让日以后受让人不必承担任何责任;(2) 转让人和受让人发出营业转让通告,但通告的期限在营业转让发生日尚未届满,在通告的期限届满后,受让人不必承担任何责任;(3) 转让人和受让人在营业转让日后才发出通告,在通告的期限届满后,受让人不必承担任何责任。

日本《商法》第17条集中规定了针对商号而发生的营业转让的债权债务处理的原则。其第1款规定:“营业受让人继续使用转让人的商号的场合,对转让人因营业而产生的债务也承担清偿责任。”这种规定的原理在于商事行为受外观主义的约束,债权人和其他之前的交易相对人在未受通知的情形下,没有法律义务去辨认同一商号名义下已经发生的变化。“也承担清偿责任”,当然应该被理解为连带责任。这种基本面上的安排折射出债权人信息不对称条件下立法的价值取向。但是,日本商法对受让人也作了保护性规定,主要体现在免责和时限两个方面:(1) 关于免责。日本《商法》第17条第2款规定,受让人在受让后立即登记不承担转让人的债务或者及时通知债权人的,可以免除前述义务。(2) 时限。日本《商法》第17条第3款规定,受让人虽然承担连带责任,但债权人在转让事实发生之后两年内不向受让人提出权利主张的,责任归于消灭。日本民法规定的债权消灭时效为10年,因此规定受让人承担连带责任的时效为两年,实际是比较严厉的。

此外,在营业转让的情形下,在其他三个关键问题上日本商法及司法判例也有清楚的规范:第一,继续使用原企业的商号的标准。按照日本法律的规定理解,商号由核心要素和附加要素构成,核心要素是字号,附加要素包括注册地或营业地、行业、组织形式等。受让人未改变核心要素而只是改变添加要素的,如添加“股份有限公司”或添加经营项目的,属于继续使用原商号;受让人在字号前添加“新”字的,表示非继承关系,则不属于继续使用原商号。第二,受让人没有继续使用原商号的责任归属。受让人为继续使用原商号的,原则上受让人不承担权企业经营期间的债务,但受让人在受让公告中声明承担原企业债务的不再此限。第三,由第三人向商号的债务清偿。日本《商法》第17条第4款规定,在受让人继续使用商号的情形下,债务人向受让人清偿转让前对原企业所负的债务,若清偿人善意并无重大过失时,该清偿有效。日本学者富部荣三认为,受让人没有继续使用原商号的场合,即使事实上没有接受债权的转移,一旦作出了概括承受的登记公告,那么基于外观保护,就应认可债务人对受让人清偿的有效性。

我国《个人独资企业法》对此未作任何规定,目前在实践中只能依靠协议处理。独资企业以企业名义经营,所形成的债权、债务事实上是属于原业主之个人债务。当企业脱离业主甚或业主将企业解散时,债权债务并未发生消灭之事实,业主仍可享有企业存在前以企业名义形成的债权,同时也承担以企业名义形成的债务的清偿责任。债权债务如要发生转移,应当符合法律规定的条件:对债权的转移,因为不会影响到转让人的债务人的利益,转让不必采取必经债务人同意的形式,而以转让人、受让人共同通知即能生效之方式处理。但债务的转让则会影响到原独资企业债权人之债权的安全保障,若非经该债权人同意不得转让。为防止转让人或受让人或其共同以损害债权人利益为目的恶性转让行为发生,保障债权人利益的实现,法律上应当明确规定相当于企业解散时的公告和通知债权人之程序,予债权人以知情权,方便其依据具体情况主张权利。比较我国台湾地区和香港地区关于商号转让时对原商号名义下的债权人利益保护的做法,笔者以为我国台湾地区的规定更贴近祖国大陆的实际状况,应当借鉴采用,而我国香港地区的做法一方面程序复杂,不易操作,另一方面对债权人的保护容易形成漏洞,百密有疏。非经法定程序而发生业务转让的,转让人与受让人对债权人承担连带偿债责任。在涉及营业转让的其他问题上,笔者认为日本商法的种种安排对我国安排相关制度有重要的借鉴价值。

债权人在独资企业财产上设定抵押,不依转让而影响其效力。

独资企业解散的原因及程序,参阅本书“企业解散与清算法律制度”一章。

第五章

普通合伙企业法律制度

第一节 普通合伙企业的设立

一、普通合伙企业的定义与法律原则

(一) 定义

普通合伙企业(enterprise of general partnership),是指依照我国《合伙企业法》的规定,由自然人、法人和其他组织通过订立合伙协议,在我国境内设立的全体合伙人均为普通合伙人,各合伙人对合伙企业债务承担无限连带责任的以营利为目的的经济组织。普通合伙企业不具有法人资格,合伙人依据合伙协议的约定,共同出资、合伙经营、共享收益、共担风险。普通合伙企业是合伙企业中最广泛的一种,也是最古老的企业形态之一。

(二) 我国合伙企业立法

我国《合伙企业法》首次由第八届全国人大常委会第二十四次会议于 1997 年 2 月 23 日通过,第十届全国人大常委会第二十三次会议于 2006 年 8 月 27 日作出修订,修订后的《合伙企业法》于 2007 年 6 月 1 日施行,该法共有 6 章 109 条。与此配套的法规是 2007 年 5 月 9 日国务院修订通过并规定于 2007 年 6 月 1 日施行的《合伙企业登记管理办法》(2014 年 2 月 19 日国务院修订,2014 年 3 月 1 日施行)。由于我国不具备悠久的商事传统,因此笼统地制定合伙法对于市场经济的合伙组织体不能起到恰当规范和指引的作用;并且鉴于我国在确立市场主体立法体系的过程中,以"企业"为本位的经济组织文化被全社会普遍接受和认知,称其为"合伙企业"比"商事合伙"更易获得社会的认同,制定《合伙企业法》就具有非常鲜明的实用性,使得合伙企业的建立、运行有了直接的法律依据,也有比较深厚的现代企业组织理论与实践的背景支持。

1997 年《合伙企业法》由于没有规定特殊的普通合伙企业和有限合伙企业,故合伙企业一词仅是指一般的普通合伙企业,且不允许法人企业成为普通合伙人。2006 年修订的《合伙企业法》不仅增加了有限合伙企业和特殊的普通合伙企业的规定,而且在普通合伙企业的制度安排上进行了重大的内容调整,如允许法人成为普通合伙人、允许合伙企业的债权人对不能清偿到期债务的合伙企业提起破产诉讼程序等。本书作者参加了全国人大法工委组织的《合伙企业法》修订草案的专家论证会,亲身感受了不同学术意见的争锋与磨砺,体会了集思广益、千锤百炼和字字珠玑在法律规则孕育过程中的外在展示;甚至想象如果把修订的《合伙企业法》的法之精神经过离心作业而提炼,外在的语言文字也算得上是一篇时论华章,

它完全可以媲美于技术精湛的工匠们在手工工场里经年打造完成的任何传世瑰宝!

(三) 法律原则

依据我国2006年修订后的《合伙企业法》总则部分对普通合伙企业之规定,可以确认以下的法律原则的核心内容:(1) 普通合伙企业须由两个以上的人(包括自然人、法人、其他组织)共同组建;(2) 普通合伙企业以合伙协议为基础;合伙人订立合伙协议和创办合伙企业,应当遵循自愿、公平、诚实信用原则;合伙协议经全体合伙人协商一致,以书面形式订立;(3) 合伙人有权利和义务共同投资、合伙经营、共享权益和共担风险;(4) 在合伙企业事务范围内各合伙人相互有代理关系,并对合伙企业债务承担无限连带责任;但是《合伙企业法》中对特殊的普通合伙企业的普通合伙人承担责任的形式另行作出规定的情形除外;(5) 合伙企业是非法人营利性经济组织;合伙企业的生产经营所得和其他所得,不必由企业缴纳所得税,而由各合伙人分别缴纳所得税;(6) 法人可以成为合伙企业的普通合伙人,但是国有独资公司、国有企业、上市公司以及公益性的事业单位、社会团体不得成为普通合伙人;(7) 合伙企业及其合伙人必须遵守法律、行政法规,遵守社会公德、商业道德,承担社会责任;(8) 法律保护合伙企业与合伙人的合法财产以及其他权益。

就目前情况来看,合伙企业的绝对数量明显偏低。究其原因,主要是风险责任制度的安排。有关普通合伙企业的法律特征,详见本书第二章(本章中后面的内容凡使用“合伙企业”而不加其他限定词语的,均是指“普通合伙企业”)。

二、普通合伙企业设立的条件

设立合伙企业,应当满足法律所规定的条件。我国《合伙企业法》第14条规定的条件是:(1) 有两个以上合伙人;合伙人为自然人的,应当具有完全民事行为能力;(2) 有书面合伙协议;(3) 有合伙人认缴或者实际缴付的出资;(4) 有合伙企业的名称和生产经营场所;(5) 法律、行政法规规定的其他条件。

法律规定的上述五项条件是设立合伙企业的必要条件,是合伙企业赖以存在和发展的基础。与公司类企业和独资企业之设立条件相比较,合伙企业的设立条件确有不同之处。以下对合伙企业设立的法定条件作出分析。

1. 有两个以上合伙人,其中合伙人为自然人的,应当具有完全民事行为能力

人类的许多事业是由人与人之间通过合作进行和完成的,人类在生存中无不依托于与他人的合作而求目的的达成。合作可能是短期的,如合作出版,合作旅行,合作参加双人或集体性竞技类体育比赛等;合作也可能是长期的,如合作举办合作社、合伙企业,合作进行科学研究,合作进行探险活动等;合作甚至是无期限的,如合作设立永久存在的公司企业,合作组建以共同生活为目的的家庭等。通常理解,合伙企业是附有经营期限的经济联合团体,团体的成员若为一人时,既可以为个人独资企业,也可以为一人公司,但合伙企业的天然属性和社会属性都要求其成员为二人以上。《合伙企业法》规定合伙企业设立的条件的第一项为“有两个以上合伙人”就是对这种基于自然性和社会性所反映的法则的认可。

我国1997年《合伙企业法》中曾经规定“并且都是依法承担无限责任者”,其原因是当时没有承认法人参加合伙企业的投资地位,也没有允许有限合伙企业的存在。法律强调全体合伙人都是依法承担无限责任者,是因为在立法的过程中已经有学者提出了法人成为合伙人和设立有限合伙企业的意见,甚至早期的法律草案中已经包含了上述两种意见的内容,而法律最终没有采纳上述意见,表明立法机关认为相关建议的条件不成熟。2006年修订的

《合伙企业法》中删去这句话，一方面是因为法律已经把普通合伙企业和有限合伙企业作了分别的制度建设，普通合伙企业的合伙人当然都须承担合伙企业的无限连带责任，不言自明；另一方面是这句话本身不代表一种条件，况且在《合伙企业法》总则部分对普通合伙企业的定义中已经明确，删去就可以避免重复。

在学者参与讨论合伙企业法立法的过程中，对法人能否成为合伙人，事实上存在着激烈的争论。立法机关综合了不同的意见，在法人成为普通合伙人方面迈出了实质性的一步，但为了防止公共风险，同时规定国有独资公司、国有企业、上市公司以及公益性的事业单位、社会团体不得成为普通合伙人。这是一种禁止，也是一种警示，除此以外的其他的公司可否参加普通合伙企业成为普通合伙人，完全由公司自己决定。对于公司而言，控制经营风险是现代企业成功的基础，加入合伙企业成为普通合伙人的风险是明确无误的，虽然公司的股东仍然可以承担有限责任，但公司因无限连带责任的拖累而可能一败涂地，即使公司自己从事的主业范围是盈利的。在公司的内控结构中，股东可以通过监事会，选举董事、质询董事、高管人员的工作而纠正管理者的不当行为，但当公司成为普通合伙企业的合伙人时，股东无法逾越公司界限而制约其他的合伙人，任一合伙人都有权代表合伙企业进行商业活动又是普通合伙企业的自然属性，即使合伙协议选择了执行合伙人也不得对抗善意第三人。连带责任大大强化了合伙企业的商业信用，如果合伙人中一旦出现害群之马，作为承担无限连带责任的法人合伙人的灾难就是无法避免的。在我国《公司法》第 148 条第 1 款第 3 项中规定董事、高级管理人员不得“违反公司章程的规定，未经股东会、股东大会或者董事会同意，将公司资金借贷给他人或者以公司财产为他人提供担保”，这是旗帜鲜明的风险防火墙规范，但是无论是对外出借资金，还是对他人债务提供担保，发生到公司承担责任的部分都肯定是数额确定的，而允许公司加入普通合伙企业成为普通合伙人一旦发生责任其数额是无法预先确定的。在我国现实的诚信环境条件下，我们真的很不看好《合伙企业法》的这种安排，比较《公司法》的前述规定，对公司的风险防范而言，我们的看法是《公司法》糊好了窗户，而《合伙企业法》却推倒了墙。我国《公司法》没有规定公司参与合伙企业的决议程序，在法理上应当解释为该项权力应当是股东会或股东大会的权力，也属于《公司法》第 37 条第 1 款第 1 项“决定公司的经营方针和投资计划”的内容，公司应当通过章程规定作出安排，如规定董事会拟以公司名义参加合伙企业为普通合伙人时，得报告公司股东会研究决定；股东会或股东大会进行表决的，有限责任公司为全体股东同意，股份有限公司为出席会议的股东所持表决权的三分之二以上同意等。

合伙人的最低人数限制是 2 人，这是由合伙关系的自然条件所决定的；对于合伙人人数的上限，鉴于合伙业务要求有人身信任关系，多数国家的合伙法律未作规定，靠合伙关系自然限定。英国合伙法的传统规则规定合伙人数不超过 20 人，合伙经营银行企业时，合伙人不得超过 10 人。但是，老牌的律师行和会计师行的合伙人人数往往超过百人，为适应这种发展的现实，英国于 1985 年取消了对律师行和会计师行的 20 人限制条件。迄今为止，英国已经对 15 类商业合伙豁免了人数限制，导致这一限制形同虚设。因此，英国政府在 2001 年初公布了一份咨询文件，建议全面取消合伙法中对合伙人人数的限制。我国《合伙企业法》对此未作限制性规定。

至于法律要求普通合伙企业中的自然人合伙人，应当具有完全民事行为能力，这是民事法律的普遍要求的体现，此处无需赘述。

2. 有书面合伙协议

合伙企业成立的法律基础是合伙协议，而公司则是公司的章程。自然人的存在目的是个非常复杂的问题，生命的价值评判不可能由法律完成。由自然人设立独资企业的，企业处在法人和自然人的中间地带，成员仅为一人就不需要协议；企业没有独立性，不具有拟制的法律人格，章程行为显然不适用。法律采取的方式是经注册而确立独资企业的存在并核准其经营能力。公司企业的章程行为与合伙企业的协议行为当然不同：(1) 章程由公司的全体股东或发起人为公司制定，对公司股东、董事、监事及高管人员有约束力，某些特定情况下也可约束与公司有交易行为之第三人；而合伙协议是合伙人为自己所订立的契约，仅对合伙人有约束力。(2) 公司章程受法律的强制性约束多，合伙协议则有较多的灵活性，只要不违反合伙企业法的强制性义务规范，合伙人均可协商达成共识。《合伙企业法》设定的强制性义务规范本来要比公司法的强制性义务规范要少，同时也赋予合伙人较大的权利去协商安排自己的事务。(3) 公司章程对外是公开的，任何人依据正当的理由可以查阅公司的章程，但合伙协议是处于封闭状态的文件，合伙人以外的人没有特殊的理由和经特别的程序是不能查阅的。要成立合伙企业，法律要求必须要有书面的合伙协议，任何口头协议可能会形成其他的民事合伙，但不可能注册成立一家合伙企业。因此说，签署书面的合伙协议是在我国成立合伙企业的必要条件。

3. 有合伙人认缴或者实际缴付的出资

合伙人因要对合伙企业之债务承担无限连带责任，故而在合伙企业法中并无必要要求注册资本。注册资本作为公司股东认缴的出资总额是公司财产在法律上的反映，由于股东在完成出资后对公司债务不负其他责任，由公司以其法人所有的全部财产对外负责，因此注册资本以及由资本衍生出的盈余在事实上推定成为公司债权人的利益担保。合伙企业则不然，合伙人缴付的出资其作用是满足企业营业活动正常开展的条件，债权人之利益保障在于合伙人之无限连带责任，而不在于合伙人出资的多寡。企业成立时，可以由合伙人约定各合伙人的出资方式、数额、出资时间，也可在登记机关将资金总额予以登记，但这种登记不具有注册资本的法律意义，任何合伙人违反协议而未出资，或出资数额不够，均只是对其他合伙人利益的侵犯，而不对合伙企业的债权人构成侵权。正因为如此，法律许可如经合伙人同意，某些合伙人可以以劳务方式出资(国外甚至允许以信用、社会地位、技能、管理经验、客户关系等方式出资成为合伙人)。以劳务方式出资的作价或比例核定由合伙人全体协商。当然，以劳务出资的合伙人，对合伙企业的债务同其他合伙人一样，要承担连带责任、无限责任，并不因以劳务方式出资而有区别。我国 2006 年修订的《合伙企业法》规定“认缴”，主要是考虑 2005 年修订的《公司法》对注册资本施行了分期缴付制度，规定了认缴和实缴区别的制度，从而降低了公司设立时面临的资本门槛，对投资者承担无限连带责任的合伙企业的出资就更应当灵活对待，认缴是合伙人对其他合伙人承担的协议义务，缴付的期限法律没有强制性要求，尽管由全体合伙人协商确定。当合伙企业不能清偿到期债务时，债权人请求合伙人连带给付，并不局限于追究应出资而未出资的合伙人的出资部分的责任，也不会因为承诺出资且已实际如期如数履行了出资义务就可以免除连带给付责任。

基于上述的法律和法理理由，我国《合伙企业法》第 16 条规定：合伙人可以用货币、实物、知识产权、土地使用权或者其他财产权利出资，也可以用劳务出资。对货币、劳务以外的其他各种财产出资，需要评估作价的，可以由全体合伙人协商确定，也可以由全体合伙人委托法定评估机构评估。合伙人以劳务出资的，其评估办法由全体合伙人协商确定，并在合伙协议中载明。该法第17条规定:合伙人应当按照合伙协议约定的出资方式、数额和缴付期限,履行出资义务。以非货币形式的财产出资,依照法律、行政法规的规定,需要办理财产权属转移手续的,应当依法办理。

4. 有合伙企业的名称和生产经营场所

合伙企业的名称当然要符合法律、行政法规关于企业名称的一般要求。对于普通合伙企业来讲,由于法律规定合伙人对企业债务承担无限连带责任,因此,禁止在合伙企业的名称中出现"有限"、"有限责任"、"股份"等字样,是很自然的,以免对合伙企业的客户、消费者、承担社会管理职能的政府等在企业类型识别和交易风险预判方面制造混乱。并且,在我国特定的法律环境中,"公司"一词在制度创建和发展的过程中仅限于有法人资格的企业使用(包括依照公司法设立的公司和一部分没有完成改制的国有企业、集体所有制企业称为公司的),因而合伙企业名称中也不可以使用"公司"这一企业组织形式称号,合伙企业在字号外可选用的通用行号可以是"中心""所""经营部""厂""旅馆""社""楼""店""吧""馆""堂"等,依据行业的习惯自行选定。我国2006年修订的《合伙企业法》第15条规定,普通合伙企业名称中应当标明"普通合伙"字样。从企业具体名称的组合结构看,"普通合伙"四个字不宜像"有限公司"或"股份公司"那样直接作为企业名称中的组织形式部分缀后,如北京市的一家字号为"洁净"的主营业务为洗衣服务的有限责任公司,其名称可以为"北京市洁净洗衣有限责任公司";如果该企业的投资者选用普通合伙企业形态,其名称就不能称为"北京市洁净洗衣普通合伙",这样的安排完全不符合汉语的使用习惯和法律语境;贯彻《合伙企业法》第15条的要求的最佳方式是首先以行业习惯确定行号,再在其后以括号形式表明企业组织形式,如前述企业可以先按行业习惯选择"店"为行号,再在后面缀以组织形式,其名称就是"北京市洁净洗衣店(普通合伙)",这样,名称的基本内容都包含了,读起来顺畅,法律形式一目了然。我国《合伙企业登记管理办法》第7条规定:"合伙企业名称中的组织形式后应当标明'普通合伙'、'特殊普通合伙'或者'有限合伙'字样,并符合国家有关企业名称登记管理的规定。"这其中的"组织形式后"就是本书作者所提的"行号后",因为诸如"厂""场""店""中心""旅馆""事务所""酒吧"等习惯称谓并不表示是何种"组织形式",而仅仅是行业称号,简称行号。

合伙企业如同其他企业一样,也得有其生产经营场所,否则企业无从开展生产营业活动,任何与企业发生交易的第三人,也不便与企业联系;政府的管理活动无从进行;在诉讼中无法确认法律文件的接受地等。法人企业因具有独立人格,故其经营场所被称为住所,与自然人一样。合伙企业没有法人资格,因此其主要办事机构所在地在法律上被称为生产经营场所而不是住所。合伙企业因其从事业务的性质和规模不同,生产经营场所可以是一处,也可以是多处,跨地区经营的可以设立分支机构。按照我国《合伙企业登记管理办法》的规定,设立合伙企业或者设立合伙企业分支机构时,应当向企业登记机关提交"经营场所证明"。

5. 法律、行政法规规定的其他条件

设立普通合伙企业,除应满足上述四项必要的共同条件外,法律还根据企业从事的主要行业的实际需要确定概括性的特殊条件,这种特殊条件无法在统一的《合伙企业法》中一一列举,可能在法律、行政法规规范行业经营的相关规定中体现,如生产型企业比咨询企业所要求的条件就要复杂,《合伙企业法》则予以笼统认可。我国《合伙企业法》第9条规定:合伙企业的经营范围中有属于法律、行政法规规定在登记前须经批准的项目的,该项经营业务应当依法经过批准,并在登记时提交批准文件。这样规定的原则与该法本项条件的规定的精神是一致的。

三、合伙协议

如前所述,合伙协议是合伙企业赖以存在的法律基础,合伙协议必须是书面协议,合伙协议对全体合伙人有法律上的拘束力。我国《合伙企业法》第18条规定了合伙协议应具备的内容,主要有:(1)合伙企业的名称和主要经营场所的地点;(2)合伙目的和合伙企业的经营范围;(3)合伙人的姓名或者名称、住所;(4)合伙人的出资方式、数额和缴付期限;(5)利润分配和亏损分担方式;(6)合伙事务的执行;(7)入伙与退伙;(8)争议解决办法;(9)合伙企业的解散与清算;(10)违约责任。

合伙协议经全体合伙人签名、盖章后生效。合伙协议如要修改或补充,需经全体合伙人协商一致;但是,合伙协议中另有约定的修改协议程序和投票通过比例的,法律准用其约定。

合伙人依合伙协议的约定享受权利并承担义务,当然这种义务不包括合伙人对第三人所承担的连带责任。合伙协议的法定主要内容中的重要问题后边要集中评述介绍,这里仅对以下几个问题作些简要说明:

第一,合伙企业的名称要符合我国工商行政管理机关关于企业名称的要求,如要进行企业名称预先申请核准等;

第二,《合伙企业法》中所提"主要经营场所的地点"与《个人独资企业法》《公司法》中所称独资企业、公司的"住所"的法律含义具有同一性,均是指企业的主要办事机构所在地;

第三,合伙人以实物、知识产权、土地使用权或者其他财产权利出资,其价值的评估以及在合伙企业总资产中所占的比例由全体合伙人协商认可,也可由全体合伙人委托法定评估机构进行评估确认;合伙人以劳务出资的,其评估办法由全体合伙人协商确定,并记载于合伙协议中;

第四,合伙协议中未约定或者约定不明确的事项,由全体合伙人协商决定;协商不成的,依据《合伙企业法》的规定或者有关法律、行政法规的规定办理。

四、注册登记

合伙企业因注册登记而成立。申请设立合伙企业,得依我国《合伙企业法》和《合伙企业登记管理办法》进行。申请登记时,得由全体合伙人共同签署《设立登记申请书》,具体申请事宜可由全体合伙人共同办理或由他们书面委托某一合伙人或某几个合伙人或某专业服务机构代理办理。申请时,除要提交申请书外,还应提交全体合伙人签名、盖章的合伙协议,各合伙人的身份证明文件,出资权属证明,经营场所使用证明,全体合伙人指定代表或者共同委托代理人的委托书,合伙企业之经营范围中有涉及必须经政府机关批准之项目的,应在登记前报请批准并于登记时提交批准文件。企业登记机关接到全部申请文件后,能够当场登记的,应予当场登记,发给营业执照;因文件欠缺或存在瑕疵的,于受理之日起20日内作出决定:予以登记的,发给营业执照;不予登记的,应当给予书面答复,并说明理由。合伙企业自领取《合伙企业营业执照》之日宣告成立,始得进行营业活动。合伙企业设立分支机构的,应向所设分支机构所在地的企业登记机关申请登记,领取《合伙企业分支机构营业执照》。分支机构的经营责任由合伙企业承担,并由合伙人负连带责任。合伙企业登记事项发生变更的,执行合伙事务的合伙人应当自作出变更决定或者发生变更事由之日起15日内,向企业登记机关申请办理变更登记。

第二节 普通合伙企业的财产权与法律地位

一、普通合伙企业的财产构成

合伙企业之所以不同于其他的一般民事合伙，除了其活动的目标是营利以及它具有须经登记取得社会承认、它的业务活动有连续性与长期性、它必须有书面合伙协议等特征外，一个很重要的因素是它须依法建立相对稳定和独立的财产制度，从而使其具备足以成为一种类型的企业的物质基础。

合伙企业的财产构成具有两方面的法律含义：一是从财产来源上说，二是从财产形式上说。从财产来源上讲，合伙企业之财产主要分为原始取得的财产和经营取得的财产。原始取得的财产即是全体合伙人为设立合伙企业而实际缴付的投资额，以及在合伙企业存续期间，新加入的合伙人依合伙协议的约定向合伙企业出资的财产。由于新加入的合伙人缴付的出资仍属于出资的部分，这部分财产上设定了合伙人的权利和义务，故而新入合伙人之财产属于原始取得而非经营取得的财产。经营取得的财产在我国《民法通则》第 32 条中称为“合伙经营积累的财产”，在《合伙企业法》第 20 条中称为“以合伙企业名义取得的收益和依法取得的其他财产”，是指合伙企业存续期间，全体合伙人共同经营合伙企业所创造的利益除去合伙人分配外，留存用以发展的积累资金以及合伙企业受赠、受奖、受让的利益及无形财产。从财产形式上说，构成合伙企业的财产除有形财产外，还包括以合伙企业名义申请的专利、商标，合伙企业的非专利技术、服务标记、企业字号等无形财产。合伙人提供的劳务，虽然经全体合伙人协商可确定其在合伙利益组成中的比例，但无法直接计算成合伙企业的财产，当然合伙人投入的劳务形成的成果可以计入。

我国《合伙企业法》关于合伙企业财产构成的界定是清楚的，“合伙人的出资”和“以合伙名义取得的收益和依法取得的其他财产”涵盖了合伙企业财产构成的全部外延。

二、普通合伙企业的财产权

普通合伙企业的财产权问题，由于存在着合伙的关系，同时也由于与一种企业形态有关，因此在理论界存有较多的争论。我国《民法通则》颁布前对于合伙财产有两种意见：一种认为是集体财产，另一种认为是私有财产。在那个时期，中国尚没有允许私人拥有企业，与企业类同的个体工商户中存在的个体合伙，在政策层面上仍然被看成是社会主义劳动者的微观组合，故而在学界存在集体财产抑或是私有财产的争论。《民法通则》颁布后，对这一问题的争论转而深入，共识是合伙经营积累的财产属于合伙人共有。《民法通则》第 32 条规定：“合伙人投入的财产，由合伙人统一管理和使用。合伙经营积累的财产，归合伙人共有。”《民法通则》颁行其时，经济体制改革正在逼近国家对多种所有制财产组织形态加以承认的目标，私营企业呼之欲出。法律上把合伙的财产分为两部分，并确定了不同的地位：对于合伙人投入的财产未明确其法律关系，只规定由合伙人统一管理和使用；对合伙经营积累的财产则认定归合伙人共有。之所以将合伙人投入之财产规定为合伙人统一管理和使用，是因为当时未产生合伙企业这一特定的法律概念，法律上要兼顾合伙的各种情况，如个体工商户中的个体合伙、农村中的各种专业性经营合伙（养殖合伙、运输合伙等）极其类似于合伙企业，其他合伙如共同贩卖合伙、工程承包合伙等属于临时合伙、简易合伙。举例讲，一位合伙人出渔船,另一位合伙人提供渔网,还有一位合伙人准备食物及饮用水共同出海做一次捕捞业务,对于这种状态的合伙如规定出资归合伙人共有显然不当,而共同使用则更恰当。

我国《合伙企业法》是关于合伙中最稳定、最规范的一种合伙的专门立法。它不仅明确提出了合伙企业的概念,以与其他合伙相区别,而且在合伙财产上形成了新的制度突破。1997 年《合伙企业法》第 19 条规定:“合伙企业存续期间,合伙人的出资和所有以合伙企业名义取得的收益均为合伙企业的财产。合伙企业的财产由全体合伙人依照本法共同管理和使用。”2006 年修订的《合伙企业法》第 20 条规定:“合伙人的出资、以合伙企业名义取得的收益和依法取得的其他财产,均为合伙企业的财产。”以上的规定在实质上突出了合伙企业的财产独立,合伙企业的经济稳定性,已经远离了简单合伙中财产为合伙人个人所有、合伙期间共同使用或者为合伙人共有的原生形态,内容更具科学性。首先,它将两种财产(投入财产和收益财产)不再在法律地位上作区别;其次,它提出“合伙企业的财产”这一新概念,就使这两种财产在整体上形成融合,合伙人自投入后不可能再就其投入的特定财产主张任何意义上的足以对抗其他合伙人的所有权,该财产已经为第三者即合伙企业所有,并且融入合伙企业所有的整体财产之中。这一认识和规定是必要的,它并没有在民事主体和财产权关系上产生混乱,假如我们能理解到法律制度的发展,就能理解到这类合伙是一种企业,是一种联合体。其实,在确定“合伙企业的财产”这一概念时,我国借鉴了美国及其他一些国家和地区的合伙法的立法成果,如美国 1914 年《统一合伙法》第 8 条第 2 款中规定,合伙以商号名义取得不动产所有权,亦以商号名义转让不动产所有权。合伙成员名义上保留对合伙财产的最终支配权,但它只有在合伙解散分割财产时,才能与其他成员实现这些权利。我国香港特别行政区《合伙条例》第 22 条规定,合伙的所有财产及财产上的权利及权益,不论是原来列入合伙股本的,或是以购买或其他方式而为商号取得,或是为了合伙的业务和在进行该业务时以购买和其他方式取得的,为合伙的财产,该等合伙财产必须由合伙人专为该合伙及按照合伙协议而持有及运用。

合伙企业以其名义拥有财产从实质上讲并未侵犯合伙人之权利,恰恰是为了合伙人之共同利益。在合伙企业形成后,合伙人对所投入的财产已经就该财产的使用价值形态丧失了所有权,只是在其价值形态上具有按份额所主张的权利。这种权利在我国 2006 年修订的《合伙企业法》中被称为合伙人对合伙企业的“财产份额”,极其类似于股东对公司主张的股份:在股份上可以设定股东的权利和义务,在财产份额上同样可以设定合伙人的权利和义务;非经法律规定的原因和途径,无论是股东还是合伙人,都不可以随意撤回对公司或合伙企业的投资。究其财产关系的根底(归根结底之意),合伙企业的财产在本质上仍只能是合伙人共有的财产,而不可能再是合伙人之个人财产,不管合伙人是以所有权方式投入,还是以使用权方式投入。就企业财产须保持统一性来讲,归全体合伙人统一管理和使用的财产是一个整体,各合伙人不可能主张按份共有,只能是共同共有。一般来讲,共同共有具有四个方面的特征,即:(1) 共同共有依共同关系而发生;(2) 共有人在共有财产中不分份额(指不对实物形态的资产主张份额);(3) 共有人平等地对财产享有权利、承担义务;(4) 连带权利和责任的存在。在合伙企业财产状态下,事实上符合了上述四项条件,每一合伙人的权利均及于合伙财产的全部,而不是及于自己的“份额”,不像按份共有人那样享有份额权,可以任意处分自己的份额。我国《合伙企业法》第 21 条规定,合伙企业清算前,合伙人不得请求分割合伙企业的财产,但本法另有规定的除外(另有规定是指退伙)。合伙人在合伙企业清算前私自转移或者处分合伙企业财产的,合伙企业不得以此对抗善意第三人。我国《合伙企业法》还规定，合伙人向合伙人以外的他人转让其在合伙企业中的财产份额或者以合伙企业中的财产份额向他人出质的，须经其他合伙人一致同意。无论如何，这样的权利不可能是个别财产上所设定的个人所有权，也不可能是集合财产上的按份共有权，只能是共同共有之权利。

此外，我国 1997 年《合伙企业法》第 19 条中规定了“合伙企业的财产由全体合伙人依照本法共同管理和使用”，2006 年修订版中删去了这句话，其意在于既然法律允许合伙企业可以选定和委托一个或数个合伙人作为执行合伙人管理合伙企业事务，“共同管理和使用”恰恰没有体现出合伙企业和一般的民事合伙的区别，反而降低了合伙企业的经济组织属性标准，况且法律上对合伙企业的执行规定了“合伙人对执行合伙事务享有同等的权利”。这是一种思考和逻辑。但是，笔者认为，合伙企业的原始结构仍然是普通合伙，全体合伙人对合伙企业财产行使“共同管理和使用”的权利，是基于每一个单个的合伙人已经丧失单独的管理和使用权的对价安排，合伙企业毕竟不同于公司，股东虽然对公司事务享有按股分配的管理权，但公司的具体事务中股东不能直接介入。普通合伙人承担了企业经营失败的巨大风险，他对合伙企业的经营成败绝不能报有和股东一样的心态，共同管理和使用合伙企业的财产还源于风险责任的配置压力。虽然修订的《合伙企业法》删去了这句话，但共同管理和使用作为普通合伙企业中的合伙人的自然权利依然存在，没有灭失。当然，共同管理和使用一定存在一个为全体合伙人共同接受的意志，企业的控制权可能被集中授予个别的执行合伙人，但是企业重大的事项须在全体合伙人出席的会议里讨论和达成决策。共同管理和使用既可以指向共同的财产，也可以解释为对整体的合伙企业，因为财产是属于合伙企业的。对一项财产进行使用、管理甚至处分，如果不是所有权主体，就一定是该所有权主体的实际控制人或者说是所有权主体授权的代理人，普通合伙企业的合伙人兼具上述两种权利属性。

明确规定合伙企业的财产，并形成合伙人共同共有之权利形态，这主要是因为作为合伙企业的合伙确与其他合伙有不同之处。随着社会经济的快速发展，为保障合伙企业经营活动的开展，合伙之财产必然更加趋向于独立和集中。合伙企业的高效运作，要求有相对独立的、与合伙人个人财产相分离的“公共”财产供其支配，不允许投资人随意收回投资，任意处分自己的投资份额。合伙企业的财产作为合伙人共同共有之财产，只能受全体合伙人的共同意志而非个人意志支配。正因如此，合伙企业才能得以存在和发展，合伙人之间的理性关系才能得以维持，共同经营、共享权益、共担风险才有必要的财产基础保障。

三、普通合伙企业财产计算的法律及经济价值

合伙企业是非法人企业，其财产的积累当然可以宣示企业的财务实力，可以引导拟与企业发生交易的客户判断企业履行合同的能力，这是不容置疑的符合社会理性的判断。在商业社会中，财富可以带来社会尊重，可以增强个人在信用关系中的地位，甚至可以赢得朋友。赤裸裸的金钱关系就是交易的关系，拥有更多的财富就意味着获取更多的交易机会。尽管存在合伙企业无力偿付债务情形下由合伙人承担连带责任的路径，但是商人们基于交易的便捷考虑往往习惯于审视直接交易对象的经济实力，在交易之前就先调查各合伙人的财务情况不仅费时费力，而且多多少少会令人不快，增加某种不安和尴尬。正是出于对这种情形的适当考量，我国 2006 年修订的《合伙企业法》规定了合伙企业的破产还债资格，以防止债权人争相以合伙企业之财产优惠受偿而损害公平原则。这是合伙企业财产计算的价值之一。

此外,合伙企业拥有的财产越多,其进行规模经济的能力就越强,企业可以扩大投资,改造设备,引进新的技术以及人才,不断提高产品和服务的质量,提高其竞争能力,扩大影响,扩大市场份额。这是合伙企业财产计算的价值之二。

合伙企业进行财产计算的第三项价值是可以准确核定各合伙人在合伙企业中的利益分布数量,以便进行分配、承担亏损及其他与财产份额有关的财务活动、决策活动等。

我国《合伙企业法》第36条规定,合伙企业应当依照法律、行政法规的规定建立企业财务、会计制度。按照一般法理,合伙企业是封闭式企业,它的财务活动数据不必公示,合伙企业自身也不是所得税的纳税主体,政府要求的财务会计制度的意义在于指导合伙企业核定经营成本,计算收益,在合伙人的收益分配需缴纳所得税时作为扣缴义务人准确履行义务。此外,还可以作为公共经济统计的数据资料支持社会统计。因此,合伙企业的财务情况报表应当向政府有关部门提交,如企业年检时向企业登记机关提交,作为企业营业税的计税依据向税务机关提交等。

四、普通合伙企业的法律地位

合伙形式早在古罗马时期和中国的战国时期已经产生。在罗马法中,将合伙分为普通合伙和简易合伙。简易合伙也称为单种交易合伙,即一次性实施某种法律行为的合伙,它不可能形成一种稳定的经营性组织。而普通合伙是以营利为目的互约出资、共同经营某种事业的合伙。在相当长的时期内,法学理论与实践上均把合伙视为一种合同,是两人以上共同出资、共同经营、共担风险的契约,它只能产生合伙人之间的权利义务关系,形成合伙人内部的统一,但不能对外。

由于资本主义商品经济的迅速发展,使合伙制度逐渐发生变革,出现了有利于交易迅速达成的变化,合伙不再是简单的自然人从事商业活动的合作体。许多合伙在竞争中为了对市场变化作出灵活反应,避免烦琐的代理手续,倾向于以商号达成协议。商业社会中人们越来越习惯于只问商号而不问合伙人,并且传统上合伙名称中需要体现合伙人名字的要求随着合伙人的大量增加而变得不能为继,这样就使合伙的商号日益突出其重要性,合伙经营逐渐以一个统一的企业面貌出现。各国法律对这一客观现象作了程度不一的反映和认可,总的趋势是,越来越多的国家承认合伙企业有团体能力,使之在商业活动中与自然人有区别;少数国家则通过修订相应的立法赋予合伙企业以法人资格。倾向于给合伙企业以团体资格(artificial entity)的国家是英美法系国家。英美法系国家一般制定有单行的合伙法,且将普通合伙与有限合伙分别立法,首先从英国开始,美国等其他国家借鉴效仿。

合伙在立法上体现其独立性,是从法律主张商业性合伙应有其商号,并将合伙人出资及合伙经营收益归为商号的财产开始的。以美国为例,自20世纪以来,许多州的立法对合伙制度进行了修订,规定商事合伙作为一种企业组织形式,对外是一个统一体,拥有独立的商号,以商号名义登记并进行交往。美国《统一合伙法》规定:合伙可以商号名义取得不动产和转让不动产所有权。合伙人作为合伙的代理人,以商号名义与第三人发生经济关系,合伙企业及全体合伙人对其代理授权范围内的一切行为负责。法国是典型的大陆法系国家,法国1966年的《商事企业法》规定,包括合伙在内的一切商事企业,自登记之日起具有法人地位。1978年法国对其《民法典》的合伙编作了修改,第1842条规定,除第三章规定的隐名合伙以外的合伙,自登记之日起享有法人资格。此外,比利时、德国也已承认合伙企业具有法人资格,其他一些西欧国家的法律学者也倾向于承认合伙具有法人资格。

在西方国家，无论是英美国家赋予合伙企业以团体能力，还是欧洲大陆法系国家赋予合伙企业以法人资格，都不免除普通合伙人对合伙企业债务承担的连带责任，只是在负担的方式上有了变化，即债权人与合伙企业的交易行为（包括与单个合伙人为合伙之利益而为的行为）是合伙企业的团体行为或法人行为，当合伙企业因各类行为而负债时，债权人应首先向合伙企业要求清偿，在合伙企业财产不足清偿时，合伙人才连带负责清偿。多数情况下，普通合伙人的连带责任只有在合伙企业解散时才会发生。由此可见，法人制度的起源地欧洲大陆法系国家，现行法律赋予合伙企业以法人资格，又不免除普通合伙人的连带无限责任，这实质上是更新了法人制度，即法人制度在无限公司之后的演进更与有限责任不必然地联系在一起了。

我国《合伙企业法》规定合伙企业有自己的名称，并以合伙企业名义取得营业执照进行经营活动，合伙人入伙之财产以及以合伙企业名义取得的收益和依法取得的其他财产为合伙企业的财产，合伙人未经其他合伙人一致同意不得转让、出质其入伙的财产份额等，都表明：在我国，合伙企业具有团体资格，它是一种经济组织。在民事诉讼中，合伙企业以企业的名义参与诉讼活动，享受权利并承担义务。因此说，我国的合伙企业因合伙协议而产生，具有相对独立的财产，合伙企业以自己的名义进行经营活动并可取得财产，包括专利、商标等知识产权，又能以其名义参加诉讼，它是市场主体中的一种新类型，具有团体资格。由于合伙企业不能独立承担民事责任，在其财产不足以清偿企业所欠债务时，合伙人全体得负连带之债，故依我国的法人制度的条件来看，合伙企业不具备法人资格。从法律地位上讲，我国合伙企业具有商业团体资格。笔者认为，我国不承认合伙企业有法人资格主要由法律发展的社会环境所决定：在我国，企业立法伴随着企业改革的进程逐步建立和完善，国有企业由国家统一经营演变为企业法人独立经营造就了这样一种法律理念——凡有法人资格的企业，投资者只以投资额为限承担有限责任；反之，投资者负无限责任。这种由企业改革实践所带动的法律理论的形成和普及虽然背离了大陆法系的传统制度，但却与英美法系的商业组织形式制度不谋而合，而近二十多年来全世界的商事法律体系无不受充满制度创新活力的英美法系的冲击和影响，如独立董事、上市公司监管、有限合伙、派生诉讼、累计投票制等等。在无限公司、两合公司、股份两合公司出现全球性衰落的情况下，盲目套用欧洲大陆法系的规定赋予合伙企业以法人资格，势必给我国的市场主体立法造成混乱。我国的制度选择是非常合理的。当然，同样地，《合伙企业法》又规定了有限合伙制度，自此开始，表明没有法人资格的企业组织中也有合伙人承担有限责任的事实的存在，法律的理念已经被发展的制度所创新，这个问题，将在下一章中细解。

第三节 合伙人的权利、义务与合伙事务的执行

一、合伙人的权利

合伙人是普通合伙企业的投资者，也是普通合伙企业财产的共有人。合伙人对于合伙企业的权利从根本上讲是来自于其投资行为，同时也在合伙协议中有所体现。合伙人基于合伙关系而取得并行使其正当的权利，受合伙企业法及其他相关法律的保护。合伙人对权利的行使应遵守法律之规定，要接受合伙协议之约束，并得履行相关义务。

(一) 财产上的权利

(1) 合伙人向合伙企业履行出资义务后,即与其他合伙人共同共有合伙企业之全部财产。合伙人虽然不能以自己的个人意志支配投入合伙企业中的财产,但共有只是对个人财产权利主张的一种限制,并不是否定,经其他合伙人同意或在合伙企业解散时,合伙人自然可取得应属于自己的财产份额。

(2) 合伙人是合伙企业存续期间以合伙企业名义取得的收益和依法取得的其他财产的共有人,在合伙企业解散时合伙人可将此种积累财产按协商确定的比例分配。

(3) 合伙人有权分配合伙企业每年度的经营收入,这是投资所获利益的直接回报。合伙企业的当年收益首先在扣除成本及可列入成本的开支,经合伙人会议研究确定留足发展基金(发展基金完全由合伙企业自行决定,没有法定要求)后可用于合伙人分配。合伙人从合伙企业中分得的利润应缴纳所得税,剩余额既可用于向合伙企业的扩大投资,也可用于合伙人自身消费性支出和清偿自身债务。

(4) 合伙企业经营效益较好且需扩大投资规模时,合伙人有权优先投资。

(5) 合伙人经全体合伙人同意可将其财产份额转让给他人。在同等条件下,合伙人对于其他合伙人转让的份额有优先受让权。

(二) 企业管理权力

(1) 合伙人作为合伙企业财产的共有投资人对合伙企业有全面的管理权。合伙人在合伙企业经营范围内对其他的合伙人具有当然的代理权。我国《合伙企业法》第 26 条规定,合伙人对执行合伙事务享有同等的权利。这即是说,可以由全体合伙人共同执行合伙企业的事务。合伙企业应当由合伙人共同执行合伙事务的理论根由在于合伙人之间处在完全平等的地位,合伙人可以根据入伙时间的长短、贡献的大小分为资深合伙人和一般合伙人,但不会像公司依据出资额的多少而分为大股东、小股东那样分为大合伙人和小合伙人,平等的地位产生平等的权利,连带责任的制度设计排斥了任何合伙人对合伙企业事务独断专行的权威,无论出资多寡,大家都是一根绳子上的“蚂蚱”,绳子就是连带责任。物以类聚,人以群分,能够合作共同组建合伙企业的合伙人之间不仅需要相互认知,而且必须相互信任,根源即在于此。合伙企业,是人类社会除去婚姻以外的最美妙的组合形式,它积聚了人类趋利、合作、信义、行为制约、有福同享、有难同当的气质和品格。共同执行可以主要分为两种情况:一是各合伙人在任何场合可以单独代表合伙企业进行业务活动;二是合伙企业的重大事项得经合伙人会议讨论,然后交给特定的合伙人加以执行。但是,对于善意第三人而言,合伙人内部的分工和经营权分配,均不具有对抗的效力。

(2) 合伙人为了解合伙企业的经营状况和财务状况,有权查阅企业的会计账册等财务资料,有权过问生产经营业务;对合伙企业重大事项,除合伙协议另有约定外,不分投资多寡按合伙人每人一票的表决办法表决决定。这同公司企业依出资额多少分配投票权截然有别。

(3) 全体合伙人委托一名或数名合伙人执行合伙企业事务的,执行合伙人以外的合伙人有权监督,有权听取执行合伙人就企业营业状况、财务状况的汇报,并可提出质询及异议。在这种情形下,执行合伙人执行合伙事务,并没有改变全体合伙人共同管理的基本制度,合伙企业的重大问题还需要全体合伙人共同决策,不参与执行不等于不参与决策,执行合伙人一旦有损害合伙企业利益的行为,全体合伙人可以撤销委托,况且其他合伙人对执行合伙人存有监督权。按照我国现行《合伙企业登记管理办法》第 6 条和第 9 条的规定,合伙协议未约定或者全体合伙人未决定委托执行事务合伙人的，全体合伙人均为执行事务合伙人。法人为执行事务合伙人的，得委托自然人为其代表。

(4) 按照我国《合伙企业法》第 31 条的规定，除合伙协议另有约定外，合伙人对合伙企业的以下重要事务可单独行使否决权：改变合伙企业的名称；改变合伙企业的经营范围、主要经营场所的地点；处分合伙企业的不动产；转让或者处分合伙企业的知识产权和其他财产权利；以合伙企业名义为他人提供担保；聘任合伙人以外的人担任合伙企业的经营管理人员。除上述内容外，依据法律的规定和合伙企业生存与发展的一般法理，以下一些事务中，除非合伙协议另有约定，合伙人也具有单独否决的权力：把合伙企业的资金出借给他人；同意某一合伙人同合伙企业进行交易；修改合伙协议；同意接纳新的合伙人；同意合伙人将其合伙财产份额转让给他人；解散合伙企业；向他人赠送合伙企业财产；批准合伙人退伙；合伙协议约定的其他重大事项，如讨论通过利润分配方案、讨论通过合伙企业的生产运营管理制度及其他规章制度、决定企业变更组织形式、并购其他企业或被其他企业并购等。

二、合伙人的义务

合伙人的义务区分为法定义务和协议义务两类。在法定义务方面，由于合伙企业不具有法人资格，某些情况下法律赋予合伙企业的义务必然通过合伙人的行为而体现，合伙人整体的意思表示在法律上就是合伙企业的意志，合伙人既要履行作为投资者和合伙企业成员所应履行的个体义务，也要履行作为合伙企业决策参与者分担的属于合伙企业的义务。协议义务体现在组建合伙企业的合伙协议之中。合伙人承担的法定义务和协议义务主要有：遵守法律特别是《合伙企业法》、行政法规的规定；按照合伙协议约定的出资方式、数额和缴付期限向合伙企业缴付出资；不得自营或者与他人合作经营与合伙企业存在竞争关系的业务，非经全体合伙人一致同意外，不得与本合伙企业进行交易，不得从事损害本合伙企业的利益的行为；除依照《合伙企业法》的规定外，不在合伙企业存续期间请求分割合伙企业的财产；执行合伙人得依照合伙人委托的内容、权限执行合伙事务，并应当及时就合伙企业面临的重大事项向全体合伙人汇报，接受其他合伙人的监督；合伙人未经其他合伙人同意，不得将其持有的合伙企业的财产份额对外设定质押。

三、普通合伙企业合伙事务的执行

普通合伙企业在本质上属于自然人和法人的共同经营联合体，不具备法人资格，因而不可能像公司那样有一个领导机关或法定代表机关。小规模的合伙企业往往由全体合伙人共同执行合伙企业的事务；规模较大的合伙企业因合伙人较多，共同执行合伙事务则有较多不便：一是召集合伙人会议难以齐集，不易形成有效决议，导致失去市场机会；二是人多难免嘴杂，人人有权单独代表合伙企业会造成意见不一，各行其是，决策失误增多。因此，法律许可并经合伙人全体同意而委托一个或数个合伙人负责执行合伙事务并对外代表合伙企业。受委托执行合伙事务的合伙人便称为执行合伙人。

执行合伙人的权力来自于两方面：一是他或他们本是合伙人，对合伙企业有投资，具有由财产权派生的管理合伙企业的权力；二是有全体合伙人一致同意的授权。执行合伙人产生以后，对外代表合伙企业，其他的合伙人则不再执行合伙企业之事务，但他们有权对执行合伙人的执行行为予以监督，听取执行合伙人的工作报告，包括事务执行情况和合伙企业的经营及财务状况，并就合伙企业的重大问题发表意见、参与表决。法人、其他组织担任执行合伙人的,应派出自然人代表实际履行职责。

执行合伙人行使管理权的范围要由全体合伙人签署的授权委托书载明,并于企业成立时或运营中变更后报送企业登记机关备案,企业的营业执照上要反映执行合伙人的姓名或者法人、其他组织作为执行合伙人委派的代表的姓名。

执行合伙人一般得以善良管理人之诚信和谨慎处理合伙企业事务,不得为损害合伙企业与全体合伙人利益的行为,否则全体合伙人即可撤销委托,其不轨行为如给合伙企业造成损害,其他合伙人有权要求其赔偿。

执行合伙人或其他合伙人在执行合伙企业事务中有越权行为,如果与之发生业务关系的第三人明知该合伙人无权或根据情势依一个正常人之智力足以判断出该合伙人无权代表合伙企业就某重大事项作出决定,仍坚持与之交易的,合伙人及合伙企业可不负责任。但合伙人对外代表合伙企业的权力界限不清或虽界限清楚但有越权行为,与之交易之第三人完全是善意的,则全体合伙人或合伙企业不得对抗该第三人。这一原则同样适用于合伙企业的非执行合伙人擅自代表合伙企业与第三人为交易行为的状况。

执行合伙人的人数根据企业之规模、业务开展的需要及其他因素由全体合伙人协商确定,可以是一人,也可以是数人。全体合伙人也可根据企业具体情况及执行合伙人的业务素质对他们分别授权,以发挥其专长。执行合伙人执行合伙事务的行为是否在合伙企业领取报酬以及报酬的数额由全体合伙人在授权时讨论决定。

执行合伙人在法律上是其他合伙人的代理人,也是合伙企业的法定代表人,执行合伙人执行合伙事务所产生的收益归合伙企业,所产生的费用和亏损由合伙企业承担。

依据我国《合伙企业法》第 35 条的规定,被聘任的合伙企业的经营管理人员应当在合伙企业授权范围内履行职务,其超越合伙企业授权范围履行职务或者在履行职务过程中因故意或者重大过失给合伙企业造成损失的,依法承担赔偿责任。

四、普通合伙企业运行的几项特别规则

(一) 多数通过规则

在合伙企业运行中或合伙事务执行中,常常会遇到一些较为复杂的内部事务和外部业务问题,这些问题并不属于那些必须要由全体合伙人一致通过才能决定的事项范围,但也具有相当的重要性,已经超出了执行合伙人正常执行业务的区域,如一项重要的投资活动或一项需要较多开支的新产品开发计划或一项价值较大的专利技术的购进,或决定调整执行合伙人及经理人员的报酬标准,添置重大设备,或某合伙人对另外的合伙人执行的事务提出异议等,这种情况由执行合伙人单独决定是困难的或者由于异议是针对他的而不能由他决定,要经全体合伙人一致通过才能决定也太费周折。我国 2006 年修订的《合伙企业法》不仅调整规定了对重要事项须经合伙人一致同意方为有效的原则,同时也规定了对重要事项以外的有关事项由合伙企业实行每合伙人一人一票表决权和须经全体合伙人过半数通过的表决办法的选择性规则。适用此项规则的法律逻辑是:法律赋予由合伙企业之合伙人首先通过合伙协议对合伙企业有关事项的决议形成表决办法,法律规定的办法只是合伙协议缺漏内容的补充。决定此类问题的规则一般当然是多数通过规则。但合伙企业有不同于公司企业的特点,每一合伙企业的情形也千差万别,如何确定多数通过规则当然会有不同。一般来讲,有三种方案可以选择:第一,依投资比例确定多数通过规则;第二,以合伙人一人一票制确定过半数通过规则;第三,第一与第二种方案并用,即构成两项多数通过才为有效。具体

的通过比例当由合伙人协商确定。我国《合伙企业法》第 30 条规定，除“本法对合伙企业的表决办法另有规定的”外，“合伙人对合伙企业有关事项作出决议，按照合伙协议约定的表决办法办理。合伙协议未约定或者约定不明确的，实行合伙人一人一票并经全体合伙人过半数通过的表决办法”。依合伙协议确定的多数通过规则或者依《合伙企业法》第 30 条规定的多数通过规则所决定的合伙企业的事项，对全体合伙人包括投反对票的合伙人均有约束力。

（二）平均分配利润和分担亏损规则

我国 1997 年《合伙企业法》第 32 条规定，合伙企业的利润和亏损，由合伙人依照合伙协议约定的比例分配和分担；合伙协议未约定利润分配和亏损分担比例的，由各合伙人平均分配和分担。合伙协议不得约定将全部利润分配给部分合伙人或者由部分合伙人承担全部亏损。2006 年修订的《合伙企业法》第 33 条规定，合伙企业的利润分配、亏损分担，按照合伙协议的约定办理；合伙协议未约定或者约定不明确的，由合伙人协商决定；协商不成的，由合伙人按照实缴出资比例分配、分担；无法确定出资比例的，由合伙人平均分配、分担。从实务角度看，利润分配和亏损分担比例是合伙协议的最重要条款，协议中遗漏此项约定的情况当属不多；但是，这种情况也不是绝对没有，特别是在农村中成立的合伙型专业经营个体户，合作经营关系比较稳定且有长期性，其协议有的是口头协议，有的虽为成文协议但会遗漏相关约定，合伙人之间发生的利益分配纠纷和亏损分担纠纷在法院处理时，非比照适用《合伙企业法》的规定而不能圆满解决。因此，法律作出补救性规定是恰当的。针对这种现象，大陆法系国家的规定是按照出资比例解决；而英美法系国家则规定按照平均分配和平均负担的原则解决。比较而言，大陆法系国家注重合伙人的资金贡献，期求权益和责任的对等性；英美法系国家注重合伙的平等原则。

我国 1997 年《合伙企业法》的规定采用英美法系国家合伙立法的规定，注重体现合伙之人类精神：合伙人因相互信任而采取联合行动，共同投资、共同经营、共担风险隐含着利益均分、风险均担的动机因素；合伙人对合伙企业债务由于承担无限连带责任，在企业亏损时任何一个合伙人无论其对合伙企业投资多寡都有义务并可能先行偿还全部合伙企业的债务，风险对任何人都是存在的，如以出资比例分配利润显然有失公平，因为分担风险时对第三人来讲，不存在出资比例方面的区别，出资最少的人也有责任首先承担全部清偿责任；在合伙条件下由于允许个人以信用、劳务等方式出资而为合伙人，完全按出资比例分配利润就可能损害这类合伙人的利益，他们不分或少分利润的事实并不能减轻其连带责任，也就是说合伙企业的债权人请求合伙人连带偿还债务时根本不考虑出资比例，而只认定某人为某合伙企业之合伙人就可以。

我国 2006 年修订《合伙企业法》时，来自法院系统的审判实践反映了按照出资比例决定分配利润和分担亏损的一些事例，从而引出了上述内容的修订。即在最终以平均分配和分担方案采用之前增加“协商”“以实缴的出资比例分配和分担”的选择步骤。事实上，协商的步骤完全是多余的，是没有真实价值的法律流行语的“随口表达”，因为在私法领域协商几乎就是一把万能钥匙，可以打开任何纠纷之锁，根本没有必要陈列于此。而增加“以实缴出资比例分配和分担”的前置措施安排，就是对过往规则的根本改变。这种情形显然是把对合伙企业的出资贡献予以充分考虑的安排，比较符合大陆法系的规范模式。对此，我们可以就我国香港和台湾地区的相关规定作个比较：香港特别行政区《合伙条例》规定：“合伙人在合伙财产中所享有的权益以及对合伙的权利及责任，除合伙人间有任何明订或隐含的协议外，须按照以下规则决定——(a) 各合伙人均有权平均摊分业务的资本及利润，并必须平均分担商号在资本或其他方面所蒙受的亏损……”但属于大陆法系的我国台湾地区,在其“民法典”第698条中规定,损益分配的成数,如无约定,按出资额比例决定。我国《合伙企业法》颁布前,立法上对其规定与大陆法系的做法一致,如我国《民法通则》第35条第1款规定:“合伙的债务,由合伙人按照出资比例或者协议的约定,以各自的财产承担清偿责任”,这种规定,同样也适用于盈余的分配。当然,由于合伙企业是基于合伙协议而产生的,法律许可合伙人在合伙协议中将企业利润的分配和亏损的分担比例明确约定,不管约定是否依出资比例,实践中均依约定办理。

(三)竞业禁止规则

我国《合伙企业法》第32条规定,合伙人不得自营或者同他人合作经营与本合伙企业有竞争的业务。除合伙协议另有约定或者经全体合伙人同意外,合伙人不得同本合伙企业进行交易。合伙人不得从事损害本合伙企业利益的活动。

合伙人,无论是一般合伙人或是执行合伙人,均得对本合伙企业尽职尽责,不得以各种方式损害合伙企业之利益,包括竞业行为、与合伙企业不正当交易行为。这不仅仅是对社会敬业精神的提倡,且是维护市场主体合法权益的法律上之行为规则。合伙人如有违反,其所获得的利益应归于全体合伙人,其对合伙企业有损害时,其他合伙人有权要求其赔偿。如合伙人拒绝交出非法利益或拒绝承担赔偿责任,其他的合伙人可以通过诉讼方式解决。如是竞业行为,可提起侵权之诉及返还利益之诉;如是非法交易,可提出确认民事行为无效之诉,并提出利益返还之请求;如有其他损害合伙企业之行为,可提出侵权之诉。无论哪种诉讼,除了请求返还利益外,均可提出赔偿合伙企业所受损失的请求。合伙企业基于合伙人之间的相互信任而成立,如果合伙人存在与合伙企业相冲突的利益机会,势必对合伙企业存在的基础构成威胁,也不利于建立善良的商业规则和道德环境,法律禁止合伙人从事与合伙企业有竞争关系的业务,非经其他合伙人同意不得与合伙企业发生交易,是非常必要的。

第四节 普通合伙企业与第三人之关系

合伙企业与第三人之关系同公司类企业与第三人之关系有很大的不同。合伙企业与第三人之关系就其根源看,实际是指因合伙形成的合伙关系对企业与第三人关系的制约关系和联动关系,主要包括但不限于全体合伙人经合伙企业的存在与发展而形成的与第三人的关系。这类关系源于合伙的特殊属性和组织结构而具有鲜明的特殊内涵,往往不可以通过合伙协议的约定加以改变,除非法律明确地许可合伙人可以另有约定。相关权利义务皆因合伙关系的存在而发生、发展、变化及消灭。概括地来讲,公平处理合伙企业同第三人之关系的规则包含以下内容:

一、合伙人因合伙企业而对第三人债权负无限连带责任

合伙人对普通合伙企业所形成的债务负有无限责任和连带责任。当合伙企业不能清偿到期债务时,债权人可越过合伙企业直接向任一或全体合伙人请求清偿;清偿了全部债务的合伙人有权请求其他合伙人按各自应负担的份额向其补偿。在法国,由于合伙企业已经具备法人资格,则债权人只能先行请求合伙企业偿债,只有合伙企业完全无力清偿债务时,才发生由合伙人连带偿债的事实情形。因此,一般只有在合伙企业解散时才由合伙人负连带责任。在资本主义国家,企业一旦无力偿还债务,或者破产,或者解散,拖欠到期债务不还而

维持存在的状况并不多见。我国《合伙企业法》第38条规定，合伙企业对其债务，应先以其全部财产进行清偿；第39条规定，合伙企业不能清偿到期债务的，合伙人承担无限连带责任。按这一规定理解，合伙企业有自己相对独立的财产集合，企业以自己的名义开展商业活动，并形成与第三人的债务关系，向第三人欠付债务由企业之行为发生。企业欠债应先由企业负责偿还，企业全部财产不足偿还时，才由各合伙人负连带偿还责任。这同法国法的相关规定有相同之处。但法律不能仅从法规条款上理解，实践的普遍要求也会丰富它，发展它。在我国，人们对连带责任的理解有所不同，但一般认为两个或两个以上的债务人，依据约定或法律规定，对债权人就其共同债务负有各自承担全部清偿责任的义务，债权人享有就全部债权向任一债务人请求给付的权利。在普通合伙企业条件下，合伙人因共同的行为导致产生了共同的债务，由于连带关系，每一合伙人对于合伙企业债务在总体上负责。这种债务清偿机制提升了合伙企业的担保能力，也提高了其信誉，使这一古老的经营方式长盛不衰。当然，合伙人对其他合伙人非因合伙业务而发生之债当然不负连带责任。

合伙人对合伙企业所负连带责任因合伙协议而发生，但不受合伙协议其他约定的限制，是法定义务。在合伙协议中，不约定连带责任甚或有相反之约定，均不影响这种责任的成立。实践中存在的一种较为普遍的现象是，合伙企业无力清偿到期债务，合伙人又不解散合伙企业，由于合伙企业的存在，债权人之债权虽无法实现，但也难以越过合伙企业而向合伙人直接追索。在这一点上，我国处于市场经济初步发育阶段，需要从制度上为保障合伙企业债权人之利益而作出完善的规定。有两种方案：一是凡合伙企业拖欠债务超过一定期限且债权人不同意延期偿付的，考虑到个别债务的清偿不以影响合伙企业的存在为宜，赋予债权人直接起诉合伙人请求还债的权利；二是由债权人直接申请由法院强制解散合伙企业或申请合伙企业破产还债，企业财产不足以偿还债务时，由合伙人连带承担给付责任。这两种方案具有合理性和现实性。我国《合伙企业法》在2006年修订时增加了合伙企业破产清算的规定，其目的主要是为了防止有多数债权人存在，合伙企业以及合伙人的清偿能力有限，个别债权人先行一步获得圆满清偿、晚到的债权人毫无所获的不公平局面的发生，以破产方式清算就可以协调债权人之间的纷争。从我国司法实践的经验来看，合伙企业的债权人通过诉讼方式向合伙企业追索偿债时，可以单独起诉合伙企业，也可同时起诉合伙人，也可在判决执行阶段申请追加合伙人为被执行人。2006年修订的《合伙企业法》虽然规定了合伙企业破产清算的资格，但并没有免除普通合伙人在合伙企业破产后对企业债务的无限连带责任；从全面、适当保护债权人利益的角度讲，《合伙企业法》第39条规定“合伙企业不能清偿到期债务的，合伙人承担无限连带责任”的内容，是对合伙企业债权人利益保障的明确宣示，而不能被认为是债权人请求偿还债务的法定程序，更不能与该法第92条规定的债权人选择申请合伙企业破产相衔接，对债权人来讲，《合伙企业法》的规定不是其行使权利的障碍。

二、未参与执行事务的合伙人的抗辩权

合伙企业内部对合伙人执行合伙企业事务以及对外代表合伙企业权利的限制，对不知情的善意第三人不具有抗辩权。这也就是说，合伙企业中的每一合伙人均有权代表合伙企业，外部人可以忽略合伙企业内部安排的某种限制，只要他不出于恶意和明知具体情形而仍然蓄意为之，合伙企业就要受到任一合伙人代表合伙企业对外进行业务的合约的约束。通常情况下，经合伙人协商一致，可有一名或数名合伙人为执行合伙人，而执行合伙人以外的其他合伙人依法不应再执行合伙企业事务，也无权代表合伙企业。合伙企业不同于公司企

业,制度形成的原始基础构造了合伙人之间的代理关系,而公司股东之间并不视为直接存在这种关系。因此,委托执行合伙人的安排虽然可以形成公示,但相比人们对合伙人关系的普世性理解仍然应当局限其效力,约定只是在合伙人内部形成了限制,在第三人不知情的状况下,非执行合伙人越权代表合伙企业与第三人为商业行为时,其他合伙人及执行合伙人不得以越权合伙人越权而主张交易无效。但依据具体业务之性质和规模,第三人应当知道合伙人是越权的情况以及越权合伙人与第三人有勾结损害合伙企业利益的情况除外。这样的原则也适用于执行合伙人超越合伙人授权而为的行为的状况。

三、合伙人向第三人转让合伙份额

我国《合伙企业法》第 22 条规定,除合伙协议另有约定外,合伙人向合伙人以外的人转让其在合伙企业中的全部或者部分财产份额时,须经其他合伙人一致同意。合伙人之间转让在合伙企业中的全部或者部分财产份额时,应当通知其他合伙人。合伙企业以合伙人之间的相互信任为基础组建,共同的代理权、无限连带责任织就的巨大的风险责任促使每一位合伙人对加入其中的新人必须加以独立的审查判别,品行不端者必须被拒之于门外,道德受怀疑者以及不善于进行合伙合作的人应当被予以审视或者调查。基于此,法律也限制合伙人将其入伙的财产份额在未经其他合伙人同意的情况下为其债务或为他人债务设定质押。我国《合伙企业法》第 25 条即对此作了规定。合伙人之间转让合伙企业中份额的,得告知全体合伙人,以便由出价高的合伙人优先受让,以防止合伙企业中出现对抗与裂变。除非合伙协议另有约定,在相同之条件下,第三人不得优于其他合伙人而取得合伙企业中之财产份额。为保护合伙企业之信任关系基础不受损害,也为保障特定合伙人在迫不得已的条件下转让合伙财产份额的权利的实现,法律既要确定非经全体合伙人同意而不许转让的规则,也应确定不同意向第三人转让的合伙人应当自行购买该转让份额或者由合伙人申请退伙的规则。合伙人以外的人依法受让合伙人在合伙企业中的财产份额,经修改合伙协议即成为合伙企业的合伙人。美国《统一合伙法》第 10 条规定:"如果所有权是处于合伙商业名下,任何合伙人,可将他范围内的财产,予以转让。"这给任一合伙人以处分财产的自由,但接受财产一方如成为合伙人则要按该法第 18 条规定办理:"未经所有合伙人同意前,无人可成为合伙人。"因此说,转让的自由仍局限于合伙人内部。对于其他合伙人来讲,可以不同意向第三人的转让,但不同意他人成为合伙人,自己就要接受转让。我国台湾地区"民法典"第 682 条、第 683 条规定:在合伙清算前,不得请求财产分析;未经全体合伙人同意,不得将自己的份额转让给合伙外的第三人。

合伙人自其全部财产份额转让给新合伙人或原合伙人后,就意味着该合伙人事实上退出了合伙关系。我国《合伙企业法》第 54 条规定:"退伙人对其退伙前已发生的合伙企业债务,与其他合伙人承担连带责任。"第 45 条第 2 款规定:"入伙的新合伙人对入伙前合伙企业的债务承担连带责任。"由此可见,因合伙份额的转让而出现退伙与入伙同时发生的情况,退伙人与入伙人都要对原合伙企业之债务承担连带责任,势必扩大了责任人的范围。从立法的精神看,强调保护了债权人的利益,但转让方则在退出合伙后终不得安宁,新入伙人入伙伊始即背负上原企业的债务负担。法律未能对这一状况作出更细致的规定,此问题既可以通过司法解释途径解决,也可以在转让合伙企业份额时通过与债权人、其他合伙人之约定处理(详细内容参阅本章第五节)。事实上,问题存在于另一种思维的领域之内,或者说存在于合伙人所处的外部关系之中。无限连带责任的适用,对于合伙企业的债权人来讲,是合伙人提供了一种个人清偿债务的担保宣示。一种假定，商业实务中也许与合伙企业发生交易的第三人并没有经历假定的心理运动，即这个或者这些债权人之所以选择与该合伙企业发生交易，是因为他或者他们了解到该合伙企业的合伙人中有某甲，某甲是一个口碑很好、资金实力强大的商人，如今某甲因其自身原因而退伙、把其财产份额转让给其他合伙人或者外人，实际是减少了连带责任人或者更换了连带责任人，这当然对合伙企业的原债权人的利益安全构成了威胁。对于合伙企业的原债权人而言，合伙人是连带债务人，如果任何合伙人要退出合伙，或者转让其份额，未经债权人的同意就等于没有解除其担保责任，转让也好（包括内部转让和向外部转让），退出也好，他都不能免除自己对合伙企业原债权人债权的担保责任。退出人或者转让人要想解除自己对合伙企业的债权人的连带责任负担，就需要在退出或者转让时与合伙企业的债权人达成一致意见。从这个角度看，合伙人退伙或者转让份额，必须经其他合伙人的同意，是就合伙人关系层面所作的安排；而要在退伙或者转让份额时彻底解除自己的担保责任，就不得不经全体债权人的同意。如果不是这样理解问题，实践中就会出现以损害债权人利益为目的的恶意退伙、恶意转让行为。

四、对第三人就合伙企业财产主张权利的限制

合伙企业的财产是合伙企业赖以进行生产经营活动的物质基础，在法律上已趋于相对独立。为保障合伙企业经营活动的正常进行，法律限制单个的合伙人在合伙企业解散以前要求析产。合伙人个人对合伙人以外的第三人负有债务或向其举债的，未经全体合伙人同意不得将合伙企业财产中的份额向该第三人设定质押，未告知其他合伙人而为的，其行为属无效，或者经全体合伙人同意而将其除名，依退伙处理，因此而给合伙企业造成损失的，可被要求负赔偿责任。

我国台湾地区“民法典”第 684 条规定，合伙人的债权人于合伙存续期间内，就该合伙人对于合伙的权利，不得代位行使。我国《合伙企业法》第 41 条规定，合伙人个人负有债务，其债权人不得以其债权抵销其对合伙企业的债务；也不得代位行使该合伙人在合伙企业中的权利。法律上这种规定的理论根据是合伙企业与合伙人是不同的法律关系主体，利益结构完全不一致，债务抵销的条件不满足；此外，合伙企业是基于人身相互信任关系而形成的，债权人代位行使合伙人之权利，有违其他合伙人之意志，因为在合伙关系中不仅有财产权上形成之关系，也有与人身不可分的身份关系，身份关系是权利人不可替代的，这是一般的也是基本的民事活动原理。公司企业的股东可以委托他人代为行使参加股东会并表决投票的权力，公司或者其他股东不得阻止；而合伙企业的合伙人非经其他合伙人同意，不得行使这种权力。

合伙人个人对第三人所负之债务，非基于合伙关系而发生，与合伙企业不相干，而该第三人对合伙企业的负债自当由其履行偿还义务。民事关系中债权债务的抵销，只能在相同的当事人之间相互负有债务时才可，而合伙企业同合伙人个人则有不同，抵销是没有根据的。这种情况下，为避免相互履行的麻烦，如果经合伙人全体同意，可签订债权债务转让的协议。由此引申，合伙人个人所负债务，该合伙人也只能以从合伙企业分得的收益（分得的收益不属于合伙人共有的财产）予以清偿，债权人非经人民法院裁决不得径行以债务人投入合伙企业中之财产份额实现其债权。即使在司法干预的状态下，该债权人非经其他合伙人之同意而不可以现实之债权成为新合伙人。在这种情况下，如果该合伙人之全部入伙财产被析出抵销其债务，该合伙人以退伙处理；如部分被析出，可减少其投资份额，并修改合伙协

议降低其分红比例，如其他合伙人将其入伙资产购买，视为份额转让，该合伙人也视为退伙，其他合伙人替其偿还债务并取得相应的入伙份额。

第五节 入伙、退伙及合伙人地位的特别变动

一、入伙

入伙，是指在合伙企业存续期间，原来不具有合伙人身份的公民、法人、其他组织经全体合伙人同意而取得合伙人资格的民事法律行为。各国合伙法律一般均规定，接纳一个新的合伙人必须经全体合伙人的同意，但英美法系国家的合伙立法规定对合伙人加入的程序可由合伙人在合伙契约中约定。如美国 1914 年《统一合伙法》第 18 条即规定，未经所有合伙人同意前，无人可成为合伙人，但合伙协议另有规定的除外。我国 1997 年《合伙企业法》第 44 条规定，新合伙人入伙时，应当经全体合伙人一致同意，并依法订立书面入伙协议。订立入伙协议时，原合伙人应当向新合伙人告知原合伙企业的经营状况和财务状况。2006 年修订的《合伙企业法》第 43 条中增加了“除合伙协议另有约定外”的内容，赋予全体合伙人根据本企业情况对新入伙人入伙的标准作出较灵活的安排，这表明我国的新规定借鉴了美国《统一合伙法》的制度。根据我国《合伙企业法》第 44 条第 1 款规定，入伙的新合伙人与原合伙人享有同等权利，承担同等责任。入伙协议另有约定的，从其约定。由上述可知，依我国法律的规定，加入为合伙人者，须经全体合伙人之人人同意；除非协议另有约定，新合伙人同原合伙人享有同等权利并承担相同义务。

对于新入伙的合伙人是否对合伙企业以前的债务承担责任，世界上很多国家或地区的规定不尽一致。法国、瑞士、日本等大陆法系国家或地区大多规定新合伙人对入伙前企业的既存债务承担连带责任，如我国台湾地区“民法典”第 691 条规定：“加入为合伙人者，对于其加入前合伙所负债务与其他合伙人负同一之责任。”而英美法系国家或地区则普遍主张新合伙人对入伙前债务不承担责任。英国 1890 年《合伙法》第 17 条第 1 款规定：“凡加入既存商行的新合伙人对其入伙前该商行所欠的债务不承担责任。”美国合伙法也有类似规定。我国香港《合伙条例》受英国立法影响深远，其第 19 条规定：“任何人获接纳加入现有的商号为合伙人，并不因此而需就在他成为合伙人前所作出的任何事情对该商号的债权人负上法律责任。”

我国在《合伙企业法》制定期间，就这一问题进行了激烈的争论，最后确定了由入伙之新合伙人对入伙前合伙企业的债务承担连带责任的制度。基于此，法律上要求在新入伙人签署入伙协议前，原合伙人必须将合伙企业的运行情况和财务情况向新入伙人全面说清，以使其有足够的资料去判断是否加入合伙企业。

立法上确定入伙人对入伙前的合伙企业既存债务应承担责任的理由是：(1) 合伙财产是一种有担保的财产，合伙人以其全部财产作为债务担保。(2) 新合伙人入伙时必然要首先对合伙的资产负债进行调查，在调查分析后仍同意入伙就意味着承认、接受合伙之债务。(3) 合伙企业之资产由全体合伙人共同支配，新入伙人所提供的投资可能被用于清偿以前的债务，资产的融合导致责任的融合，在债务清偿时，合伙企业的财产首先用来清偿，不可能先分配合伙企业的财产给合伙人尔后再由合伙人去单独清偿债务，只要财产与债务相当，即使入伙人承担以前之债务，也无大碍；再者，以入伙时间来确定合伙人的责任界限，使合伙人

分为两类、三类，必然不易形成合伙人之间的良好信任与协作关系，损害合伙企业的生存与发展。(4) 可以提高合伙企业的信誉。(5) 可以防止合伙人串通损害债权人之利益。

认为入伙人对入伙前既存债务不承担责任的理由是：(1) 根据权利义务相一致的原则，入伙人并未参与过入伙前合伙企业的经营活动，也未享受过原合伙企业的利益分配，因而不能对既存合伙企业债务承担责任。(2) 从债权债务关系的确定性上看，原合伙企业之债务实质上是原合伙人的共同债务，让入伙人负担就扩大了债务人之范围。(3) 入伙人对合伙企业以前的债务承担责任，于债的发生上没有根据。(4) 入伙人不承担入伙前合伙企业的既存债务，也就对合伙企业的积累财产不享有分配权，只对入伙时提供的投资及后来形成的资产扩大主张相应的权利，这在财务上是可以处理的。(5) 让入伙人对既存债务负责，不利于合伙企业吸引更多的投资者，使其规模扩大。

我国法律选择让新入伙人与原合伙人对入伙前合伙企业的债务承担同一责任，最主要的理由是无法在财产范围上划分清楚，也不能鼓励在企业中做两套账，而且对强化和巩固全体合伙人之间的信任与责任意识有积极作用。

二、退伙

退伙，是指已经取得合伙人身份的自然人、法人、其他组织使其合伙人身份归于消灭的法律行为和事实。退伙一般分为任意退伙、法定退伙和除名三种。

任意退伙也称为声明退伙，即依合伙人自己的意思表示而决定并于适当时期告知其他合伙人而发生的退伙行为。我国《合伙企业法》第 45 条、第 46 条对任意退伙作了规定：合伙协议约定合伙企业的经营期限的，在合伙企业存续期间，有下列情形之一时，合伙人可以退伙：(1) 合伙协议约定的退伙事由出现；(2) 经全体合伙人一致同意；(3) 发生合伙人难以继续参加合伙企业的事由；(4) 其他合伙人严重违反合伙协议约定的义务。合伙协议未约定合伙企业的经营期限的，合伙人在不给合伙企业事务执行造成不利影响的情况下，可以退伙，但应当提前 30 日通知其他合伙人。合伙人如因适当理由而退伙，事实上是其民事权利的实现和行使，其他合伙人不可能有绝对禁止其退伙的权利，但为维护合伙企业的利益，法律或合伙协议对声明退伙设定一定的限制是有必要的，且在法理上也是有根据的，即权利的行使不能损害他人的合法权益。任意退伙，意味着退伙人将解除与其他合伙人之合伙关系，而合伙企业是数个公民行为和财产的组合，只有这种组合才能发挥功能，一旦组合瓦解不仅会削弱功能，甚至会导致散伙。例如，甲、乙、丙三人合伙经营运输业，甲提供车辆等财物，乙提供资金并负责联系业务，丙提供技术、驾驶、保养车辆等劳务。在合伙过程中，甲提出退伙，欲索取投资车辆，合伙企业可能解散；如乙、丙提出退伙则导致合伙企业经营停止或者散伙。因此为了全体合伙人的利益，对声明退伙应作一定的条件限制，就像合同法为了保护交易安全而作出合同的变更或解除的条件一样。各国合伙立法对任意退伙的限制依据合伙协议中有无经营期限的约定而区别对待：如果合伙协议中规定合伙期限的，中途合伙人声明退伙，原则上规定不准退伙，除非有例外情况。《日本民法典》将这种例外情况称为“有不得已事由”，《法国民法典》称为“重大事由”。这种事由主要是指其他合伙人有故意或重大过失违反合伙协议义务，影响合伙事务进行的情况。我国《合伙企业法》将此种事由规定为四种，并规定该四种事由如有一种发生，合伙人可以声明退伙，相比而言，我国关于声明退伙的限制比法国、日本之规定要宽松。如果合伙协议中没有规定期限的，合伙人声明退伙，得满足以下条件：首先，必须事先通知其他合伙人，让其他合伙人有所准备。“事先通知”，从通知发生到退伙行为产生相距多少时间，法国、瑞士、我国台湾地区民法规定为 2 个月前，日本商法规定为 6 个月前，“社员不管其他社员的意思，在 6 个月前提出预告，就可以根据单方面的告知而退社”。其次，退伙要避开合伙事业的旺盛季节或繁忙时期，如合伙经营蚕丝业要避开收蚕季节。再次，合伙人退伙的要完成其负担的合伙事务，不得损害合伙企业的利益，否则要承担赔偿责任。我国规定合伙人任意退伙向其他合伙人的通知时间为 30 天，条件较宽松，这主要考虑到合伙人一旦有必须退出合伙的事由，在通知之后已无心思与其他合伙人同心协力去经营事业，维持时间过长，对退伙人、对合伙企业均无益处，并且决定退伙后还需要一定时间清结财产及债权债务。在任意退伙不得损害合伙企业利益的前提要求上我国与别国和地区的相关规定是一致的。我国《合伙企业法》第 46 条规定的“不给合伙企业事务执行造成不利影响”，已包含了避开合伙事业之繁忙季节及完成合伙企业交办事务的因素，但这种规定的解释仍要局限于合伙事业的当前执行和当前利益的实现方面，不能作扩大的解释，因为任意退伙一旦形成，毕竟对原合伙企业的生存发展的长远利益有影响，扩大解释就会使任意退伙人陷于困境。此外，我国《合伙企业法》还规定，任意退伙人违反法定义务，擅自退伙的，如给合伙企业造成损失要承担赔偿责任。这里所指的法定义务包括：退伙的理由是否适当，有无避开繁忙季节，有无完成合伙企业交办的任务，有无在 30 日前通知其他合伙人等。

法定退伙是指基于法律的规定以及法定事由而当然退伙的情况。我国《合伙企业法》第 48 条规定，合伙人有下列情形之一的，当然退伙：(1) 作为合伙人的自然人死亡或者被依法宣告死亡；(2) 个人丧失偿债能力；(3) 作为合伙人的法人或者其他组织依法被吊销营业执照、责令关闭撤销，或者被宣告破产；(4) 法律规定或者合伙协议约定合伙人必须具有相关资格而丧失该资格；(5) 合伙人在合伙企业中的全部财产份额被人民法院强制执行。上述退伙以所列事实实际发生之日为退伙日。考虑到我国已承认有限合伙企业形式，故 2006 年修订的《合伙企业法》第 48 条第 2 款规定，合伙人被依法认定为无民事行为能力人或者限制民事行为能力人的，经其他合伙人一致同意，可以依法转为有限合伙人，普通合伙企业依法转为有限合伙企业。其他合伙人未能一致同意的，该无民事行为能力或者限制民事行为能力的合伙人退伙。从法定退伙所列事由看，每一事实的发生都已构成退伙，合伙人无论是自然人合伙人还是法人合伙人，都不得不退出普通合伙人地位，即合伙人不再为合伙协议的当事人一方。其中，第(1)项自然人死亡或被宣告死亡，当事人的民事权利能力和行为能力均不存在，其一切民事活动都要终止。第(2)项个人丧失偿债能力，此规定在我国尚无十分明确的法律界定，立法的本意是考虑合伙人可能发生天灾人祸而彻底失去财产积累和债务偿付之能力，继续为合伙人时实际上不可能承担无限连带责任而使合伙企业的责任保障机制失去意义。类似的情况在国外主要是指被依法宣告破产的人，但我国的破产制度对公民个人不适用，因此只能作最一般的理解，因为它没有法律标准。它并不是指没有固定或稳定收入来源的人，也不是指生活水平低于贫困线或个人家庭负担过重的人，它所包含的内容除前述天灾人祸的情况外，还应具有道德之因素：其生活没有正常规则，好吃懒做，挥霍财产，抑或有吸毒、鬼混、赌博、滥嫖且个人所负债务(包括恶债)较多，为躲债而东躲西藏，其为合伙人有损合伙企业声誉或有损其他合伙人之体面并已丧失负连带责任能力者。如将来我国《破产法》赋予个人以破产能力，这一规定的标准就明晰了。第(3)项是关于法人、其他组织丧失资格后不得不退出合伙企业的情形的规定。第(4)项是被法院强制执行其在合伙企业中的全部财产份额的，其他合伙人已经不能依据以前的投资关系而承认其合伙人地位。上述四种法定原因中并未涉及被依法判处有期徒刑、无期徒刑或遭关押的犯人，因其民事权利能力尚存，且能有条件地处理自己的各类财产事务，虽无法亲自参与合伙管理，但仍可为合伙人。被依法认定为无民事行为能力的人或者限制民事行为能力的人，虽然其民事权利能力尚存，但无能力以自己的意思表示和行为享受民事权利，承担民事义务，这样的人在国外法律上称为禁治产人。由于普通合伙企业的合伙人必须是有经营能力的商人，以其智力去判断事项、管制风险、参与决策，这种人无法承担这样的责任，可以经其他普通合伙人一致同意将合伙企业改为有限合伙企业，并让其成为有限合伙人，不参与合伙事务的管理，但可以享有合伙企业的利益。其利益当由其监护人监管。

除名是指合伙人因有严重违反合伙协议之规定或有其他重大不轨行为损害了合伙企业利益或威胁合伙企业的生存与发展，而被其他合伙人一致决定开除的行为。我国《合伙企业法》第49条规定，合伙人有下列情形之一的，经其他合伙人一致同意，可以决议将其除名：(1)未履行出资义务；(2)因故意或者重大过失给合伙企业造成损失；(3)执行合伙企业事务时有不正当行为；(4)发生合伙协议约定的其他事由。合伙人被除名是一项对任何合伙人来讲均为严重的情事。法律规定，对合伙人的除名决议应当经其他合伙人一致同意才可成立，法律并未确立合伙人以多数通过方式决议的机制，被除名人也可以对自己的行为进行辩解，或提出补救、改正、挽回损失的请求。除名的决议应当以书面形式通知被除名人，被除名人接到通知之日起，除名生效，被除名人退伙。除名退伙，实际上是其他合伙人决议解除与被除名人合伙关系的协议撤销行为，被除名人如有异议，可向人民法院起诉，法定起诉时间为30日，法院依据被除名人的具体行为及情势审理后决定除名是否有效。

退伙应当清结财产及债权债务，是为结算。因退伙发生的合伙企业之具体情况有别，结算的内容、方式也各自不同。我国《合伙企业法》第51条、第52条、第54条对此进行了区别规定，其主要规范内容为：合伙人退伙的，其他合伙人应与其就当时企业之财产负债现状进行结算，退还退伙人应得之财产，此时如有未了结的业务，待了结后进行结算。退还给退伙人的财产形式由退伙人与其他合伙人协商决定或依合伙协议规定办理，可以是货币，也可以是实物。退伙人退伙时如合伙企业处于亏损状态，则退伙人应按合伙协议的约定或在无约定时按《合伙企业法》第33条第1款的规定分担亏损。退伙人与其他合伙人因退伙而发生结算，往往情况比较复杂，在合伙财产的估价、合伙积累利益的分配、未了结事务的利益测算以及退还财产份额的形式、退还的时间上均有可能发生争议，处理这类问题的合理方式通常有下述几种：(1)合伙协议中有明确、清晰的约定，依其约定；(2)聘请专业会计师及其他专业人员中立处理；(3)经过诉讼、仲裁方式解决。

退伙人退伙后是否继续对退伙前的债务承担连带责任是一个重要的问题。我国最高人民法院在《关于贯彻执行〈中华人民共和国民法通则〉若干问题的意见（试行）》中第53条规定："合伙经营期间发生亏损，合伙人退出合伙时未按约定分担或者未合理分担合伙债务的，退伙人对原合伙的债务，应当承担清偿责任；退伙人已分担合伙债务的，对其参加合伙期间的全部债务仍负连带责任。"这种规定在我国《合伙企业法》第53条、第54条中仍得以体现，即使于退伙时已负担了亏损额，仍应与其他合伙人对退伙前之债务负连带责任，且无期限之限制。

现在，我们要讨论两个问题：一是退伙时已经承担了清偿债务责任的，继续负连带责任有没有条件？二是负连带责任的期限有无限制？国内外理论界对第一个问题有两种观点：一种认为退伙人退伙时与全体合伙人已达成分担债务协议，甚至已经履行了债务，以后再出现合伙债务（指退伙人参与合伙时的债务）对外不再承担责任，因为退伙时清偿债务和分配盈余同时进行,实际上对退伙人来说是清算,既然清算了结了,再出现债务或盈余退伙人均不承担或受偿。第二种观点认为,退伙人对其参与合伙期间全部债务承担连带责任是与债权人发生关系,退伙是合伙内部的事,债权人无法掌握,除非退伙人及时通知债权人债务转让,否则退伙人仍要承担责任,承担后,再向其他合伙人追偿。英国《合伙法》规定:"对于合伙人退伙以后企业所欠的债务,如果债权人属于以下两种情况之一者,退伙人仍应对该债务负责:(1) 债权人在其退伙前与其商行达成交易的;但如果退伙人已经及时通知债权人自己已退伙的则不在此限。(2) 债权人以前从未与该商行有过交往,因而有理由认为退伙人仍为合伙人的;但是如果退伙人已将退伙事宜通知于他,或在商报上曾有广告的,则不在此限。"我国香港特别行政区《合伙条例》第 19 条规定:"合伙人退出商号,并不因此而终止他退出前所招致的合伙债项或义务须负上的法律责任。如退出的合伙人与新组成的商号的成员及债权人达成一份述明解除该合伙人任何现有的法律责任的协议,则该退出的合伙人可借该协议而获解除该等法律责任,该协议可以是明订的,亦可以是从债权人与新组成的商号间的交易过程中推断得出的事实。"这样的规定是严谨的,在法理上也是有根据的,它强调了合伙人之债是合伙人共同行为和共同利益所形成的,退伙不意味着债的消灭,但债可以经债务人与债权人达成新的协议而变更或消灭。在合伙企业中,执行合伙人和其他合伙人在权力范围之内的经营活动是代表全体合伙人的民事法律行为,一个合伙人在执行事务过程中即使超越权力范围,但是只要没有超出合伙的经营范围,又不是为了个人利益,这一行为对全体合伙人具有拘束力,所形成的合伙企业的债务,也是合伙人全体的共同债务,即连带债务。债权人与合伙企业进行交易,一方面可以解释为是基于对该合伙企业的商号的信任;另一方面也可以解释为是对任一合伙人(包括退伙人)的信任。退伙人退伙,债权人全然不知的,理所当然可以请求退伙人承担责任,退伙人承担责任后可以向其他合伙人追偿。这样处理有利于交易安全和维护债权人的利益,防止逃避债务等不良行为的发生。第二个问题是退伙人对其参加合伙期间的债务承担连带责任的时限问题。退伙人退伙后,对于未及时清结的合伙企业的债务,自退伙时起算,应当以多长时间为限归于消灭呢? 一般讲,退伙时就对合伙盈亏情况进行清理,但有时会出现亏损情况一时算不出或根本没算,仅有个协议,退伙人同意合伙亏损清理债务通知,或者两年内原债务发生了变化,一度出现扭亏转盈,但两年后又出现亏损并清算,这个债务对退伙人来说,是不是其合伙期间债务的延续,退伙人还要不要承担连带责任。理论界有人认为,退伙人要承担清偿责任,理由是退伙到清算期间尽管出现盈余,但没有分配,最终亏损可认定是合伙债务的继续。另一种观点认为退伙人不承担责任,理由是退伙人退伙 1 年后,合伙出现扭亏增盈,尽管没有分配盈利,但这时债务状况已处于零位置,如果再让退伙人承担责任,那么该债务始终处于不稳定状态,没完没了,不利于保护退伙人合法权益。我们认为后一种观点更具合理性。对此,有的国家法律规定了退伙清算债务的期限,退伙人如已清偿债务,退伙 2 年后,再出现债权人诉讼请求追偿其合伙存续期间债务的或虽未清偿,退伙 2 年后再次算出合伙债务的,退伙人不承担清偿责任。这样规定有利于保护退伙人利益,退伙人退伙后对合伙事务就丧失了干预和监督,再让其承担责任不合情理。对合伙债务清算没有期限限制,也不利于人民法院查明事实。我国 1997 年《合伙企业法》对合伙企业解散后债权人追偿连带责任的期限规定为自解散后 5 年,如未追偿该债消灭。这一规定,对合伙人来讲过于严厉,时间太长,不利于使退出合伙企业的合伙人获得早日解脱。2006 年修订的《合伙企业法》中取消了 5 年的规定,这样按照一般主张民事权利救济的诉讼时效期限解决就可以。也就是说,以退伙事实发生的日期为准,债权人知道或者应当知道某合伙人退伙的，起诉的时限为两年。

三、合伙人地位的特别变动

本书所称合伙企业中合伙人地位的特别变动情形是指，某种法律事实发生于合伙人身上，合伙人地位不得不变动而合伙协议可能没有规定处理预案办法的情形。如合伙人死亡或被宣告死亡，法人合伙人被吊销执照、被责令关闭或者被宣告破产，自然人合伙人被确定为无民事行为能力人等。

按照我国《合伙企业法》第 50 条的规定，合伙人死亡或者被依法宣告死亡的，其合法继承人按照合伙协议的约定或者经全体合伙人一致同意可以继承其在合伙企业中的财产份额为合伙人；自继承之日始，继承人取得合伙企业合伙人的资格。其他合伙人不同意或继承人不愿为合伙人的，法律规定或者合伙协议约定合伙人必须具有相关资格而该继承人未取得该资格的，或者有合伙协议约定不能成为合伙人的其他情形的，则可由合伙企业退还应得之财产份额给继承人；继承人为无民事行为能力人或者限制民事行为能力人的，经全体合伙人一致同意，可以依法成为有限合伙人，普通合伙企业依法转为有限合伙企业。全体合伙人未能一致同意的，合伙企业应当将被继承人的财产份额退还该继承人。

其实，依据我国《合伙企业法》的规定，属于退伙的某些场合，实际上都存在着由普通合伙企业转变为有限合伙企业的可能性，如合伙人丧失法定的或者合伙协议约定的某种资格必须退伙的，表明该合伙人不能再行以普通合伙人甚至高级雇员身份在合伙企业中参与决策或者工作，但不妨碍他以有限合伙人的身份持有对有限合伙企业的出资，该普通合伙企业还可以改变为有限合伙企业；法人合伙人被解散后经清算程序获得该法人在合伙企业中的财产份额的承继人，无论是法人，还是自然人，还可以和合伙企业的其他合伙人进行谈判讨论，承继人或可以为普通合伙人，或可以为有限合伙人，或可以接受原法人合伙人的合伙财产的退还。

总之，基于合伙企业以合伙协议为法律基础的制度结构的灵活安排，普通合伙人、有限合伙人地位的转换还是比较容易的。问题是：任何转换，凡涉及合伙人连带责任变化的，无论是合伙份额的转让、退伙、继承、承继等，需要对债权人利益给以特别的关注。

四、变更登记

因入伙、退伙、合伙地位转换、合伙协议修改等事项发生变更时，按照我国《合伙企业法》第 13 条的规定，由执行合伙人负责于发生变更事实或作出变更决定之日起 15 日内向登记机关申请企业变更登记。

第六节 特殊的普通合伙企业

特殊的普通合伙企业(limited liability partnership)，是自 20 世纪 80 年代以来在英美国家产生发展起来的一种适用于合伙制律师事务所、合伙制会计师事务所发展的企业形态。传统的合伙制律师事务所和会计师事务所，由于合伙人对整体的事务所业务的风险承担连带的、无限的责任，合伙人面临的压力越来越大，企业做大、做久的困难日益加剧。律师们、会计师们开始了新的企业形态的创建，一些人选择了有限公司的形态(有限公司形式并不是律师事务所、会计师事务所最适当的企业形态)，而有限责任合伙(LLP)形态正是在这种氛围的压力下被创造出来。我国2006年修订的《合伙企业法》中对这一形态予以吸收,立法上称其为特殊的普通合伙企业。特殊的普通合伙企业主要适用的领域是那些以专业知识和技能服务于社会的机构,最主要的行业领域就是律师事务所和注册会计师事务所。我国现行《合伙企业登记管理办法》第15条规定:法律、行政法规规定设立特殊的普通合伙企业,需要提交合伙人的职业资格证明的,应当向企业登记机关提交有关证明。这项规定符合现实条件下特殊的普通合伙企业的设立的具体环境。

按照我国《合伙企业法》的规定,一个合伙人或者数个合伙人在执行业务活动中因故意或者重大过失造成合伙企业债务的,应当承担无限责任或者无限连带责任,其他合伙人以其在合伙企业中的财产份额为限承担责任。合伙人在执行业务活动中非因故意或者重大过失造成的合伙企业债务以及合伙企业的其他债务,由全体合伙人承担无限连带责任。合伙人在执行业务活动中因故意或者重大过失给合伙企业造成损失的,同样承担个人赔偿责任。特殊的普通合伙企业在其名称中得标明“特殊普通合伙”字样,以便对外明确责任界限,防止债权人和合伙企业的合伙人之间就责任承担的范围发生冲突。法律要求特殊的普通合伙企业须建立执业风险基金、办理职业保险。执业风险基金用于偿付合伙人执行业务活动所造成的债务。执业风险基金的管理制度法律责成由国务院予以制定。

第六章

有限合伙企业法律制度

第一节　有限合伙企业的定义与特征

一、有限合伙企业的定义

有限合伙企业(enterprise of limited partnership),也称为有限合伙(limited partnership),是由一个或一个以上的负无限责任的合伙人与一个或一个以上的负有限责任的合伙人共签协议、共同投资形成的合伙企业。有限合伙企业或公司(在英美法系,"公司"一词可以在独资企业和合伙企业的名称中采用)首先是由英美国家法律规定产生的一种合伙企业形式。1822年,美国纽约州颁行法律规定有限合伙为一种企业组织形式,以后在英美法系国家和地区普遍推行。20世纪后半期,有限合伙企业也为一些大陆法系国家所采用。英国、美国、加拿大等国及我国香港地区等均有有限合伙法或有限合伙条例对之加以规定。

有限合伙企业类似于欧洲大陆法系的隐名合伙。隐名合伙的最早渊源可以追溯到中世纪的康孟达海上贸易形式,即业主与船东或船长签署协议,由业主将其财产或金钱交付给船东从事海外贸易,所获利益按协议分配,船东只提供劳务并负责货物贩售,业主不参与经营的海上贸易形式。业主在整个交易中不露名,故对交易亏损以提供给船东的资金或实物资产负有限责任,而船东则需对全部对外交易和海上航行风险负担责任。1804年,《法国民法典》首次规定了隐名合伙。隐名合伙,法律要求至少有1名以上的合伙人为普通合伙人(即负无限责任者,也称为出名合伙人),为营业登记时也不登记隐名合伙人之姓名,隐名合伙人的权益保护依赖于出名合伙人与隐名合伙人之间的协议。隐名合伙人对合伙企业的债务只负有限责任。隐名合伙,各国均不认为其具有法人资格。我国法律未规定此种合伙企业形式。

我国于2006年修订的《合伙企业法》正式规定了有限合伙企业。由国务院修订颁行并与修订后的《合伙企业法》同时施行(2007年6月1日)的《合伙企业登记管理办法》(2014年2月19日再次修订)对有限合伙企业的登记设立等事项作出了规定。依据《合伙企业法》第2条、第61条规定的内容,我国法律规定的有限合伙企业可以定义为:由一个或者一个以上的普通合伙人和一个或者一个以上的有限合伙人共同组建的合伙企业,全体合伙人的总人数为2人以上50人以下,普通合伙人对有限合伙企业债务承担无限连带责任,有限合伙人以其认缴的出资额为限对有限合伙企业债务承担责任的合伙企业。有限合伙企业不具备法人资格,其合伙人中至少有一个合伙人为普通合伙人,并且企业名称中应当标明"有限合伙"

字样，以示区别。

我国《合伙企业法》第61条中规定有限合伙企业的合伙人人数的下限为2人，是基于合伙企业的自然属性的法律反映，表明一家有限合伙企业最起码必得一人为普通合伙人，另一人为有限合伙人才得成立；其上限为50人，是和公司法规定的有限责任公司的上限股东人数保持协调，以防发生法律的错乱，导致投资者不适当地规避法律的行为发生。在除股份公司以外的小规模企业中，但凡投资者承担有限责任的企业结构设计，为保持人合因素的体现和贯彻，由法律限定其人数在目前的中国还是必要的。至于该条所述的“法律另有规定的除外”，是基于对国外某些领域已经存在的利用有限合伙形式公开或定向募集资金（即私募）发展科技事业、金融事业的先例的未雨绸缪的考虑。我国时下的基金私募在蓬勃地发展，其中有一些采用了有限合伙的形式。

与有限合伙企业定义密切关联的一个问题是，有限合伙企业名称中当然不能禁止使用“有限”二字，但“公司”二字是否被允许使用就存在两难的选择。在有限合伙企业的创始发源地的英美国家，“公司”二字可以为任何企业使用，但非依公司法设立的其他企业在使用“公司”一词时不得在“公司”一词前加“有限”或“有限责任”等限定词。考虑到我国的现实情况，“公司”一词还是禁止在合伙企业的名称中使用比较稳妥，以防止发生严重的企业类型识别混乱，影响交易安全。按照我国《合伙企业登记管理办法》第7条规定合伙企业名称中在组织形式后需标明“普通合伙”“特殊的普通合伙”“有限合伙”来看，后缀“公司”是没有可能性的。

二、有限合伙企业的特征

有限合伙企业的组织结构，是指基于有限合伙企业的特别属性而安排的基础性法律文件框架、投资要求、企业控制机制、监管机制等要素的综合的制度体系。这种组织结构既立足于合伙企业的基本条件，也适当吸收了有限责任公司的一些构建因素。

有限合伙企业类似于欧洲大陆法系国家公司法上的隐名合伙和两合公司，企业的投资者即组成成员分无限责任承担者和有限责任承担者两种，每一种类的投资者在企业中至少得有一人以上。否则，就不是真正意义上的有限合伙企业。有限合伙企业在企业类型中仍属于合伙企业，其中的普通合伙人的地位及所受的约束与普通合伙企业的合伙人的地位及所受的约束基本相同。然而，有限合伙企业毕竟不是普通合伙企业，它存在自身所特有的一些素质，法律上也会形成一些内涵不同的基本关系，原因就是在合伙企业中出现了有限合伙人。有限合伙企业的法律特征主要有以下方面：

第一，有限合伙企业的合伙人分普通合伙人和有限合伙人两种，其中至少有一人或一人以上为普通合伙人。如果没有有限合伙人的参加，这样的企业可能就是个人独资企业，或者是普通合伙企业；如果没有普通合伙人的参加，这样的企业可能就是一人公司，或者是普通的有限责任公司、股份有限公司等。对企业债务承担不同责任的两种人共同参加进同一家企业，各自对企业主张不同的权利和抱有差别的期望，投资者之间的关系存在复合型因素。

第二，有限合伙企业成立的法律基础仍然是合伙协议，合伙协议得由全体普通合伙人和有限合伙人一致同意签署。在我国，合伙企业包括有限合伙企业，法律上尚不认为其具有法人资格，合伙企业对普通合伙人来讲仅具有相对的独立性，法律上没有要求制备企业章程，因此表彰当事人意思自治的协议就是合伙企业包括有限合伙企业合法存在的法律依据。并且，协议在企业行为中是较章程更具成本节约的足以表达共同意志的法律文件，对非法人企业在商业习惯上不主张以章程代替协议,因为企业的规模不是很大,合伙企业又是合伙人亲历管理,一般不涉及利用章程约束企业高管人员和职工的情形(他们的职责权限和义务仍可以通过雇佣协议加以处理)。但是,如果出现"法律另有规定"的利用有限合伙发展科技、金融事业的情形,如进行定向募集资金等必然使合伙人人数大大超过 50 人,企业的规模非常之大,成百上千的人无法签署共同协议,章程的制定就是完全必要的了。

第三,在有限合伙企业中,无论是普通合伙人之间还是普通合伙人与有限合伙人之间,仍然存在信任关系。但是,由于有限合伙人整体上不介入企业的经营管理活动,因此他们虽然人数最多不超过 49 人,相互之间的信任关系对企业的生存与经营影响不大,法律关注的重点是普通合伙人与有限合伙人之间的关系。全体普通合伙人对于有限合伙人须承担信义义务。有限合伙人将其财产投入有限合伙企业,而他们对企业不行使管理权,其谋利的希望完全寄托于普通合伙人,作为企业管理人的普通合伙人对于有限合伙人应当履行受托人的职责。当然有限合伙人对企业的运营可以行使监督权。

第四,普通合伙人对企业债务承担无限连带责任,并且据此完全控制企业的经营管理活动。企业的控制权的来源一般受投资数量和风险负担分配情形的制约。在股份公司中,大股东投资多,股份集中,在股东大会上拥有的投票权就多,从而能够控制公司;在有限合伙企业里,普通合伙人虽然其投资不一定比有限合伙人为多,但其对合伙企业的债务须承担无限责任或无限连带责任,因此基于风险分配、责任负担和控制权一致安排的企业治理思想和原则,法律赋予普通合伙人对有限合伙企业的绝对的支配管理权。普通合伙人为一人的,由其一人控制企业;普通合伙人为数人的,由普通合伙人共同控制企业或者由普通合伙人委托执行合伙人控制企业。

第五,有限合伙人对企业债务只以认缴的投资额为限负责,因此对企业的经营活动丧失管理权。我国《合伙企业登记管理办法》第 9 条规定,有限合伙人不得成为执行合伙人。依据前述原理,有限合伙人不可以介入企业的管理与决策活动,否则有限合伙人不再享受对合伙企业债务只以投资额为限承担责任的利益。此外,由于有限合伙人对有限合伙企业的债务无需负个人责任,故其投资只限于以货币、知识产权、土地使用权、实物财产或者其他财产权利作价出资,不可以以劳务、自然人姓名、个人信誉、法人名称、特许使用权等出资。按美国修订后的《统一有限合伙法》第 201 条规定,成立有限合伙公司需向各州州务卿办事处呈交合伙商业证书及合伙人签署的合伙协议,明确服务代理人的地址、每一名合伙人的姓名和住所、合伙商业结束的时间,即可成立。在合伙协议上要注明谁是有限合伙人,或注明谁对商业债务不负个人责任。如果不呈交证书,并不能保证该部分合伙人不负个人责任。也就是说,有限合伙人要确保有限责任,必须在商业证书上注明,并要提交州务卿办事处备案。依据我国《合伙企业法》和《合伙企业登记管理办法》的规定,保护有限合伙人免受个人责任的追索,不仅合伙协议须在企业登记机关备案登记,同时普通合伙人与有限合伙人须分别加以记载。

三、有限合伙企业立法

如前所述,有限合伙的最早立法是美国纽约州、康涅狄格州于 1822 年完成的,法律的形成与英美普通法没有渊源上的联系,实际上体现了美国移民文化的重要色彩。19 世纪初,来自于法国的新移民到达了路易斯安那州和佛罗里达州,他们把《法国商法典》中的两合公司企业形态带到当地,组建商行进行风险性投资事业,如开采金矿等。继纽约州、康涅狄格州之后，宾夕法尼亚州于1836年也颁布了《有限合伙法》，其他各州相继效仿颁行了本州的《有限合伙法》。1916年，美国统一州法全国委员会制定发布了示范性的《统一有限合伙法》推荐给各州采用。1917年，宾夕法尼亚州首先采用，至20世纪70年代时，其他各州也均已采用。《统一有限合伙法》的各州采用，推进了有限合伙企业的发展，到20世纪中叶后，有限合伙企业的规模日益扩大，成千上万的有限合伙人加入其中，复杂的融资活动、跨州经营、从事风险事业等使得原来的法律安排捉襟见肘，于是统一州法全国委员会于1976年推出了新的《有限合伙法》，1985年又作了重大修订。目前，许多州的《有限合伙法》采用了1985年的版本。2001年，统一州法全国委员会在20世纪90年代提出《统一合伙法》《统一有限责任公司法》的基础上，制定颁布了修订的《统一有限合伙法》，但目前仅有少量州采用。

美国的有限合伙企业立法，经统一州法委员会的努力，适时改进，保持了制度与现实需求密切联系的应变活力，成为业界扩张投资、发展财富的重要手段。特别是20世纪70年代后，美国民间高科技风险事业发展迅速，有限合伙企业模式被广泛采用，其对全球的企业组织形式立法产生了深远影响。据称，在美国的风险投资事业中，有限合伙占风险投资机构的80%以上。

1997年我国制定《合伙企业法》时，立法草案中曾经规定了有限合伙形式，但是在最后颁行的法律中将其删去，主要原因是立法机关担心经验不足，造成法律体系内的混乱。2006年修订《合伙企业法》时，增加有限合伙企业形式成为最重要的立法目标，经多次讨论而完成。经第十届全国人大常委会于2006年8月27日举行的第二十三次会议通过，有限合伙企业形式被正式采用于《合伙企业法》中。2007年5月9日，国务院修订颁行了《合伙企业登记管理办法》(2014年2月19日再次修订)，对涉及有限合伙企业的设立、执行、变更等事项作了规定。

第二节　有限合伙企业协议

有限合伙企业的协议是企业赖以建立和存在的基础性法律文件。依据我国《合伙企业法》总则部分第4条和第9条的规定，合伙协议依法由全体合伙人协商一致，以书面形式订立；申请设立合伙企业，应当向企业登记机关提交登记申请书、合伙协议书、合伙人身份证明等文件。因此，按照立法的要求，有限合伙企业的合伙协议仍须得全体普通合伙人和全体有限合伙人共同制定，并且合伙协议是一个整体的法律文件，而不能由普通合伙人和有限合伙人分别订立两个不同的协议。据上，有限合伙企业的合伙协议的内容就会比普通合伙企业的合伙协议的内容复杂，需要兼顾两类合伙人的不同的利益关切。我国《合伙企业法》第63条规定，有限合伙企业合伙协议的内容除符合该法第18条的规定外，还应当载明该法第63条补充的内容。《合伙企业法》第18条规定的合伙协议的内容虽然主要适用于普通合伙企业，但其原则同样适用于有限合伙企业。这也就是说，有限合伙企业合伙协议内容的一般部分与普通合伙企业合伙协议的内容一致，它包括：(1) 合伙企业的名称和主要经营场所的地点；(2) 合伙目的和合伙经营范围；(3) 合伙人的姓名或者名称、住所；(4) 合伙人的出资方式、数额和缴付期限；(5) 利润分配、亏损分担方式；(6) 合伙事务的执行；(7) 入伙与退伙；(8) 争议解决办法；(9) 合伙企业的解散与清算；(10) 违约责任。

由于有限合伙企业聚合了普通合伙人和有限合伙人两类投资者，而且合伙企业的权利和责任的分配差别较大，从法律规制的一般原理出发，我国《合伙企业法》第63条特别规定有限合伙企业合伙协议另外具备的内容有:(1) 普通合伙人和有限合伙人的姓名或者名称、住所;(2) 执行事务合伙人应具备的条件和选择程序;(3) 执行事务合伙人权限与违约处理办法;(4) 执行事务合伙人的除名条件和更换程序;(5) 有限合伙人入伙、退伙的条件、程序以及相关责任;(6) 有限合伙人和普通合伙人相互转变程序。有限合伙企业在我国的立法中属首次被确立,法律对其合伙协议的上述规定几乎没有相应的社会实践经验可资借鉴,制度设计的元素一方面来自于对境外立法的照搬,另一方面来自于参与立法的各方面代表对这种新类型企业运作的普遍关切和过往的法律知识理解。以下是笔者对上述内容的个人理解:

第一,我国《合伙企业法》对该法第 63 条所规定的内容提出了"应当"的要求。从法律使用"应当"一词的规范性含意理解,有限合伙企业的合伙协议中对于上述内容必须予以规定,不作规定是不妥当的,其中任一条款的缺憾可能会导致各利益相关主体对有限合伙企业的识别错误,影响交易的安全以及交易的效力。投资者组建有限合伙企业制定有限合伙协议时须特别注意遵守这一规定。

第二,关于普通合伙人和有限合伙人的姓名或者名称、住所的要求。由于合伙人对于企业债务承担的责任不同以及管理权属的分配差别,普通合伙人与有限合伙人处于异质的投资人地位,权利义务的制度安排落差很大,为明确普通合伙人和有限合伙人各自的法律地位就需要将其姓名或者名称、住所在合伙协议中分别加以记载,让各合伙人理解自己在有限合伙企业中的身份,并且也通过协议约定将自己的利益安全加以固化。

第三,我国《合伙企业法》第 63 条规定的合共 6 项中的第 2、3、4 项都是针对有限合伙企业执行事务合伙人的规定,这的确反映了立法者的特别关注。在普通合伙企业中,执行事务合伙人产生于全体合伙人的选举;在有限责任公司中,公司的董事会成员或者执行董事也得由全体股东按照公司章程规定的股东会表决程序选举产生;但是有限合伙企业中,执行合伙人只能从普通合伙人中选择产生,并且法律不允许有限合伙人参与选择过程,否则可能视为有限合伙人参与管理而丧失有限合伙人的责任限制利益。但是,投资人对管理人完全失权的制度情形被移植到我国,这是立法者不得不面对而又深深忧虑的现象,因为我国现实社会中的诚信环境确实极差。既然我们不能改变有限合伙企业运行的机制要求,可行的做法就是把平衡的权义结构设计赋予当事人在合伙协议中去协商确定。因此,《合伙企业法》第 63 条中第 2、3、4 项规定的关于执行合伙人的条件、选择程序、权限、违约处理、除名条件、更换程序等,可以被看成是立法机关对这个问题的一种交待和期望。

依据作者的见解,在有限合伙企业的合伙协议中对于执行合伙人的选择程序的安排上,一般还是不能安排有限合伙人直接参与的步骤,否则可能给企业的债权人留有据以否定有限合伙人地位的口实;但是,有限合伙人对执行合伙人的工作从关心自己利益安全的角度进行监督、提出建议或者提起诉讼,不能被解释为参与管理活动而丧失有限责任安全利益。

第四,关于有限合伙人入伙、退伙的条件、程序以及相关责任。有限合伙企业中普通合伙人的入伙、退伙的条件、程序及相关责任当然会在合伙协议中予以安排,其具体要求可以比照普通合伙企业的规定处理。但是,如果全体有限合伙人认为普通合伙人的进出与自己的利益安全紧密相连,动一人而动有限合伙企业全身的,合伙协议可以约定有限合伙人对企业的普通合伙人的实质变更发表集体否决的意见。如有限合伙人普遍信任某一普通合伙人,而该普通合伙人拟退出合伙企业的情形,或者对新加入的普通合伙人持有强烈反对意见的情形等。有限合伙人入伙、退伙的条件、程序,如同有限责任公司中的股东加入和退出一样,应当比普通合伙人的同类行为简单些,容易些。

有限合伙人之间,应当说还是存在最低限度的人身信任关系,只是因为该类企业被普通合伙人控制,故新加入的有限合伙人不能对合伙企业的控制结构产生实质性影响,反而使企业的资产增加,信用增强。因此,有限合伙企业吸收新的投资者成为有限合伙人,协议的处理可以宽松些,决定权的重心应当放在普通合伙人的意见层面。有限合伙人退出,意味着有限合伙人从企业资产中将要撤出自己的投资份额和孳息利益,其直接的法律后果有两方面:一是会加重普通合伙人对企业债务的承担分量;二是降低了有限合伙企业以企业现实资产偿还债务的能力,如果普通合伙人的个人偿债能力有限,就会在实质上影响债权人的利益。因此,有限合伙人的退出,应当取得普通合伙人的同意,权重仍然在普通合伙人一面。至于是否必然引致企业减资程序,我国《合伙企业法》未作强制性规定,普通合伙人和有限合伙人可在合伙协议中予以约定,也可以约定从有限合伙人退伙返还的财产中扣减相应的债务分配份额,因为普通合伙人出于趋利避害的本性会提出类似要求,虽然启动减资程序在传统上属于制定法的内容安排。对于有限合伙企业的债权人而言,其利益保障不仅基于普通合伙人的无限责任负担,而且基于有限合伙企业自身财产的积累,无限责任只是一种制度管道而并不代表普通合伙人的财富数量和偿债能力,因此对于有限合伙人退伙时析产的行为,债权人当然有权进行干预。这种干预导致的结果仍然是自发的减资程序的启动。据此,普通合伙人对有限合伙企业债务的无限责任实际是一种补充的偿债责任。

有限合伙人可以将其在有限合伙企业中的财产份额转让与其他有限合伙人,其他有限合伙人不愿受让时也可以转让于普通合伙人。普通合伙人受让有限合伙人的财产份额,从表象上看导致了合伙人地位的混乱,但实质上是普通合伙人个人财产的增加,普通合伙人同时成为有限合伙人的,其普通合伙人的地位继续保持,其控制或与其他普通合伙人共同控制有限合伙企业并对企业债务承担连带责任的法律关系仍然不变。合伙协议如果作出相反的规定,其规定无效。有限合伙人向合伙人以外的人转让其出资的,须得依照合伙协议的规定进行,合伙协议可以比照有限责任公司股东转让股权的规定安排相关的内容,如规定其他合伙人的优先受让权、批准权,但不得规定绝对禁止转让的内容。我国《合伙企业法》第 73 条规定,有限合伙人对外转让出资的财产份额的,须提前 30 日通知其他合伙人,这一规定是法定条件,合伙协议不得改变。有限合伙人将其出资对外出质的,须依照合伙协议的规定进行;合伙协议没有规定的,有限合伙人可以自行安排出质,但应当有义务通知合伙企业和其他合伙人。

第三节 普通合伙人的法律地位

在有限合伙企业中,普通合伙人因为其对合伙企业的债务承担无限连带责任,因此控制企业经营风险便是其投资发展的重要目标,而要控制风险就应当由其自行管理运营企业。回应这一现实要求,合伙企业立法无一例外地将有限合伙企业的控制权赋予普通合伙人。普通合伙人为一人时,由该普通合伙人独断独裁;普通合伙人为数人时,由全体普通合伙人集体或者分别管理有限合伙企业,或者依据合伙协议的约定由普通合伙人选任执行合伙人执行合伙企业事务。有限合伙企业如果选任执行合伙人执行合伙企业事务的,执行合伙人便是该企业的法定代表人。

现代社会法律进步的标志之一是掌控他人利益的权力支配者一定同时被赋予对该他人

或该类他人的某种义务。这种义务可能源于权力支配者与利益交付的他人之间的合作协议,也可能源于合作关系所依托的人类生活的道德基础,也可能源于制定法的具有普遍约束力的强制性规定。这种关系的实质就是信任,依此而产生的法律义务就是信义义务。信义义务产生于存在信任关系的法律事实,它的适用性价值高于双方签署的协议,尽管协议中没有具体规定,但这种义务依然存在;如果协议中明确地排斥权力支配人的这种义务,该种约定的排斥条款应当归于无效。在有限合伙企业中,有限合伙人将其财产交付于合伙企业,他们完全失去对合伙企业的控制能力,他们的地位远不如公司企业中的中小股东的地位,中小股东尚且在适度参与公司管理事务的情形下,获得公司控制人承担信义义务的利益保护,而有限合伙人不可以参与企业的运营活动,掌控合伙企业的普通合伙人对有限合伙人承担信义义务几乎就是天经地义的制度要求。尽管我国 2006 年修订的《合伙企业法》中未明确规定这项义务,但依据我国《公司法》修订以来的法律意识的发展和社会进步,我们完全可以确信,在有限合伙企业中普通合伙人以及执行合伙人对有限合伙人承担信义义务是一种默示的制度存在。

普通合伙人对有限合伙人承担的信义义务是一种普遍的法律义务,这种义务不因为普通合伙人选任了执行合伙人而减轻或者免除。普通合伙人为一人时,该普通合伙人为当然的执行合伙人;普通合伙人为数人时,执行合伙人的人数由合伙协议约定或者由普通合伙人协商确定,普通合伙人为法人的,则应当指定代理人。在只有一人为普通合伙人的情形下,普通合伙人作为唯一的执行合伙人对全体有限合伙人承担信义义务;在有数人为普通合伙人的情形下,信义义务的顺位安排应当是:执行合伙人对有限合伙人和不执行合伙事务的普通合伙人承担信义义务,执行合伙人和不执行合伙事务的普通合伙人共同对全体有限合伙人承担信义义务。按照信义义务的一般法律含义理解,普通合伙人特别是执行合伙人应当殚精竭虑,忠诚于合伙企业的事务,不得利用职权牟取私利而损害合伙企业和有限合伙人的利益,同时也应当以高度的注意与谨慎履行职责,千方百计谋求合伙企业的事业发展。

普通合伙人在有限合伙企业中处在控制企业的领导者、决策者地位,就应当接受有限合伙人的监督,企业控制权不能完全被置于极端状态。

按照我国《合伙企业法》第 67 条的规定,执行事务合伙人可以要求在合伙协议中确定执行事务的报酬及报酬提取方式。

第四节　有限合伙人的权利与义务

有限合伙人是有限合伙企业的必要组成参与者,他们在企业中的权利与义务既有法律的规定作为依据,也可以体现在有限合伙企业协议的条款安排中。

一、有限合伙人的权利

(1) 关于合约上的权利和制度权利。有限合伙企业基于有限合伙企业协议而产生。因此,有限合伙人在参与组建有限合伙企业时,应当作为出资人参与有限合伙企业协议的谈判与制定,并且在协议上签字确认。这是一种默示的权利,即使协议为有限合伙人设定义务也必须以有限合伙人的自身意见表达为前提。基于此,产生于合约制定的权利自然延伸至对协议的修改变更,以及协议中明确规定赋予有限合伙人程序的和实体的权利内容方面。有限合伙人,无论是企业创办时的合伙人,还是受让原有限合伙人的出资份额或者企业运行期间加入的新合伙人,对合伙企业的债务不承担个人责任,这是有限合伙企业的制度性权利。

(2) 关于投资确认与保障的权利。当有限合伙人的投资完全到位后,不仅在合伙企业协议上应当予以记载,而且可以通过协议的安排由有限合伙企业发给经普通合伙人签字确认的出资证明书,有限合伙企业也可以比照有限责任公司的制度安排,把有限合伙人的姓名或者名称及其出资数额记载于合伙人名录上。按照我国《合伙企业法》第 66 条的规定,有限合伙企业登记事项中应当载明有限合伙人的姓名或者名称及认缴的出资数额。

(3) 关于利益分配方面的权利。在有限合伙企业中,有限合伙人的利益分配应当贯彻按资分配的原则,即出资的多寡决定分配的数额。由于有限合伙人让渡了对企业事务的控制权,故有限合伙人的利益分配应当优先于普通合伙人,虽然合伙协议通常会约定有限合伙人与普通合伙人对企业盈余的分配比例。优先分配的原则体现在企业的盈余低于协议约定的企业年度盈余期望值时,即当企业的盈利处在一个较低的水准时,普通合伙人放弃参与分配,而只保障有限合伙人的最低限度的利益分配。有限合伙企业协议甚至可以约定以银行存款利息为最低标准而保障有限合伙人的投资回报,如同前些年我国曾经流行过的"保底分成"模式。给有限合伙人一个什么样的利益保障模式,取决于普通合伙人和有限合伙人谈判中的博弈实践,对有限合伙企业吸引有限合伙人的投资有重大影响。

(4) 关于投资处分的权利。首先,有限合伙人可以将其在合伙企业中的出资份额设定质押,以获得他所期望的其他利益。但是,合伙企业协议约定限制措施或者禁止措施的除外。限制的措施如需通过内部的合理的通知程序;禁止性措施一定是基于正当的合理性原则,如在企业成立的特定期限内予以禁止等,没有适当前提条件的绝对禁止出质的安排其效力是有问题的。其次,有限合伙人可以按照合伙企业协议的约定向合伙人以外的人转让其在有限合伙企业中的出资份额,但按照我国《合伙企业法》第 73 条的规定应当提前 30 日通知其他合伙人。转让出资,实际是对其财产处分权的行使,但有限合伙企业是人合性企业,合伙人之间的信任关系应当同样得到尊重,法律当然不能偏废其正当性的价值。法律规定 30 天的通知期限,以便于其他的合伙人进行应对安排,这包括了解拟受让人的个人品质,准备行使优先受让权等。同理,有限合伙人的出资份额被人民法院执行时,应当及时通知合伙企业和其他合伙人从而保障其他合伙人的优先受让权。

(5) 独立从事个人业务的权利。由于有限合伙人无论投资多少都不能控制有限合伙企业,不能凭借其投资关系而影响到合伙企业的决策,故法律不禁止有限合伙人同本有限合伙企业间进行交易,也不禁止有限合伙人自行或与他人合作从事与本有限合伙企业相竞争的业务。但是,如果合伙企业协议对此作了限制性或禁止性约定的,法律予以尊重。

(6) 针对经营管理活动的正常的监督权利。我国现实的社会诚信环境既不如中国传统社会基于农业文明的信、义教化而达到的古朴状况,也不如国外市场经济国家正常传承且受信义义务约束的现代商业文明情景。这种现象不仅令人担忧,且也正受到全社会的关注、治理而渐次好转。在上市公司里,在基金中,投资人事实上放弃了对自己金钱的直接支配权,但是支配上市公司和基金的团体或者成员备受社会全面监督,且负有较重的法律责任,投资人可以放心其利益的安全。在有限合伙企业中,有限合伙人丧失对自己财产的支配权,普通合伙人对有限合伙人利益的侵犯不可能利用更多的公共资源加以制约,因此我国的《合伙企业法》特别规定了有限合伙人的监督权。根据我国《合伙企业法》第 68 条的规定,有限合伙人不执行合伙事务,不得对外代表合伙企业。但是,以下行为是一种正常的监督权安排,而不能视为是执行合伙事务的行为:第一,参与决定普通合伙人入伙、退伙。普通合伙人的入伙与退伙事关有限合伙人的合约签署权、对普通合伙人的基本信任和其利益的基本安全，发生这样的情形时有限合伙人当然可以介入决定。第二，对企业的经营管理提出建议。提出建议仅仅局限于动议的层面，建议的内容既不能引入表决程序，也不能对普通合伙人产生法律意义上的拘束力。因此，建议表明了有限合伙人对企业运营的关切，仍不视为是参与了有限合伙企业事务的执行。第三，参与选择承办有限合伙企业审计业务的会计师事务所。对企业的经营状况进行审计，牵涉所有投资者的利益评价，审计表明对企业经营结果的审查，审计也是一种来自中立的第三人的外部监督，审计不决定任何业务的执行，审计可以帮助不参与执行合伙事务的有限合伙人了解企业经营情况，而单纯由普通合伙人选择审计机构就可能存在虚假的财务情形被遮掩的可能，也不利于在普通合伙人和有限合伙人之间保持持续信任。第四，获取经审计的有限合伙企业的财务报告。这体现了有限合伙人的知情权，法律应当予以保护。第五，基于涉及自身利益的情况，有权查阅有限合伙企业财务会计账簿等财务资料。这也体现了有限合伙人的知情权，与参与合伙企业事务执行无关。第六，在有限合伙企业中的利益受到侵害时，向有责任的合伙人主张权利或者提起诉讼。第七，执行事务合伙人怠于履行职责时，督促其履行职责或者为了本企业的利益以自己的名义提起诉讼。本项规定显然是立法者借用公司股东提起派生诉讼的原理而创设的，宗旨在于防止执行合伙人滥用权力，通过不正当交易方式损害企业利益，或者对企业的合法权益因角色冲突或其他瑕疵原因而不能竭尽一切手段予以维护的情形发生。这在我国《合伙企业法》中的确是一种制度创新，表明法律在不触动有限合伙人不得介入合伙企业事务执行的原则下，尽可能提供有限合伙人维护企业利益和自身利益的法律途径的立法目的。

二、有限合伙人的义务

有限合伙人的义务体现为合伙企业协议的义务和合伙企业法的法定义务两方面。它主要包括：

(1) 真实履行出资的义务。按照我国《合伙企业法》第 64 条的规定，有限合伙人可以用货币、实物、知识产权、土地使用权或者其他财产权利作价出资，但不得以劳务出资。有限合伙人以其投资为限对合伙企业负责，不承担个人债务，因此依据我国现行法律制度不许可其以劳务、个人姓名、企业名称、商誉等方式出资。有限合伙人的出资如有瑕疵，在合伙企业对外清偿债务时，仍然负有补足出资的责任，并对其他合伙人承担违约责任。

(2) 履行由合伙企业协议规定的其他义务。如合伙协议限制其从事与合伙企业有竞争的其他业务，保守合伙企业商业秘密，限制其与本合伙企业进行交易的，有限合伙人应当遵守这些约定。

(3) 不参与合伙企业的事务执行，包括不得担任有限合伙企业的高管人员，不得接受执行合伙人的委托处理有限合伙企业的重大事务等。我国《合伙企业法》第 76 条规定，第三人有理由相信有限合伙人为普通合伙人并与其交易的，该有限合伙人对该笔交易承担与普通合伙人同样的责任。有限合伙人未经授权以有限合伙企业名义与他人进行交易，给有限合伙企业或者其他合伙人造成损失的，该有限合伙人应当承担赔偿责任。这里，引发了另一个问题，似乎法律的规定不排除另一种逻辑结果，即经授权后有限合伙人可以代表合伙企业与他人进行交易。按照我国《合伙企业法》第 68 条的规定“有限合伙人不执行合伙事务，不得对外代表有限合伙企业”看，有限合伙人的确不可以接受授权代表合伙企业进行活动，否则法律区分普通合伙人和有限合伙人的原则就不能贯彻，因为不禁止授权行为的话前述制度就会落空,发生交易的第三人也会轻易地声称他相信代理人就是普通合伙人,造成法律关系的混乱。据上,笔者认为有限合伙人不得担任有限合伙企业的高管人员,也不得接受执行合伙人的委托代表合伙企业处理重大事务,包括发生交易。

(4) 按照我国《合伙企业法》第 81 条的规定,有限合伙人退伙后,对基于其退伙前的原因发生的有限合伙企业债务,以其退伙时从有限合伙企业中取回的财产承担责任。当然,如果在其退伙时进行了通知债权人等减资程序,该第 81 条的规定就不再适用了。

第五节　有限合伙企业组织形式及合伙人身份的转换

有限合伙企业组织形式的转换是指因为发生某种事项而导致该合伙企业的法律形式的变更;而合伙人身份的转换则是指因为某种重要事项发生或者按照合伙协议的约定而引致的普通合伙人向有限合伙人的变更或者有限合伙人向普通合伙人的变更。

有限合伙企业仅剩普通合伙人时,转为普通合伙企业;普通合伙人仅剩一人时也可以转为个人独资企业。这种理解和制度安排主要是考虑到以下因素:第一,企业应当尽可能保持持续存在,以便不损伤经济体的发展;第二,企业转型不影响债权人的利益期望,不发生债权债务转移的复杂民事活动;第三,企业的保留没有加重原合伙人的责任负担。但是,有限合伙企业仅剩有限合伙人时,就会彻底改变其作为合伙企业的属性,原普通合伙人无论是死亡或者解散,其继承人或者其权利继受人一般不可能承继普通合伙人的地位,原来的有限合伙人也无可能愿意负担无限连带责任,而债权人的合理期望就会落空,企业也不可能不经极其复杂的程序而向公司企业实现转变,唯一合理的解决办法就是立即解散,进行清算。我国《合伙企业法》第 75 条的规定是适当的。因此,可以说,有限合伙企业向有限责任公司转换的法律途径极其纷繁复杂,法律不予认可。

有限合伙企业的有限合伙人如发生死亡、丧失行为能力、解散等情事,其继承人、监护人、权益继受人可以依法取得有限合伙人的资格或者代行权利。

除合伙协议另有约定外,普通合伙人、有限合伙人身份的转换,应当经全体合伙人一致同意。有限合伙人转变为普通合伙人的,对其作为有限合伙人期间有限合伙企业发生的债务承担无限连带责任;普通合伙人转变为有限合伙人的,对其作为普通合伙人期间有限合伙企业发生的债务承担无限连带责任。

第七章

国有企业法律制度

第一节　国有企业法概述

一、国有企业

在我国，国有企业的概念随着经济体制改革的进行而经历了一个演变的过程。在实行计划经济的时期，称之为国营企业，国营企业的称谓现在在民间仍然存在，但在政府的规范性文件中已不再使用。20世纪80年代中期，我国理论界和实务部门对国有国营的体制进行了深刻的反思，终于摈弃这种称谓及其所代表的政府直接经营企业并对企业债务承担无限责任的制度结构，以非常立法的方式通过引用所有权与经营权相分离的理论赋予企业以法人资格，同时将企业的称谓改为全民所有制企业。

20世纪90年代，我国开始确立社会主义市场经济体制，企业改革也深入到财产制度方面，国有企业的称谓流行起来。这一称谓不仅简便直接，而且与国外对相关企业的称谓一致，交流方便，因而在理论界、实务部门中广泛使用。

需要指出的是，国有企业的概念在严格意义上讲，有广义和狭义之分。广义的国有企业包括全民所有制企业和国家控股的股份有限公司、国家控股的有限责任公司、国有独资公司以及由其他各类国有投资机构设立的全资公司或者控股的有限责任公司和股份有限公司等；而狭义的国有企业仅是指全民所有制企业、国有独资公司以及由国有投资机构设立的有限责任公司和股份有限公司。本章的内容是从狭义角度讲的，并且国有独资公司以及由国有投资机构设立的有限责任公司和股份有限公司是按照公司法的要求设立或改制完成的新类型企业，因此在本书的公司法部分中讲述。

据上，我们认为，国有企业是指企业资产所有权属于国家的，依照法定程序设立，能自主经营、自负盈亏、独立核算的商品生产者和商业经营者，是具有一定权利和义务的法人组织。国有企业的具体形式有全民所有制企业、国有独资公司、国有有限责任公司和股份有限公司等。

我国国有企业构筑了我国社会主义经济制度的物质基础，是整个国有资产中最具活力且被有效利用的核心部分。从国有企业资产的形成来看，它的原始积累主要是新中国建立初期通过人民政权的力量没收一大批旧中国官僚资本和买办资本，以及通过赎买方式改造民族资本形成的，而后期的积累则是在长期的经济建设进程中，通过企业自身的努力以及中央和地方政府的投资行为所完成的。从国家占有国有资产的形式来看，在国有企业运行的体制内,企业资产的最终所有权归国家,企业在法律上被赋予经营资格,依法占有并有效利用国有资产;企业依照特别法的规定获取法人资格,以国家授权经营管理的财产对外承担民事责任;中央和地方人民政府的国有资产监督管理机构对国有企业资产实行分级管理,一些外贸企业、金融企业、军工企业的资产则由国家授权的有关部门管理。2003 年初,我国中央人民政府设立国有资产监督管理委员会统一管理国有资产,集中投资者和权益所有者的全部职能,除部分行业外,政府其他机构代行的资产管理职能将逐步完全剥离给国有资产监督管理委员会。

国有企业从其行业分布上来看,十分广泛。不同行业和形式的企业各有不同的特点,与其相关的法律规定也有不同。当然,同是国有企业,必然具有共同特点,国有企业的特征,概括起来有如下几方面:其一,企业的资产属于国家所有。国家是国有企业唯一的或是主要的投资者,国家可以将国有企业通过法律或政策交由地方政府管理,但国家不与地方政府分享国有企业的所有权。其二,国有企业无论规模大小,均有法人资格。一般来讲,国家关于法人的制度由民商事法律的一般法予以规定,其中对法人的条件和设立程序作出规定,由投资者依法申请设立,而国有企业则由国家制定特别法律强制性规定其一律具有法人资格。其三,国有企业实行所有权和经营权相分离的经营管理制度。依据我国现行法律,企业依据国家所有权主体的授权,对本企业占有的国家财产行使经营权,企业依据经营权而取得法人资格。按照我国的企业改革实践,我国在颁布《公司法》之前已经在国有企业中确立了非公司形式的法人企业制度,并确认了投资者的有限责任。由于我国的法人制度与投资人的有限责任制度直接接轨,因而国家对国有企业的债务只以投资额为限承担责任,企业对外承担民事责任的物质基础是国家授予其经营管理的全部财产。

国有企业在公司法外被确认为有法人资格的企业,在法理上是成立的。国有企业在我国的普遍性存在不可能脱离法律的规制,整体经济的市场化转型和法制社会的建构同时产生时,国家难以在短期内实现全部国有企业的公司化改制,经济转型自然导引出的国家无限责任难题需要应急的然而是符合法理的制度创新去破解,两权分离的理论和体制应运而生。在我国《公司法》颁布若干年后,我们重新检讨国有企业法律制度,如果只是简单地斥之为"不规范",实际上并不科学。在世界范围内,国有企业并不完全存在于公司法的体制下,许多国家通过颁布单行法律确认特殊行业由国有企业经营的体制结构,而这些行业不宜由民间资本经营,如日本就是这样。我国的问题是国有企业在竞争性领域存在过多,需要逐步淡出。由于国有企业经营的行业较广,企业数量相对较多,以日本式方式对国有企业立法——即给每一个国有企业单独制定特别法的做法是不现实的,笔者以为在我国仍然需要一部普遍适用的国有企业法。相比公司法而言,国有企业法更具有公法的性质,虽然其中要规定国有企业的法人资格、政府投资者的有限责任、注册资本等私法性内容,但大量的规范会涉及国有资产管理、特殊的经营范围、企业民主、企业社会责任等公法规范。因此,我国《全民所有制工业企业法》应当被改造,而不是被废除,即使在国有企业大规模退出竞争领域,保留的纯粹国有企业(即全民所有制企业)只剩数百家时,存在一部综合性的国有企业法仍是必要的。

我国国有企业在国民经济生活中起着主导力量的作用,它所创造的产值和上缴国家财政的利税约占 1/3 左右,且数十万亿经营性资产构成了我国社会主义经济制度的坚实基础。搞活国有企业尤其是大中型国有企业,对其中的大部分企业实施公司化改制,将是我国今后一个时期内经济体制改革的一项重要任务。

二、国有企业法概述

国有企业法是规定国有企业的设立、法律地位、组织形式、经营管理、收购与合并、监督与管治、资产保值、权利与义务以及终止等方面的法律规范的总称。国有企业法仍属于市场经济体制下的市场主体立法的范畴，是企业法律体系中的特别法。国有企业立法的目的是确定企业在社会经济生活中的法律地位，明确其权利和义务以及与政府的关系，使其能够自主经营、自负盈亏、自我发展和自我约束，从而不断壮大社会主义国有经济。

国有企业法具有如下特征：

第一，国有企业法的适用范围仅限于国有企业。国有企业的具体形态包括以特别法设立、不适用《公司法》的国有特殊企业，如国家开发银行、中国邮政集团公司、铁路总公司及其车站等全民所有制企业，日本的宇宙开发事业团、政策金融公库等；国有独资公司；国有投资主体设立的全资子公司（一人公司）；全部投资者均为国有投资主体联合设立的有限责任公司或股份有限公司；国有投资主体绝对控股（指持有公司发行在外的全部资本的半数以上）的有限责任公司或股份有限公司等，虽然其在经营与治理中必须要接受国有资产监督管理部门的监管与制约，但其主体法是公司法，在整体上不适用国有企业法。各类民营企业、外商投资企业、集体企业同样不适用国有企业法。

第二，国有企业法立法的基础标准体现所有制和企业法律形式的兼容性。首先，纯粹的国有企业的企业立法是以所有制为基础标准确立的。国家根据本国的具体情况可制定普遍适用的企业法，也可以对应每一个特殊的国有企业专门制定一项特别法，前者如中国的《全民所有制工业企业法》，后者如日本的《宇宙开发事业团法》《政策金融公库法》。其次，纯粹的国有企业虽然非依公司法设立为公司，但为了强化企业的市场地位和免除政府对企业债务的无限责任负担，无一不赋予法人资格，其中贯彻的基础标准是企业法律形式，即以公法属性很强的特别法产生出非公司的法人企业。这种情况表明，企业法律形式作为企业立法的基础标准被特殊利用。并且，法律还禁止国有企业参与设立合伙企业。从传统商法的角度考察，可以说国有企业法实质上是特殊的商法人法。

第三，国有企业法公法属性强。国家设立国有企业往往是出于贯彻某种公共政策的需要，企业的管理者多由政府委派，企业在运行中得执行政府的计划、政策和指令。这些内容在国有企业法中都有具体的规定，而其他企业法则不具备。在日本，一些学者主张将国有企业改造为“独立行政法人”，以适用 1999 年制定的《独立行政法人通则法》。

国有企业法的主要内容包括如下方面：企业设立的政策性要求和宗旨；企业设立的条件；企业的法律地位与注册资本；企业的权利和义务；企业的经营范围和经营方式；经营管理制度；法人代表制度；企业与政府的关系，企业的审计、监督制度；企业经营责任制度；企业的合并与分立制度及企业资本和其他事项的变更；企业资产的出让及评估制度；企业重整制度；企业解散与清算制度；企业破产制度等。此外，宪法上的一些直接规定国有企业的内容、公司法中普遍性规定的内容适用于国有企业的，同样构成国有企业法的必要规范。

国有企业法贯彻的基本原则有：一是坚持国有财产神圣不可侵犯的原则。政府要依法维护国有企业的合法权益，企业经营者必得承担保护国有企业财产使其保值增值的法定义务。二是保障企业独立经营权的原则。国有企业依法成为自主经营的经济组织，独立享有全面的经营管理权，任何人不得非法侵犯，企业以其占有的全部财产对外承担民事责任。三是实行经营责任制的原则。国有企业在市场经济体制下运行，生产商品并提供商业服务，应当确立不同时期和不同内容的经营目标,调动经营者的积极性和能动性,通过实行经营责任制和健全岗位责任制,挖掘企业潜力,创造丰厚的利润。同时,要赋予企业及其经营者一定的社会责任,采用先进科技,降低能源消耗,保护环境,依法履行合同,生产合格产品以维护消费者利益和社会公共利益,维护市场经济秩序。四是实行经济民主的原则。国有企业中,职工因企业财产的公共性于制度设计上具有天经地义的民主管理权,经营者不得侵犯。企业职工参与国有企业的管理,在世界范围内具有普遍的制度要求,德国推行的职工"参与制",对其他国家的国有企业立法和公司立法产生了重大影响。职工可以通过职工代表大会、工会行使民主管理权力,也可以推选代表直接参加企业的决策和监督机构。

我国现行的国有企业立法是在企业改革的进程中逐步建立和完善的。国有企业立法的基本体系除宪法性规范外,包括《全民所有制工业企业法》(1988 年)、《全民所有制工业企业转换经营机制条例》(1992 年)、《国有企业监事会暂行条例》(2000 年)、《国有重点金融机构监事会暂行条例》(2000 年)、《企业国有资产监督管理暂行条例》(2003 年)和《企业国有资产法》(2008 年)等主要法律和法规;相配套的若干法规、规章有《企业法人登记管理条例》《国有资产评估管理办法》《股份有限公司国有股权管理暂行规定》《关于出售国有小型企业产权的暂行办法》《企业国有资产产权登记管理办法》《外国投资者并购境内企业暂行规定》《企业国有产权转让管理暂行办法》等;其他涉及国有企业运营和资产管理的法律有《公司法》《邮政法》《铁路法》《企业破产法》等。

我国国有企业立法,特别是 1979 年以来的立法,对于明确国有企业的法律地位、权利义务,明确国家同企业的关系,确立"两权分离"的财产权利制度,保障企业的各项权益,发展壮大国有经济实力,深化改革,建立现代企业制度,发展社会主义市场经济起到了积极的推动作用。从 20 世纪 90 年代开始,我国政府以及学术界不断探讨国有经济的发展模式,逐步形成的认识是:(1) 国有企业的存在形式向公司制转化,建立国有企业的现代企业制度;(2) 适应市场经济体制的运行环境,压缩国有企业的数量,使国有企业从竞争性行业中逐步淡出。为此,经过几年的酝酿和摸索,国家在 2003 年年初组建了国务院国有资产监督管理委员会,统筹管理企业国有资产特别是国有企业资产。

第二节 国有企业的法律地位和经营权

一、国有企业的法律地位

我国《全民所有制工业企业法》第 2 条规定:"全民所有制工业企业是依法自主经营、自负盈亏、独立核算的社会主义商品生产和经营单位。企业的财产属于全民所有,国家依照所有权和经营权分离的原则授予企业经营管理。企业对国家授予其经营管理的财产依法享有占有、使用和处分的权利。企业依法取得法人资格,以国家授予其经营管理的财产承担民事责任。"由此可见,纯粹性的国有企业不分大小,不分行业,一律依法取得法人资格。

企业法中关于企业取得法人资格的规定反映了我国企业改革的进程和要求。我们知道,法人是自然人的对称,是承担民事义务和享有民事权利的社会组织。某一社会组织具有一定的民事权利和民事义务主体资格的事实在古代社会即已存在,如罗马法晚期的共和时期,法律允许一些团体(如国库、地方自治团体、教会组织)以自己的名义与其他民事权利主体订立合同。罗马法中曾规定:"团体的权利为其独有,与属于团体的各个人无关。"这是人类社会试图使社会团体具有区别于组成成员的独立法律人格的最初尝试，但“法人”一词的出现则是19世纪末叶的事情。在资本主义民事和商事立法最早形成成文法典的法国《民法典》和《商法典》中均无关于“法人”的规定，只是到了1896年，德国《民法典》才对法人制度作了系统的规定。我国虽然在新中国建立初期的经济立法中就已使用了法人这一概念，但在以后相当长的时期里，由于受僵化的计划经济体制模式的制约，市场经济得不到应有的重视和发展，因此，没有机会和条件从法律上进一步明确和完善法人制度。在我国实行高度集中的计划经济体制下，企业被当作国家行政机关的附属物，谈不上任何形式的企业经营自主权，国家在全国范围内实行统一的经营计划，企业只是依各级行政机关的命令组织生产产品，逐渐丧失了微观经济体的活力。伴随着一系列的政治运动，整个国民经济一度陷入混乱和瘫痪的境地，在新中国建立初期因巩固新生政权而实施的统制经济政策下作出过贡献的企业，逐步演变为吃国家大锅饭的平均主义政策的牺牲品。1979年以后，我国有步骤地推行城市经济体制改革，在全民所有制企业领域实行扩权让利，极大地调动了企业的积极性。到1984年，第二步利改税实施完毕，我国在理论和改革实践两个方面为实施企业法人制度做好了准备。中共中央十二届三中全会明确指出了企业改革的方向是建立企业法人制度，而建立企业法人制度的理论依据则是所有权和经营权相分离的原则。中共中央十二届三中全会《关于经济体制改革的决定》指出，通过改革，“要使企业真正成为相对独立的经济实体，成为自主经营、自负盈亏的社会主义商品生产者和经营者，具有自我改造和自我发展的能力，成为具有一定权利和义务的法人”。同时指出，按照马克思主义理论和社会主义的实践，国有企业的所有权和经营权可以适当分开，从而得以建立国有企业法人制度。正是在这一原则的指导下，我国通过进一步完善企业立法和推进企业深度改革，最终确立了国有企业的法人地位，这一制度的集中体现就是本节开头所引用的《全民所有制工业企业法》关于企业法律地位的规定。

法人制度的建立在人类社会经济的发展中是一种必然，起着十分重大的积极作用。在资本主义社会，商品经济的高度发达在宏观上产生了以下三种要求：一是要最大限度地集合社会上的游离资本，以解决许多大型工程及工业对资金的庞大要求与单个或少数资本家筹资能力不足的矛盾，同时减少个别资本家投资的风险；二是要明确经济组织本身的法律地位，使它们具有自我改造和自我发展的能力，形成强大的规模经济和超额利润；三是通过产生法人代表的途径建立组织高效运作的机制，从而解决合伙等机构运行中的繁琐的决策累赘困境问题。于是法人制度逐渐成熟起来，成为加速社会积累的新的强有力的杠杆。在我国社会主义条件下，吸收资本主义法人制度的成功经验，对国有企业管理体制进行改革，通过国家立法赋予企业以法人地位，具有十分重要的意义。第一，可以从根本上改变企业作为国家计划的单纯执行工具的状况，改变企业吃国家大锅饭的局面，增强企业的能动性和活力，参加经济竞争，适应市场经济的现代社会体制；第二，便于我国企业在国内外经济交往中独立活动，开拓市场，同时杜绝国家财政为国有企业债务承担无限责任的现象继续发生；第三，通过确立市场活动的主体地位，可以促进社会主义市场经济的发育和发展，为国家创造更多的财富，增加积累，巩固社会主义经济基础；第四，可以促进和带动整个经济体制乃至政治体制的改革，促进政企分开，促进政府职能的转变；第五，有利于我国通过调整宏观经济政策，尤其是外贸政策，在更广阔的领域内实行对外开放，发展国际经济交往。

我国国有企业法人制度因其所有制性质与历史演变进程的不同，与资本主义国家的法人制度以及我国其他类型的企业法人制度相比，具有不同的特征。资本主义法律中的法人制度主要有以下三项特征:第一,法人组织的财产与其组成成员的财产相分离,即法人组织具有自己独立支配的财产。法人的财产是其对外承担债务责任的物质基础,对法人企业投资的股东,只对企业债务以投资额为限承担有限责任(无限公司和两合公司、股份两合公司除外)。第二,法人组织具有不同于其组成成员的独立的法律人格,能以自己的名义从事法律允许的一切商业行为,享有权利并承担义务。第三,法人制度的确立依存于民法典的统一规定。上述三项特征,我国国有企业和其他法人企业都一样具备。我国国有企业法人制度的特征还表现在以下方面:第一,企业占有并经营管理的全部财产归国家所有,国家是唯一的投资者,国家不与其他任何主体分享所有权,企业的财产权只表现为经营管理权,两权分离是确立国有企业法人地位的基础性原则。第二,我国除新建的小部分国有企业外,原有企业通过扩权改革以及法律确认赋予其法人地位,而企业在事实上首先占有一定量的国有财产,法人地位具有授权追认的特点。第三,法律认可企业法人地位在民法基本法作了规定的基础上,还采取了特别法确认的途径,并且赋予企业的权利和义务含有大量公共权力机关的政策性意志。第四,企业的财产与国库财产、国家投资于其他企业的财产相分离,企业以国家授予其经营管理的财产承担民事责任。

二、国有企业的经营权

(一)国有企业经营权的概念

什么是国有企业的经营权,这个问题曾经在我国法学界有过广泛的争论。企业改革开始不久,理论界即已提出企业经营权的命题,但限于当时人们的认识以及改革阶段的局限性,关于经营权的理论尚未完全成熟。直到 1982 年,中共中央十二届三中全会《关于经济体制改革的决定》明确提出通过所有权和经营权适当分离的方式建立企业法人制度的企业改革目标模式后,有关经营权的研究才真正出现了百家争鸣局面,对经营权概念本身的研究也随着《企业法》的制定和颁布日臻完善和成熟。

概括地讲,理论界的意见有以下几种:一是认为经营权是由所有权派生出来并依附于所有权并能反映经营者利益的权利。二是认为经营权是经营者关于具体财产的占有、使用、收益和处分的权利。三是认为经营权是由所有权中分离出来的与资产经营责任相对应的权利。四是认为经营权是企业依据国家所有权主体的授权而对企业财产行使的占有、使用、收益和在授权范围内处分的权利,它与所有权相类似,是一种综合性的排他的财产权,也即一种新型的物权。在企业行使经营权的状态下,国家所有权主体的权利表现为一种对企业财产和利益的最终处分权和支配权,以及在保障企业经营权的前提下,决定企业的具体经营制度,任免企业管理人员,监督企业的经营行为,获取经营成果,对于经营失败的企业决定其命运等。

上述意见中的前三种都从不同角度表述了经营权的内涵和特征,都有一定程度的合理性,但又同时存在这样那样的片面性。而第四种意见则从经营权的产生依据、表现方式、本质属性三个方面相结合的角度对经营权进行了概括,充分揭示了它的内涵,因而可以说是一个更为科学、更具合理性的定义。

(二)国有企业经营权的产生根源

从广义角度看,经营权与所有权相分离的事实在古代社会即已存在,如地主把土地长期出租给佃农经营,佃农依土地租赁契约取得了对土地的永佃权(永佃权制度主要存在于日本,中国自宋代以后有这样的情况),这种权利虽是以债的形式发生,但从佃农依据土地租赁契约占有并独立支配土地以耕作使用的角度来说，其是对第三人具有排斥力甚或对地主本人有对抗力的一种物权形态的权利。当然，这种对财产的占有与所有权的分离是一种最简单的形式，在法律上根本不可能形成经营权的独立法律形态，且在生产力水平相当不发达的手工工场领域，经营者与所有者往往是一致的，这是小商品经济的一个重要特征。这种较为落后的经营方式一直维持到了资本主义社会初期仍未发生根本变化。随着资本主义商品经济的大规模发展，资本的原始积累已达到促使资本的所有者自觉和不自觉地创造出管理者的历史阶段。这一过程，随着生产力日益社会化，分工的细密，科学技术的引用，管理业务的专业化和职能化更加深刻和普及。1840 年在美国西部发生的火车相撞事件，暴露了现代企业与业主制管理体制的对立局面，导致由资本家直接管理企业已不适应高度社会化的组织形式，而由少数具有专业知识和管理水平的人员接管企业经营事务的事实的发生，"经理制"由此产生。此后，由于股份公司的大量涌现，两权分离的产业经营结构完全被确定下来。

马克思在《资本论》中不仅分析了借贷资本家与产业资本家的两权分离形式，而且对股份公司环境中资本家的所有权与公司董事及经理人员的经营权相分离的具体形式进行了明确的阐释。在前一种情况下，货币资本家把借贷资本的支配权转让给产业资本家，就是把货币作为资本的使用价值——生产平均利润的能力让渡给产业资本家。产业资本家只是接受资本的使用价值，通过使用借入资本，使其实现增值。于是，资本所有权与使用权发生了分离，资本所有者用借贷方式把资本交给产业资本家，产业资本家接受借贷是为了让资本执行增值职能。对金融资本家来说，只要他的资本已经贷出去，从而作为货币的资本发生作用，它就会为他带来利息，即利润的一部分，但他不能支配出借的资本。对产业资本家来讲，他取得借入资本的支配权，他在金融资本家的监督下使用借入资本，使其产生超过本金及利息的利润。随着资本主义信用事业的进一步发展，货币资本本身取得了一种社会属性，被集中于银行，银行的投资人虽有所有权，但资金的借出权逐渐归一些熟悉金融业务的经理人员行使，资本家则作为多余的人从生产经营过程中淡出了。

马克思在分析股份公司两权分离的状况后认为：股份公司适应了资本主义经济膨胀发展的需要，个人资本的联合成为社会资本的基本形式，并与私人企业相对立；资本的所有权与资本生产增值过程实现了分离，资本家把资本投资于公司，其所有权能一般地表现为收益权能，把资本的占有、增值职能让渡给具有独立人格的公司；实际执行职能的资本家转化为单纯的经理，即别人的资本的管理人；股份制企业法人的使命是为联合的资本家经营管理资产，创造剩余价值。

由于同属于市场经济的范畴，这就为我国在确立国有企业法人地位时借鉴资本主义股份公司两权分离的制度提供了可能性。国家是国有企业财产的所有者，改革的目的不是动摇这一基本制度，而是在不根本变革国有企业经济性质的前提下，确立企业的法人制度。由于国有企业的最初形态是不具备法人资格的国营企业，在改革开放的初期谋求对其进行公司制改造无异于远水解近渴；而选择所有权和经营权适当分离的体制，在企业扩权的基础上公布一张"告示"就足够了，这张告示上的核心内容写道："企业依据经营权取得法人资格，企业以国家授予它经营管理的财产承担民事责任"。放弃这种选择，要么是回到旧的产品经济体制上去，要么是彻底触动国有企业财产权制度。经过一段时期的争论，理论界和实务部门在下述问题上达成了共识：(1) 国有企业是我国社会主义经济基础的核心部分，改革应当维护和完善其制度而不是瓦解它；(2) 国有企业应当被赋予企业法人资格，以承认企业经营中的利益差别，对外以国家授予的经营管理的财产承担民事责任；(3) 企业对国有财产的基本权利是经营权,而不是其他诸如占有权、法人所有权、相对所有权、委托经营权等形态,经营权来自于国家所有权主体的授权,是由所有权中分离和派生出来的一种新型财产权。理论上的这些成果最终被我国《民法通则》《全民所有制工业企业法》《全民所有制工业企业转换经营机制条例》所确认,上升为一种法律制度。

(三) 国有企业经营权的性质

典型的狭义的经营权是传统物权制度中所没有的一项权利,它是由所有权中派生出来并独立于所有权的一种权利形态。笔者认为,经营权具备物权的全部法律属性,是一种新型物权。

首先,经营权是对物的直接支配权。经营权的主体——企业,能够依据国家授权对一定的国家财产行使占有、使用、收益和依法处分权。经营权的基础是企业在事实上对国家财产的有效占有,且受法律保护。企业根据市场需要结合本企业实际,能够利用和支配国家财产,从事生产经营活动,并享有部分实现利益。

其次,经营权是一种排他性的权利。法律保护经营权主体对国家财产的合法占有和利用,禁止经营权主体以外的任何单位和个人对企业财产主张或行使与经营权相对抗的权利,包括不得向企业摊派等。国有的其他企业组织、事业单位及其他所有制性质的企业和个人,都不得妨碍企业行使经营权,国家作为所有权主体,也不能任意侵犯企业经营权。

最后,企业行使经营权,就可以享有部分物质利益。企业行使经营权,能够占有一部分所创造的利润,与国家所有权主体共享经营成果,企业的利益在行使经营权的过程中得到体现。

由于企业取得了完整意义上的经营权,企业就可以支配国家的特定财产,并以此对外承担民事责任。企业以自己的名义参与商业交往,自主经营,自负盈亏。企业为维护自己的权益可以独立参加民事、行政以及刑事诉讼。因此说,经营权是物权制度中的一项新型权利。

三、国有企业的经营责任

企业行使经营权,就要承担相应的义务或责任。

企业的经营责任也称自负盈亏的责任,主要包括企业对外应承担的民事责任、企业对国家承担的经营责任、厂长及其他工作人员和职工相应的责任三大类。无论是依法律规定还是依合同的约定产生的责任,企业与有关责任人员都必须承担。

(一) 企业对外的民事责任

国有企业依国家授予的经营权成为独立的企业法人,企业以国家授予其经营管理的财产承担民事责任。企业财产包括国家以各种形式对企业的投资和投资收益形成的财产,以及其他依据法律和国有资产监督管理法规、规章认定的属于国家所有、由企业经营管理的财产。除了上述实物资产外,企业行使的国有土地使用权,以企业名义取得的商标权、专利权以及版权、技术秘密权,或转让、许可使用这类权利形成的价金收入,原则上均为国有财产。这些财产是企业财产的整体,其中对土地使用权如果不是企业有偿取得并列入企业资本金的,则不能以此对外承担民事责任。

企业对其法定代表人和经法定代表人授权的工作人员的经营活动,承担民事责任。

(二) 企业的经营责任

企业必须坚持工资总额增长幅度低于本企业实现利税增长幅度、职工实际平均工资增长幅度低于本企业劳动生产率(依净产值计)增长幅度的原则,企业必须根据经济效益的增减,决定职工收入增减,亏损企业的工资总额不得超过政府国有资产监督管理机构或其授权的投资管理运营机构核定的工资总额。工资总额中包括工资、奖金、津贴、补贴及其他工资性收入。企业工资、奖金的分配应当接受政府有关部门的监督,如有违反,可予以制止和纠正,职工多得的不当收入,要限期扣回。企业应当从工资总额的新增部分中每年提取10%以上的数额,作为企业工资储备基金,由企业自主使用。

企业为了完成国家订货任务或实现政府规定的社会公益目标,由于定价原因而形成的政策性亏损,应通过逐步放开价格解决,不能调价的,则经财政部门审核,给予补贴。采取上述措施后,仍然亏损的,按经营亏损处理。企业由于经营不善造成亏损的,应以留用资金抵补。

企业必须严格执行财政、税收和国有资产管理的法律、法规,定期进行财产盘点和审计,做到账实相符,确保企业资产增值。企业应建立资产负债和损益考核制度,如实按期上报有关部门审核;必须核算成本,足额提取折旧费和法定公积金。企业的折旧费和法定公积金以及处置生产性固定资产的收入不得用于工资类开支和集体福利。央企或者地方国有企业的高管人员的薪水标准不可以由其自己决定,应当由国有资产监督管理部门核定。

国有企业向国家应当上缴(分配)利润,纳入预算管理。

(三)厂长及其他工作人员和职工的责任

厂长对企业盈亏负有直接经营责任。其他工作人员和职工依企业内部责任制,对企业盈亏负相应责任。

厂长、其他厂级领导和职工对企业的经营性亏损负各自应负的责任。企业1年亏损的,适当核减工资总额,厂长、厂级领导和其他责任人员不得领取奖金;如亏损严重,还应根据责任大小,相应降低厂长、其他厂级领导和职工的工资。企业连续两年经营亏损,亏损额继续增加的,应当核减企业的工资总额,除不得领取奖金外,并根据责任大小,适当降低厂长、其他厂级领导和职工的工资,对企业领导班子进行必要的调整,对厂级领导可以免职或降级、降职。

企业经营成效显著,连续三年保持盈利并实现企业资产增值的,或者亏损企业的新任厂长,在规定期限内实现扭亏增盈的,政府有关国有资产监督管理机构应当对厂长和厂级领导给予奖励,奖金由决定奖励的机构拨付。

厂长、其他工作人员和职工因渎职造成企业财产严重损失、构成犯罪的,除承担一定的经济赔偿责任外,还应承担刑事责任。

第三节 国有企业法人治理结构

一、国有企业法人治理结构的特性

国有企业的法人治理结构(corporate governance)与公司制企业的法人治理结构有所不同。公司制企业自始是在市场经济体制内运行和发展的,其法人治理结构方面有数百年运作的模式可循,但国有企业产生于计划经济体制中,其法人治理结构带有经济体制转型时期的深刻印记。首先,由于确立以所有权和经营权相分离的原则切分国家与企业的关系,企业虽有法人资格但其财产的所有权属于国家,这样的体制如能有效运行,国家作为所有权主体自然享有对企业经营活动的全部股东权利,包括收益权、管理人员任免权、重大事项决策权、监督权、资产处置权等。在企业改革的早期,国家的这些权利被安排在企业法人的体制外由企业的所谓上级主管部门行使,企业内并未建立所有者权力机关和监督机关。其次,制度的选择确实离不开社会环境所能给予的条件。在20世纪80年代初期,国营企业的低效率困扰中国的经济发展是企业改革面临的主要问题,对国营企业进行现代企业制度的改造存在诸多的理论疑惑以及巨大的立法和实际运行的成本障碍,厂长(经理)负责制模式通过比较被认为最能满足政府对国营企业改革的预期,因而被法律予以选择。到了20世纪90年代初,尽管国家确立了对国有企业的公司化改制方向,但某些"换汤不换药"的做法以及巨大的改制成本引发的诸如"下岗""圈钱""一股独大""国有资产流失"等问题反而影响了国企改革的成果显现。加之,从理论层面上进行的某种比较研究说明不可能把所有的国有企业改制为公司,国有企业的原有形态及其法人治理结构模式还会长期存在,这不仅仅因为我们奉行社会主义,而是市场经济体制中的普遍现象。因此,公司制以外的纯粹国有企业的经营管理制度也即法人治理制度与其母体将会被长期适用,当然也会不断地被改造和完善,1994年后国家对大中型国有企业委派监事、稽查特派员就是这种情况。

纯粹性国有企业的法人治理结构中,投资者行使所有权职能的机构不在企业内而是在企业外部,这种情况和公司制企业明显有别。根据我国于2003年成立的新一届政府的机构设置情况看,国家国有资产监督管理委员会将代表国家行使这一职能,具体权能有:投资决策权,企业章程制定权或章程内容变更批准权,厂长(经理)及公司制企业的董事的任免权和推荐权,委派监事的权力,收益权,企业资产处置权(应受债权人利益保护的限制)等。这些权利在公司制企业中是属于股东会或股东的,可以说在国有企业体制下,"股东会"被移植于企业主体之外了。在公司制企业中,董事长虽是公司的法人代表,但公司的法人机关是董事会,董事会集中或是由董事个别地行使公司的决策权和经营管理权。国有企业的经营权(包括决策权和经营管理权)集中由厂长(经理)行使,企业奉行"首长"个人负责的领导体制,厂长(经理)是国有企业的法定代表人,也是国有企业的法人机关。对国有企业的监督工作由国家外派的监事承担,监事由国有资产监督管理机构直接委任进入国有企业,成为国有企业法人治理结构中的必要组成部分。监事有权查阅企业财务账册,有义务向国有资产监督管理机构报告企业的经营状况,监事在特定情况下可代表国有企业履行特殊职责,如代表国有企业向厂长(经理)提起诉讼,有权委托专业机构调查企业的资金流向情况等。国有企业的职工代表大会依法行使民主管理的权力。中国共产党在国有企业中的基层组织依党章的规定开展活动。

二、国有企业决策与经营管理制度

(一) 国有企业决策与经营管理制度的沿革

我国国有企业的决策与经营管理制度在传统上被称为企业内部领导制度,直到现在并未改变。其原因在于改革以前企业只是执行国家计划的生产单位,不具有独立经营的资格和能力,企业的厂长一般只是企业生产活动的指挥官而已,受政府行政体制的长期影响把这种管理体制在法律上称为国企内部领导制度当然是顺理成章的事情。国企后来的改革中,虽然赋予企业以法人资格,自行开展经营活动也是其必要的权能内容,但"内部领导制度"这种称谓仍然被法律保留下来沿用至今,这或许是战时经济或计划经济体制的某种痕迹。国有企业内部管理制度的早期雏形可追溯到第一次国内革命战争时期,企业的内部领导体制自那时起经历了一系列的变化。最初，根据中华苏维埃共和国人民委员会颁布的《苏维埃国有工厂管理条例》(1934年)实行由厂长、党支部书记和工会委员长组成的“三人团”领导制度。“三人团”由厂长召集，厂长对讨论的问题有最后决定权，但“三人团”的决定，须按党、行政、工会系统分别贯彻执行，互相不得代替。到了抗日战争时期，鉴于“三人团”体制逐渐演变为“三足鼎立”的局势，1943年，陕甘宁边区政府决定以厂务会议制代替“三人团”制，厂务会议制确定工厂管理实行一元化负责的方针：工厂只同政府的一个管理部门发生关系，厂长代表政府集中管理工厂，凡有关生产上的一切问题，厂长有最后决定权。解放战争时期，为了防止厂务会议制由厂长包办的局面发生，从东北、华北开始实行工厂管理委员会和工厂职工代表会议制度。新中国建立初期，国营工业企业普遍建立了工厂管理委员会。管委会由厂长、副厂长、总工程师等其他负责人及相等数额的职工代表共同组成，厂长担任主席。管委会讨论工厂的一切重大问题，决议以厂长命令的形式颁布实施。同时，还实行了职工代表会议制度(200人以下企业则采取定期召开全体职工会议的形式)。职工代表会议有权听取和讨论管委会的报告，检查管委会的经营管理及其领导作风，对管委会工作有权提出批评和建议。1951年，我国东北地区的一部分国营企业实行生产行政工作的厂长负责制，称为“一长制”。厂长由国家经济管理部门委派，对企业实行专责管理。企业的党组织实行保证监督，并从事党的组织建设和思想建设，对职工进行思想政治教育。在厂长领导下，建立工厂管理委员会，企业生产经营管理中的重大问题，一般都要经过厂管委会集体讨论，但最后决定权在厂长。由于当时国家急于恢复国民经济，需要在企业中建立强有力的领导体制，因而“一长制”在全国范围内迅速普及。

1956年，党的八大以后，在国营企业中确立了党委领导下的厂长负责制。企业的重大问题由党委集体讨论，尔后交由个人负责执行。厂长是工厂的行政负责人，受国家委派，负责工厂的生产指挥活动。这种体制一直延续到“文化大革命”开始。在“文化大革命”中，企业党组织陷于瘫痪，厂长职务被废除，各种规章制度被践踏，成立了由军代表、结合干部及群众组织代表组成的“革命委员会”，实行政治运动与业务生产的“一元化”领导。“文化大革命”结束后，我国国营企业中又恢复了党委领导下的厂长负责制。

随着经济体制改革的不断深化，党委领导下的厂长负责制越来越不适应强化企业管理的要求，责权不统一、党政不分、以党代政的弊端日渐明显，到党的十二届三中全会以后，这一体制逐渐被淘汰，确立了厂长(经理)负责制这一领导体制。

(二) 厂长(经理)负责制

1. 厂长(经理)负责制的概念

所谓厂长(经理)负责制，就是国有企业的厂长(经理)由国家委派或由职工代表大会选举并报国家批准，对企业的生产指挥、经营管理全权负责的一种企业决策与经营管理制度。厂长(经理)是企业的法定代表人，在企业中处于中心地位，企业建立以厂长(经理)为首的生产经营管理系统，厂长(经理)对企业的物质文明建设和精神文明建设负全面责任。

企业的内部领导体制不论古今中外，按其处理问题的决定权属于一人还是数人，可分为两类：一类是个人负责制，一类是委员会或集体负责制。两种制度各有利弊，个人负责制的长处是职权集中，责任明确，行动迅速，效率较高；短处是考虑难免欠周全，容易导致失误，且易造成个人专断和滥用职权。委员会负责制的长处是集思广益，考虑问题全面周到，相互制衡，但其短处是职权分散，责任不清，相互推诿、扯皮，行动迟缓，效率较低。国外许多国家公司立法中确立公司的领导机关是董事会机关，重大问题需经董事会讨论决定，但企业的日常事务及业务执行则由董事或经理人员全权负责。现代企业分工细密,技术要求严格,协作关系复杂,生产具有高度的连续性,市场竞争激烈,消费需求变化快,企业要适应这些条件求得生存和发展,就必须建立统一的、强有力的、高效率的生产指挥和经营管理系统。对国有企业来讲,实践证明,厂长(经理)负责制可以改变传统体制下多头指挥无人负责的局面,企业的生产经营指挥系统能够进入良性循环,适应市场竞争的要求。而原有的党委集体领导制度,其成员构成不仅不是精通投资和管理的人员,也容易扯皮,在法律关系上名不正、言不顺,难以成为企业法人的领导机关,无法对外代表企业进行商业交往活动。因此,实行厂长(经理)负责制,对我国未进行股份化改造和不宜进行股份化改造的国有企业,的确是一种适当的选择。

当然,我国的厂长(经理)负责制并不是完全孤立和绝对的,它与委员会制仍保持有一定程度的联系,并且与企业职工民主管理相结合,受政府委派的监事和企业党组织的监督,是综合上述要素的一种首长负责制。可以说,它的机理可以克服一般意义上的个人负责制和委员会负责制的短处,吸收其长处,是有中国特色的一种企业决策与经营管理制度,在国有企业法人治理结构中发挥出核心的作用。

2. 厂长的产生和任期

对于大中型骨干企业及涉及国计民生的重要企业,由政府的国有资产监督管理机构委派,并征求企业职工代表的意见;其他企业,由政府国有资产监督管理机构或投资的机构决定安排由职工代表大会民主选举,然后报政府决定部门批准。

企业实行厂长、经理任期制和任期目标责任制,每届任期 3 年至 5 年,可以连续担任。厂长(经理)应根据国家订货和市场需求情况,结合本企业实际,制订出企业的长远发展目标和任期责任目标,经过企业管理委员会及职工代表大会讨论后,由厂长(经理)负责组织实施。厂长、经理任期届满前,应由政府有关部门和国有资产管理部门对其业绩进行考核、审计以决定厂长(经理)是否可以连任。

厂长(经理)任期内可以辞职,但必须事先向政府国有资产监督管理机构提出书面报告,陈述理由,经同意后才可离职。企业职工代表大会如果提出罢免厂长或经理的建议,政府有关部门应在 30 天内调查处理完毕。厂长(经理)如在任期内有失职行为,政府可以免除其职务。

依据 2003 年 5 月 27 日由温家宝总理签发的《企业国有资产监督管理暂行条例》的规定,国有全资企业的厂长(经理)、国有独资公司的董事的任免权由新组建的国有资产监督管理委员会集中行使。国有资产监督管理委员会虽然是政府机构,但不承担任何社会公共职责,它是国家在各类企业中投资资产的权益管理人,是管理国有资产的利益主体。这一改革措施的采用,推进了政府职能的转变,使国有资产的监督管理产生了业主机制。

3. 厂长(经理)的职权和职责

按照我国《全民所有制工业企业法》和《全民所有制工业企业厂长工作条例》以及《全民所有制工业企业转换经营机制条例》的规定,厂长(经理)的职权有:

第一,有权依照法律和国务院规定,决定或者报请审查批准企业的各项生产经营计划。

第二,行使企业生产的指挥权和经营管理决策权。厂长(经理)与企业管理委员会的多数成员对企业经营管理中的重大问题意见不一致时,厂长(经理)有权最后作出决定。

第三,有权决定任免(聘任、解聘)企业中层管理人员;提请政府国有资产监督管理机构任免(聘任、解聘)副厂级行政管理人员,或经政府国有资产监督管理机构授权由厂长(经理)

直接任免副厂级管理人员，报政府备案。

第四，有权决定企业的机构设置。

第五，有权对中层管理人员和职工进行奖励和惩罚，并有权提出对副厂级管理人员的奖惩建议报政府国有资产监督管理机构批准并执行。

第六，有权提出工资调整方案、奖金分配方案和重要的规章制度，提请职工代表大会审查同意。提出福利基金使用方案和其他职工生活福利的重大事项的建议，提请职工代表大会审议决定。

第七，有权拒绝来自企业外部的摊派。

第八，作为企业法人代表，有权亲自或委托他人代表本企业对外签订合同；有权代表本企业出面解决与其他经济组织之间的往来纠纷，有权代表本企业到人民法院起诉应诉。

关于厂长（经理）的职责，我国《全民所有制工业企业法》第 46 条作了原则性规定，即厂长（经理）必须带领和依靠职工群众履行法律赋予企业的各项义务，应支持职工代表大会、工会和其他群众组织的工作，执行职工代表大会依法作出的决定。厂长（经理）的各项具体职责，在《全民所有制工业企业厂长工作条例》第四章中作了明确规定。

4. 厂长（经理）与生产经营管理系统的关系

企业应建立以厂长（经理）为首的、统一的生产经营管理系统。厂长（经理）在该系统中处于中心位置，实行集中领导和分工负责的领导体制。企业的副厂长（副经理）、总工程师、总会计师及法律顾问，在厂长（经理）的领导下开展工作，并对厂长（经理）负责。企业的职能机关部门和生产车间的领导，在厂长和分管的厂级负责人领导下进行工作，并对厂长和分管的厂级负责人负责。

5. 厂长（经理）与企业管理委员会

企业设立管理委员会或通过其他形式，协助厂长决定企业的重大问题。管理委员会由厂长、副厂长、党委书记、总工程师、总经济师、总会计师、工会主席、团委书记、法律顾问、重要职能机关的领导以及职工代表共同组成，厂长（经理）担任管理委员会的主任。职工代表一般应占管理委员会全体成员的 1/3 左右。管理委员会本身并不是企业的决策和经营管理机关，而是协助厂长（经理）决定企业重大问题的议事机构。管理委员会讨论问题的议案由厂长（经理）提出或经厂长（经理）授权由其他人或部门提出，问题讨论有分歧时，厂长（经理）有最后决定权。

（三）董事会负责制

董事会负责制是各国公司法普遍确立的公司领导体制，我国《公司法》也已确立了这一制度。对于国有企业来讲，在推行现代企业制度即实施公司化改造后，将由公司法确立其主体地位并调整其行为，实施董事会领导体制势在必行。目前，已经完成或已在进行试点改制的企业中已推行了这一体制。

三、国有企业监事制度

国家对国有企业财产的管理制度由来已久，始于国有企业产生的年代。在计划经济体制下，国家对国营企业的财产实施了高度控制、支配的管理方式，具体有调拨财产、给企业下达指令性计划、全额扣缴折旧费、关停并转、任命企业负责人等。企业改革开始以来，这种僵化的管理体制已经发生了较大的变化，通过扩大企业自主权、转变政府职能，通过授权经营管理的途径调整了企业和国家的关系，初步确立企业为商品生产者和经营者的法人地位。

然而,企业改革的目标尚未实现,特别是在确立社会主义市场经济体制后,国家对企业国有资产的管理尚需进行深化改革,以有助于确立现代企业制度。在借鉴国外其他国家对国有企业财产管理的经验,并充分结合我国具体国情的基础上,国务院于2000年3月15日颁布了《国有企业监事会暂行条例》,同时废止了1994年7月24日颁布的《国有企业财产监督管理条例》。该《暂行条例》进一步明确了企业的经营责任,也明确了企业财产的所有权代表及各监督部门的职责和方式,对企业推行现代企业制度及国有企业的财产监管提供了法律保障。2003年5月27日,国务院发布了《企业国有资产监督管理暂行条例》,明确了向国有全资企业即全民所有制企业和国有独资公司委派监事的机构是中央和地方省级、地级政府设立的国有资产监督管理机构,同时明确规定各级国有资产监督管理机构专事国有资产出资人职责,不再履行政府的任何社会公共管理职能,其他政府机构不履行国有资产出资人职责。按照《企业国有资产监督管理暂行条例》的规定,国有资产监督管理机构(在中央是国有资产监督管理委员会)对国有控股企业、国有参股企业中的国有权益实施监管。我国2009年5月1日起施行的《企业国有资产法》继续坚持了这种制度安排。

（一）监管的目标、对象及原则

国家对国有企业财产的监管是国家所有权权利实现的一种基本方式。

监管的目标是国家通过转变政府职能,理顺国家与国有企业的资产关系,转换企业经营机制,保障国家对企业财产的所有权,落实企业经营权,使企业成为自主经营、自负盈亏、自我发展、自我约束的法人和市场竞争的主体,促进社会主义市场经济体制的建立,巩固和发展国有经济,实现国有资产的保值增值。这就要求明晰企业的产权关系,明确政府有关部门和其他机构的职责、企业的权利和责任,理顺企业财产的国家所有、分级管理、分工监督和企业经营的相互关系。为达此目的,就必须在坚持厂长(经理)负责制的企业决策与经营管理体制的同时,借鉴现代企业制度中法人治理结构的权力平衡与制约机制的经验,建立国有企业的监事制度。

企业资产监管的对象是指国家作为所有者对国有企业的各种形式的投资(含有形资产和无形资产,以及依据法律、行政法规认定的企业其他国有资产)。国家对其他所有制形态的公司企业中的投资,如中外合资经营企业中的中方是国有投资主体的,有限责任公司或股份有限公司中国有投资主体控股或投资的,其相关权益属于国家,但监管财产要遵守《中外合资经营企业法》、《公司法》和公司章程的规定,这与国有企业财产监管要相区别。

企业财产监管的原则有以下几个方面:(1)政企职责分开;(2)政府的社会经济管理职能和国有资产所有者职能分开;(3)企业财产的所有权与经营权分离;(4)投资收益和产权转让收入用于资本的再投入;(5)资本保全和维护所有者权益;(6)企业独立支配其法人财产和独立承担民事责任。

（二）监事会的委派、职责及工作规则

根据《国有企业监事会暂行条例》和《企业国有资产监督管理暂行条例》的规定,国有重点大型企业是国家实施企业监管的重点,因为重点大型企业占有较多的运营资产,它们在国民经济中所占有的位置和发挥的作用特别突出,它们中的任何一家企业如经营管理不善或资产流失都会给国家造成巨大损失。这样的规定符合我国国有企业改革的战略方向,体现了“抓大放小”和“有所为,有所不为”的决策意志。

国有企业的财产所有权由国务院代表国家统一行使,在国务院统一领导下,国有企业资产实行分级监督管理。国有重点大型企业的监事会由国有资产监督管理委员会在国务院授权的范围内派出，对国务院直接负责。其他企业的监事会，由省级人民政府参照《国有企业监事会暂行条例》和《企业国有资产监督管理暂行条例》的规定派出。企业国有资产监督管理机构对由国务院委派监事会的企业提出名单，报国务院决定。在国务院领导下，企业国有资产监督管理机构负责各大型企业的监事会的日常管理工作，协调监事会与国务院有关部门和有关地方的联系，承办国务院交办的有关事项。

监事会成员由主席1人、监事若干人组成。监事会成员不少于3人。监事会主席由国务院任命。监事分为专职监事和兼职监事。专职监事由国务院国有资产监督管理机构任命，监事中由国务院有关部门、单位派出的代表（派出监事）和企业职工代表担任的监事为兼职监事，并且企业职工代表由企业职工代表大会选举产生，报监事会管理机构批准，企业负责人不得担任职工代表监事。监事会成员每届任期3年，其中监事会主席和专职监事、派出监事不得在同一企业连任。监事会主席、专职监事和派出监事可以同时担任1至3家企业监事会的相应职务。监事会可以聘请必要的工作人员。监事会主席由副部长级国家公务员担任，且为专职，应具有较高的政策水平，坚持原则，廉洁自持，熟悉经济工作。其职责主要有：(1) 召集、主持监事会会议；(2) 负责监事会的日常工作；(3) 审定、签署监事会的报告和其他重要文件；(4) 应当由其履行的其他职责。专职监事由司(局)、处级政府公务员担任。监事应具备下列条件：(1) 熟悉并能够贯彻执行国家有关法律、行政法规和规章制度；(2) 具有财务、会计、审计或者宏观经济等方面的专业知识，比较熟悉企业经营管理工作；(3) 坚持原则，廉洁自持，忠于职守；(4) 具有较强的综合分析、判断和文字撰写能力，并具备独立工作能力。监事会主席、专职监事、派出监事不得在其曾经管辖的行业、曾经工作过的企业或者其近亲属担任高级管理职务的企业的监事会中任职。

监事会的工作以财务监督为核心，依据法律、法规和财政部的有关规定，对企业的财务活动及企业负责人的经营管理行为进行监督，以保障国有资产的安全。监事会作为一个机构并不是企业内部的组成机构，是外派性质的，与企业是独立的，与企业的决策管理机构的关系是监督与被监督的关系，监事会不参与、不干预企业的经营决策和经营管理活动。监事会的具体职责有：(1) 检查企业贯彻执行法律、法规和规章制度的情况；(2) 检查企业财务，查阅企业的财务会计资料及与企业经营管理活动有关的其他资料，验证企业财务会计报告的真实性、合法性；(3) 检查企业的经营效益、利润分配、国有资产保值增值、资产运营等情况；(4) 检查企业负责人的经营行为，并对其经营管理业绩进行评价，提出奖惩、任免建议。监事会每年对企业定期检查1—2次，并可不定期地进行专项检查。

监事会开展监督检查，可以采取下列方式：(1) 听取企业负责人有关财务、资产状况和经营管理情况的汇报，在企业召开与监督检查事项有关的会议；(2) 查阅企业的财务会计报告、会计凭证、会计账簿等财务会计资料以及与经营管理活动有关的其他资料；(3) 检查企业的财务、资产状况，向职工了解情况、听取意见、必要时要求企业负责人作出说明；(4) 向政府有关机关调查了解企业运营中的有关情况。监事会主席可以列席或委派监事列席企业的有关会议。监事会每次对企业进行检查结束后，应当及时作出检查报告。检查报告的内容中应当包括：企业财务及经营管理情况评价；对企业负责人的经营管理业绩的评价及奖惩、任免建议；企业存在问题的处理建议；国务院要求报告或者监事会认为需要报告的其他事项。监事会不得向企业透露检查报告中的内容。监事会在监督检查中发现企业的行为有可能危及国有资产安全、造成国有资产流失或者其他侵害国有资产所有者权益的紧急情况，应及时向监事会管理机构或国务院直接提出专项报告，监事会根据需要，可报请监事会管理机构同意聘请会计师对企业进行审计,也可报请国务院责成国家审计机关对企业进行审计。企业应定期向监事会报送财务会计报告,并及时报告重大经营管理活动情况,不得拒绝、隐匿、伪报。

监事会开展工作的活动费用由国家财政拨付,由监事会管理机构统一列支。监事会主席和专职监事、派出监事不得接受企业的任何报酬和福利安排,不得在企业报销任何费用。监事会任何成员不得接受企业的任何馈赠,不得参加由企业安排、组织或者支付费用的宴请、娱乐、旅游、出访等活动,不得在企业中为自己、亲友或其他人牟取私利。监事会成员必须对检查报告的内容保密,并不得泄露企业的商业秘密。监事会成员在监督检查中成绩突出,为维护国家利益作出重要贡献的,给予奖励。

(三) 法律责任

监事会成员在履行职责过程中应恪尽职守,忠实敬业。如有以下违法违纪行为将予以处罚:(1) 对企业的重大违法、违纪问题隐匿不报或严重失职的;(2) 与企业串通编造虚假检查报告的;(3) 其他违反监事工作规则的行为。处罚的手段由一般行政处分直至撤销监事职务,对构成犯罪的,则依法追究刑事责任。企业如发生以下行为,将会对直接负责的主管人员和其他直接责任人员予以处罚:(1) 拒绝、阻碍监事会成员依法履行职责的;(2) 拒绝、拖延向监事会提供财务及经营管理资料的;(3) 隐匿、篡改、伪报重要情况和财务资料的;(4) 其他阻碍监事会成员履行职责的行为。

2003 年 3 月,我国的第十届全国人民代表大会第一次会议召开,会议选举产生的新一届中央人民政府的组成体系中产生了国家国有资产监督管理委员会,该机构的法定职责是统筹管理国有资产,代表国家行使国有企业的所有者职能,公司制企业中国有投资主体持股的应逐步通过政策措施的安排由该机构直接持有或其授权的投资机构持有。就该机构的性质而言,它虽为政府的行政机关,但在市场经济体制的环境中将集中国家国有资产的全部或大部代表权、运营管理权,是具有行政职能的民事活动主体,政府的其他机构应逐步纯化,剥离出国有资产的代表和管理职责。如此一来,国有资产监督管理委员会就要向国有企业直接派遣厂长(经理),同时也要派遣监事,制度的设计趋向规范,也符合市场经济国家中国有企业法人治理结构的总体架构。但是,现行国有企业监事制度依据《国有企业监事会暂行条例》的规定,监事并未成为国有企业法人治理结构中的有机组成部分,监事具有外派的特性,是一种制度附加。正因为如此,它就是不稳定的,不是必需的而是选择性的,监事的活动就有可能流于形式。国有企业的法人治理结构应当完善,措施之一就是设立监事制度,并且要把外派的监事制度改造为内设的与厂长(经理)负责制并列的制度,才会发挥出有效的持续的监督作用。《企业国有资产监督管理暂行条例》的规定,大大推进了国有资产管理和监督向业主制发展,其积极作用是显而易见的。

四、国有企业民主管理制度

(一) 企业实行民主管理的重要意义

国有企业是生产资料公有制的企业,职工既是企业的劳动者,又是生产资料的名义主人。国有企业实行民主管理,是其所有制性质所决定的,体现了公有制经济自然属性的必然要求。同时,实行民主管理也是增强企业活力的需要。企业能否搞活,是否具有明显的活力,其标志之一是职工的积极性是否调动起来。由于企业实行不同形式的责任制,企业利益和职工利益以及国家利益相互联系,职工不仅有可能而且必然关心企业的成败兴衰。企业通过推行民主管理，就使职工的积极性和责任心能够发挥和体现出来，树立与企业在商品生产大潮中共存亡的意识。此外，企业进行民主管理，也可以保障厂长负责制的正确贯彻和落实，防止厂长个人独断专行，损害国家利益、企业利益和职工利益。

（二）企业职工代表大会

1. 企业职工代表大会的性质和地位

按照我国《全民所有制工业企业法》第 51 条的规定，企业职工代表大会是企业实行民主管理的基本形式，是职工行使民主管理权力的机构。由此可见，企业民主管理应当通过一些形式实现，而职工代表大会则是基本形式。职工代表大会在企业内部是一个组织，国家赋予企业的经营权，其中有一部分由它行使。职工代表大会是企业进行民主管理的基本机构，但并非是企业的权力机构，也不是隶属于厂长之下的经营管理机构或咨询参谋机构，职工代表大会对外不能代表企业，其职权范围由法律加以规定。

2. 职工代表大会的职权

依据我国《全民所有制工业企业法》第 52 条的规定，职工代表大会行使的职权有：

第一，听取和审议厂长（经理）关于企业的经营方针、长远规划、年度计划、基本建设方案、重大技术改造方案、职工培训计划、留用资金分配和使用方案、承包和租赁经营责任制方案的报告，提出意见和建议。

第二，审查同意或者否决企业的工资调整方案、奖金分配方案、劳动保护措施、奖惩办法及其他重要的规章制度。

第三，审议决定职工福利基金使用方案和其他有关职工生活福利的重大事项。

第四，评议、监督企业各级行政管理人员，提出奖惩和任免的建议。

第五，根据政府国有资产管理部门或授权投资的机构的决定选举厂长（经理），报政府批准。

3. 职工代表大会的工作制度

职工代表大会集中行使民主管理的权力，应具备其本身的组织管理工作制度。这主要包括：第一，职工代表大会的会议制度。职工代表大会由企业工会负责组织企业职工选举产生，每半年应召开一次会议，每次会议应由 2/3 以上的职工代表出席，遇有重大问题，可临时召开会议。开会时，由主席团主持会议，代表可就企业的任何问题发言，就有关问题提出议案或建议。大会应听取企业厂长（经理）的工作报告和工会主席的工作报告，审议厂长、工会主席的报告并作出相应的决议。大会进行选举和作出决议，应有全体代表过半数通过。第二，职工代表大会设立各种专门小组（或专门委员会），完成职代会交办的各种任务，各专门小组向职工代表大会负责。第三，职代会闭会期间，对临时问题的解决由工会委员会召集职工代表团（组）长和专门小组负责人联席会议协商处理，并向下次职代会报告。联席会议可邀请企业负责人和其他人员参加。第四，职工代表大会向企业管理委员会选派代表，并监督他们的工作，听取汇报。

（三）企业工会委员会

根据我国《全民所有制工业企业法》第 51 条的规定，职工代表大会的工作机构是企业的工会委员会。工会委员会负责职工代表大会的日常工作。工会委员会承担的工作主要是组织职工选举职工代表；提出职工代表大会讨论的议题；主持职工代表大会的筹备工作和会议的组织工作;主持职工代表团(组)长、职工代表大会专门小组负责人联席会议;组织各专门小组开展工作并向职代会汇报,带领职工落实职代会决议;向职工进行民主管理的教育,组织职工代表学习政策、业务和管理知识,提高职工代表的素质;接受和处理职工的申诉和建议,维护职工的合法权益;举办好企业的文体活动,丰富职工文化生活;组织好企业民主管理的其他工作。

第八章

集体所有制企业法律制度

第一节　概　　述

一、集体所有制企业

我国是社会主义市场经济国家，公有制经济在整个国民经济体系中占有重要地位。传统的公有制经济依所有制关系不同而划分为国有与集体两大类。集体经济是生产资料由部分劳动群众集体所有的经济形态，是社会主义公有制经济制度的必要组成部分。而集体所有制企业在集体经济中属于最活跃、最具生命力的部分。按照我国现实的企业法律体系，集体所有制关系的企业可以采取数种法律形态：(1) 由集体性经济组织单独依照国务院颁行的条例设立为城镇集体所有制企业或乡村集体所有制企业；(2) 由集体经济组织依照公司法规定设立一人公司或由其绝对控股的有限公司、股份有限公司；(3) 两个以上的集体经济组织联合设立有限公司或者股份有限公司；(4) 两个以上的集体经济组织联合设立合伙企业；(5) 原集体所有制企业经改制成为股份合作制企业。上述第(2)、(3)两种企业虽然在资产归属性质上应认定为集体性公有制，但其依公司法设立，所依准据法为公司法。第(4)种所述是一种理论假设，或者说是一种法律空间的开放而不大可能为实际的存在，如有则适用合伙企业法。第(5)种则是原集体所有制企业改制过程中出现的一种非典型的过渡性的关照中国国情的特殊形态，曾经一度非常火热，但其组织结构存在诸多冲突，长久维持困难重重，目前已处在选择的萎缩状态。曾经选择该种形式的企业后来又进一步改制为公司制企业。只有第(1)种形态的企业是我国典型性的集体所有制企业，其立法的背景制度依据是所有制，因此具有传统不规范性。就目前而言，这种集体所有制企业尚未完全改制完毕，现实中仍有存在，且相关法律制度也未废除，故本章对其仍予介绍。

（一）集体所有制企业的概念和性质

所谓集体所有制企业，是指生产资料属于劳动群众集体或集体性的经济组织所有，实行共同劳动、按劳分配（部分企业实行按劳分配与按资分配相结合）、自主经营、自负盈亏、独立核算并具有法人资格或者营业资格的经济组织。集体所有制企业与国有企业的根本区别在于企业财产的所有制关系上。国有企业的财产属于我国国民全体共同所有，在法律上由国务院代表国家行使所有权，企业财产是国家财产的组成部分；集体所有制企业的财产则属于开办该企业的城乡基层经济组织或全体劳动者所有，法律上的所有权关系相对要复杂些。此外，国有企业无论大小一律具备法人资格，其投资者国家对企业债务以投入的资本额为限承担有限责任,而集体所有制企业中一部分乡村集体所有制企业则不具备法人资格,投资单位或各成员要对企业债务承担无限责任或连带责任。集体所有制企业与私营企业的根本区别在于:集体所有制企业财产是一种公有关系的财产,私营企业则是自然人个人所有或个人共同共有,但不是公有。

由上可见,集体所有制企业在性质上是以营利为目的的经济组织,是社会主义公有制经济的组成部分,其存在和发展对于繁荣社会主义市场经济、促进城乡地方区域和社区经济发展有重要意义。

(二) 集体所有制企业的特征

集体所有制企业具有下列经济和法律特征:

(1) 企业财产属于集体所有。企业的财产属于组建、投资该企业的全体劳动群众共同共有或集体性质的组织所有。这种共同所有是一种公共共有,成员是复数的,不将企业财产向每位成员量化分配股份。

(2) 实行共同劳动。

(3) 实行自主经营、自负盈亏、独立核算。除少数不具备法人资格的企业外,集体企业大部分具有法人资格,企业以其所有的或占有并支配经营的财产对外承担民事责任。

(4) 在分配形式上实行按劳分配为主。部分进行股份合作制改革的企业则实行按劳分配与入股分红相结合的分配制度。

(5) 企业在区域及管理关系上分城镇集体所有制企业和乡村集体所有制企业两大类,并且据此由国家颁行不同的法律来规范其行为,调整其关系。

(三) 集体所有制企业的种类

集体所有制企业可依不同的标准划分为不同的种类。其主要的分类标准和结果有以下方面:

(1) 按所在区域划分,可分为城镇集体所有制企业和乡村集体所有制企业两大类。

(2) 按经营的主要范围划分,可分为农业、手工业、建筑安装业、交通运输业、商业、服务业、金融业等不同种类的集体企业。

(3) 按民事主体资格划分,可分为法人企业和非法人企业。非法人企业占少数,且仅存在于乡村集体企业中。

综上可知,我国集体所有制企业是国民经济发展的一支重要力量,富有生机和活力。企业规模较小(少数规模较大),能适应我国现阶段城乡经济发展的一般生产力水平,具有点多面广、形式多样、就地取材、因地制宜、方便群众生活等优点,投资少、见效快并能容纳较多劳动力。改革开放以来,在国家的积极扶植下,城乡集体所有制企业得到了大规模的发展,为社会创造了大量财富,为国家缴纳了一定量的税收,为解决就业、为区域和城乡社会经济发展作出了贡献。

二、集体所有制企业法

所谓集体所有制企业法,是指规定集体所有制企业的法律地位和经济性质,调整其在开办、经营管理活动中所发生的特定经济关系的法律规范的总称。新中国建立以来随着城乡集体经济的产生和发展(包括各类合作社的组建及向集体企业的演变),我国比较重视集体企业的立法规范工作,曾颁布了一系列法律法规。改革开放后,立法工作逐步走向系统、科学和规范。目前,除了《宪法》《民法通则》《公司法》的有关规定外,主要有 1990 年 6 月 3 日由国务院发布的《乡村集体所有制企业条例》和 1991 年 9 月 9 日由国务院发布的《城镇集体所有制企业条例》。该两条例于 2011 年 1 月 8 日由国务院作了修订。

我国集体所有制企业法贯彻《宪法》和《民法通则》的有关精神，将下列原则作为指导、规范、调整企业行为和内外经济关系的基本准则：第一，维护集体所有制企业的合法权益，禁止以各种名义和方式侵犯企业权益的行为；第二，除少数农村集体所有制企业不具备法人资格的以外，其余均承认其法人资格，由企业自主经营、民主管理、独立核算、自负盈亏；第三，实行厂长（经理）负责制；第四，按劳分配为主，入股分红为辅。

我国集体所有制企业立法的基础标准是将所有制关系和法律形式融合在一起完成的。"集体所有制企业"的称谓本身就代表了所有制关系，而城镇集体所有制企业的立法充分吸收了我国企业改革过程中的理论成果，赋予企业以法人资格，与国有企业取得法人资格一样，也是在公司法外以特殊立法的方式加以确立的。乡村集体所有制企业的立法则根据实际情况分别规定了有法人资格和无法人资格的两种企业形态，以适应投资者作出选择的需要。

第二节　城镇集体所有制企业法律制度

一、城镇集体所有制企业的性质和法律地位

城镇集体所有制企业，顾名思义是在城镇范围内兴办并主要由城镇居民就业的企业，其基本特征诸如财产属于劳动群众集体所有、实行共同劳动、分配方式以按劳分配为主、自主经营、独立承担民事责任等。正是由于我国城市与农村在经济发展的规模、市场化程度、文化教育水平、基础设施、土地资源的性质、就业者素质等诸多方面存在差别，故将城镇集体所有制企业与乡村集体所有制企业在立法上区别规定。

城镇集体所有制企业较乡村集体所有制企业产生的时间早，新中国成立后即已产生。从总体上看，它经历了甚为曲折的发展过程。20 世纪 50 年代初，我国政府为了解决城市人口就业，鼓励无业人员组织小规模的各类生产合作社，大多是拾遗补缺的手工业和修理服务业，属于手工工场和作坊。同时，一些城市社区的管理机构也开始兴办行业性的集体所有制企业。后来，合作社在规模扩大的基础上通过联合发展演变成自负盈亏的集体所有制企业，社员入股资金被退回。20 世纪 50 年代中期，手工业个体劳动者经历了"一化三改"，成立了手工业合作社，较大的城市中又出现了联社。联社机构后来又以政府二轻局的面貌出现，其所属企业统称为"大集体"。集体所有制企业在长期的计划经济时期，丧失了独立性，与国家计划发生了种种联系，有的甚至被收归国有。企业逐渐变得产权关系模糊，性质不清，关系不顺，法律地位及权利义务也无从谈起，久而久之，也成了行政机关的附庸。

1978 年，我国开始了意义深远的经济体制改革，城镇集体所有制企业也逐渐进入确认其地位和性质特别是理清与政府关系的阶段。1984 年，国务院发布《关于城镇集体所有制经济若干政策问题的暂行规定》，要求逐步解决存在的问题，分别不同情况，积极稳妥地进行整顿和改革，恢复集体所有制经济的性质和特征，发挥其优越性。该《暂行规定》要求通过扩大企业经营管理自主权，改统负盈亏为独立核算、自负盈亏，在法律上成为独立的法人；在企业内部要恢复民主管理，将职工的经济利益与企业的经济效益挂钩。

经过几年的改革和整顿，集体企业的性质得到了确认，法律地位也得到承认，权利义务

关系初步明确。虽然集体所有制企业在合作社阶段的社员入股地位因退股、人员死亡变动、时间久远而未再确认,但经过几次有组织的产权界定将与政府的关系、与全民所有制企业(即国有企业)的关系作出了区别,划清了界限。1991年国务院颁布的《中华人民共和国城镇集体所有制企业条例》(2011年修订),成为规定城镇集体企业法律地位、规范其行为的基本法律文件。该《条例》依据我国宪法及实际状况确认:城镇集体所有制企业是社会主义公有制经济的重要组成部分,其财产属于劳动群众集体所有,实行共同劳动,在分配形式上以按劳分配为主。城镇集体所有制企业依法取得法人资格,以其全部财产独立承担民事责任。

法律对集体所有制企业所有权的状况确认为:一是本集体所有制企业的劳动群众集体所有,由于企业取得法人资格,企业的财产事实上为该企业法人所有;二是属于集体所有制企业的联合经济组织范围内的劳动群众集体所有,这种情况反映了联社全体职工对联社投资兴办企业的财产所有关系;三是一个经济组织或两个以上的投资主体单独或联合投资兴办集体所有制企业,其财产属于投资主体单独所有或共同(或按股份)所有。集体所有制企业实行股份合作制改造的,可属于前述第三种情况,但原则上劳动群众集体所有的投资财产占企业全部财产的比重应不低于51%,情况特殊的,需经过审批,否则不能定性为城镇集体所有制企业。

集体所有制企业在区域和范围上是属于局部地区的劳动群众投资兴办的企业,这同国家代表全体国民行使国家所有权的国有企业有区别。此外,从国有企业与国民经济的关系来讲,其重要性比集体所有制企业要强,联系更密切,规模也更大,作用更突出。

集体所有制企业财产所有制反映的是一种公有制,而不是一般民事法律上的共有(按份共有和共同共有)。劳动群众的集体所有是一种社会主义的财产关系,民事上的共同共有以及按份共有并不反映公共财产制度,私营合伙和有限公司虽是共有但不是公有。因此,集体所有制企业与私营企业及个体工商户有区别。

我国城镇集体所有制企业在其产生的根源上与合作社有密切联系,早期企业大多是从手工业合作社演变而来,城市的供销社系统的一些企业也是如此。但典型的合作社并不以营利为目的,企业则不一样,追求利润最大化是其存在的首要目标。因此,营利与否,是合作社与集体企业相区别的重要界限。

城镇集体所有制企业经依法成立,即具有企业法人资格,独立对外承担民事责任。

二、城镇集体所有制企业的权利与义务

我国《城镇集体所有制企业条例》第三章对企业的权利与义务集中予以规定,权利内容有10条,义务部分有9条。

企业的权利主要有以下内容:(1)财产所有权。企业对其财产享有占有、使用、收益和处分的权利,不受任何机关和个人的非法干涉。(2)生产经营自主权。这一权利的来源是所有权,与国有企业的经营权由外在于企业的所有权主体国家授权不同,生产经营自主权就是企业对其所有的财产依法进行支配和利用的权利。(3)物资采购权。(4)产品销售权。(5)外贸权。(6)产品和服务价格决定权。(7)联营投资权。(8)劳动人事管理权和机构设置权。(9)分配方式决定权。(10)国家优惠待遇享受权。

企业的义务主要有:(1)遵守法律、法规。(2)依法缴纳税金和费用。(3)加强财务管理,接受审计监督。(4)保证产品质量和服务质量,对用户和消费者负责。(5)履行所订的各类合同。(6)保护环境。(7)改善经营管理,推动技术进步,搞好安全生产和劳动保护,提

高企业经济效益。(8) 维护职工合法权益,尊重职工民主管理权力。(9) 加强并搞好对职工的思想政治、法制、国防、科技文化教育和技术业务培训,提高职工队伍的素质。

三、城镇集体所有制企业的决策与经营管理制度

城镇集体所有制企业实行厂长(经理)负责制。厂长(经理)由职工(代表)大会选举产生,并对职工(代表)大会负责并报告工作,是企业的法定代表人。厂长(经理)的职权主要有:组织领导并指挥企业生产经营活动,负责处理企业日常事务,主持编制企业的规划、计划、项目投资、机构设置、预算与决算、分配等重大方案提交职工(代表)大会讨论决定,任免企业中层管理人员,依法奖惩职工等。厂长(经理)的义务主要有:遵守法律、法规,贯彻党和国家的方针、政策,执行职工(代表)大会的决议,完成企业的生产经营任务和各项指标,促进企业技术进步,提高效益,遵守财务纪律,实行民主理财,保证企业的产品质量,保护企业的合法权益和职工的合法权利,组织好安全、文明生产,关心并搞好职工生活福利事业。

集体所有制企业实行民主管理制度。职工大会或职工代表大会是企业的最高权力机构。依据职工人数的多寡,企业设立相应的权力机构:300 人以上的企业要建立职工代表大会,100 人以下的企业组成职工大会,100 人至 300 人的企业可采上述任意一种。职工(代表)大会之所以是企业的权力机构,是因为它是企业财产的所有者代表,与企业的生存和发展有直接的利益关系,其最高职责是对全体职工负责。依照《城镇集体所有制企业条例》的规定,职工(代表)大会的职责是:对企业的一切重大问题予以决定;制定并修改章程;选举、聘用、罢免、解聘厂长(经理)、副厂长(副经理);审议并决定是否通过厂长(经理)提交的各项议案;审议并决定工资方案、分配方案、职工生活福利的各项方案;审议并决定职工奖惩办法和其他重要的规章制度;听取厂长的年度工作报告,提出质询并决定是否通过等。

城镇集体所有制企业中党的基层组织是企业的政治领导核心,主要领导企业的思想政治工作,领导企业的精神文明建设,保证监督党和国家的方针政策在本企业的贯彻执行。

四、城镇集体所有制企业的经营体制、财产管理与收益分配

(一) 经营体制

经营体制事实上反映了企业的资本来源与构成状况。由于集体所有制企业存在着联社所有、企业所有、单位所有及职工集资等因素,在经营体制上就有不同。第一种是联社所有,企业经营。少数轻工集体企业是由联社用成员企业的上缴积累投资兴办的,这些财产归联社所有。企业职工是联社范围内的全体联合劳动群众的一部分,名义上企业有所有权,实质上企业只有经营权。第二种是企业所有,企业经营。这是目前大多数企业所采取的经营体制。这些企业的所有权与经营权集于一体,财产的最终归属是本企业的劳动群众集体,企业实行自主经营、自负盈亏。一些原属"二轻"系统的老企业,经过几年的清产核资和产权界定,将联社的投资和本企业的积累逐渐作了股份划分,从而确定对企业的控制权,并确定相应的经营体制。第三种是小企业的租赁经营。第四种是联合经营。

(二) 财产管理

城镇集体所有制企业的财产来源关系十分复杂。有早期的职工合作者入股金形成后演变为集体的,有联社机构以成员企业的上交金额形成的积累投资的,有本企业职工长期劳动形成积累的,有外单位及社会个人通过联营投资、集资形成的,也有其他企业、事业单位、社会团体单独或联合投资开办集体企业的等。过去受计划经济体制的影响,产权关系多不清

楚。按照谁投资、产权属谁的原则进行清产核资，明确企业财产的整体归属或按股归属，从原则上来讲:(1) 凡属集体所有制企业的公共积累，均归本企业劳动群众集体所有，企业改制时允许量化为个人股金。公共积累是指通过企业职工对原始资金的有效利用产生的资产增值部分。(2) 集体企业的联合经济组织(即联社)的投资归联合经济组织范围内的劳动群众集体所有。(3) 其他企业、事业单位、社会团体及个人对集体所有制企业的投资最终所有权归投资者所有。(4) 职工内部入股股金，归职工个人所有。(5) 集体所有制企业如系在其他企业、事业单位、社会团体等扶持下设立，则应明确划清它们之间的财产关系，或为借款则按期归还，或为投资则正常参与分配，要防止国有单位和部门在扶持开办集体企业时致使国有资产流失的现象发生。扶持单位不得非法干预集体企业的正常生产经营管理活动。此外，前面所讲的"所有"一词，只是就财产的股份所有和最终归属而言，并不是指对特定财产具有所有权。投资者的权益可以继承、转让，但一般不允许要求返还投资财产，只有在发生清算时，才可按比例分配剩余财产。

(三) 收益分配

城镇集体所有制企业的税后利润由企业依法自主支配，按国家规定留取公积金、公益金，保障企业固定资产添置、设备更新和技术、新产品开发的资金实力以及职工集体的各项福利事业的发展能力；以合理比例发放劳动分红和股金分红，以体现多劳多得和投资回报。企业职工的劳动报酬可分为两个部分：一是根据职工的劳动数量和质量，以工资、奖金的形式支付的劳动报酬；二是企业在税后利润中以劳动贡献给予劳动分红的报酬。劳动报酬必须坚持按劳分配的原则，具体的分配形式和办法由企业自行确定，所能采用的工资形式有计时工资、计件工资、分成工资、大包干、浮动工资、基本工资加奖励等。劳动分红的原则是企业要有盈利，如果企业亏损就不应当进行劳动分红，并且劳动分红与股金分红要根据各个企业的具体情况由企业投资方与职工集体协商确定合理的比例。劳动分红的方式有：按职工个人全年工资总额分配，按企业平均工资额加就业年龄系数分配，按职工出勤天数和劳动贡献进行分配等。

股金分红体现投资回报，其原则是：一要同企业的盈亏结合，无盈利就不得分红；二是要按股分红，投资额大则多分，投资额少则少分。

第三节 乡村集体所有制企业法律制度

一、乡村集体所有制企业的性质和法律地位

乡村集体所有制企业是指由乡镇、村的农民集体举办的各类企业，是财产属于乡镇、村农民集体所有的社会主义商品生产和经营单位。

乡村集体所有制企业是20世纪50年代兴起来的，最早的雏形为农业合作社的工副业生产单位。20世纪50年代末期，全国农村大办"五小"工业，社队企业(即由人民公社兴办和农业生产大队、生产小队兴办的企业)长足发展，曾达70多万个，职工1800万，产值达到100多亿。60年代初国家进行国民经济结构调整和整体经济出现萧条，国家控制资源特别是金融紧缩，严重冲击了社队企业的发展，一时社队企业倒闭较多，1963年产值降至4.1亿元。1966年，根据中共中央指示，社队企业又有新发展，之后逐步发展农机具小产业，到1971年社队企业产值恢复到91.4亿元，1976年，企业总数有110万个，产值达272亿元。

党的十一届三中全会后，社队企业随农业经济体制改革有了较大的发展。20 世纪 80 年代初的农村改革中，彻底取消了我国实行二十多年的人民公社基层政权组织，而代之以乡镇政府体系，生产队也被自然村所替代。由此，社队企业的官称被乡村集体所有制企业代替，乡村企业的框架中还包括农村私营企业。1987 年，乡村集体所有制企业的产值已达 500 多亿，固定资产达 1700 多亿。乡村集体所有制企业的发展，对繁荣农村经济，实现农业现代化，促进农业经济向集约化、规模化体制转变，实现小康，发挥了重要的作用。

1990 年 6 月 3 日，国务院发布《中华人民共和国乡村集体所有制企业条例》(2011 年国务院修订)，为与城镇集体所有制企业相区别，使用了乡村集体企业这一名称。该《条例》是乡村集体所有制企业的基本立法，为乡村集体所有制企业的发展确立了法律根据。

乡村集体所有制企业在经营范围上有采矿业、制造业、手工业、农副产品加工业、运输业、建筑业等。其特点有如下方面：(1) 企业的举办主体是乡或村的农民集体，财产所有权也归农民集体。如此，与国有企业、城镇集体所有制企业、乡村私营企业形成了鲜明的区别。(2) 乡村集体所有制企业一般来讲，规模较小，点多面广，广泛地吸纳了农村富余的劳动力，并承担着调整农村产业结构、促进农业现代化发展和社会文明进步的责任。

我国《乡村集体所有制企业条例》第 3 条明确规定，乡村集体所有制企业是我国社会主义公有制经济的组成部分；第 18 条规定，乡村集体所有制企业财产属于举办该企业的乡或者村范围内的全部农民集体所有，由乡或者村的农民代表会议或者村民委员会或者代表全体农民的集体经济组织行使企业的财产所有权。企业可实行多种形式的经济责任制形式，但企业财产的所有权不变。

根据我国《乡村集体所有制企业条例》的规定，乡村集体所有制企业具备设立的条件，经乡(镇)政府审核，报县级政府乡镇企业主管部门及有关部门批准，向企业所在地工商管理机关办理登记。具备法人条件的，领取《企业法人营业执照》，取得法人资格；不具备法人条件的，经核准登记可领取《营业执照》。乡村集体所有制企业实行自主经营、独立核算，法人企业对外独立承担民事责任，非法人企业首先以其支配的财产承担民事责任，不足清偿的部分由投资的组织负责承担。

二、乡村集体所有制企业的权利与义务

乡村集体所有制企业是由乡或村的农民集体兴办的，企业本身并非企业财产的所有权主体，企业的财产权事实上是经营管理权。依据所有权与经营权相分离的原则，大部分乡村集体所有制企业取得法人资格，独立自主地开展生产经营活动，自负盈亏，自我改造和发展。少量村办集体所有制企业虽不取得法人资格，但在经营上也是具备一定的独立性。作为投资者集体代表的乡或者村的相关机构，依法有权决定乡村集体所有制企业的经营内容、经营方式、厂长(经理)的任命等。

乡村集体所有制企业的权利主要是：独立占有并支配企业财产，自主安排生产经营活动，招聘、辞退职工并决定工资形式和奖金分配办法，自主决定机构设置，自主确定产品和服务价格，依法开发自然资源，拒绝摊派，以及对外开展各类投资、贸易活动等。

乡村集体所有制企业的义务主要是：依法纳税，向投资机构交纳支农资金和管理费、利润，健全财会制度，保护自然资源，防止环境污染，安全生产，保证产品质量，依法履行合同，加强职工教育等。

三、乡村集体所有制企业的决策与经营管理制度

（一）领导体制

乡村集体所有制企业实行厂长(经理)负责制。企业的投资负责机构通过招聘、任命等方式确定企业的厂长(经理),由其对企业的生产、经营全面负责,代表企业行使职权。企业具备法人资格的,则厂长(经理)为企业的法定代表人。

（二）民主管理

乡村集体所有制企业的职工有权参加企业的管理活动,行使民主管理权。企业组成职工大会或职工代表大会,对企业的重大问题予以讨论并通过必要的规章制度。职工有权监督厂长及领导人员的工作,有权提出批评和控告。厂长应当定期向职工大会或职工代表大会报告工作,并征求意见和建议,维护职工合法权益。

（三）利益分配

乡村集体所有制企业的税后利润要合理确定积累与消费的比例,其中留归企业的部分要占60%以上,所有者分配部分不超过40%。企业留利要首先充实发展基金,其次才是福利及奖励部分。要充分贯彻按劳分配、男女同工同酬的原则。企业用工可兼顾农业忙闲季节,实行灵活的用工方式,用工要签订劳动合同。

第九章

外商投资企业法律制度

第一节 概　　述

1979年,我国开始实行对外开放的基本国策,借鉴西方国家及其他发展中国家吸引外资投入发展经济的经验,建立相关法律制度引进来自境外的投资在我国设立企业。经过三十多年的历程,我国成为全球吸引外资投入最多的国家之一,外商投资企业在我国国民经济体系中为解决就业、增加包括外汇在内的国民财富、促进产业合理和技术进步、完善企业类型并提高现代企业治理水平以及提升我国的国际地位都发挥了举足轻重的作用。我国的外商投资企业法律制度在其中扮演了引领、促进与保障的重要角色。

一、外商投资企业的种类

我国外商投资企业的种类的确立,既有依据资本来源细分的标准,如是否存在中方的投资参与以及中方参与的形式如何,也有依据法律形式的标准。据上,我国外商投资企业分为以下四种类型:即中外合资经营企业、中外合作经营企业、外资企业和外商投资合伙企业。

(一) 中外合资经营企业

中外合资经营企业,是指外国的企业、公司和其他经济组织或个人,按照平等互利的原则,经中国政府批准在中华人民共和国境内同中国的公司、企业或其他经济组织共同投资、共同经营管理、共享利益、共担风险的股权式合营企业(equity joint venture)。中外合资经营企业的形式为有限责任公司或者股份有限公司(其中外方投入不低于注册资本的25%),依法取得中国法人资格。

举办中外合资经营企业,是国际私人直接投资中最常采用的一种形式。无论是资本输出国、外国投资者或资本输入国,都是乐于采用的。采取合营企业形式实现资本的国际流动,具有积极的功能和作用。从资本输出国和海外投资者来看:(1) 可以减少东道国政策变化与国家征收的风险;(2) 通过当地合作者的协助,可以在资源、产品销售、当地公共关系处理方面以及资金的融通上取得方便;(3) 避免产品进口的关税负担和其他贸易壁垒的阻隔,并可期望得到税收减免的优惠;(4) 有利于资本输入国和输出国的经济协作关系良性发展;(5) 通过建立控股的子公司,扩大企业品牌在东道国的辐射和影响,占领市场。从资本输入国和东道国合营者来讲:(1) 可以在不增加国家债务负担的条件下尽可能地使用外资,解决国内资金不足的问题;(2) 引进发达国家的先进技术和设备,促进技术进步,增强本国的经济实力;(3) 借助外国投资者的销售渠道和经验,促进本国产品出口,扩大外汇收入来源;

(4) 吸收外国先进的企业管理经验,提高本国企业家的经营管理水平,发展外向型经济;(5) 加速培养本国的技术人才和企业家;(6) 发展新经济或改造本国的产业结构,促进环境保护,提升综合国力,实现产品的升级换代,提高本国产品在国际市场上的竞争力;(7) 扩大有效供给,完善市场体系,拓展就业渠道,促进东道国社会的全面进步,增强应对经济全球化所面临的挑战的实力。

就合营企业的法律性质而言,因各国的立法环境不同,其法律上的分野也是存在的。合营企业一词,在英美法上通称为 Joint Venture,具有共同冒险、共担风险的含义。最初该词发端于由多个建筑业者共同承包建设风险较大的工程事业的合作关系,工程完成时,Joint Venture 即告解散。现在人们对它的理解,除了合建工程的含义之外,已引申至合营投资办企业的领域。在英美普通法上,虽认为合营企业与合伙有所不同,但由于办合营企业即是以人合为中心,淡化资本的因素,实际上是按合伙理解的。这样,承认了合营企业的团体性质,但否认了它的法人地位,看做是类似于合伙的法律团体,在法理上适用与合伙相同的代理关系,每一合营者都是其他合营者的代表,所有合营者要对合营事务的债务承担无限连带责任。在英美有关商业组织形式的教科书中,把合伙(partnership)、合营企业(joint venture)、商业信托公司(business trust)、有限责任合伙(limited partnership)、股份商社(joint stock association)、联合企业(corporate enterprise),并列为非法人性质的企业组织形式。在日本,一般认为如果合营契约的目的是以设立公司的形式经营共同事业,则属于法人企业,受公司法调整,通常是利用股份公司形式(joint stock company);如果仅仅有合营的协议(joint venture agreement),而无公司设立的事实,则属于合伙的性质。

此外,合营企业在名称上还有以下一些,如合作生产企业(coproduction venture)、合有子公司(jointly owned subsidiary)、50 对 50 公司(fifty-fifty corporation)、商业合作社(business cooperative)、合伙公司(corporate partnership)等。

从中外法律关于合营企业的一般规定来看,合营企业无非有股权式合营企业(equity joint venture)和契约式合营企业(contractual joint venture)两种。前者依法具有法人资格,后者则一般不具备法人资格。我国《中外合资经营企业法》确定中外合资经营企业一律为有限责任公司,《公司法》允许其采用股份有限公司形式,从成立之日起具有中国法人资格。

(二) 中外合作经营企业

中外合作经营企业,是由外国的企业、公司、其他经济组织或者个人同中国的企业、公司或其他经济组织,按照平等互利的原则和中国的法律,经中国政府批准在中国境内共同投资创办、共同经营、共担风险、共享权益的契约式合营企业。中外合作经营企业的基本法律形式为有限责任公司(其中外方投入不低于注册资本的 25%),取得中国法人资格;经中国政府批准也可为其他形式。

中外合作经营企业是我国利用境外客商直接投资的三种形式之一,它在我国外向型经济发展过程中起到了重要作用。就投资主体的多元性来看,它仍然属于中外两方或多方合资经营的一种类型,是由中方和外方共同投资、共同经营、共担风险和共负盈亏的合营企业。但是,中外合作经营企业在资本结构、经营管理方式、利润分配及资产处置方面与中外合资经营企业有较多的差别,其特殊性和典型性已足以构成一种新的企业类型。

中外合作经营企业,由中外双方或多方通过签订中外合作经营企业合同来约定权利与义务。包括投资或者合作条件、收益或者产品的分配、风险和亏损的分担、经营管理的方式和合作企业终止时财产的归属等事项,均可由合作各方签订合同加以约定。因此,这种形式的企业较之中外合资经营企业更具灵活性，更能体现营业自由和投资者（股东）自治的诉求和现代商业的灵活品格，为中外广大投资者在中国进行投资时乐于接受。我国中外合作经营企业与国外合作企业属非法人企业的情形大相径庭，法律规定它的基本形式是有限责任公司，即该种企业在中国取得法人资格是通例，没有法人资格反而是例外。

（三）外资企业

外资企业，是指依照中国的法律在中国境内设立的、全部资本由外国企业或其他经济组织或者个人投资并拥有，由外国投资者独立经营管理、独享利益和承担风险、自负盈亏的企业（wholly-owned by foreigners）。外资企业的基本法律形式为有限责任公司，经中国政府批准，也可为其他形式。

外资企业中并无中国合资者或合作者的投资或合作条件，由外国投资者独立进行投资。至于外国投资者中是一个投资者单独投资（individual investment）或多个投资者联合投资（joint venture），则不作区分。在东道国设立外资企业是国际私人资本直接投资的典型形式。资本是没有国籍的，资本在国际间的流动主要取决于市场、安全、投资环境和利润率。外国投资者选择单独、直接的投资形式，主要是基于管理方便宜行、利润分配集中、技术保密性强，且东道国法律允许全外资企业的设立和运营。

一般认为，外资企业是外国资本投资者根据东道国法律在东道国境内设立的全部资本由外国投资者拥有的企业。19 世纪末，一些主要资本主义国家的垄断资本开始输出，在国外设立工厂，经办企业。当时在中国就有许多的洋行，或经营贸易，或采矿，或经营制造业。第二次世界大战后，跨国公司迅速发展，形成了外资企业较大的发展规模、金融业普遍参与设立外资企业的潮流，发展中国家向发达国家也有较多的举办外资企业的投入。在经济全球化、一体化的背景下，外资企业的设立有十分重要的意义。

按照我国《外资企业法》和《公司法》的规定，外资企业不包括外国公司或外国企业在中国境内设立的分支机构（branch office），如分公司，因为这种分支机构在中国的设立不是依《外资企业法》而是依《公司法》设立的，分公司虽有经营资格但财产责任不独立，它们没有独立的决策、财务和核算制度，因而不属于外资企业，其活动不受《外资企业法》调整，而是由《公司法》调整。至于外国公司在中国境内设立的办事处、代表处等机构，在中国只能做商务联络和考察，不具备经营能力，不可以从事经营活动，因此当然不受《外资企业法》调整，也不归《公司法》调整。

（四）外商投资合伙企业

外商投资合伙企业，是指由境外的企业、个人与境内的企业、个人、其他经济组织在我国境内参与投资设立的普通合伙企业或有限合伙企业。外商投资合伙企业没有法人资格，境外和境内的普通合伙人对合伙企业债务承担无限连带责任，有限合伙人对合伙企业债务以投资额为限负责。

二、外商投资企业立法

外商投资企业的立法在体系上受国家经济体制改革的总体进程影响，根据统筹资本来源、合资与合作的类型、法律形式等因素分别制定。其上位法包括《公司法》《合伙企业法》《企业破产法》等。我国《公司法》第 217 条规定："外商投资的有限责任公司和股份有限公司适用本法；有关外商投资的法律另有规定的，适用其规定。"我国《合伙企业法》第 108 条规定："外国企业或者个人在中国境内设立合伙企业的管理办法由国务院规定。"由此可见，各项外商投资企业的主体法及其《实施条例》《实施细则》分别是《公司法》与《合伙企业法》的特别法。我国《公司登记管理条例》第 82 条规定:“外商投资的公司的登记适用本条例。有关外商投资企业的法律对其登记另有规定的,适用其规定。”此外,国家工商总局于 2010 年年初颁行的《外商投资合伙企业登记管理规定》(2014 年修订),也是这一法律体系的重要内容。配套的经济法规、规章除《公司登记管理条例》、《外商投资合伙企业登记管理规定》外,还有《外商投资产业指导目录》、国务院办公厅《关于建立外国投资者并购境内企业安全审查制度的通知》等。由于我国处在社会转型阶段,立法比较粗放,免不了政府对企业运行的许多方面要指指点点,我国中央政府有关部门特别是商务部、国家工商行政管理总局、国家发改委在其职责范围内或是单独或是联合针对外商投资企业,围绕市场准入、出资方式和要求、特定行业合资企业的最低资本金标准、合营期限、承包经营、外汇管理、股权变更、收购合并、登记制度、联合年检等发布了诸多的行政规章,对企业的设立、运行、终止发挥了种种规范作用,构成了法律适用体系的必要组成部分。如近年来经国务院批准由国家发改委与商务部联合发布的《外商投资产业指导目录》就是非常重要的行政规章。此外,我国最高人民法院结合相关立法和总结全国外商投资企业纠纷审判实践经验,发布的审理案件的司法解释规定,也是非常重要的规范性法律文件,如 2010 年 8 月 16 日起施行的最高人民法院《关于审理外商投资企业纠纷案件若干问题的规定(一)》。从 2013 年年末开始,我国针对外商投资企业的市场准入启动了制度改革,方向是准入前国民待遇加负面清单,《外商投资产业指导目录》将重新发布。

(一) 中外合资经营企业立法

我国《中外合资经营企业法》是调整中国境内的中外合资经营企业在设立、变更、终止及经营过程中所发生的各种经济关系的法律规范的总称。1979 年 7 月 1 日,我国进行对外开放的政策刚刚确立不久,第五届全国人民代表大会第二次会议即通过该法,同年 7 月 8 日公布实施,这是单行的企业主体基本法律。1990 年 4 月 4 日由第七届全国人民代表大会第三次会议作了第一次修正,2001 年 3 月 15 日由第九届全国人民代表大会第四次会议作了第二次修正。2016 年 9 月 3 日第十二届全国人民代表大会常务委员会第二十二次会议作了第三次修正。1983 年 9 月 20 日国务院颁行了《中外合资经营企业法实施条例》,随后国务院对其作出了数次修订。

(二) 中外合作经营企业立法

中外合作经营企业形式在我国是自 20 世纪 80 年代初首先在广东等地发展起来的。由于这种企业形式灵活,在全国很快被广泛采用。由于中外合作经营企业属于契约式合营企业,中外合作者通过合同而非以股份来确定比例分享利润和承担责任,因而在实践中存在较大的差别。由此造成在法律上对其的认识统一比较困难,只到 1988 年 4 月 13 日我国《中外合作经营企业法》才颁布实施。1995 年 9 月 4 日,原对外贸易经济合作部经国务院批准发布了《中外合作经营企业法实施细则》,并于发布之日施行。2000 年 10 月 31 日,我国第九届全国人民代表大会常务委员会第十八次会议通过了对《中外合作经营企业法》的修正案。这一修正案主要有两项内容:一是修改了第 19 条,要求合作企业在国际国内市场上购买生产所需的物资时应奉行公平、合理的原则,防止低价出售产品,高价买进原料。二是删去了原第 20 条关于外汇收支平衡的规定。2016 年 9 月 3 日第十二届全国人民代表大会常务委员会第二十二次会议作了第二次修正。2014 年 2 月 19 日,国务院对《中外合作经营企业法实施细则》作出了修订。

（三）外资企业立法

20 世纪 70 年代末广东省沿海地区开始制定吸引外国投资者来华设立外资企业的地方法规，外资企业首先在这一地区设立。1980 年 8 月 26 日，第五届全国人大常委会第十五次会议批准实施的《广东省经济特区条例》明确规定鼓励外国公民或企业在我国深圳经济特区投资办厂。以后，随着经济特区在全国的扩展，外资企业在全国各地相继建立，国家相继制定并颁布了涉及外汇、税收等方面的法规。1986 年 4 月 12 日，第六届全国人民代表大会第四次会议通过了《外资企业法》，1990 年 12 月 12 日，根据我国《外资企业法》第 23 条的规定，经国务院批准原对外贸易经济合作部颁布了《外资企业法实施细则》。这两项文件是我国有关外资企业立法的最基本文件。2000 年 10 月 31 日，第九届全国人民代表大会常务委员会第十八次会议对我国《外资企业法》作了修改。修改的主要内容是：(1) 第 3 条第 1 款原为“设立外资企业，必须有利于中国国民经济的发展，并且采用先进的技术和设备，或者产品全部出口或者大部分出口”，改为“设立外资企业，必须有利于中国国民经济的发展。国家鼓励举办产品出口或者技术先进的外资企业”。(2) 删去第 11 条第 1 款“外资企业的生产经营计划应当报其主管部门备案”。(3) 第 15 条原为“外资企业在批准的经营范围内需要的原材料、燃料等物资，可以在中国购买，也可以在国际市场购买；在同等条件下，应当尽先在中国购买”，改为“外资企业在批准的经营范围内所需的原材料、燃料等物资，按照公平、合理的原则，可以在国内市场或者在国际市场购买”。(4) 删去第 18 条第 3 款“外资企业应当自行解决外汇收支平衡。外资企业的产品经有关主管机关批准在中国市场销售，因而造成企业外汇收支不平衡的，由批准其在中国市场销售的机关负责解决”。2016 年 9 月 3 日第十二届全国人民代表大会常务委员会第二十二次会议作了最新修正。2001 年 4 月 12 日国务院对我国《外资企业法实施细则》相应地作了共 18 项修订，2014 年 2 月 19 日又作出了 6 处修订。

（四）外商投资合伙企业立法

我国国务院于 2009 年 11 月 25 日发布了《外国企业或者个人在中国境内设立合伙企业管理办法》，决定于 2010 年 3 月 1 日起施行。国家工商行政管理总局同期发布了于 2010 年 3 月 1 日施行的《外商投资合伙企业登记管理规定》(2014 年 2 月 20 日修订)，以与国务院发布的行政法规相配套。上述两项法规、规章未能规定细致的地方，准用其上位法即我国《合伙企业法》。

三、外商投资企业的设立与审批、备案制度

外商投资企业的设立与内资企业的设立在履行法律程序方面存在一些差别，其原因在于在对外开放的进程中国家建立了外资进入中国的审查制度，借以体现主权事务管理、保障投资者利益和维护国家经济社会安全的宗旨。

为贯彻落实党的十八届三中全会提出的“改革涉外投资审批体制”“探索对外商投资实行准入前国民待遇加负面清单的管理模式”等要求，经全国人民代表大会常务委员会两次授权，自 2013 年 10 月起，先后在上海、广东、天津、福建四个自贸试验区试点实施外商投资准入前国民待遇加负面清单管理模式，将不涉及国家规定实施准入特别管理措施的外商投资企业设立及变更由审批改为备案管理。2016 年 9 月 3 日，第十二届全国人民代表大会常务委员会第二十二次会议表决通过了《关于修改〈中华人民共和国外资企业法〉等四部法律的决定》，《决定》自 2016 年 10 月 1 日起施行。《决定》对《外资企业法》《中外合资经营企业法》《中外合作经营企业法》以及《台湾同胞投资保护法》相关行政审批条款进行了修改，将不涉

及国家规定实施准入特别管理措施的外商投资企业和台胞投资企业的设立和变更,由审批改为备案管理。对四部法律进行修改,在全国范围内实行准入前国民待遇加负面清单管理模式,是对我国管理体制的一次重大变革,体现了"凡属重大改革都要于法有据"的精神,将进一步扩大对外开放,完善法治化、国际化、便利化的营商环境。就此,商务部也制定了《外商投资企业设立及变更备案管理暂行办法》。本书作者曾在 2005 年 12 月 29 日《法制日报》上发表《外商投资企业审批制度应彻底废除》一文,反对由外经贸机关无所不包的一揽子审批制度,并认为我国应考虑彻底实现外商投资企业法律与公司法的并轨,构建境内外投资者在我国境内设立公司的统一的法律平台,彻底废除审批制度,为创造公平、有序的投资环境做一点实事。

(一) 外商投资企业的设立程序

1. 选定外商投资企业法律形式和编制可行性研究报告

外商投资企业的法律形式框架中包含有中外合资企业、中外合作企业、外资企业和外商投资合伙企业四种。由于外商投资企业中一定得有外方参与,故中方的选择范围实际比外方的选择范围小:外方既可以选择与中方合资、合作、合伙,也可以选择外方单独、外方与其他外方联合;中方只能在与外方的合资、合作、合伙中选择,不可以在没有外方参与的情形下选择中方单独或与其他中方联合,中方是国有企业、国有独资公司、上市公司、公益性社会团体的还不可以与外方选择设立合伙企业。在这种法律背景条件下,投资者应当首先根据自身综合情况,结合企业控制、税收负担、行业经营格局、投资规模、风险责任承担、投资行业的法律准入要求、对合作伙伴的信任程度等因素选定具体的外商投资企业法律形式。

外商投资企业投资规模较大,涉及土地使用等复杂事项的,还应当编制可行性研究报告。可行性研究报告主要是就拟设企业的自然情况进行考察、分析后完成的综合性调研文件,其编制的责任主体是拟设企业的设立人全体。这一文件从投资者关注和期望利益回报的视角,把未来成立的合资企业作为一个项目进行经济、社会、文化、法律方面的研究,探讨与之有关的投资环境、厂址选择、资源利用、投资规模、市场与客户群体的分布、产品和服务的种类、税收、利润预期等问题,对之进行详尽的评估,某些时候还可能需要聘请专业机构协助参与制作,完成后由各方共同签署确认。其主要内容包括中国各方投资者、企业的宗旨、项目及拟设企业的法律形式、投资规模及生产经营规模、资源条件、能源条件及交通运输条件、产品的种类与档次、厂址选择与基本建设情况、环境保护措施、产品销售、产值、资金利润率预计、创汇能力、设备状况等。可行性研究报告是成立规模巨大的外商投资企业报送政府批准的必要文件之一,应当在内容和形式上符合法律法规的规定。

2. 准备企业设立条件和制作申请设立企业的其他文件

(1) 准备设立条件。外方单独决定或者数个外方联合决定在中国境内设立企业,或者外方和中方共同决定设立外商投资企业并对企业组织形式选定的意向达成后,就应当进入设立条件的实质准备阶段。准备设立条件包括:单独或者共同向企业登记机关申请企业名称预先核准(可以委托一方代办);谈判确定投资规模、投资形式(含合作条件)、注册资本及各方所占比例、投资到位期限、企业经营期限、公司控制及公司机关名额分配、利益分配(含外方先行回收投资)、技术转让或许可使用、非货币财产的评估作价、企业住所和经营场所使用(租赁或由中方提供)、土地使用等事宜。设立合伙企业的,就合伙的主要业务和相关事项进行磋商。

设立企业需要资产评估的需要评估报告,租用场地的需要场地使用证明,大规模占有土地和大规模进行基本建设的需要报告政府土地部门和发改委批准，获取批准文件。拟设的外商投资企业所从事的营业项目属于需要政府专业部门特别监管的，还应当依照相关法律和行政法规规定准备投资条件并事先报请政府主管部门批准，获取批准证书：如建筑业企业、进出口商品检验鉴定公司、对外贸易公司、投资公司、国际货运代理企业、民用航空企业、广告企业、食品企业、药品企业、房地产开发企业、证券经营企业、金融企业、信托公司、保险公司、期货公司等。

（2）制作申请设立企业文件。外商投资企业除外方单独投资设立外资企业不需要合同、协议外，一般需要以预先核准的企业名称和谈判确定的条件为基础制作如下文件：合资或者合作的合同、企业章程、合伙协议以及向商务部门（合伙企业直接向计划单列市、省级工商局）提交的外商投资企业申请书。

3. 向商务部门或者政府授权的部门提出设立企业申请

设立外商投资企业的各项准备工作就绪后，应当由中外全体投资者共同向商务部门或政府授权的其他部门、机构提出设立企业申请。提出设立申请应提交的文件包括：（1）设立外商投资企业的申请书；（2）各方共同编制的可行性研究报告；（3）各方投资者授权代表签署的设立企业合同和章程；（4）经股东会选举产生或者由各方委派的董事长、副董事长、董事人选名单（其中，中外合作经营企业不取得法人资格的，需提交联合管理委员会主任、副主任、委员名单）；（5）住所和场地使用证明；（6）经营特定行业的政府主管部门的批准文件；（7）资产评估报告或者由各方确认的报告；（8）投资者各方的营业执照或注册登记证明、资信证明及法定代表人的有效证明文件，外国合作者是自然人的，应当提供有关其身份、履历和资信情况的有效证明文件；（9）审批机构要求的其他文件。

设立外商投资合伙企业的，依照规定不需要商务部门或者政府授权的其他部门、机构批准，由中外合伙人直接向工商登记机关申请开业登记。

4. 在政府批准后向工商登记机关申请设立登记

经政府批准设立的外商投资企业，应当在批准后的 1 个月内持批准证书、合同、章程、场地使用证明等文件由合营各方共同向国家工商行政管理总局或国家工商行政管理总局授权的所在地工商行政管理局申请注册登记。申请外商投资企业设立登记时应提交的文件、证件有：（1）由董事长签署的外商投资企业登记申请书；（2）合同、章程以及审批机关的批准文件和批准证书；（3）可行性研究报告及其批准文件；（4）投资者合法开业证明；（5）投资者的资信证明；（6）董事会（含联合管理委员会）成员名单、住址的文件以及任职文件和法定代表人的身份证明；（7）其他有关文件、证件。

外商投资企业登记注册的主要事项有：名称、住所、经营范围、投资总额、注册资本、认缴出资额、出资方式与期限、合作条件、公司类型、法定代表人、董事会成员名单、营业期限、分支机构、有限责任公司股东或者股份有限公司发起人的姓名或者名称等。

经登记机关核准，领取国家工商行政管理总局或地方工商行政管理机关核发的《企业法人营业执照》或《营业执照》后，企业即告正式成立。

（二）政府部门审批或备案

商务部门或者政府授权的其他部门、机构在接到申请设立企业的申请及全部文件后，应当在法定时间内作出研究并答复申请人是否批准设立，批准的发给外商投资企业批准证书，不批准的说明理由，文件需要修改或者补充的，也要告知申请人。研究批准的具体时间为：合资企业为 3 个月，合作企业为 45 天，外资企业为 90 天。境外资本通过并购境内企业变更为外商投资企业时的审批依据同样的制度安排。

商务部门或者政府授权的其他部门、机构审查企业设立申请,表达了政府对于外资准入的国家主权管辖态度,审查的内容一般包括:一是是否有损中国主权;二是是否违反中国法律;三是是否符合中国国民经济发展要求;四是是否会造成环境污染;五是签订的协议、合同、章程是否显属不公或者会损害其他参与方权益及是否会损害社会公共利益。此外,根据国务院办公厅于2011年2月3日所发(2011)第6号文件的精神,对外资并购境内企业的由国家发改委和商务部等组建联席会议进行国家安全审查,审查的范围有外国投资者并购境内军工及军工配套企业,重点、敏感军事设施周边企业,以及关系国防安全的其他单位;外国投资者并购境内关系国家安全的重要农产品、重要能源和资源、重要基础设施、重要运输服务、关键技术、重大装备制造等企业,且实际控制权可能被外国投资者取得。

总括上述审批事项,可以看出审批的最核心内容就是国家安全,即政治安全、军事安全、环境安全、经济安全和能源资源安全等,对于不涉及安全的项目,审批的意义还不如外资对国民经济发展的贡献的意义重要,甚至不如经济数据统计的意义重要。因此,泛泛的审批制度应当废除,而代之以普遍的备案制度和安全审查制度的结合更符合世界经济大国的地位的标准。我国国务院于2009年11月25日发布的《外国企业或者个人在中国境内设立合伙企业管理办法》已经率先取消了审批制度,这是一种历史性的进步,同时也预示了我国外商投资企业法律制度下一步改革的方向。前述2016年对外商投资企业立法的重大变化正是改革的新成果。根据这次的法律修改,举办外资企业、合营企业、合作企业、台湾同胞投资企业不涉及国家规定实施准入特别管理措施的,对法律规定的相关审批事项,适用备案管理。国家规定的准入特别管理措施由国务院发布或者批准发布。

四、外商投资企业的出资条件、合同和章程

从东道国政府的视角关注外商投资企业的制度建设和事业发展,最首要关心的应该是外资的实际投资到位及其所产生的经济社会价值。除出资外,外商投资企业中关涉各方权益定格的合同和章程是必要的核心法律文本建设。按照法律规定,合资企业与合作企业的合同、章程须经商务部门批准才能生效,其重要内容的修改亦同;合伙协议内容合法,经签署即为有效,不需要政府批准。

(一)外商投资企业的出资条件

外商投资企业凡取得中国法人资格的,其出资条件应当符合我国《公司法》的有关规定,特别是在投资形式方面;注册资本可以用人民币表示,也可以用国际流通的外币表示;对于非货币形式的出资的作价,我国《中外合资经营企业法》中存在可经投资各方按照公平合理的原则"评议商定"或者"聘请合营各方同意的第三方评定"的机制(场地使用权除外),与我国《公司法》规定"应当评估作价"的安排有所不同;中方合营者未以场地使用权作为投资的,合营企业应向中国政府缴纳场地使用费。外商投资企业不取得中国法人资格的,通过合同约定各方出资及权益安排。

(二)外商投资企业的合同

外商投资企业的合同包括合伙协议是由中外投资各方根据我国法律规定就在我国境内投资设立企业经过协商谈判达成一致的一揽子协议,是约定安排投资结构、企业地位、合资或合作及合伙目的、各方权利义务、企业运营、纠纷处理、企业解散等重大事项的基础性法律文件。由于投资设立的企业是在中国境内,因此按照属地主义原则,中国法律是合同适用的

准据法,当事人不可以在合同中就争议解决选择适用外国法律和选择外国法院管辖。当事人选择在境外仲裁机构仲裁解决纠纷的,有关合同的订立、效力、解释、履行及争议解决均应适用中国的法律。

我国《中外合资经营企业法实施条例》第 11 条对合营企业合同的内容规定的法定要求事项共有 13 项:合营各方的名称、注册国家、法定地址和法定代表人的姓名、职务、国籍;合营企业名称、法定地址、宗旨、经营范围和规模;合营企业的投资总额,注册资本,合营各方的出资额、出资比例、出资方式、出资的交付期限以及股权转让的规定;合营各方利润分配和亏损分担的比例;合营企业董事会的组成、董事名额的分配以及总经理、副总经理及其他高级管理人员的职责、权限和聘用办法;采用的主要生产设备、生产技术及其来源;原材料购买和产品销售方式;财务、会计、审计的处理原则;有关劳动管理、工资、福利、劳动保险等事项的规定;合营企业期限、解散及清算程序;违反合同的责任;解决合营各方之间争议的方式和程序;合同文本采用的文字和合同生效的条件。

按照我国《中外合作经营企业法实施细则》的规定,中外合作经营合同应就投资或者合作的条件、收益或者产品的分配、风险和亏损的分担、经营管理方式、外方先行回收投资及企业终止时的财产归属、是否具备法人资格等重大问题达成一致意见。对上述问题法律上的强制性规定少,中外各方可以充分协商,只要不违反法律的一般原则,不丧失公平合理性,不损害债权人利益,均可协商确定。中外合作经营企业的合同应包括以下内容:(1) 合作各方的名称、注册国家、法定地址以及法定代表人的姓名、职务、国籍(外国合作者是自然人的,其姓名、国籍和住所);(2) 合作企业的名称、地址、经营范围;(3) 合作企业的投资总额及注册资本;(4) 合作企业的组织形式;(5) 合作各方的投资构成或提供的合作条件;(6) 合作各方认缴出资额、投资或者提供合作条件的方式与时间期限及违反出资义务的责任;(7) 合作企业的领导体制及人员构成,企业高级管理人员的聘任及职责;(8) 合作企业的经营管理方式和财务制度及其他各项主要制度;(9) 合作各方投资或者合作条件的转让;(10) 合作各方的收益分配或产品分配的方式与比例及合作企业亏损的负担及债务清偿责任的承担;(11) 采用的主要生产设备、生产技术及其来源,产品销售计划和市场开发安排;(12) 合作期限,财产与债务的清理程序和方法,企业经营期满或提前终止时财产的归属;(13) 合作各方的其他义务及违约责任;(14) 财务、会计、审计的处理原则;(15) 合作争议的解决方式;(16) 合作企业合同的修改程序。

两个以上的外商共同合资在我国境内设立公司企业的,按照公司法的规定并参照合资企业的合同样式订立投资合同,但其具体类型为外资企业。

外商投资合伙企业按照我国《合伙企业法》和国务院《外国企业或者个人在中国境内设立合伙企业管理办法》的规定,在中外全体合伙人选定合伙形式后经协商谈判签署普通合伙协议或有限合伙协议。其中,在签订合伙协议时需要加以注意的事项有:(1) 合伙各方的名称、注册国家、法定地址以及法定代表人的姓名、职务、国籍(中外合伙者是自然人的,其姓名、国籍和住所)应当书写清楚;(2) 外国合伙人以劳务方式出资的,需提交在中国合法就业的证明;(3) 合伙协议虽然不需要商务部门批准审核,但所设合伙企业的经营项目要符合《外商投资产业指导目录》的规定。

(三) 外商投资企业的章程

外商投资企业的章程是指中外投资各方根据中国法律规定和合同约定,为具有法人资格的外商投资有限公司或股份有限公司制订的规定企业宗旨、法律形式与地位、组织机构、资本结构、公司治理与企业运行、利益分配和风险负担、股权转让、企业解散与清算等内容的内部规范法律文件。外商投资企业的章程和普通内资公司的章程大体一致，只是要体现出外商投资的属性，吸收并细化外商投资合同中的主要约定内容，兼顾股份公司和有限公司、合资企业与合作企业及外资企业的特点。

合营企业章程主要包括下列内容：合营企业名称及法定地址；合营企业的宗旨、经营范围和合营期限；合营各方的名称、注册国家、法定地址、法定代表人的姓名、职务、国籍；合营企业的投资总额，注册资本，合营各方的出资额、出资比例、出资方式、出资缴付期限、股权转让的规定，利润分配和亏损分担的比例；董事会的组成、职权和议事规则，董事的任期，董事长、副董事长的职责；管理机构的设置，办事规则，总经理、副总经理及其他高级管理人员的职责和任免方法；财务、会计、审计制度的原则；解散和清算；章程修改的程序。此外，如果合资企业的章程规定股东会或者股东大会的，应对会议的召集、议事规则、职权等作出规定。

根据我国《中外合作经营企业法实施细则》第 13 条的规定，中外合作经营企业的章程应包括以下内容：(1) 合作企业名称及住所；(2) 合作企业的经营范围和合作期限；(3) 合作各方的名称、注册地、住所及法定代表人的姓名、职务和国籍(外国合作者是自然人的，其姓名、国籍和住所)；(4) 合作企业的投资总额、注册资本，合作各方认缴出资额、投资或者提供合作条件的方式、期限；(5) 合作各方收益或者产品的分配，风险或亏损的分担；(6) 合作企业董事会或者联合管理委员会的组成、职权和议事规则，董事会董事或联合管理委员会委员的任期，董事长、副董事长或者联合管理委员会主任、副主任的职责；(7) 经营管理机构的设置、职权、办事规则，总经理及其他高级管理人员的职责和聘任、解聘办法；(8) 有关职工招聘、培训、劳动合同、工资、社会保险、福利、职业安全卫生等劳动管理事项的规定；(9) 合作企业财务、会计和审计制度；(10) 合作企业解散和清算办法；(11) 合作企业章程的修改程序。

按照 2014 年 2 月 19 日国务院修订的《外资企业法实施细则》第 15 条的规定，外资企业的章程应包括以下内容：(1) 外商投资者即章程订立者的基本概况(包括姓名、名称、住所、国籍等)；(2) 拟设外资企业的名称及住所；(3) 设立企业的宗旨与经营范围；(4) 投资总额、注册资本、认缴出资额、出资方式及出资期限；(5) 组织形式；(6) 内部组织机构及其职权和议事规则，法定代表人以及总经理、总工程师、总会计师等人员的职责、权限；(7) 财务、会计及审计的原则和制度；(8) 劳动管理；(9) 经营期限、终止及清算；(10) 章程的修改程序。

外商投资的合伙企业，因不具备法人资格，故不需要制定章程。

五、外商投资企业的经营范围

外商投资企业的经营范围是我国政府审批与监管的重要内容之一，是属于国家行政许可的事项。中外投资者应当首先依据《外商投资产业指导目录》的规定确定其经营范围，对于通过新设或并购境内企业的方式产生的外商投资企业可能对国家经济安全、军事安全、政治安全、环境安全形成影响的，由国家发改委和商务部组成的联席会议进行特别审查，尔后决定是否批准。《外商投资产业指导目录》规定鼓励、限制和禁止三类项目名录，投资者在非常透明的情形下可事先作出选择，并据此编制可行性报告、签署合同或协议、制定章程。对于限制类项目，政府主要根据产业结构发展的总体布局和拟设企业的自身实力状况进行评估审核，存在不确定性；由外方控股或受外方控制或全外资的已设外商投资企业拟向禁止类项目投资的，同样不予批准。

第二节　中外合资经营企业的特征与治理结构

一、中外合资经营企业的特征

中外合资经营企业是在中国境内依据中国法律的规定由中方投资者与外方投资者共同设立的公司制企业，它具备以下法律特征：

（1）中外双方或多方共同为合营企业的设立人和股东。依照我国《中外合资经营企业法》第1条的规定，外方合营者为外国的公司、企业、其他经济组织或个人；中方合营者为中国的公司、企业或其他经济组织，不包括个人。过去，之所以在中方合营者中没有允许中国的公民个人作为合资经营企业的中方合营者，主要是基于在改革开放初期，我国公民个人不仅没有必需的财产基础参与合资企业的投资，而且法律和政策不能容忍个人成为资本家。1988年我国承认私营企业以后，这种妨碍消除；法律上的障碍主要是对外商投资企业存在税收优惠，个人直接作为合资经营一方对税收公平造成的负面影响尚未论证明白，以及尚未安排出有效的应对措施。2008年1月1日，我国内、外资并轨的《企业所得税法》正式施行，对外商投资企业的税收优惠制度被彻底废除，个人作为中方合营者应该不存在任何掣肘。在20世纪80年代，我国私营企业中的合伙企业、独资企业作为中国合营者的身份受到限制，进入90年代后，南方沿海一些地区实行灵活处理，尝试允许私营企业作为中方合营者参与设立合资企业，因为独资企业和合伙企业本身在中国被规定为经济组织，符合合资企业中方之中的一种，且在税收方面已经建立了相对完善的管理体制。这种情况与法、与制度均不存在任何对立和矛盾，逐渐为国内其他地区接受。从现实发展情况看，我国公民个人通过受让股权、承继企业地位成为合资企业中方股东的情况已经普遍出现，实践对法律的修改提出了需求。中外合资经营企业不同于全内资企业或全外资企业，资本来源于中国境内和境外，实际上是一种多国企业，或称多国公司。

（2）合资经营企业的法律形式为有限责任公司或者股份有限公司，具备中国法人资格，因而中外投资者以投资额或所持股份为限对企业债务承担有限责任。

（3）合资经营企业不设股东会，其最高权力机构是由中外合营者委派组成的董事会，企业实行董事会领导下的总经理运营管理体制。

（4）合营企业中中国合营者的投资可包括合营期间提供的场地使用权，如果场地使用权未作为中方合营者投资的，合营企业应向中国政府缴纳场地使用费。场地使用费类似于租赁使用费，其标准由各地根据场地所处位置确定，且头5年不作调整，以后每3年以上可作一次调整。

实践中，中方往往以通过土地出让手续获得的土地使用权作为投资。凡中方合营者利用土地使用权作为投资的，必须首先向国家缴纳有期限的土地使用费，借以改变土地使用性质。以国家无偿核拨的土地进行投资的，由于参与合资的中方改变了核拨土地的使用性质，且合资企业组建后应当取得土地使用权，由谁缴纳土地使用费往往发生争议。合资各方应当在合资合同中对这种情况下的土地使用费的缴纳责任约定明确，或是由中方负责缴纳，或是由中外各方共同缴纳，或是由合资企业缴纳。凡确定由合资企业向国家缴纳土地使用费的，须由合资企业同土地管理部门或其认可的土地供应机构签署合同，收入作为财政收入。约定不明引起诉讼的，视为中方投资存在瑕疵。

(5) 中外合资经营企业享有直接经营产品进出口业务的权利,可以直接从国际市场采购原材料,也可直接向国际市场销售本企业的产品,直接向外国银行筹措生产经营所需资金。

(6) 中外合资经营企业的合营期限根据不同行业和项目的具体情况由合营各方协商确定。我国《中外合资经营企业法》第 13 条第 2 款规定,约定合营期限的合营企业,合营各方同意延长合营期限的,应在距合营期限届满 6 个月前向审批机关提出申请,审批机关应当在接到申请之日起 1 个月内决定批准或不批准。

(7) 作为中外合资经营企业的标志之一是,外方的投入一般不得低于注册资本的 25%。

(8) 合营企业的章程资本数额,可以用人民币表示,也可以用各方商定的外币表示。

二、中外合资有限责任公司的治理结构

中外合资的有限责任公司,按常理其组织机构应当符合大陆法系国家公司法关于公司组织机构的一般规定和要求,以使公司的权力配置符合规范并严谨。由于我国《公司法》制定和颁布大大晚于合资企业的产生年代,出于对提高企业的运营效率和简化机构的便宜考虑,法律舍去了股东会这一机构,也未规定监事制度,这同我国后来颁行的《公司法》的规定有不同。按照我国《中外合资经营企业法》第 6 条的规定,合营企业设董事会。董事会根据平等互利的原则,决定合营企业的重大问题。《中外合资经营企业法实施条例》第 30 条规定,董事会是合营企业的最高权力机构,决定合资经营企业的一切重大问题。同时,在董事会下设立经营管理机构,负责日常的经营管理工作。董事会作为决策机构同时替代股东会成为企业的权力机构,是中外合资经营有限公司治理结构的最突出特色。董事会下设的经营管理机构则是执行机构,设立总经理一人,副总经理若干人。公司董事、董事长、总经理及其他高管人员对公司股东及公司的责任,应当适用我国《公司法》的有关规定。此外,如果中外合资经营企业的各方投资者一致同意按照我国《公司法》的要求建立企业组织机构的,或者合资企业采用股份有限公司形式的,则应当建立股东会、股东大会、监事会等机构。上述内容在本书的公司法部分讲述,这里只介绍中外合资经营企业法框架内的董事会机构设置。

董事会是中外合资有限公司的权力机构,它就合营企业的一切重大问题作出决定。其职权范围包括:讨论决定企业发展规划、生产经营活动方案、收支预算、利润分配、劳动工资计划、停业,以及总经理、副总经理、总工程师、总会计师、审计师的任命或聘请及其职权或待遇等。董事会在讨论合资企业章程修改,企业中止、解散,增减注册资本,企业合并与分立等事项时须由出席董事会会议的董事一致通过方可作出决议。其他事项的讨论则按企业章程规定的议事规则作出决议。

中外合资有限公司董事会的人数组成,由合营的各方协商,在合同、章程中明确规定。由于合资企业不设股东会,所以董事只能由合营各方委派产生。一般来讲,董事会人员不得少于 3 人,超过 3 人时应按企业规模大小由合营各方决定。各方委派董事的人数原则上依出资比例协商确定。董事的任期为 4 年,经各方继续委派可以连任。合营各方可以单独撤换董事,撤换董事应当以书面文件通知合营企业和合营企业的其他股东,然后由合营企业报审批机构批准。

董事的任职资格在我国《中外合资经营企业法》及其《实施条例》中未作规定。合营企业的一方对另一方委派的董事原则上不具有否决权,但是董事的资格应当不违反《公司法》关于董事任职条件的规定。

董事会设董事长1人，董事长为企业法定代表人。副董事长有1—2人。董事长负责召集并主持董事会。合营企业的一方董事担任董事长时，另一方的董事任副董事长。总经理由董事会从合营企业的某一方投资者推荐的人员中聘任，另一方推荐的人员担任副总经理。但有一些合营企业，国家规定须有中方合资者委派董事长和总经理，且规定中方的持股比例应当超过合营企业注册资本的50%以上。

董事长因故不能履行职责时，得委派副董事长或其他董事代为履行，包括召集和主持董事会会议。董事会至少每年召开1次，经1/3以上董事提议，可由董事长召集董事会临时会议。董事会应有2/3以上董事出席方能举行。董事因故不能出席，可出具委托书委托其他董事代表其参加讨论并表决。董事会讨论重要问题要制作详细记录。

第三节 中外合作经营企业的特征及几项特殊制度

一、中外合作经营企业的特征

中外合作经营企业作为我国吸引外资的一种重要形式，既借鉴了国外企业合营的一些成功内容，又有我国实践的一些具体安排，形式灵活，利于融资，方便投资者。它具有下列特征：

(1) 中外合作企业的投资者有中方，也有外方；可能是两方，也可能是多方。合作企业依据中华人民共和国的法律在中国境内注册成立，是中国的居民企业，其准据法是中国法律。

(2) 合作经营合同是企业成立的基本依据。按照我国《中外合作经营企业法》的规定，中外合作者举办合作企业，应当依照《中外合作经营企业法》的规定，在合作企业合同中约定投资或者合作条件、收益或者产品的分配、风险和亏损的分担、经营管理的方式和合作企业终止时财产的归属等事项。中外合作者只要不违反中国法律，就可以对涉及双方权利义务关系的一系列重大问题进行协商。因此，合作企业具有一定程度的任意性，双方在平等互利的基础上达成一致意见，即形成有约束力的条款规范。在对待合作各方的关系方面，合作协议、合同、章程内容有冲突时，以合作合同的规定为准。

(3) 中外合作企业既可以是法人企业，也可以是非法人企业。投资者在选择企业形式时有多种因素的考虑，是否成立法人企业是要予以考虑的因素之一。中外合作经营企业既可以办成法人企业即有限责任公司，也可以根据中外合作者的具体要求，办成非法人企业。无论是法人企业，还是非法人企业，投资者均可对投资或合作条件以及责任承担的方式和比例作出约定。实践中，无法人资格的中外合作经营企业是极少数，这种情况非常类似于我国境内的非法人联营组织。

(4) 投资外方可以先行回收投资，且在期满时将投资利益无偿留归中方。通过合同约定，企业有盈利时，外方可以先行回收投资，多分利润，逐年减少，至中外合作经营期限届满时，外方利益已尽，企业的原始财产及积累资产全部归中方所有。外方如要继续合作，则要按新的合同进行投资，或变更为中外合资经营企业。法律对此作了原则规定，具体的回收速度及比例应由双方约定，外方如在税前回收投资，则要经过当地财政部门批准。

(5) 企业的治理机构既可以是董事会制，也可以是联合管理委员会制。中外合作企业具备法人资格的，应当成立董事会作为企业的权力机构和决策执行机构，具备法人资格的企业即可以采取股权式形式,也可按合作条件规范其投资结构,如外方的投资形成企业注册资本,独立取得全部股份,而中方则以员工培训、市场调研、公共服务、提供场地使用权、房屋使用权、完成特定工程项目等作为合作条件提供并取得约定利益。中外合作经营企业不具备法人资格的,如双方投资或提供合作条件形成了一个商业实体,但该商业实体没有法人资格,或外方直接向中方企业投入技术和设备等,不成立新的经济实体,采取产品分成或利润分成的形式,这时就不必成立董事会,联合管理委员会是其权力机构和决策机构。

(6) 利益的分配和亏损的负担可不依投资比例确定,而由双方通过协商,用书面合同加以规定。

(7) 外方的投入一般不得低于注册资本或者中外双方投资总量的25%。

(8) 企业章程中记载的资本数额,可以用人民币表示,也可以用各方商定的外币表示。

二、中外合作经营企业的组织形式与法律地位

中外合作经营企业在法律性质上来讲是契约式合营企业,双方合作者的权利与义务主要通过合作合同予以规定。一般来讲,既然称其为企业,就要求有以特定的生产经营场所为其物质条件之一的经济实体的存在。然而,经济实体并不与法人资格相同一,中外合作经营企业不一定具备法人资格,即使有法人资格的中外合作经营企业,其组建的法律基础方面也较多地体现投资者意思自治的原则。是否组建法人实体,由双方合作者在合作合同中加以规定。有法人资格的中外合作经营企业,虽然也须以投资者之间所签署的契约为基础组建,但是它是受章程规制的具有独立人格的经济组织,其地位及种种相关的法律关系比非法人企业更加固定和模式化。具有法人资格的中外合作经营企业在合作企业的总量中占据了绝大多数,它们的法律性质比较清楚,是中国的居民公司,在人格上完全归中国法律管辖。有法人资格的中外合作经营企业在制度适用上与中外合资经营企业基本一致,即受《中外合作经营企业法》和《公司法》联动调整,然而其决策机关和权力机关的主流选择是董事会。

中外合作经营企业,无论是否具有法人资格,都可由双方通过订立合作经营合同,约定各方的投资条件、利益分配和亏损分担的比例、企业的管理方式、对外债务承担的比例、合作的期限以及期满时的财产归属等。中外双方可就前述各类问题进行磋商,达成不违反中国法律的平等互利的契约,是为合作企业的法律基础。在这种形式下,合作各方的投资或提供的合作条件可以为中外合作者共管,也可以不转移财产所有权,分别各自独立所有并管理。

中外合作经营企业经中外双方协商,组建法人企业的意思表示达成一致,并在合同中予以明确规定,且双方的投资符合中国法律关于企业法人设立的条件,经批准和登记可以注册为中国法人企业。由此可见,组建中外合作经营法人企业要有三项条件:第一,双方投资者达成一致意见并提出申请;第二,企业的投资条件符合中国法律关于法人企业的规定;第三,经过批准并登记注册,领取企业法人营业执照。在实践中,绝大多数的中外合作经营企业,无论是初创阶段的旅游、交通等第三产业的企业,或是后来发展的第一、第二产业的企业,都采取了有限责任公司的法人企业形式,中外双方以投资额或合作条件为限对企业债务承担有限责任。在实践中,有些中外合作经营企业虽然也采用了有限公司的形式,但合同约定中方仅提供特定的合作条件,企业注册资本中中方并未投入,中方也不参加合作企业的经营管理,只以合作条件收取定额利润,不对企业亏损承担责任,这种本应是财产租赁或技术有偿使用的合同形式,却采取了合作企业的形式,同样是有效的、可行的。需要特别注意的是,中方作为合作者只提供合作条件,但中方的合作条件没有进入合作企业的注册资本,或者中方

在合作条件以外没有向合作公司进行注册资本项下的投资，这时的中方只是合作企业的合作者但不是合作公司的股东，其地位十分古怪诡异，在合作者之间的关系方面可以按照合作合同的规定处理一切纠纷，但是在合作企业对外清偿债务方面情况变得非常凌乱和困惑。

具体来讲，中外合作经营企业如果各方以特定的现金或其他以货币量化的财产进行投资，新建的合作企业有法人资格，除在管理、财产最终归属等方面作出不同于合资企业的约定外，其他方面与合资企业无甚差别，为中外合作(合资)的有限责任公司，企业资本金分割为股权形态。但是，如果企业的注册资本金只是由中方或外方一方投入，另一方不向合作企业实际投入资本金，不享受股东地位，仅是以提供劳务、技术特许使用、场地、楼房使用等合作条件成为合作一方，且不实际参加企业的管理，或者委托实际投入资金的一方全权管理企业，企业发生亏损时，则另一方不承担责任，也不参与企业超额利润的分配，只以合作条件分取固定的利益。如果投入注册资本的外方仅为一个自然人或法人，这时的中外合作经营企业实质上是一人公司。还有一种情形是中方或外方中的一方投入占绝对多数的资本，另一方只投入少量资本(外方的投入不得少于注册资本的25%)，或是象征性地投入，以使合作企业具备成型的公司形式，投入少的一方(往往是中方)一般只委派一名董事，实际上不行使管理权，而将房屋、土地使用权、技术等以租赁、合作条件、特许使用协议进行合作，对企业债务只以投资额为限承担责任，外方则以合同约定的投资额为限对企业债务同样承担有限责任。前述三种情况都必须组建独立于投资者和合作者以外的法人企业实体。上述内容是笔者对合作企业法人资格及债务承担责任的一般看法，实践中有时也会产生非典型的案例，使得债权人利益的保护处于视线非常模糊的法律迷雾中，不同的视角给法官的景象大相径庭，法律的原则之树又必须考虑与特定的“水土”环境相符合，否则就会在适用法律和理解法律方面出问题，无法结出正义和公平之果实。如安徽省有一家中外合作企业，中方仅提供合作条件，企业的注册资本全部由外方投资，后来外方未经清算程序就将合作企业的资金全部撤走，合作企业的债权人便直接起诉中方要求其承担债务清偿责任。笔者对这一案件的意见是，表面看是中方不承担责任，因为中方不是合作企业的股东，中方不存在投资不到位或抽逃资本的情况，而法人企业对外承担债务是以注册资本为基本资产展开的，既然合作企业的股东只是外方，因此债务清偿的责任也只能落实于外方投入的财产上面。这样的理解只是基本方面的，例外的情况一样存在。由于外方携资出走，对合作企业的债权人造成损失，中方作为合作者负有法律上的监督之责，中方比债权人更了解与其合作的外方，在企业解体时中方对外方存在合同方面的制约，因此中方有义务首先承担起债务的清偿责任。中方在任何情况下不承担合作企业的债务责任的制度安排是有失公平的，中方毕竟是合作企业的合作者，而非资产的出租人。只享有利益、不负担义务并不是我国《中外合作经营企业法》的立法精神所在。在这种情况下，中方首先对外承担债务的风险责任范围应局限于其提供的合作条件，使得中方成为有限责任合作者。也就是说，当合作企业的注册资本由外方全部投资到位时，中方以合作条件名义提供的财产在合作期间被看成是合作企业的公积金，自然是合作企业占有、支配的财产，由合作企业用以经营使用，我国《中外合作经营企业法实施细则》第14条“合作企业以其全部财产对合作企业的债务承担责任”的规定才可能落实。其实，该《细则》第14条还规定“合作企业依法取得中国法人资格的，为有限责任公司。除合作企业合同另有约定外，合作各方以其投资或者提供的合作条件为限对合作企业承担责任”，由于合作企业合同不具有必然的公示性，虽然其有效性因政府的批准而得以确认，从最有利于债权人保护的角度考虑，合同中的“另有约定”如果存在妨碍债权人利益实现的内容，则不应当确认其效力,内部安排毕竟不能对抗善意的债权人。这里,法律的冲突已经演变为法律理念的冲突,我们不应当动摇公司的债务是以注册资本为基础清偿的基本原则,合作企业的注册资本中合作各方的投资必须成为债权人利益实现的基本资产保障,这也是投资者享受有限责任保护的前提,合作合同中的约定不能和这种原则相冲突。这种模式下的中方合作者,其地位等同于一个以提供的合作条件为限负担责任的有限合伙人,合作条件由合作公司支配经营,是合作公司依据合作合同有效占有的经营性资产,而不是他人的财产。尽管中方合作者只是合作企业的合作者而不是合作公司的股东。例如,一家中外合作经营企业正常运营,即使倒闭、破产,企业用来对外清偿债务的财产只能是源自于注册资本的投资及其积累的公积金、未分配利润等;中方或外方在合作企业注册资本以外对合作企业依法和依照合同提供的合作条件一般应当看做是对债权人的偿债担保,其由合作企业占用使用,列为特殊的公积金项目并无不当。合作合同在这方面的约定与法人企业的资本制度的安排不存在冲突,应确认有效。总之,笔者的意见是,合作企业首先以注册资本项下的财产对外承担责任,中方在注册资本以外提供的合作条件只是在特殊的情况下为了给债权人以方便和有力的救济,用以安排为补充责任。中方先行承担责任后,取得代位求偿权向携款出走的外方索偿。这说明,任何制度的设计,总不会是十全十美的,准确地理解法律的精神以弥补司法中发现的空洞,是法官造法的生命之活力所在。

非法人企业一般也有三种情况。第一种是中外双方各自提供投资或合作条件,组建了中外合作的企业实体,但该合作企业实体没有法人资格,各方对企业债务不以投资额为限承担责任,而要对企业债务承担连带无限责任,但合作各方可以在合同中约定承担债务责任的比例。第二种是中方或外方中的一方对合作企业承担无限责任并全权经营企业,另一方只以投资额或者提供的合作条件承担有限责任且放弃经营管理权,形成有限合伙实体。第三种是中方企业吸收外方的资金、技术或实物进入该中方企业的运营过程,扩大中方企业的生产规模和服务规模,不另外组建任何实体,将中方企业径直改造为中外合作经营企业,双方组建管理委员会进行管理,产品销售或商业服务以改制的中外合作经营企业名义进行,各自的责任通过合作合同加以约定。在第三种情况下,组建中外合作经营企业实际是中方企业的一种改制的过程和结果。

非法人合作企业由中外合作各方的代表组成联合管理委员会进行经营管理,联合管理委员会在法律上被视为是合作企业的法定代表机关,类同于有限责任公司的董事会。就对外债务形式而言,一般来讲,中外合作双方应当通过合作合同约定承担对外债务的比例。但这种约定通常只能形成合作双方之间的约束,外部债权人可以比照普通合伙企业的方式向中外双方追索连带责任,偿还合作企业债务超过合同约定比例的一方,可要求对方予以补偿;特殊情况下,经合同约定,由合同的中方或外方,单方对企业债务承担无限责任,另一方只以投资条件的具体规定承担有限责任,实际就是中外合作的有限合伙企业。中外合作经营企业合同约定一方不对企业债务承担投资额以外的风险责任的,相应地也就要丧失对企业的经营管理权,以体现权利义务相一致的民事原则。非法人的中外合作企业其制度原型就是合伙,在我国国务院于 2009 年 11 月 25 日颁行《外国企业或者个人在中国境内设立合伙企业管理办法》后,其原来模棱两可的安排得以补救。

三、中外合作经营企业的利益分配与资产归属

我国《中外合作经营企业法》第 21 条第 1 款规定:“中外合作者依照合作企业合同的约

定，分配收益或者产品，承担风险和亏损。”由此可见，对于中外合作经营企业来讲，投资利益的回报和企业亏损的承担不全以投资比例来确定，由合作各方根据企业是否具备法人资格、各方投资的条件等因素协商确定，即使是各方以比例形式投入且所办企业具有法人资格，也可对利益分配和亏损承担作出不以比例安排的约定。分配的成果形式可以是利润，也可以是产品。实践中大多数合作企业采用利润分成的方式，而合作开发资源的企业或生产国际市场上紧俏产品的企业，则可以采取产品分成的方式。

中外合作者举办合作企业，如果投资资产不作价，不计股，则利益的分配只能根据各方的投资条件予以约定。在合同中约定收益分配比例时，双方应坚持平等互利的原则，并应遵守我国法律的规定，从而确定一个双方同意接受的比例。实践中，由于外国合作者一般以现金和设备投资，中方往往以土地使用权、劳务、厂房、设施及服务作为合作条件，外方的投资占有较大的比重，承担的风险相对要大。据此，我国《中外合作经营企业法》规定，中外合作者在合作企业合同中约定合作期满时，合作企业的全部资产归中国合作者所有的，可以在合同中约定外国合作者在合同期限内先行收回投资。这是我国政府根据合作企业性质所作出的旨在保护外商利益、增进其投资安全感的一项重要制度。这一制度有利于外商尽快回收投资，降低风险；对中方来讲，虽然放弃了部分应分得的利益，但事实上是提前买下了外方合作者的投资，并保障在合作期间学习外方的管理经验和技术，最后取得企业资产的完整的所有权。外方先行回收投资可有三种办法：一是从企业税后利润中多分配，逐年递减；二是经财政税务机关批准，外国合作者在合作企业缴纳所得税前回收投资；三是经税务机关批准从固定资产折旧费中回收投资。不论采取哪种办法先行回收投资，都有一个前提条件，即在合作企业有赢利的情况下进行。这里，第一种和第二种回收方法作为制度被确立，是不失公平的；唯有第三种做法即经税务财政机关批准，从固定资产折旧费中回收投资，事实上损害了合作企业注册资本的完整性，演变成外方逐步抽取或撤回出资的行为，这不符合资本维持原则和资本不变原则的精神，事实上对合作企业债权人利益制造了损害风险。国家税务局和财政部于 20 世纪 90 年代初就外方先行回收投资中以折旧费回收的批复是失当的。固定资产折旧费是维持公司企业资本原值的财务处理方法，一般只能用于企业生产设备的更新和改造，不能用于对投资者的利益分配，更不能用于所谓投资的回收。税务机关的批准行为只是考虑到了由于折旧的提取影响了企业的利润，并进一步影响政府的税收利益，只是表达了财税机关对企业的让利行为，但是从折旧中回收投资是事实上的减资行为，并未经企业债权人的同意。因此，其在法理方面的基础实际很脆弱。根据我国《中外合作经营企业法实施细则》第 45 条的规定，合作企业的亏损未弥补前，外国合作者不得先行回收投资。如果合作期满，外方合作者仍未收回投资的，可以申请延长合作期限。但外方先行回收的只是投资，而不是利益，利润不应采取保障获得的办法。外国合作者先行回收投资的申请方案，包括总额、期限和方式，经财政税务机关审查同意（税务机关的审查同意只能局限于所得税前的投资回收）后，报审批机关批准后执行。

对于亏损，中外合作者依合同约定来承担。当企业每一年度的利润总额小于零的，为亏损。为保证合作企业正常的生产经营活动得以维持，当企业年度亏损时，中外双方不能分配利润，外方也应停止回收投资，以防止外方的利益得以满足而使合作企业形成债务黑洞，甚至损害债权人的利益。对于有法人资格的中外合作企业，亏损意味着企业实有资产的减少，各方对于企业债务只是以投资额为限承担责任，不存在连带责任或无限责任；对于非法人合作企业，应依合同约定的方式和比例承担责任，约定由中方或外方以各自所有的或经营管理的财产承担责任,也可约定互相承担连带责任。实践中需要注意的是,因约定由外方先行回收投资,当外方的投资回收完毕或接近回收完毕的,外方的风险已大大降低,在剩余的合作年限中,外方仍可从合作企业分配利润,企业资产已实质上归中方所有,此时,对于企业的债务风险已直接转嫁给中方,中方应加强对企业的实际管理,同时要求外方提供必要的资金担保,防止风险责任全部转嫁给中方,而这一切都应在合作企业合同中有明确的约定。

中外合作经营企业合同中未约定外方先行回收投资的,在合作期限届满时组织进行清算,清偿债务后的剩余财产由合作各方按合同约定或按投资比例分配;有约定外方先行回收投资且回收完毕的,在合作期限届满时,由双方组织进行清算,企业债务应由双方按约定的方式和比例承担,企业的全部剩余资产应归中方所有。

四、中外合作经营企业的经营期限

中外合作经营企业的经营期限由中外合作者协商确定,并在合作企业合同中订明。由于中外合作经营企业一般均有外方先行回收投资的要求,因此,合作期限的长短往往与外方的投资规模、回收周期有关系(与中方的利益早日全面实现也有关系),投资大、回收周期长的企业则期限要长一些,反之则会短一些。一般来讲,回收周期为10年,合作企业的时间为15—20年为宜,回收周期为8年的,则企业期限为10—15年为宜。如果约定利润分配和投资回收同时进行的,则期限短些或与回收周期一致。具体的经营期限需由双方在合同签订时谈判确定。需要说明的一点是,中外合作经营的期限往往是谈判时发生争执的一个焦点,因为期限的长短涉及投资各方的实质利益。

合作期限届满,但外方的投资回收因种种原因而未完成,外方提出适当延长合作期限的,中方应当同意。双方同意延长合作期限的,应当在期限届满的180天前向审查批准机关提出申请,说明原合作企业合同执行情况、延长合作期限的原因,同时报送合作各方就延长的期限内各方的权利、义务等事项所达成的协议。审查批准机关应当自接到申请之日起30天内,决定批准或者不批准。经批准延长合作期限的,合作企业凭批准文件向工商行政管理机关办理变更登记手续。外国合作者的投资已回收完毕的,合作企业期限届满时不再延长。但是,外国合作者增加投资的,经合作各方协商同意,可以申请延长合作期限。

五、关于非法人中外合作经营企业的特别规定

非法人中外合作经营企业在实践中并不多见,但仍是一种制度和现实存在。非法人中外合作经营企业,最重要的法律问题是组织形式和投资者的责任形式问题。我国《中外合作经营企业法》第2条、第22条均规定,对合作企业的风险、亏损、债务承担由中外合作者在合同中予以约定,只要约定不违反中国法律、不丧失平等互利原则、不损害合作企业债权人利益且经审批机关批准就是有效的。这种约定可以有:(1)有限合伙式约定,即一方负无限责任,另一方负有限责任,负无限责任的一方对合作企业有控制支配权,负有限责任的一方有监督权;(2)连带责任约定,这符合普通合伙企业的条件;(3)按比例分担,但不承担连带责任。然而中外双方无论如何不能约定以投资额为限承担有限责任,因为那样就与法人合作企业没有区别了。我国《中外合作经营企业法实施细则》第50条规定:“不具有法人资格的合作企业及其合作各方,依照中国民事法律的有关规定,承担民事责任。”而民事法律的有关规定只是我国《民法通则》第52条关于非法人企业联营的规定,内容是:“企业之间或者企业、事业单位之间联营,共同经营、不具备法人条件的,由联营各方按照出资比例或者协议的

约定,以各自所有的或者经营管理的财产承担民事责任。依照法律的规定或者协议的约定负连带责任的,承担连带责任。"由此可见,中外合作的非法人企业类似于我国《民法通则》第52条规定的非法人联营形式(所不同的是两点:一是合作企业中有外方;二是外方中有自然人)。鉴于我国改革开放初期立法的精细度不够,企业法律类型的建设滞后和思维局限,对非法人中外合作经营企业的性质把握存在诸多认识盲点,造成主体地位和责任承担的不确定性和法律定位含混不清。事实上,按出资比例或者协议的约定承担责任只是确定了投资者之间的责任分配,并没有指明内部约定是否对外部债权人形成有效约束,尽管这种约定是经过政府审批机关批准的。非法人中外合作经营企业的本质是合伙企业,可以是普通合伙,也可以是有限合伙,相关立法完备的要求之一是在企业名称中注明合伙的类型。

我国《中外合作经营企业法实施细则》对不具有法人资格的合作企业的其他特别规定有:应当向工商行政管理机关登记合作各方的投资或者提供的合作条件(这类投资或合作条件不具有注册资本的性质);合作各方的投资或合作条件可为合作各方分别所有,也可约定为共有,或者部分分别所有,部分共有。合作企业经营积累的财产,归合作各方共有;合作企业的投资和合作条件,由合作企业统一管理和经营使用,任何一方不得擅自处理或撤回;合作企业设立联合管理委员会管理合作企业,代表由各方按协议委派;联合管理委员会决定合作企业的一切重大问题,联合管理委员会应当指定一人对外代表合作企业,并负责合作企业的日常管理事务;合作企业应当在所在地设立统一的账簿,处理会计、税务事宜,合作各方还应当设置各自的会计账簿。

非法人合作企业的其他事宜由合作各方在合同中加以约定。

第四节　外资企业的特征与组织形式

一、外资企业的特征

(1) 外资企业的全部资本是由外国的投资者投资的,企业的利润全归外国投资者,风险和亏损也由外国投资者独立承担。据此,就可与中外合资经营企业和中外合作经营企业区别开来,与全部资本是由国内投资者投资的各类企业区别开来。外国投资者的投资主体可以是公司、企业、其他经济组织或个人,至于外国的投资主体是单独在中国投资,还是联合投资,法律并不作区分。港澳台同胞和海外华侨,由于国家对他们实行特殊的政策,他们向境内投资建立的企业,也属于外资企业。中国的公司企业或者中国公民在国外或者港澳台地区投资建立的公司、企业返程到国内投资建立企业的,由于在外国或港澳台地区设立的公司、企业是依据外国和当地法律产生的法律主体,该主体名义之下的财产用以到中国投资时对中华人民共和国来讲是境外来源的投资,因此在实务上、政策上无法判明为内资,只能确认有这种投资背景的企业当然是外资企业。

(2) 外资企业是外国投资者依照中国的法律在中国境内设立的。这一特征的具体含义是:首先,设立外资企业的法律依据必须是中国的法律规定和制度,而不是任何外国的法律。我国《外资企业法》第2条、第4条对此均有规定,对外资企业强制适用中国法律符合国际惯例,并且是全面的适用,包括设立、变更、营业、解散、清算以及投资纠纷的解决。其次,外资企业必须是设在中国境内的企业,依照外国法律在外国设立的企业不属于外资企业范围。外国企业依据外国法律在外国成立,它可以同中国的企业进行商业活动,也可以经中国政府批准在中国境内设立从事商业活动的分支机构或非直接经营活动的代表机构，或在中国进行合作石油勘探、建筑安装、工程承包等业务，它们都属于外国企业，而不是外资企业。外国企业具有外国国籍，受该外国的属人管辖，中国仅对其在中国的活动实行属地管辖。

(3) 外资企业在中国应是一个经济实体或是法律主体，其在中国的经营活动以自己的名义进行，自主经营。外资企业是国际资本在中国进行直接投资产生的实体，一般情况下，绝大多数外资企业成为独立核算、自负盈亏、独立承担民事责任的企业法人，是中国的居民公司。这与外国企业在中国设立的分支机构有区别。我国《公司法》第 192 条第 1 款规定：“外国公司在中国境内设立分支机构，必须向中国主管机关提出申请，并提交其公司章程、所属国的公司登记证书等有关文件，经批准后，向公司登记机关依法办理登记，领取营业执照。”《公司法》第 195 条规定：“外国公司在中国境内设立的分支机构不具有中国法人资格。外国公司对其分支机构在中国境内进行经营活动承担民事责任。”分支机构一般就是分公司，它们在经济上、法律上不独立，完全从属于该外国的总公司，分支机构只能以总公司的名义从事业务活动，并由总公司承担法律责任。因此，我国《外资企业法》第 2 条明确规定外资企业中“不包括外国的企业和其他经济组织在中国境内的分支机构”。

二、外资企业的组织形式与法律地位

我国《外资企业法实施细则》第 18 条规定：“外资企业的组织形式为有限责任公司。经批准也可以为其他责任形式。外资企业为有限责任公司的，外国投资者对企业的责任以其认缴的出资额为限。外资企业为其他责任形式的，外国投资者对企业的责任适用中国法律、法规的规定。”有限责任公司为我国《外资企业法》所规定的基本组织形式，而有限责任公司是中国的法人企业形式，外商投资者一旦采取这种形式，所设企业就是中国法人。这种形式对于吸引中小规模的投资者到我国投资是有积极意义的，一方面使境外投资者对企业债务只以投资额为限承担民事责任，减少风险；另一方面，外商投资者通过设立有限责任公司可使其企业成为中国的居民公司，其合法权益受到中国法律的一体承认和保护。对我国政府来讲，设定外资企业的主要组织形式为有限责任公司，由于有法定注册资本的要求，便于管理，外资企业的中国债权人的利益容易得到保护。当然，外资企业经过批准，也可以采取独资企业、普通合伙企业、有限合伙企业等形式。而两合公司、无限公司等形式在中国的企业立法中未作规定，因此是不可以采取的。

在实践中，外资企业大都采取了有限责任公司形式，依法成为中国的企业法人。纯粹由外商投资在中国境内成立股份有限公司的，因为我国《公司法》第 78 条规定“设立股份有限公司，应当有 2 人以上 200 人以下为发起人，其中须有半数以上的发起人在中国境内有住所”，这种情形比较复杂。首先，“住所”一词，对自然人来讲是指经常性居住地，对法人而言是其主要办事机构所在地。外国公司的住所当然在外国，其在中国境内设立的分支机构并不是独立的主体，分支机构的办事机构所在地不是严格意义上的住所，可以称之为“经营场所”，因此即使外国公司在中国设立了分支机构也不能被认为是在中国境内有住所，该外国公司在中国设立股份有限公司无法满足在中国境内有住所的法定条件。而中国的公司出面设立股份有限公司当然符合“在中国境内有住所”的条件，但那样做的话，就不是外资企业直接选择建立股份有限公司。外国的自然人，在中国有住所一般是指其在中国境内有法定的事由连续居住满 1 年以上者，他们联合在中国直接设立股份有限公司似乎符合“住所”的条件，但是法律没有就此安排出细则，实践中尚无先例。一些已经设立的外资企业，可以在改

制时变更为股份有限公司的事例是存在的，改制时往往有中国公司或者中国的自然人参与，“住所”的问题自然能够顺利解决。而直接设立的情况就比较复杂。因此，外商在中国投资选择设立股份有限公司时，取合资经营企业的模式才是现实而可行的。少数外商投资的企业，根据投资者的自身考虑，如增强企业的商业信用、经营规模较小、风险不大、连锁经营等，可采取合伙或独资的形式，一些餐馆、饲养场往往是由港商、台商合伙经营的，也有的是个人独资企业，它们不具备中国法人资格，投资者对企业债务要承担无限责任或连带责任。如在广东省，香港、澳门的居民甚至申请设立了许许多多的个体工商户。

外资企业经批准和核准登记为有限责任公司的，自然是中国的企业法人。按照我国1993年《公司法》的规定，中国境内的投资者投资举办有限责任公司时，有最低股东人数为两人的限制。而外资企业的举办以及立法均在1993年《公司法》颁布之前，外资企业的投资主体有外国公司和个人，当时并未在法律上规定外资企业为有限责任公司时股东人数须为两人以上。如此一来，外资企业中早就存在一人有限公司是一种历史事实，这与当时《公司法》的规定有一定冲突。其实，《外资企业法实施细则》第11条第4项规定外资企业的领导机构可以是法定代表人独任领导体制，也可以是董事会领导体制，而法定代表人独任领导体制一般只适用于作为个人一人投资的外商投资有限责任公司，母公司投资建立全资子公司以及两个以上外方共同投资举办有限责任公司时，应当成立董事会。这种在企业组织形式上形成的内外差别除了历史的原因外，还有一个原因就是我国在涉及外商投资方面与国外发达国家的企业组织制度有较早的接轨，目的是更便利地吸收外资进入中国，促进我国的经济发展。2005年我国修订的《公司法》直接取消了有限责任公司最低股东人数为2人的条件要求，一人公司已经成为合法的公司形态。

外资企业取得中国法人资格后，同中国的其他企业和公司居于平等的地位，它们之间的关系是国内法律关系，完全受中国法律管辖，中国政府对其行使居民公司国籍管辖权和地域管辖权。尽管这些企业的资本全部为外国投资者所有，并受其控制，但外国投资者的本国不得依据资本控制对其行使和主张管辖权，因为这些企业不具有该外国的国籍。此外，外资企业取得中国法人资格后，投资者只以其出资额对企业债务承担有限责任，这就要求投资者须按章程规定的认缴数额和期限、方式缴足注册资本，在经营期间非经法定程序不得任意减少注册资本，并应在公司名称中标明“有限责任公司”字样。如企业资金未缴足或有抽逃出资行为的，按我国的司法实践，该外国的投资者应对企业债务承担注册资本缺额的补足责任。

第五节 外商投资合伙企业

外商投资合伙企业的合伙人既可以全部是境外的，也可以是境外与境内的合伙人联合的。其中的外方没有包含其他经济组织，主要是因其他经济组织的类型、资金实力很不容易判断，造成企业解体时会发生无限连带责任的承担困难甚至落空，势必损害国内债权人的合法权益；而企业一般具有资信相对透明性和主体延展性，比较容易被识别和判断；个人往往被认为是无限责任、连带责任的终极承担者。境内的合伙人中在外商参与投资的背景下首次被直接允许公民个人参加，体现了我国外商投资法律的社会进步。此外，依据国务院的有关规定，外商投资合伙企业的设立，彻底取消了商务部门的审批权，规定由全体合伙人共同指定的代表或者共同委托的代理人直接向企业登记机关申请登记。

在实践中，如果境外的合伙人是有限合伙人时，其投资的条件需要符合我国《合伙企业法》关于有限合伙人履行投资义务的财产形式的规定，所以其主体范围可以扩展到“其他经济组织”。境外的自然人合伙人以劳务投资时，得满足我国关于境外人员境内就业的相关规定设定的条件。

外商投资合伙企业也可以通过由境外的企业或个人投资者直接加入境内已设合伙企业成为新的合伙人改制完成。

外商投资合伙企业的主体法规是国务院颁发的《外国企业或者个人在中国境内设立合伙企业管理办法》，其登记管理的制度依据是国家工商行政管理总局同期发布的《外商投资合伙企业登记管理规定》(2014 年 2 月 20 日修订)；在有关合伙企业事务的把握处理方面，适用我国《合伙企业法》。

第十章

公司与公司法

第一节　公司的概念

“公司”一词，在今天已为人们很熟悉，通常将其理解为是一种从事商业活动的企业组织或经济组织。

确切地理解公司的本质属性，应当首先了解公司的产生及其沿革。

人类的商业活动可以追溯到原始社会末期，其基本特征是专业化的生产以及产品必须用来进行交换。在古罗马时代和中国的奴隶社会阶段，个人独立进行或是以家庭、家族共同进行的专业性生产和销售已经普遍存在，相对高级一些的合伙关系也有相当的发展，在罗马法中就有简易合伙和普通合伙的区别，甚至有关于团体的规定。然而当时的商品生产和交换规模不大，公司制度不可能产生。

现代社会的公司企业形式的萌芽时期为欧洲的中世纪。在中世纪，以寺院为代表的宗教团体形成后，也相继出现了自治城市、同业公会等一些公共团体；商业合伙的巨大发展促进了两个以上的自然人共同投资后经济实体的形成。上述两个因素导致了公司企业形式在欧洲的出现，而工业革命的兴起和发展最终使公司制度确立并得以完善。

中世纪的意大利，商业城市的繁荣仍如罗马时代。地中海沿岸城市，如威尼斯、佛罗伦萨等，当时曾出现过资本家与船东之间的合作组织——康孟达(Commenda)。业主将其资本交由船东或航海者支配，从事海上贸易，盈利按出资额通过协议分配；当发生亏损时，业主仅以其出资额负有限责任，船东或航海者承担无限责任。这种合作形式类似于当今时代的有限合伙企业。康孟达海上贸易形式后来也扩展到陆上贸易，为产生于欧洲大陆的隐名合伙奠定了基础。这一体制下的业主负有限责任的安排，对后来公司制度的产生起了至关重要的作用。康孟达组织在一定程度上瓦解了家族经营团体的身份血缘关系，使资本的结合更具重要意义。欧洲大陆法系的两合公司直接源于康孟达组织。

最早出现的公司形式是无限公司。无限公司与合伙团体并无实质的差别，只是作为公司比合伙更具有稳定性、团体性，更受法律的强制性规范的约束。就其责任形式来讲，股东和合伙人的责任是一致的，必须对共同的债务承担连带的无限的责任。无限公司之后，又出现了两合公司，这种公司的股东由负无限责任的股东和负有限责任的股东两部分组成。从经营上来看，无限公司和两合公司均因章程的确立确定其总负责人，对外交往方便灵活；而早期的普通合伙和隐名合伙中的普通合伙人，均存在烦琐的委托代理手续，执行事务时相对要困难些。

1600 年,海上贸易强国英国为了统一进行与殖民地的贸易业务成立了东印度公司。东印度公司经国王颁发特许状,具有法人资格,并反映在公司的章程中,如东印度公司章程规定:“任何货物都不能当做企业中的某一股份接运”“一切货物和航行用的一切,必须由重要负责人和管理者为此次航行而任命的人来购买并做出发的准备”。这表明公司的业务与股东已发生了分离。该公司事实上是最早的股份公司。公司开办时有总资本 68372 镑,有股东 198 名,股份可以转让,股东对公司的债务以投资额为限承担责任。东印度公司虽是特许设立,对殖民地贸易有垄断权,且在实践中具备了一些政府权力,但它毕竟是股份有限公司的最早一例,其产生和发展对现代公司制具有重要的奠基作用。到 1602 年,荷兰也效仿英国成立了东印度公司。

工业革命后,在资本主义社会进一步巩固了金钱至上的观念,加上个人本位主义价值观的确立和渗透,投资兴办公司企业的活动十分活跃。17 世纪末,为避免特许设立的麻烦手续,出现了股份两合公司。19 世纪,美国大举兴办铁路及其他大型工程设施,单个资本家和少数人投资已无法完成,股份公司得到较大的发展。正如马克思在《资本论》中所说,假如必须等待积累去使某些单个资本增长到能够修建铁路的程度,那么恐怕直到今天世界上还没有铁路。但是,集中通过股份公司转瞬之间就把这件事完成了。西方一些学者称公司制度是近代最伟大的发现之一,其对社会的推动比蒸汽机和电的发明还要大。股份公司把工业革命所带来的社会化大生产引入一个适当的环境和载体,促成了人类商业文明的空前进步和社会财富的极大膨胀。

股份公司确实有许多方面的优点,但它不可能适应人类所能进行的各种社会化生产。一些事情开始时并不需要许多的资本,而投资者也要试图利用有限责任制度来保护自己,减少风险,并且通过参与管理来积累商业经验。于是,在 19 世纪末叶,德国立法者创设了有限责任公司这一公司形态。

经过四百多年的发展,公司制度日渐完善,形成了当今世界的格局。

从公司的产生到发展,我们认识到公司是人类进行专业化生产所采用的一种特定方式形成的经济实体(artificial economic entity)。各国的公司立法均毫无例外地对“公司”有所定义。例如,美国《标准商事公司法》规定:“公司是指受本法令管辖的营利公司”;英国《公司法》规定:“公司是依公司法的规定而设立的经济组织”;我国台湾地区的“公司法”规定:“本法所称公司,谓以营利为目的,依照本法所组织、登记成立之社团法人”;我国《公司法》规定:“本法所称公司是指依照本法在中国境内设立的有限责任公司和股份有限公司”。“公司是企业法人,有独立的法人财产,享有法人财产权。公司以其全部财产对公司的债务承担责任”。此外,中外法律学者也对公司下过许许多多的定义。

由于各国公司立法互有异同,而公司相对于各类具体型态的公司而言在逻辑上是种概念,下定义应注意反映其本质属性,防止以偏概全。笔者认为:公司是依照法定程序设立,以营利为目的,股东以其认缴的出资额或认购的股份为限对公司负责,公司以其全部财产对外承担民事责任的具有法人资格的经济组织。需要说明的是,这一定义的适用范围只能是针对我国的情况而言的。

第二节 公司的特征

从公司的概念可以得知,公司是一种企业,是从事商业活动的经济组织。人类的商业活动历来是在特定的法制环境里进行的，法律事实上对这类商业活动赖以存在的形式作了规定。这种形式在经济法上称为企业组织形式。在公司形式产生以前，人类进行商业活动的典型形式主要是独资企业和合伙企业，这两种企业形式直到今天仍是各国许多企业采用的形式，即使在被称为“企业国家”的美国、日本仍占据相当的比例。分析公司企业的特征自然要同上述两种企业形态有所比较。此外，公司与其他各类社会组织在各方面形成区别，也是需要注意的。由此出发，我们认为公司有以下方面的特征：

（1）以营利为目的。

公司是营利性的经济组织。这一特征与独资企业、合伙企业并无区别。任何一个社会实体的存在，都有其活动的宗旨，而公司的宗旨就是通过营业活动取得经济利益。公司营利的目的直接来源于股东，股东设立公司或向公司进行投资，就是为了实现自己的经济利益。不从事营利性的活动，就无法满足股东的愿望。

公司的营利活动一般来说要具备连续性，将资金、劳务、资源、能源、技术、土地等因素结合起来，通过有效的管理进行产品生产或提供商业服务。公司可以有期限地存在，也可以永久存在。公司的营业一般应有固定的场所。营业活动体现公司的商事属性，它可以使公司与教育、科研、卫生、宗教、慈善机构、军事组织、国家机关等机构相区别。作为特定的公司企业，其名称中一般要求注明“公司”字样。

（2）具备法人资格。

法人制度的出现在于区别团体和成员之间的财产范围与责任界限。罗马法中虽没有法人制度的规定，但法人制度的最初萌芽可以追溯到罗马城市公社。古罗马的自治市从公社独立出来，有自己的财产，成为独立的权利主体，但它不是一个统一体，而是法人的总和。罗马时代的法律承认团体有独立的与组成成员无关的权利和义务，是法人制度的雏形酝酿。

法人制度的确立是资本主义发展的结果，它与公司的发展密切相关。在 18 世纪末，当股份公司的地位得到普遍承认时，在西欧产生了法人的概念和理论。但是在资产阶级启蒙学者强调个人自由和拿破仑惧怕封建组织复辟的影响下，1804 年《法国民法典》不承认法人制度。在 19 世纪中后期，关于法人的理论才得到广泛的研究，1896 年《德国民法典》首先规定了法人制度。在英美法中，由于没有典型的民法典，“法人”一词 并未在法律中有所体现，但在学说上也使用它（a legal person or a legal entity）。在中国，“法人”一词最早是在清末被学者们从日本语中翻译传入的，随后逐渐在民商法律中衍生为制度。新中国建立初期，我国政府曾在一些文件中使用过“法人”一词，后来就不再提及。1986 年我国《民法通则》才对法人制度作了规定。

法人，是指具有民事权利能力和民事行为能力，依法独立享有民事权利和承担民事义务的组织。我国《民法通则》第 37 条规定法人应当具备下列条件：一是依法成立；二是有必要的财产或者经费；三是有自己的名称、组织机构和场所；四是能够独立承担民事责任。在现代社会，法人可以分为公法人和私法人、社团法人和财团法人、商法人和公益法人等。我国则分为国家机关法人、事业单位法人、社会团体法人、企业法人四大类。公司即是企业法人。

在我国，公司经核准登记、领取《企业法人营业执照》后成立。作为法人企业，国家有法定注册资本制的制度规则，这要求公司应具备其独立支配的财产，以便于开展经营活动和对债权人维持商业信用。公司的最初资产源于股东的投资，完成投资行为后的股东即丧失对投资财产的所有权而取得股权，股东与公司是两个相互独立的主体。公司应有自己的组织机构，包括权力机构、决策机构、执行机构和监督机构。公司要有健全的财务制度。公司对外活动是以自己的名义进行的，自主经营、自负盈亏。国家保护公司的合法权益，同时也要求公司为自己的活动承担各项法律义务。我国《民法通则》第 43 条规定："企业法人对它的法定代表人和其他工作人员的经营活动，承担民事责任。"股东一般不对公司的债务承担个人责任，但目前世界上已有一些国家通过立法或者司法活动追究股东对公司债务承担投资额以外的责任，以达到对股东滥用法人和有限责任制度逃避债务行为的矫正。如英美法系以美国为代表的"揭开公司面纱"的理论和实践与大陆法系国家和地区实行的"直索"责任等。我国《公司法》在 2005 年修订时已然将公司人格否认制度直接写入其中，开创了全球公司法制定法规定公司人格否认制度的先例。

(3) 依法定程序设立。

公司的设立是指为取得公司主体资格而依法定程序进行的一系列法律行为的总和。在西方国家，奉行企业自由化的政策，公司的设立在法律上多实行准则主义规则，即法律对公司设立的条件在制定法上先作规定，设立人按法律要求准备，各项条件就绪时向注册机关申请注册，即可宣告公司成立。因此，公司的设立一般被看做是创办人(promoter)的民商行为，而不理解为政府对商业活动的行政行为。我国的企业设立制度自改革开放以来采取了日益宽松的政策。过去实行严格的行政审核批准制度，20 世纪 90 年代初部分地区实行了准则主义的注册制，由于法制环境的不完善和缺少商事敬业的传统，这种不作任何限制的做法事实上对市场经济的健康发育和良性循环造成了危害。1993 年 12 月颁布的《公司法》基本上贯彻了准则主义与核准主义相结合的原则，即法律规定了公司设立的条件和步骤，设立人必须严格遵守，同时规定"法律、行政法规对设立公司规定必须报经审批的，在公司登记前依法办理审批手续"。公司登记时，登记机关对公司设立的各项条件进行实质性审查。这样的规定是符合当时我国的社会发展进程以及制度设计环境的，与其他国家公司设立制度的接轨也没有大的分野。2005 年《公司法》的修订，贯彻了鼓励投资、便利公司设立的立法精神，在公司的登记方面采取了许多简化手续的做法，改实质审查为形式审查和法律审查，提高了注册登记的效率。

2013 年 12 月 28 日，第十二届全国人大常委会第六次会议再次对我国《公司法》进行了修订，取消了有限公司、发起设立的股份公司的最低注册资本标准和实缴要求。

无论如何，因为法定资本制度的存在和股东享受有限责任的保护，公司的设立比较独资企业和合伙企业的设立要遵循更多的强制性法律规范。在有限公司与股份公司之间相比较，则股份公司的设立程序和条件更为严格。

(4) 符合法定要求的股东投资。

传统的民商事法律认为公司是社团法人，须有复数的社员集合而成。这种集合包括两方面含义：

第一，是主体的集合。公司必须是由两个或两个以上的"人"组成。这里的"人"既可以是自然人，也可以是法人。如此，便可以形成一个社会联合体，以与单个的自然人相区别。单个的自然人如若独立投资，则形成独资企业，在美国称为独资所有制(individual proprietorships)。独资企业在我国不能称为公司，不具备法人资格。独资企业的财产与投资人的个人其他财产没有明确的法律界限，独资企业虽然可以有名称，且以该名称进行经营活动，但企业不能独立承担民事或经济责任，独资企业主对企业债务承担无限责任。西方国家如法国、日本、美国等从 20 世纪 60 年代以来为鼓励小企业发展而修订法律，允许"一人公司"存在，这是在商事法律十分完备、商业社会意识较为发达的情况下出现的，社会和政府的监督能够有效地防止个人利用公司有限责任来损害债权人的利益,且有“揭开公司面纱”和“直索”等制度予以保障。

第二,是资本的集合。股东均需向公司认缴出资或认购股份,这是企业法人成立和存在的必要前提条件。我国法律规定,股东可以以实物资产、土地使用权、专利、商标等工业产权和非专利技术等知识产权、金钱等进行投资。此外,不允许股东以个人的劳务、个人信誉和商业社会关系作价进行投资,这与合伙企业有别。公司利益的分配一般按投资所占的比例进行。

我国《公司法》自1993年颁行到2005年修订,经历十多年的发展历史,当初规定公司股东为复数的社会环境已经完全改变,外商投资企业中合法存在一人公司和内资企业中隐形存在一人公司是明明白白的社会现实。在这种情况下,公司法学界自21世纪初就形成了关于我国应承认一人公司的共识。我国周边的日本、韩国早已承认一人公司,我国台湾地区于2001年修订公司法时承认一人公司,至于欧美国家多在早些时候已经承认一人公司,这种现象对于我国具有借鉴意义。我们有现实的需要研究公司的股份经过合法转让达至一人手中时如何进行法律救济的问题,以便使公司的存在符合法律的要求。从理论上讲,传统的社团法人的理论导引出的公司成员的复数标准其价值是否过时,或者自始根本就是公司进化史上的一截“阑尾”姑且不论,要求有限责任公司由两人以上设立,至少实际上在我国意义不大。基于上述情况,我国2005年修订的《公司法》承认了有限责任公司中的一人公司,规定了法人独资的一人公司和自然人独资的一人公司两种情况。股份有限公司暂不允许设立为一人公司,其最低人数由5人降低为2人,国有独资公司则是特殊的公司制度,与一人公司不同。

由于公司具备了自身的权利能力和行为能力,股东的去留并不影响公司的存在。独资企业和合伙企业只要投资人发生实质性变化,则在法律上可视为原企业已经消亡。股东向公司投资以后,形成了财产的集合,股东取得公司的股权,丧失了对已投资财产的所有权。公司对集合的财产享有法人财产权,通过法人的机关进行经营管理,甚至予以处分。公司正是这样一种将人和资本相结合的集合体,它是独立于其成员的经济组织。

(5) 以章程为存在和活动的依据。

章程是社团法人和财团法人均具备的关于其组织和活动的规则性文件。英美法系把公司章程分为章程大纲和章程细则两部分,大陆法系则无此区分。公司章程一经确立,对全体股东(包括后加入的股东)和公司法人自身、公司的高管人员均有约束力。章程也是公司的宣言书,公众往往通过公司章程了解公司,从而决定是否与公司发生债或投资方面的交往;国家公共权力机关也据此对公司实行监督管理。制定章程是公司设立的必要条件之一。公司在运营中发生章程条款的障碍时,应首先通过股东会议修改章程。从这个意义上讲,没有章程,就没有公司企业法人。

公司章程须经全体发起人同意。章程的内容不得违反法律的规定,在形式上章程应是书面文件,全体发起人应在章程上签名。章程生效不是因为其制定完毕,而是因公司成立。有些国家的公司法还规定,公司章程须经公证机关公证方为有效。如原《日本商法典》第167条规定:“章程不经公证人认证,不发生其效力。”在我国,外商投资创办公司的,其章程须经国务院对外经济贸易部门或国务院授权的部委机构或地方人民政府批准方为有效。

公司章程的内容一般有绝对必要记载事项、相对必要记载事项和任意记载事项三类。

第三节 公司的种类

对公司进行分类就要确定特定的标准，而标准则是从公司现实的存在中概括出来的。在诸种标准中，投资者对公司的责任形式是最重要的一种。由于大陆法系国家在法律上有明确规定，直接把投资人的责任形式彰显于公司的称谓中，因而形成的分类被称为“法律上的分类”。对公司从不同种类的角度进行研究，有助于加深理解。

一、无限公司、有限责任公司、两合公司、股份有限公司和股份两合公司

从公司股东的责任形式角度分，公司有以下五种形态：

(1) 无限公司。无限公司是指由两个以上的股东共同出资组成，股东对公司的债务承担无限连带责任的公司。无限公司是各类公司中最早出现的公司，存在于大陆法系国家，英美法系将这类企业视为普通合伙。《德国商法典》第105条规定：“各股东以共同商号经营商业，对公司债权人负无限责任的公司，为无限公司。”《法国公司法》第10条规定：“无限责任股东均有商人资格，应就公司债务负无限连带责任。”日本、法国和我国台湾地区的公司法赋予无限公司法人资格，而德国则相反。无限公司是典型的人合公司，其信用以股东个人信用为基础。无限公司具有以下主要特征：第一，必须由两个以上的股东组成，如果公司股东只剩一人时公司应当解散，或变更为独资企业。此外，股东应为自然人，任何公司包括已设立的无限公司不能为无限公司的股东。第二，股东对公司债务承担无限连带责任。第三，无限公司在形式上属于公司，与商事合伙有区别。无限公司具备法人资格(个别国家规定除外)，有严格的组织系统，受强制性规范约束多。合伙则相对灵活，不需要章程，合伙协议多受任意性规范规制。无限公司组织简单、信用可靠，但股东风险大，集资困难。因此，它虽然历史久远，但规模始终不大，多为中小型企业。无限公司对于我国来讲，推行并无实际意义，因而我国《公司法》未作规定。在大陆法系国家和地区，无限公司已经处于萎缩状态，投资者不愿意选择该种公司类型，曾经在公司发展史上处于领军位置的公司形态如今完全是夕阳景观，暮然苍凉。以我国台湾地区为例说明，台湾地区的学者认为无限公司和两合公司似已无存在意义，但基于“法律不能杀人”的理念，公司法上尚需保留该两种公司形态，直到它们自行消失为止。到2016年7月，我国台湾地区的无限公司尚剩19家，资本总额3.5亿新台币；两合公司11家，资本总额0.56亿新台币；有限公司则有501187家，股份有限公司则有161246家，外国公司则有5231家，祖国大陆在台所设公司有40家。

(2) 有限责任公司。有限责任公司是指由50人以下的股东所组成，股东以其认缴的出资额对公司负责，公司以其全部财产对外承担民事责任的公司。有限责任公司在本书中将有专章集中介绍。

(3) 两合公司。两合公司是指由一个或一个以上的无限责任股东与一个或一个以上的有限责任股东共同出资组成的公司。无限责任股东对公司债务负无限连带责任，有限责任股东以其出资额为限对公司债务承担责任。两合公司是大陆法系国家的公司形式之一，英美法系则视之为有限合伙，英国和美国以及现今的中国都有有限合伙法律制度规范这种企业形式。

两合公司中的无限责任股东的地位与无限责任公司股东的地位相同，有限责任股东不得以信用和劳务出资。公司的业务活动管理权集中在无限责任股东手中，有限责任股东不

得参与管理，只具有一般的监督权或监察权，不得对外代表公司。有限责任股东死亡时，股东地位得依法继承，不得退股。两合公司本身的法律地位与无限公司相同，承认无限公司为法人的国家，同样也承认两合公司为法人；否则，则相反。

两合公司是无限公司之后出现的公司形式，中世纪意大利海岸国家出现的康孟达海外贸易组织是其早期雏形。两合公司较之无限公司更容易吸收资本。在两合公司，两种股东，每种股东应至少有一人，否则公司应解散或变更为其他企业形式。在公司法理论上，两合公司仍被视为是人合公司，虽然有资合的因素。一般来讲，商事法律对两合公司的某些方面未作规定的，准用无限公司的规定。

两合公司在大陆法系国家对商人的吸引力越来越小，基本上处于萎缩阶段。我国在制定《公司法》时甚至没人主张采用这种形式。

(4) 股份有限公司。股份有限公司是指由 2 人以上的股东组成，公司全部资本分为等额股份，股东以其所认购的股份为限对公司负责，公司以其全部财产对外承担民事责任的企业法人。股份有限公司将在本书中有专章介绍。

(5) 股份两合公司。股份两合公司是指由一个或一个以上的无限责任股东与一个或一个以上的有限责任股东组成，公司资本分为等额股份的公司。股份两合公司是两合公司的一种特殊形式。与两合公司和无限公司相比，它既有无限责任股东以增强公司的信用，又可以将公司资本分成等额股份，发行股票以吸收社会上的小额分散资本。但其缺点是无限责任股东责任过重，而有限责任股东由于无权参与公司管理事务，其地位远不如股份有限公司的股东，投资兴趣日渐衰弱。事实上，这种公司已是处于淘汰状态的企业形式。在立法上，法国和德国规定有股份两合公司，但因其绝大多数事项准用无限公司和股份有限公司的规定，法律条文并不多。日本商法和我国台湾地区的公司法中原先也规定过股份两合公司，但鉴于商人放弃采用，后来都已废除了。

股份两合公司的特点有以下方面：第一，股份两合公司的资本分成均等的股份，负有限责任的股东以认购股份方式出资；第二，股东会不是公司的最高权力机关，它只代表有限责任股东，其所作出的决议对无限责任股东没有约束力，如要执行必须经无限责任股东同意；第三，股份两合公司不设董事会而只设业务执行人，德国法规定只有无限责任股东才能当选为业务执行人；第四，股份两合公司设业务监察人，业务监察人只能从有限责任股东中选任。

二、人合公司、资合公司和人合兼资合公司

依公司信用基础为标准，公司可分为人合公司、资合公司、人合兼资合公司三类。

这种分类是学理上的分类方式，但德国公司法上有资合公司、人合公司的法律术语。凡以股东个人信用为基础的称为人合公司，典型的是无限公司。凡公司的经济活动以资本信用为基础的，称资合公司，典型的是股份有限公司。兼取个人信用与资本信用的是人合兼资合公司，如有限责任公司、股份两合公司等。

三、封闭性公司和开放性公司

依公司股份是否允许公开发行和自由转让，公司可分为封闭性公司和开放性公司。

封闭性公司(private company〔英〕，closed company〔美〕)，也称为(股票)不上市公司和私人公司、非公开招股公司，其特点是公司的股份仅由特定的股东持有，不能公开向社会发行；股东的股份可以有条件地转让，但不能在证券交易所公开交易。开放性公司(public company),又称股票上市公司、公众公司、公开招股公司,其特点是公司可以向社会公众发行股票,股票可以在证券市场交易。这种分类方法在英美法系中适用。在英美法系国家,过去很少采用大陆法系中的有限责任公司这种形式。在英美法系,凡股东对公司承担有限责任的公司,一律称为有限公司,且公司的资本都分成等额的股份,股份向不特定的人公开发行的公司称为公众公司,股份只是由少数特定的人持有的公司即是封闭性公司。封闭性公司事实上是大陆法系国家中的股票不上市的股份有限公司。近些年来,美国有些州立法已确定了有限责任公司的形式。有限责任公司依此标准也属于封闭性公司之列。

四、本国公司、外国公司和跨国公司

按公司的注册国籍不同,公司可分为本国公司、外国公司和跨国公司。

本国公司是指依据本国公司法在本国国境范围内设立的公司,公司的股东可能具有本国国籍,也可能具有外国国籍;从属人法的角度说,本国公司受本国公司法及本国其他法律的管辖,税法上称本国公司为居民公司。外国公司一般存在两种法律上的含义:一是从普通法律意义上讲,一切依据外国法在外国设立的公司针对本国而言均是外国公司,外国公司与本国法律体制没有主体性或者组织性方面的联系;二是从公司法意义上讲,外国公司是指依据外国法在外国成立,但依据本国法在本国设立分公司的该外国公司,公司法上规定的外国公司就是这种公司,我国《公司法》上把这样的外国公司直称为"外国公司的分支机构"。跨国公司,也称为多国公司、多国企业、国际公司等,它在法律上并没有特别的含义。它自身首先得在某国注册成立,然后向国际社会延伸经营触角,在多个(至少是两个以上)国家通过设立子公司和分公司从事经营活动。跨国公司往往拥有雄厚的资金实力和全球开展商业活动的经验和能力,占据较多的社会资源和自然资源,雇员人数庞大,经营活动覆盖全球,对国际经济的发展有的巨大的影响力。

五、国营公司、私营公司和合营公司

按公司资本构成的来源属性划分,公司可以分为国营公司、私营公司和合营公司。

国营公司,是国有公司的早期称谓,现在通用国有公司的说法。其是指公司资本全由国家投资设立的公司,或公司发行的股份完全由国家收购持有或国家持有绝大部分的公司。新中国建立初期的国营公司先是由没收官僚资本为主体的公司和外资公司转化而来,后来又有新设的国营公司补充,以及通过公权力作后盾挤压赎买民营公司发展形成。20 世纪 50 年代中期以后,中国进入法律贫困时期,所谓国营公司并不是严格的公司法意义上的公司,只是国营企业的一种不规范模式而已。到了 20 世纪 90 年代初,我国《公司法》颁行,国有独资公司被法律确认,才始进入规范化的进程。现在,我们从资本来源的法律属性视角考察可见的国有公司有如下几种:(1) 国有独资公司,是最典型的国有公司;(2) 除国有资产监督管理委员会外的其他国有投资主体单独投资设立或单独持有全部股权的一人公司;(3) 两个以上的国有投资主体联合设立的有限责任公司或股份有限公司;(4) 由于在西方国家普遍认可公司中凡超过 50%的股份为国家持有的视为国有企业,这一标准也可为我国采用,故国有投资主体持股超过公司股本 50%的,也是国有公司。私营公司也是早期不规范的说法,从资本属性来源看应当说是私有公司,它是指公司资本完全由私人投资组成的公司。合营公司往往指公司的资本是由政府资本和私人资本共同组成的公司,其中国有投资的份额不超过公司资本的 50%。国家对国有公司和私有公司在特殊的情况下会实行不同的公共政策,如对国有公司给予某种优惠安排，或者对国有公司提出增加雇员的要求。

六、母公司（控股公司）、子公司、孙公司及相互持股公司

依公司间的持股关系为标准来划分，公司可分为母公司（控股公司）、子公司、孙公司及相互持股公司。

母公司是持有他公司发行股份50%以上的公司，该他公司就是母公司的子公司。股东通常按照出资比例或者股份数行使表决权，因此公司的意思形成由多数持股者决定故持有50%以上股份表决权的母公司当然就是控股股东，控股股东本身是公司的，称为控股公司。然而，由于公司的股份可能被分散持有，所以在现代公司中一公司持有某公司低于50%的股份也可能形成控股关系，仅就持股比例而言，母公司一定是控股公司，而控股公司不一定就能达到母公司的标准。子公司对母公司的孙公司而言就是母公司。公司法上为规制关联交易，将孙公司视为母公司的子公司，即认为子公司的子公司也是母公司的子公司。公司法规制母子公司关系和控制公司与被控制公司关系的原则是保障各公司以独立的人格存在并开展经营活动，母公司、控制公司不得利用控制关系损害子公司、被控制公司的债权人及社会公共利益。公司之间形成控制与被控制的关系还可能通过非持股的其他联结方式造就，如签署公司接管合同、信托经营合同、承包经营合同等。相互持股公司的情况非常复杂，有你中有我、我中有你式的持股关系，有环形持股关系，也有集团连环持股关系等。法律上限制低于设限标准（控制公司关系标准）的相互持股关系的理由是防止资本空洞和形成经理人集团的内部控制结构；对母子公司关系中的子公司反向持股采取禁止的态度除了达到前述目标外，最关心的就是保障子公司的独立人格，保障与子公司交易的任何相对人的利益安全。鉴于相互持股公司的法理结构较为复杂，我国1993年《公司法》未作任何规定，2005年和2013年修订的《公司法》仍未作出规定。

七、总公司与分公司

从公司内部管辖系统分，公司可分为总公司与分公司。

总公司与分公司是对应的概念，总公司是设有分公司的完整的公司，有其健全的公司治理机构，以其全部财产独立承担对外的民事责任。而分公司则不然，它是由总公司依法设立的分支经营机构，没有独立的公司人格，不能独立承担对外的民事责任，它也没有健全的公司治理机构，没有股东会或股东大会，没有董事会，一般只设经理职务；它在经营中虽然以其自身的名义开展活动，但经营的结果直接归属于总公司，分公司不能清偿的债务得由总公司负责清偿。因此，有些法律学者认为分公司不是公司。

八、工业公司、商业公司、咨询服务公司、建筑公司、运输公司、证券公司等

按公司经营的行业不同，公司可分为工业公司（制造业、采掘业、能源行业）、商业公司、咨询服务公司、建筑公司、运输公司、证券公司等。

依据公司的主营行业的不同对公司加以区分，在现实社会中是有一定意义的：一方面政府对不同行业的公司可能设定不同的准入条件，如资本的数量、董事及高管人员的从业资格等，施行的监管力度也完全不同，如对证券公司、信托投资公司、保险公司就会有严厉的监管；另一方面，社会公众和消费机构对特定公司的服务、产品会有不同的期望，公司管理者所尽的注意义务也会有差别。公司经营行业的分布对国民经济的运行所发挥的影响不完全一

致,政府依据相关的统计资料决定不同时期的产业发展政策,以指导经济生活的运动方向和协调发展水平。

九、普通公司和一人公司

依据公司股东的数量,公司可分为普通公司和一人公司。

普通公司是指依据传统的公司法原理所设立的股东人数为复数的公司。传统的公司法讲求公司的社团属性,要求公司股东的最低成员数为复数,如果公司的成员因为各种原因变成一人,在法定的期限内不能变更为复数的股东时,公司的唯一股东须对公司债务承担无限责任,或者因其他的利害关系人的请求由商事法庭宣告公司解散。在这种情况下,股东人数须符合公司法规定的最低人数以上的条件,就是一种刚性标准,有限责任的利益必得在股东们集体存在时才可享受,法律保持一种与法定资本制平行安排并运行的股东相互监督机制以保护公司债权人利益。但是,自从德国率先将有限责任制度适用到股东人数最低为两人的有限责任公司以后,公司运行中一直伴随着一人公司产生的社会冲动,因为即使公司设立时投资者可以被动地“拉郎配”以满足法定条件,但是有限公司的封闭性造成股东转让股份的困境难以克服,而且父子公司可能因为继承关系而产生一人公司的事实状态,所以原先的制度设计逐渐无法适应社会的进步而遭变革和淘汰。20 世纪 20 年代,欧洲小国列支敦士登首先规定一人公司的合法存在,之后逐渐蔓延至其他国家。这是公司制发展的新产物。一人公司包括一人有限责任公司和一人股份有限公司两种。从形成的原因来看,有原先的公司股份集中在一个股东手中的时候形成的一人公司,也有立法允许公司设立时径直由一个股东设立该种类的公司的情况。

1966 年,法国公司法确认当公司的全部股份集中于一个人的手中时,公司并不自动解散。这样,当一家独资企业控制了某一公司的全部股票,或某一公司股东控制了该公司的全部股票时,就形成了“一人公司”。这种一人公司使业主在独资企业状态下负无限责任的状态,发展成在一人公司状态下只承担有限责任。这种情况的变化适应了商业社会信用发展的要求,满足了政府鼓励就业、促进经济繁荣的愿望,也减轻了投资者的风险责任压力。它的出现,对世界各国的传统公司法形成了冲击,一些发达国家程度不同地对此作出了反应。1980 年德国《有限责任公司法》在大陆法系中首先确认一人公司可因一人设立而存在,法国在 1985 年通过修订《公司法》确立了一人公司,日本在 1990 年的《商法》修订中,允许自然人直接设立一人公司。1989 年 12 月 21 日,欧共体发布第 12 号公司法指令,确认一人公司的合法地位,该指令于 1992 年 1 月 1 日起生效。1992 年 7 月 14 日,英国议会修订《公司法》确认一人公司,该修正案自 1992 年 7 月 15 日起实施。我国台湾地区的“公司法”于 2001 年 11 月完成的修订中,规定有限公司的最低股东人数为 1 人,股份有限公司的最低股东人数为 2 人,当政府或法人为股东时,一人即可设立股份有限公司。我国香港特别行政区的《公司条例》也已经通过修订承认一人公司。其他各国和地区的情况大体上如以下方面:第一,极少数国家和地区仍不承认一人公司,如股东人数低于法定人数,则该公司应予以解散,或给予一定的期限(如 6 个月)让既存股东改变一人股东之现状,否则该股东之责任转换为无限责任;第二,对设立公司有最低人数限制,当股份转移至一个股东手中时,允许该公司继续存在,但要求该股东对公司债务承担无限责任;第三,对设立公司法定人数有限制,当公司股份转移至一人手中时,允许公司存在,股东承担有限责任,但利害关系人在一定期间后(如 1 年)可提出解散公司的请求;第四,法律虽规定股份公司的最低人数,但其后则允许该公司为一人拥有,且不要求股东对公司债务承担无限责任;第五,法律允许直接设立一人公司,采取这一做法的国家越来越多,并且不仅有限公司可以如此,股份有限公司也可以由一人设立。一人公司的存在已经成为世界性的公司现象。我国 2005 年修订的《公司法》承认一人有限责任公司,但区分法人独资的一人公司和自然人独资的一人公司两种,且要求在公司的营业执照上直接体现;对股份有限公司的最低人数由原来的 5 人降为 2 人,目前不承认一人股份有限公司。

第四节 公 司 法

公司法是规定公司的组织和行为的法律规范的总称。公司法的主要内容包括有关公司的种类、法律地位、性质、设立、内部组织结构和管理、财务会计、变更、股份的转让、公司解散与清算、公司责任等法律制度。

一、公司法的渊源

公司法基本上是国内法,受各国的立法传统影响较大。各国根据本国实际制定本国的公司法。法的存在形式即法的渊源有成文法和判例法两大类。从成文法的方面看,大陆法系和英美法系均有规定,不同的地方在于以下几种情况:(1) 制定独立的公司法典。这种立法形式将公司的各类问题均给予全面系统的规定,如英国、中国、日本等。(2) 民法典中作出规定。实行这种立法方式的国家是民商合一的国家,如瑞士、意大利等。(3) 商法典中作出系统性规定,但随着形势的发展又补充单行公司法规,典型的国家有法国、德国等。(4) 地方型公司立法。这种情况主要是指美国,因其商业组织法立法权限在各州,因此没有全国统一的公司法,各州负责制定本州的公司法。此外,在英美法系国家,公司法的渊源中包括了涉及公司法律制度的判例某些制度仅存在于法官对案件处理的解释之中,如派生诉讼制度、揭开公司面纱制度等。从公司法发展的方向上观察,国际上由于某些区域经济组织在政治上一体化的演变,包括公司法在内的一些民商、经济法律也逐渐产生于国际法律规范,如欧盟公司法,这种现象是否最终将导致公司法的国际法化,尚不十分明朗。

二、公司法的特征

第一,公司法是一种商业组织法。不管各国是否将公司法与商法联系起来,是民商分立还是民商合一,都不影响公司法是商事主体法,是组织法的本质属性。商事主体通常有独资企业、合伙企业、公司企业三种,而公司企业又是其中的高级形式。所有企业以营利为目的从事商业生产和商业服务活动,当然要由特定的法律确定它们在商事交往中的地位,确定投资人的责任界限,确定其内外部的各种关系以及权利义务,这个用来确定上述内容的法律不可能包罗各种主体,针对公司企业的法律就是公司法。公司法规定公司的种类、设立程序、章程、变更、法律地位、股东权利、组织机构以及公司的名称、住所、法定代表人等内容。因此,我们说公司法是商业组织法。

第二,公司法是一种商业行为法。公司法在一定程度上起着规范公司商业活动的作用。商业行为种类太多,需要有多种法律加以规范和调整,如票据法、金融法、证券法、保险法、海商法、合同法等。公司法所规范的商业行为往往与公司自身主体的运作和发展相关,如商业代理、股东会的举行、股票的发行、债券的发行、股份的转让、董事行为的规范和制约、公司合并与收购、公司营业转让、公司重整、解散与清算等。

第三,公司法的主体内容由成文法构成。人类社会用以规范人们行为的法律有习惯法、判例法和成文法三种渊源。习惯法、判例法在某些国家和某些国际经济活动的领域仍被广泛采用,但公司法在世界各国无一例外地采用了成文法形式。这主要是因为它是商业活动的基本法,不可能通过习惯和判例确定公司的许多方面;另外公司也是现代社会的产物,内外关系结构十分复杂,需要成文法加以明确规定。当然,在英美法系,一些涉及公司内部关系的判例事实上也是公司法的组成部分。在中国,涉及公司组织机构与公司运行、公司变更和股东权益保护等方面的法律、法规以及最高人民法院有关的司法解释也是公司法的必要补充。

第四,公司法的规范主要是强制性规范。公司法的规范主要是强制性规范,公司的发起人以及公司都必须遵守。公司法关注股东利益的保护,同时体现对利益相关者利益的平衡维护的理念和价值,如债权人的利益、员工的利益、政府的税收利益及社区环境的利益等。相比其他的市场主体法,公司法更多地体现了国家对社会生活的干预和渗透。在资本主义国家曾经发生过的股票风潮往往会引起社会的动荡和经济的萧条,政府的干预在所难免。比如,当事人可以协商合伙协议的各种条款,但不可以协商与公司法强制性规定相冲突的章程条款;在合伙商业中,普通合伙人可以以信用、劳务出资,但公司的注册资本中则不允许。严重违反公司法规定的行为还可能会受到刑事处罚,如抽逃注册资本、违法集资行为等。我国 2005 年修订的《公司法》较多地关注了增加公司法中任意性规范的问题,但是《公司法》还是要保留必要的强制性规范,以引导公司维护社会的正常规则和公共利益,维护法律的体系性价值。

第五,公司法中含有实体法和程序法两类规范,且在法律文本中熔于一炉,成行云流水之结构。

三、各国公司立法

(一) 各国公司立法的特征

西方资本主义国家公司立法已有三百多年的历史,它是随着公司的发展而发展的。系统的公司立法是 19 世纪中叶开始的。从公司法的发展过程来看,存在以下方面的特征:

(1) 在立法形式上,各国公司法趋向于从民商法中分离出来形成单独立法,其内容则由简到繁,日渐完备。

(2) 在立法内容上,各国公司立法日趋统一。由于公司法概括了公司在市场经济条件下的基本组织原则和活动原则,反映的是商品社会运行的基本规律,所以各国在修订公司法时,相互借鉴吸收,相互渗透,特别是在跨国公司出现以后带来交叉投资,造成各国公司立法同质化融合,特别是在公司法人治理结构的层面,各国的做法渐趋一致;另外在一人公司的法律确认上各国虽然存在不同的处理方式,但总体上是殊途同归,渐次认可。欧洲共同体进行的统一公司法的尝试最具代表性。

(3) 确保股东的权利和利益。股东是公司一切权力的创造者。早期的公司立法普遍注意规定各种公司中股东权利的保护,特别是通过全面确认股东会的权力凸显公司投资者的身份和地位。进入 20 世纪后,董事会的权限和作用越来越大,一定程度上形成了对股东权限的削弱。在这种情况下,各国强调保护股东权,尤其强调保护少数股东的权利。在英美法系国家,董事对公司负有信义义务,应为公司利益的最大化行事。信义义务原是衡平法中的一个概念，几经磨砺，成了英美公司法的基石之一。根据英国 2006 年《公司法》第 994 条规定，任何股东在他认为公司的经营不公平地损害了全部或部分股东(至少包括他本人)的权益时，有权请求法院对这种行为进行干预。英国 1986 年《破产法》第 122 条、第 124 条规定，在法律规定的情况下，少数股东可以请求法院下令解散公司。在美国，各州法院通过判例确认了实际控制公司的股东对少数股东也负有信义义务。大陆法系国家也相继采取法律修订措施，在公司立法中增加了以下内容：第一，如果股东大会的决议在内容和程序上违反法律或章程的规定，股东有权请求法院宣告该决议无效或予以撤销；第二，公司或董事、经理人员有欺诈或其他严重违反法律或章程的行为，或公司年度账目或董事会报告与事实严重不符，持有公司股份一定比例的股东，可请求法院任命、更换审计人，对公司的业务进行审计。德国 1965 年《股份公司法》第 142 条、第 143 条有如是规定，法国、日本等国家也有这种规定。从法律救济的角度看，股东对公司高管层可以提起不公平妨碍诉讼和派生诉讼，法国《公司法》规定，股东大会的决议或公司章程如有限制或禁止股东诉权的规定是自始无效的。此外，大陆法系国家法院还常常根据民法中的"诚实信用原则"判定公司管理机关侵犯股东权的行为无效。我国 2005 年修订的《公司法》也充分体现了这个原则。

(4) 加强对公司的保护。根据早期公司立法确定的公司资本确定原则、不变原则和维持原则，股东必须在公司成立时要认足资本，并不得抽回，以确保公司的正常经营和对债权人利益的安全予以保障。第二次世界大战后，西方英美法系国家相继采用授权资本制来代替法定资本制，允许公司在没有认足全部资本的情况下成立，并授权董事会在公司成立后去募足，加速了公司的设立与扩大。对于大公司，各国又通过完善重整制度给予破产保护。派生诉讼几乎在各国的公司法中都予以规定，而派生诉讼的直接动因就是由少数股东为维护公司的利益发动起来的。

(5) 加强对善意第三人和社会利益的保护。保护第三人的合法权益，体现了公司内部的错误不涉及与之交往的正常善意第三人的原则，以稳定社会经济秩序。如当公司的一项决议因被法院宣布撤销，但该决议被撤销以前被视为有效，在此期间，它对公司之外善意第三人所产生的效果应予以维护，不因日后被法院撤销受影响，公司因被撤销的决议与第三人的交易，只要该第三人是善意的，公司应继续负责。20 世纪，资本主义各国的大公司发展规模急剧膨胀，迅速形成了对整个国民经济有影响的实力效应，公司的行为不轨就会直接危及社会公众和国家的利益。因此公司立法加强了对公司的约束，从诸多方面确立公司的社会责任，以保护社会公共利益，最突出的是实行公示主义原则，即要求公司将其主要事项，特别是商业账簿、财务状况定期向政府呈报并公之于众。上市公司得承担信息披露的强制性义务。

(6)大陆法系各个国家自本世纪以来借鉴英美法系公司立法的资本制度，取向不设定最低注册资本、资本约束软化、公司经营中对债权人利益的保护通过交易前的资信调查和强化董事责任来实现。

(二) 各国的公司立法

1. 德国的公司立法

德国的公司立法最早见于 1861 年的旧商法，其中第二编是关于公司的规定。1897 年德国制定了新商法典，其中第二编为"商事公司及隐名合伙"，共五章，前四章分别规定了无限公司、两合公司、股份公司、股份两合公司的组织及活动。1892 年，德国通过了世界上第一部有限公司法——《有限责任公司法》。1937 年，德国颁布《股份及股份两合公司法》，原商法典中关于股份公司及股份两合公司的规定即告废止。第二次世界大战后,联邦德国于1965年通过了新的《股份法》,于1966年1月1日生效。根据统计,到20世纪80年代末,德国的股份公司约有6000个,有限公司约30万个。德国于1980年修改的《有限责任公司法》规定,“有限责任公司,可按本法规定,为任何合法目的,由一人或数人设立”。进入21世纪后,德国《有限责任公司法》的修改面临两个环境压力:一是欧洲一体化和英国公司法的简单、便捷,需要简化设立程序,降低设立成本,其2.5万欧元的注册资本标准明显偏高;二是要防止股东滥用有限责任特权和恶意破产,损害交易安全和债权人利益。2005年就要将2.5万欧元标准降低为1万欧元,但未能实现。后经数年持续努力,于2008年10月23日通过了《有限责任公司法改革及防止滥用法》,2008年11月1日生效。本次改革被学界称为“从设立到破产”“从摇篮到坟墓”的改革。内容不仅涉及有限责任公司,还涉及股份有限公司和破产等。此外,德国于2007年颁布生效了《电子工商登记、合作社登记和企业登记法》,使企业登记时间缩限到平均16天以内。

由于欧洲法院判令要求各国承认外国设立的公司,因此英国无最低资本要求限制就造成了对德国的压力。据统计,在2009年有超过4.6万家英国公司在德国开展经营活动,而且其中一大部分是德国人在英国设立的公司。2003年8月1日,法国也取消了有限公司最低注册资本,德国的压力更大。德国1892年《有限责任公司法》规定最低资本为2万马克,1980年提升为5万马克,引入欧元后折算为2.5万欧元。2005年修法议案提出降低为1万欧元,但之后的一些机构和专家的意见仍认为要维持2.5万欧元。2008年修订的法律设立了低于普通有限公司标准的企业公司制度,是有限公司的低标准形式,运营规制十分严格,如税后利润的25%应当提为公积金等,而普通有限公司的2.5万欧元的最低资本标准仍得维持,公司设立时得首先缴付1/4以上的资本,每个股东的出资不得低于100欧元。企业公司则无最低资本标准。公司设立登记仍在法院的商事登记处进行。按德国现行股份法的规定,股份有限公司的最低注册资本是5万欧元。

2. 法国的公司立法

法国实行民商分立,公司法属于商法范畴。法国的商事法规始见于1637年路易十四皇帝颁布的《商事敕令》。《商事敕令》专门规定陆商的法律问题,包括商人、票据、破产、商事裁判管辖等内容,其中商人的部分专门规定了公司的内容。1807年,法国颁布了第一部资本主义的商法典——《商法典》。该法典的第一编商行为中的第三章是关于公司的规定,但总共才有29条。1867年,法国为了适应公司的大规模发展,制定了《公司法》,它规定了除有限公司以外的所有公司形式,对商法典中股份有限公司的旧规定作了全面修改。1925年法国学习德国的做法制定了《有限公司法》,后为大陆法系国家效仿。1966年,法国制定了一部全面规定各种公司形式的《商事公司法》,共509条。这个法公布后,过去有关公司的立法就相应废止。2001年,法国进一步修订其公司法,2003年,法国作为第一个欧洲大陆法国家,颁布《经济创新法》废除有限公司7500欧元最低资本金,允许股东自由确定公司资本,2004年仍作了修订。法国股份有限公司和股份两合公司的最低注册资本为3.7万欧元,特殊行业的公司如出版、金融、保险等可能更高。

结合法国2001年5月15日的《经济规制法》和2003年8月1日的《经济创新法》的规定,法国已取消了有限责任公司最低注册资本,对于股东认缴的出资额,公司成立时应先缴付1/5,其余部分由公司经理决定在登记成立后5年内缴足。但是,如果公司发行新股,则所有分期缴付的出资应全部缴足,否则新股发行无效。《商法典》新订第223-7条第2款规定,有限公司章程可规定允许股东以劳务、手艺、专有技术、产业折股作为出资。

3. 英国的公司立法

19世纪中叶，是英国资本主义经济迅速发展的时期，传统上由国王特许设立公司的制度和议会法令许可制度已很难适应自由经济发展的要求，国家必须对私人公司的开办实行开放政策。1844年，英国国会通过一项法律，允许私人组织公司并采用完全公开原则作为保护投资公众利益的最佳方式。这时，股东的有限责任尚未确立，还不能大规模刺激投资者。1855年经过激烈的议会争论，才通过了一项有限责任议案。1856年颁行了现代有限责任的公司法。公司法的施行，极大地鼓励了私人的投资活动，仅1862—1886年新设立的公司就有2.5万家，平均每年设立1041家。1897年是英国有限公司空前发展的一年，新设立的公司达4957家。英国公司法不规定无限公司、两合公司和股份两合公司，有限公司中公开发行股份的公司被称为公开公司。类似于大陆法系的无限公司和两合公司则由1890年的《合伙法》和1907年的《有限合伙法》加以调整。英国的公司法经常修改。1862年又通过了新公司法，后来又制定特别法令，1908年制定了《统一公司条例》。19世纪末，商务部组织一个专家委员会每隔20年对公司法进行一次审查，提出修改意见。到20世纪六七十年代后，修改的周期更短。1929年、1948年、1985年，公司法均经历重大修订，此外，1929年的《公司整理规则》也有很重要的位置。1992年公司法修正案正式确认了一人公司的合法地位。之后，公司法被修订的期限频率更高，2006年英国以强化股东参与和优化长期投资环境、确保更好的管理及方便公司设立为目标，对该法律进行了一百五十多年来最重大的修订改革，最新的一次修订完成于2008年。

4. 美国的公司立法

在美国的联邦制体制下，有关企业组织的立法权属于州议会。联邦政府只有权制定涉及州际贸易的商事法律，包括破产法、证券法和证券交易法等。纽约州于1807年就制定了第一个关于公司的法律，允许私人组织公司。19世纪中后期，美国的公司发展进入繁荣阶段。到20世纪初，全美拥有资产在100亿美元以上的公众公司已有100家左右，主要分布在钢铁工业、农机制造业、铁路运输及农产品加工业。为了规范公司的商业活动，1909年制定了统一的《股票转让法》，1928年由美国律师协会公司法委员会制定了《统一商事公司法》。1950年，美国全国律师协会又起草了《标准商事公司法》，供各州议会采纳，该法经各州的不同修订，为大多数州所采用，当时在很大程度上判例成为指导公司商业活动的重要法律渊源。美国《标准商事公司法》几经修订，最近一次公布是在2014年。

美国各州的公司立法对股东权、优惠及豁免、创办程序和税负的规定均有不同。投资人设立公司时可以进行选择，在这方面著称的是特拉华州的公司法，为吸引资金到特拉华州投资和注册企业，该州公司法很灵活和方便。在纽约证券交易所上市的股份公司近一半是在该州注册的。由于美国经济对全球的决定性影响和美国社会在商业活动中的活力所在，其在公司立法方面的改革同样引领了世界各国的公司法变革，诸如公司法人治理结构、公司人格否认、股东派生诉讼等制度几乎为世界各国所效仿。

5. 日本的公司立法

日本是民商分立的国家。1890年以前，日本只有企业单行法规，实施行业性管理，企业的成立要经政府批准。1890年，日本仿照德国法例，颁布了第一部商法典，即旧商法。该法典第一编第六章对公司作了规定。1899年的新商法典的第二编对除有限公司以外的其他各种形式的公司作了完整系统的规定，它构成了日本公司立法的基础框架。1938年，日本又参照欧洲最新公司立法,对公司法作了部分修订,同时,颁布了《有限公司法》。第二次世界大战后,受美国公司立法的影响,1955年、1963年、1966年、1981年《有限公司法》均作了重大改动。1990年对《商法典》和《有限公司法》作了新的修订,允许一人公司设立。此外,1952年制定了《会社更生法》,1963年制定了《商业登记法》。2005年,日本最新修订的公司法将公司形式进行整合,脱离《商法典》而单行立法,取消了有限责任公司形式,借鉴英美做法将股份公司分为封闭式公司和公开公司两种予以规定。日本新修订的《公司法》已于2006年5月1日正式施行。目前,日本及韩国均已取消了最低注册资本标准。

日本法务省法制审议会公司法制部会(专业委员会)经过数年的研究讨论,在总结2005年《公司法》对经济社会的影响,反映近年公司判例及公司法学研究成果,听取产业界的具体呼声的基础上,起草了《公司法制修改要纲》,该《要纲》于2012年9月7日经日本法制审议会第167次会议讨论通过,并向日本内阁提出了修法动议。日本内阁于2013年11月29日正式通过了《部分修改公司法的法律案》和《伴随部分修改公司法的法律的实施完善有关法律的法律案》的内阁决定,并提交日本第185次国会(临时会议)审议。这两个《法律案》涉及的公司法修改内容主要有:一是公司治理机构的进一步完善,包括强化董事会的监督功能,完善会计监察人(外部审计人)选聘解聘等的议案表决方式(由监事会或者监事行使),完善资金筹集相关规范(包括控股股东变化引起的募集股份的发行、虚假认缴引起的募集股份的发行、新股预约权无偿配发时的配发通知等);二是进一步完善母子公司相关规范,包括母公司股东的保护(如引进多层股东代表诉讼制度、确保企业集团业务合规的必要体制构建、实施股份交换时的股东代表诉讼、母公司转让子公司股份的情形等)以及现金排挤合并、公司组织重整中股份回购请求等。该两项法案都成为2014年日本《公司法》修订的重要内容。

6. 中国的公司立法

中国资本主义在明朝末期已有萌芽,但清王朝的建立则巩固了自给自足的封建小农经济,扼制了商品经济的发展。清朝长期实行闭关锁国的政策,适应资本主义市场经济发展的股份形式的公司制很难产生。只是到了清末,公司企业组织形式才引入中国。19世纪中下叶,资本主义以武力形式进入中国,划定租界,开办洋行。清政府中的洋务派也仿效欧美通过招商、集资方式兴办轮船、电报等企业。著名的招商局就是以现代集股方式成立的我国最早的公司之一。清朝光绪二十九年(1903年),清政府聘用日本的商法专家帮助起草的《公司律》正式颁布,这是我国最早的成文公司法典。该法共131条,规定"凡凑集资本共营贸易者,名为公司"。所定的公司形式有四种:合资公司、合资有限公司、股份公司和股份有限公司。同时,清政府为鼓励民族工业发展,由农工商部奏准施行《奖励华商公司章程》,1907年又作了修订,规定如能集资2000万元者,可以充当农工商部头等顾问官,加头品顶戴,特赐双龙金牌,准其子孙世袭本部四品顾问官,至三代为止。在立法的保障下,我国民族资本业兴办的公司逐渐发展,创建厂矿达50余家,总投资近1200万元。宣统二年(1910年),又制定了《商律草案》,其中第二编为"公司律"。辛亥革命后,中华民国于1914年颁布了《公司条例》和《证券交易法》,规定的公司形式有无限公司、两合公司、股份有限公司和股份两合公司四种。民国十八年(1929年),国民政府颁布了《公司法》,于1931年7月1日正式施行。该法共233条,除了继续规定前四种形式的公司外,又增加了外国公司的内容。抗战胜利后,1946年国民政府修订《公司法》,增加了有限公司形式。截至1949年,国民政府核准登记的公司企业共达11298家,其中股份公司为8108家,有限公司为1195家,无限公司为1250家,两合公司为158家,股份两合公司为36家。此后,国民党政府退据台湾后,于1966年、

1968年、1969年、1970年、1980年、1983年、1991年、2001年、2008年、2009年、2011年、2013年、2015年对“公司法”进行了多次修订。现“公司法”规定的公司形式中已将股份两合公司取消，合共9章400多条。2008年前规定有限责任公司最低注册资本金为50万元新台币，股份有限公司最低注册资本金为100万元新台币。2008年各降一半，2009年彻底废除最低注册资本制度。

中华人民共和国成立后，首先废除了国民党政府的六法全书。新中国建立初期，没收了官僚资本，建立了国有企业，对民族资本家实行了保护性政策，1950年颁布了《私营企业暂行条例》，规定了独资企业、合伙企业和公司三种形式。对公司形式规定了无限公司、有限公司、两合公司、股份有限公司及股份两合公司。私营企业社会主义改造完成后，各种公司形式的企业就不复存在。

从1956年开始，我国私营经济被彻底清除出历史舞台，国营经济和集体经济形成了国民经济的支柱。企业立法也仅是按所有制关系立法。虽然成立过托拉斯联合组织（公司），但极不规范，且公司的职责十分混乱，事实上不存在典型的公司立法达30年之久。

从1978年末开始，中国进行了稳妥的经济体制改革，企业形式的规范化问题逐步成为一项国家目标。1979年，国家颁布了《中外合资经营企业法》，规定外国合营者与中国合营者举办的企业是有限责任公司，中外合营各方按注册资本比例分享利润、分担亏损。1983年，农村经济改革中出现了入股分红的社队企业，城镇也出现了集资入股兴办的企业，以解决回城知青就业的问题。1988年，我国国务院颁布《私营企业暂行条例》，其中规定了有限责任公司。同年，股份制试点已进入全民所有制企业领域，被公认为当代最早的股份制企业是北京天桥百货股份有限公司。同年12月，上海静安证券业务部在我国首次发行了股票。1986年9月，静安证券业务部又首先开办了股票上市买卖业务，被认为是开创社会主义国家股票上市交易的先例。1987年和1988年，我国股份制试点全面推开，到1988年底，我国已有股份制企业6000余家，股份集资达60多亿元。其中，有限公司形式的企业占多数，股份公司占少数。上海的股份制企业在1988年向公众发行股票的只有8家，武汉仅有5家，企业股票上市交易的更少，上海有6家，交易额很小，只占公开发行量的3%。从1986年9月到1988年9月两年中，成交金额仅有425万元。这一时期的股份制企业在运行方式、管理体制上还十分混乱，国家规范性立法尚未出台。且在1988年后，因政治风波，股份制的发展处于低迷状态达3年之久。

1992年，邓小平同志南方谈话发表，极大地推动了改革事业的进程，深圳、上海两地股票交易逐渐进入正常状态。我国公司立法的步伐一改以前的迟缓状态，加快了速度。我国企业改革的方向被确定为建立现代企业制度，促进了公司法的起草研究工作。1993年12月29日，第八届全国人大常委会第五次会议通过了《中华人民共和国公司法》，并于1994年7月1日起正式实施。与此同时，国务院于1994年6月24日及时颁布了《公司登记管理条例》，以使公司的设立和运行走上正轨。我国《公司法》在1999年和2004年作了两次较小的修正。第一次是1999年12月25日第九届全国人大常委会第十三次会议审议了国务院关于《中华人民共和国公司法修正案（草案）》的议案，决定对我国《公司法》作如下修改：(1) 第67条修改为：“国有独资公司监事会主要由国务院或者国务院授权的机构、部门委派的人员组成，并有公司职工代表参加。监事会的成员不得少于3人。监事会行使本法第54条第1款第（一）、（二）项规定的职权和国务院规定的其他职权。”“监事列席董事会会议。”“董事、经理及财务负责人不得兼任监事。”(2) 第229条增加一款作为第2款：“属于高新技术的股份有限公司,发起人以工业产权和非专利技术作价出资的金额占公司注册资本的比例,公司发行新股、申请股票上市的条件,由国务院另行规定。”第二次是2004年8月28日第十届全国人大常委会第十一次会议作出《关于修改〈中华人民共和国公司法〉的决定》进行修改,修改的内容是删去原《公司法》第131条第2款:“以超过票面金额为股票发行价格的,须经国务院证券管理部门批准。”

2005年10月27日,第十届全国人大常委会第十八次会议对我国《公司法》作了大幅度的修订。此次修订后的我国《公司法》共有13章,计219条。第一章为总则;第二章为有限责任公司的设立和组织机构;第三章为有限责任公司的股权转让;第四章为股份有限公司的设立和组织机构;第五章为股份有限公司的股份发行和转让;第六章为公司董事、监事、高级管理人员的资格和义务;第七章为公司债券;第八章为公司财务、会计;第九章为公司合并、分立、增资、减资;第十章为公司解散和清算;第十一章为外国公司的分支机构;第十二章为法律责任;第十三章为附则。国务院则于2005年12月18日颁行了修订的《中华人民共和国公司登记管理条例》。

依据我国的现实实际情况,最高人民法院结合审判实践经验,相继发布了若干件司法解释,这些法律文件当然是公司法律制度的必要补充,主要有:(1) 2006年4月28日公布并于2006年5月9日起施行的《关于适用〈中华人民共和国公司法〉若干问题的规定(一)》;(2) 2008年5月12日公布并于2008年5月19日起施行的《关于适用〈中华人民共和国公司法〉若干问题的规定(二)》;(3) 2011年1月27日公布并于2011年2月16日起施行的《关于适用〈中华人民共和国公司法〉若干问题的规定(三)》;(4) 2008年8月21日公布并于2008年9月1日起施行的《关于审理民事案件适用诉讼时效制度若干问题的规定》;(5) 2010年8月5日公布并于2010年8月16日起施行的《关于审理外商投资企业纠纷案件若干问题的规定(一)》;(6) 2011年9月25日发布并于2011年9月26日起施行的《关于适用〈中华人民共和国企业破产法〉若干问题的规定(一)》。

2013年12月28日,第十二届全国人大常委会第六次会议再次通过了对《公司法》的修订,取消了有限责任公司最低注册资本3万元、一人有限责任公司最低注册资本10万元、股份有限公司最低注册资本500万元及附期限实缴的要求,取消了货币出资达注册资本30%的要求,取消了出资应经验资机构验资的要求。2013年修订的《公司法》计218条,比2005年《公司法》减少了1条。2014年2月19日,国务院对《公司登记管理条例》作了新的修订,与2013年修订的《公司法》一样于2014年3月1日实施。

第十一章

有限责任公司基本制度概述

第一节　有限责任公司的概念与特征

一、有限责任公司的概念

有限责任公司,亦称有限公司,是指依照法律规定由50个以下的股东所组成,股东以其认缴的出资额为限对公司负责,公司以其全部资产对其债务承担责任的企业法人。

有限责任公司在大陆法系五种公司形式中产生最晚,起源于19世纪末叶的德国。有限责任公司的产生,适应了资本主义商品经济的发展要求,体现了政府对于民间小规模投资者控制投资风险企图的适当回应。有限责任公司形式一经产生,便在大陆法系国家迅速普及。1892年4月,德国颁布的《有限责任公司法》是最早的立法。许多国家最初立法时,都在《商法典》外单行立法。后来,有些国家又进行整合,并入系统的《公司法》中。

我国《公司法》第二章和第三章对有限责任公司作了规定。

二、有限责任公司的特征

(1) 有限责任公司股东人数有上限,一般最多为50人。我国《公司法》第24条规定:"有限责任公司由50个以下股东出资设立。"传统的大陆法系公司法一般规定有限公司的股东人数下限有复数人数的限制,原因在于受大陆法系社团法人理念的影响以及期望在股东之间形成监督关系作为投资者享受有限责任安全利益的对价。20世纪中叶以后,许多国家顺应经济发展的需要,秉承创业自由的精神修订公司法律允许一人设立有限公司,但上限人数多未发生变化。如法国于1966年修订的《公司法》规定,有限公司股东人数为1人时不再解散,超过50人时应于2年内转变为股份公司,否则,公司应予以解散。法国1985年颁行法律明确承认一人公司。日本于1990年修订的《商法》承认一人公司,股东总数不得超过50人。英国于1992年执行欧盟1989年《公司法指令》承认一人公司。我国台湾地区"公司法"在2001年修订前规定有限公司股东应为5人以上21人以下,2001年改为"由1人以上股东所组成",上限也已被取消。我国香港特别行政区公司法于2004年完成修改,规定一家私人公司的股东人数可以是一人设立,但其上限为50人。我国于2005年修订的《公司法》承认一人公司,上限保留50人的限制。

(2) 有限责任公司的股东对公司债务承担有限责任。有限责任公司的资本是由各投资股东认缴形成的,股东认缴的资本额不划分为等额股份,可多可少,由股东自己或者由股东间协商确定并明确记载于公司章程中。股东一般不能以劳务、自然人姓名、信用、企业信誉、特许经营权等出资,以防止公司资本空虚。股东认缴的投资财产交付公司后,由公司签发出资证明书给股东(也称为股单),股东即以其投资额对公司债务承担责任,公司在经营中发生的债务,不得再行向股东额外追索。有限责任公司的股东既可以是自然人,也可以是法人。

(3) 不能公开向社会公众募集公司资本。有限公司的设立不得采用募集设立的方式,公司的设立须经投资者合意,确定投资比例和方式,从而形成股本总额。证明投资的只是出资证明书(股单),不同于股票,所以它不能当做证券流通。在英、美等国,因此而将这类公司称为私人公司、封闭式公司或不上市公司。香港《公司条例》要求一家私人公司的章程中明确禁止向公众人士邀请认购该公司的股份或债券。

(4) 股东出资转让有一定限制。有限责任公司一般是中小型企业,资本额不大,股东人数较少且相互之间存有一定的信任成分,可以说有"人合"基础。股东的投资如果随意转让,势必影响公司股东间整体的合作,从而影响公司的正常运作。因此,各国公司法对股权的转让均有一定的限制。我国《公司法》第 71 条规定了股东之间相互转让其全部或者部分股权以及股东向股东以外的人转让股权的相关制度,当然存在一定的限制。而股份有限公司的股份转让则比较容易,一般不需要征求其他股东的意见。但是,不上市的股份有限公司中有的其股东也是特定的,公司章程对于股份的转让如施加合理的限制不能认为是无效的。

第二节　有限责任公司的设立

公司的设立,是指为创建公司而依法定程序进行的一系列法律行为的总称。

发达的资本主义国家对公司设立采取准则主义政策,即设立公司凡符合法律规定的条件者,经登记即可成立。我国采取准则主义与核准主义相结合的政策,即公司的投资及其他条件由注册机关作形式审查,不作实质审查;全体发起人股东应签署公司章程;注册地址需提交合法使用的证明文件。法律、行政法规规定设立公司必须报经批准的,应当在注册登记前依法办理批准手续。如设立出租汽车公司,要经城市的交通运输管理机关批准;设立生产鞭炮烟火的公司,需经公安消防机关批准等。

有限责任公司的设立,由于是创设企业法人的行为,相比独资企业、合伙企业的设立要复杂一些;与股份有限公司的设立相比,则要简单一些。有限责任公司在我国及其他国家一般不允许募集设立,而只允许发起设立,即只能由全体创办人认购公司全部资本,不允许向社会公众募集资本。为使公司资本筹足,实践中由个别发起人向另一些特定的个人或组织发出共同设立公司的邀请书提出出资的请求,不能被认为是"向公众非法募集"。

一、有限责任公司设立的条件

按照我国《公司法》的规定,设立有限责任公司,应当具备以下五项基本条件:

(1) 股东符合法定人数。我国《公司法》第 24 条规定:有限责任公司由 50 个以下股东出资设立。公司设立人既可以是法人,也可以是自然人。作为自然人的设立人,应当具备完全的民事行为能力,在法律上不受特别限制。作为法人的设立人一般不应是政府机关。自然人或法人单独可设立一人有限责任公司(国有独资公司在我国《公司法》上不按一人公司对待)。按照我国《公司法》的规定,有限责任公司允许设立一人公司,但股份有限公司最低发起人为 2 人以上,是不允许设立一人公司的。由于我国新近允许设立一人公司,为防范社会风险加大，对一人公司单独施加了一些法律制约措施，如一个自然人只能设立一个一人公司，自然人设立的一人公司不可以作为唯一股东再设一人公司等。国有独资公司虽然也是有限责任公司，但是它是由国家单独出资并由国务院或者地方人民政府授权的国有资产监督管理机构履行出资人职责的有限责任公司，因此不同于一般的一人公司，基于其社会作用的重要性，国家在《公司法》中规定了特殊的规制制度。有限责任公司的股东人数不得超过50人。

（2）股东出资须符合法定形式。股东出资是股东依法应履行的义务，是取得股东地位、行使股东权的前提条件。股东出资是公司作为经济组织赖以存在的原始物质基础，出资不到位或不能全部到位，既会影响设立后的公司正常开展经营活动，也不利于保护债权人的合法权益。我国《公司法》规定有限责任公司注册资本为在公司登记机关登记的全体股东认缴的出资额；股东可以用货币出资，也可以用实物、知识产权、土地使用权等可以用货币估价并可以依法转让的非货币财产作价出资，但是法律、行政法规规定不得作为出资的财产除外。《公司登记管理条例》第14条规定：股东不得以劳务、信用、自然人姓名、商誉、特许经营权或者设定担保的财产等作价出资。法律要求股东须按公司章程规定的期限足额缴纳各自所认缴的出资额。股东以货币出资的，应当将出资资金足额存入公司在银行开设的账户；以非货币财产出资的，应当依法办理其财产权的转移手续。股东未按照章程规定缴纳出资，除向公司承担继续足额缴纳出资的义务外，对其他已按期足额缴纳出资的股东承担违约责任。并且，公司清算时，债权人利益未得清偿实现的，可请求未缴资股东承担补偿责任。

法律、行政法规、国务院决定规定有限公司注册资本有最低限额和实缴要求的，从其规定。

（3）股东共同制定公司章程。公司章程是公司有效成立的必备法律文件，其依法确定公司内部的组织结构，确立公司管理体制和运行程序，明确股东及公司机关的权利义务关系。一般来讲，公司的成立从订立公司章程开始，到设立登记结束。我国《公司法》第23条规定公司设立的条件之一是“股东共同制定公司章程”。股东共同制定公司章程，表明公司章程的各项规定应由全体股东参与制定；从实务角度讲，公司章程上应有全体股东或股东代表的签名、盖章，这与股份有限公司仅由发起人订立章程有别，它体现了有限责任公司的人合因素。一人公司的章程当然由设立公司的唯一股东制定。

公司章程的记载事项，一般包括绝对必要记载事项和任意约定记载事项。绝对必要记载事项是涉及公司重大问题的内容，是由法律强制性规定应体现在公司章程内的，没有它们中的任何一项，公司就不可能有效成立。任意约定记载事项，法律不作列举，但可能与股东的某些特殊因素或经营之事业有必要关联，只要不违反法律和社会公德，不以损害第三人利益为目的，股东均可以在章程中作出约定。绝对必要记载事项会在《公司法》中明确列举；任意约定记载事项在《公司法》中一般作提示性指引。我国《公司法》第25条规定，有限责任公司章程应当载明下列事项：第一，公司名称和住所；第二，公司经营范围；第三，公司注册资本；第四，股东的姓名或者名称；第五，股东的出资方式、出资额和出资时间；第六，公司的机构及其产生办法、职权、议事规则；第七，公司法定代表人；第八，股东会会议认为需要规定的其他事项。前述7项是法律规定的有限责任公司章程的绝对必要记载事项，第8项是法律对任意记载事项的概括性许可。任意约定记载事项的范围一般有：公司经营的期限；股东会的议事方式和表决程序；公司对外担保和对外投资事项的决定程序；奖励与惩罚的制度；股份转让的安排；股东权利与义务的特殊安排；公司利润分配的特殊安排；公司解散的事由；章程修改等。

公司章程一经制定,对公司(包括股东会、董事会、监事会机关)、股东、董事、监事以及高级管理人员均有法定的约束力。根据我国《公司法》第216条第1项的规定,公司的高级管理人员是指经理、副经理、财务负责人,上市公司董事会秘书和公司章程规定的其他人员。公司章程作为公司的纲领和宣言书,依据公示原则在特定条件下对第三人产生相关的效力,如第三人明知公司章程不可为而与公司的代表人所为的以公司为对象(包括故意损害公司利益)的行为,在法律上就可能会无效。对于新加入公司的股东,其加入公司的行为当然被解释为接受公司章程的行为,公司章程当然对其具备约束力。公司章程在体例上一般采用章、节、条、款格式。

(4) 有公司名称,建立符合有限责任公司要求的组织机构。公司的名称是一个公司的标志符号,使得该公司与任何其他的机构、企业和个人相区别。公司的名称在法律上具有以下的意义:第一,一个公司专有自己的名称,公司以其名称从事商业活动,确定其在各种社会关系中的位置,享受由此发生的权利并承担相应的义务;第二,公司的名称受法律保护;第三,公司名称具有特定的财产权性质。公司的名称一般由四个部分组成:第一,行政区划;第二,本公司专有的字号;第三,经营的行业或生产经营特点之描述语;第四,公司组织形式(有限责任公司或股份有限公司)。公司的名称不仅是公司章程的绝对必要记载事项,而且也是公司登记的必要内容。公司名称的取得应符合法律的规定,按照《公司登记管理条例》第17条的规定,设立公司应当申请名称预先核准。法律、行政法规或者国务院决定规定设立公司必须报经批准,或者公司经营范围中属于法律、行政法规、国务院决定规定登记前须经批准的项目的,应当在报送批准前办理公司名称预先核准,并以公司登记机关核准的公司名称报送批准。有限责任公司设立时,应当由全体股东指定的代表或者共同委托的代理人向公司登记机关申请名称预先核准,申请名称预先核准按照《公司登记管理条例》第18条的规定应当提交的文件有:第一,全体有限责任公司的股东共同签署的公司名称预先核准申请书;第二,全体股东指定代表或者共同委托代理人的证明;第三,国家工商行政管理总局规定要求提交的其他文件。公司登记机关应当在收到前述所列文件之当时作出核准或者驳回的决定,以电子、信函等方式申请的,在15日以内作出决定。公司登记机关作出准予公司名称预先核准决定的,应当出具《企业名称预先核准通知书》。预先核准的公司名称保留期为6个月。预先核准的公司名称在保留期内不得用于从事经营活动,不得转让。

有限责任公司的组织机构是指依《公司法》而设立的公司的各个机关。公司的组织机构有股东会、董事会、监事会和经理系统。这些机构的组成、运作程序、职权分配等都要明确地予以规定,体现在公司章程中。一人公司不设股东会,规模较小的有限公司可以设立执行董事、监事而不设董事会、监事会等。但是,公司法学术领域中常讲的公司机关术语,是专指公司董事会的,不包括股东会、监事会等。

(5) 有公司住所。公司的住所是其主要办事机构的所在地,住所应在企业章程中载明并在公司登记机关予以登记,据以同其客户进行正常的业务联系和办理其他事务,便于政府实施管理、征取税收、确定诉讼管辖、确定法律文件受送达的地址、确定债务履行的处所、确定登记机关等。

二、有限责任公司设立的程序

有限责任公司的设立必须遵守特定的法律程序,从而使之合法成立。这里所讲的程序,不是从一般意义上讲工作进展的步骤，而是与企业成立的实质条件相联系的必要活动事项。

当各股东就公司设立一事形成合意时，首要的工作是先行向公司注册机关申请公司名称预先核准。公司的创办人需要以核准的公司名称制定公司的章程，以及办理其他有关公司设立的事项，如落实公司的住所、开设公司账户以便接受股东的货币出资、设立公司依法须经批准或者公司的营业项目须经批准的办理报批手续等。核准的公司名称不可被用作开展经营活动。

（一）发起人制定公司章程并准备各项条件

发起人（公司成立后为股东）应首先制定公司章程，就公司的名称、注册资本、经营范围等核心事项作出约定，同时准备其他各项条件，如经营场地、入资资金、设备租赁等。

关于发起人向公司缴付资本的期限，有法定资本制、授权资本制、折中资本制的区别。我国 2005 年修订的《公司法》中采用折中资本制，即公司成立伊始先缴付注册资本的 20%，其余部分在公司成立后 2 年内缴足，一人公司则须一次性缴清。2013 年修订的《公司法》取消了除特殊公司外最低注册资本和实缴期限及验资证明的要求，缴付期限由公司章程约定。

缴纳出资是股东的基本法律义务，也是公司成立的资本基础。按照 2013 年修订的《公司法》的规定，公司的注册资本可以是 1 元钱，也可以是 1000 亿，全由股东在章程中约定；1 元钱可以随时缴，并成为股东承担有限责任的底线；1000 亿可以先缴 10 元或 100 元，其余部分在 50 年或 100 年后缴。这种安排带来了债权人利益保护的新的风险因素，公司的相对交易方应格外谨慎对待，公司法也应作出新的制度安排。

股东以非货币形式的财产履行出资义务的，应当经过评估作价：全体股东可以自行对股东的非货币出资作出价值认定，有争议时或者财产价值认定有困难时或者法律、法规有要求时应当聘请专业评估机构评估作价。有限责任公司成立后，发现股东的非货币出资财产价值显著低于章程所定价额的，应由缴付该出资的股东补足差额，公司设立时的其他股东承担连带责任。公司成立后，股东不得抽逃出资。

（二）办理审批手续

根据我国《公司法》及其他有关企业立法的规定，成立公司如遇下列情况应事先申请政府有关部门批准。这种批准分三种情况，一是某行业的公司由某特定的政府机关审批并进行业务监督管理，如设立保险公司需经国务院所属的保险业监督管理委员会批准；二是公司的经营范围内有的经营项目应经特定政府机关的审查批准，如医药公司生产新品种药品的项目需经卫生行政管理部门批准等；三是设立外商投资的公司，除按规定实行备案管理的之外，需经商务部门批准。申请报批应当以预先核准的公司名称提出，一般应向政府机关提交申请书、公司章程、公司资信能力证明、营业场地使用证明、股东名册、企业名称预先核准通知书等文件。不同的审批机关根据行政许可事项的特点提出适当要求的其他文件，申请人应当予以满足。根据我国《行政许可法》的规定，行政许可的申请可以书面提出，也可以以电子方式提出，审批机关自接到材料齐全、形式合法的申请文件后，除当场作出行政许可决定的外，应当在 20 天以内批准，情况特殊的经行政许可实施机关负责人批准延长 10 日。行政许可以联合方式办理的，时间为 45 日，情况特殊需延长时间的，经同级人民政府负责人批准延长 15 日作出行政许可决定。需要延长的，应当将延长期限的理由告知当事人。

（三）办理注册登记手续

公司设立不涉及政府审批的，可直接申请注册登记；需经批准的，则待批准文件下发后申请注册登记（批准文件生效后 90 日以内得办理公司设立申请，超过的须重新确认其效力或另行报批)。注册登记由全体股东指定的代表或共同委托的代理人向公司登记机关申请。依据我国《公司登记管理条例》第 20 条的规定,申请登记时应当向公司登记机关提交下列文件:(1) 公司法定代表人签署的设立登记申请书;(2) 全体股东指定代表或共同委托代理人的证明;(3) 公司章程;(4) 法律、行政法规、国务院决定规定设立公司有最低资本标准和实缴要求的,应当提交资本缴付后的验资证明文件,其他公司则不需要;(5) 股东的主体资格证明或者自然人身份证明;(6) 载明公司董事、监事、经理的姓名、住所的文件以及有关委派、选举或者聘用的证明;(7) 公司法定代表人任职文件和身份证明;(8) 企业名称预先核准通知书;(9) 公司住所证明;(10) 国家工商行政管理总局规定要求提交的其他文件。法律、行政法规或者国务院决定规定设立有限责任公司必须报经审批的,还应当提交有关的批准文件。

公司登记机关对申请文件作形式审查,对公司章程作法律审查,符合有限责任公司条件的予以设立登记并发给《企业法人营业执照》,公司即告成立。公司凭公司登记机关核发的《企业法人营业执照》刻制印章,开立银行账户,申请纳税登记。

三、设立有限责任公司的费用与责任

设立公司的费用一般来讲经全体股东同意可按下述两种办法处理:由股东分摊或列入公司成本开支。有一些费用的发生无法以票据形式反映出来,则应由股东分摊;相反,则可在公司设立后从公司的费用中列支。

公司设立的责任主要是指股东或承担设立事务的股东因设立行为对各债权人、公司和其他股东所发生的民事责任。有限责任公司设立后,如发现设立股东缴付的资本中作为出资的实物、知识产权、土地使用权、其他非货币财产等的实际价值显著低于公司章程所定价额的,应当由交付该出资的股东补交其差额,公司设立时的其他股东对其承担连带责任。这主要是要求出资应具有真实的价值,以对后来加入的股东、对公司债权人负责,也符合国家设定公司资本确定制度的公共利益。这种责任在理论上被称为“出资填补责任”,其目的是不容忍股东对公司的出资存在瑕疵。有限责任公司因故不能设立时,为设立而发生的债务应视为设立股东的共同债务,全体设立人应对此类债务承担连带清偿责任。

第三节 有限责任公司的股东与股东权

一、有限责任公司的股东

(一) 有限责任公司的股东

有限责任公司的股东是有限责任公司资本的出资人。自然人、法人、个人独资企业、合伙企业、社会其他经济组织、国家均可以为有限责任公司的股东。当然,国家作为公司股东时,是以国务院或地方人民政府授权投资的国有资产监督管理机构履行出资人职责的形式出现的,政府的一般部门不可以作为有限责任公司的股东。在我国,普通有限责任公司的股东人数为 2 人以上 50 人以下,一人公司和国有独资公司是特殊的有限责任公司。自然人作为设立公司时的股东必须具备民事行为能力。公司以营利为目的的活动宗旨植根于股东的盈利要求,因为正是股东为达此目的而设立了公司。所以公司的核心价值是为股东利益的最大化而存在和发展。

有限责任公司的股东对公司债务以投资额为限承担责任，因此股东不可以以劳务、商誉、自然人姓名和信用等出资，更不可以以设定担保的财产出资，以防止公司的注册资本虚置。法律允许股东出资的方式为货币、实物(含房产)、知识产权及土地使用权。

有限责任公司成立后，应当由公司向股东签发出资证明书。出资证明书也称为股单，是有限责任公司股东出资的凭证，是一种权利证书。出资证明书与股票不同，它不能用于商业交易和流通，不能公开发行。我国《公司法》规定，出资证明书应当载明下列事项：公司名称、公司成立日期、公司注册资本、股东的姓名或者名称、缴纳的出资额和出资日期、出资证明书的编号和核发日期。出资证明书由公司盖章。

有限责任公司的股东是公司的财产所有人，但是这种所有权在民事上受《公司法》和公司章程的限制，表现为一种社员权或股权。股东因投资而取得权利并承担一定的义务。

(二) 股东资格的确认与公示效力

在现实的商业社会中，常常发生股东身份模糊或者不能被确认的情况，为此而引发的诉讼也很多。有限责任公司股东人数一般不多，而且相对处在特定化的状态，导致股东身份不确定的原因是多方面的，有隐名股东与实名股东造成的，有股权转让存在瑕疵造成的，有企业改制不规范造成的，真的是五花八门，不能一一列举。法律规定确认股东地位的有效凭证除出资证明书外，还有另外两种形式的文件，即股东名册和公司登记。

股东名册是由公司制作的记载股东姓名或者名称及股东出资数额的一项法律文件，它表征公司对投资者及其投资数量的记载和确认，是公司档案中与公司章程同等重要的必要法律文件。在发达的市场经济国家，公司一般会设立公司秘书一职，公司秘书如同公司的审计师一样保持相当的独立性，股东名册由公司秘书保管，小型的公司为节约公司的人力成本不能独立设立公司秘书岗位的，可以聘请秘书公司委派的专职人员提供秘书服务，公司秘书还负责记录并保管公司股东会、董事会会议决议情况，向董事会解释法律问题。我国的普通公司，法律体制上没有要求设立公司秘书，股东名册的具体保管职责应当归之于法定代表人为妥。我国《公司法》第32条第1项规定，有限责任公司应当制备股东名册，记载下列内容：(1) 股东的姓名或者名称及住所；(2) 股东的出资额；(3) 出资证明书编号。股东名册应当是在公司登记成立以后制作的，其上记载的出资证明书编号是公司成立以后公司向股东签发出资证明书才可以确知的事实，公司成立以前股东们可能签署同样有法律效力的投资协议，但投资协议不是股东名册，股东名册是投资完成直到公司成立才确认的文件，早先的投资协议可能发生后来的股权转让变动，或者投资完成后自动废止。记载于股东名册的股东，可以依股东名册主张行使股东权利。在股东与公司、股东与股东之间的封闭关系中，股东名册具有证明股东地位、确认股东投资数额的效力。股东转让股权或者增减投资数额的，公司应当对股东名册作出变更记载。股东名册虽然不具有公示性，但可以对抗公司、其他股东对股东的挑战，因此，股东名册上应当具有股东的签字或者盖章，防止保管者为非法目的而伪造、变造股东名册。股东名册记载的股东具有对抗第三人就股东地位提出异议的权利效力。

公司因登记而成立。登记采用公示的方式由不存在利害关系的公信机构对公司设立及其重要的关系内容加以记载、固化、公告，借此可以确认主体资格与权利，表征国家对公司的产生和进入运营状态的承认与保护，由法律开始调整以公司为中心展开的投资、债权债务、控制决策等商事经济关系等。正常的情形下，登记可以产生公示宣告、确权、记载固化三种法律效力，社会或者利益相关者就会对登记产生判断信赖，司法机关常常对于因投资而发生的纠纷依据登记的资料加以确权和判令排除妨害。公司股东的姓名或者名称是公司登记的必要事项,该事项发生变更的,公司应当为变更登记。我国《公司法》第32条第3款规定,未经登记或者变更登记的,不得对抗第三人。现举例说明这项规定的立法精神:某银行(股份有限公司)于1995年成立时,某甲成为发起人股东,约定投入3亿元占有银行股本总额25亿元的12%。某甲后因债权债务结算关系同意将其持有的某银行的全部股份归某乙,这一安排得到了某银行的确认。由于股份公司发起人股份受当时法律规定“自公司成立之日起3年内不得转让”的限制及其他原因,截至2005年7月止某甲所持某银行的股份仍未有效转移至某乙名下。某甲在2004年12月与某丙发生的一笔达6亿多元资金交易中约定将其所持某银行的股份的大部质押给某丙,但后未办理质押手续,因此某银行不知悉约定质押的事项。2005年9月6日,经各级法院协调并征得某银行同意,法院委托拍卖公司拍卖某甲所持某银行的2.89亿股股份,用以偿还某甲所欠某丙的债务。新加坡某基金投资公司竞买成功,成交价格每股3.5元,高于评估价2.92元,总价款为10.115亿元。此时,某乙突然入禀法院,提出某甲所持的股份实为某乙所有,其证据为某甲、某乙、某银行在1997年时共同签署的确认股份为某乙所有的协议,以及当时某银行向某乙直接支付红利的资料。此案中,如果纠纷发生在某甲与某乙之间,法院当然可以确认某乙的股东地位,但某甲作为某银行的登记股东在对第三人的交易中须用其财产偿还债务,某丙是善意第三人,某乙对股份的主张没有登记确认,所以某乙的主张不得对抗某丙的请求。

二、有限责任公司股东的股东权

股东的权利简称为股权或股东权。股东与公司的关系主要体现在股东权上。股东权是一种综合性的权利,有实体的,也有程序上的;有财产方面的,也有身份关系方面的。法理上将股东单独实现的权利称为自益权,将股东共同行使的权利称为共益权。集中起来讲,股东权主要有:

(1) 出席股东会会议权和对公司重大决策问题的讨论权和表决权。股东的表决权要取决于股东所持投资额的多少而有所区别。公司发行优先股而持有优先股份的股东,通常没有表决权,但其红利分配比较有保障。股东会是公司的最高权力机关,全体股东是股东会的当然成员,股东会会议是股东会开展活动的场所及程序的集成形式。股东参加股东会会议与其他股东共议公司的大事是其基于出资而获取的基本权利,公司章程或者股东会决议不可以作出禁止、限制、妨碍股东参加股东会会议的规定;公司的董事会、监事会及高管人员更无权干涉股东出席股东会会议。公司不按照公司法和公司章程规定的方式通知股东参加股东会会议的,股东对相关的决议有权请求法院撤销。股东在股东会会议上对会议召集通知中所列事项进行讨论时,有权发言提出自己的意见,股东人数较多的可依章程或者会议议程的安排首先分组讨论,然后由各组选派代表进行大会讨论。股东的表决权也是股东的一项基本权利,公司章程或者股东会决议不得剥夺。

(2) 选举权和被选举权。股东有权选举公司的董事、监事,也有权被选举为公司的董事、监事,或被董事会任命担任公司高管人员,只要不违反《公司法》关于董事、监事、高管人员任职资格的规定,即《公司法》第146条的规定就行。股东的选举权是社员权,是基于出资交换取得的意志表达权,是不可剥夺的权利,除非其因某种法定或者章程规定的事由而失去股东资格。被选举权实际上是一种或然的权利,也可以说是一种法律上的机会,是否被选为董事、监事,是否被董事会任命为高管人员,还依赖于股东的持股情况、股东的个人资质条件等诸种因素。

(3) 红利分配权。红利分配权是股东权的核心,因为从投资活动中实现收益是股东参与组建公司的终极目标。红利有广义和狭义之分,广义的红利是指向股东分配的一切公司盈余;狭义的红利是股息以外向股东分派的盈余。我国《公司法》是从广义上讲的,即红利包括由章程规定的固定股息、红利、实物利益以及以公积金转增资本后的送股。股东的红利分配权被侵犯的案例在国外早有发生。19 世纪上半叶,曾有一家英国的封闭式公司,公司章程细则约定,股东不分配利润而董事可获取较高报酬,公司的四位股东就是全部的董事。后来,其中一位董事发生了损公司而肥自己的事情被开除出董事会,他也因此失去了获取红利的替代品——董事报酬的权利。他后来向法院提起诉讼,法官判决他可以与其他董事一样领取报酬,但不得参与公司事务的管理。1919 年美国密歇根州最高法院对道奇诉福特汽车公司案的判决中,判令被告公司向原告股东支付红利。在该案中,道奇(Dodge)兄弟指控亨利·福特(Henry Ford)公司推迟向股东支付红利,董事会决定将 5800 万美元用于扩展经营和降低其产品价格。道奇兄弟主张公司应当将一部分利润用来向股东进行分配,并宣称股东拥有这家企业,董事会不得违反股东的利益诉求。法官不仅支持了原告的诉讼请求,而且对公司的目的作了断言:"一家商业性公司的组成和运转主要是为了股东的利益,公司董事会的权力即为此目的而存在。董事会的辨别能力是在实现这个目标的含义选择中得以发挥,而不是扩展到改变这一目标本身,去减少利润或在名义上忠实于他们而为了其他目的不给他们分配利润。"道奇一案的判决是美国司法界对股东利益至上理论的有力支持,许多学者引用此案判决反对利益相关者理论和公司社会责任理论。1976 年发生在法国的朗洛(Langlois)诉彼特(Peter)一案的判决,在维护股东红利分配权方面具有经典意义。SARL 公司为一家封闭式公司,该案被告在 20 年间拒绝分派股利,提取的公司公积金数额达公司资本的 161 倍,控制股东不仅占据了公司的董事会和管理层,而且通过提高其报酬获得利益,少数股东没有利益可言。法国最高法院最后判决公司向少数股东分配利润。上述案例介绍的情况在中国的有限责任公司中十分普遍,大股东暴政和滥权现象严重。鉴于此,我国《公司法》第 74 条规定公司连续 5 年不向股东分配利润,而公司该 5 年连续盈利,并且符合本法规定的分配利润条件的,股东可以请求公司按照合理的价格收购其股权。但是,向公司主张利润分配,仍然是股东的一项基本权利,公司不分配利润的情形虽然不到 5 年,股东尽管不能提出公司回购其股权的请求,但绝对有权通过诉讼方式请求法院判令公司作合理的利润分配,即使公司章程没有对此作出规定。

笔者认为,如果公司章程没有限制向股东的分配,股东在向公司缴付认缴的全部出资满 3 年的,在公司盈利符合法定分配条件时公司股东会决议不分配的,股东可以请求法院判决分配,法院应予支持该项请求。在公司章程就股东分配作出限制的,限制的合理期限自公司成立起不得超过 5 年,在公司成立后第 5 年公司盈利符合分配条件的,股东可以以章程限制条款无效为由起诉公司分配利润,法院应当予以支持。

公司分配的基本原则是以股东实缴的出资比例(笔者提醒:不是认缴的比例)分红。但是为了照顾公司千差万别的主客观情况,并且因为公司分红不涉及公共利益、债权人利益,只要全体股东同意不按照实缴的出资比例分红当然是可以的,如公司的分配中对某些为公司业绩有贡献的管理人或者个别股东作奖励性分配。不以实缴的出资比例进行分配的条件是全体股东的同意,因为依据实缴的出资比例进行分配不仅符合《公司法》的标准要求,而且体现投资者的常态预期,而改变分配方式则直接关涉和重新安排每一个股东的利益实现结构。因此,不以实缴的出资比例分配的规定一旦写入公司章程或者股东会作出决议时,就须获得全体股东的同意,不可以以出资比例行使表决权确定。我国《公司法》第 34 条对此作了规定。

(4) 知情权。知情权同样是基于投资而产生的权利。股东向公司完成了投资,公司作为独立存在的人格主体占有股东的投资财产,单个的股东不一定人人有机会成为公司的管理者而经常获知公司经营的信息,但作为公司剩余财产的索取者股东有强烈的愿望知道公司的运营状况,并根据所了解的资讯作出自己的判断和决定。有限公司是封闭性社会团体,股东获取信息的方式不同于股份有限公司中的上市公司,公司的许多资讯特别是财务资讯法律不要求公开披露,股东获得公司资讯的途径有股东会会议期间董事会、监事会、董事、监事及高管人员的报告,股东不定期向公司控制股东、管理层的主动询问,公司管理层在股东会闭会期间向股东通过各种方式反馈的信息。我国《公司法》第 33 条第 1 款规定,股东有权查阅、复制公司章程、股东会会议记录、董事会会议决议、监事会会议决议和财务会计报告。股东有权查阅和复制的上述公司文件中,公司章程是面向社会公开的文件,其他文件具有秘密性,有的文件应当对特定的政府机关报告,如公司的财务会计报告得向税务部门报告,有的文件可能会为与公司发生交易的当事人所掌握,如公司向银行贷款就得向银行出具股东会会议决议文本或者董事会会议决议文本。有限责任公司的股东作为公司的所有者,在试图了解上述文件内容时是有权行为,公司不得拒绝。依据我国《公司法》第 165 条第 1 款的规定,有限责任公司应当依照公司章程规定的期限将财务会计报告送交各股东。但财务会计报告并不一定满足股东的全部知情要求,为了防止公司管理层在处理公司财务资料中存在弄虚作假的情况发生,我国《公司法》第 33 条第 2 款特别规定"股东可以要求查阅公司财务账簿"。对于这一股东知情权的法律规定,在《公司法》修订时存在争议,反对者担心公司的商业机密泄漏和个别股东可能为了私人的目的而启动请求程序,并且法律对股东的持股比例没有规定限制标准。经过立法机关的慎重斟酌,增加了"应当向公司提出书面请求,说明目的"的要求,公司拒绝的,应当自提出请求之日起 15 日内书面答复股东并说明理由。公司拒绝的,股东可以提起诉讼,请求法院要求公司提供查阅。

通常,股东在提起分配请求诉讼前,往往得先行提起知情权诉讼,以便其确定分配的标准;股东怀疑控制股东或董事、经理滥用公司资财的,也可提出该种诉讼。对此,除非被告公司证明股东的诉讼请求确有损害公司利益的目的及其现实威胁,就必须判决支持股东请求,包括股东聘请专业会计师进行协助查账的请求,以及公司财务的原始凭证都应当允许股东知悉。

(5) 股东会临时会议召集请求权和提案权。召集请求权分为召开提议权和自行召集权。股东会会议分为定期会议和临时会议。定期会议按照公司章程的规定召开,各公司按照年度、半年度甚至季度安排开会,决定公司的重大事宜;临时会议是在公司两次定期会议期间,公司遇有重大问题需要决定或者公司经营管理出现严重情况亟须研究时,由公司董事会特别召集或者其他相关机构或者负有特殊职责的人员或者持有一定数量表决权的股东按法律规定或章程规定程序提议由董事会召集的会议。股东会会议的定期会议不能按时举行,除客观的正常的外部环境因素的影响外,可能构成临时会议召开的一项事由。我国公司制企业中,近年来常常发生由于董事会控制权属争执对抗而故意不举行股东会定期会议的现象,股东一方或者部分董事召开股东会临时会议,而董事长一方不主持、不承认,公司经营陷入危机状况。我国《公司法》第 39 条明确规定持有公司 1/10 以上表决权的股东可以提议召开股东会会议的临时会议,董事会或者执行董事应当负责召开。董事会或者执行董事不能履行或者不履行召集股东会会议职责的，由监事会或者不设监事会的公司的监事召集和主持；监事会或者监事不召集和主持的，代表1/10以上表决权的股东可以自行召集和主持。故而，召集请求权的行使必然是自行召集权的前提，以此而排除股东自行召集权同时行使造成公司股东会会议战争。至于股东提议产生后，董事会或者执行董事、监事会或者监事在多长的时间内得予以答复，法律未作规定，公司应当通过章程加以安排。

提案权是基于公司股东的成员权而派生的权利。在股东会会议的定期会议上，股东可以提出提案。因为有限责任公司的股东人数是特定的，因此限制股东提出提案的时间期限意义不大，如果公司章程不加限制的话，股东在股东会会议举行期间直到闭会以前均有权提出提案。股东行使提案权应当持有多少有表决权的股权，我国《公司法》未作底线规定，公司章程可以作出必要的规定，以阻止垃圾提案的出现，提升公司股东会会议的效率。具有1/10以上表决权的股东无论是行使召集请求权引致临时股东会议的召开，还是行使自行召集权召集和主持股东会会议的临时会议，都需事先准备提案，否则会议的召集将没有任何意义。

（6）公司增资的优先认购权。我国《公司法》第34条规定，公司新增资本时，股东有权优先按照实缴的出资比例认缴出资，但也允许股东全体同意作出其他的约定。有限责任公司是封闭式公司，股东之间存在相互信任关系，每一公司的某种性格取决于股东的个性、脾气、合作背景及教育水平，股东的合作气氛仰赖股权的封闭结构的安排，而合作气氛往往是公司成功的一个条件。股东在公司中的持股数量通过协商确立，以实缴资本的比例确定公司增资的认购比例能够最大限度地符合公司股权的封闭性结构和原先控制权配置的状况，因此法律选择这种方式为基本形态。封闭性代表了人类社会生存的一种状态，并不是所有的企业组织形式都是开放型的就好，封闭是人类最基本的一种情感，照顾到这种情感需求的企业形态之一便是有限责任公司。然而，不同公司对资本扩展的需求水平是不同的，公司根据自身的需要可以确定增资时的其他方式，包括可以向其他特定的对象发出入股邀请、吸收战略投资者等。

（7）股权转让权和转让股股权优先购买权。转让股权是公司的股东将自己持有的股权转让给他人，使自己丧失部分或全部股权，使他人成为股东而使自己获得金钱或其他对价的行为。公司的股权首先是财产权，其次代表其在特定公司中的股东地位，具有多种权能。股东具有转让股权的能动性需求，可能是为了盈利，可能是为了资金周转，或者是缓解股东之间的冲突等个人的目的。有限公司的封闭性一般会对投资者转让股权形成限制，这种限制是为了保障公司的人合因素，限制本身不仅是合理的，而且应当被置于合理的状况。限制过严，造成股东进得来，出不去；没有限制，公司就不能稳定存在和发展。股东之间的股权转让应当是自由的，有时需要作些分流安排。向股东以外的人转让股权时遵循稍稍复杂的程序是免不了的。我国《公司法》第71条规定，股东向股东以外的人转让其股权，应当经其他股东过半数同意。转让时，在同等条件下，其他股东有优先购买权，不同意转让的股东应当购买该转让的股权，如果不购买则视为同意转让。有限责任公司股权转让的具体情况比较复杂，本书中另有专章介绍。

（8）剩余财产的分配请求权。公司在清算时，首先用公司财产清理公司债务，所余部分应按出资比例分配给股东。西方一些经济学家称股东的这种权利为剩余索取权，并以此为理论支点搭建出股东与公司的关系、其他利益相关者与公司的关系的学说，探讨公司控制权的合理结构。

股东的义务主要是出资的义务、出资填补的义务、不得抽回其出资的义务以及承担遵守公司章程的义务。

三、股东权救济制度

没有救济的权利如同空头支票一样,既不能给权利人以确定的利益和安全保障,也无法对侵权者产生阻却。我国1993年《公司法》存在的一项缺陷就是对股东权救济制度的规定不完善,其结果是控制股东、实际控制人、董事甚至高管人员滥权现象泛滥,严重损害了中小股东的利益,挫伤了投资者的热情。这种情况不仅表现在上市公司中,在有限责任公司中也很普遍。法律虽然不能完全杜绝滥权情况,但完善的救济制度能够修复遭受损伤的权利本体,可以为权利的主体提供维权的利剑。2005年修订的《公司法》在股东权利救济制度的安排方面可谓苦心孤诣。

从总体上看,我国《公司法》以维护股东权为其中的一项核心价值而展开其制度构建框架,我们可以毫不夸张地宣示,公司法上的股东会会议制度、董事会会议制度、公司章程的法定内容体系、董事、监事、高管人员的忠实义务和勤勉义务规定以及公司的财务制度、合并、分立制度、清算制度、法律责任等,都体现了维护股东权的精神,也有具体的规范要求以支撑股东权保护的制度平台。上述内容和救济制度形成了维权的一种制度体系,相互协调而发挥作用。并且,2005年进行的法律修订非常突出地强调了《公司法》的可诉性,使法律规定了权利而法院不能够对侵权行为受理的局面得到了彻底改观。

救济制度的具体安排,我们可以区分为公司内部的救济程序和诉讼救济程序两种途径。公司内部救济程序反映了公司治理结构的协调能力,体现了公司控制集团必须关照少数股东权益的公平要求,表达了公司权力资源的制衡分配结构。但是公司内部救济程序在制度规范的设计上存在自然向诉讼机制的导向趋势,为避免重复叙述,这里作合并说明。我国2005年和2013年修订的《公司法》对股东权利的救济制度的安排有以下一些内容:(1)对股东会、董事会决议内容违反法律、行政法规的,提起确认决议无效之诉讼(《公司法》第22条)。(2)对股东会、董事会的会议召集程序、表决方式违反法律、行政法规、公司章程的,或者决议内容违反公司章程的,自决议作出之日起60日内,提起撤销之诉(《公司法》第22条)。(3)规定公司应当置备股东名册,股东依据股东名册主张和行使权利(《公司法》第32条)。(4)规定股东有权查阅、复制公司有关文件和财务报告,书面申请查阅公司会计账簿等,公司妨碍或者拒绝的,可以提起诉讼(《公司法》第33条)。(5)规定1/10以上表决权的股东可以请求召集股东会临时会议以及自行召集和主持股东会临时会议(《公司法》第39条、第40条)。(6)规定公司如果连续5年不向股东分配利润、合并或分立时转让主要财产、营业期限届满使公司存续的,股东可以请求公司回购其股权,公司不能满足股东请求的,自股东会会议决议通过之日起90日内提起诉讼(《公司法》第74条)。(7)规定在董事、监事、高管人员或者他人(包括控制股东、实际控制人、政府等)侵犯公司利益时,股东可先行启动内部救济程序,然后提起派生诉讼(《公司法》第151条)。(8)规定对董事、高管人员直接损害股东利益的其他行为,股东可以向法院提起诉讼(《公司法》第152条),这几乎是股东有权提起诉讼的兜底条款。据此,我们不必说,股东的哪些权利可以通过诉讼方式加以保护;我们很难说,《公司法》规定的股东的哪项权利是不能通过诉讼方式加以解决的。(9)规定公司出现僵局时,持有10%以上表决权的股东可以请求法院解散公司(《公司法》第182条),这一规定是彻底打通股东权被严重损害、公司治理结构被严重扭曲的公司血栓的利药,仅仅因为1993年《公司法》缺失这项规定,造成的股东痛苦用水深火热来描述是远不为过的,那时公司既可以成为股东牟利的工具，又由于股东人数不得少于2人、退股减资启动困难、法院拒绝判令公司解散等原因，公司对于有些失去合作气氛的股东而言，就是囚笼。婚姻组合不适，还可以离婚解决，公司组建不当，没有退出机制，法律制度的设计有失人性基础，谬莫大焉！

不过，如今这个问题已经得到了解决。

第四节　有限责任公司的组织机构

有限责任公司的组织机构，是指依照公司法的规定所设立的公司权力形成、决策、管理和执行、监督的组织体系安排。它主要是由股东会、董事会、监事会、经理机构四个部分组成。

一、股东会

（一）股东会的地位与职权

有限责任公司的股东会是由公司全体股东组成的最高权力机构。有限责任公司的一切重大事务须由股东会决定。一般来讲，有限责任公司必须有股东会机构，但中外合资设立的有限责任公司，法律确定只设董事会，由董事会代行股东会的权力（笔者注：外商投资企业的章程规定依据我国《公司法》设立为有限责任公司，则应当设立股东会、董事会、监事会等机构），依据《公司法》规定一人有限责任公司、国有独资公司不设股东会，股东会职权由一人股东行使或由国有资产监督管理机构行使。此外，股东会也不是公司的常设机构，作为权力机关它所讨论的问题是公司的重大问题。股东会会议是股东会运作和产生权力机关意志的常态形式，个别情况下可以通过股东以书面形式个别表态的方式做成股东会决议，但须全体股东一致同意，并由全体股东在决定文件上签名或者盖章。股东因故不能参加股东会时，可书面委托代理人代为行使权利，但是规定的议事方式和表决程序对股东代理人参加股东会会议另有要求的，依有关的要求办理。

我国《公司法》第37条第1款规定，有限责任公司的股东会行使下列职权：第一，决定公司的经营方针和投资计划；第二，选举和更换非由职工代表担任的董事、监事，决定有关董事、监事的报酬事项；第三，审议批准董事会的报告；第四，审议批准监事会或者监事的报告；第五，审议批准公司的年度财务预算方案、决算方案；第六，审议批准公司的利润分配方案和弥补亏损方案；第七，对公司增加或者减少注册资本作出决议；第八，对发行公司债券作出决议；第九，对公司合并、分立、解散、清算或者变更公司形式作出决议；第十，修改公司章程；第十一，公司章程规定的其他职权。

（二）股东会会议的召集程序

股东会会议分为首次股东会会议、定期会议和临时会议三种情形。

首次股东会会议也可以称为出资人会议，是指公司成立之初为组建公司而专门举行的由全体股东参加的会议。由于称为“股东会会议”，就容易让人误认为是公司成立以后举行的会议，因为从逻辑上得出的简单判断是有了公司才能有股东，股东仅仅是公司的股东。这似乎会在“究竟是鸡生蛋还是蛋生鸡”的怪圈里旋转。其实，公司法上所称的首次股东会会议从严格意义上讲是指出资人会议，它的明确的职责就是为设立公司而完成必要的事项。之所以由出资最多的股东召集是因为还没有产生公司股东会的召集机构——董事会，公司成立的标志之一是董事会的组建,因此公司一经成立就应当由董事会负责召集股东会会议而不是由出资最多的股东召集。我国《公司法》虽然没有明确首次股东会会议召开的时间,但从《公司登记管理条例》第 20 条的规定看,申请设立有限责任公司应当向公司登记机关提交的文件中包含“载明公司董事、监事、经理的姓名、住所的文件以及有关委派、选举或者聘用的证明”、“公司法定代表人任职文件和身份证明”等事项,在申请设立公司时,公司的首次股东会会议已经召开完毕。否则,上述人员的任职不可能产生也就没有证明文件可以被提交。因此,笔者认为,由出资最多的股东召集的首次股东会会议应当在公司的章程签署完毕后、全体股东指定的代表或者委托的代理人向公司登记机关报送公司设立申请文件前的期限内召开。从实务角度看,全体股东集合签署章程、举行首次股东会、指定代表或委托代理人同时进行符合通行惯例且有效率。至于我国《公司法》第 38 条规定的“首次股东会会议由出资最多的股东召集和主持”是国际通例的借鉴,因为公司制企业奉行资本多数决的原则,多数出资具有多数的感召力,一般不会引起其他股东的抵制。

股东会会议的定期会议是由公司章程规定的股东会活动的常态形式,可以是年度会议,也可以是半年度会议,甚至可以是季度会议。定期会议可以研究公司法和公司章程赋予股东会职权内的任何事由并可作出相关决议。定期会议由公司的董事会负责召集,董事长主持,董事长不能履行职责或者不履行职责的,由副董事长主持;副董事长不能履行职责或者不履行职责的,由半数以上董事共同推举一名董事主持。股东人数较少和规模较小的有限责任公司可以设一名执行董事而不设董事会的,股东会由执行董事召集并主持。就股东会的例会举行而言,定期会议由公司章程予以规定,如无特殊情况,应按章程规定的时间举行,但地点则由董事会决定,一般应在公司的住所地举行。股东会会议的定期会议的举行,关系公司重大决策的产生和执行,关系公司控制权的正常行使和监督机制的有效运转,董事会承担召集的职责,就应当适当履行职务。董事会或者执行董事不能履行或者不履行召集股东会会议定期会议职责的,由监事会或者不设监事会的公司的监事负责召集和主持;监事会或者监事不能召集和主持的,可由代表 1/10 以上表决权的股东召集和主持。虽然公司法没有更细致的安排,但公司的股东、董事、监事等都有权提醒、督促董事会及时召集股东会会议的定期会议。

临时会议是在两次定期会议期间公司发生了紧急事项或者出现了重大问题而不得不举行的股东会专门会议。董事会负责公司的运营事务,既掌握公司经营中的重要资讯,又负有召集股东会会议的职责,因此临时会议首先应当由董事会自动召集是合适的。但是,由于董事会多数成员对公司事务的判断与其他利害相关者的判断可能发生不一致,或者准备召集的临时会议是要解决董事会成员改选的问题,造成董事们担心自己的位置不保而故意拖延或进行抵制,或者公司的股东身上发生了重大情况而影响到公司利益但董事会没有形成足够高度的认识,因此为了公司的利益,法律就要规定出补救的程序以使临时会议能够被及时召集,足以克服董事会的消极不作为给公司运行造成障碍。我国《公司法》第 39 条第 2 款规定,定期会议应当依照公司章程的规定按时召开。代表 1/10 以上表决权的股东,1/3 以上的董事,监事会或者不设监事会的公司的监事提议召开临时会议的,应当召集临时会议。董事会接受提议同意召集的,由董事长主持;董事长不能履行职务或不履行职务的,由副董事长主持;副董事长不能履行职务或不履行职务的,由半数以上董事共同推举一名董事主持。董事会或者执行董事拒绝提议,不召集股东会临时会议的,由监事会或者不设监事会的公司的监事召集和主持;监事会或者监事不召集和主持的或者不能履行职责的,由代表 1/10 以上表决权的股东自行召集和主持。对于股东会临时会议，日本、韩国公司法规定，如果董事会不接受召集临时股东会的建议，提议的股东可经法院批准后自行召集，德国公司法则规定在说明理由和目的后，仍不被接受的，可自行召集。如果年度资产负债表表明，公司亏损额已达资本总额一半时，应当立即召开股东会。

按照我国《公司法》第 41 条第 1 款的规定，召开股东会会议，应当于会议召开 15 日前通知全体股东。但是，公司章程另有规定或者全体股东另有约定的除外。

（三）股东会决议的形成及效力

股东会会议决议的形成牵涉会议的议事方式和表决程序。这里所讲的议事方式不是指董事长或者执行董事主持会议的风格，也不是每次会议开会的全部议程，如“全体起立奏国歌”等，它应当是指会议议程的核心内容和程序：如会议资料的准备和发放，拟订方案的讨论设计（分组讨论或者大会讨论），会议的记录工作，表决前的其他重要事项，如宣读律师针对表决方案的法律意见书、董事会、监事会接受股东质询或者对表决方案的说明解释及专业机构对表决事项的意见等。这些内容在公司法上基本没有规定，由公司章程加以规定或者由股东会会议通过专门的会议议事规则安排。表决程序主要是指股东投票的开始、投票的方式（如举手投票或是选票投票，选举董事、监事是等额选举还是差额选举，是否推行累计投票制）、以出资比例计票还是以人头计票等。根据我国《公司法》第 42 条规定，股东会会议由股东按照出资比例行使表决权；但是，公司章程另有规定的除外。据此可以说，股东会的议事方式和表决程序法律允许公司章程作出全面的规定。如果公司章程没有另外的规定，股东会会议计算表决权的依据就一定是股东的出资比例。这说明，股东多数决原则是公司法选择的基本原则。

此外，股东会会议按股东出资比例行使表决权时，一般问题的表决可采取全体投票权的过半数通过即可，如审议批准董事会的报告或对公司发行债券作出决议等；但我国《公司法》第 43 条规定，股东会会议作出修改公司章程、增加或者减少注册资本的决议，以及公司合并、分立、解散或者变更公司形式的决议，必须经代表 2/3 以上表决权的股东通过。这些事项是公司存在与发展的重大事项，关系股东的根本利益，因此公司法强制规定了更严的标准，一般不允许公司通过章程予以放宽。而且，“2/3”的数额所指的基数是公司的全部有表决权的股份，不是出席会议的股东所代表的表决权股份，这同股份有限公司的相关规定不同（《公司法》第 103 条）。数年前，笔者和北京的其他几位公司法学者参加一个公司案件的专家论证会，其中涉及公司的一项关于普通事项的决议是否有效的问题，需要查看公司的章程。但是，该公司章程中的一条规定是：“股东会的议事方式和表决程序，除公司法有规定的以外，由公司章程规定。”这条规定是我国 1993 年《公司法》第 39 条第 1 款的规定，第 2 款的规定是关于股东会通过公司重大问题的表决权比例的内容。由于公司法把股东会通过普通问题决议的表决权比例交给公司章程安排，而公司章程不仅没有安排还照抄了该法第 39 条第 1 款，等于“把球又踢回给公司法”。当时，专家们提出按照法律制度的一般理论，凡涉及决议案被视为通过的场合，国内外普遍接受“过半数”的标准，重大问题既然法律规定 2/3 的标准，普通问题应当是“过半数”，结论就是那样给定的。2005 年修订《公司法》时，笔者曾经总结那个案件的教训，建议规定：“股东会会议作出普通问题的决议，须经全体股东所持表决权的过半数通过，但是公司章程另有规定的除外。”最终形成的 2005 年修订的《公司法》第 44 条第 1 款仍然照搬了 1993 年《公司法》第 39 条第 1 款，建议没有被采纳。笔者理解，立法机关还是倾向于把这个问题交给公司股东们自主安排。

公司股东会的决议具有最高的效力。在我国公司控制权平衡安排的法律框架内,股东会的决议对公司、对董事会、监事会、董事、监事及高管人员具有毋庸置疑的约束力。在西方市场经济国家,公司法确定董事会中心主义的管理模式下,股东会的决议不一定有能力改变董事会的决定,因为公司成立伊始即将公司控制权交付于董事会,股东会保留的权力一般是对公司重大问题的决议以及选举董事会的权力,而公司经营管理的事务则属于董事会决策的范围,在英国曾经发生股东会干涉董事会职权被法院判决股东会败诉的案件。但是,按照我国《公司法》关于股东会权力配置的原则,董事会必须服从股东会决议。董事会、监事会、经理似乎没有权力对股东会的决议提起诉讼,但是如果股东会的决议侵犯董事、监事、经理个人权利的情况则有当别论,这只是另一类的法律关系,如是,则公司是被告的角色,而非股东会。当然,股东会的决议如果违反法律、行政法规是无效的,股东或者其他的利害关系人可以提起确认无效之诉;股东会会议的召集程序、表决方式违反法律、行政法规或者公司章程,或者决议内容违反公司章程的,股东可以自决议作出之日起 60 日内请求法院撤销。这里,规定 60 日的期限,应当是股东提起诉讼的时效规定,主要是考虑决议程序方面的问题尚不能被看成是根本违法,公司谋求的利益本身可能不存在与法律的严重对抗,而且一旦执行,就会涉及第三人及社会方方面面的利益,对股东的诉权加以限制就是必要的。

二、董事会

董事会是有限责任公司的常设管理机构,其依照公司法的规定由股东会选举产生,代表公司,执行公司业务,负责公司经营决策及管理活动。公司设立股东会的,董事会为股东会的执行机构;公司不设股东会的,则董事会为公司的权力机构兼决策执行机构。公司法学领域所提的公司机关就是专指董事会的。

(一) 董事的资格、任期与任免

董事是公司业务的决策人及执行人,是公司常设机关——董事会的组成成员。公司法一般都规定,董事须组成董事会以合议制形式决定公司的业务,尔后交由个别董事或者经理执行相关的决议。因此,确切地讲,公司的业务决策机构是董事会或者不设董事会的公司的执行董事。

1. 董事的资格

我国《公司法》第 146 条对董事的资格作了消极方面的限定,这种限制也适用于监事、经理等高级管理人员的资格条件,即有下列情形之一的,不得担任公司的董事、监事、高级管理人员:(1) 无民事行为能力或者限制民事行为能力;(2) 因贪污、贿赂、侵占财产、挪用财产或者破坏社会主义市场经济秩序,被判处刑罚,执行期满未逾 5 年,或者因犯罪被剥夺政治权利,执行期满未逾 5 年;(3) 担任破产清算的公司、企业的董事或者厂长、经理,对该公司、企业的破产负有个人责任的,自该公司、企业破产清算完结之日起未逾 3 年;(4) 担任因违法被吊销营业执照、责令关闭的公司、企业的法定代表人,并负有个人责任的,自该公司、企业被吊销营业执照之日起未逾 3 年;(5) 个人所负数额较大的债务到期未清偿。违反上述规定选举、委派董事、监事或者聘任高管人员的,该选举、委派或者聘任无效。董事、监事、高管人员在任职期间,出现前述情形的,公司应当解除其职务。此外,国家公务员不得为公司的董事、监事及经理。

2. 董事的任期

我国《公司法》第 45 条第 1 款规定,董事任期由公司章程规定,但每届任期不得超过 3

年。董事任期届满，连选可以连任。为保障公司管治的有效、平稳，我国2005年修订的《公司法》要求，董事任期届满未及时改选，或者董事在任期内辞职、被罢免等原因导致董事会成员低于法定人数的，在改选出的董事就任前，原董事仍应当依照法律、行政法规和公司章程的规定，履行董事职务。董事违反此规定，一旦给公司造成损失，就要承担赔偿责任。

3. 董事的任免

董事可以由公司的股东出任，也可以由非股东担任。就我国《公司法》及外商投资企业法律的有关规定的总体情况看，董事产生的方式包括以下几种：第一，普通公司的董事由股东会选举产生；第二，一人公司的董事由独资持股的法人或者独资持股的自然人委派；第三，国有独资公司的董事由履行出资人职责的国有资产监督管理机构委派；第四，外商投资有限公司的董事由投资各方依据投资合同的约定委派或者由持有全部股权的投资外方委派；如果外商投资企业依据章程规定直接选择适用中国《公司法》并设立股东会、董事会、监事会等机构的，其董事应当由股东会选举产生；第五，按照《公司法》第44条、第67条的规定，两个以上的国有企业或者两个以上的其他国有投资主体投资设立的有限责任公司或其他愿意选择职工代表出任董事的公司，以及国有独资公司，其董事会中的职工代表由该企业的职工代表大会、职工大会或者其他形式民主选举产生。

董事产生的方式有别于经理人被聘用或被雇佣的途径，董事与公司之间的关系不依雇主与雇员的关系表征。董事受股东的委托代表公司，是公司的代理人。董事因委派而产生的，因撤销委派而免职；因选举而产生的，因罢免或者改选而免职。我国1993年《公司法》第47条第2款规定"董事在任期届满前，股东会不得无故解除其职务"，这种规定在董事与股东会之间的关系方面制造了麻烦，"无故"的"故"的标准是什么，是犯罪，犯错，还是包括没有能力、没有责任心或与其他董事不能合作做事、股东不喜欢，等等。这种规定造成董事的"铁饭碗"心理依赖，不利于公司高层人员的流动。2005年《公司法》修订时被取消了。董事被免职，认为其合法权益被侵犯的，当然可以通过诉讼途径寻求救济。职工代表出任的董事，需要罢免或者撤换的，由选举其任职的机构负责免职。

（二）董事会的组成

董事会是由全体董事共同组成的集体决策机构。有限责任公司董事会的成员是由公司的股东会选举产生或由股东委派产生的。公司的董事会是法定常设机构，其组成成员可以更换，但其机构整体是与公司共存亡的。根据我国《公司法》第44条第1、3款规定，有限责任公司设董事会，其成员为3人至13人。董事会设董事长1人，可以设副董事长。董事长、副董事长的产生办法由公司章程规定。我国《公司法》第50条规定，股东人数较少或者规模较小的有限责任公司，可以设一名执行董事，不设董事会。执行董事可以兼任公司的经理。执行董事的职权由公司章程规定。鉴于董事长往往为出资最多的股东或其代表出任，董事长可能在数家公司担任董事长，而法定代表人在公司中需要处理日常管理事务，因此由公司在法定的岗位范围内选择公司的法定代表人，可以表现制度的灵活性，表达公司的意思自治。我国2005年修订的《公司法》第13条规定，公司法定代表人依照公司章程的规定，由董事长、执行董事或者经理担任，取消了只能由董事长担任法定代表人的硬性规定。

我国《中外合资经营企业法》规定的合营企业因不设股东会，董事会则是公司的最高权力机构，董事的任期为4年，董事会成员的人数有下限，即不少于3人，而无上限，职权的规定也与《公司法》的规定不同。我国《中外合作经营企业法》中符合公司条件的企业，也采用有限责任公司形式，它们的董事会组成与合资经营企业基本一致。在我国尚未完成内外资企业制度整合的情况下,可以继续保留外商投资企业法律所规定的公司治理结构。但是,如果外商投资的企业在其章程中直接选择《公司法》为设立依据的,则应允许其按照《公司法》的规定设置治理机关。选择直接适用《公司法》的,外商投资的公司不仅要设立股东会、监事会等机构,董事会的职权范围要作符合公司法规定的调整,而且每届董事会董事的任期也不可以超过3年,董事产生方式得由委派改为由股东会选举,当然连选可以连任。我国《公司法》第217条对此作出了明确规定:"外商投资的有限责任公司和股份有限公司适用本法;有关外商投资的法律另有规定的,适用其规定。"由于我国《外资企业法》中没有规定董事会为权力机关,故《公司法》施行后,外资企业组织机构的设置得符合《公司法》的要求。

依据我国法律的规定或者公司章程的约定,公司董事会中应当有职工代表参加的,对于职工代表的比例和人数《公司法》未作限定,由各公司根据其规模和其他具体情况在公司章程中予以确定,从一般情况讲,职工代表不应当超过董事会成员总数的1/3。

(三)董事会的召集程序和议事规则

董事会由董事长召集并主持;董事长因特殊原因不能履行职务或者不履行职务的,由副董事长召集和主持;副董事长不能履行职务或者不履行职务的,由半数以上董事共同推举一名董事召集和主持。董事会应当对所议事项的决定作成记录,出席会议的董事应当在会议记录上签名。董事会决议的表决,实行一人一票。上述内容是我国《公司法》对董事会的召集、主持、决议决定的记录、表决规则所作的强制性规定,公司章程不可以违反。但是,其他内容《公司法》第48条规定由公司章程规定。这些内容可能包括会议举行的通知时间,讨论议题的提前发放,董事会的定期会议、临时会议的召集建议,董事长、副董事长不能履行职务或者不履行职务的概念界定,董事请假制度和委托其他董事代理表决制度,董事表决弃权的定性,普通决议的通过比例和特别决议的通过比例,董事对表决事项存在关联关系的说明与回避表决,董事会决议的保密与公开制度等。如果内容很细,在公司章程中难以穷尽规定的,公司也可以制定董事会工作规程对其召集、议事方式和表决程序加以规定。

我国《公司法》对于有限责任公司董事会会议的议事方式和表决程序之所以留给公司章程或者董事会工作规程去规定,主要是考虑到有限责任公司本身规模小,社会关注度不强,企业的情况差别很大,千篇一律地强制性规定如果不能有效地适应各个公司的具体情况,反而会对《公司法》的权威造成损害,对公司的运行造成不便。因此,在其董事会的活动方式上留有必要的空间,让公司的投资者通过章程予以规定,不仅是必要的,而且还会收到培养投资者权利意识和规则意识的效果。

此外,按照我国《公司法》第18条的规定,董事会在研究决定有关职工的劳动报酬、福利、安全生产以及劳动保护、劳动保险及职工切身利益的问题时,应当事先听取公司工会和职工的意见,也可邀请工会或职工代表列席有关会议。在研究决定生产经营的重大问题、制定重要的规章制度时,应当听取公司工会和职工的意见和建议。法律的这一规定,同样适用于公司经理工作的此类情景。这些规定,体现了我国实行企业民主管理的原则以及保障职工民主管理权利的公共意志和精神。

(四)董事会的职权

根据我国《公司法》第46条的规定,公司组成董事会领导公司的生产经营活动,董事会对股东会负责并报告工作。董事会的职权有:(1)召集股东会会议,并向股东会报告工作;(2)执行股东会的决议;(3)决定公司的经营计划和投资方案;(4)制订公司的年度财务预算方案、决算方案;(5)制订公司的利润分配方案和弥补亏损方案;(6)制订公司增加或者减少注册资本以及发行公司债券的方案;(7) 制订公司合并、分立、解散或者变更公司形式的方案;(8) 决定公司内部管理机构的设置;(9) 决定聘任或者解聘公司经理及其报酬事项,并根据经理的提名,决定聘任或者解聘公司副经理、财务负责人及其报酬事项;(10) 制定公司的基本管理制度;(11) 公司章程规定的其他职权。

三、监事会

(一) 监事会的地位

监事会是由股东会选举产生,对公司的财务状况和业务执行情况实施监督检查的机构。股东会授权董事会执行公司的决策和领导公司,但同时也授权监事会对董事会和总经理管理系统实施监督,以充分、有效地保障全体股东的利益和股东会决议的执行。因此,监事会并不隶属于董事会,而是独立于董事会并对股东会负责的机构。

(二) 监事的资格

在英美法系国家,公司治理结构中没有监事会的制度安排,董事会全体成员中的非执行董事或者外部董事、独立董事不直接决定和管理公司的经营事务,他们参与公司决策时的职责就是对执行董事和管理层实施监督。大陆法系国家通过独立设立监事会制度,体现公司治理中的执行与监督职能的人员区分和功能区别。不同的制度安排各有其法律传统和社会文化的背景差异,其目的是一致的。监事的作用对公司的利益安全十分重要,监事的资格就不能没有法律的要求。按照我国《公司法》的规定,监事的消极资格的限制条件与董事、高级管理人员的条件完全一致,在《公司法》第 146 条中作了规定。

此外,由于监事开展工作的监督对象是公司的董事、经理及其他高管人员,因此法律规定公司的董事、经理、其他高管人员不得兼任监事,以杜绝职责冲突的任职情况发生,从而保障监督的纯洁性和有效性。

(三) 监事会的组成

监事会由监事组成。我国《公司法》对有限责任公司监事会的规定采取了较为灵活的做法。《公司法》第 51 条规定,有限责任公司设立监事会,其成员不得少于 3 人。由于监事会是常设机构,人员过多势必增加管理人员,给企业形成较多负担,一般的有限公司以 3—5 人为宜。股东人数较少或者规模较小的有限责任公司,可以设 1—2 名监事,不设监事会。

监事会应当包括股东代表和适当比例的公司职工代表,其中职工代表的比例不得低于 1/3。职工代表监事由公司职工通过职工代表大会、职工大会或者其他形式民主选举产生。具体比例由公司章程规定。

监事会设主席一人,由全体监事过半数选举产生。监事会主席召集和主持监事会会议;监事会主席不能履行职务或者不履行职务的,由半数以上监事共同推举一名监事召集和主持监事会会议。

公司监事的任期与董事的任期相同,也为 3 年;但《公司法》对董事和监事任期的规定表述不同,董事任期由公司章程规定,每届任期不得超过 3 年;监事的任期直接规定就是 3 年,监事任期届满时,连选可以连任。监事任期届满未及时改选,或者监事在任期内辞职导致监事会成员低于法定人数的,在改选出的监事就任以前,原监事应当依照法律、行政法规、公司章程的规定继续履行职务。

(四) 监事会的职责

按照我国《公司法》第 53 条的规定,有限责任公司的监事会或监事行使下列职权:

(1) 检查公司财务;(2) 对董事、高级管理人员执行公司职务的行为进行监督,对违反法律、行政法规、公司章程或者股东会决议的董事、高级管理人员提出罢免的建议;(3) 当董事和高级管理人员的行为损害公司的利益时,要求董事、高级管理人员予以纠正;(4) 提议召开临时股东会会议,在董事会不履行本法规定的召集和主持股东会会议职责时召集和主持股东会会议;(5) 向股东会会议提出提案;(6) 依照《公司法》第 151 条的规定,基于股东的请求,对损害公司利益的董事、高级管理人员提起诉讼;(7) 公司章程规定的其他职权。

比较我国 1993 年《公司法》和 2005 年修订的《公司法》,就监事会的职权而言,后者更为全面和广泛。我国是一个对权力行使监督传统薄弱的国家,这种大背景实际上对公司监督机制的运行起了一种"上梁不正下梁歪"的毒化作用,导致过去公司的监事会如同聋子耳朵一般。当然,把经济社会的所有问题归结到传统体制和意识形态是不符合实际的,1993 年《公司法》赋予监事会的职权、责任和履行职责的能力不足也是重要的原因。2005 年修订的《公司法》,不仅扩展了监事会的职权,而且明确规定监事和董事一样对公司承担忠诚义务和勤勉义务;不仅授予监事履行职责时动用公司资源的权力,而且规定监事不作为的法律后果。我们有理由期待监事会会在我国公司治理的建设事业中发挥积极的健康的作用。

(五) 监事会的工作规范

在这里,笔者用"监事会的工作规范"这样一个词语作为标题,试图把监事会的议事方式、表决程序以及监事会开展工作时的行为权能和费用安排熔于一炉,法律规定的内容不是很密集,分散表述显得过于零碎杂乱。

从完善公司法人治理结构的目标出发,监事应当和董事一样对公司承担忠诚义务和勤勉义务,虽然制度的安排不让监事直接参与公司的经营管理活动,但是监事的职责同样受命于股东会,没有忠诚义务和勤勉义务的要求,监事的职责履行也就失去了灵魂约束,在内心世界上外化于公司,其地位就会降低至公司雇员的水平。忠诚和勤勉是监事为公司服务的道德前提,当然这不否认监事履行职责应依法和依公司章程的规定进行。监事如疏于履行职责或违法、违反章程规定,造成公司财产损失要承担赔偿责任。法律规定禁止某些人员担任公司董事的同样不得担任公司的监事,即我国《公司法》第 146 条规定的情况。我国《公司法》第 148 条对公司的董事和高管人员作了竞业禁止的规定,但对公司的监事未作这种限制性规定。一般来讲,竞业禁止的规定往往是针对控制公司的人员设定的,因为他们有可能利用公司的商业机会去发展自己的独属商业和产业,从而会损害公司的利益,监事一般不参与公司的日常经营活动,不大可能利用公司的商业机会,因此理解竞业禁止的规定不适用于监事人员是合理的,是有事实和法理依据支持的。

我国 1993 年《公司法》规定监事列席董事会会议,但没有规定其他的职责。2005 年修订的《公司法》规定监事不仅可以列席董事会会议,而且可以对董事会决议事项提出质询或者建议。这一规定实质上使董事会会议变成了董事会扩大会议,列席会议的监事虽然不能投票(也不像独立董事那样对某些问题有一票否决权或者发表独立意见的权力),但"提出质询或者建议"的的确确把监事的监督功能设计到事中监督而非事后监督,监事如同独立董事一样发挥作用;董事会强行通过危害公司利益的决议案的概率会大大降低,因为监事有权提出质询。董事会会议讨论的事项明显存在危害公司利益的情形,监事如果不提质询,装聋作哑,致使错误的决议案被通过并最终造成公司损失的,监事难免被追究赔偿责任。董事会会议的记录中当然要记载列席会议的监事的态度。监事即使纯粹为自己个人利益的安全着想,也要在列席董事会会议时谨慎从事,"提出质询或者建议"是监事的权力,同时也是义务,是可能引发个人民事赔偿责任的义务。

监事会或者监事发现公司经营情况异常，可以进行调查；必要时可以聘请会计师事务所、律师事务所等机构协助其工作，费用由公司承担。监事会或者监事履行监督职责必需的费用，由公司承担。监事会每年度至少召开一次会议，监事可以提议召开监事会临时会议。监事会会议投票时一人一票，决议应当经半数以上的监事通过。监事会会议决议的记录得由出席会议的监事签字备案。监事须为公司负保守秘密的义务。公司章程可以对监事会的工作程序作出补充规定。

在公司提起针对董事、经理人员的诉讼中，公司在诉讼程序中处在原告地位，而监事会主席或独任监事就是公司的法定诉讼代表人，他有权以公司名义聘请律师作为诉讼代理人。

四、经理机构

有限责任公司的经理机构是隶属于董事会的日常生产经营管理组织机构体系，通常由经理 1 人，副经理若干人，以及公司的生产、科研、财务、销售部门等组成。经理由董事会聘任，副经理一般由经理提名董事会聘任，他们受命于公司的董事会，具体负责落实董事会的决议，组织企业的生产经营活动，维持公司的运转。经理对董事会负责并报告工作，副经理及公司的其他高级管理人员通过经理对董事会负责。经理的职权主要有：(1) 主持公司的生产经营管理工作，组织实施董事会决议；(2) 组织实施公司年度经营计划和投资方案；(3) 拟订公司内部管理机构设置方案；(4) 拟订公司的基本管理制度；(5) 制订公司的具体规章；(6) 提请聘任或者解聘公司副经理、财务负责人；(7) 决定聘任或者解聘除应由董事会决定聘任或者解聘以外的负责管理人员；(8) 董事会授予的其他职权。公司章程对经理职权另有规定的，从其规定。在公司董事会开会时，经理得列席会议，向董事会报告工作并接受董事、监事的质询。在不设董事会的小规模有限公司中，执行董事可以兼任经理。

公司的经理受《公司法》关于竞业禁止规定的约束。经理履行职责得勤奋、谨慎、忠实，不得利用职务牟取私利，其活动不得违反法律和公司章程。公司的经理属于公司的雇员，没有法定任期限制，是否限制任期由公司章程规定。经理不称职时，可由董事会解聘；经理的活动得接受公司监事的监督。经理的失职行为造成公司损失的，要负赔偿责任。

我国《公司法》对董事、监事任职资格限制的规定，同样适用于经理及其他高级管理人员。在法律上，经理对公司负有的义务与董事所负的义务相同，即忠实义务和勤勉义务，不管经理本人是否是公司董事会的成员。公司章程如果规定经理为公司法定代表人的，经理行使法定代表人的职权。

第五节 一人公司

一、立法背景

一人公司，依据我国《公司法》的架构设计，是指只有一个自然人股东或者一个法人股东的有限责任公司。我国 2005 年修订的《公司法》完全确认了有限责任公司中一人公司的合法地位，比较彻底地解决了公司设立中有的股东愿意独立投资并获得有限责任安全利益的困局，也解决了公司设立后由于股权继承、转让使得全部股份集中于一人之手于法相悖的问题。这是我国《公司法》的一种历史性的进步。

一人公司问题长期困扰我们,既限制了投资者的个人判断与选择,也对工商机关的管理活动造成某种困境,因为现实经济体系中实际上产生了名为两人或多人投资的公司、而实际就是一人投资的公司的情况,名义股东与实际股东之间发生纠纷,法院的判处也比较困难。过去,我们常常提起公司的全资子公司的概念,但事实上在我国,这个问题非常混乱,有的公司登记机关予以特别许可,有的则不允许注册登记,国务院还特别批准了一些独资子公司。本来,在有限公司股东人数为 2 人以上 50 人以下的制度条件下,法律没有规定该 2 人在公司中的出资比例,在理论上就应当允许一个投资者持有 99%的股份,另一个投资者只持有 1%的股份的公司设立,或者甚至在注册资本 100 万元的公司中,其中一位投资者可以只持有 1 元钱的出资权益,另一位投资者可以持有 999999 元钱的出资权益。然而,我国各地的公司登记机关以投资者的这种股权分配结构违反了法律规定 2 人以上可以相互监督的立法精神,不予注册,以地方政策规定 90%与 10%的比例安排,或者 85%与 15%的比例安排。这样的规定曲解了法律的最高原则,造成了实践中大量的虚假股东的问题。事实上,在我国的外资企业和中外合作经营企业中早就存在合法的一人公司。过去,我们主要受传统民法关于法人社团理论的思想限制和对一人股东可能利用有限责任不正当操控公司损害社会利益和债权人利益的担心,没有予以承认,当然 1993 年《公司法》制定时的社会背景的确不是一人公司出现的时机。这些年来,理论界已经进行了较多的讨论,各方意见也比较一致,2005 年修订的《公司法》最终确认了有限责任公司中一人公司的合法地位。

二、制度要点

结合我国 2005 年和 2013 年两次的《公司法》修订,一人公司的制度要点体现在如下方面:

(1) 一人公司仅限于有限责任公司,股份有限公司不适用。《公司法》第 24 条规定“有限责任公司由 50 个以下的股东出资设立”,而股份公司则规定了 2 人以上 200 人以下的人为发起人。

(2) 一人公司的股东包括自然人和法人两种。为了让与公司交易的人方便识别一人公司及其独资股东,法律要求公司登记机关应当区别登记自然人独资或者法人独资,并且在公司营业执照中载明。法人独资的一人公司,如果投资法人是公司的,则所投资成立的公司就是全资子公司。法人可以投资设立多个一人公司,法人独资的一人公司还可以继续设立一人公司。

(3) 2005 年修订的《公司法》规定一人公司的法定最低注册资本为 10 万元,比普通有限公司的最低注册资本高 7 万元,并且应当按法定资本制的要求一次足额缴纳。2013 年修订的《公司法》彻底废除了这项规定。

(4) 为了防范社会风险,规定一个自然人只能设立一个一人公司(不能撒豆成兵),而自然人所设的一人公司不得再设一人公司(鸡生蛋、蛋生鸡)。在《公司法》修订以前,我国的《外资企业法》允许境外的自然人在中国境内设立一人有限责任公司,而且没有规定一个外国的自然人在中国境内只能设立一个一人公司的限制条件,所以存在同一个境外自然人在中国境内设立多个外资企业有限责任公司的情况。由于 2005 年修订的《公司法》及《公司登记管理条例》强调外商投资的公司的设立和运行适用《公司法》和《公司登记管理条例》,在这个问题上形成冲突就在所难免。对于这个问题,笔者的意见是新公司适用新修订的《公司法》,已经设立的过往公司视为合法。外资企业中有一部分是法人投资设立的企业,另一部分是多个外方投资者联合在中国境内设立的企业，即使一个外国自然人在中国境内投资设立公司也不一定会人人都设立多个外资有限责任公司，这样看来真正由一个外国或境外的自然人在中国境内设立多个外资有限公司的数量微乎其微。但是，我国市场主体的法律内外有别的局面不能长久维持，以后由一个自然人在中国境内设立外资一人公司的，应当依据2005年修订的《公司法》的规定办理，该外国的自然人在我国不同地区设立多个企业时，可以先设立一个一人公司，再由该自然人和其所设的一人公司设立多个合资企业，问题也就解决了。

（5）一人公司的股东无论是法人还是自然人只有一人，公司的章程由一人股东制定，公司的决策机关选择执行董事体制的会比选择董事会的多，公司法上没有必要要求组成股东会。为了在最大可能性上确保公司与其唯一股东拉开法律的距离，不使公司成为股东任意拿捏和玩弄的敛财工具，公司法规定股东作出相当于股东会的决定必须用书面形式作出，由股东签字后置备于公司；每一会计年度终了时须编制财务会计报告，并经会计师事务所审计。

（6）为了保障与一人公司交易的当事人的合法权益，法律规定一人公司的股东承担证明自己的财产与公司的财产是分别独立的举证责任；不能证明的，股东对公司债务承担连带责任。

第六节　国有独资公司

一、国有独资公司的概念和特征

我国《公司法》所规定的国有独资公司也可称为国有独股公司，是指国家单独出资、由国务院或者地方人民政府授权本级人民政府国有资产监督管理机构履行出资人职责的有限责任公司。这里的地方人民政府主要是指省级人民政府。基于我国的现实，国家国有资产实行中央与地方的分级管理体制，经改制设立或者投资新设的国有独资公司，国家是其唯一的股东。但是，国家出资设立公司，必须解决符合《公司法》要求的股东代表的问题，否则，公司体制中的投资关系就会被抽象化和被架空。因此我们可以说，国有独资公司的股东是国家，国有资产监督管理机构是股东代表，其扮演公司的出资人的角色；我们也可以说，国家是国有独资公司的名义股东，或法理意义上的股东，而国有资产监督管理机构是实际股东，是在《公司法》体系内可识别的机构投资者或是机构股东。

国有独资公司在企业类型中并不是一种新形式，它是有限责任公司的一种特殊形态。国有独资公司在《公司法》中被确定下来，就为原国有大中型企业的改革和新设国有企业的法律形态选择确定了法律基础，是现代企业制度在国有企业改革中的具体体现。国有独资公司的具体特征有以下几方面：

第一，从财产的最终归属关系看，国家是国有独资公司剩余财产的所有者。国有独资公司的公司法人财产权的实质，更强调其经营权属性。国有独资公司在经营活动中要承担国有资产保值增值的责任，并要接受国有资产监督管理机构的监管。

第二，从投资结构上来看，国有独资公司是由国务院或者地方政府授权的国有资产监督管理机构履行出资人责任的有限责任公司。国家是国有独资公司的股东，而出资人职责可以看成是股东的代表人或代理人的职责。在国有企业的概念体系内，国有独资公司是国有企业的一种形态,其他形态的国有企业如未改制的全民所有制企业、其他国有投资主体或者投资机构单独设立的法人一人公司、两个以上的国有机构或部门联合投资设立的有限责任公司或股份有限公司等,在国有企业的数量上居多。国有独资公司是专由国有资产监督管理机构依据授权履行出资人职责的有限责任公司。目前,我国中央政府授权国有资产监督管理委员会履行出资人职责的企业约有100多家,其中国有独资公司不足10%。

第三,从企业制度上来看,国有独资公司是有限责任公司的一种,其设立、组织、运行均由《公司法》调整,它与原有的全民所有制企业在制度上已经发生了变革,具有较强的独立性,更能适应市场经济的运行体制。正是从这一点出发,一些国有企业进行改革时选择国有独资公司形式,改制的成本相对较小,可以便宜安排,同样能实现新旧制度的更迭。

第四,与一人公司相比较,国有独资公司的投资主体也是一个,且同样是投资者承担有限责任,这是相同点。但一人公司的投资主体是自然人或者普通法人,而国有独资公司的投资主体是国家,它本身具有社会性、政治性及团体性。因此,我国《公司法》把一人公司和国有独资公司区分规定是有法理根据的。但是,国有独资公司再行单独设立的独资公司不属于国有独资公司,而是企业法人设立的一人公司。

第五,从适用范围上看,国有独资公司在国民经济的各个领域都可以设立,不存在局限性。但是,我国市场经济的发展方向是国家在更多的经济领域中退出,实现具体经济形态的所有制的多元化,加快政府向公共服务机构方向的职能转变,因此,国家不可能选择在许多行业中设立或改制设立国有独资公司。国有独资公司往往是生产特殊产品的公司或者属于特定行业的公司,具体由国务院或有关政府机构通过产业投资政策加以规定。

二、国有独资公司的机构设置与运营管理

(一)关于公司章程

公司是依章程设立并存在的。我国《公司法》规定,国有独资公司的章程由国有资产监督管理机构制定,或者由董事会制定报国有资产监督管理机构批准。由于国有资产监督管理机构分为国务院授权的机构和地方人民政府授权的机构两种情况,公司经营的行业不同,国有独资公司产生的形式上存在老企业改制和新设两种情况,因此公司章程的内容和形式不可能全部一样或是一个模式。从原则上来看,所有公司的章程都不得违反《公司法》的规定,国有独资公司也不例外,但正因为它是国有企业,故在章程中会较多地反映出国有资产管理方面的内容,企业管理机构设置上的差别特点,都要在公司章程中有必要的体现。国有资产监督管理机构或公司董事会在制定公司章程时应结合本公司实际作出相应的安排。

(二)关于机构设置

国有独资公司由于其股东是国家,投资主体的单一性不需要设立股东会协调股东之间的事宜,故法律规定不设股东会,由国有资产监督管理机构直接行使股东会职权。国有资产监督管理机构可以授权由公司董事会行使股东会的部分职权,决定公司的重大事项。这种授权应当在公司章程中有所体现,或可通过签发授权书的方式予以明确。但按我国《公司法》第66条的规定,国有独资公司的合并、分立、解散、增加或者减少注册资本和发行公司债券,必须由国有资产监督管理机构决定;其中,重要的国有独资公司的合并、分立、解散、申请破产事宜,需由国有资产监督管理机构报授权的人民政府批准。

国有独资公司董事会由3—13人组成,与普通的有限责任公司董事会组成人数一致;其职权除国有资产监督管理机构另行授权的外,与我国《公司法》第46条规定的董事会权限一

致。每届董事会中，董事的任期不得超过3年。董事由国有资产监督管理机构委派产生，董事会成员中应当有一定比例的职工代表，职工代表董事由公司职工代表大会民主选举产生。董事会设董事长1人，并根据需要设副董事长。董事长、副董事长不由董事会选举产生，由国有资产监督管理机构从董事会成员中指定产生。董事任期届满3年，是否可以继续获委派担任董事职务的问题，我国《公司法》没有作出允许或限制性规定，应当理解为是允许的，至于是否继续委派，则取决于履行出资人职责的国有资产监督管理机构的决定。

国有独资公司设经理，处理公司的日常事务并组织生产经营和商业服务活动。经理由董事会聘任或解聘。对经理的任职，法律没有规定需报经授权的国有资产监督管理机构同意，但是中国公司中的经理一职，不可以简单地按照西方国家法律上的“经理人”角色加以理解，这里存在制度差异，并且按照《公司法》的规定，担任经理职务的人可能因为公司章程的授权安排而担任公司的法定代表人，因此在国有独资公司框架下，经理的担任人事实上必须得到国有资产监督管理机构认可。经国有资产监督管理机构同意，董事会成员可兼任经理。企业的财务机构、生产管理和营销部门在经理的领导下开展工作，经理对董事会负责。

国有独资公司的董事、高级管理人员，未经国有资产监督管理机构的同意，不得在其他商业组织机构中任职。

国有独资公司监事会成员不得少于5人，其中职工代表的比例不得少于1/3，具体比例由公司章程规定。监事会成员由国有资产监督管理机构委派，其中职工代表由公司职工代表大会选举产生。监事会主席由国有资产监督管理机构从监事会成员中指定。监事会行使我国《公司法》第53条第1项至第3项规定的职权和国务院规定的其他职权。这里，有两个问题需要说明：第一，《公司法》第54条第1款规定了“监事可以列席董事会会议，并对董事会决议事项提出质询或者建议”以及聘请会计师事务所协助其对公司经营情况进行调查等，是监事会职权的自然延伸；第55条规定了监事会的议事方式和表决程序；第56条规定了监事会开展工作的费用负担。上述内容我国《公司法》在国有独资公司一节中没有明确规定，笔者认为当然适用于国有独资公司的监事会制度。第二，“国务院规定的其他职权”，是指国务院于2000年3月15日颁布的《国有企业监事会暂行条例》和2003年5月27日发布的《企业国有资产监督管理暂行条例》中所规定的监事的职责。该两个条例特别是前一个条例对国有企业监事会的工作作了较为细致的规定，适用范围中也包括了国有独资公司，在2005年修订的《公司法》颁布后，《国有企业监事会暂行条例》对《公司法》规定的国有独资公司的监事会制度形成了必要的补充，一体适用。另外，我国《公司法》关于董事、高级管理人员不得兼任监事的规定当然适用于国有独资公司的监事会制度。国有独资公司的董事、监事、高管人员，依法对公司负有忠诚义务和勤勉义务。

国有独资公司应当依照《宪法》和其他法律的规定设立职工代表大会，通过这一形式实行职工对公司的民主管理制度。

三、国有独资公司的监管职责与运营职责的分配与协调

国家授权的国有资产监督管理机构依照我国《公司法》、国有资产管理监督法规等规定，对国有独资公司的国有资产实施监管。监管的具体方式有制定或批准公司章程，派出董事会成员，任命董事长，派出监事会成员，听取汇报并接受报表，组织审计和清产核资，对公司合并、分立、转让出资、出售企业、解散、增减资本和发行债券作出决定，对造成公司财产损失的董事、经理等高级管理人员予以处分，撤销委派、报告国家司法机关追究其刑事责任，以及

对国有资产保值增值的有功人员予以奖励等。

国有独资公司股东会的权力由国有资产监督管理机构行使。除合并、分立、解散、增加或者减少注册资本、发行债券、申请破产等重大问题外，股东会的其他权力可以由国有资产监督管理机构授权给董事会行使，授权内容的规模、范围、期限由该机构决定。具体有：(1) 决定公司的经营方针和投资计划；(2) 讨论通过董事长的工作报告；(3) 审议批准公司的年度预算方案、决算方案；(4) 审议批准公司的利润分配方案和弥补亏损方案；(5) 对修改公司章程作出决议并报国有资产监督管理机构批准等。公司高管人员的报酬标准本来由公司的董事会决定，但董事、监事的报酬标准应当由股东会决定，这项权力不应当下放给董事会，仍应由国有资产监督管理机构行使。按照我国国有资产监督管理委员会的工作部署，该委员会将积极向完成改制的国有独资公司放权，让公司的董事会更多地行使《公司法》上属于股东会的职权。国有独资公司的经理的职权依照我国《公司法》第 49 条的规定行使，本章第四节已有详述。

第十二章

有限责任公司的股权转让与回购

第一节　有限责任公司股权转让的法理基础

一、有限责任公司股权转让的概念

有限责任公司的股权，也称为股东权，一般包括股东基于对公司的投资而享有的利益分配权、公司重大事务决策参与权和管理者选择权。从广义的角度说，股权还包括股东对公司承担的义务。在会计学领域所讲的股权，也称为股东权益或所有者权益，不包括股东对公司的决策参与权和管理者选择权，也不包括股东的义务。依据不同的法律标准，对股权可以分为以下几种：(1) 自益权和共益权；(2) 固有权和非固有权；(3) 普通股股东权和优先股股东权；(4) 控股权与非控股权等。

在市场经济体制下，任何具有财产属性的私权若非法律特别禁止的情况都可以流通转让，股权当然不例外。有限责任公司股权的转让一样体现出资本流动的社会属性，尽管它换手的速度大大慢于股份有限公司股份的流通速度。在有限责任公司股权转让的制度构造中，股权、股份、出资等法律术语可以被替换使用，但细究起来，这些词语存在着定义的区别：股权，是以股东为本位表达股东针对公司而享有的权益；股份，是立足于公司资本的角度揭示其分解的结果，以及于特定股东之间形成的持有或归属关系；出资，着重表达股东对公司的投资权益。我国 1993 年《公司法》使用“出资”一词，虽然不影响交易的发生和完成，但是不能准确表达股东对公司出资后形成的权益持有和决策管理关系，并且未体现资本原始的出资与公司净资产之间的比例关系以及公积金转为公司资本的变化，是不妥当的。股份一词，常常使用于股份有限公司中投资的转让，用于有限责任公司投资转让的情景不是不可以。笔者以为最恰当的术语是股权。2005 年，我国修订的《公司法》启用“股权”一词，表达股东对公司投资后形成的法律上的权利状态，是很恰当的选择。

二、有限责任公司股权转让的特征

有限责任公司的股权转让，具有如下的法律特征：

第一，以协议方式进行。由于有限责任公司的资本没有分解为标准划一、价值相等的以股票为表现形式的股份，就不可能在证券市场上公开交易，转让者与受让者买卖股权的行为必须以协商签署协议的方式进行，在股份有限公司股份转让中通常适用的集中竞价买卖和要约收购方式是无法利用的。有时，法院或者其他的机构以拍卖的方式寻找对特定股权出价最高的受让者,但这并不否定有限公司的股权转让的标准方式是协议转让方式;即使法院通过强制执行程序执行股权用以偿债,其交易发生的基础方式仍然是协议模式。

第二,股权的转让不改变公司的独立人格。公司法律制度塑造了公司的独立人格,公司以资本为其存在的物质基础,在公司成立或者扩大资本发行时股东因向公司出资而获取了公司以股份方式给付的对价,在股份上设定了针对公司全部资本的权利及决策管理权和收益权。于是,股权就独立于公司而单独存在,独立的股权上的交易不对公司的资本产生实质性影响,当然也不影响公司的独立人格,哪怕公司的全部股权在转移中集中于一人之手。这种情况体现了公司制度创立者的商业诉求,并进而为公司法所确认,被认为是公司制度的精巧构造的特色之一。

第三,公司股权的转让涉及交易以外的其他利益主体包括公司本身的利益,因此交易的进行不能不取得利益相关者的认可。有限责任公司股权转让中的利益相关者主要是指其他的股东,法律确认有限责任公司股东之间自然形成的信任关系的有条件、有限度的效力,因而规定了其他股东对拟转让股权的意见表达权和优先受让权。

第四,股权转让完成后应当由公司依据强制法的要求变更记载股东名册和办理变更登记手续,从而对受让股权的股东给予公司确认和实现公示保护。

三、有限责任公司股权转让的法理基础

有限责任公司股权转让制度的法理基础植根于有限责任公司不同于其他公司组织形态的特殊属性。在大陆法系公司法体系内,有限责任公司首先是由德国于19世纪90年代为了满足中小企业经营之需要,通过简化股份有限公司并揉入人合因素而创造出来的。在后来的一百多年的制度演变过程中,有限责任公司兼具资合与人合两种属性的质素结构并未改变。正是有限责任公司股东之间这种既"资合"又"人合"的关系,使得其股权转让制度呈现出既不同于作为纯粹资合性公司的股份有限公司,又不同于作为纯粹人合性公司的无限公司的复杂特征。公司可以被看做一种生态机制,其中股权的流动体现了公司生命体的一项重要的循环。不论公司股东出让股权的初始动机如何,其本性目的是回收投资,法律都应赋予投资者以回收投资或者说退出公司的机会或权利。法律既不鼓励也不限制股权的转让,但法律承认股权发生转让是股东的基本权利;公司章程如果基于非常正当的理由对股权转让作出合理期限的限制是可以接受的,但绝对禁止转让和限制转让的期限和条件超过理性标准是非法的。

在人合公司中,法律注重投资者的个人信用以及他们之间的友情结合,投资者的出资被掩蔽在公司商号的光环之下,因此法律自始允许投资者退股,也允许公司基于法定理由对特定投资者除名。相反,在资合公司中,公司的存续并不依赖于投资者个人在财富与信誉方面的社会威望和投资者之间的良善关系,资本被看成是公司唯一的信用根基。因此,法律虽不允许股东退股,但是允许股权自由转让,同时资本市场的有效运行为投资者转让股份提供了便捷的交易通道。而在有限责任公司中,由于股东之间同时具有人合与资合的关系,股东回收投资或者退出公司的行为就要受到两种法律关系的约束:一方面,人合性和封闭性使其股东不能像股份有限公司的股东那样可以自由转让股份;另一方面,资合性使其受到传统公司法理论上资本维持原则的约束,股东不像纯粹人合性公司那样允许自由退股。这样,一旦有限责任公司的股东谋求回收投资时,法律就很困难地在这种人合与资合的夹缝中为其寻找退出公司的途径。事实上,有限责任公司股权转让制度的实质就是在保证股东回收投资与

维持公司的人合兼资合属性之间作出平衡。考察大陆法系有关有限责任公司股权转让之立法例，我们发现制度的安排和演变大致都遵循这样一个进路。

尽管公司法学界的主流理论将有限责任公司称为“人合兼资合”公司，但是更准确地界定，它应当是一种具有人合性的资合公司。与此相适应，大陆法系公司法都通过“有限制的股权转让”这样一种“受到人合性限制的资合性方式”来实现股东对资本的回收。这种“有限制的股权转让”构成了大陆法系公司法关于有限责任公司股权转让制度的理论指引。但是，由于对公司法的强制性理解不同以及对不同形式的股权转让对公司人合性影响的视角差别，不同国家或地区的公司法对有限责任公司股权转让制度的政策对应也不尽相同。在大陆法系国家，由于有限责任公司股权内部转让不像外部转让那样必然导致新股东的加入，不会动摇基于股东之间相互信任关系的人合性，因此对有限责任公司股权转让制度立法的结构模式方面，大都区分股东之间的股权转让（内部转让）与向股东以外的人转让（外部转让），并对两种转让分定规则，即对于股权内部转让法律多采自由主义或不干涉主义，允许股东依当事人意思自治规则办理；对于外部转让多采限制主义，要求须经股东或公司同意，以维护公司的人合基础。当然，也存在一些特例。如我国台湾地区“公司法”就不以转让对象为标准划分内部转让和外部转让，而是以出让股东是否为董事为标准，将股权转让区分为一般股东转让和董事股东转让，并对后者施以较前者严苛的限制。此外，还专门规定因法院强制执行而导致的股权外部转让的特殊规则——法院依据强制执行程序，将股东股权转让于他人时，应通知公司与其他股东；受通知的公司及股东于20日内，依股权转让的规定指定受让人；逾期未指定或指定之受让人不依同一条件受让时，视为同意转让，并同意修改章程有关股东及出资额事项。德国法则将股权转让区分为全部转让和部分转让。对于全部转让，原则上由股东自由为之；对于部分转让，原则上须经公司同意。我国《公司法》采大陆法系的一般模式，亦区分内部与外部转让分定规则。考虑到内部转让与外部转让各自关涉的利益确有差异，以转让股权之受让人是否股东而异其待遇，是为充分把握有限公司之特质。

有限责任公司制度的产生满足了小规模投资者对于投资的风险控制要求，但因为公司股东的人格识别性和确定性的存在，出于维护资本管治而建立的封闭式环境和维护股东间的信任合作的需要，投资者转让股权的自由必然会被施以必要的限制。当股份有限公司如同公共集会场所那样欢迎任何持票的人进入时，有限责任公司恰如私人俱乐部——对进出的成员采取了身份限制，并且给定的座位也很有限。股东之间的信任关系是公司维系发展的必要基础，也是公司债权人利益实现的某种间接的保障。股权在股东之间转让，即使导致一人公司，法律也应当撤去所有樊篱，顺从股东的意愿（最高限制的规则指引是确认股东在公司章程中约定的转让方式）；而对股东向股东以外的人转让股权，法律不能不直接介入设定适当的规则以巩固制度的基础和平衡各个当事人的利益。这是因为民事活动的过程以及结果涉及公共利益和第三人利益，调整这种活动的法律规范就必须表现出适度的强制性。

第二节　有限责任公司股权的内部转让

一、股权内部转让的含义

有限责任公司股权的内部转让，就是指股权在股东之间转让。如前所述，股东之间存在信任关系是有限责任公司构造成立的人脉基础，这一基础一旦受到破坏，极有可能导致公司解体。在股东之间转让股份,就排除了陌生人进入公司的机会,当然不会影响原股东间的人际合作关系,因此法律对此施加的规制不同于股东向股东以外的人转让股权的情况。

二、股权内部转让制度的比较

尽管有限责任公司股权内部转让并不导致新股东的加入,相关法律规则也主要以“自由”为基调,但是不同国家或地区在对内部转让的立法中,宽严程度并不一致。日本2005年修订前的《有限公司法》最为宽松。该法第19条第1款规定:“股东可将其全部或者部分出资份额,转让给其他股东。”除此授权性规范外,别无他限。需要指出的是,日本法对内部转让采自由主义态度,只是没有强行规定内部转让须经股东或公司同意,但这种立法例并不意味着股东之间的股权转让不应受到任何限制,而是授权投资者自主决定是否对内部转让附加条件和附加何种条件。尽管内部转让不会因新人的加入而挑战股东之间的信任关系,但却会引起公司股东原有股权格局的变动。作为资合性很强的企业组织,股东之间的股权比例是决定股东们在公司中的利益格局的根本性因素。基于投资者均为“理性的经济人”的假设,法律相信他们能够对关系到自己切身利益的事项作出合理的认识、判断和相应的处理。可见,日本法例将如此重大事项交由公司股东自行处置,不仅反映了对股东自治理念的尊重,更多地则表现出立法者对股东自治能力的信任。

德国法不区分内部转让与外部转让。根据德国《有限责任公司法》第15条第1项和第5项的规定,在全部转让的情况下,有限公司的股权可以自由转让,但是公司章程可以对转让股权附加其他条件,尤其可以规定转让必须经公司批准。这种法例一方面确认了转让自由的原则,另一方面又提示投资者具有通过章程自行安排股权转让规则的权利。

法国法比德国法的规则更为详尽。法国《商事公司法》第47条第1款确立了股权内部转让自由的基本原则,规定“股份在股东之间自由转让”;第2款进而提示投资者可以在章程中对内部转让约定限制条件。为了保证在章程约定了内部转让限制条件的情况下,出让股东的转让意图仍可顺利实现,该款前半段规定:“章程含有限制转让条款的,适用第45条的规定”。而第45条则是关于外部转让的基本规则,根据该规则,股权转让方案被公司搁置表决或否决时,出让股东可以通过推定同意、指定受让、强制收购等补救措施得以脱身。该条第2款后半段则授权当事人在公司章程中在不改变第45条基本规则框架的前提下,在表决强度和相关期限方面进行更为灵活的制度安排。

在我国台湾地区“公司法”上,股权内部转让适用与外部转让相同的规则,即必须受股东同意制度的约束。台湾“公司法”第111条第1项规定:“股东非得其他全体股东过半数之同意,不得以出资之全部或一部,转让于他人。”根据上下文,此处转让人应为非董事股东,而接受转让之“他人”既包括股东也包括股东以外的人。对于该转让制度涵盖的股东内部转让,我国台湾地区多数学者认为内部转让亦须以其他股东同意的法律安排是不必要的严苛。他们认为,内部转让与有限责任公司之不公开性和闭锁性并不相违,实无获得其他股东同意之必要,应许自由为之为妥。

三、我国《公司法》关于公司股权内部转让的规定

我国《公司法》第三章专章规定了有限责任公司的股权转让。

我国《公司法》第71条第1款规定的“有限责任公司的股东之间可以相互转让其全部或者部分股权”是关于股东内部转让股权制度的核心条款。这显然是仿效日本原立法例作出

的规定。从理论上看,这一规定并无不当之处,它贯彻了股东自由处分出资权利的原则,照顾了有限责任公司股东对公司原有股东信任关系的心理依归,因为自由转让仍然是局限在现有的股东之间,没有根本改变股东群体的封闭结构。

我国《公司法》第 71 条第 4 款规定:"公司章程对股权转让另有规定的,从其规定。"这体现了法律对公司和股东意思自治精神的尊重。商人自治,减少公共权力的不必要干预,是现代公司法普遍奉行的市场经济原则,我国《公司法》的这一规定当然符合国际社会公司法律制度的一般价值标准。

上述两款的规定,构建了我国《公司法》关于股东向其他股东转让股权的基本制度。几年来,我国公司法学界比较一致地主张公司活动中要淡化强制性规范,突出任意性规范,2005 年修订的《公司法》在股东内部转让股权问题上汲取了理论界的研究意见。从实务角度看,公司股东内部转让股权可能存在以下的几种模式:

第一,公司章程对股东内部转让股权没有特别的规定,股东向特定的股东转让全部或者部分股权也没有发生障碍,公司只有两名股东或者虽然有多名股东但受让股东以外的其他股东对转让股权不主张对等的受让权利,转让方与受让方可以通过协商作价或评估作价完成转让行为。

第二,公司章程对股东内部转让股权没有特别的规定,拟转让股权的股东提出转让的事宜,其他股东有两人以上主张受让股权的权利,应当协商确定各自的购买比例;协商不成的,按照转让时各自的持股比例分配购买转让的股权;转让股权的价格可以协商定价或者评估作价。

第三,公司章程对股东内部转让股权另有规定的,按照规定办理。

第三节 有限责任公司股权的外部转让

一、概述

有限责任公司股权的外部转让是指股东将其所持股份向公司股东以外的人转让的行为。由于外部转让意味着新成员的加入,这势必引起原股东之间基于相互信赖而形成的稳定的人际环境和行为预期的改变。因此,公司法相关制度一般以"限制"为基调施以调控。为了维护商业秩序、节约交易成本,有关外部转让的法律规则比内部转让规则应更为细化,法律规范的强制属性也更明显。通过概括和抽象大陆法系公司法立法例,笔者以为外部转让制度在规则的结构上一般分为两个层面:第一个层面是为了维护有限公司的人合性关系而设计的"外部转让同意制度";第二个层面是当外部转让被否决时,为保障出让股东的回收资本意图的实现而设计的强制放行制度,如"指定受让""强制收购"和"公司回购制度"等。通过以上两个层面的制度配合,一方面对股权的对外转让"百般阻挠",另一方面又千方百计保证出让股东实现出让,考虑颇为周延。

二、转让同意制度

转让同意制度是有限责任公司股权外部转让制度的核心。该制度要求,有限责任公司股东向股东以外的人转让股权时,应征得公司或其他股东的同意,其宗旨是为了维护有限责任公司股东之间的互信基础。日本原《有限公司法》第 19 条第 2 款规定:"股东在将其全部或者部分出资份额转让给非股东时,须经股东会的同意。"由于股东会为公司的表意机关,因此,日本法上的转让同意权的主体为公司,而非股东。我国台湾地区转让同意制度既适用于外部转让也适用于内部转让,而且同意权的主体是其他股东。依有限责任公司股权转让同意制度的表决机制划分,有股东人数主义、资本比例主义和人数与资本比例的双重表决三种立法例。我国台湾地区采股东人数主义,"股东非得其他全体股东过半数之同意,不得以其出资之全部或一部,转让与他人"。法国法则采资本比例主义。法国《商事公司法》第 45 条规定:"只有在征得至少代表 3/4 公司股份的多数股东同意后,公司股份才可转让给与公司无关的第三人"。日本原《有限公司法》则是双重表决制的典型。根据该法第 19 条第 6 款、第 48 条的规定,只有经全体股东半数以上并持有全部股东表决权 3/4 以上的股东同意,方可通过。转让同意制度本身是有限公司人合性的要求,而三种不同立法例在同意表决权机制的具体安排上所反映出的人合性程度差别较大。股东人数主义反映的人合特色最鲜明;资本比例主义则完全是资合性规则,反映了有限责任公司属性的另一面;而双重表决则兼顾两者。此外,为了避免"转让同意权"主体对出让股东之同意请求久拖不决甚或通过怠于行使表决权而损害出让股东的利益,多数立法例还设计了"推定同意"条款,如法国《商事公司法》第 45 条第 2 款规定:"公司拥有一个以上股东的,转让计划应通知公司和每个股东。公司未在自完成本款规定的最后一个通知起 3 个月内作出决定的,视为已同意转让。"

我国台湾地区"公司法"还设计了"不同意股东的优先受让权",作为转让同意制度的辅助制度。台湾地区"公司法"第 111 条第 2 项规定:"前项转让,不同意之股东有优先受让权,如不承受,视为同意转让,并同意修改章程有关股东及其出资额事项。"依台湾"经济部"及有关学者的解释,首先,对转让持反对意见的股东的优先受让权,以股东股权转让有效成立为前提,即根据台湾地区"公司法"中有关股东同意制度,股权转让已经其他股东过半数同意;如果股权转让计划未能经其他股东表决通过,则无法进行转让,对该计划投否决票的股东也就没有优先受让权可言。其次,优先受让权是不同意股东的权利而非义务,可以放弃或部分行使。最后,当股权转让计划业经其他股东过半数同意而通过,而不同意之股东又在 2 人以上时,优先受让权应如何行使?台湾地区学者认为,如果章程有特别规定的,依其规定,如章程无特别规定的,先由享有优先受让权的股东协商,如协商不成,则依股东出资比例进行受让。

三、强制放行制度

强制放行制度表达了法律对转让股权的股东在转让行为遭到公司或者其他股东的否决时所能获取的利益关怀和平衡保护。当股权对外转让计划遭到否决时,就需要有第二层面上的制度对出让股东的退出权给予救济。这些制度主要有如下几项:一是指定受让制度。当其他股东或公司不同意拟转让股权的股东所提出之对外转让计划时,由公司指定他人接受拟转让股权。当然,公司既可以从股东中指定,也可以从非股东第三人中指定受让人。典型立法例如日本旧的《有限公司法》。根据该法第 19 条第 3 项、第 5 项之规定,股东会不同意转让时,应指定其他转让对象。指定受让制度一方面使出让股东在其转让方案遭到否决时仍能获得脱身机会,另一方面由公司自行决定转让对象也是对有限公司人合性的尊重。二是强制收购制度。当股权外部转让遭到否决时,为了保证拟出让股东的退出权,法律强制其他股东购买拟出让的股权。法国《商事公司法》同时规定了指定受让和强制收购两项制度。该法第 45 条第 3 款规定:"公司拒绝同意转让的,股东必须在自拒绝之日起 3 个月内,以按民法典第 1843-4 条规定的条件确定的价格购买或让人购买这些股份。”三是公司回购制度。法国《商事公司法》第 45 条第 4 款规定：“在征得出让股东同意的情况下，公司也可决定，在相同的期限内，从其资本中减去该股东股份的票面价值额，并以按前款规定的条件确定的价格重新买回这些股份。”采用公司回购制度时，实际上会启动公司减资的程序。

四、我国的相关制度

我国《公司法》第 71 条第 2 款、第 3 款、第 4 款规定的内容是关于有限责任公司股权外部转让制度的核心条款。其规定：“股东向股东以外的人转让股权，应当经其他股东过半数同意。股东应就其股权转让事项书面通知其他股东征求同意，其他股东自接到书面通知之日起满 30 日未答复的，视为同意转让。其他股东半数以上不同意转让的，不同意的股东应当购买该转让的股权；不购买的，视为同意转让。经股东同意转让的股权，在同等条件下，其他股东有优先购买权。两个以上股东主张行使优先购买权的，协商确定各自的购买比例；协商不成的，按转让时各自的出资比例行使优先购买权。公司章程对股权转让另有规定的，从其规定。”这里，有几项核心的内容：

第一，外部转让行为需经其他股东过半数同意，而不需要公司的同意。1993 年《公司法》中列举的有限责任公司股东会的职权中第 10 项为“对股东向股东以外的人转让出资作出决议”，而且因为股东姓名或名称及其出资是公司章程的必要记载事项，转让出资意味着章程修改，章程修改就得经代表 2/3 以上有表决权的股东的通过，因此转让出资不仅要经过公司的批准，而且是股东会中代表 2/3 以上有表决权股东的通过。2005 年修订的《公司法》取消了股东会的这项职权。股东向非股东转让股权，应当事先与受让方进行接洽并初步谈定转让股权事宜，转让的股权是全部还是部分、转让的价格条件、受让方的身份资料等，这些是必须要在书面通知中告诉其他股东的，否则其他股东无法答复其意见。

第二，规定了征求股东意见的程序。为保障其他股东的知情权和防止股东之间可能在事后纠缠于是否知情的杂碎细节，法律规定以书面通知的方式征求意见；为保障转让方与受让方的权益，提高效率，规定接获书面通知的股东得在 30 日内答复，答复可以是同意，也可以是不同意，但对不答复的行为法律确定其“视为同意转让”，30 日的时间比法国法律规定的 90 日缩短了两个月的期间。

第三，确定了“不同意股东强制收购”制度。其他股东可以以“过半数”不同意转让而否决股权转让动议，但不同意的代价是购买拟转让的股权，而且是法定的强制性义务，法律在平衡出让方与其他股东之间的利益博弈中还是偏向出让方，要给出一个通道让出让方离开公司，公司不能成为投资者的陷阱或囹圄。如此立法精神的贯彻所得出的结论也就很清楚了：“不购买的，视为同意转让”。

第四，其他股东的“优先受让权”制度。其他股东不同意转让方转让股权议案的，并不一定就会导致法律强制性约束的购买行为，表达不同意的意见可能出于自己购买的愿望。按照有限公司封闭性特点进行的制度设计，这种股东的优先购买权是首先予以制定法认可的，股东如果没有在公司章程中另有安排，其合作设立有限公司的动机里就已经接受了制定法确立的规则。多个股东都主张优先购买权的，法律规定通过协商或者按出资比例购买，就可以保障股东之间的持续合作，维护股东在持股比例上已经形成的结构关系。

第五，明确公司章程对股权转让另行作出规定的法律效力，体现了法律尊重股东意思自治的精神。

2005年修订的《公司法》对股东外部转让股权的规定仍然承袭了1993年《公司法》确立的原则，增加和变更的内容是通知程序、批准权由公司转为其他股东、转让方案未获批准时的强制收购义务、优先权协商或按出资比例分配以及赋予章程自治权等五项。增加和变更的内容应当说是合理、适当的，而且很有必要。但保留的内容在法理上存在一些争议之处：主要是关于强制收购制度的设计原则问题。首先必须明确，强制收购制度是在外部转让方案遭到否决后，对出让股东实现回收投资或退出公司的一种补救机制。当外部转让方案因为其他多数股东的反对而被否决，强制收购制度立即生效迫使反对转让的股东承担自行买入转让股权的义务，“不同意又不购买视为同意转让”又导致被否决的转让方案转而生效了。股东为维护公司的封闭性结构对外部转让行为行使反对权变成附义务的权利。从实践情况看，中国社会是一个非常重视人际关系的熟人社会环境，当特定的转让行为被留存的股东否决，持反对意见的多数股东又不同意自行购入转让股权的，受让方此时进入公司必然意味着与留存股东难以和谐相处，法律虽然支持其加入公司以为出让股权的股东实现权利铺平道路，但是理性的受让方对进入公司还是会忐忑不安，裹足不前。我国《公司法》因袭我国台湾地区“公司法”第111条第1项、第2项规定设计的制度的确存在实务环节执行的困难。此外，强制收购制度也无法解决当股东既不同意对外转让又不愿意或无力收购拟出让股权时的利益平衡问题。因此，可以考虑导入公司回购股权制度。当外部转让方案遭到否决时，为了保证出让股东回收投资，同时又维持公司的人合性，在其他股东一致同意的前提下，由公司回购拟出让股权，并于回购后依法定程序减资。而《公司法》第74条已经规定了回购股权的制度，只是公司回购股权的几种条件设定目前还没有将股权转让方案被否决后“不同意又不购买”的情形列入，作为救济措施的选项之一。

五、因特殊程序和事件发生的股权转让

我国《公司法》第72条规定，人民法院依照法律规定的强制执行程序转让股东的股权时，应当通知公司及全体股东，其他股东在同等条件下有优先购买权。其他股东自人民法院通知之日起满20日不行使优先购买权的，视为放弃优先购买权。本条规定的内容是借鉴我国台湾地区“公司法”第111条第4项的规定制定的，为我国2005年修订的《公司法》的新增条款。股东因为债务清偿、履行法定义务、析产、赠与等民事行为需将其所持有限责任公司股权的一部或全部不得已而归于股东以外的他人时，应当按照《公司法》或者公司章程规定的程序办理；如果前述事由经法院判处，依法定的强制执行程序对股东所持的股权进行转让的，司法机关的介入当然会改变已有的程序。从本条规定的精神可见，即使法院按强制执行程序处理股东股权，也应当首先通知到公司和其他股东。通知公司是因为公司对股东可能发生的变化需要作必要的应对，公司还负有管理股东股权事宜的适当义务，如保管股东名册，转让生效后得履行变更股东名册、换发出资证明书、申请变更登记事项等，但公司无权对股东股权的转让予以否决；通知其他股东是给予股东特定的时间以决定是否行使优先购买权。法律并不要求此时由其他股东就是否同意转让表达意见，而是径行告知他们于20天内主张同等条件下的优先购买权。在这种情况下，公司的封闭持股结构被看成是相对的状态，其他股东维持它的代价是需要购买强制执行手段推进的转让股权。有学者在一次学术会议上提出了一个问题，如果一家有限责任公司某股东所持股份被拍卖，拍卖可能是由法院作为委托人安排的，竞买人通过竞买方式竞买成功就意味着转让股权的交易确定，这样的程序自然排斥给其他股东20天的优先购买权选择期，我国《公司法》与《拍卖法》的同时适用就会发

生冲突。这是一个非常复杂的问题，牵涉有关有限责任公司股权的竞买活动是否适用《拍卖法》，特别是法院依执行程序推进的拍卖活动，是否可以选择在评估基础上确定的股权转让价先行给予其他股东 20 天的优先购买权行使期限，期满后再进入拍卖程序，或者考虑在拍卖公告中加入关于优先购买权的特别说明，竞买人竞买成功只是表明交易可望达成的必要步骤，交易最终完成还需要其他股东当场表达是否行使优先受让权等。

依据我国《公司法》第 75 条的规定，自然人股东死亡后，其合法继承人可以继承其股东资格；但是，公司章程另有规定的除外。虽然我国《公司法》对此没有规定，但按照第 75 条规定的原则精神看，法人股东解散、破产的，其在公司中的股权财产的合法取得人当然可以承继股东资格，但公司章程另有规定的，依其规定办理。自然人股东丧失行为能力，其合法监护人代行股东权利的依照民事法律关于代理的制度安排。

六、股权转让行为的效力确定

在有限责任公司股权转让的实践中，常常发生的一个颇具争议的问题是股权转让生效的条件和时间。我国传统的企业制度中十分看重公司变更登记的效力，因而在诉讼中往往以登记行为的完成作为股权转让完全生效的标准，这是非常不规范和不科学的。有些公司的股权结构一旦发生调整，如股权的转让还需要政府有关部门的确认，学术领域还存在从当事人意思自治出发引申至受让方与转让方签字生效的结论，视角不同的人们对这个问题总是持有大相径庭的意见。事实上，有限责任公司股权转让行为的进行涉及以下的事项：(1) 转让方与受让方之间转让协议或者意向书的签署；(2) 经转让股东通知后其他股东单独或者集中对转让行为进行同意与否的表态(过半数同意为通过)；(3) 其他股东对行使或放弃优先受让权表态[第(2)项与第(3)项可合并于同一文件中表达，含部分放弃和全部放弃]；(4) 转让股权的价值评估；(5) 受让方向转让方支付转让费；(6) 公司变更股东名册的记载并向受让股权的股东签发出资证明书；(7) 公司负责修改公司章程；(8) 特殊公司股权转让需政府批准的报政府批准；(9) 公司负责完成变更登记等。这里，一项程序完整的股权转让历经八个步骤，其中真正决定转让行为生效的步骤并不是完成登记，登记只是制定法所要求的公司应当履行的对合法的股权转让行为的公示确认。

依据前述内容的分析并参考各国公司法的规定，笔者认为有限责任公司股权转让行为生效的条件是其他股东对转让行为的批准及对优先购买权的放弃。当其他股东过半数作出同意股权转让行为的决定并且不同意的股东不行使优先购买权时，公司就不能以其他理由对抗股权的转让行为。在股东名册上记载受让股东的姓名以及向新股东签发出资证明书并负责修改章程，是公司应承担的管理股东权益的法律义务；由公司负责办理注册登记手续的变更，也仅仅具有公示的意义，当然不能被看成是股权转让生效的条件，而只是股权转让完成的证明。根据我国《公司法》第 71 条规定，股权转让完成后，对公司章程的修改不需再由股东会表决。这一规定的目的在于防止形成公司对股权转让的另一次批准，因为股东过半数的批准不一定符合公司章程修改时全部表决权 2/3 以上的多数的同意结果。既然股权转让主要考虑股东间人合性因素，《公司法》直接豁免股东会会议程序就是十分必要的。一些行业的公司的股东地位需要政府机关认可的，其股权转让也需要政府对新股东的资格加以确认，也就是说，股权转让需经政府批准，但这只是个别现象，这类公司的股权转让以政府批准为生效的条件。此外，鉴于公司股权转让的行为一般不影响公司债权人的利益，债权人不应当享有实质干预的权利，因而也不具有影响股权转让效力确定的地位和能力。

有限责任公司兼具人合与资合的双重属性,使得股权的流动路径崎岖坎坷,程序性制度的安排往往顾此失彼,虽精心设计仍可能百密一疏而非尽善尽美。社会实践虽然为我们修改《公司法》提出了要求也提供了一些素材,但从大陆法系各国近些年对公司法进行频率极高的修订情况看,我国《公司法》对有限责任公司股权流动的制度完善也未必能毕其功于一役。公司投资者的相关实践、司法解释的出台、国家经济管治制度改革的深化、学界的不懈探求都会使得这一制度更趋合理、更体现效率与公平精神。

第四节　有限责任公司的股权回购

普通的有限责任公司是由复数的股东组成的公司。虽然公司法及其他民事、经济法律倡导股东平等的原则和理念,甚至提醒和允许股东在章程中规定股东会可以不按出资比例行使表决权,即设定股东一人一票表决权的表决方式(我国台湾地区“公司法”第 102 条第 1 项规定:每一股东不问出资多寡,均有一表决权,但得以章程订定按出资多寡比例分配表决权),但是公司章程如果没有作出另外的选择,按我国《公司法》第 42 条的规定,股东会行使表决权的基本制度是依各股东出资比例分配。因此,公司中大股东与小股东之间的权利差异就不可避免。出资多少当然存在多寡差别,在资本多数决制度下,其逻辑的发展结果就是大股东的意思表示将形成公司意志。在这种公司控制模式运行的框架中,中小股东的利益期望常常会受到伤害,如大股东自任董事且领取公司支付的高额报酬,而股东会连年决定不向股东分配利润。公司法在长期的发展过程中,逐步完善对中小股东利益保护的机制,赋予中小股东提起不公平妨碍诉权和派生诉权,规定对控制股东的行为制约制度,赋予股东请求司法机关解散公司等,而建立公司股权回购制度就是对这种利益平衡安排达到的手段之一。

公司股权回购是指公司股东在公司的决定、行为严重损害或者可能严重损害其利益的情况下,请求公司购回其持有的股权的行为。我国 1993 年《公司法》立法时经验欠缺,股东权益保护制度设计不周延,股东诉权安排粗疏,股东不能请求解散公司,也不能申请公司回购股权,造成有限责任公司中大股东滥权的情况十分严重的局面,实践中常常归结其为大股东暴政。换个角度看,即使公司股东会按照每一股东一人一票的方式表决,也有可能造成多数股东对少数股东的不公平欺压结果。2005 年我国《公司法》修订时,保护股东权被立法机关确立为修订法律的基本宗旨之一,公司股权回购制度被正式确立。

我国《公司法》第 74 条规定:“有下列情形之一的,对股东会该项决议投反对票的股东可以请求公司按照合理的价格收购其股权:(一) 公司连续 5 年不向股东分配利润,而公司该 5 年连续盈利,并且符合本法规定的分配利润条件的;(二) 公司合并、分立、转让主要财产的;(三) 公司章程规定的营业期限届满或者章程规定的其他解散事由出现,股东会会议通过决议修改章程使公司存续的。自股东会会议决议通过之日起 60 日内,股东与公司不能达成股权收购协议的,股东可以自股东会会议决议通过之日起 90 日内向人民法院提起诉讼。”我国《公司法》奉行资本不变原则和资本维持原则,股东之间发生利益冲突,其处理方式不得以损害公司债权人利益为代价,因此股东请求公司回购股权的行为必须设定法定的原因,并且也自然意味着须同时启动公司减资程序,虽然《公司法》第 74 条没有明确对股权回购与公司减资作出搭界联系,但回购的实质是股东撤回投资,必然牵涉债权人基于公司资本的完整性而期望的利益安全。如此来看,回购股权是公司减资的一项直接动因。至于法律规定的 90 日,则是股东行使股权回购请求权的诉讼时效。

第十三章

股份有限公司的设立与股东

第一节　股份有限公司的概念与特征

一、股份有限公司的概念

股份有限公司，也称为股份公司，是指由 2 人以上 200 人以下的股东发起设立，公司全部资本分为等额股份，股东以其所持股份为限对公司负责，公司以其全部财产对公司债务承担责任的企业法人。

股份有限公司是典型的资合公司。自 1600 年英国首创东印度公司（世界上第一家股份有限公司）以来，股份有限公司在世界范围内逐步发展，特别是在 18 世纪中叶以后，其不仅集聚了人类已有的较大的资本财富，而且也把人类创造财富的能力不断引向极限。现代社会的人类文明特别是商业文明，是以股份公司的存在和发展为核心的，没有股份公司，人类今天所表现出来的辉煌成就是不可理解的。因此，国外一些经济学家评价，股份公司的发明对人类文明进步所发挥的作用，比蒸汽机和电的发明还要大。

在当今世界，股份公司在各国企业总数量中所占比重不大，但所拥有的商业财富远比其他企业的财富之和要大，甚至某些发达国家的一些股份公司，单个公司的资产总量比许多发展中国家的一国社会财富要多。在发达国家，大型企业和跨国公司均采用股份公司形式。它对国民经济以至世界经济的发展具有极其重要的作用和影响。

股份公司也是我国《公司法》所规定的一种重要的公司组织形式。在实际经济生活中，股份公司已成为大企业的典型形式。

二、股份有限公司的特征

同有限责任公司及其他企业组织形式相比，股份有限公司具有以下法律特征：

（1）股份公司是具有法人资格的企业组织。从法人的起源讲，虽然在罗马时代已经有教会团体、自治团体等法人的雏形，但具有现代典型意义的法人制度事实上始于股份公司。股份公司具备了商业组织的核心的和进步的素质，并与民商经济法律制度中关于法人的规定完全一致，有自己的名称，有健全的组织机构和特定的经营范围，也拥有较大数额的财产，且有一处以上的甚至是全球范围内的经营及办事场所，以自己的名义开展生产经营活动并独立承担民事责任。由于公司的股份作为证券资产在投资市场上急速流动，反衬了公司自身人格的独立，股东与公司之间的距离拉大了，股东在原始投资意义上对公司的期望和关注往往被资本市场上不断变化的信息所冲淡,公司则完全以自己的规则运行,如同汪洋大海中航行的巨轮,由被称为董事的船长、大副和水手们控制,驶向不同的彼岸。

(2) 股份有限公司是典型的资合公司。以信用基础为标准公司可划分为人合公司、资合公司与人合兼资合公司。股份有限公司是最典型的资合公司,其信用基础是公司的资本,而不取决于股东个人的人格。公司资本既是公司赖以经营利用的物质条件,也是对债权人债权实现的基础保障。对债权人来讲,其更愿意在商业交易中关注公司,而不管其股东是谁,股东之间也不要求确立信任关系。

(3) 股份有限公司的股东有法定最低人数限制,但没有最高人数的限制。股份有限公司由于公共性强,为对债权人及社会负责,传统上法律对其一般有最低股东人数的要求。近二十年来,无论是大陆法系还是英美法系的某些国家,先后修改其公司法取消了股份公司的最低股东人数要求,股份公司中的一人公司成为常态的现象。但是,股份公司自产生起的超过四百年的运行历史中,毕竟长期接受法律关于股东须满足最低人数限制的要求,这是保持公司独立于股东的一种自然条件。过去,之所以没有早早地将一人公司制度导入有限公司和股份公司,其原因并非是囿于公司的社团法人属性的认识和理论局限,主要是立法者对失去股东之间相互监督的公司治理结构的风险没有把握或者说没有对策。英美法系国家由于不区分有限公司和股份公司,一人公司制度的建立自然适用于封闭的私人公司(即大陆法系的有限公司)和公开公司(即大陆法系的股份公司),日本在平成二年(1990 年)修订《商法》时一次性地将一人公司体制适用于有限公司和股份公司。德国于 1980 年、法国于 1985 年修订公司法时只准许有限公司设一人公司,而股份有限公司则不允许一人发起设立。1966 年法国《商事公司法》第 73 条规定:“公司资本分成股份,由以其出资额为限承担损失的股东持有并组成股份有限公司。股东的人数不得低于 7 人。”该法第 240 条规定:“股东人数一年以内减少到 7 人以下的,应一切有关的人的要求,商事法庭可宣判解散公司。”1981 年 12 月 30 日,第 81-1162 号法律规定:“商事法庭可给予公司最长不超过 6 个月的期限以便依法进行调整,法庭进行实质审理之日已经依法进行调整的,它不得被宣判解散。”我国《公司法》第 78 条规定:“设立股份有限公司,应当有 2 人以上 200 人以下为发起人,其中须有半数以上的发起人在中国境内有住所。”

(4) 股份有限公司的资本划分为均等的股份。股份有限公司的资本由均等的股份组成,这是股份有限公司与有限责任公司相区别的一个重要特征,世界各国的公司法对股份有限公司资本构成普遍采用这一形式。通过划分等额股份的形式,便于股份有限公司公开向社会募集资本,同时也有利于确定和计算股东的权利,实现一股一权、股权平等、同股同利、利益共享、风险共担。股东行使表决权和参与分红均以持有等额股份的多少来决定。此外,股份的表现形式为股票,股票在证券市场上的流动便于股东权利转让,便于公司融资。

(5) 股份有限公司设立和运行中可以公开募股集资。股份有限公司设立的方式有发起设立和募集设立两种。发起设立的,公司的资本由全体发起人足额认购;而募集设立的,则可以向社会成员或者特定的对象募股集资,完成全部资本筹集工作。公司在运营中需扩大资本时,经批准可发行股票实现增资目标。有限责任公司和其他形式的企业则不可以公开募集资本。正是由于这一原因,股份有限公司的股东往往分散、众多,股东相互之间不要求信任关系,加之通过证券市场的流通,股票轻易易手而使股东变化不断。

(6) 股份有限公司股东承担有限责任。这一点,股份有限公司与有限责任公司并无二致,股东均以其认购股份对公司承担有限责任,公司以其全部财产对外承担民事经济责任。

(7) 股份有限公司股东权益转让灵活。相对于有限责任公司及其他企业来讲,股份有限公司股东权益的转让十分灵活,通过股票交易市场实现,除非法律和公司章程对少数发起人、董事在特定时间内转让股东权益有限制外,其他股东转让权益的,不经股东会或董事会同意即可完成。股份的转让表现为股票的转让,进而导致股东资格及相关权利的转让。

(8) 受强制性规范约束多。股份公司特别是上市公司,关涉公众股东的利益,关涉证券市场、资本市场的稳健运行以及国家的宏观经济发展态势,因此受《公司法》《证券法》的强制性约束多。上市公司还得接受证券监管机关和证券交易所的监管。

第二节 股份有限公司的设立

一、股份有限公司设立的条件

股份有限公司的设立,包括促使公司成立的行为和公司成立的事实发生两个方面。概括地讲,是指设立发起人集体为了成立公司依法定程序进行各项创办活动,在公司法所要求的全部条件成就时,向公司登记机关申请登记使公司合法成立。

设立股份有限公司,应当满足法律规定的条件,否则公司就不能有效成立。我国《公司法》第 76 条对股份有限公司设立规定的条件有六项,以下分别叙述。

(1) 发起人符合法定人数。运行中的股份公司股东人数成千上万,在公司设立时不可能由所有的公司股东共同办理公司设立事宜。因此,法律允许有一部分人承担公司设立的责任,这部分人便是发起人。由于股份公司的设立及运作对社会经济生活有较重要的作用和影响,为维护公共利益和潜在股东的利益,法律又规定发起人应达到特定的多数。在 20 世纪 80—90 年代,我国存在大量的纯粹性国有企业,这些国有企业伴随着经济体制改革的深化进展,需要以现代企业制度进行替代改制,即将它们改造成有限责任公司和股份有限公司,《公司法》适时颁布顺应了这一历史性工程的启动时机。事实上,我国当时制定和颁布《公司法》的社会背景之一就是为国企改革服务,《公司法》不可能脱离中国的现实而拒绝成为政治设计的工具,突出表现就是以失去法的规范性为代价而迁就于国企改革的现实要求。在立法者或者说在中央政府的视野中,大中型国有企业是社会主义国家政权存在的物质基础,它们有雄厚的资产,经营业绩突出,管理制度健全,有良好的社会信誉,它们改制时《公司法》应当屈就,如此,法律便规定国有企业申请改制为股份公司的,发起人可以少于 5 人,但应以募集方式设立。这种情况的存在不利于搭建市场经济的公平平台,2005 年《公司法》修订时作了改动,删去了这一规定,将发起人人数由“5 人以上”改为“2 人以上 200 人以下”,其中须有过半数的发起人在中国境内有住所则继续保留。由此,国有企业独立一人做发起人的制度被废除,其原因有三:一是国企一人为发起人的制度对中国资本市场带来的圈钱乱象再也难以为继;二是这种直接宣示不公平的制度安排遭受了社会各界的广泛诟病,特别是参加公司法修订的学者的共同批评;三是品质优良的国企改制上市的目标已经基本达到,剩余的“歪瓜裂枣”也只好选择其他的改制模式或者直接私有化,即使改制上市也应该接受公司法的统一规范的约束,而不是另开“小灶”。

(2)有明确的章程所定的注册资本数额。我国 2013 年修订的《公司法》取消了最低注册资本 500 万元的限额及实缴需求。股份公司注册资本以平民化的标准走向市场,小到 2 元钱、大到数千亿的数额皆有可能,全凭投资者自由选定。但法律、行政法规、国务院决定对注册资本最低限额和实缴有要求的,从其规定被保留。以募集方式设立的股份有限公司注册资本仍应坚持实缴要求。

(3) 股份发行、筹办事项符合法律规定。发起人设立股份有限公司,必须按照法律规定发行股份并进行其他筹办事项,向社会公开募集股份要报经国务院证券监督管理机构批准。

(4) 发起人制定公司章程,采用募集方式设立的经创立大会通过。股份有限公司的章程是由全体发起人共同负责制定的,以发起方式设立公司的,章程由全体发起人签署。以募集方式设立的,符合法律规定的章程起草完毕后,应在公司创立大会上讨论通过,通过的持股比例要求经出席创立大会的认股人所持表决权的过半数同意。

(5) 有公司名称,建立符合股份有限公司要求的组织机构。公司的名称应当符合法律关于企业名称的规定,并要申请预先核准登记;公司的组织机构如股东大会、董事会、监事会及经理等,依《公司法》和公司章程规定设立并履行职责。

(6) 有公司住所。

二、股份有限公司设立的方式

股份有限公司的设立不同于有限责任公司的设立,法律对其规定了两种设立方式,除法律有明确限定的以外,设立人可选择其中的一种。这两种设立方式即是发起设立和募集设立。无论是发起设立还是募集设立,均是就公司资本的投入与集中所言的,这突出了公司资本在股份公司产生和运营中的核心作用。发起人承担公司筹办事务,通过签订发起人协议明确各自在公司设立过程中的权利和义务。

(一) 发起设立

发起设立是指公司发起人把拟设公司的全部股份一次性全部认购,并不向社会募集任何数量股份的股份有限公司的设立方式。公司成立后,如需增加资本,再向特定人员招募资金或向社会公众公开募集资本。发起人在进行公司创立的最初阶段,应当协商确定公司的注册资本总额以及资本划分为多少股份、每股金额是多少。依照我国《公司法》第 80 条的规定,以发起设立方式设立股份有限公司的,注册资本为在公司登记机关登记的由全体发起人认购的股本总额。在发起人认购的股份缴足前,公司不得向他人募集股份,包括不得公开募股和向特定对象募股。事实上,在发起设立的情形下,公司章程规定的发行的股份是公司注册资本金额的分解,发行股份总体上所表示的金额应等于注册资本。

(二) 募集设立

募集设立是指由公司发起人认购公司全部发行股份的一部分,但不能少于法律规定的认购比例,其余股份向社会公开募集或者向特定对象募集,使公司得以成立的股份有限公司的设立方式。依据我国《公司法》的规定,采用募集设立方式设立股份有限公司的,发起人首先要认购公司应发行股份总额的 35%以上,其余部分的股份才可以向社会公众公开募集或者向特定对象募集(俗称私募)。特定对象的数目加上发起人人数应不超过 200 人,而且根据《证券法》的规定不可以采用广告、劝诱等公开方式募集。向特定对象募集不需要经国务院证券监督管理机构批准。

(三) 由有限责任公司变更设立

有限责任公司可以依法变更为股份有限公司,变更前后的主体仍然保持一体性,债权债务关系延续,但是公司组织形式不同,原来的有限责任公司终结了,产生了新的股份有限公司。这种变更设立虽不是标准的公司设立形式,但也常常为投资者选择适用。我国《公司法》第 9 条规定了公司形式变更的基本原则:符合股份有限公司的条件和承继变更前的债权债务。根据我国《公司法》第 95 条的规定,有限责任公司变更为股份有限公司时,折合的实收股本总额不得高于公司净资产额。变更时,为增加资本公开发行股份的,依照法定程序办理。

三、股份有限公司的发起人及其权利义务

(一)发起人的概念和资格

股份有限公司的发起人是指为设立公司而依照法定条件和法定程序进行筹办事务并享有法定权利和承担法定义务的人,包括企业法人和个人。股份公司成立后,发起人为公司第一批股东。但由发起人聘用的专业人员及其他辅助人员不是发起人。发起人中可能有没参与设立事务的,但只要是在发起协议和章程上签了名的就是发起人。

从发起人资格上讲,大多数国家并无限制,法人和自然人、本国人和外国人、在当地居住的人和不在当地居住的人、本国公司和外国公司均可以为发起人。但有些国家规定,股份公司发起人必须是本国人,如瑞典。我国《公司法》规定在 2 人以上 200 人以下的发起人中,须有过半数的发起人在中国境内有住所。此外,作为自然人的发起人,应当具有完全的民事行为能力,且不具有国家公务员的身份;法人作为发起人的,是可以从事商业活动的经济组织和科研、事业单位,国家机关法人不可以直接作为发起人,应贯彻政企分开的原则。

(二)发起人的法律地位

发起人所从事的活动是公司设立活动中依法必需的,发起人就是公司的设立人。公司的产生须以发起人集体达成公司设立的共同意思为起点,发起活动是发起人的一种共同的民事和商事行为,所以,法律要求发起人通过签订发起人协议明确各自在公司设立过程中的权利和义务(我国《公司法》第 79 条第 2 款)。在公司设立过程中,发起人的活动有时是以自己的名义进行,有时是以尚未成立的公司名义进行,因此,一般将发起人认为是设立中的公司的意思机关,发起人的行为是设立中的公司的行为,其对外代表设立中的公司。而普通的不承担发起人责任(即不在发起协议上签字)的认购股份的人,与发起人有严格区别。如果公司能有效成立,发起人即转为股东,其发起行为所产生的权利与义务转由公司承受;如果公司设立不成功,其行为所产生的权利与义务无法转归公司,只能由发起人集体承担。

(三)发起人的权利与义务

发起人的权利主要是:有权签署发起协议;有权首先认购公司的股份;有权制定公司的章程;有权为其设立活动领受报酬。其义务是:为设立活动尽职尽责,忠诚勤勉;履行公司设立的各种报批手续,缴付认购的股份款项;在募集设立达不到公司注册资本时应负补缴之责任;发起人中如有人以非货币的方式投资,投资的财产所估价格偏高,损害公司利益、其他股东利益和公司债权人利益的,该投资人和其他发起人应负连带补偿责任;公司设立不成功,则要向其他认股人连带承担退还股款及利息,并负赔偿他人损失的责任。

四、股份有限公司的设立程序

股份有限公司的设立程序是一种法定程序,设立时不能违反。由于设立分为发起设立和募集设立,所以在程序上又有一些不同。

(一)以发起设立方式设立公司的程序

(1) 适格的发起人共同签署发起协议。发起人签署的发起协议当然是书面协议,其内

容主要是确定公司的组建方案,确定公司设立的宗旨,确定公司的注册资本总额与股份总数,确定发起人认购的份额、交付实物和缴纳股款的时间和方案、发起人之间的职责分工等。

(2) 由全体发起人指定的代表或者共同委托的代理人向公司登记机关申请公司名称预先核准。申请名称预先核准,应当提交下列文件:一是全体发起人签署的公司名称预先核准申请书;二是全体发起人指定代表或者共同委托代理人的证明;三是国家工商行政管理总局规定要求提交的其他文件。预先核准的公司名称保留期为 6 个月,公司制定章程以及办理其他手续可以利用,但不得以其名义开展经营活动,不得转让。

(3) 制定公司章程。公司章程是公司设立和活动的基本准则。章程须由全体发起人共同制定并共同签署。有些国家还规定公司章程应经过公证,如日本、德国、瑞士等。不符合法律规定的章程是没有法律效力的,有的国家公司法规定章程内容如与法律相违背,则属无效,如法国。日本的公司法还根据章程内容的强制性区分为绝对必要记载事项和相对必要记载事项。我国《公司法》未作这种区分。我国《公司法》第 81 条规定了公司章程应当记载的内容:公司名称和住所;公司经营范围;公司设立方式;公司股份总数、每股金额和注册资本;发起人的姓名或者名称、认购的股份数、出资方式和出资时间;董事会的组成、职权和议事规则;公司法定代表人;监事会的组成、职权和议事规则;公司利润分配办法;公司的解散事由与清算办法;公司的通知和公告办法;股东大会会议认为需要规定的其他事项。

由于在发起设立方式中并不向社会成员公开募集或者向特定对象募集股份,全体发起人即是设立后公司的全体股东,因此,发起人制定并签署的公司章程即为公司的正式章程。在公司登记成立前或公司成立后,章程可由发起人依法定程序修改。

(4) 履行审批手续。在我国,设立公司可能需要政府批准的情况是:第一,法律、行政法规规定必须报经批准的,应当在公司登记前依法办理批准手续;第二,设立的公司的经营范围中属于法律、行政法规规定须经政府批准的项目,应当办理批准手续。

(5) 发起人以书面形式认足公司章程规定发行的股份。全体发起人决定一次缴纳的,应即缴纳全部出资;分期缴纳的,即按章程规定的时间、比例缴纳。以货币形式出资的,存入为设立公司开设的临时账户;以实物、知识产权或者土地使用权等可以用货币估价并可以依法转让的非货币财产作价出资的,必须进行评估作价、核实财产并折合为股份。估价应当客观、公正,不得高估或低估。其中对土地使用权的估价,依法由土地资源评估机构进行,其他财产可根据出资的实际情况由全体发起人集体评估作价或聘请相应的专业评估机构评估作价,评估作价后依法办理其财产权的转移手续。法律不允许以技艺等劳务、企业商誉、自然人姓名、管理经验、信用和特许经营权以及设定抵押、质押的财产等出资。

(6) 全体发起人共同签署章程并认足章程规定的股份后,应当选举董事会和监事会,组成公司的领导机关。尔后,由董事会向公司登记机关申请公司设立登记。申请登记时提交的主要文件有:公司法定代表人签署的设立登记申请书;董事会指定代表或者共同委托代理人的证明;公司章程;发起人出资是非货币出资的,已办理其财产权转移手续的证明文件;发起人的主体资格证明或者自然人身份证明;载明公司董事、监事、经理姓名、住所的文件以及有关委派、选举或者聘用的证明;公司法定代表人任职文件和身份证明;企业名称预先核准通知书;公司住所证明;国家工商行政管理总局规定要求提交的其他文件。其中,设立股份有限公司依据法律、行政法规或者国务院决定规定必须报经批准的,还应当提交有关批准文件;公司申请登记的经营范围中有属于法律、行政法规或者国务院决定规定在登记前须经批准的项目的,应当在申请登记前报经国家有关部门批准,并向公司登记机关提交有关批准文件。

（7）经公司登记机关进行法律审查和形式审查无误后发给《企业法人营业执照》，公司即告成立。公司凭公司登记机关核发的营业执照刻制印章，开立银行账户，申请纳税登记，开展生产经营活动。

（二）以募集设立方式设立公司的程序

（1）适格的并符合法定人数要求的发起人共同签署发起协议，确定公司的组建方案，确定公司设立的宗旨，确定公司的注册资本总额与股份总数，确定发起人认购的份额、交付实物和缴纳股款的时间和方案、发起人之间的职责分工等。

（2）由全体发起人指定的代表或者共同委托的代理人向公司登记机关申请公司名称预先核准。

（3）由全体发起人共同制定并签署公司章程。发起人制定并签署的公司章程，尚不是公司的正式章程，在公司全部股份募足后，还应召开公司创立大会，对公司章程进行讨论，也可作出修改，最后经出席会议的发起人、认股人共同所持表决权的过半数通过，方成为公司的正式章程。

（4）以预先核准的公司名称申请有关的批准（法律、行政法规规定设立公司须批准的或者公司经营范围内有须经批准才可经营的项目的）。

（5）由全体发起人以书面形式认购公司章程确定的股本总额的35％以上，并得全额实际缴付。全体发起人在注册资金中认购的部分达到法定标准或以上的，应立即缴纳全部认购部分的股款。以实物、知识产权、土地使用权等作价抵作股款的，应进行估价并办理财产转移手续。发起人认购的股款到位后，应先行聘请依法设立的审计事务所或会计师事务所进行验资，并取得验资证明文件。由于向社会公众公开募集或者向特定对象募集的资本通常是货币资金，而且比例会较大，故发起人向公司缴付的出资可不要求货币形式出资的比例。

（6）发起人向社会公开募集或者向特定对象募集股份，筹集公司注册资本中除发起人认缴部分以外的其余资金。发起人向累计不超过200人（即含发起人人数）的特定对象募集资金的，属于私募，不直接涉及公众持股，一些基金管理公司所掌控的基金虽然来源于千千万万的基金持有人的投资，但基金管理公司作为特定的募集对象，毕竟在风险判断方面具备专业水平和经验，因此不必再行由国务院证券监督管理机构核准，但发起人不得以广告、劝诱、变相公开的方式招募资金。发起人向社会公开募集股份直接关系到社会公众尤其是投资者的切身利益，为防止发起人以募股为名非法集资或从事商业欺诈活动、保护投资者利益、维护社会经济秩序，各国公司法、证券法对募股活动均采取一定的管制措施。发起人面向社会公众公开募集资金除须公告招股说明书、制作认股书、与保荐人签署保荐协议、委托依法设立的证券公司承销和委托银行代收股款、聘请律师事务所出具法律意见书等外，还应当经过国务院证券监督管理机构核准，程序较为复杂。

（7）召开公司创立大会。发行股份的股款缴足后，表明公司注册资本全部到位，首先必须经依法设立的验资机构验资并出具证明。全体发起人应当自股款缴足之日起30日内主持召开公司创立大会。公司创立大会由发起人、认股人组成。发起人应在创立大会召开15日前将会议时间、地点通知认股人或者予以公告通知。创立大会应由代表股份总数过半数的发起人、认股人出席，方可举行。创立大会的职权是：审议发起人关于公司筹办情况的报告；通过公司章程；选举董事会成员；选举监事会成员；对公司的设立费用进行审核；对发起人用于抵作股款的财产的作价进行审核;因发生不可抗力或者经营条件发生重大变化直接影响公司设立的,可以作出不设立公司的决议。创立大会对前列事项形成决议,须经出席会议的发起人、认股人所持表决权过半数通过。所有出席创立大会的发起人、认股人按所持每一股份有一个表决权的原则对各项事务作出表决。

发行的股份超过招股说明书规定的截止期限尚未募足的,或者发行的股份的股款缴足后发起人未在30日内召集创立大会的,认股人可要求退还所缴股款及加算银行同期存款利息。创立大会由全体认股人参加,创立大会决议公司不设立的,公司就不能成立,由发起人负责处理善后事宜。发起人、认股人缴付的股金,除未按期募足股份、未按期召开创立大会或者创立大会决议不设立公司的情形外,不得撤回。创立大会决议不设立公司后,首先退还认股人缴付的股款及同期存款利息。创立大会决议成立公司的,由公司的股东大会代替创立大会。

(8) 申请设立登记。公司创立大会决议成立公司的,在创立大会结束后30日内,由创立大会选举的董事会向公司登记机关申请登记成立。申请公司设立登记,除前述应提交的文件外,无论是私募还是公募都应当提交公司创立大会会议记录,其中公开募集股份的还应当提交国务院证券监督管理机构的核准文件。

股份有限公司经公司登记机关登记后,领取《企业法人营业执照》,宣告公司成立。公司凭营业执照办理刻制印章、开立银行账户、税务登记事宜,开展经营活动。另外,如果公司是采取公开募集股份的方式设立的,公司应当将股份募集的情况报国务院证券监督管理机构备案。

2001年以来到2005年年末,因为监管困难,中国证监会停止了对募集设立公司的募股申请的受理。2005年《公司法》修订中,中国证监会主张删去公司法中对公开募集设立方式的规定,但经过反复讨论,全国人大法律委员会认为允许股份有限公司采用公开募集和定向募集方式设立,有利于投资者选择不同方式投资,鼓励创业,故继续保留。但是,上述关于通过募集方式设立股份有限公司的程序由于中国证监会设定公司公开发行股份的条件局限于已经成立和运行3年以上的股份有限公司,只有经国务院同意的有限公司改制设立股份有限公司时才可以采用,因此这部分内容仅是一种极其局限的理论行程,而非现实的运作套路。

五、设立公司中的私募行为

私募是公募的对称,其适用范围主要就是融资的领域,包括基金的筹集和股份公司设立和增资时股份发行中的资本筹集。按照我国《公司法》和《证券法》的规定,含发起人在内接受股份发行招股的人数总额不得超过200人,因此向低于200人以下数量的投资者发行股份可以采取私募的形式,以发现真实的投资者和实现资本集合。

向200人以上的投资者招募股金,是为公募,而公募行为得报证券监管机关审核,程序复杂,成本很大,困难重重且竞争激烈。未经证券监管机关审核,私自向超过200以上不特定的人发行资本的,属于非法集资行为,为法律所禁止,有犯必受制裁。按照法律规定,向低于200人的特定人员发行资本时,也不可采用公开劝诱、广告宣传等方式。通过私募方式向200人以下的特定人发行股份的,发起人首先认购的股份数额应当比照公司法关于公募规定的标准达到公司注册资本的35%以上。因为私募设立股份有限公司,不需要政府审核股份发行行为,也不存在可能损害公众投资者利益的情形,故关于公司资本总额的调整空间相对灵活，注册资本数额由发起人在章程中确定，随时可以通过修改章程加以变更，因此由发起人和应募人加总认购的公司资本总额如果低于章程所定数额，可以在公司设立前调整章程数额即可，公司当然可以满足成立条件，也就不存在发行失败公司不能成立的局面。在这个意义上讲，采用私募方式的募集设立，除分别发起人和应募人的法律地位外，和发起设立没有两样。股份公募发行中的许多强制性规则在私募发行中无法适用。

在公司股份私募行动中，如果属于公司创设私募，则发起人承担法律规定的相关责任，应募人的应募行为受法律保护，公司设立不成功，由发起人连带负责退还股款；如果属于公司发行新股扩大资本，则按普通投资关系处理相关权益结构。私募，不需要证券监管机关审核，募资成本较小，但对应募人而言，风险揭示度低，公信力弱，反过来也影响到私募的成功机会。

关于股份有限公司设立中的私募行为，目前政府没有其他细则性规定。

六、已设股份有限公司向公众首次公开募股的程序制度

股份发行中的公募，即公开募集资本，是指经过政府证券监管机关核准由发起人或者发行人面向公众投资者公开募集资本的行为。由此，公募也区分为公司设立募集和公司发行新股募集两类。鉴于中国证监会从总结国企改制上市的负面教训以及对募集设立可能发生的发起人“圈钱”的风险掌控困难的考量，针对首次公开发行股份在2006年5月17日颁行的《首次公开发行股票并上市管理办法》和2009年3月31日颁行的《首次公开发行股票并在创业板上市管理暂行办法》中规定了已经设立满3年的股份有限公司的主体条件，所以本应是公司募集设立的标准模式之一的公募，在现实中除非由国务院特批的有限公司改制可采用外，完全被架空搁置。因此，公开发行股份在我国境内基本排除了募集设立发行，公募只是已设达3年以上的股份有限公司的新股发行公募两类。

此外，我国2005年修订《公司法》时同时也修订了《证券法》，两法修订的一个特色是将《公司法》中涉及股份有限公司设立时的资本发行和增发新股的主要内容移入《证券法》中，《公司法》只保留了基本要求和提示性规定。因此，这里对公司设立向社会公众募集股份的有关内容的叙述结合《公司法》和《证券法》两法的相关规定展开。

1. 发行人为公开发行股份做各项准备工作

已设3年以上且经营成就满足条件的股份有限公司申请公开发行股份，是为首次公开发行股份的发行人。公开发行股份的行为有如下的特点：一是发行股份的法律表现形式为股票，即为由《证券法》规范的一种基本证券，发行股份即为发行股票。该种行为须由国务院证券监督管理机构核准。二是发行证券的工作有很强的专业性要求，特别是因为关涉公众利益故需要较多的中介机构参与，如保荐人保荐、证券公司承销、银行代收股款、律师出具法律意见书等。三是突出公示性，募股公司作为发行人在早期就应承担披露义务。基于上述特点，发行人的准备工作有以下方面：

（1）与有法定资格的保荐人机构签署保荐协议，接受上市辅导。保荐人是证券发行过程中应发行人请求与发行人签署保荐协议对发行人本次发行证券的品质、发行条件的真实性和发行人资质以及发行行为的合法性面向社会公众承担保障责任的机构。保荐人的资格条件由国务院证券监督管理机构规定，依据《证券法》的规定，保荐人应当遵守业务规则和行业规范，诚实守信，勤勉尽责，对发行人的申请文件和信息披露资料进行审慎核查，督导发行人合规运作。股份首次公开发行人一旦与保荐人签署保荐协议，保荐人就可依据协议全面

规范辅助发行人的募股活动,包括但不限于上市辅导等。保荐人的保荐活动具体得符合《证券发行上市保荐业务管理办法》的规定。

(2) 与证券公司签署证券承销协议。发行人自行选择股份承销商,并与承销商协商确定发行价格、承销方式及违约责任等。承销商的选任非常重要,在某种程度上关系到公开发行股份的成败。证券承销业务采取代销或者包销方式。证券代销是指证券公司代发行人发售证券,在承销期满时,将未售出的证券全部退还给发行人的承销方式。证券包销是指证券公司将发行人的证券按照协议全部购入或者在承销期满时将售后剩余证券全部自行购入的承销方式。根据我国《证券法》的规定,证券公司承销证券,应当对公开发行募集文件的真实性、准确性、完整性进行核查;发现有虚假记载、误导性陈述或者重大遗漏的,不得进行销售活动;已经销售的,必须立即停止销售活动,并采取纠正措施。向不特定对象公开发行的证券票面总值超过人民币 5000 万元的,应当由承销团承销。承销团应当由主承销和参与承销的证券公司组成。股票发行采取溢价发行的,其发行价格由发行人与承销的证券公司协商确定。

实践中,主承销商和保荐人往往为同一家证券公司。中国证监会于 2008 年 10 月 17 日发布并于 2008 年 12 月 1 日施行的《证券发行上市保荐业务管理办法》第 6 条规定:"同次发行的证券,其发行保荐和上市保荐应当由同一保荐机构承担。保荐机构依法对发行人申请文件、证券发行募集文件进行核查,向中国证监会、证券交易所出具保荐意见。保荐机构应当保证所出具的文件真实、准确、完整。证券发行规模达到一定数量的,可以采用联合保荐,但参与联合保荐的保荐机构不得超过 2 家。证券发行的主承销商可以由该保荐机构担任,也可以由其他具有保荐机构资格的证券公司与该保荐机构共同担任。"

(3) 与银行签署代收股款协议。

(4) 与律师事务所签署法律服务协议。

(5) 制作招股说明书和认股书。招股说明书和认股书由保荐人或承销商协助发行人制作完成,其记载的事项依据我国《公司法》的有关规定包括:发行人名称;注册资本;发行人拟发行的股份数;每股的票面金额和发行价格;无记名股票的发行总数;募集资金的用途;认股人的权利、义务;本次募股的起止期限等。

2. 向国务院证券监督管理机构报送募股申请及有关文件

这些文件项目如下:

(1) 募股申请书。募股申请书得说明发行人公司的名称、公司的注册资本总额、公司的经营范围、向社会公开募股的数额、每股金额、募集股份的用途、保荐人的保荐意见、承销商的承销方式等。募股申请书得由发行人董事长签署并加盖公司公章。(2) 公司章程。(3) 发行人股东大会关于公开募股的决议。(4) 发行人原注册资本到位的验资证明。(5) 招股说明书。(6) 代收股款银行的名称及地址。(7) 承销机构名称及有关的协议。(8) 保荐人名称及由保荐人代表签署、保荐人盖章的发行保荐书。

为了避免做实质审查,国务院证券监督管理机构对过去曾经要求提交的关涉发行人资信的资料,不再要求提交,改由中介机构保荐人和承销商一并负责,如发行人资信报告、资产评估报告、法律意见书等。为了实务上的方便,中国证监会于 1993 年以来对申请公开发行股票公司报送材料的种类、格式、次序、份数乃至纸张、封面、页码等均作了标准格式的详细要求,以便于计算、管理和操作。

3. 由国务院证券监督管理机构进行审核

依据我国《证券法》的规定，国务院证券监督管理机构依照法定条件负责核准股票发行申请。该机构设发行审核委员会，依法审核股票发行申请。核准程序应当公开，依法接受监督。国务院证券监督管理机构应当自受理证券发行申请文件之日起3个月内，依照法定条件和法定程序作出予以核准或者不予核准的决定，发行人根据要求补充、修改发行申请文件的时间不计算在内；不予核准的，应当说明理由。

4. 公告公开发行股份募集资金文件

发行人提出的证券发行申请核准后，发行人应当依照法律、行政法规的规定，在证券公开发行前，公告公开发行募集文件，并将该文件置备于指定场所供公众查阅。公告的招股说明书应当附有发行人的公司章程。发行证券的信息依法公开前，任何知情人不得公开或者泄露该信息。法律规定发行人不得在公告公开发行募集文件前发行证券。

公开募股文件公告后，一切有关的利害关系人可以对发行人的公开募股行为提出质疑和意见，对其中可能隐藏的欺诈行为和事实予以揭露。我国《证券法》规定，国务院证券监督管理机构或者国务院授权的部门对已作出的核准证券发行的决定，发现不符合法定条件或者法定程序，尚未发行证券的，应当予以撤销，停止发行。已经发行尚未上市的，撤销发行核准决定，发行人应当按照发行价并加算银行同期存款利息返还证券持有人；保荐人应当与发行人承担连带责任，但是能够证明自己没有过错的除外；发行人的控股股东、实际控制人有过错的，应当与发行人承担连带责任。

5. 发行人公开募集股份

发行人公开募集股份一般是通过其与证券承销商签署的股份发行承销协议进行的。证券的代销、包销期限最长不得超过90日。证券公司在代销、包销期内，对所代销、包销的证券应当保证先行出售给认购人，证券公司不得为本公司预留所代销的证券和预先购入并留存所包销的证券。

认股人认购股份所依据的法律文件主要是招股说明书及公司章程。认股人认购股份时，得填写认购股数、金额、住所，并签名、盖章。认股人得承担按所认股数缴纳股款的义务。发行人经承销商收取股款并催缴股款。认股人缴纳的股款经承销商和发售的金融机构转给发行人，发行人向上述机构支付报酬。认股人没有按期缴纳股款，发行人应规定15日以上的期限催告认股人缴纳，并声明逾期不缴则丧失认购权利。超过催告期限仍未缴纳的，发行人可以选择二次募集。这时，公司因此而受损失的，应由逾期不缴股款的认股人承担赔偿责任。

公开发行股票，代销、包销期限届满，发行人应当在规定的期限内将股票发行情况报国务院证券监督管理机构备案。发行股份时募集的资金由银行依据与发行人签署的代收股款的协议代收，向缴纳股款的认股人出具收款单据，并负责向有关部门出具收款证明。银行依据代收股款协议的约定，将代收资金经承销商转给发行人。

发行股份的股款缴足后，必须经过验资机构验资并出具验资报告。

七、发起人对设立股份有限公司的责任

股份有限公司设立过程中，发起人的作用是至关重要的，其筹办公司的行为事关债权人、股东及公司的利益，各国公司法一般都对发起人规定有较为严格的责任，我国《公司法》也不例外。

(一) 发起人对公司不能有效成立的责任

依据我国《公司法》第94条的规定,股份有限公司不能成立时,发起人得:(1) 对设立行为所产生的债务和费用负连带责任;(2) 对认股人已缴纳的股款,负返还股款并加算银行同期存款利息的连带责任。这一规定的立法目的在于保护债权人、认股人以及社会公众的利益,防止欺诈行为,维护社会稳定。但是,应当明确的是:公司如有效成立,设立公司的必要行为所产生债权债务经创立大会审核后归属公司;设立公司的关联行为所产生的债务,在章程中记载的设立费用的限度内,由公司负责;不属于设立公司的行为或不属于发起人权限范围的行为所产生的债务和超出章程记载的设立费用限额的部分由发起人承担。

(二) 出资不足或者有瑕疵的补缴与补足责任

根据我国《公司法》第93条的规定,股份有限公司成立后,发起人未按照公司章程的规定缴足出资的,应当补缴,其他发起人承担连带责任;股份有限公司成立后,发现作为设立公司出资的非货币财产的实际价值显著低于公司章程所定价额的,应当由交付该出资的发起人补足其差额;其他发起人承担连带责任。

(三) 发起人在设立公司过程中过失行为的赔偿责任

发起人在设立公司过程中应当勤勉、谨慎、尽职尽责,不允许有懈怠行为发生。否则,要承担损害赔偿责任。由于发起人的疏忽或大意,或使公司受到损失,或使公司设立存有瑕疵,或因恶意或有重大过失使第三人受到损害的,发起人均应承担赔偿责任。

第三节 股份有限公司的股东

股份有限公司的股东,是指依法取得股份有限公司股份、作为公司组成成员的出资人,是公司股票的持有者。公司的发起人由于在募集设立(含公募和私募)时必须首先认购35%以上比例的股份,或者在发起设立时全额认足发行的股份,在公司成立后是当然的股东。公司首次公开发行股份和发行新股过程中,认购公司股份并缴纳股金取得股票的人,也是公司的股东。在公司设立过程中,非发起人股东不可以以非货币的方式向公司投资。

公司的股东既可以是自然人,也可以是法人。在我国,由于国有企业被改造为股份公司,因而国家也是公司股份的持有者,在实践中由经国家授权国有资产监督管理机构或其他部门、国有资产经营管理公司、国有控股公司、国有事业单位担任公司的股东。一般来讲,股份有限公司中,自然人股东人数较多;但从拥有股份的数额来说,法人股东拥有的股份最多,特别是机构投资者如基金组织、保险公司、各类控股公司和投资公司、信托机构等持有上市公司大量股份的现象较为普遍。也正是由于股份分散的原因,各国公司法一般不规定股东必须具有商人的地位,一般自然人和非商人社团组织均可以成为公司的股东。

对于外国人持有本国公司发行股份的情况,多数国家的限制局限于特定行业如军事工业、银行业等,阻止外国公司和个人持有足以造成控股地位、介入企业生产运营的股份数额的状况出现。事实上,这种情况一般是对外国公司收购和兼并本国特别行业的公司的阻止。比如美国,1988年《综合贸易法》中正式出台了《艾克逊·弗劳里奥修正案》。该法是20世纪70年代以来美国针对外资的第一个比较严厉的法案,授权总统基于国家安全利益,可否决外国投资者收购和兼并美国企业的请求,并授权外资委员会具体实施这一条款。到1990年2月止,外资委员会受理审查了350起兼并或收购美国公司的请求案,对其中的7项交易进行了调查,并把其中的4项提交总统审批,而布什总统签署行政命令否决了1项,即1990

年2月要求CATIC(中国航空技术进出口公司)收回1989年年底对美国飞机零部件生产企业Mamco公司的所有投资。之所以否决这项交易,是因为Mamco公司是为美国波音公司提供飞机零部件的企业,而波音公司是拥有军事生产技术和能力的美国公司,外资委员会担心CATIC此举目的是为了获取美国的军事技术。1990年,《艾克逊·弗劳里奥修正案》本应终止,但1991年布什总统又签署行政命令,宣布该法案不予终止,长期有效。因此,该法案自1991年起成了美国法律的永久组成部分。进入21世纪后,美国政府否决的外国公司并购美国公司的案例又有上升,限制的行业甚至涉及重要的基础设施公司如港口和船坞公司。2012年9月28日,美国总统奥巴马签发总统令,以涉嫌危害美国国家安全为由,否决了中国三一集团关联公司Ralls在俄勒冈州Butter Creek风电场的四个风电项目。在三一集团折戟美国前,另有两家公司在美国的金矿投资,在外国投资委员会(CFIUS)审查前知难而退。

我国法律允许外国投资者与中国投资者共同合资举办股份有限公司,也允许外国公司和其他投资者收购或兼并内资企业。但是,法律同样规定了对外资进入的行业的禁止,这要依据国务院办公厅发布的《关于建立外国投资者并购境内企业安全审查制度的通知》和国家发改委与商务部联合公布《外商投资产业指导目录》以及其他的专项规定进行。相关的改革在2013年末已经展开,其方向是准入前国民待遇加负面清单,中国将展示更开放的透明的国家形象。

公司的股东人数有无最低人数限制,各国公司法规定不尽一致。美国、日本等国规定可由一人设立股份有限公司并由一人持有公司的全部股份;法国规定股东人数为7人以上,如在1年内减少到7人以下的,除非在6个月的期限内予以调整,否则应一切有关的人的要求,商事法庭可宣判解散公司;德国公司法规定为5人。我国规定为2人,且要求有半数以上的发起人须在中国境内有住所,公司股东人数如低于2人时,应予以调整,否则处于非法状态。

公司的股东如为未成年人或无行为能力的其他人时,则由其监护人代行权利。但未成年人和无行为能力人不可以充任发起人股东。

股东以其认购的股份为限对公司债务承担责任,股东与公司在法律上应有不同的法律人格。公司非因法律明确规定的原因并经特别程序不得购买本公司的股份从而成为自己的股东。

股东的权利主要有:参加或委托代理人出席股东大会行使共益权,查阅公司财务报告,参加股东大会行使投票权;通过股票的取得和转让行使自益权,如分取红利,取得转让利益。股东在公司终止后以持股比例为据分配剩余财产。

股东的主要义务有:依照所认股份和入股方式缴纳股款(实物出资的除非战略投资者只限于发起人股东);以其所认股份对公司承担责任,在公司登记成立后不得要求退股,遵守公司章程,维护公司权益等。

股东的权利对等,地位平等,以所持股份多少公平地行使股东各项权利并取得利益。公司股东转让股份比较方便。由于股份公司区分为不上市公司和上市公司,在股份转让上还是存在一些差别。股份不上市公司,其股份作为证券存在的法律地位并没有改变,仍然属于可自由流动的金融产品,但是因为这类公司的综合条件未能满足证券交易所规定的条件,暂时没有取得上市交易其股票的资格,许多国家和地区认可这类公司借助其他金融企业的服务进行柜台交易,也称为上柜交易。不允许上柜交易的环境中,股份的流动需按公司法的特别规定和公司章程的约定办理。凡符合上市公司条件并经证券交易所批准的,公司股份在证券交易所进行交易,股份转让就非常方便。当然,我国《公司法》对发起人股东和公司董事、监事、高管人员所持股份的转让在其第141条作了限制性规定,相关的转让依照规定办理。公司法禁止公司的大股东和董事利用内幕消息进行股份的交易,以及泄露公司内幕信息为自己或他人谋求非法利益。其他国家公司法、证券法也有类似规定。

伴随着世界各国对公司法人治理结构制度的不断检讨,许多国家的司法机关在处理公司纠纷的审判实践中,逐步确立了公司控股股东对公司和小股东承担的信义义务。从维护股东在公司中的核心地位及其知情权的角度,我国《公司法》第96条、第97条要求公司应当将公司章程、股东名册、公司债券存根、股东大会会议记录、董事会会议决议、监事会会议决议、财务会计报告置备于公司,股东有权查阅上述文件及董事会会议决议、监事会会议决议,有权对公司提出经营方面的建议或者质询。股东在行使知情权及其他权利遇有障碍时或者其权利受到公司、董事、监事、高管人员和控制股东侵犯时,可向法院提起诉讼寻求救济。

第十四章

股份有限公司的法人治理结构

第一节 概　　述

一、公司治理与公司的组织机构

（一）公司治理问题的提出

公司治理这一概念在 20 世纪 30 年代初由美国学者贝利和米恩斯首次提出。现在，公司治理已成为国内外公司法学界研究的热点问题。19 世纪末 20 世纪初，西方资本市场向全球扩张，现代企业制度不断创新，超大型的股份公司在管理结构上日益奉行董事会中心主义的体制，公司所有者与管理者之间、大股东与小股东之间在权力分配和制衡的博弈中冲突连连，诉讼频频。从客观上来讲，进入 20 世纪以后，市场复杂性不断增加，股东进一步走向国际化和分散化，这不仅加剧了职业管理者对公司的控制，也导致公司的股东们对公司经营层监督的疲软和“视力散光”，股东对公司经营的控制能力越来越小。公司企业在自然演变的进程中所产生的必然结果是董事会逐渐成为公司的权力中心。在这种情况下，如何使具有独立利益的经营者最大限度地维护所有者利益的问题便逐渐突出，关注这一社会问题的经济学家、法学家开始探讨突破旧的制度框架体系去设计某种适当的组织结构和制度安排以平衡公司各方利益并最终维护股东的根本利益，公司治理的理念和制度创新由此开始。公司治理的实质价值在于通过合理分配公司的权力资源，不断完善公司管理运营与监督控制的权力配置系统，促进其良性运转，以实现公司的经营目标并最终实现股东利益的最大化。当然，公司本身作为一种制度的构造物，其治理活动自然依托于由法律认可和规定的公司组织机构，这是不言自明的。

（二）公司治理与公司组织机构

公司治理与公司组织机构密不可分。在现代企业制度中，判断一个公司治理是否良好的基本衡量标准为：该公司的组织机构的设置是否完善及其各组织机构之间的关系是否协调、有效率。因此可以说，公司治理以分权为前提，以公司组织机构为物质基础。公司治理无非是公司各组织机构在贯彻公司经营目标前提下的有效运行，公司的组织机构在行使各自职权时相互制衡，最终在兼顾各利益相关者利益的基础上实现公司和股东的利益。公司组织机构在公司治理中处于核心位置。第一，公司组织机构的设置及其基本权限和职责的分配由公司法加以规定，这种规定带有明确的强制性，是公司企业得以存在和运行的普适性安排。第二，公司企业具有法人资格，组织机构的存在是法人成立的必要条件，法人的内部事务的处理需要不同的组织机构间的协调运作,外部事务的处理需要明确代表机关。第三,公司治理可能贯彻不同的企业管理理论,彰显单个公司的个性素质,但它无论如何不可能恢复到没有不同的组织机构分权制衡的个体企业经营状态。公司治理从某种角度讲,是对公司权力资源在决策机构和监督机构间分配的安排与调适。第四,从实践层面看,公司治理直接表现为在法律许可的框架内对公司组织机构的改革创新。以强化公司监管为例,英美法系国家在董事会中设立独立董事并不断加大其职权和人数比例,大陆法系国家在赋予监事更多的监督职权的同时,借鉴英美法系国家的做法设立独立董事和独立监事,足以佐证。公司治理理论的产生,对静态的公司组织机构中不能有效制止大股东滥权和董事违反忠诚义务、勤勉义务的现象提出了批评和挑战,其倡导的改革措施使公司组织机构增进活力,发挥出投资者所期望的功能和作用,为公司的健康运行作出了制度上的保障。公司的组织机构事实上会随着社会的发展而渐进式调整演变,公司治理的理论和实践在特定的历史阶段不仅引导而且加速了这种调整演变。公司治理的任何措施的实施,起自于对公司组织机构的改造,也完成于具有新内容的公司组织机构的确立。至于改善公司治理结构的说法,则是从强调公司治理的角度观察、评价、调整公司组织机构职责区分和互动的整体效果而言的,其主旨含义甚至语言环境仍在公司组织机构的逻辑范畴之内。

二、公司组织机构设置的原则

公司组织机构设置不仅包括公司设立何种组织机构及各组织机构的职权职责切分,而且还包括各组织机构运行中的相互制衡关系。公司组织机构的设置必须解决公司治理的中心问题,因此,公司治理的基本理论也为公司组织机构的制度设计提供了理论支持平台。以下先对有关公司治理的经典企业理论作一简要介绍,再以此为基础对公司组织机构设置的原则进行分析。

(一)现代公司治理基础理论

1. 委托代理理论

该理论并非法学理论,而是属于经济学中企业管理理论的一种。其基本思想为:(1)公司股东是公司的所有者,即代理理论体系中设定的委托人,经理是公司的经营者,即代理人。股东授权经理经营公司,股东的利益依赖于作为代理人的经理的行为,公司的经营风险由股东承担。(2)代理人是自利的经济人,具有不同于委托人的目标函数,具有机会主义的行为倾向,其某些行为可能背离委托人的期望,利用委托人赋予的资产和权限为自己利益最大化而行动。如果有某种机会并且监管失位时,代理人会肥己而损害委托人的利益。(3)代理问题产生的客观原因主要是信息不对称。委托人能够了解到的有关代理人的信息(如代理人的才能、努力程度)是有限的,甚至也不能够了解公司的经营活动,代理人则掌握着公司经营中的全部信息,包括委托人对公司运作的监管程度,而委托人无法直接观察代理人的行为。因此经营者可以利用信息优势为自己牟取私利。(4)综上,公司治理的中心问题就是解决代理问题,即如何使代理人维护委托人利益的问题,具体说就是如何建立起有效的激励与约束机制,促使经营者为股东利益的最大化服务。

委托代理理论不仅适用于股东和经理之间,还可以扩展到股东与董事、股东与监事、董事与经理之间的关系。委托代理理论强调有效的公司组织机构的设置必须要以维护委托人的利益为宗旨,注重建立对代理人进行监督与约束的机制,并与激励机制相结合。此外,它还强调信息的公开以改善信息不对称的程度。委托代理理论所追求的核心价值是股东利益的最大化。

2. 利益相关者理论

最初的委托代理理论认为委托人主体资格仅限于股东(stock-holders),认为公司天生就归出资人所有。利益相关者理论对此进行了修正,认为公司是各种投入的组合,股东仅仅是资本的提供者,除此之外,公司职工、贷款者、供应商、消费者、社区等对公司都作了各自的特殊投资。在某种情况下,其他的利益相关者对公司命运的关切甚至会超过股东,当公司经营处在不利局面时,股东可能用脚投票而抛弃公司,但公司的职工却无法摆脱由此带来的损失甚至失业。公司经营对他们的影响和对股东的影响一样,他们也应享有公司治理权。利益相关者理论的主张者常常引用各国公司法对公司决策和运行中吸收其他主体参与的事例或要求公司董事会抵制恶意收购以保护本地区职工就业的事例说明其理论的正当性,如德国吸收职工代表参加公司决策的参与制,日本注重主办银行对公司行为的监督,美国部分州的公司法要求董事会在评价公司收购者的行为时应当考虑职工就业问题,以及部分国家公司法中开始强调公司的社会责任等。利益相关者理论同样是由经济学家所创建,尔后对公司治理产生一定程度的制度性的影响。

(二) 公司组织机构设置的原则

公司组织机构设置的原则,是指在公司法和公司章程的框架下构造公司的组织机构,明确其各自的职权范围,协调相互运作关系,以期实现良好的公司治理所应贯彻的基本精神和规则性要求。它不仅包含传统商法在意思自治理念支配下形成的商法人组织机构产生和活动的某些规则,还应体现由公司治理理论在现代企业制度构造实践中创建的一些重要规范。事实上,在公司治理理论指导下派生出的公司组织机构设置的原则仍然植根于传统的商事法人制度的土壤之中,只是其中的意蕴已散发着全球化和公司法制现代化的浓郁气息。目前,世界各国公司立法的修改无不吸收公司治理的基本理念,以丰富和发展公司组织机构设置的原则,指导公司改善并建立更有效的治理结构。例如,1999 年 5 月,由 29 个发达国家组成的经济合作与发展组织通过了《OECD 公司治理结构原则》,作为各国政府制定有关公司治理结构法律和监管制度框架的参考。该文件在 2004 年 1 月作了修订。我国证监会于 2002 年 1 月 7 日发布了《上市公司治理准则》,并以其作为判断上市公司是否具有良好公司治理结构的主要衡量标准。在这些公司治理准则中,公司组织机构的设置占据了重要部分。2012 年 12 月 11 日,该会又发布了《证券公司治理准则》,对证券类公司其中包括从事证券业的股份公司的稳健运行设定了目标和治理规则。

虽然不同的国家因为公司发展的历史不同而形成了不尽相同的治理模式,但是,由于公司治理问题产生的基础相同,故公司组织机构的设置也需要贯彻大体相同的原则。

1. 股东权力原则

该原则是指公司组织机构的设置应重视股东作为公司所有者的地位,使之能够确保股东充分行使权利。该原则具体可分解为:(1) 股东会为最高权力机构原则。各国公司法均规定股东会为公司组织机构中的最高权力机构,公司的一切重大事项如公司章程的变更、董事的任免、公司的合并与解散、公司重大经营方案的批准等,都必须由股东会作出决议。(2) 股东的平等对待原则。公司组织机构的设置应确保所有股东特别是中小股东享有平等的权利,并承担相应的义务。公司法中的同股同权原则、保护中小股东的累积投票制、大股东对关联交易的投票回避制等均体现了该原则。个人股东通常并不谋求治理权利,但是他们对于能否得到控股股东和管理层的公平对待还是非常的关注。(3) 股东权利救济原则。

为了切实保护股东的权利,各国公司法均规定股东权利受到侵害时应得到法律救济。虽然股东诉讼的具体制度各不相同,但各国公司法均确认了当股东会、董事会的决议违反法律规定,或者董事、监事、经理执行职务时违反法律或公司章程,造成股东或公司损害时,股东有通过诉讼得到法律救济的权利。如法国公司法规定,公司章程或股东会决议限制股东维权诉讼的条款无效。

2. 激励与约束并举的权力制衡原则

因为公司组织机构中的各方利益主体均为理性的"经济人",其行为是成本收益衡量后追求自身利益最大化的结果。如果收益与付出不成正比,即使约束再强,也不能保证公司代理人会踏踏实实地服务于公司和股东的利益。因此,良好的公司治理机制还应充分重视激励机制,使公司的董事、监事、经理有动力积极履行其职责。其中,由于经理是公司的直接经营者,故对其的激励设计在公司激励机制中居核心地位,譬如,经理股票期权(executive stock option)制度。

然而,因为公司股东之间、股东与董事、经理之间利益并非完全一致,为了避免公司的各种利益主体在追求自己利益最大化时损害股东及利益相关者的权利,就必须对其进行约束以达到权力运行的合法合规。约束机制主要包括:(1) 对大股东的约束。在股权集中的公司,由于中小股东股份比例微小并且比较分散,大股东(控股股东)便在公司控制中居于垄断地位,为了防止其滥用控股地位、损害中小股东权益,各国公司法中均规定了对大股东的限制措施。例如,美国公司法中规定的累积投票制度保障了中小股东将其代言人选进董事会,从而提高了中小股东在公司决策中的影响力。现代公司法还直接确认大股东对公司和小股东负有忠诚义务,以为大股东划出恰当地行使权力的边界,也为小股东或债权人行使诉讼救济权利提供依据。而我国《上市公司治理准则》还特别列出"控股股东与上市公司"一章来对控股股东行为进行约束。我国 2005 年修订的《公司法》中突出规定了对控制股东的制约措施,如公司对股东的债务提供担保时被担保人股东得回避表决等。(2) 对董事、董事会的约束。首先,对董事、董事会的约束体现在股东、股东会对它的制衡。例如,股东会对董事的任免权、对董事会拟定的提案的审批权、股东对违法董事的诉权等规定。其次,对董事、董事会的约束还体现在公司监督机构对它的制衡。虽然监督机构因国而异,如我国的监事会、美国的独立董事、德国的监事会(与我国监事会不同)、日本的监察人等,但各国法律一般均赋予监督机关和监察人较大的独立性和动用公司资源的权力,以实现对董事等人的有效监督。各国公司法普遍确认董事对公司负有忠诚义务和勤勉义务,直接体现为有效力的约束。(3) 对经理的约束。由于所有权与控制权分离,各国公司均出现了"经理人的公司"的现象,即公司的实际控制权落入掌握专业管理技能的高层支薪经理手中。因此,公司法把对经理的控制作为重点设计相关的监管制度,公司的股东会、董事会、监督机构均有权对经理依法进行约束。依据公司法的一般规定,公司的经理对公司当然负有忠诚义务和勤勉义务。

3. 信息披露与透明度原则

公司治理中出现问题的根源之一在于信息不对称,公司的股东(委托人)无法获得董事、经理等代理人行为的充分信息,从而无法对其行为进行及时、准确的绩效评价和监督。因此,为了提高公司组织机构的效率,就必须加强信息披露、保持公司的透明度,从而使股东获得真实、准确、完整、及时的公司经营信息,这也是公司组织机构有效运行的基本前提。

4. 利益相关者参与公司治理原则

近年来,随着公司治理理论的发展,股东以外的利益相关者也逐渐被纳入公司治理主体范围，虽然各国对利益相关者参与公司治理的程度规定不一，但各国公司法均开始关注利益相关者问题。例如，德国公司法规定在雇员超过一定人数的企业中，公司监事会成员应有一半的比例为雇员监事。而在《OECD公司治理结构原则》中还规定："公司治理结构的框架应当确认利益相关者的合法权利，并且鼓励公司和利益相关者在创造财富和工作机会及为保持企业财务健全而积极进行合作。"

此外，公司组织机构的设置还应当贯彻分权制衡原则、效率原则、经济民主原则等。

三、公司组织机构的基本构成

受政治、经济、法律和历史文化等因素的影响，各国公司治理模式差异较大。由于证券市场成熟、股权高度分散，以英美为代表的"外部监控模式"的公司治理更强调信息披露、公司外部监管等证券市场力量，当公司治理出现问题时，股东往往采取抛售股票"用脚投票"的方式来制衡公司管理层。这种控制模式被称为市场控制模式或外部监控模式。但是，所谓"外部监控模式"并非是绝对的，我们不能忽视英美国家通过股东派生诉讼的形式对董事会的制约监控机制所发挥的作用，特别是近三十多年来英美法系国家首创的独立董事制度逐渐脱离了早期的锦上添花的效能而发挥出实质监督功能，大公司中的机构投资者对公司治理表现了越来越强的参与意识和影响作用。而德国、日本等国家经济行为的集中度较强，其股权结构较为集中，银行持股和法人交叉持股较为普遍，因而其公司治理更强调股东、董事通过公司内部权力机构对公司进行直接控制，故这种模式被称为组织控制模式或"内部监控模式"。

虽然公司治理模式的差异决定了各国公司组织机构的类型和具体权力职责不尽相同，但是，各国公司治理的组织机构还是存在基本共性。根据公司治理所需的四种职能，公司组织机构一般设立以下四类机构：

(1) 权力机构。一般为股东大会。公司是由股东设立的，股东作为公司的出资者和所有者理应对公司享有最高权力，而股东行使权力的机构即为全体股东组成的股东大会。除特殊情形外，各国均将股东大会作为公司的必设机构，并注重保障其权力的有效行使。

(2) 决策机构。一般为董事会。董事会是由股东大会选举产生的，由董事组成的行使经营决策权和管理权的公司机构。

(3) 监督机构。一般为监事会，主要职责是监督董事、董事会和经理的经营行为，对其违法和不当的经营行为和其他可能侵犯公司利益、股东利益的行为进行约束。

(4) 执行机构。即经理，是实际上对公司日常经营进行管理的公司机构，也是董事会决议的执行机关。

以上四类机构的四种职能在各国的公司组织机构中均有体现，但具体表现有所差异。在美英国家，不设监事会，董事中的非执行董事负监督之责，同时在公众公司中又增设了独立董事，独立董事承担对公司重大事项的监督职责。德国采用双层委员会制度，股东会选举监事(有一部分监事为雇员监事)成立监督委员会(supervisory board，简称监事会)，其职权强大，包括任命董事和行使监督权。监事会任命董事成立管理委员会(management board，简称董事会)，董事会是向监事会报告、负责公司日常运作的执行机构，与经理共同承担执行职能。德国公司法上的监事会与董事会不是平行的两个隶属于股东大会的机构，监事会似乎是股东大会的常设机构，监事会任命董事并监督董事会的工作，监事会和董事会一样在法院内外代表公司；监事会监督公司的业务执行，可以查看和检查公司的账簿和财务文件以及现金流动和储备、有价证券和库存商品等,可以委托专家协助工作,但不得介入公司的业务执行,除非公司章程或者监事会规定某种重大业务得经过监事会同意后才可以进行。监事会成员可由3人组成,公司规模较大的,可为更多人数,但须被三整除,其成员不得委托他人代替自己完成工作。从我国的环境比较,德国公司法上的监事会很像我国全国人大的常委会,具有权力机关的常设机关的地位和属性。

此外,因公司性质的不同,公司基本组织机构的具体表现形式也存在差异。例如在我国,在规模较小的有限责任公司中,董事会和监事会就不是必设机构,而由执行董事和监事行使职权。在国有独资公司中,则不设股东会,由中央政府或地方政府授权的国有资产监督管理机构授权董事会行使部分股东会职权,同时另行委派监事组成监事会行使监督职责。

我国公司立法对公司的四种基本组织机构均进行了规定,因此,本章以下内容即以此为公司组织机构的框架进行详细论述。

四、公司组织机构与公司代表机构

公司为法人企业,而法人为法律拟制的"人",其意志和行为都需要有特定的机构来实现和履行。在公司治理结构中,股东大会、董事会、监事会、经理均为公司基本组织机构,其职权规定在公司法和公司章程中。但是,这些公司内部运行机构并非均能对外代表公司。公司的对外代表机构只能由一个机构担任,并且这个机构应该是具有决策权的常设机构。在其他国家的公司法中,一般都规定公司的董事会为公司的对外代表机构。我国《公司法》没有确立董事会为公司的代表机关,但公司参与的重大交易行为如公司的经营计划和投资方案应当由董事会决定,交易的相对方不可以仅因法定代表人的签字行为就确认其效力,在非常业务状态下查看公司董事会会议决定的文件是必要的,这种情况下董事会实际上扮演了对外代表公司的权力机关的角色。属于公司常规经营中的问题,则由公司的法定代表人代表公司处理。我国《公司法》第13条规定,公司法定代表人依照公司章程的规定,由董事长、执行董事或者经理担任,并依法登记。在公司运营中,某些重要的事项的决定权是属于股东大会的,如公司与其他公司合并,或者公司的章程中规定超过特定数额的投资项目和合作伙伴须得股东大会审查通过,但股东大会的决议则由全体董事签署以资证明其效力,如此,公司对外洽商和签署合同的权力仍属董事会。公司的法定代表人对外代表公司的权限当然不是无限的,按照公司法和普通公司章程的精神理解,其代表权限的边界应为公司的常业或者在法院的诉讼活动。公司章程或股东大会、董事会的特别决议可以对法定代表人的权限作出扩大或缩小的规定,但这种规定应当不具有对抗善意第三人的效力。公司的经理管理公司的经营活动,作为经理人自然在不经授权的情况下于公司的正常营业范围内有权代表公司签署合同或实施其他合法行为。法国公司法规定经理在公司正常的业务项下与董事长有同样的代表权,这有利于公司的经营。经理的行为明显超出公司正常营业的范围,如经理决定将公司的大笔资金捐献给一项发展体育事业的基金,或者经理签字向银行举债,这类行为如无董事会的特别授权或者出示董事会的决议,受益的第三人可能无法对抗公司。

大陆法系的公司法一般均授予公司的监事会或不设监事会的公司的监事特定情形下对公司的代表权。监事会和监事代表权行使的环境往往与其特殊的职责安排有关。因为监事负有维护公司合法利益的职责,对董事和经理的活动实施监督,某些情况下必须代表公司进行活动,因此监事对公司有代表权是极为必要的。监事代表公司的情况主要有以下方面:(1)公司董事会因集体辞职或别的原因处于瘫痪状况时,监事会得代表公司,并对公司进行紧急接管管理,如召集临时股东大会等;(2) 董事或大股东违反对公司的忠诚义务和勤勉义务对公司有侵权行为或失职行为,董事会放弃或怠于追诉时,为挽救公司的利益监事会或监事得依职权提起诉讼;(3) 监事会或监事为查清公司的财务问题,可以以公司名义与会计师事务所等专业机构签署和约委托其提供协助,费用得由公司支付;(4) 公司的小股东在提起派生诉讼以前,必先在公司内部履行穷尽内部救济程序,此时监事会或监事代表公司听取小股东的意见,并决定是否由监事代表公司处理争议的问题。

第二节 股东大会

股东大会是由股份有限公司全体股东组成的公司最高权力机构。股东大会应依公司法之规定和公司章程的规定,每年定期开会或举行临时会议,研究决定公司发展的各种重大事项,并作出决议。

一、股东大会的性质

股份公司是由股东出资组成的经济组织。股东是公司财产真正的所有者,因而由全体股东组成的股东大会是公司的最高权力机关。因其所表达的意思对公司有全面有效的拘束力,表现公司在对外交往中就涉及公司的重大事项方面的最高效力之意见,故亦称为公司的意思机关。公司的一切重大事项,如章程的变更、公司的解散与合并、董事与监事的任免等都需由股东大会作出决议,公司的董事会、监事会、经理机构都要执行股东大会的决议,并直接或间接地对股东大会负责。

股份公司的股东往往成千上万,举行会议确属不易,因此股东大会是不可能成为公司的常设代表机构的。从体制上看,股东大会首先是公司机构的一种,是公司的意思机关和权力机关,并且是法定机关;在公司法人治理结构中它处于关键但并非是核心的顶端,它在公司一系列制度体系中发挥着决定公司命运的作用。它以合议制的方式表达公司投资者的意愿,行使由公司法所赋予的投资者应当拥有的各种权力。从运行议程上看,股东大会通过投资者聚集一堂、议论、表决的会议活动,主席台庄严肃穆,与会者交头接耳,或者通过修改公司章程的决议,或者达成利润分配的方案。股东大会以会议的方式开展工作。公司法上规定的股东大会的职权是针对其作为公司的制度机构设定的,它对公司具体召集的股东大会会议产生总括性的约束力;公司法上规定的股东大会的年会及临时会议和议决程序是针对具体的股东会议而言的。

在现代公司制发展的过程中由于商业竞争的日趋激烈,并由于股东对介入公司管理事务的兴趣减弱,公司的管理大权主要集中在董事会,并且股东大会本身不对外代表公司,对内又不执行公司业务,股东大会决策的事项相对减少了。正是因为股东大会对公司的命运问题有至关重要的决定权,因此其在公司运作中的地位已趋势化地降低了,对任何一家股份有限公司来讲,命运的问题只能是最后的问题,而公司存续的期间往往是数十年至数百年,这期间公司的运作与决策被董事会掌管着。学界对公司治理结构中体现出的这种状况概括称为“董事会中心主义”。

二、股东大会的种类

依据我国《公司法》的规定,股东大会会议分为定期年会和临时会议两种。

定期年会又称为股东常会,或普通股东会,是指依照法律规定每年必须至少召集一次的全体股东会议。我国《公司法》规定股东大会应当每年召开一次年会。如果公司章程规定,年会可以每年举行两次以上。股份有限公司的股东大会举行比较耗费时间、金钱,不仅给董事会召集会议造成压力,给公司造成财政负担。因此,公众持股公司每年举行的股东大会年会还是以一次为宜。

临时股东大会是指非定期的、必要时才举行的股东大会会议。根据我国《公司法》第100条的规定,公司有下列情形之一的,应当在2个月内召开临时股东大会:(1) 董事人数不足《公司法》规定人数或者公司章程所定人数的2/3时;(2) 公司未弥补的亏损达实收股本总额1/3时;(3) 单独或者合计持有公司10%以上股份的股东请求时;(4) 董事会认为必要时;(5) 监事会提议召开时;(6) 公司章程规定的其他情形。

我国《公司法》列举的上述6项召集临时股东大会的事项,其第(6) 项作为兜底条款实际上也是授权条款,如果公司章程没有规定就可能排除。但是《公司法》第104条规定:“本法和公司章程规定公司转让、受让重大资产或者对外提供担保等事项必须经股东大会作出决议的,董事会应当及时召集股东大会会议,由股东大会就上述事项进行表决。”这里有几个问题需要讨论明白:第一,按照立法者的意图理解,第104条规定的内容是第100条的补充,因为一些国家的公司法中将公司营业或财产的重大变更,包括缔结、变更或终止关于出租、委托经营全部营业的契约,让与全部或主要部分的营业或财产,受让他人全部营业或财产等,列为股东大会法定决议事项,甚至是特别决议事项。2005年修订的《公司法》对这些内容作了借鉴。《公司法》对公司对外的担保问题在第16条、第22条作了规定,对转让、受让重大资产问题在第121条作了规定,这些规定都有可能导致临时股东大会的召开。至于非上市公司对转让、受让重大资产的问题、对向股东以外的人提供担保安排的问题则指引由公司章程加以规定。公司章程对营业转让、营业受让等问题是否须经股东会或股东大会决定可作出规定。第二,从立法的内容相关性角度和类型化看,第104条应是第100条的第2款或者作为第101条更妥当些。第三,“本法和公司章程”的联动用语给人造成误解,似乎是两者缺一不可,对本意的理解应该表述为:“依据本法或者公司章程的规定……”

我国1993年《公司法》对非经董事会提议召集的临时股东大会,当权利人提议但遭董事会拒绝时,如何进行法律救济没有作出规定,显然是个严重的疏漏。在我国2005年修订的《公司法》中已经作出了完善的规定,弥补了这一制度设计方面的缺陷。但是,对中小股东请求举行临时股东大会的持股比例仍然保留了我国1993年《公司法》的规定,即单独或者合计持有公司10%以上股份的股东可请求举行临时股东大会。在这方面,德国公司法规定持有基本资本1/20的股东以书面形式说明了目的和理由要求召开股东大会时,董事会应当召集;章程可以规定持有基本资本更低数额的少数股东有权请求召开股东大会。美国《标准商事公司法》规定提议召开股东大会临时会议的股东的持股比例为1/10,但公司没有及时举行年度股东大会时即使持有1股的股东可以请求法院发布命令而召开会议。法国公司法规定的标准是1/10,我国台湾地区公司法规定的比例是3%。在现时普遍存在一股独大局面的环境中,10%也许是一个适当的比例,但未来股份有限公司的股权结构的主导改革或者自然发展势必会普遍降低大股东的持股比例,10%的持股似乎就成了上市公司控制股东的持股比例参考标准或者至少说是构成关联关系的一个独立标准。笔者认为,在我国以后的《公司法》修正或修订时,10%的持股比例标准应当降低,如降为5%或8%。

三、股东大会的职权

关于股东大会的权限，各国公司法规定不尽一致。总体上来看，有两种情况：一是仍然规定股东大会为公司的最高权力（意思）机关，决定公司的重大问题并选出公司的决策机构，股东大会本身对外不代表公司，对内不具体执行公司的业务；二是随着股东人数的增加和股份的分散以及股市交易的频繁，真正掌握股票并从公司分取红利的股东人数减少，少数股东持有 20%或更低些标准以上的公司股份就可以控制公司，因此股东大会的权力和影响日渐萎缩，甚至受到限制。如德国《股份公司法》第 4 章第 119 条规定，关于公司业务经营中的问题，只有在董事会提出要求时，股东大会才能作出决定。美国《标准商事公司法》第 4 章第 207 节规定，董事会有权在公司处于紧急状态时（指由于各种事故而不能照常召集合乎法定人数的股东开会，于是公司的紧急状态便开始），制订应急的有效工作《细则》。该法第 8 章第 1 分章第 8.01(b)条规定："所有公司权力应当由董事会行使或在它的许可下行使，公司的业务和事务也应当在它的指导下经营管理，但上述一切均应受公司组织章程中写明的限制的约束。"需要说明的是，近年来，由于公司运行中董事滥权的现象呈普遍化趋势，甚至造成内部人控制公司的严重局面，公司法学界主张扩大股东会的积极职能，保护投资者的全面利益，理论界称之为"股东革命"，这是一种思潮，在具体公司法的革新方面还很少有制度添附。在我国，公司法的框架内安排的公司管制制度，并未发展至董事会中心主义的程度。我国立法机关很注重股东权益的保护，将这样的立法意识贯彻于公司法的规范之中，体现途径之一就是尽可能周延地列举出股东大会的职权。我国《公司法》第 99 条规定股份公司股东大会的职权适用《公司法》第 37 条第 1 款规定的有限责任公司股东会的职权。为了读者阅读方便，笔者在此作重述：第一，决定公司的经营方针和投资计划；第二，选举和更换非由职工代表担任的董事、监事，决定有关董事、监事的报酬事项；第三，审议批准董事会的报告；第四，审议批准监事会或者监事的报告；第五，审议批准公司的年度财务预算方案、决算方案；第六，审议批准公司的利润分配方案和弥补亏损方案；第七，对公司增加或者减少注册资本作出决议；第八，对发行公司债券作出决议；第九，对公司合并、分立、解散、清算或者变更公司形式作出决议；第十，修改公司章程；第十一，公司章程规定的其他职权。

四、股东大会的召集及议事规则

股东大会会议举行的一系列程序包括召集（含通知、登记）、提案的审议、投票、计票、表决结果的宣布、会议决议的形成、会议记录及其签署、公告等，而这其中最重要的便是召集和表决程序。为了使股东会形成公平、有效率的决议，提高中小股东参与公司治理的积极性，同时防止大股东利用控股地位侵害中小股东的权利，各国和地区公司法均很重视对召集和表决程序的规范。

（一）召集

股东大会会议在正常情况下一般由董事会召集，特殊情况下可由监事会、审计员、清算组织、重整人、法院召集。如法国《商事公司法》第 158 条规定，股东大会通常情况下由董事会或经理室召集。上述机构未召集的，可以由审计员召集；或者由法院在紧急情况下应一切有关的人的要求或根据代表公司资本 10%的一名或若干名股东的请求裁决指定的代理人召集；或者由清算人召集；或者由公开出价收购或交换之后或某一集团的控制权转让之后在资本或表决权上占多数的股东召集；或者由监事会召集等。我国台湾地区"公司法"规定："继续1年以上,持有已发行股份总数3%以上股份之股东,得以书面记明提议事项及理由,请求董事会召集股东临时会。前项请求提出后15日内,董事会不为召集之通知时,股东得报经主管机关许可,自行召集。……董事因股份转让或其他理由,致董事会不为召集或不能召集股东会时,得由持有已发行股份总数3%以上股份之股东,报经主管机关许可,自行召集。”美国《标准商事公司法》第7章第1分章第7.03(a)条规定,根据一位股东的申请,公司主要办事处的州或县的法院可以即速决定,命令召开股东特别会议。我国《公司法》第101条规定,股东大会会议由董事会召集,董事长主持;董事长不能履行职务的,由副董事长主持;副董事长不能履行职务或者不履行职务的,由半数以上董事共同推举一名董事主持。董事会不能履行或者不履行召集股东大会会议职责的,监事会应当及时召集和主持;监事会不召集和主持的,连续90日以上单独或者合计持有公司10%以上股份的股东可以自行召集和主持。过去,我国《公司法》把公司股东大会的召集权完全集中在董事会和主持权完全集中在董事长一人手中是有失妥当的,这对制约董事会和董事长滥权没有积极意义,尤其是在董事会处于瘫痪状况时公司不能举行股东大会应对紧急情况,实在有失周延考量。2005年修订的《公司法》以梯次方式规定了公司股东大会的召集和主持,这对怠于履行召集和主持股东大会职责的董事会、董事长是有力的制约,对建立有制约的公司治理机制裨益良多。但是,由于没有规定公司股东大会召集程序中的司法介入程序,且没有周延地规定向董事会提议召集股东大会临时会议后董事会表态的时间限制以及两次股东大会的间隔时间限制,可能会造成同时进行或者先后进行的数个股东大会临时会议的冲突,因为从理论上讲,按10%的标准有可能同时或者先后召集举行10次股东大会会议。看来,公司法应当引入司法干预的制度,让法院直接应有关当事人之请求,命令请求人召集或许可其自行召集股东大会临时会议,有管辖权的法院必须是公司住所地的法院,防止不同地区、不同级别的法院任意干预股东大会召集事务的情况发生。董事会不召集股东大会年会时也可作如上安排。

召集股东大会,召集人应当在法律规定的期限内通知股东出席会议。对于召开年会的,通知应说明会议是年度大会,并对会议的议程及讨论决议的事项作出说明;对于召开临时股东大会的,通知应说明召集的理由,说明讨论决议的事项及议程。我国法律规定,召集股东大会会议应当将会议召开的时间、地点和审议的事项于会议召开20日以前通知各股东;临时股东大会应当于会议召开15日以前通知各股东;发行无记名股票的,应当于会议召开30日前公告会议召开的时间、地点和审议事项。单独或者合计持有公司3%以上股份的股东(法国规定5%的标准),可以在股东大会召开10日前提出临时提案并书面提交董事会;董事会应当在收到提案后2日内通知其他股东,并将该临时提案提交股东大会审议。临时提案的内容应当属于股东大会职权范围,并有明确议题和具体决议事项。

为了提高股东大会的效率和确保会议成功,法律要求会议讨论的事项应当早早告诉全体股东,收到通知的股东可以就通知讨论的事项进行思考、分析,必要时还得进行调查,以便确定自己的态度。股东认为有理由作出临时提案的,也需要提前告诉董事会由董事会通知到各股东。这是为了保证一年一度的会议能够开得顺利,富有成效,而不致因为个别股东在会议举行时突然提出议案使会议进程受到干扰,不能达成会议召集者本来期望的结果。因此,法律明确规定,股东大会不得对会议召集者在通知中未列明的事项作出决议。这也就是说,股东大会会议主持者可以拒绝讨论未通知的提案,即使问题重大且会议主要议程已经完毕有富余的时间讨论,但也不可以作出决定,必须要决定的,应安排下一次临时股东大会会议议决。为了保证股东大会会议举行期间股东身份确定,法律规定,无记名股票持有人出席股东大会的，应当于会议召开5日以前至股东大会闭幕时将股票交存于公司。实践中，采用由公司董事会或者其他合法的召集人以规定的方式通知证券交易所停止该公司股票交易的办法处理。股东委托代理人出席大会的，代理人应当向公司提交股东授权委托书，并在授权范围内行使投票权。

在公司法上，有两个概念具有特定的含义，与社会常识性的理解存在差别，这就是“多数股东”与“少数股东”。多数股东并不是指股东在人数上的多数，而是指持有公司多数股份的股东；少数股东反之亦然。但在某个特定的场合情况也可能与社会常识性理解一致，如有限责任公司中章程规定股东会按股东每人一票投票决议的，多数股东就是人头意义上的股东多数。在股份有限公司中，一个有效的股东大会会议表决决议必须是在法定比例的股东出席前提下，通过法律规定的投票方式，达到符合法定比例要求的支持率的决议。股东法定出席比例是指召开合法有效的股东大会，出席会议的股东们代表的公司有表决权的股份数量应满足法定标准。考虑到股份公司一般是由多数人合作投资组建的商业经营组织，股东数量大且散居于全国各地甚至世界的不同角落，要求全部持有股份的股东甚或大多数持有股份股东参加会议是不现实的；但股东大会依法行使公司的若干重要权力，参加股东会议的股东很少，致使股东代表的股份数量偏低就不利于公司的决策建立在股份多数的支持平台上，少数股东操纵股东大会损害其他股东利益的机会就会增加，甚至会动摇公司成立的根基。相互合作和相互监督是公司企业健康运行的双轨，规定股东法定出席比例对维持这种平衡不无意义。各国一般规定参加股东大会的股东所持有表决权的股份必须达到法定标准（一般为过半数），股东大会才能合法召开，通过的决议也才能有效。例如，美国《标准商事公司法》规定：除公司章程另有规定外，有表决权的股份之多数拥有者亲自或由代理人出席会议，应构成股东会议的法定人数；但在任何情况下，法定人数也不应少于在会议上有表决权股份的1/3构成。日本《公司法》第309条第1款规定：“股东大会的决议，除章程另有规定外，由享有可行使表决权股东之表决权过半数的股东出席，并由其表决权的过半数作出。”我国台湾地区“公司法”规定：“股东会之决议，除本法另有规定外，应有代表已发行股份总数过半数股东之出席，以出席股东表决权过半数之同意行之。”法国《商事公司法》规定，普通股东大会（即指股东年会）对修改公司章程和改变公司国籍的事项以外的任何事项作出决议，其第一次召集时得由拥有1/4的表决权的股份的股东出席时才可举行，因第一次召集不成功而进行第二次召集时则没有任何法定的持有表决权股份比例的要求。特别股东大会是唯一有权对公司章程进行修订的机构。特别股东大会举行时，第一次得由持有表决权股份1/2的股份的股东出席，第二次召集得由持有1/4有表决权的股份的股东出席，才可审议有关事宜，且其决议得由出席或由他人代理的股东拥有的票数的2/3多数票作出决定。在我国，由于担心一旦规定最低标准可能使股东大会无法成功举行的局面出现，因此对股份公司股东大会的举行没有设定出席人所持股份占公司资本发行总额的最低比例的标准（我国《公司法》对股份有限公司的创立大会会议召集规定有须有代表已发行股份总数过半数之投资者参加才能举行的标准）。从形式上看，法律的制定者在回避矛盾，客观上纵容了大股东的恣意行为。当然，也可能产生小股东利益受侵害的风险。在实践中，由于大部分股份公司中大股东持股比例较高，股东大会举行时一般不会发生到会股东持股比例低于总股本50%的现象。长远来说，从完善我国上市公司法人治理结构的层面看，我国《公司法》应当借鉴日本《公司法》和我国台湾地区“公司法”的规定，以持有发行股份过半数的股东出席股东大会作为股东大会举行的标准是有积极意义的，这也是股东地位平等的一种表现。

（二）议事规则

股东出席股东大会会议，所持每一股份有一表决权；但是公司持有本公司的股份不得行使表决权。股东大会作出决议，必经出席会议的股东所持表决权的过半数通过；但股东大会作出修改公司章程、合并、分立、增加或减少注册资本、解散公司或者变更公司形式等事项的决议，必须经出席会议的股东所持表决权的 2/3 以上通过。出席会议的股东表决权包括股东以合法方式委托他人代理投票的表决权。我国《公司法》第 106 条规定了股东委托代理人投票的制度。

近些年来，公司实践中比较注重通过通讯投票的方式集中股东的意见，不仅在许多公司的章程中有安排，有些国家在公司法修订中也开始规定，股东可以通过网络直观会议现场的辩论，甚至可以发短信和邮件表达意见，最后还能够参与表决，对公司而言，在物质上进行适当的准备和事先设计好投票的技术规则就可以达到千人大会、万人大会没有问题，既安全又高效。我国《公司法》并未规定公司可以采用现代通讯投票方式。我国《公司法》第 43 条规定，对有限责任公司股东会的“议事方式和表决程序，除本法有规定的外，由公司章程规定”，但对股份有限公司的股东大会部分则没有明确授权由公司章程规定，这的确存在差别。如何理解这种差别呢？笔者的解释如下：有限责任公司多是中小企业，法律可以容忍较多的灵活性和自由度，法律留出更多的空间让章程添补；而股份有限公司往往是大企业，上市公司更关乎公众利益和国家利益，其运行的规则更多应体现统一的强行法属性。但是《公司法》对股东大会设计的议事规则和表决程序毕竟还是较为原则的，存在不确定性和漏洞补充的空间，这也是法律的生命所在。比如，原则是“每一股份有一表决权”，但《公司法》不可能也不应当反对一股一票的表决权是当场表决，还是通讯方式表决。如果投票方式的公正、公开、公平原则保障了，能够确保安全、及时、准确、不被暗箱操作，当然可以采用通讯方式表决。《公司法》不明言章程的补充规定的能力，是一种适当的谨慎，它对公司真正采用章程补充规则预留了某种压力，即若要补充必得谨慎。中国证券监督管理委员会于 2002 年发布的《上市公司治理准则》中规定：上市公司应在保证股东大会合法、有效的前提下，通过各种方式和途径，包括充分运用现代信息技术手段，扩大股东参与股东大会的比例。中国证监会于 2014 年发布的《上市公司股东大会规则》第 20 条规定，股东大会应当采用安全、经济、便捷的网络和其他方式为股东参加股东大会提供便利。股东通过上述方式参加股东大会的，视为出席。这是无奈的选择，然而是积极、有价值的安排。

股东大会应当对所议事项的决定作成会议记录，由主持人和出席会议的董事签名。会议记录与出席股东的签名册及代理出席的委托书一并保存。股东有权查阅上述文件。按照我国《公司法》总则部分第 22 条规定的内容，股东大会决议的内容违反法律、行政法规的，股东有向人民法院提起确认决议无效的权力。股东大会决议的程序违反法律、行政法规，或者决议的内容违反公司章程的，股东可以自决议通过之日起 60 日内申请法院撤销该决议。

（三）累计投票制

普通的投票制度代表了公司法在公司决策的过程和结果上奉行的传统的多数决原则，贯彻了由大股东控制公司的权利义务对等的理念。凡公司的重要事务，在股东大会讨论并就具体方案进行表决时，除非表决之事项涉及与大股东关联交易，规定大股东回避投票，或因法律或公司章程已对大股东的投票权有所限制的场合，股东大会决议的结果往往与大股东的意见形成一致。但是，股东大会并非是常设机构，股东大会闭会期间，公司完全由董事会控制。大股东选举董事的权力如果不能稍加限制，公司的全部董事就有可能为大股东一家已出。限制的方式既可以直接限制大股东的投票权，如各国公司法一般都规定在涉及大股东与公司有关联交易的情况时，关联股东应当回避股东会的有关表决活动。另一种方式就是累计投票制。累积投票制首先创造形成于19世纪的美国，20世纪为其他发达国家的公司法选择采用。该制度一般仅适用于董事（监事）的选举，有利于保证中小股东能将其代言人选进董事会、监事会。

普通投票制和累计投票制均以"同股同权""一股一权"为基础。但是，在表决票数的计算和具体投向上存在较大差异。普通投票制是指在股东大会上行使表决权时，针对一项决议，股东只能将其持有股份决定的表决票数一次性直接投在这项决议上，决议的结果取决于支持和反对的票数的简单比较。累计投票制允许股东可以将其在选举每位董事（监事）上的表决票数累加，即股东在选举董事、监事时的总票数为其持有的股份代表的表决票数乘以需选举的董事或监事的人数，股东可以选择将总票数集中投在一个董事候选人名下，也可以选择分散投入数人名下，如此便提高了中小股东选举其代表人进入公司董事会的可能性。依据累积投票制的设计，经乘积计算出的投票，在当次选举中只能使用一次。

上文所述的中国证券监督管理委员会于2002年发布的《上市公司治理准则》也规定了股东大会在董事选举中应积极推行累积投票制度，规定控股股东控股比例在30%以上的上市公司应当采用累积投票制等。我国《公司法》第105条规定了累积投票制，只是《公司法》的规定比《上市公司治理准则》的规定做得更妥当些，它授权公司章程或者股东大会决议进行选择，不是一刀切的武断要求。

第三节　董事会与经理

一、董事会的地位、性质与职权

（一）董事会的地位与特征

董事会是指依法由股东会（含股东大会）选举产生的董事所组成，代表公司并行使经营决策权的公司常设机关。

董事会是由股东大会选举产生（德国公司法规定董事会由监事会任命产生），由若干名董事组成的，对内决策与管理公司事务，对外以公司名义活动的公司常设管理机构。董事会也是公司的法定机关，具有法律规定和公司章程所赋予的管理公司、决策经营活动以及对外代表公司的权力。在公司法人治理结构的体系内，董事会的地位和作用处在核心的位置，董事们接受公司股东大会的委托管理公司的事务，他们以集体或者个人的行为表达公司的意志，带领公司在市场经济的环境中求生存、求发展，给股东们创造所期望的利润。董事们如果判断、决策失误，或者对公司不忠，对公司不能敬业尽职，公司和股东就会蒙受损失。良好的公司治理结构实际上是对董事的活动能给予有效的激励和约束、最大限度地发挥出公司的核心竞争能力、促进公司创新和创造利润的循环系统。董事们在其中扮演着十分重要的角色。

董事会具有以下特征：

（1）董事会成员由股东大会选举产生。从董事会与股东大会的关系讲，董事会是股东大会的执行机关，董事会对股东大会负责，执行股东大会的决议。股东大会对不称职的董事可以罢免或者撤换。董事会行使的权力有制定法的依据，但是公司法也确认了股东大会作为董事会的母体的地位，在常态的公司管治状态下董事会不能完全对抗股东大会的意志，即使在董事会中心主义被确立的法制环境中，股东大会仍然保留有修改章程和选举董事的权力。

(2) 董事会是公司法定的常设机关。董事会自公司成立之日一直存在，虽然它的成员可依法随时更换。董事会作为公司的常设机关的法律地位是由公司法所确认的，公司章程一般不能改变这种制度的设计结构。它不仅在公司股东大会闭会期间行使公司的权力，而且具体负责运营公司的业务。通常所说的公司机关就是专指董事会的。

(3) 董事会是公司的对外代表机关。公司是天然的外向型机构，其经营活动就是公司以交易条件为基础与外部社会的种种联系。通过这种联系，公司取得各种资源、销售产品和输出商业服务。而公司对外的活动势必明确代表人，否则不能确定交易活动的有效性。由董事会作为公司对外的代表机关可以节省公司交易的成本，提高运转的效率，这不仅符合商业上的惯例，而且为各国公司法所接受。不过，在我国实行的是法定代表人制度，代表人系唯一、法定且独任的。

(4) 董事会是公司的经营决策机关。董事会执行股东大会的决议，负责公司的经营决策，它有自己独立的职权，在法律和章程规定的范围内对公司的经营管理行使决策权，并任命经理来执行公司的日常经营事务，经理对董事会负责。

(5) 董事会按一人一票的表决方式作出公司决策。正是由于这一原因，公司的董事会组成人数应当是单数。我国《公司法》规定，股份有限公司的董事会由5—19人组成。

(二) 董事会的性质

国内外公司法学理论对董事会的性质大体上有两种说法：第一种观点是信托管理机构说。该观点认为董事会由股东大会选举产生，具体执行股东大会的决议，其权力来源是公司的股东大会，是由股东大会通过信托方式产生的机构。董事会由董事集体和个别地对公司负有信托义务。由于在理念上把董事或者集合的董事都看成是公司的信托人，董事或董事会权力的极大膨胀也都无法跳出忠诚义务和勤勉义务的边界，这种边界就是"如来佛的掌心"。第二种观点是法定机构说。该说注重国家意志对市民社会生活的干预，认可公司的法定属性，认为董事会固然由公司的股东大会选举产生，但董事会的职责甚至其由股东大会选举产生的制度都是由公司法明确规定的，董事会履行职责受公司法约束，董事会得对公司的利益和股东的利益负责本身符合公司法的要求，董事会的个别决定可能符合公司和股东的利益，但如果违法则是不受保护的。该观点认为董事会的产生与职权由法律作了规定，虽然其是由股东大会选举产生，但由于股东大会的非常设性质，法律要求由董事会体现公司的法人意志并实施法人行为，对内管理公司、作出决策，对外代表公司处理商业事务，法律对其职责、组成、议事方式均有明确规定，特别是在现代公司运作中，股东会的地位和作用日渐缩小，更应强调其法定性质。如美国《标准商事公司法》第8.01节规定：除非本法另有规定，每个公司必须有一个董事会，所有公司权力应当由董事会行使或在它的许可下行使，公司的业务和事务也应当在它的指导下经营管理。

按照我国《公司法》的规定，董事会由公司的股东大会(包括创立大会)选举产生，是公司的常设管理机构。股东大会虽为公司最高权力机关，但不是公司的常设机构，不可能执行公司的日常事务。公司的董事会依公司章程管理公司，章程虽由股东大会通过，但章程的内容以及董事会的职权都由《公司法》作了规定，章程不得违反《公司法》的规定。

我们在对董事会的地位和职权进行法定性观察时，一种线条式的逻辑分析指引我们不可避免地追溯到公司法的制度规范上，况且公司法还对董事的任职条件作出了规定，更使我们很容易接受董事会是法定机关、执行法定职责的性质的认识。但是，公司只不过是私人联合进行商业活动的机构，公司法对公司进行规定与规范是因为公司已经是社会经济运行的主体力量，许多的单个投资者加入公司使得公司把其利益布局覆盖到了全社会，国家或者政府不可能完全袖手旁观，制定法律加以规制是政府义不容辞的责任。从公司法规范的主要内容看，几乎90%以上的规则首先来源于公司的创造，是商业社会而不是政府发明了公司运行的规则，政府的能动性是总结规则并提升为法律。董事会行使职权的外在形式是公司法律规范，但其实质是作为公司或者说股东大会的受信机构履行其义务。因此，董事会应该是公司的受信机构，董事是公司的受信人。

（三）董事会的职权

各国公司法关于董事会职权的规定方式有所不同，有的国家采取列举式，法律条文逐项明确规定董事会的各项职权；有的国家则采取排除式，规定必须由股东会行使的权力以外的其他一切权力由董事会行使；而有的国家立法未对董事会职权作出具体规定，只是规定由公司在章程中安排。但是，为了提高公司经营运作的效率，各国公司法均赋予了董事会比较广泛的职权。

我国《公司法》对股份公司董事会的职权的规定与有限责任公司董事会职权的规定一致，《公司法》第108条直接规定适用该法第46条的规定。为了读者阅读的方便，笔者在此重述：(1) 召集股东会会议，并向股东会报告工作；(2) 执行股东会的决议；(3) 决定公司的经营计划和投资方案；(4) 制订公司的年度财务预算方案、决算方案；(5) 制订公司的利润分配方案和弥补亏损方案；(6) 制订公司增加或者减少注册资本以及发行公司债券的方案；(7) 制订公司合并、分立、解散或者变更公司形式的方案；(8) 决定公司内部管理机构的设置；(9) 决定聘任或者解聘公司经理及其报酬事项，并根据经理的提名，决定聘任或者解聘公司副经理、财务负责人及其报酬事项；(10) 制订公司的基本管理制度；(11) 公司章程规定的其他职权。

二、董事的种类、任职资格与任免

（一）董事的种类

董事为董事会的成员，是作出公司业务决策和行使管理权的人，由公司的股东大会选出（董事会成员中的职工代表由职工民主选举产生）。董事一般为自然人，如德国《股份公司法》第4部分第1章第76条第3项规定："董事会成员只能是一个具有完全行为能力的自然人。"但也有国家和地区法律规定法人亦能成为董事，如法国《商事公司法》第91条规定："法人可被任命为董事。在其被任命为董事时，法人必须指定一名常任代理人……法人解除其代理人职务时，它必须同时指定另一名代理人予以替补。"我国台湾地区"公司法"也有类似的规定。依台湾原"公司法"第27条第2项规定，当局或法人为公司股东时，得由当局或法人指派数名代表人可同时当选为董事及监察人。由此，一法人股东指派二人以上分别当选为董事及监察人并无不可。这种情况容易导致监察人缺乏独立性而不能有效发挥动能。台湾当局公司及证券主管机关为强化公司治理，先于2006年增订"证券交易法"第26条之3，规定当局或法人为公开发行公司之股东时，不得由其代表人同时当选公司的董事及监察人，后于2011年12月14日增订"公司法"第27条但书："但不得同时当选或担任董事及监察人"，使公司法与证券交易法的规定保持一致，以强化监察人之独立性。因此，2011年修法后，在台湾无论是否为公开发行公司，当局或法人股东指派之代表人，均不得同时当选为董事及监察人。

董事是董事会职权的实际行使者。股份有限公司的董事主要分为内部董事、外部董事和职工代表董事。

1. 内部董事(也称执行董事)

同时担任公司其他职务或者虽不担任其他职务但按公司章程规定或者授权对公司的运营负有直接管理职责的董事为内部董事。内部董事实际上就是传统公司法意义上经股东会选举的董事。通常所讲的公司决策人员，首先是指内部董事。内部董事由于在公司中担任经营管理等职务，故对公司信息掌握全面，有利于董事会作出及时、正确的决策并能较好地协调与经理的关系，从而有利于决策的执行。然而，这些董事之所以首先被股东特别是大股东推荐为董事候选人进入选举程序并被股东会选出，是因为他们与公司或者公司的控制股东存有种种联系，大股东对他们依据特殊的交往而产生信任，他们当选董事就很难不受大股东的某种影响，他们甚至可能使自己的利益和大股东的利益建立铰接，相互输送利益并使自己作为公司的董事和作为大股东的代表的地位发生冲突。此外，由于内部董事与经理等管理人员存在直接利益关系(有的甚至就兼任公司总裁)，其行为不可避免地缺乏一定程度的独立性和客观性。建立良好的股份公司法人治理结构，就应当对内部董事的行为予以正当的制约，防止内部董事滥用公司控制权、形成内部人过度控制的非常局面。同时，伴随着公司法律自身的演进，外部董事制度被创造出来以平衡公司管治结构，从公司国际化发展的方向看外部董事在公众公司中扮演了重要的不可替代的角色。

2. 外部董事(也称非执行董事)

除担任董事职务外不再同时担任公司内其他职务也不参与公司的运营管理事务的董事为外部董事。外部董事一般由其他公司的经理阶层、社会各界专家和机构投资者的代表构成。在美、英等国家，许多大公司的外部董事比例已经远远超过内部董事。外部董事最早产生于20世纪20年代的英国。

但是，外部董事不一定就真正独立，在外部董事中具有独立性的则被称为“独立的外部董事”，也就是独立董事。所谓独立董事是指不在公司担任除董事外的其他职务也不参与公司的运营管理事务，并与其所受聘的公司及其主要股东不存在任何可能妨碍其进行客观判断的重要关系的董事。

独立董事制度起源于美国。由于美国的公司中不设监事会，董事作为公司的信托人兼而负有经营与监督之责。当董事会体制遭受内部人控制情形的长期、渐进的腐蚀从而削弱了监督职责时，受某种骤变的社会情势的刺激和影响(如美国的水门事件)，一些管治良好的公众公司自发地从外部董事的土壤上培育出独立董事，其他公司开始效仿并且受到纽约证券交易所的适时鼓励，最终确立为一种公司管制制度的不可或缺的部分。现在，经过数十年的发展，英美国家的公众公司无不设立独立董事，有些公司的董事会中的独立董事人数超过董事总人数的2/3以上。美国纽约证券交易所甚至规定所有上市公司在董事会中设立一个全部由独立董事组成的审计委员会，以避免公司经理控制董事会和审计人员，出具虚假审计报告。在许多上市公司中，独立董事还可以组成薪酬委员会、诉讼委员会和人事委员会，以发挥独立董事的特殊作用。由于美国经济的影响力和渗透力，大陆法系国家不得不纷纷效仿，亦步亦趋地在公司管治体制中增加独立董事。我国证监会于2001年颁布了《关于在上市公司建立独立董事制度的指导意见》，据此建立了这项制度。

独立董事不直接参与公司的决策和管理活动，在董事会中所起的作用主要是评价公司高管人员的薪酬、公司的审计、对高管人员的任命发表意见及对他们的行为进行监督、对涉及董事和控股股东的诉讼表达意见等。为了维护公司和中小股东的权益，法律一般还赋予独立董事一些特别的职权。我国独立董事的特别职权包括，对重大关联交易事项（指上市公司拟与关联人达成的总额高于300万元或高于上市公司最近经审计净资产值的5%的关联交易）的事先认可权和对公司聘用或者解聘会计师事务所的事先认可权、对公司特定事项发表独立意见的权利；对重大关联交易，向董事会提请召开临时股东大会的权利；提议召开董事会的权利；独立聘请外部审计机构和咨询机构的权利；在股东大会召开前公开向股东征集投票权的权利。

3. 职工代表董事

我国《公司法》对股份有限公司董事会中的职工代表董事，采取了宽松的规定，《公司法》第108条第2款规定，董事会成员中可以有职工代表，董事会中的职工代表由公司职工代表大会、职工大会或者其他形式民主选举产生。其解除职务也应当通过职工民主形式完成。职工代表担任董事的，应当与其他董事一样对公司负有忠诚义务和勤勉义务。

（二）董事的任职资格

董事与股东不同，任何人只要拥有公司股份即为股东，便有权参加股东大会。董事是由股东会选举进入董事会，负责对公司的事务进行决策，集体或单独代表公司执行业务的人。公司的董事虽非国家公务人员，但董事要管理由公众投资形成的公司财产，其品性和能力就应当通过设置一般的社会标准而加以考察，以管控公司管理人员鱼龙混杂引发的道德风险。因此，各国均对董事的任职资格作出规定，提出了基本上符合普通公务人员所应满足的条件。这代表了公司的社会化发展趋势的某种要求，也符合公司的社会责任和风险控制的价值诉求。

各国公司法对董事任职资格规定的条件各不相同。有积极条件，即只有满足某些条件才能成为公司董事；也有消极条件，即董事不得具备某些条件。这些条件一般包括：(1) 国籍限制：个别国家规定某些本国公司的董事或多数董事必须具备本国国籍。(2) 年龄限制：一般未成年人不能担任董事，政府控股的公司中的董事有退休年龄的限制。(3) 持股限制：有的国家规定董事必须是公司股东。(4) 兼职限制：有的国家规定董事不得兼任其他公司的董事或实际管理人，或规定董事在公司外其他机构兼职的数量上限以及避免与任职公司经营业务发生冲突或者精力不济。(5) 能力、品行限制：例如，破产企业的董事、未清偿债务的人、被追究刑事责任的人员不得担任公司董事。(6) 其他限制：譬如有的国家规定政府官员等不得兼任公司董事。

我国《公司法》第146条规定有下列情形之一的，不得担任公司的董事、监事、高级管理人员，公司违反规定选举、委派董事、监事或者聘任高管人员的无效：(1) 无民事行为能力或者限制民事行为能力；(2) 因贪污、贿赂、侵占财产、挪用财产或者破坏社会主义市场经济秩序被判处刑罚，执行期满未逾5年，或者因犯罪被剥夺政治权利，执行期满未逾5年；(3) 担任破产清算的公司、企业的董事或者厂长、经理，对该公司、企业的破产负有个人责任的，自该公司、企业破产清算完结之日起未逾3年；(4) 担任因违法被吊销营业执照、责令关闭的公司、企业的法定代表人，并负有个人责任的，自该公司、企业被吊销营业执照之日起未逾3年；(5) 个人所负数额较大的债务到期未清偿。法律规定，董事、监事、高管人员在任职期间发生上述情形之一的，公司应当解除其职务。

中国证监会在行政规章《关于在上市公司建立独立董事制度的指导意见》中对担任上市公司独立董事的人，提出的积极条件有：(1) 根据法律、行政法规及其他有关规定，具备担任上市公司董事的资格；(2) 具有《指导意见》所要求的独立性；(3) 具备上市公司运作的基本知识，熟悉相关法律、行政法规、规章及规则；(4) 具有 5 年以上法律、经济或者其他履行独立董事职责所必需的工作经验；(5) 公司章程规定的其他条件。消极条件有：(1) 在上市公司或者其附属企业任职的人员及其直系亲属、主要社会关系(直系亲属是指配偶、父母、子女等；主要社会关系是指兄弟姐妹、岳父母、儿媳女婿、兄弟姐妹的配偶、配偶的兄弟姐妹等)；(2) 直接或间接持有上市公司已发行股份 1%以上或者是上市公司前 10 名股东中的自然人股东及其直系亲属；(3) 在直接或间接持有上市公司已发行股份 5%以上的股东单位或者在上市公司前 5 名股东单位任职的人员及其直系亲属；(4) 最近一年内曾经具有前三项所列举情形的人员；(5) 为上市公司或者其附属企业提供财务、法律、咨询等服务的人员；(6) 公司章程规定的其他人员；(7) 中国证监会认定的其他人员。

(三) 董事的任免

董事一般均由股东大会任免。我国《公司法》规定，股东会(股东大会)选举和更换董事。

通常在股东大会召开前需要披露董事候选人的详细资料，以保证股东在投票时对候选人有足够的了解，然后再在股东大会上进行表决。股东对选举董事表决的程序一般由公司章程规定，但法律也规定了一些特殊的法定程序，譬如我国《上市公司治理准则》第 31 条即规定：控股股东控股比例在 30%以上的上市公司，应当采用累积投票制，而对其他上市公司则未作强制性要求；我国国有独资公司(公司形式为有限责任公司)由于不设股东会，公司的董事由中央或地方人民政府授权的国有资产监督管理机构直接委任；外商投资的有限责任公司的董事则按照投资合同的约定由投资各方委派产生；国有独资公司、两个以上的国有企业或者其他两个以上的国有投资主体投资设立的有限责任公司的董事会中应当具有职工代表，其产生或撤换由公司的全体职工民主决定。

董事通过法定程序被股东会选举后与公司建立了聘任关系。董事被选举聘任后，即开始行使职权，任期也开始计算。董事任期由公司章程规定，但每届任期不得超过 3 年。董事任期届满，连选可以连任。但独立董事连任不得超过两个任期。

我国《公司法》第 100 条规定，如果董事人数不足《公司法》规定的人数或者公司章程所定人数的 2/3 时，董事会应当在两个月内召开临时股东大会会议补选董事。董事如有下列事由可以被解任：(1) 股东大会决议罢免；(2) 任期届满未被连选；(3) 因资格丧失依法被解除职务；(4) 辞职；(5) 其他原因，如死亡、丧失行为能力、公司解散等。公司董事的报酬由公司章程或经股东大会讨论通过的决议决定。

三、董事长的地位和职权

董事会设董事长 1 人，并可以设副董事长。副董事长协助董事长工作。董事长和副董事长由董事会以全体董事的过半数选举产生。公司章程可以确定董事长为公司的法定代表人(也可以确定经理为公司的法定代表人)。董事长行使下列职权：(1) 代表董事会主持股东大会会议；(2) 召集、主持董事会会议；(3) 检查股东大会决议、董事会决议的实施情况；(4) 签署公司股票、公司债券。

为了保障公司的正常运转，保持公司董事会对公司各项工作的领导力，我国《公司法》特别规定董事长不能履行职务或者不履行职务的，由副董事长履行职务；副董事长不能履行职务或者不履行职务的，由半数以上董事共同推举一名董事履行职务。公司章程或公司股东大会的决议可以对董事长的职权作出补充规定，但是法律赋予股东会的职权、董事会的职权不应当被转移到董事长身上，董事长职权的放大不能够影响监事会和监事的监督功能，公司法明确赋予董事长的职权也不应被删减或者革除，以保障公司法所塑造的制度运转体系具有常态性、连贯性和稳定性。

四、董事会会议

（一）董事会会议的种类

董事会作为一个机构是通过召开会议并形成决议的方式开展工作并行使职权的。董事会当然首先是公司的一个机关，是公司的代表机关和决策机关；但董事会又具有物理性的活动，其具体进入活动的事实状态便是董事会会议。这种具体的董事会会议是董事会开展工作的必要程序，它一般可以分为两类：例行会议和临时会议。这两类会议的议事方式和表决程序，除法律有规定的以外，可以由公司章程规定。董事会例行会议是在公司章程规定的固定时间召开的例会。我国《公司法》规定股份有限公司董事会每年度至少召开两次会议；每次会议应当于会议召开10日前通知全体董事和监事。之所以要通知监事，是因为法律规定监事得列席董事会会议。董事会临时会议是当公司经营中遇到需要董事会迅速决策和处理的必要事项时，应有关的利害关系人的请求召开的会议。法律规定，代表1/10以上表决权的股东、1/3以上的董事、监事会可以提议召开董事会临时会议，董事长应当自接到提议后10日内召集和主持董事会会议。公司章程或者董事会自行确定的议事规则可对董事会临时会议召集的方式、通知时限作出规定。

（二）董事会会议的举行和决议

法律规定董事会由董事长召集并主持。达到法定比例的董事出席会议才可以举行，经法定比例的董事表决通过而作出的决议方为有效的董事会决议。各国公司法一般都规定了董事会的法定最低出席比例、出席的方式（是本人出席还是委托其他董事出席）及作出决议要求的通过比例等。考虑到有必要节约公司董事会会议频繁举行的成本和互联网的发展提供的便捷的交流方式，晚近的一些国家的公司法改革中已经明确认可公司可以通过通讯方式召集董事会甚至股东大会。因此，董事会会议在确认内容能够保密的前提下是可以通过互联网进行的。

我国《公司法》对董事会会议的举行和决议的形成作了原则性的规定：(1) 董事会会议应由过半数的董事出席方可举行。(2) 董事会会议应由董事本人出席。董事因故不能出席，可以书面委托其他董事代为出席董事会，委托书中应载明授权范围。(3) 董事会会议作出决议，必须经全体董事的过半数通过。(4) 董事会决议的表决，实行一人一票。(5) 董事会对议决的事项应当作成会议记录，由出席会议的董事在记录上签名。

董事会会议记录是公司的重要文件，公司应当妥为保管，股东有权查阅和复制。股东认为董事会决议违法的，可以提起确认无效之诉；认为违反法定程序和公司章程规定的，可以在决议作出后60日内提起撤销之诉。对有效的董事会决议，董事会可以安排董事进行落实，也可以交由经理执行。

五、经理的地位及职权

(一) 经理的概念和地位

经理是由董事会聘任的、负责组织公司日常经营管理活动的公司常设业务执行机构。与股东大会、董事会、监事会不同,经理机关并非会议形式的机关,其行为不需要通过会议以多数原则形成意志和决议,而是以担任总经理的高级管理者的个人意志为准,虽然公司也设副总经理,但其只是由总经理提名经董事会任命协助工作的辅助人员。

现代社会,随着证券市场的发展,公司股权日益分散化,从而导致股东对公司管理的日益疏远,并且随着经济分工的细化和竞争的激烈化,管理日益成为一门专业技能,股东也没有能力对公司经营进行全方位的管理。另外,公司一旦进入运营过程,每日的事务如同流水一般,例行的工作甚至不能指望由董事们处理,因为法定的董事会例会每年只有两次。因此,虽然各国公司法一般规定经理为依公司章程任意设立的机构,但实践中,经理不仅成为公司组织机构中不可或缺的常设机构,而且其权力有不断膨胀的趋势。在美国的大型上市公司中,传统的董事会决策体制框架内的经理自20世纪60年代进行的公司治理结构改革创新中被尊贵且更有权威的CEO(chief executive officer)取代,导致公司管治的重心下移,管理成本降低。CEO体制倾向于经理中心主义的结构,使董事会向一揽子授权和从事监督活动的模式转化。CEO集中负担对公司所有重大事务和人事任免独立决策、营造企业文化、把公司的整体形象推销出去的职责。许多上市公司的独立董事都是CEO向股东大会提名产生的。然而,即使如此,经理作为公司执行机构的基本性质仍未发生根本变化,公司经理由董事会聘任,对董事会负责,具体落实股东大会和董事会的决议,主持公司的生产经营管理活动,维持公司运转。

(二) 经理的任职资格

公司经理由公司的董事会任命产生。各国公司法多规定任命经理为董事会的职权,董事会通过投票决定公司经理的人选。在美国,有的公司董事会由独立董事组成提名委员会以寻找并向董事会推荐经理等公司重要职务的合适人选。经过董事会表决通过的经理人选将与公司签订聘任合同,从而完成聘任过程,成为公司的经理。

因为经理由董事会任命,其权力虽由公司法规定出一般的内容与区限,但其职务的取得源自于董事会,且董事会对其权力可作出扩大或缩小的决定。因此,如果经理违法经营或者其能力、素质不够,董事会认为其不适合管理本公司,可以依法在董事会会议上决定对该经理解聘。

我国《公司法》同样规定:经理由董事会聘任或者解聘。

经理是公司日常经营的实际管理者,他比董事还有更大的机会和法定空间接触公司的资源和机密。因此,经理的资格(即具备什么条件的人员才能被选聘为经理)便成为公司运营中的重要问题。经理的资格包括两个方面,一方面为积极条件,即经理应该具备的各种能力和素质,主要包括:品质素质、知识素质、管理能力素质、生理和心理素质等;另一方面为消极条件,即经理不得拥有的条件,如犯罪之人在特定的时间段内不得担任公司经理等等。

因为经理素质等积极条件需要通过考察其学历、品行、业绩、声誉等因素后综合认定,很难有统一标准,完全属于各个公司内部事务,应由董事会自由决定,不应由法律强行干预。因此,各国公司法主要从消极条件对公司经理的任职资格进行相应规范,我国也是如此。我国《公司法》第146条对于经理消极方面所作的资格条件限制与董事、监事任职条件限制是一致的。董事可以兼任经理,条件是董事会作出决定;而公司的监事的职责与经理的职责是冲突的,因此监事不能兼任经理。

董事会选任经理时自然存在一种偏好,即非常注重经理的能力,这种情况与四百年前东印度公司面临的情况几乎一模一样,"不要试图在任何重要岗位都任命高风亮节的绅士",常常成为董事长告诫董事们必须明白的一个商业社会定理。经理的品质居于次而能力居于首,是关注投资者利益长期化、最大化的董事们的心理路径。现时社会中,经理的确需要不同于董事素质的人出任,他们要在纷繁复杂中灵机而动,行政干练如狐狸般轻捷,思维明快,对金钱有超乎常人的喜欢和激情,而董事则是沉稳、深思、山崩于前而不眨眼者,董事与经理完全是公司组织系统中的两类人。董事会的最要紧的职责是选择好的经理并能善加控制。在我国《公司法》上,经理、副经理、财务负责人、董事会秘书及其他由公司章程予以明确地位的负责人被统称为高级管理人员,他们的任职资格与董事、监事一致,他们对公司承担的法定义务也与董事、监事一样,即忠诚义务和勤勉义务。

(三) 经理的职权

虽然经理由董事会任命并对董事会负责,不同公司的经理的实际权限并不完全相同,但是为了使公司能有效率地持续运营,从较多的公司运营的实践中总结提炼出经理机构的一般职权范围,在公司法上予以规定是非常必要的。它有利于公司权力资源的公平配置,形成制衡监督机制,有利于明确岗位职责并促进提高运营效率,在公司的对外交易关系上减少不确定性,降低与公司交易时的代理权识别成本与风险。凡为公司经理者,在公司的常业范围内对外代表公司,这是商业社会通行的惯例,公司法对经理权力的规定必不得有违这种惯例。各国公司法规定的经理的职权主要是管理公司的日常经营活动,并在董事会的授权范围内对外代理公司处理各类业务。具体来说主要包括:执行股东大会、董事会确定的经营计划和其他决定,任免公司高级管理人员及专业人员,主持公司日常业务,对外签订合同等。

我国《公司法》规定经理有权行使下列职权:(1) 主持公司的生产经营管理工作,组织实施董事会决议;(2) 组织实施公司年度经营计划和投资方案;(3) 拟订公司内部管理机构设置方案;(4) 拟订公司的基本管理制度;(5) 制订公司的具体规章;(6) 提请聘任或者解聘公司副经理、财务负责人;(7) 决定聘任或者解聘除应由董事会决定聘任或者解聘以外的负责管理人员;(8) 董事会授予的其他职权。此外,经理有权列席董事会会议。公司章程对经理职权另有规定的,公司法予以认可。

经理应当依法并依公司章程的规定,对公司尽忠诚义务,谨慎履行职责,维护公司利益,不得牟取私利。经理因工作失职给公司造成损失的,要承担赔偿责任。在公司法上,经理与公司的关系如同董事与公司的关系,董事对公司承担的义务全部适用于经理。

第四节 监 事 会

一、监事会的地位与特征

监事会是依据公司法的规定由公司股东大会选举产生,对董事和经理的经营管理行为及公司财务进行监督的常设机构。在大陆法系国家,公司的监事会如同政府的监察机构,表现了对权力的制约制度,贯彻了分权制衡的法律价值。在股份公司,监事会受命于股东大会代表全体股东对公司的经营管理活动进行监督,行使监督职能,是公司的专门监督机构。监事会一般不参与公司的决策及管理,对外也不代表公司执行业务,其职责是依据法律规定和公司章程的规定履行监督之责。

监事会有如下的法律特征:

(1) 监事会是由依法产生的监事组成的。监事一般由股东会选举产生,但有的国家公司法也规定了监事的其他法定产生途径,例如,我国《公司法》规定监事会由股东代表和适当比例的公司职工代表组成,监事会中的职工代表由公司职工民主选举产生。

(2) 监事会是对公司事务进行监督的专门机构。监事会的监督职能一般包括两个方面:一方面是对董事、经理的经营行为进行监督;另一方面是财务监督,也称为专业监督,这是因为公司的财务状况是公司经营信息的直接反映,并且对于上市公司而言,财务状况是信息披露最重要的部分,是股东了解公司状况的直接途径,因而,各国公司法均将财务监督作为监督机构职权的重要部分。

(3) 监事会行使职权应当具备独立性。保持充分的独立性是进行有效监督的重要前提。为此,各国公司法均很重视对监事会行使职权的独立性的保障。

(4) 监事个人与监事会并行行使监督职权。与董事会不同,董事会是决策机构,需要讨论尔后形成统一的意志,因此它采取的是一种集体议事、少数服从多数的原则。董事会贯彻公司决策系统中的民主原则,监事会的职责是尽量发现公司经营违法、违规或者违背股东利益的行为,它是一种法律发现、法律分析、法律判断的行为。因此,为了充分掌握公司信息,法律规定了监事对公司业务和财务有平等的监督检查权,一般情况下并不需要形成集体决议行使职权。我国是一个注重集体意志的国家,监事会工作的程序基本上临摹了董事会工作的规程,法律力求以团队方式合作工作于一个机构的监事们,能够表达出集体的意见,争吵最好发生在监事会内部,而不是在股东大会上由监事们相互厮打。这是一个潜伏在深层的立法意识的展现,中国文化喜欢和谐、喜欢一统、喜欢在组织系统内达成集中的意见。

二、监事会的设置与组成

虽然各国在公司法人治理结构中均设立了行使监督职能的公司机构,但是,与股东会、董事会、经理等公司组织机构相比,各国公司法关于监事会的规定差异最大,变化也较大。

1. 美国模式

美国是单轨制,即只设董事会而不设监事会。但是,美国公司治理结构中并不缺少监督机构。美国董事会中的外部董事,尤其是独立董事实际承担了监督职能。特别是上市公司董事会下设的内部审计委员会,其成员全部由独立董事组成,是专职的监督部门,其职责主要是:(1) 保证对外公布的财务资料真实完整,不对公众产生误导;(2) 保证公司内部监控的充分、完整;(3) 监督公司文件、财务等方面有无违规之处;(4) 选择并审批公司的外部审计师。

2. 德国模式

德国为"双层委员会"制度,由股东大会和工会机构选举产生监督委员会(也有译为监督董事会),简称监事会,再由监督委员会公开招聘管理委员会(也有译为管理董事会),简称董事会。监事会代表股东监督董事会,董事会负责企业日常经营管理活动。因此,德国的监事会并非本节所指意义的监事会,而是更像美国的董事会,兼具决策和监督的强大职能。另外,德国模式的另一特点是重视雇员在行使监督职能中的作用,德国监事会不仅有股东监事,还有雇员监事,在雇员人数超过一定数目的公司,雇员监事须占到监事人数的一半。

3. 日本模式

日本公司法中在监事会和监事之外，还要求设立会计监察人职位。

4. 法国模式

法国对监事会的设置采取灵活态度，监事会不是法定必设机构。公司章程可以选择设立监事会，也可以选择不设立监事会。

我国采纳的公司监督体制基本类似于日本2002年以前的模式。监事会为公司必设机构，是公司的监督机构。但是，近年来，各种公司治理模式之间开始出现相互借鉴的趋势。因为我国的市场经济正在逐步建立、完善，公司(尤其是上市公司)治理频频出现混乱情况，监事会未能有效发挥监督作用是原因之一。目前，我国公司的监督制度正在经历理论和实践两方面的深刻检讨，非上市公司的监督制度需要在原有体制的基础上进行完善，而上市公司则通过借鉴其他国家模式改造了原有的监督体制，如有的上市公司配置了独立董事，有的上市公司按照公司章程规定配置了独立监事或外部监事，公司的监督职能由监事会和独立董事共同行使。

监事会由监事组成。关于监事的组成，我国《公司法》规定监事会由股东代表和适当比例的公司职工代表组成，具体比例由公司章程规定。监事会中的职工代表由公司职工民主选举产生。从实践层面看，监事会中的职工代表不应低于总人数的1/3。从监事会的地位来看，由于监事会是对股东大会负责并报告工作的整体机构，因此，监事会中的职工代表在经公司职工大会或其他民主管理机构选出后，还应当经股东大会认可或确认。股份有限公司的监事会成员不得少于3人。

关于监事的任职资格，我国《公司法》对监事任职资格的规定与董事相同。此外，还规定了董事、高级管理人员不得兼任监事。这是因为监事的职责是监督公司的董事、经理及财务，因此，为了保证监事的独立性，避免监事与被监督人有利益冲突关系，限制监事与公司管理层的交叉任职是必需的。此外，我国一些上市公司开始学习日本的做法，配置独立监事。从强化公司监管的目的出发，对监事的资格规定积极的条件是未来完善公司监督制度需要注意的，如要求监事具有法律专业和财务会计的学习和工作经历等。监事的任期为3年，连选可以连任。

我国《公司法》第117条第3款规定，监事会设主席一人，可以设副主席。监事会主席和副主席由全体监事过半数选举产生。监事会主席召集和主持监事会会议；监事会主席不能履行职务或者不履行职务的，由监事会副主席召集和主持监事会会议；监事会副主席不能履行职务或者不履行职务的，由半数以上监事共同推举一名监事召集和主持监事会会议。

三、监事会的职权和议事规则

关于监事会的职权，我国《公司法》第118条规定援引《公司法》第53条和第54条关于有限责任公司监事会职权的规定。为了方便读者阅读了解，这里特作重述：(1) 检查公司财务；(2) 对董事、高级管理人员执行公司职务的行为进行监督，对违反法律、行政法规、公司章程或者股东会决议的董事、高级管理人员提出罢免的建议；(3) 当董事和高级管理人员的行为损害公司的利益时，要求董事、高级管理人员予以纠正；(4) 提议召开临时股东会会议，在董事会不履行本法规定的召集和主持股东会会议职责时召集和主持股东会会议；(5) 向股东会会议提出提案；(6) 依照《公司法》第151条的规定，基于股东的请求，代表公司对损害公司利益的董事、高级管理人员提起诉讼；(7) 公司章程规定的其他职权。此外，我国《公司法》第54条规定监事不仅可以列席董事会会议,而且可以对董事会决议事项提出质询或者建议。这一规定实质上使董事会会议变成了董事会扩大会议,列席会议的监事虽然不能投票(也不像独立董事那样对某些问题有一票否决权或者发表独立意见的权能),但“提出质询或者建议”的的确确把监事的监督功能设计到事中监督而非事后监督,监事如同独立董事一样发挥作用;董事会强行通过危害公司利益的决议案的概率会大大降低,因为监事有权提出质询。

监事会或者监事发现公司经营情况异常,可以进行调查;必要时可以聘请会计师事务所、律师事务所等机构协助其工作,费用由公司承担。监事会或者监事履行监督职责必需的费用,由公司承担。监事会每6个月至少召开一次会议,监事可以提议召开临时监事会会议。监事会会议投票时应当为一人一票,监事会决议应当经半数以上监事通过。监事会会议决议的记录得由出席会议的监事签字后由公司备案。监事须为公司负保守秘密的义务。公司章程可以对监事会的工作程序作出补充规定。

为了保障监事有效行使职权,公司应采取措施保障监事的知情权,为监事正常履行职责提供必要的协助,任何人不得干预、阻挠。监事履行职责所需的合理费用应由公司承担,按时拨备。在公司与董事、经理之间的诉讼中,监事可代表公司;监事在履行职责的过程中,可代表公司聘请有关的专业机构协助其工作,费用由公司负担。监事在特殊情况下,有权直接召集股东大会以解决公司的紧迫问题。公司法应力挺监事的独立性和权威性地位,淡化监事会的集体活动功能而强化监事的独立工作职权和责任。

监事会成员在执行职务时,得履行对公司的忠诚义务和勤勉义务。法律对监事会成员的责任标准的要求及任职资格的要求,与对董事、经理的要求基本一致。

第五节 上市公司治理特别规定

上市公司是股份有限公司的一种,其依法发行的股票在证券交易所进行交易。上市公司股份分散,中小股东对公司控制权的行使不愿意付出时间与金钱成本予以监督,大股东或者董事、经理的利己行为容易得手,并能进一步伤害到资本市场的秩序和安全。我国《公司法》针对上市公司的法人治理结构单独规定一些特殊的制度,不是空穴来风,而是对症下药;不仅仅是因为上市公司负载了更重大的社会利益和公众股东的利益,还因为过去近二十年里我国的上市公司丑闻连连,大股东失去操守,恣意攻城略地,董事不能尽忠职守,往往为大股东的内应与卧底,《公司法》安排特别要求还不能说是出重拳,只是亡羊补牢的一种手段而已。

我国《公司法》第四章第五节共有5条规定,除1条作基本术语解释外,只有4条涉及上市公司组织机构的特别要求的内容。其中规定特殊机构设置的条款是第122条和第123条两条。《公司法》第122条共计20个字,规定上市公司设独立董事,具体办法由国务院规定,内容平顺,没有彰显“法律的牙齿”;第123条规定,上市公司设董事会秘书,负责公司股东大会和董事会会议的筹备、文件保管以及股东资料的管理,办理信息披露事务等事宜。信息披露的工作只是限于上市公司和股份分布比较分散的公司,对其他公司并不适用;关于公司股东事务包括资料的管理在各类公司中都存在,上市公司因为由董事会秘书依法负担,问题解决了;但其他类型的公司中股东事务到底由哪个特定的人或者机构或者职务占有者负责一直不清楚。这应当说是我国现行《公司法》的一项缺漏,有时公司的股权转让了,法律要求公司履行变更登记的义务，公司中没有人作为法定义务的承担者办理事项，于是处在了法律规定落空的尴尬境地。

我国《公司法》第 121 条规定，上市公司在一年内购买、出售重大资产或者担保金额超过公司资产总额 30％的，应当由股东大会作出决议，并经出席会议的股东所持表决权的 2/3 以上通过。本条是作为公司股东大会的特别事项予以补充规定的，其目的在于阻止大股东利用资产转让和提供担保两项惯用手段掏空上市公司的行为，规定两种行为牵动的资产比例为 30％的，得由临时股东大会决议处理，且规定 2/3 的通过比例就是一种防火墙。如果违反了这条规定，而使公司遭受损失的，董事及经理可能要负上个人责任，因为他们负有直接管理公司财产的义务。董事、经理为了避免自己承担责任就要及时召集公司股东大会，说明事项原委，由股东大会决定。

我国《公司法》第 124 条规定，上市公司董事与董事会会议决议事项所涉及的企业有关联关系的，不得对该项决议行使表决权，也不得代理其他董事行使表决权。该董事会会议由过半数的无关联关系董事出席即可举行，董事会会议所作决议须经无关联关系董事过半数通过。出席董事会的无关联关系董事人数不足三人的，应将该事项提交上市公司股东大会审议。仅仅从表面上看，我国《公司法》第 121 条主要针对大股东，而第 124 条主要针对董事、经理人。这里所讲的事项是比较重大的经营活动，不可能由经理单独决定，故需董事会会议决议。在这种情况下，远离公司经营行为的中小股东无法干预，董事需要从对公司的忠实义务出发告诉其他董事存在关联关系，并应自觉回避该事项的讨论和表决，以阻止把自己的利益、他人的利益与公司利益处在对抗、冲突的局面发生。本条规定是董事必须履行的法定职责。

第十五章

股份有限公司的资本与股份

第一节　股份有限公司的资本

一、公司资本的概念和法律含义

股份有限公司的资本，是指在公司章程上记载并在公司登记机关登记的股东出资的总额。因为公司法允许股东的出资可以分期缴付，因之会形成公司的注册资本、实收资本的区别；与之相适应，股东的出资也会有认购的资本和实缴的资本的区别，只是在 2013 年公司资本制度改革后，工商登记机关不再登记公司实收资本一项而已。公司资本也可称为股本，即股份有限公司的股份总额。由于股份有限公司的资本是划分为等额股份的，即每一股份的金额是相等的，故而股份总额即是资本总额。

（1）资本是由章程确定的。公司的资本是公司赖以存在的物质基础。公司资本是公司章程的重要规定事项，公司设立时，发起人应当确定公司的投资人投资的总金额，并将其数量规定在公司章程中；在公司运营中，公司资本的增加或减少均需启动章程修改程序。

（2）资本划分为等额股份。资本划分为等额股份是股份有限公司区别于有限责任公司的重要特征。这种划分的目的在于公司可以广泛地吸纳社会资金，并为股东在资本市场上转让股份提供便利条件。因此，可以使公司的规模做大。

（3）公司资本是股东对公司的永久性投资形成的。股东的投资包含股东已投入的资金以及在分期缴付安排下已经认购尚未缴付的责任资金。股东一旦将其资金投入公司，其资金即成为公司资本，只要公司处于存续状态，股东就不能要求抽回股金。当然，股东有权依法律程序将其投资转让于第三人。在公司清盘时，股东投资只能在清偿公司债务后，再在剩余资产中分配，因此西方经济学家称股东为剩余索取者。股东认购公司发行的股份后尚未实际缴付资金的，对公司而言，股东负有到期缴付义务，公司可以催收，公司对股东主张特别债权。

（4）公司资本是公司对债权人利益实现的财产担保。公司资本的多寡和稳定与否涉及与公司发生交易的债权人的利益。公司资本的真实和维持，是债权人利益实现的切实保障；反之，公司资本一旦虚置，即对债权人利益的实现形成威胁，也不利于社会经济流转秩序的规范运行。

（5）从事特殊行业经营活动的公司，法律、行政法规和国务院决定规定有最低资本标准和实缴要求，设立公司时应当符合要求。此外，以募集方式设立公司的，其最低资本应符合相当于上市公司的最低资本标准，即3000万元，但深交所和上交所于2006年5月将主板和中小板上市条件提升为5000万元，按《全国中小企业股份转让系统股票挂牌条件适用基本标准指引(试行)》(2013年6月17日)的规定看，在该系统上市挂牌的中小股份公司的资本额应不少于500万元，深交所创业板上市标准为3000万元。且要在公司成立前完成实缴，提交验资证明文件。至于传统法律上股份公司资本实力一般应高于有限公司的制度安排，在2013年年末的公司资本制度改革后，已成明日黄花。

(6) 公司资本与公司资产的关系。公司的资产是指公司实际拥有的财产的市值总额，资产概念的外延要比公司资本概念的外延大，资产中还包括公司的债务。在公司经营活动中，由于股份的溢价发行和经营的盈亏不同等因素，资产的实际市值比公司的注册资本要大或小，资产与负债的比例反映公司的业绩、股东权益及公司的偿债能力。

二、与公司资本相关的几个概念

(一) 注册资本(registered capital)

股份有限公司的注册资本，是由股份有限公司的章程确定等于或高于法定最低资本标准数额，由全体股东认购的并在公司登记机关登记的股本总额。其中，以募集方式设立公司的，其注册资本为实收的股本总额。在大陆法系国家，由于各国公司法例的规定不尽一致，股东向公司缴付的注册资本分一次性缴付和分期缴付两种方式。我国《公司法》规定公司注册资本实行区别缴付制度，普通公司由章程规定缴付期限，特殊行业的公司，法律、行政法规、国务院决定中规定实缴期限，如银行业、证券业、保险业等。但以募集方式设立公司的，发起人须先行缴付章程确定的公司注册资本数额的35%，其余部分采取定向募集或者公开募集的方式筹集，募集资金任务完成后举行创立大会成立公司，因此募集设立股份有限公司时公司的注册资本不存在分期缴付。在英美法系国家和个别传统上属于大陆法系的国家，没有规定法定最低资本金标准，公司章程写明的注册资本只是公司的发起人股东为董事会发行资本所确定的最高限额，公司可以由一名股东发起设立，设立公司所需的已发行资本可以为1个标准货币单位如1美元、1日元、1港元等，公司的股东会不具体负责资本发行的事项讨论与决议形成，授权由董事会根据公司需要随时在注册资本范围内发行资本。这种资本制度对应于法定资本制，被称为授权资本制。授权资本制不同于法定资本制框架下的分期缴付制度，因为法律不要求公司设立时股东得首先认购完毕章程确定的注册资本数额，股东对资本的缴付义务产生于董事会嗣后的发行行为和股东的认购行为，董事会没有决定发行或者虽然决定发行但原股东没有认购，仍然不对股东产生资本缴付义务，因此注册资本也不是股东对公司负责任的法律界限。如果公司章程确定的授权限定董事会只能向股东名册中记载的股东发行股份，并且确定了向特定股东发行股份的比例甚至发行的时间、条件的，董事会一旦按照章程的授权形成股份发行的决议，有关的股东就要承担缴付资本的义务。从这个意义上讲，在授权资本制体制下，某些发达国家公司法规定的注册资本又可以称为授权资本(authorized capital)、核准资本、设定资本(stated capital)和名义资本(nominal capital)，它是指在公司章程上已经明确规定即授权董事会发行的资本总额，但不一定是实际发行完毕的资本，也不一定是公司实际收到的资本，它表明了公司资本发行的最大空间，在公司实数收到前仅为名义的存在。由此可见，我国2013年改革注册资本制度后，仍为法定资本制，而不是授权资本制。

(二) 发行资本(issued capital)

从严格意义上讲,“发行资本”不同于资本的发行或股份的发行,也不是含义宽泛的“发行的资本”,它作为一个公司资本制度方面有特殊含义的术语,首先是指授权资本制体制下股份公司董事会在公司授权资本范围内依据股东大会或者章程的授权而决定发行的资本及其数额。在法定资本制制度结构中,公司设立时的资本无论是一次性缴付还是分期缴付,在公司设立前都须全额发行完毕即被发起人全部或者发起人、认股人合共认购完毕,资本的发行与公司的设立一体完成,法定资本制表达了公司设立中资本形成集中的全部内容,不存在独立的“发行资本”概念产生的制度背景。在授权资本制制度架构内,股东设立公司时会确定一个公司的资本数额,称为授权资本,股东大会或者公司章程授权公司的董事会根据公司的需要发行股份以筹集不超过授权资本数额的资本,发行股份既可以向原股东发行,也可以向其他投资者发行,取决于公司章程的授权安排;发行的股份一般是分期分批进行的,公司法也没有时间方面的强制性要求,什么时间发行、每次发行多少由董事会依据授权决定。在这种背景下董事会决定发行的资本及其数额才是发行资本。发行资本贯彻的是授权资本总额控制下的分期投资原则,但是如果个别的公司章程确定公司的注册资本即授权资本一次性募足的,则发行资本与注册资本一致。

(三) 实收资本(real capital)

实收资本是指公司通过股份的发行收到的股金总额。实收资本的概念既可以适用于授权资本制制度结构,也可以适用于法定资本制制度结构。法定资本制实行严格的一次性缴付制度和变革的分期缴付制度两种制度。严格的一次性缴付资本的制度是传统的大陆法系国家早期奉行的资本制度,公司章程确定的注册资本须等于或高于法定最低资本标准,公司成立前全部股份得发行完毕并被发起人、认股人认购完毕并向公司缴清后公司才可以成立,此种情形下公司的实收资本与注册资本一致;分期缴付的制度中,公司章程确定的注册资本数额同样得等于或高于法定最低标准且全部资本应当被认购完毕,依据法律的规定股东可以分期向公司缴付认购的资本,但缴付的最后期限受法律规定期限的约束,实收资本记录了股东多次分期缴付资本的总额,故实收资本的数额一般会大于单次缴付的资本数额,直到法律规定的期限届满,全体股东向公司缴付了最后一笔资本,实收资本就会等同于注册资本。在授权资本制环境中,实收资本通常会低于公司的名义资本,公司每次发行的股份被认股人认购,且按规定的期限和方式完成向公司的缴付就形成公司的资本累计收入,即是实收资本。如果发行资本只有部分被认缴和实缴,则实收资本小于发行资本;如果发行资本全部被认股人认缴并实缴,则实收资本与发行资本一致。

(四) 法定资本制

法定资本制是指公司章程所确定的注册资本须等于或高于法定最低资本标准,在公司成立前由股东一次性足额认购完毕,股东可以全部一次性缴足或者按照法律规定的期限及比例完成首次交付,使公司满足法定条件得以成立的资本制度。据此,法定资本制可分为严格的法定资本制和变革的法定资本制,其标准是是否允许公司资本的分期缴付;但法定资本制不允许公司资本的分期发行。我国 2005 年修订的《公司法》采用变革的法定资本制,允许公司资本分期缴付,首次出资不低于公司章程所定注册资本的 20%,其余部分在公司成立后 2 年内缴足,投资公司在 5 年内缴足。注册资本的分期缴付制度也被理论界称为折中资本制或认可资本制。但是,我国《公司法》首次承认的有限公司中的一人公司,以及以募集方式设立的股份有限公司仍然贯彻了严格的法定资本制制度。经 2013 年年末的《公司法》修订,我国废止了法定资本制下的最低资本标准和实缴要求,但又保留了特殊公司及募集设立的股份公司的法定最低标准和实缴要求,规则十分错落、凌乱,故笔者认为我国资本制度时下为变异的法定资本制,为中国独有的资本制度,可称为中国式资本制度。

(五)授权资本制

授权资本制是指公司设立时虽然确定了其注册资本数额,但发起人或股东先期缴付最低单元的资本数量如1美元,公司即可成立,公司资本中未缴足的部分由公司章程或股东大会授权董事会在适当的时候再行募集筹足的资本制度。授权资本制没有法定最低的资本数额标准要求,公司的注册资本实际是名义资本,股东的出资义务基于公司章程对董事会的授权和董事会发行资本时股东的实际认购行为。公司的注册资本也叫授权资本、名义资本,只是代表了董事会发行股份的最高限额,而与债权人的债权保障没有任何联系。日本在1950年修订《商法》时即已采取授权资本制,但直到2005年新《公司法》颁布才取消了最低注册资本额的要求。按照日本《公司法》第二编第一章的规定,股份公司没有最低资本的要求,取消了注册资本的概念,代之以"可发行股份总数"的实际就是授权资本的概念,股份公司可依发起方式或者募集方式设立,只是要求全体发起人在设立股份公司时认购一股以上的股份,以及非公开公司在设立时发行股份的数额不应少于"可发行股份总数"的1/4。

三、资本三原则

资本三原则是传统的大陆法系国家公司法所奉行的事关公司资本管理的三项基本制度的概括性说法,它所体现的价值是国家对股份公司的资本设定一种安全界限,以使股份公司的资本满足法定、真实、稳定的条件,以便保护债权人和股东的利益,保障社会经济秩序的健康运行。

(一)资本确定原则

这一原则要求公司成立时,公司的资本额必须在公司章程中予以明确,且要高于或等于法定最低资本额,全体股东应一次性足额募足全部资本,公司才可以成立。这一原则也称为资本法定原则,为一般大陆法系国家所采用。资本确定原则要求资本的实际拥有与其章程载明的数额保持一致,防止设立公司中出现欺诈、投机行为。其不足之处在于不利于公司设立的方便快捷,妨碍了商人们的创业机会。公司资本额确定小了,将来运营规模扩大,势必追加资本,但追加资本又有烦琐的程序;相反,资本额确定大了,一方面不容易募足,另一方面募足的资本可能因公司业务刚刚起步而闲置,造成浪费。与大陆法系国家的规定相反,英美法系国家实行授权资本制,设立公司就较为灵活,但不足之处是公司资本容易虚置,不利于债权人利益的保护。后来,大陆法系国家兼采英美法系的规定,对严格的资本确定原则进行改革,推行了认可资本制。即:公司设立时,公司的注册资本应当被发起人全部认购完毕,但投资者向公司交付资本的期限由发起人在章程中选择:或是一次性全部缴足,或是首次交付一部分,即可满足法定的公司设立条件使公司成立,其余的部分在法律规定的期限内由认股人分期缴清。因此说,这是一种有条件的法定资本制。

(二)资本维持原则

资本维持原则是指公司在运营过程中,公司资本额应与公司资产保持一定的平衡关系。公司在运营过程中,由于溢价发行股份、经营盈利或亏损、不可抗拒的事由等因素均使公司资产高于或低于公司的资本,变化是绝对的,不变是相对的。公司资产的减少,会影响公司以资本总额所体现的偿债能力的削弱。为防止公司资本的实质减损,保障公司的运营有正常的资金支持，法律设定许多的规范来维持公司资本的充实，如不允许公司低于股票票面额发行股份，对股东的实物出资进行监督和核实，除发起人外不允许其他股东以实物出资，技术出资不得超过特定的比例，公司应设立资本公积金和法定公积金，在未弥补公司亏损前不得分派股息和红利等。凡发起人以非货币形式的财产出资的，其价值如果高估，该项出资的股东应当补缴差额，其他发起人股东承担连带补缴责任。资本维持原则还禁止股东的抽逃出资行为。

（三）资本不变原则

资本不变原则强调资本的公示性、确定性和稳定性，资本不可以随意减少，除非经过严格的法律程序。公司的注册资本一经确定便具有公示意义，对与公司进行交易的商人有资产担保信用的作用，公司不可以随意改变注册资本的数额。但是，当公司吸收新的投资得增加注册资本时，公司实际上会获取新的资产，这不仅有利于公司自身的发展，也有利于公司债权人实现其债权，因此，资本不变原则控制的对象是任意减少注册资本的行为。当我们体会这一资本原则之所以确立的宗旨是保障债权人利益时，我们就不难理解由于公司发生合并导致公司资本扩大时，为什么公司的债权人会有权表示异议：因为，在发生合并的情景中，合并行为还可能带来更多更大的企业债务，公司原来的债权人在合并后反而加大了债权兑现的风险。公司分立会造成公司资本的当然减少，公司有义务对债务的清偿作出恰当的安排使债权人满意，否则就不要撬动资本这一公司得以组建的基石。

资本三原则表现了公司资本制度的传统典型形式。但在实践中，事实上也处于不断的变化之中。随着资本主义商业信用和商业文明的发达进程，原来一些严格的要求逐步被灵活的做法代替，如与公司进行交易的商人可以调查合作对象的资信情况，要求审查公司近期的资产负债表，重要的商业活动牵涉较多的资金给付时还可要求公司提供担保，客户聘请律师进行尽职调查等，而仅靠获知注册资本的数额就对合作对方的实力和诚信作出判断是远远不够的。商业活动的普及，使得越来越多的创业者变成了商人，公司的数量成倍增长，公司资本制度曾长期被认为是公司得以组建的基石，但在市场经济的原野中日渐风化，不再威严依然。公司的注册资本渐渐被脸谱化。人类社会生活中仍然看重每一个人的脸，但脸决不能常常代表人的内心世界的美好和邪恶，脸有时会被用来掩盖某种榨取他人利益的阴谋，注册资本就是公司的脸。

四、资本的增加和减少

公司资本的增加或减少，实际上反映了公司在经营过程中自身的要求。资本的增加或者减少均应依法律规定的程序进行，我国《公司法》对此均有规定。

（一）增加资本

公司资本的增加，也称为增资，是指公司为了扩大营业、兼并其他企业、提高公司的竞争实力，依法定程序筹措新的入股资金的行为。

公司增资在其法律后果上是指对公司注册资本的扩大，而并非授权资本制下董事会在授权范围内填充注册资本的发行新股行为。填充注册资本的行为只是原注册资本的分期发行，并未扩大股份公司的资本总额，也不必履行法律规定的严格的程序，只要不超出注册资本总额，董事会即可在授权范围内决定。

我国实行法定资本制，公司若增加资本发行新股的，应当依照《公司法》关于设立股份有限公司认缴股金的规定办理，如需向社会公开募集股份，则应向国家证券管理机关报请核准。

公司增加资本的方式一般有两种:一是增加股份的数额,二是增加单位股份的金额。第一种情况是在原有股份数的基础上发行新的股份,使股份总数扩大,而每股所代表的资本额并不改变。发行新股可以让原股东优先认购,也可向社会公众公开募集,还可以将公司发行的可转换债券转变为公司的股份,但需经债券持有人同意,给他们以选择的机会。对于原股东,公司既可以配发股份(配发股份,简称为配股,是指公司向原股东按持股比例分派新股,受分派的股东可以选择现金购股也可以放弃购股);也可将应付之股息和红利转换为股份,或者以公司的公积金转增为资本,向原股东无偿派送股份,即为送股。第二种情况是在不改变原股份总数的前提下增加每一股份的金额。股票增值的来源包括:(1) 法定公积金。由于公司每年税后利润须提取一定比例的部分作为法定公积金,逐年累积后势必加大公司的资金积累,公司经股东大会决议可将其转为公司资本,增加每股面值。(2) 股息红利。公司可把应分配的股息和红利的部分留存用于生产发展,将其价值并入股份中。(3) 新缴股款。公司原股东新缴的股款不作为新股计算,而是并入原股份中。上述以股息、红利以及新缴股款并为股份的,应当经过股东大会批准。

正如前述,公司增加注册资本势必增加公司的净资产总量,也就增强了公司对外清偿债务的能力,这对债权人利益的实现有积极的意义。因此,公司增资,可以不必征求债权人的意见。公司增资的程序通常是,董事会提出方案报股东大会作出决议,如公开发行新股得经证券监督管理机构批准,公告招股说明书等文件,发行股票换取股金,修改公司章程并办理资本变更登记。

(二) 减少资本

公司资本的减少,也称为减资,是指公司在存续期间依法定程序降低资本总额的行为。公司减资的原因是多方面的,可能是缩小经营范围和生产规模,也可能是改变公司经营亏损的状况,还有可能是公司经营的外部环境恶化所致,某些情况下是公司的大股东试图通过集中股份压缩受益股东数的原因引起的。

公司资本的维持原则和不变原则都强调公司资本的稳定性,以对债权人利益形成保障。但公司确因正当合理的理由需减资的,法律也不禁止,只是规定有严格的程序。同时,特殊行业的公司减资后的注册资本数不得低于法定最低资本额。

公司减资的程序一般是:由股东大会作出决议;通知和公告通知公司的债权人;回赎公司发行在外的股票或声明降低发行股票的价值;办理公司资本变更登记手续等。有的国家公司法还规定:公司因减资须变换新股票时,应于减资登记后通知或公告公司股东换取股票,期限不少于 90 日,逾期未更换股票的,即认为丧失股东权利,公司应将其股票拍卖,所得金额退还股东。依照我国《公司法》的规定,股份有限公司减资得依下列程序进行:(1) 由公司董事会拟订公司减资方案;(2) 股东大会作出决议;(3) 编制资产负债表及财产清单;(4) 自作出减资决议之日起在 10 日内通知债权人,并于 30 日内在报纸上公告;(5) 债权人自接到通知书之日起 30 日内,未接到通知书的自公告之日起 45 日内,要求公司清偿债务或提供担保;(6) 修改公司章程;(7) 办理变更登记手续。

第二节 股份有限公司的股份

一、股份的法律性质和特征

股份公司的股份是指以股票为表现形式,对公司资本作等额切分,每股价值相当,公平体现股东权利和义务,加总合成资本总额的股份有限公司的资本分解单位。公司的股份由股东持有,每一股份所表现的价值相同,所代表的权利和利益也相同。我国《公司法》第126条规定,股份的发行,实行公平、公正的原则,同种类的每一股份应当具有同等权利。同次发行的同种类股票,每股的发行条件和价格应当相同;任何单位或者个人所认购的股份,每股应当支付相同价额。这里,《公司法》没有提到公开原则,那是因为在公司法上还规定了向特定对象募集股份发行股票的方式,俗称私募,这种发行方式不需要发起人向社会公布公司设立及发起人的各种背景资料。况且,向社会公开募股的行为,其公开原则在《证券法》中已有规定,《公司法》作规定反而不能包容私募,存在逻辑问题和与事实不符的问题。此外,用“同种类的每一股份应当具有同等权利”替代“同股同权,同股同利”的表达,指向明确,语言清晰。公司股东以持有股份的多少在公司中行使权利并取得相应的利益。公司的股份以股票为表彰形式,股票是公司向股东签发的证明股东所持股份的凭证,换句话说,合法持有股票的人就是公司的股东。同理,股东转让其投资的方式是将股份的价值符号——股票转让出去即可;想成为公司股东的投资者,只要购入股票,也就持有了公司的股份,据此成为股东。公司全部股份金额的总和构成公司的资本总额。

公司股份的法律性质在于它是公司资本的均衡的分解单位,股份本身就是公司的资本,是概括资本的一部分。股份并非是公司特定财产的权利形式,只能是公司资本价值的表现形式和权利形式。这即是说:第一,股份是资本的构成单位,而不针对公司的资产,各国法律对此规定均无二致;第二,股份体现了股东在公司中的权利与义务,股东持有股份的多少,决定股东在公司中的权利的大小,同时也要承担相应的义务,持有股份较多的股东或其代表可能被选入公司决策机构的股东对公司享有的权利和所尽的义务均比一般股东要多,要广。

从前述股份体现公司资本的构成单位和股东对公司的权利义务的角度看,股东对有限责任公司的投资也可被称为股份。但作为股份公司的股份则又有一些不同的特点,主要有:第一,股份有限公司的每一股份是等额的,所包含的权利与义务也是同等的。我国《公司法》第125条第1款规定,股份有限公司的资本划分为股份,每一股的金额相等。世界上多数国家的公司法均有类似规定。法律的这种规定是基于以下的因素:一是将股份公司的资本划分为代表金额较小的股份,便于设立公司时广泛集资,完成单独或少数人联合投资所无法完成的大宗商业开发项目;二是便于分配股利;三是便于登记账簿和计算公司及股东利益;四是便于股东在股市上转让其投资利益。第二,股份有限公司的股份以股票为其表现形式,股票是股东享有股权的依据和凭证。股票的存在,就使得股份这种投资权利由抽象变为直观,使得股份资产证券化。第三,股份有限公司的股份可以自由转让。股份的自由转让是资本流动的具体体现,除法律明文禁止转让的以外,其余均可在股票交易市场或其他证券市场转让交易。

由上可知,股份有限公司的股份不仅作为公司资本的构成要素而存在,并且是股份公司存在的核心,没有股份,就不存在股份公司这一企业形态。

二、股份的种类

股份有限公司的股份根据不同的标准，形成不同的种类。最常见的分类有以下几种：

(一) 依据股份上设定的权利的不同分为普通股和优先股

(1) 普通股。普通股是股份有限公司发行的不设定特别权利的股份，每股之上设定的权利与义务平等，一股一权，为公司资本的基本构成部分。没有普通股的发行，股份公司是不可能成立的。普通股的特征有两方面：第一，普通股的股东权是全面的，包括自益权和共益权的全部内容，如参加公司的红利分配，在股东大会上投票选举公司管理机构及对其他重大问题参与作出决议，参加公司的管理；第二，普通股是风险性股份，普通股的股利分配是在优先股之后，但分配数额事先不作确定，公司盈利多，则可以多分；公司不盈利，则不分；公司清盘时在债权人、优先股股东分配财产后才得以分配。

(2) 优先股。优先股是指由公司个别股东持有的、在财产分配权利上比普通股有优先权的股份。财产分配权利既包括股息红利的分配，也包括公司清盘时对剩余财产的分配。优先股的股利一般是固定的，且持股人通常不参加对公司事务的表决和管理，除非该事项影响优先股持股人的权利。优先股在德国、日本以及我国台湾地区的公司法中有规定。优先股是否累积分红或参与分红由公司章程加以确定。我国《公司法》第 131 条规定，国务院可以对公司发行本法规定以外的其他种类的股份，另行作出规定。2013 年 11 月 30 日，我国国务院发布了《关于开展优先股试点的指导意见》，这对进一步深化金融体制改革有着深远意义。该《意见》的出台有利于优先股乃至其他种类的特别股之设置趋于规范化。该《意见》主要规定了优先股股东的权利与义务、优先股发行与交易等内容，并强调要加强组织管理和完善配套政策。《意见》明确给出了优先股的定义："优先股是指依照公司法，在一般规定的普通种类股份之外，另行规定的其他种类股份，其股份持有人优先于普通股股东分配公司利润和剩余财产，但参与公司决策管理等权利受到限制。"具体而言，公司发行优先股需注意以下几个方面的内容：第一，公司发行优先股应当符合公司法的规定。优先股制度并未从根本上改变一股一权、同股同权的基本假定，而是旨在表明"不同股不同权"对完善公司治理与股东利益最大化的潜在意义。开展优先股试点不能背离公司法的基本原则与基础制度，公司不得以发行优先股的名义损害中小股东合法权益。第二，对优先股股东的表决权之限制并不是绝对的，其可依法或根据公司章程规定得以恢复。同时，优先股在特定条件下还可以转换和回购。第三，发行优先股的主体范围特定，公开发行优先股的发行人限于证监会规定的上市公司，非公开发行优先股的发行人限于上市公司(含注册地在境内的境外上市公司)和非上市公众公司。第四，发行优先股的数量存在限制，公司已发行的优先股不得超过公司普通股股份总数的 50%，且筹资金额不得超过发行前净资产的 50%。此外，公司发行优先股还需要注意信息披露、登记存管等事项。

(二) 依据股票上是否记载股东姓名分为记名股和无记名股

(1) 记名股。记名股是将股东的姓名或者名称记载于股票上的股份。此种股份的权利只能由记名股东享有，他人持有记名股东的股票除非有记名股东的授权，否则不得行使权利。通常公司法要求的在公司住所须置备股东名册，即是指记名股。依据我国《公司法》第 129 条的规定，公司发行的股票，可以为记名股票，也可以为无记名股票。股份公司向发起人、法人发行的股票，应当为记名股票，并应当记载该发起人、法人的名称或者姓名，不得另立户名或者以代表人姓名记名。股份公司也可以向社会公众发行记名股票，一般是选择持股数量较大的战略投资者,构成公司的基本股东或者叫VIP股东。我国《公司法》第130条规定,公司发行记名股票的,应当置备股东名册。股东名册应当记载:股东的姓名或者名称及住所;各股东所持股份数;各股东所持股票的编号;各股东取得股份的日期。依据我国《公司法》的规定,记名股东转让股票,须由股东采取背书的方式确认受让股东或者法律、行政法规规定的其他方式进行,转让完成后,由公司将受让人的姓名或者名称、住所记载于股东名册。公司股东大会召开前20日内或者公司决定分配股利的基准日前5日内,不得进行记名股票股东的变更登记。

在我国,很多股份有限公司的股票是采取无纸化的电子簿记券式,无法通过背书的形式完成股票的转让。因此,得采用依据法律、行政法规规定的证券交易途径达成记名股票的转让,即以在证券公司开户、委托证券公司买卖、达成交易合同、进行清算交割、办理证券的登记过户手续等程序进行。记名股票转让完成后,必须由公司将受让人姓名或者名称及住所记载于股东名册。股东名册是公司认知记名股东身份的根据,也是记明股东向公司主张权利排斥他人侵犯股东权利的依据。以背书方式受让记名股票,股东可以按照股票的记载行使权利,但是公司登记记名股东身份尤其重要,公司确认股东身份对股东利益的安全保障有价值。如公司向原先记载于股东名册上的股东支付了红利,而仅仅因为公司对记名股票的转让不知情,公司还有权对受让股东的主张予以对抗。股份有限公司的记名股东其权利的固定和与公司的关系的重要性依据公司章程确定,公司的发起人对于公司更加重要因而不仅要作为记名股东在公司股东名册上记载,还要在公司登记机关加以登记。此外,因《公司法》第102条规定公司股东大会召开20日前得通知各股东,故此记名股票应当限制转让,即使发生了转让的事实,公司也不得作股东名册的变更登记,股东大会仍应由原股东参加。公司决定分配股利的基准日前5日内,不得进行股东名册的变更登记,其道理也在于此。

记名股股票如有遗失、被盗或毁损的,股东可依照我国《民事诉讼法》规定的公示催告程序向人民法院请求宣告该股票失效,法院依法宣告后,可由股东向公司请求补发。我国《公司法》第143条对此作了规定。

(2) 无记名股。无记名股是不记载股东姓名的股份。凡是持有无记名股票的人均是公司的股东,无记名股份的转让只需在法律规定的场合(如证券交易场所和柜台交易场所)由原股东将股票转让出去,受让人通过证券服务机构买受被转让的股份即可。按我国《公司法》的规定,公司可以经批准向社会公众发行无记名股份,发行时,应当记载股票数量、编号及发行日期。

(三) 依据股票票面上是否记载金额,分为有面额股和无面额股

(1) 有面额股。有面额股是在股票票面上记载一定金额的股份。公司发行有面额股时,每股面额的值应是一致的,这便于公司资本的计算和股份的统计。有面额股的股票作为有价证券,虽然在股票发行或在股市交易时大多不依面额值进行,但其面额仍具有稳定资本、使股东有信任感的作用。面值的大小,各国规定不同,一般有最低面额的限制。我国《公司法》规定的股票均为有面额的,但法律对最低面额未作限制,一般在实务上来看,均以1元为1股。公司在发行股份时,为防止资本出现空虚,不允许折价发行,即低于面额发行股份,但可以高于面值价格发行,称为溢价发行。我国《公司法》第127条规定,股票发行价格可以按票面金额,也可以超过票面金额,但不得低于票面金额。由于股票是股份的价值表现形式,股份又是公司资本的切分单元,所有股票的票面金额加总以后就应当是公司的注册资本,如果允许公司发行股份时折价发行,公司的资本在公司成立伊始就会出现亏空,这不符

合我国公司资本制度所坚持的资本充实原则和资本维持原则，因此我国《公司法》禁止公司低于股票票面金额发行股份，即折价发行股份。这与证券市场上股票跌破发行价的交易情形无关。

（2）无面额股。无面额股是指发行的股票上不记载面额的股份。无面额股份虽不记载每股面值，但会记载每股所占公司总资本的比例。无面额股创始于德国，广泛流行于美国，它反映了股票在发行时广泛溢价的情况以及在证券市场交易时交易价格严重背离面值的现实。但无面额股份对于公司资本的评价带来困难，也有不利于股票流通和政府的监管。因而，有些国家不允许发行无面额股份，如瑞士、荷兰等国，我国也禁止公司发行此类股票。

（四）根据公司股份的发行对象不同，我国目前还有A股、B股、H股、国家股、法人股、外资股等种类

我国《公司法》第131条授权国务院对记名股、无记名股等股份以外的某一种类股票的发行作出另外的规定。此外，还有有表决权的股份和无表决权的股份的分类。

三、股票

股票是公司签发的证明股东所持股份的凭证，是表示股东地位和股东权利的可流通的有价证券。

股票的质素在于以下方面：第一，股票是股东对股份公司投资的权利凭证。股东向公司投资后，由公司根据股东投资的股份总数发给其相应的股票，从而证明投资的事实和数额。股票当然是一种财产证券，它的价值取决于发行公司的资产质量和经营业绩。第二，股票是股东据以行使股东权的证书。股东从公司分得股息、红利，或参加公司股东大会，对公司事务的决定发表意见并投票，均要依股票的持有为依据。不仅如此，股票持有的多寡，还决定股东利益以及管理权的多少和大小。第三，股票的价值和存在的意义依赖于股份，股份如果丧失，股票也不存在。在这个意义上讲，股份是实质，股票只是反映和表现股份的证券形式。第四，股票是一种要式权利凭证，其设计、印制和发行均须遵守严格的法律制度，并受国家证券监管机构的监管，其流通应在特定的证券交易场所进行。我国《公司法》第128条规定，股票采用纸面形式或者国务院证券监督管理机构规定的其他形式。虽然我国上市公司发行的股票应证券交易所的要求均采取无纸化的电子簿记券式，而且证券公司、证券交易所、证券结算机构等有资金实力和技术能力以及严密的制度系统可以保障股东权益的安全，但许多股份不上市的公司不可能仅依赖电子形式作为股票样式记载股东持股，纸面股票仍然是许多公司可采用的标准模式。按照法律规定，纸面股票的印制样式要符合法定的标准化要求，其正面应当记载法定的内容：公司名称；公司成立日期；股票种类、票面金额及代表的股份数；股票的编号。股票由法定代表人签名，公司盖章。发起人所持有的股票，应当标明发起人股票字样。第五，股票可以自由流通。股票是包含一定资本价值的有价证券，股票的转让反映投资关系的变化，反映了资本的流动和财产权利的交易。

股票的种类是由股份的种类决定的，不同种类的股份由不同种类的股票体现。

第三节　股份的发行与转让

一、设立公司发行股份

设立公司发行股份，简称设立发行，是指发起人在公司设立过程中作为公司设立中的机

关代表公司发行股份、筹集资本的行为。设立发行又因设立方式的不同而有所差别:发起设立的,由全体发起人认购并依据公司章程的安排缴付全部股份;募集设立的,由发起人认购公司全部资本的一部分(我国《公司法》规定为35%以上),其余部分向特定对象募集或者向社会公开募集。根据我国《公司法》第132条的规定,股份有限公司登记成立后,即向股东正式交付股票,公司登记成立前不得向股东交付股票。事实上,由于公司尚未登记成立,公司没有印章,而股票必须加盖公司印章,以公司名义印刷股票的条件尚不能成立。

有关股份发行的原则、条件、程序、股票的发行价格的确定以及股金和股票的缴付和给付在本书前面的章节中已有详述,此处不再赘述。需要补充说明的是,股份有限公司无论采取发起设立还是募集设立,其资本整体细分为股份,每一股份均得以股票表现。发起设立的,公司发行的股票被全体发起人认购,全体发起人就是公司股份的全部认购人;但公司向发起人及认购人给付股票如同有限责任公司中给付出资证明书一样,分期缴付出资的,每次缴付出资到位后才能给付对应的股票。募集设立的,在公司成立后向缴付认股金额的股东给付股票。

需要着重说明的是,我国公司在以公开募集方式设立和在境内发行股份时,得遵守中国《证券法》和中国证监会颁行的行政规章的相关规定,在境外发行股份时得遵守股份发行国或发行地的公司法、证券法的规定。我国《证券法》第一章中规定,证券的发行、交易活动,必须实行公开、公平、公正的原则。证券发行、交易活动的当事人具有平等的法律地位,应当遵守自愿、有偿、诚实信用的原则。证券发行、交易活动,必须遵守法律、行政法规;禁止欺诈、内幕交易和操纵证券市场的行为。证券业和银行业、信托业、保险业实行分业经营、分业管理,证券公司与银行、信托、保险业务机构分别设立等。此外,我国考虑到本国金融监管的实际水平,从总结20世纪90年代末期亚洲金融风暴的经验出发,贯彻我国《证券法》的原则规定,国务院办公厅于1999年2月7日转发了《中国人民银行整顿信托投资公司的方案》,该《方案》第2条第2款规定:"信托业与证券业分业经营、分别设立、分业管理。对信托投资公司现有的股票经营业务,要通过单独设立或联合组建证券公司、证券经纪公司等方式实行分业经营。分设后的信托投资公司、证券公司和证券经纪公司分别由中国人民银行、中国证券监督管理委员会核定业务经营范围,实行分业管理。"由此,我国开始确定在目前阶段实行证券业、银行业、信托业、保险业之间分业经营、分业监管的模式。依据此规定,证券公司与银行、信托、保险业经营机构须分别独立设立,在业务上不得相互交叉,信托投资公司不再从事股票经营业务,银行、保险行业的企业也不可以从事股票经纪业务,也就是说除证券公司、基金及其他非金融企业的资金作为机构投资者的资金进入股市外,银行、信托、保险业的资金一般不可以直接进入股票市场。

但是,自20世纪90年代以来,美国等发达国家已将金融企业的分业经营模式改变为混业经营模式,各类金融企业的活动相互交叉,统筹于"代人理财"的概念体系之中。由于我国加入世贸组织引致外国的金融企业进入中国市场,混业经营的机制已经给国内分业经营的体制形成冲击,是否恢复混业经营便成为我国金融体制改革中的两难课题,理论界的呼声中主流的意见是逐步放开。2002年10月8日,中国人民银行发布了《关于信托投资公司资金信托业务有关问题的通知》,规定信托投资公司集合管理、运用、处分信托资金,除存放(拆放)于其他金融机构外,只用于投资具有规范二级市场的国债、政策性金融债、企业债券、上市公司可流通股票、证券投资基金等有价证券的,为有价证券投资集合信托计划。这种做法实际上是对混业经营的一种宽容和便宜安排,是一种控制性的开放。我国2005年修订的

《证券法》继续规定了金融业四大行业的分业经营模式,但补充规定"国家另有规定的除外",其含义是为我国逐步根据经济发展的实际情况区分行业开放混业经营而留有必要的空间。

我国公司在海外发行股份的,如在我国香港地区以及美国、新加坡、英国、日本、德国等地发行股份当然得遵守当地的法律。一些大型公司如国有商业银行定向吸收国外战略投资者的入股资金,不存在适用外国和境外地区法律的问题,按我国《公司法》《证券法》及其他法律、法规和国务院规定办理。

二、新股发行

(一) 新股发行的含义

新股发行,是指公司在存续期间为充实和扩大资本而进行的股份的发售行为。在授权资本制条件下,由于法律没有规定法定最低资本金数额,公司注册资本仅是名义资本,其中的象征性资金如 1 美元发行到位后即可成立公司,其余未募足的部分由公司授权给董事会在适当时候或在特定条件下发行股份募集,所以一旦公司董事会形成决议,可为充实公司注册资本的目的发行新股,这种发行并未增加公司注册资本。在法定资本制条件下,公司设立虽然允许分期缴付资本,但不允许公司资本被分期发行,公司章程确定分期缴付资本的首次缴付符合法律规定后公司可以成立,公司存续期间发行新股就意味着公司会扩大资本,势必使注册资本本身发生扩大变更,因而是增资性质的新股发行。此外,股份公司在运营过程中,还因为一些特殊的原因而发行新股,如为分配股息和红利,由公积金(本是股东所有者权益)拨充资本,购并其他企业,公司债转换为股份等,均可以发行新股。

(二) 新股发行的条件

新股发行,根据公司发行的股份是公开发行还是非公开发行而设定不同的制度进行规制。对于非公开发行新股的,如公司股东没有超过 200 人,公司仅向全体股东招募新的资金、配股、以公积金转增股份等;或者公司向特定的经累计也不超过 200 人的人募集新的资金投入,不属于向社会公众公开募集资金,法律上没有特别规定发行新股的条件,由公司和募股对象进行协商解决;公司以公积金转增股份送股的,由公司的股东大会作出决议就够了。当然,公司向累计不超过 200 人的特定对象发行新股募集资金时,按我国《证券法》第 10 条的规定,不可以采用广告、公开劝诱和变相公开方式。

公开发行新股是指公司向不特定的社会公众募集股份的行为,应当符合法律规定的条件,以便保护公众应募人的合法权益和维护资本市场的健康、有效的运行秩序。我国 1993 年《公司法》对公司公开发行新股规定了相关的条件,2005 年修订中将有关内容移入《证券法》中。我国《证券法》规定,公司公开发行新股,应当符合下列条件:(1) 具备健全且运行良好的组织机构;(2) 具有持续盈利能力,财务状况良好;(3) 最近 3 年财务会计文件无虚假记载,无其他重大违法行为;(4) 经国务院批准的国务院证券监督管理机构规定的其他条件。上市公司非公开发行新股,应当符合经国务院批准的国务院证券监督管理机构规定的条件,并报国务院证券监督管理机构核准。

2006 年中国证监会颁布了《首次公开发行股票并上市管理办法》,并于 2015 年 12 月 30 日进行了修订。首次公开募股(IPO)除满足《公司法》《证券法》规定的条件外,还应当具备以下条件:(1) 主体资格条件,如发行人最近 3 年内主营业务和董事、高级管理人员没有发生重大变化,实际控制人没有发生变更,发行人的股权清晰等;(2) 规范运行条件,如具有完善的法人治理结构,不存在资金、资产被具有实际控制权的个人、法人或其他组织及其关联人占有的情形或其他损害公司利益的重大关联交易;(3) 财务会计条件,如申报文件中不存在故意遗漏或虚构交易、事项或者其他重要信息,滥用会计政策或者会计估计,操纵、伪造或篡改编制财务报表所依据的会计记录或者相关凭证等情形;发行人应具有持续盈利能力等。

(三) 新股发行的程序

股份有限公司发行新股,在公司法上属于股东大会决定的权限,董事会可以提出方案。按照我国《公司法》第133条的规定,公司发行新股,股东大会对下列事项作出决议:第一,新股种类及数额;第二,新股发行价格;第三,新股发行的起止日期;第四,向原有股东发行新股的种类及数额。公司如要公开发行新股,则要按下述程序推进:(1) 股东大会作出决议。(2) 由董事会向国务院证券监督管理机构报请核准。(3) 核准后,由公司公告新股招股说明书和财务会计报表及附属明细表,并制作认股书。当然,公司发行的新股还应当委托依法设立的证券公司承销,签署承销协议;委托银行代收股款,同银行签署代收股款协议。(4) 募足股款后,向股东签发股票,并在公司登记机关办理变更登记并公告。公司发行新股,由公司根据其经营情况和财务状况确定每股发行价格。我国《证券法》规定,公司公开发行新股,应当向国务院证券监督管理机构报送募股申请和下列文件:(1) 公司营业执照;(2) 公司章程;(3) 股东大会决议;(4) 招股说明书;(5) 财务会计报告;(6) 代收股款银行的名称及地址;(7) 承销机构名称及有关的协议。依照本法规定聘请保荐人的,还应当报送保荐人出具的发行保荐书。

上市公司发行新股,可以采取定向募集的方式,或者说是私募的方式。采用定向募集方式发行新股,对上市公司来讲须处理好以下几个关系:(1) 定向募集的股份必须是流通的股份,而不能是不流通的股份。以前发行不流通的股份对我国证券市场已经造成了非常负面的影响,这种做法必须杜绝。但可以发行优先股。优先股作为一种股份种类,公司法授权由国务院颁行条例确定和规范,国务院于2013年11月30日发布了《关于开展优先股试点的指导意见》,中国证监会按个案办理审核。(2) 上市公司选择定向募集方式发行股份,必然会有十分重要的经济动因。如公司选择了某一个具有战略合作价值的投资者,其可能是资金大户,可能是重要自然资源的拥有者或支配者,或者是一项绝无仅有的技术的拥有者等等。定向配售的股份如是普通股,则需要履行发行普通股的必要程序,特别要注意大股东操纵发行事宜,注意对中小股东权益的保护,防止稀释中小股东所持股份净资产的情况出现。(3) 对以技术、货币以外的各类经济资源入股的情况,应当严格进行价值评估,并比照公司现有股份总量和股东权益的比例确定合理的发行价格。一般来讲,上市公司中非发起人不可以以非货币的方式认购股份,但某一资源拥有者对上市公司的发展具有十分重要的作用,经股东大会特别认可当然可以向其定向募股。(4) 发行定向募股应当遵循公平、公正的原则。

上市公司向社会公众发行新股,包括向原股东配售股票和向社会公众发行股票,除应遵循前述法律法规规定的程序外,还得遵循《上市公司新股发行管理办法》规定的程序。此外,依据中国证监会2009年6月14日施行的《证券发行上市保荐业务管理办法》的规定,主承销商还应当承担证券发行的保荐职责,履行该《办法》规定的各项义务。

股份有限公司对公开发行股票所募集资金,必须按照招股说明书所列资金用途使用。改变招股说明书所列资金用途,必须经股东大会作出决议。擅自改变用途而未作纠正的,或者未经股东大会认可的,不得公开发行新股,上市公司也不得非公开发行新股。

三、股份发行中的法律责任

设立公司公开发行股份或公司增资时公开发行新股，牵涉到经济安全、金融秩序、国家对国民经济的宏观管理及公众利益，以及其他认购股份的中小投资者的利益。因此，一方面国家有必要运用公权力对其予以监控，对股份发行中的违规违法现象实施必要的行政处罚，对其中的犯罪行为施以制裁；另一方面，对在股份发行中因有关责任人员实施或存在侵权行为而造成中小股东利益损失的，法律应设定证券损害赔偿救济制度，使中小投资者的损失得以补偿。

按照我国《证券法》的规定，上市公司股份的发行与交易应贯彻公平、公正、公开的原则，法律禁止在证券发行过程中进行内幕交易，禁止进行任何欺诈，对涉及股份发行的重要资讯信息必须在发行前作全面、及时、准确、客观、语义简洁易懂的披露，不允许对中小投资者进行误导、隐瞒或发布虚假消息。按我国《证券法》的规定，下列行为应受到处罚：

(1) 未经法定机关核准，擅自公开或者变相公开发行证券的，责令停止发行，退还所募资金并加算银行同期存款利息，处以非法所募资金金额1%以上5%以下的罚款；对擅自公开或者变相公开发行证券设立的公司，由依法履行监督管理职责的机构或者部门会同县级以上地方人民政府予以取缔。对直接负责的主管人员和其他直接责任人员给予警告，并处以3万元以上30万元以下的罚款。

(2) 发行人不符合发行条件，以欺骗手段骗取发行核准，尚未发行证券的，处以30万元以上60万元以下的罚款；已经发行证券的，处以非法所募资金金额1%以上5%以下的罚款。对直接负责的主管人员和其他直接责任人员处以3万元以上30万元以下的罚款。发行人的控股股东、实际控制人指使从事上述违法行为的，予以同样的处罚。

(3) 证券公司承销或者代理买卖未经核准擅自公开发行的证券的，责令停止承销或者代理买卖，没收违法所得，并处以违法所得1倍以上5倍以下的罚款；没有违法所得或者违法所得不足30万元的，处以30万元以上60万元以下的罚款。给投资者造成损失的，应当与发行人承担连带赔偿责任。对直接负责的主管人员和其他直接责任人员给予警告，撤销任职资格或者证券从业资格，并处以3万元以上30万元以下的罚款。

(4) 证券公司承销证券，有下列行为之一的，责令改正，给予警告，没收违法所得，可以并处30万元以上60万元以下的罚款；情节严重的，暂停或者撤销相关业务许可。给其他证券承销机构或者投资者造成损失的，依法承担赔偿责任。对直接负责的主管人员和其他直接责任人员给予警告，可以并处3万元以上30万元以下的罚款；情节严重的，撤销任职资格或者证券从业资格：① 进行虚假的或者误导投资者的广告或者其他宣传推介活动；② 以不正当竞争手段招揽承销业务；③ 其他违反证券承销业务规定的行为。

(5) 保荐人出具有虚假记载、误导性陈述或者重大遗漏的保荐书，或者不履行其他法定职责的，责令改正，给予警告，没收业务收入，并处以业务收入1倍以上5倍以下的罚款；情节严重的，暂停或者撤销相关业务许可。对直接负责的主管人员和其他直接责任人员给予警告，并处以3万元以上30万元以下的罚款；情节严重的，撤销任职资格或者证券从业资格。

(6) 发行人、上市公司或者其他信息披露义务人未按照规定披露信息，或者所披露的信息有虚假记载、误导性陈述或者重大遗漏的，由证券监督管理机构责令改正，给予警告，处以30万元以上60万元以下的罚款。对直接负责的主管人员和其他直接责任人员给予警告，并处以3万元以上30万元以下的罚款。发行人、上市公司或者其他信息披露义务人未按照规定报送有关报告,或者报送的报告有虚假记载、误导性陈述或者重大遗漏的,由证券监督管理机构责令改正,处以30万元以上60万元以下的罚款。对直接负责的主管人员和其他直接责任人员给予警告,并处以3万元以上30万元以下的罚款。发行人、上市公司或者其他信息披露义务人的控股股东、实际控制人指使从事上述违法行为的,予以同样的处罚。

(7) 发行人、上市公司擅自改变公开发行证券所募集资金的用途的,责令改正,对直接负责的主管人员和其他直接责任人员给予警告,并处以3万元以上30万元以下的罚款。发行人、上市公司的控股股东、实际控制人指使从事上述违法行为的,给予警告,并处以30万元以上60万元以下的罚款。对直接负责的主管人员和其他直接责任人员予以同样的处罚。

我国社会处于经济体制转型的时代。体制运行中的物理惯性和思维定式主导了政府控制商业资源和通过公权力单边维护市场秩序的社会治理结构。在目前的情况下,依赖政府的公信权威维护资本市场的公平、公正和公开的秩序,维护证券市场中的善良参与者的合法权益仍然是主流的模式选择。同时,通过《公司法》《证券法》的修订,倡导建立中小投资者维护自身利益的法律环境,提供通过诉讼方式解决股份发行和公司经营中产生的纠纷的法律通道。前些年,为规范上市公司的行为,中国证监会颁行了若干行政规章,既对大股东、董事、为上市公司服务的审计机构、律师、券商提出了行为准则,也为中小股东提起民事赔偿诉讼确立了法律依据。民事责任的初步确立确实对上市公司行为的规范发挥出不可替代的作用,确定适当的机构和人员对股份发行及交易中的虚假出资、发布虚假消息、信息披露失真、操纵股市、从事内幕交易等行为承担民事赔偿责任,应当说是治理证券市场的另一种有效的必要的手段。中小投资者对他们的损失可以通过提起直接诉讼和派生诉讼得以救济,其中的部分诉讼会以集团诉讼的方式运行。中国证监会面对证券市场的种种欺诈现象难以有效控制的局面,试图通过强化市场中介机构的责任机制净化环境,分散证监会自身所承担的监管压力,明确让主承销商承担股票的首次发行、新股发行、债券发行的保荐责任,券商作为保荐人受声誉约束机制牵引制约,就不能不对发行的每一个细节予以高度的关注,其疏忽或者违规的行为将会导致影响其保荐人资格的持续利用,甚至会引发民事赔偿责任。2005年修订的《公司法》与《证券法》加大了公司股份发行中的行政责任和全面构建了股东维权的诉讼机制,投资者维护权益的法律资源已经有了必要的安排。

四、股份转让的基本原则

股份公司的股份原则上可以自由转让,是股份公司区别于有限公司及其他类型企业的一大特征。股份的转让,是指股东依一定的程序将股份有偿地转给让受人,受让人自取得股份时起成为公司股东的行为。股份公司股份的转让以股票交割为手段。股票是分散持有的有价证券,因此,股份的转让还得遵守国家的证券法律法规。

依据我国《公司法》的有关规定,股份公司的股东转让其股份,得遵守下列原则性规定:

(1) 股东转让股份,应当依照法律的规定在依法设立的证券交易场所进行或者按照国务院规定的其他方式进行。

(2) 记名股票,由股东以背书方式或者法律、行政法规规定的其他方式转让。目前,除了背书方式外,股东转让记名股票还可委托证券经营机构代为办理。我国《公司法》第129条规定,公司向发起人、法人发行的股票,应当为记名股票。社会公众所持的股份既可以是记名股,也可以是无记名股,一般为无记名股。通常看,记名股东持有公司股份的数量较大。

记名股东所持的股票上须记载股东的名称或者姓名，并且公司应当置备股东名册记载必要事项。公司发行记名股份的作用在于：第一，通过记名的方式稳定公司的核心成员，给公司的无记名股东树立对公司的信心，增强公司资本构成的透明度和公司的公信力；第二，便于保护记名股东的持股利益。记名股票的转让，由公司将受让人的姓名或者名称及住所记载于股东名册，股东大会召开前 20 日内或者公司决定分配股利的基准日前 5 日内，不得进行股东名册的变更登记。但是，法律对上市公司股东名册变更登记另有规定的，从其规定。无记名股票的转让，由股东在依法设立的证券交易场所将该股票交付给受让人后即发生转让的效力。从实务角度讲，股票的转让往往由股东委托有执业资格的证券交易代理机构代为办理，通过计算机网络控制系统卖出或买进，而该网络控制系统是由证券交易所控制运行的。如此，也使我国上市公司的股票摆脱了纸面形式。一些不上市公司的股票则是在国家认可的其他证券交易场所(如柜台交易地)进行的。

(3) 股份公司发起人持有的本公司股份，自公司成立日起 1 年内不允许转让。公司公开发行股份前已发行的股份，自公司股票在证券交易所上市交易之日起 1 年内不得转让。在股份有限公司设立中，发起人不仅承担了公司组建的工作，而且应当负有对设立公司的忠诚义务和勤勉义务，因为是发起人集体通过招股活动吸引了其他的认股人认购股份，认股人对发起人集体或者个别的信任和正常的期望是一种合法利益。发起人在公司设立中不可以夹带个人的企图，不可以在公司起步的阶段通过出让股份谋求不适当的利益，更不能通过出让股份规避风险。基于我国上市公司壳资源由政府控制的政策效应，股份有限公司的股票一旦上市就会产生股票价格的上浮，这促使证券投机者千方百计获取所谓原始股，通过上市后的蜜月期发不义之财。因此，法律限制发起人的持股和公司在公开发行股份以前发行的股份，在公司股票上市交易后的 1 年内不得转让。1 年后，公司的股票进入与公司绩效联系的理性轨道，上述股票的转让解禁。1 年的时间期限，是综合平衡相关利益之间的对立后的安排。

公司董事、监事、高级管理人员应当向公司申报所持有的本公司的股份及其变动情况，在任职期间每年转让的股份不得超过其所持有本公司股份总数的 25%；所持本公司股份自公司股票上市交易之日起 1 年内不得转让。上述人员离职后半年内，不得转让其所持有的本公司股份。公司章程可以对公司董事、监事、高级管理人员转让其所持有的本公司股份作出其他限制性规定。公司的董事、监事、高管人员持有本公司的股份，就会产生促进他们追求公司核心利益和长远利益的心理偏好效应，这有助于保护公司的利益和全体股东的利益。他们又处在公司运营管理的指挥席位上，了解公司经营的内幕信息，如果让他们随意进行股票的买进卖出，容易造成内幕交易。因此，我国《公司法》不仅规定了他们的持股情况应当向公司申报的制度，而且对其变动也规定了一些限制措施。此外，我国《证券法》也规定了一系列限制措施，公司章程也可以增加限制性规定。

(4) 我国《公司法》继承大陆法系国家关于公司人格独立的传统精神，不允许公司持有本公司发行的股份，例外情况下的股份持有必须符合法律事先设定的条件和原因，并且要求公司须以谨慎的方式加以处理。按我国《公司法》第 142 条的规定，公司持有本公司的股份的例外情况是：第一，为减少注册资本而收购本公司股份；第二，与持有本公司股份的其他公司合并；第三，将本公司的股份奖励给本公司职工，即实行股票期权计划(executive stock option)；第四，股东因对股东大会作出的公司合并、分立决议有异议，要求公司收购其股份。

上述四项情况是公司可以持有本公司股份的法定情形。其中，前三项是公司主动行为导致公司持有本公司股份的情况,由于股份的变动与调整涉及公司的股本结构,故必须要由股东大会作出决议,而且股东大会对第一项和第二项作出决议须经出席会议的股东所持表决权的2/3以上通过,对第三项的股东大会决议如果公司章程没有更高的比例安排,适用“过半数”的通过标准。公司持有本公司股份是出于减少公司注册资本的决议的执行,公司的动机非常明确和直接,所以法律规定公司依第一项规定的情形应当自收购本公司股票之日起10日内注销该部分股份,并尽快办理变更登记及公告事宜。前述第二项和第四项是公司不得已而取得自己的股份的情况,公司并没有消灭这部分股份的原始动机,故法律给公司留有6个月的时间研判处理,或是转让出去,或是注销。需要说明的是,如果决定注销,可能牵扯稍稍复杂的法律问题,因为公司不得已取得自己股份的过程中,股东先于公司的债权人而取回了自己的投资,公司持有的本公司的股份是一种特殊形态的资产,公司将其转让出去,公司的财产自然不会减损;公司一旦注销这部分股份就意味着使不得已取得自己股份的行为演变为减资行为,这会破坏资本维持原则和资本不变原则对公司债权人利益的保护机制,如果注销的股份数量较大时,应当公告,以启动债权人介入的程序。公司实行股票期权收购的股份,不得超过公司已发行股份总额的5%,累计计算也是如此。其中,用于收购的资金应当从公司的税后利润中支出,所收购的股份应当在1年内转让给职工。

公司不得接受本公司的股票作为抵押权的标的。我国《公司法》的这种规定当然是合理的。在日本公司法中还规定,公司为维护自身利益有必要时可持有自己的股份。这种情况往往是指对公司来讲,当公司不得不接受以公司自己发行的股份作为财产质押或者给付对象从而实现其债权时,公司可以接受自己的股份。当然,公司应当在可能的时间内卖出这些股份。

此外,在公司持有自己股份的期间,这部分股份不可以用以行使投票权(我国《公司法》第103条第1款)和不得参与公司利益的分配(我国《公司法》第166条第6款)。对于子公司是否可以购买母公司的股份,即形成相互持股的情况,我国《公司法》尚未作限制性规定。不过,在《公司法》颁布前的《股份公司规范意见》中,曾规定一家公司控有另一家公司的股份达10%时,该另一家公司不得反向持有股份。我国公司制度刚刚起步,从从严管理资本市场、建立规范有序的公司法人治理结构来看,应当对此加以限制。但公司相互持股的确情况复杂,我国1993年《公司法》和2005年、2013年修订的《公司法》都未作规定,看来需要实践,也需要时间。

依据我国《公司法》第144条、第145条的规定,上市公司发行的股票的转让,依据《证券法》等法律、行政法规及证券交易所规则在证券交易所进行交易转让;上市公司得依法公开其财务状况、经营情况、重大交易、重大诉讼等可能影响股价的信息,每一会计年度内每半年公布一次财务会计报告。上市公司信息披露的相关制度系统集成于《证券法》、行政法规、中国证监会的行政规章、证券交易所交易规则及公司章程中。

上市公司的股份转让,实质是股票证券的交易,其法律规则的设计体系庞大而复杂,超出了公司法学的合理研究范围,本书按照最密切联系原则在下一节中只作简要解析。

五、非公开上市股份公司的股票转让

公司股东人数不足200人的,无论是发起设立还是定向募集设立,都属于股份有限公司中的非公开公司,其股份不够上市条件。该种公司股份构造模式分解为等额股份,且以股票表现全部资本,其股票应当在层级稍低的地方省级政府所设的股权交易场所和产权交易场

所进行交易。目前,我国各地为实现产业结构调整和建设区域性金融中心而纷纷设立股权、产权交易所,以不上市股份公司的股票为交易产品的不在少数,其中最成功的是于2001年6月成立的“中关村代办股份转让系统”。该系统是高新技术类非上市股份有限公司进行股份转让的平台,是与交易所市场相对接的场外市场,是我国探索多层次资本市场体系建设的一种模式。该系统由北京市政府、中国证券业协会等作为依托组建。到2006年1月,经中国证监会批准,以证券公司及相关当事人的契约为基础,借助深圳证券交易所、中央登记结算公司的技术系统和证券公司的服务网络,建立了代理客户买卖挂牌公司股份为核心业务的股份转让场外市场,其主要功能是为非上市股份有限公司提供股份转让服务。代办股份转让系统实行备案制,公司能否进入这个系统挂牌交易主要由券商决定,而不经过监管层的发行审核,但按规定得由北京市人民政府作出推荐。此外,中国证监会已经成立了非公开上市股份公司监管部门,就这类公司的监管、股票交易、信息披露等进行统筹研究。2013年12月14日,国务院发布《关于全国中小企业股份转让系统有关问题的决定》,规定凡在境内注册的、符合挂牌条件的股份公司,均可以经主办券商推荐申请在全国中小企业股份转让系统挂牌公开转让,不受高新园区、所有制、高新技术企业的限制。该转让系统与其他地方政府设立的股权交易所、产权交易所共同构成了我国的场外市场。

第四节　上市公司

一、上市公司的概念

国外英美法系国家和地区的公司立法和实务中,因公司股份是否在股票交易所进行交易区分为公众公司(public corporation)与私人公司(private company)、公开公司(opening corporation)与封闭式公司(closed corporation),前者是指股票上市的公司,后者则指公司的股份由一定数额以下的特定股东全额持有的公司;前者也称为上市公司或股票上市公司,后者也称为股票不上市公司。各国法律对于股票上市的公司均有更严格的要求,不仅以公司法约束,且以证券法、证券交易法和投资公司法和证券交易所规则约束,在美国,还存在除联邦政府的法律管治外由州政府制定的蓝天法补充管治的情况。我国将股票上市的公司直称为上市公司。

依据我国《公司法》第120条的规定,上市公司是指其股票在证券交易所上市交易的股份有限公司。这类股份公司由于其资信良好、资本雄厚,对债权人和股东利益更有保障,加之政府监管力度强,商业活动的能力和规模较强较大(这种要求和评价仅仅是从理论方面归纳的,现实中的情况可能会严重地不能尽如人意,但我们应从综合的现实的视角理解中国上市公司治理层面的实际状况)。在大陆法系的部分国家和地区的另一些公司,虽也叫股份有限公司,但由于其业绩不很突出,或因别的原因不谋求上市,则未成为上市公司,其股票也可在交易所之外的其他证券机构进行买卖交易,在境外有“上柜交易”的制度安排。

股份公司上市交易,或者说成为上市公司,事实上对公司有一定优越性,主要体现为:(1)由于上市公司的条件严格,需经政府审核遴选,故一旦进入则可提高企业知名度,方便交易,扩大客户渠道;(2)公司可溢价发行股票,筹集较多的事业发展资金,融资途径较之其他企业更广;(3)公司资金规模大,便可进行获利高、投资大的项目建设,谋求超额利润;(4)股份公司比其他企业更容易进入国际市场,并且有资金和人才方面的优越条件以推进技术进步,发展集约化生产,取得规模经济效益。对于股份公司的股东来讲,投资后既可作长线发展,获取股息红利,降低风险,又可在资金需要时,以方便、快捷的方式出售股份或转移风险,即使股东纯粹为了短期投资和投机业务,只要不涉及内幕交易、操纵市场、散布虚假信息误导其他投资者等就是正当的权利行使。

二、公司股票上市交易的条件

对于上市公司,各国公司法、证券法均有较严格的条件限定。根据我国《证券法》第 50 条的规定,股份有限公司申请股票上市,得符合下列条件:(1) 股票经国务院证券监督管理机构核准已公开发行;(2) 公司股本总额不少于人民币 3000 万元;(3) 公开发行的股份达到公司股份总数的 25%以上;公司股本总额超过人民币 4 亿元的,公开发行股份的比例为 10%以上;(4) 公司最近 3 年无重大违法行为,财务会计报告无虚假记载。证券交易所可以规定高于前款规定的上市条件,并报国务院证券监督管理机构批准。

由于在我国公司股份管理实践中,股份向社会公众募集后事实上也都要上市交易,故募股的条件与上市的条件基本上是一致的,不论是经国务院批准募集设立公司时发行股份,还是新增资本时发行股份。中国证监会在 2006 年 5 月 18 日施行的《首次公开发行股票并上市管理办法》、2009 年 5 月 1 日起施行的《首次公开发行股票并在创业板上市管理暂行办法》等行政规章中针对发行人的主体资格、合规运营、独立性、财务健全、关联交易、风险管理等方面细化规定了各项条件。此外,证券交易所也对股票交易制订了一些章程性质的规则要求,上市公司得一并遵守。

在国外,公司股份的上市交易一般得遵守证券交易法的规定,同时也要符合股票交易所的自律性规则。如东京证券交易所对上市公司的要求是:(1) 上市公司必须建立 5 年以上;(2) 上市公司在上市前经营年度的最后 1 天,股东资本总额在 10 亿日元以上,每股在 100 日元以上;(3) 上市公司近 3 年的税前利润,第 1 年为 2 亿日元以上,第 2 年为 3 亿日元以上,最近 1 年为 4 亿日元以上;(4) 上市公司最近 3 年的每股收益要在 15 日元以上,最近 1 年的每股收益为 20 日元以上。最近 1 年的每股红利要在 5 日元以上,且估计上市后每股红利仍保持在 5 日元以上。美国本国公司在纽约证券交易所的上市条件为:(1) 在收益方面,公司最近两年的税前收入最低不得少于每年 200 万美元;,最近三年的税前收入总额不得低于 1000 万美元,或者最近三年的税前收入总额不得少于 1200 万美元,最近一年税前收入最低不得少于 500 万美元,且下一年税前收入不得少于 200 万美元;(2) 公司公开发行的股票总额不得低于 1100 万;(3) 在证券的市场价值方面,公众拥有的股票按市价计算不得少于 4000 万美元;(4) 在股票的分布方面,有 100 股以上的股票的股东在 400 人以上。巴黎证券交易所对上市公司的规定相对简单,具体有:(1) 上市公司的净资产总额要在 750 万法郎以上(现在应换算为欧元);(2) 上市公司要公开发行占公司资产 25%以上的股票,区域性公司上市的股票不得低于 2 万股,全国性公司上市的股票不得少于 8 万股;(3) 上市公司上市前 3 年都要有盈利,并向原股东分红。我国上海证券交易所和深圳证券交易所隶属于中国证监会,凡经中国证监会核准公开发行的股票均可向证券交易所申请上市交易。另外,2013 年新设的全国中小企业股份转让系统(俗称新三板)也同样隶属于中国证监会。

2006 年 5 月,我国深交所和上交所共同发布了修订后的《股票上市规则》,规定股份有限公司申请股票上市,公司股本总额不少于人民币 5000 万元,比《证券法》规定的标准提升了人民币 2000 万元,该标准适用于主板和深圳的中小板上市企业。但深圳的创业板则为人民币3000万元总股本的标准。按照《全国中小企业股份转让系统业务规则(试行)》(2013年2月8日施行)、《全国中小企业股份转让系统股票挂牌条件适用基本标准指引(试用)》的规定,在其系统上市的股份公司并无特别的股本条件,但须符合《公司法》等法律、法规经合法设立登记,并已取得《企业法人营业执照》,在公司法资本制度改革前股份公司最低注册资本为人民币500万元,可以认定该系统确立的中小企业上市公司股本标准为人民币500万元。其他地方政府所创设的产权交易所、股权交易所的上市标准要由其相关机构的章程确定。

三、公司股票上市交易的程序

股份有限公司经中国证券监督管理机构核准公开发行股票的,可按我国《证券法》规定的程序向证券交易所申请证券上市交易,证券交易所依法审核同意,并由双方签订上市协议,安排上市交易。此外,我国《证券法》第49条规定,申请股票、可转换为股票的公司债券或者法律、行政法规规定实行保荐制度的其他证券上市交易,应当聘请具有保荐资格的机构担任保荐人。申请股票上市交易,应当向证券交易所报送下列文件:(1)上市报告书;(2)申请股票上市的股东大会决议;(3)公司章程;(4)公司营业执照;(5)依法经会计师事务所审计的公司最近3年的财务会计报告;(6)法律意见书和上市保荐书;(7)最近一次的招股说明书;(8)证券交易所上市规则规定的其他文件。上述八项文件在交易所审核同意并由双方签署上市交易协议后,得由公司按协议约定的时间期限进行公告,并将该文件置备于指定场所供公众查阅。应当同时公告的其他文件还有:(1)股票获准在证券交易所交易的日期;(2)持有公司股份最多的前10名股东的名单和持股数额;(3)公司的实际控制人;(4)董事、监事、高级管理人员的姓名及其持有本公司股票和债券的情况。

公司公告股票上市报告后,如无重大变故因素的干扰,应即依上市协议的约定,缴纳上市费,进行股票挂牌上市交易。此外,上市公司还必须与证券登记结算公司签署股票保管并提供登记结算服务的协议。

四、对上市公司的监督管理

对上市公司的监督管理主要是通过法律实施的。公司法对上市公司的设立和运行作出最一般的规定,证券法则从公司股票证券的发行和交易的角度对上市公司的行为加以规制。公司法侧重于上市公司的组织结构与公司治理,而证券法更注重与股票发行与交易直接关联的公司运行方面的问题。

就公司主体和组织机构方面的监管而言,由于市场经济体制的建立,一般公司作为市场经济主体不再接受来自于政府主管部门的直接归属性领导,政府的职能也在一天天发生变化。公司是自主经营、自负盈亏的商品生产者和经营者,政府只具有普遍的监管职能。如政府可以管制公司的产品品质,可以对某些必须经许可才能经营的行业向公司颁发许可证,征收税费,向公司提供公共服务如对中小企业提供金融担保等。但是对于上市公司,政府的监管就必须不局限于法律的颁布和实施,而以最低程度的亲历性介入其中,如直接核准公司资金的公开募集,接受公司重大信息披露的事前预报,制定某些指引公司运作的细致规则等。中国证监会事实上是作为上市公司的行为主管部门存在并开展工作的。证监会作为证券发行和交易的主管政府机关,从证券监管的角度出发,不断扩展其监管范围;其颁行的行政规章所规制的公司行为直接触及上市公司的各个层面,包括公司章程的制定、公司股东大会的运行规则、公司设立独立董事、母子公司控制关系、公司信息披露的具体标准等。此外,通过中国证监会的具体规章的要求,对参与公司股票发行与交易的各种中介机构的资格、其行为的规范、其对上市公司和中小股东所负的专业责任都已明确,法律、法规和规章还要求券商不仅通过章程规范其行为,而且组成行业协会发布自律规则以维护上市公司的健康运行。

股票的发行与交易是最主要的证券活动,涉及社会公共利益和公众股东利益,只有通过公共权力机关的必要监管才能实现各方利益的平衡和适当保护,实现证券市场存在和发展的合理有效的秩序引导和制约,实现社会和个人的正当利益追求。我国建立股票交易制度的时间太短,对股票交易市场的监管尚处在摸索的阶段。在此种条件下,有必要借鉴国外发达国家和地区的监管制度以期发展和完善本国制度,促进股票交易的有序和正常运行。我国初步确立的资本市场监管制度正是这样产生的。

由于股票交易直接牵涉到广大投资者的切身利益,牵涉到国家宏观经济管理制度的建立与完善,以及股票交易存在极大规模的投机性,各国均有严格的管制措施。关于监管机关,各国立法例有集中监管机关负责的,如丹麦;有证券商及同业公会等自律组织负责的,如英国、荷兰、卢森堡、比利时等;也有以监管机关及自律组织并重者,如美国、日本、德国、法国等。我国目前推行的是以证监会及国家有关机关监督为主,证券交易所、券商、上市公司和其他证券发行主体、上市公司控股股东与董事、各证券发行与交易中提供服务的中介机构和专业从业人员自律监督为辅的体制。这一体制目前虽未完全成熟建立和有效运行,但其基本框架体系可以说已经搭建,受美国和我国香港地区的证券监管体制影响最深。

证券交易的监管体制应当是对发行市场(一级市场)的监管与交易市场(二级市场)的监管相互结合、相互联系的体制。美国1929年股市大崩溃后,于1933年公布的《证券法》主要是针对发行市场的,1934年《证券交易法》则主要是针对交易市场的。此外,还有1939年《信托契约法》、1940年《投资顾问法》和《投资公司法》,以及由各州政府颁布的证券法(通常叫蓝天法)和联邦证券交易委员会制定的许多规则与细则,使证券法与证券交易法更具体和明确。加上各交易所的自律性规则,可以说,美国证券监管体制有相当完备的法律体系。特别是在上世纪末发生世界通讯公司、安然公司财务丑闻案后,美国于2002年颁行了《萨班斯—奥克斯莱法》,强化了上市公司的内控机制;在2008年金融危机发生后,美国于2010年又颁行了《华尔街改革与消费者保护法》,强化防范金融的系统性风险,对金融消费者予以更有力的保护。该两项法案对全球资本市场的法律管治产生了重大影响。在我国,证券监管立法体系中除了《公司法》《证券法》之外,表现政府对证券市场监管的法律文件还有国务院根据《公司法》和《证券法》的规定颁行的有关实施条例、办法、通知、规定及中国证券监督管理委员会和国务院有关部委颁行的相关实施细则、单项规定、通知、办法、指引等行政规章。随着证券市场的发展,对应其暴露出的矛盾和冲突,上述的法律还应修订,新的法律、法规和规章逐步产生并实施,法律体系会更加完善。

证券监管的目标是保护广大投资者的投资利益,维护交易的有序运行。监管的对象是证券机构、交易所、中介机构、上市公司以及上市公司的控股股东、董事、监事和高级管理人员所进行的与证券发行和交易有关系的活动和公司运营中的商业活动。在证券市场上奉行的最重要的原则是公开、公平、公正,其中以公开为最主要的原则。任何与证券发行和交易有关的活动不可以被少数人秘密操控,公司的种种信息事关公众持股者的利益,只有公开为大家所知,才会公平。少数人利用不为公众所知的内幕信息交易股票,是法所不容的。只有将影响公司股票交易价格的所有重要资料公布于众,让每一位投资者平等地有机会获知这些资料,从而作出是否投资及投资规模的判断,才能保证投资者的知情权,也才能促进证券市场的效率和合理的运行。我国《公司法》第 145 条规定："上市公司必须依照法律、行政法规的规定，公开其财务状况、经营情况及重大诉讼，在每会计年度内半年公布一次财务会计报告。"我国《证券法》第三章集中对公司股票和其他证券的交易作了规定。对上市公司来讲，首先必须严格依《公司法》和《证券法》规范其行为，同时要遵守证券交易所有关上市公司信息披露的规定，以防止内幕交易和非法操纵股市。法律严禁欺骗性交易和扰乱市场秩序的交易，以及发行公司散布虚假消息或者吞吐本公司股票的严重违规行为。

按照我国《证券法》的规定，上市公司有下列情形之一的，由证券交易所决定暂停其股票上市交易：(1) 公司股本总额、股权分布等发生变化不再具备上市条件；(2) 公司不按照规定公开其财务状况，或者对财务会计报告作虚假记载，可能误导投资者；(3) 公司有重大违法行为；(4) 公司最近 3 年连续亏损；(5) 证券交易所上市规则规定的其他情形。《证券法》第 56 条规定，上市公司有下列情形之一的，由证券交易所决定终止其股票上市交易：(1) 公司股本总额、股权分布等发生变化不再具备上市条件，在证券交易所规定的期限内仍不能达到上市条件；(2) 公司不按照规定公开其财务状况，或者对财务会计报告作虚假记载，且拒绝纠正；(3) 公司最近 3 年连续亏损，在其后 1 个年度内未能恢复盈利；(4) 公司解散或者被宣告破产；(5) 证券交易所上市规则规定的其他情形。

我国《证券法》有关暂停或者终止股份有限公司股票上市的规定，完全符合国际通行做法。

第十六章

公司董事、监事、高管人员的义务与责任

第一节 董事、监事、高管人员与公司的关系

一、董事、监事、高管人员的地位

公司是股东私人财产社会化的存在模式和集合经营组织。现代公司，无论其规模大小，均依循了若干同质的要素而构造合成：股东共同投资并分别持有股份，营利性目的确定，依章程成立，公司独立人格，股东有限责任，所有权与经营权分离，控制权制衡安排，管理者负有特殊义务等。公司分散的股权结构和人格独立创造了职业管理人团队对公司运营事业的接管，股东把其利益置于公司而又逐渐远离公司的管理事务，客观上促成了管理者的强势地位和法律定位，董事、监事、高管人员在公司经营中分工各异，但他们活动的宗旨完全被商业社会和法律确立明白，处在这些岗位的人不管具体的权限有何不同，但都得接受共同的道德价值和法定义务的评判。

公司制度的基本基础是公司具有独立于其组成成员的法律人格。公司的外观存在是一种组织体，公司权力的行使及其义务的履行如果没有自然人代理活动就不能够表达出来。接受公司委托的人或者人们在法律上被称为董事。董事、监事、高管人员的权利来源是公司的授权，虽然董事、监事由股东会或者股东大会选举产生，而高管人员由董事会任命，其实没有本质的区别。基于此，本章中后面的内容凡单独提及“董事”一词时，均包括监事和高管人员；但如果并列提及“董事、监事”时，则不包括高管人员。授权意味着公司及其股东的信任和期待，授权还被认为是托付。在汉语语境中，“托付”一词具有情感意蕴，表征信任、依赖和友谊；对托付人而言，所托之事务往往是重大的利益事项甚至亲情关系的照管；对受托人而言，承诺受托，千斤重担系于一身，受人之托，忠人之事。我们可以依稀发现我国的传统社会的人际关系伦理中同样存在着信托关系的物质现象，只是因为我国社会的商业环境备受封建政权的压制而没有发育出系统的信托关系理论而已。因此，仅仅从普通雇佣合约的角度解释公司与董事之间的法律关系是错误的，它不能满足处在管理者位置的人士在处理他人财产权益时所应具备的善良、专心、克己、敬业的品质要求，他们获取高额报酬，向社会展示其智慧、才华及优越的地位，因此法律提炼出股东们的共同意志作为制度规范强加给董事，使他们对公司负有忠诚义务和勤勉义务。董事、监事、高管人员是公司的雇员，但他们也是负有特别义务的管理者，他们是公司的受托人和代理人。我国《公司法》第 150 条规定，股东会或者股东大会要求董事、监事、高级管理人员列席会议的，董事、监事、高级管理人员应当

列席并接受股东的质询。董事、高级管理人员应当如实向监事会或者不设监事会的有限责任公司的监事提供有关情况和资料,不得妨碍监事会或者监事行使职权。这一规定清楚地确认了董事、监事、高管人员在公司中的地位,他们接受公司的委托,为公司工作,目的是为了股东利益的安全和最大化。

在传统上,董事一般需持有本公司发行的股份,以使其对公司业务恪尽职守,甚至担任董事是公司的股东取得投资利益的必要方式,公司可能不给股东分红,而给担任董事的股东以高额报酬。但现代各国公司法要求董事持有股份的条件已有变化,特别是股份公司的股东非常分散,而公司的管理要求有极高的专业水准,董事由专家担任比董事需持有公司的股份更显其重要性。不持有股份的人也可以当选为董事,以使公司吸收更优秀的管理人员进入企业管理部门。但是,董事持股的情况特别是董事对本公司股票的吞吐变化应当接受《证券法》的规制,在特定的时间段内董事转让其持股应受法律和公司章程的限制,在许可转让的数量额度内发生转让行为时,得进行披露。这是董事、监事、高管人员所受的义务约束。

在1844年以前,英国大多数合股公司(joint stock companies)均不被视为有法人资格,公司行为的有效性有赖于集合的股东将公司财产通过信托证书(deed of settlement)委托于受托人,而通常情况下受托人就是董事。1856年,公司法律承认公司的独立人格,并赋予股东对公司承担有限责任的风险控制利益,而英国衡平法院乃至司法改革后的英国法院将这种信托关系类推适用于公司与董事的关系。信托关系导致董事对公司负有信义义务(fiduciary duty),其理论源自于英国衡平法,其产生距今约有上千年的历史。就典型的信托关系看,其成立的基本要素有三点:第一,有明确的指定的受益人和受托人;第二,有确定的可转移至受托人名下的财产;第三,以转移所有权为目的将信托财产实际交付于受托人。董事被法官定位于公司的受托人,管理公司的财产,而那些虽然并不是由股东会议选举产生的公司经理人,他们同样可以支配公司的财产,因此法律上对董事的约束适用于他们,董事一词被指对公司进行管理和决策的任何人。但是,因为公司的董事通过自己的行为能够约束公司,表达公司的意思而不引致董事的个人责任,其地位又适合于代理人的地位,董事当然被看成是公司的代理人。从衡平法院开始,向来把董事置于对公司处于受信地位的人。

按照类型化分析方法解析,当涉及公司与外部世界的关系层面,董事是公司的代理人;而就董事与公司的关系层面将董事看成是公司的受信人,对公司负有信托义务。这种情况从英国法的视角观察,当案件事实是关于董事约束公司的代表权问题时,董事通常被界定为代理人;当问题涉及公司财产时,董事则被描述为积极的受信人;当问题是关于公司委任给董事的权力的行使时,或者当涉及公司时,或者是关于法律上也许被适当描述为属于公司的公司机会时,董事仍然被视为受信人。

二、董事、监事的个人职权

董事、监事的职权主要是依法参加公司的董事会、监事会,对公司的事务作出决策和实施监督,其决策的方式是发表意见并表决,监督的方式则包含质询、列席会议、提出建议、调查公司财务和事件、向股东会提出纠正或罢免的议案等。董事、监事基于全体股东的信赖,为公司及全体股东的利益执行和监管公司的业务,董事、监事经股东选举确认始取得参与或监管公司管理事务的资格,其职权的源泉为公司法的规定和公司章程及股东会、股东大会的授权。董事、监事的职权归属与责任及义务系于董事、监事自身,他们以个人的品德、学识、管理经验及与股东的某种认知关系受信于股东大会,董事、监事须亲历事务处理是其执行职务的前提。董事、监事除非不得已之事由而不可以委托其他董事、监事代行职责。由于董事、监事参加董事会、监事会是一种资格确认的行为,因此董事、监事在任何情况下不可以委托董事、监事以外的人参加董事会或监事会以及处理必须以董事、监事身份亲历处理的事务。

董事、监事对公司业务具有决策权、管理权和监督权,并可以依据章程的规定或者公司授权对外代表公司,监事一般只在公司起诉董事的诉讼中代表公司,或者董事会瘫痪及董事集体缺席的特别情况下代表公司。

依据商业组织和社会组织运作的一般原理,处在董事(本标题以下内容中凡述及董事的地方,包括监事,但不包括高管人员)位置的人为履行其职责还应当具有单独行使权力的必要空间。公司的重要行为可能需要董事们通过集体商议的方式决定,在这种特殊的程序中,每一个董事行使一个投票权,董事会决议按多数同意的意见形成。董事会又不是天天开会,甚至不是月月开会,造成董事的权力无非就是参加董事会会议并可在董事会会议上发言、投票等的印象。其实不然,公司不可能仅靠决议运行,董事们还须具有常规的代表公司的资格和能力,他们在职权范围内的意思表示对公司形成约束力,他们就是公司的代表。为此,董事所应具有的单独活动的能力应当在公司章程中加以规定,即使公司章程没有规定但按商业惯例理解董事当然具有履行其职责所必需的个人职权,在重大的商业交易中董事对公司的代表权需要公司(董事会)给予授权。在我国,公司法规定了法人代表的制度,董事一般不能非经授权而单独代表公司,授权可以是法人代表授权,也可以是董事会授权或以公司公章表示的外观形式体现的公司的授权。董事个人的权力(利)还应当基于其法定的职责,为其良好地履行义务而作为前提条件。也就是说,董事的个人权利是必需的,而非放任不羁的,滥权或者越权行为是禁止的。通常来讲,董事的个人权力(利)包括如下方面:(1) 从公司领取合理的报酬。董事虽然是公司的决策人,但也是由公司聘任的管理者,他们以其谨慎、勤奋、专业操守为公司服务,其服务活动当然从公司获取报酬。董事报酬的标准应当经过股东会的确认。(2) 获取公司经营中的必要的情报信息。董事参与公司事务的讨论决策,没有足够的经营资料就无法进行理性的分析,公司由经理提出的增资计划、项目发展、技术改进方案、市场预测和调查等资料必须得向董事提供。(3) 查阅公司的财务会计资料和财务处理文件,可以在董事会会议期间,也可以在会议之后的任何有效工作的时间。董事向公司的财务部门了解或者调取财务资料、向销售部门了解和调取产品销售的资料和市场分析情报、向生产部门了解产品开发、原材料组织、市场成本方面的情况,应当是有权行为,除非公司章程作了某种限制性安排,有关部门不得拒绝。按照英美国家普通法的实践,法官在判决中赋予董事毋庸置疑的查阅公司账册的权力,在 Edman v. Ross 一案中,首席法官 Street 认为:"检查文件的权力以及如果必要的话,复印这些文件的权力都是适当履行董事义务所必需的,尽管我并不想说,法院也许不限制其行使该项权力,如果能够肯定地确定,其意图是滥用对其寄予的信任,并实质上损害公司的利益,那么,权力的行使一般来讲并非法院的自由裁量权问题,不能要求他行使权力之前先给出理由,这是千真万确的。在没有明确的证据证明相反情况时,法院必须假定,他将为了公司的利益而行使权力。"这就是说,如果作为原告的董事提请法官发出检查命令,除非被告公司能够证明董事请求的权力行使会有损于公司的利益,或者是为达到某些不同于公司目的的私人目的,法官就可能发出检查令。在请求检查时,董事不必提出证明其检查正当性的理由。在 Law Wai Duen and Anor v. Boldwin Construction Co. Ltd. and Others 一案中,法官 Rogers VP 说:"董事不必解释为什么检查文件。该检查权是董事义务中自动产生的。即使原告的意图是揭发过失行为,或者更糟糕的,Chan 先生请求救济,那也并未开始表明滥用信任,更不用提损害公司。”(4) 参与公司管理的权力,它包括参加公司董事会,在董事会会议上的发言和投票的权力,向公司经理、财务负责人、高管人员提出质询的权力,以及依据公司章程的规定代表公司处理事务的权力。(5) 董事非因任期届满而提前被解聘时可以请求听证的权利以及要求公司给予利益补偿的权利。(6) 当董事认为公司董事会通过的决议违法或者可能给公司造成损失,董事已经尽力反对而仍然不能阻止时,董事有权与其他董事提出建议召开股东会临时会议处理。

三、关涉董事与公司关系的几种理论评介

就董事与公司之间的法律关系而言,英美法系和大陆法系基于不同的法律渊源,从普通法上寻找出异质但能共融的逻辑归属。它既是一种法理上的原则性的认识,也是一种提供给法官用以解决董事与公司间纠纷的具体制度。这种理论归结形成的直接原因是无论公司法对董事的职责和义务作出怎样详尽细致的规定,都不可能穷尽这种责任的外延,法律的实践要求发现董事受命于公司并成为公司的领导者这一表面事务的内涵,即穿梭并存在于具体责任和义务体系之中的法的灵魂与精神。这种理论的归结在英美法系被认为董事与公司的关系是信托法律关系和代理法律关系;在大陆法系则主要有法定职责关系说、代理关系说、委任关系说三种。英美法系国家奉行的信托法律关系理论和代理法律关系理论实际上是自成体系的同源学说,信托理论辐射董事与公司的关系,解决董事对公司义务的制度建设;代理理论解决董事的职务行为对公司外的第三人的效力。大陆法系国家的法定职责关系说,以董事职权、责任的法定性解释董事与公司的关系,这显然架空了公司自身的主体意识,局限于法条主义的观察视角,忽视了商事活动中主体之间关系的本质内涵,在理论界影响甚微;而代理关系说只涉及董事行为的外部效力,不能揭示董事与公司之间关系的实质,因此不全面,甚至是避实就虚;委任关系说依托于民法学术思想的支持和民法典相关规定的佐证,有较大的影响。以下主要对这两种学说加以评介。

英美法系国家没有民法法典,信托业务在英国的产生与发展已经超越一千多年,形成了独具特色的信托法律制度。信托法律制度渊源于衡平法,尽管其出现适应了非以金钱赔付方式解决民事纠纷的需要和依判例法不可能达到公平、正义的司法精神的贯彻的需要,但其所依托的法律理论非常精细和微妙,站在大陆法系国家的立场其法律理论和法律实践直接借鉴较有困难。因此,我国有些学者在总结董事与公司的关系时,提出我国应当按照日本和我国台湾地区的公司法所规定的委任之关系的理论解释和指导董事与公司的关系为适当些。

委任关系的理论认为,公司是委任者,董事是受任人,董事因股东会的选任而与公司形成委任关系。所谓委任关系是指当事人一方委任他方处理一定的事务而形成的关系。日本原《商法典》规定:“公司和董事之间的关系,依照有关委任的规定。”而有关委任的规定,则见于日本《民法典》第三编“债权”的第二章“契约”中。我国台湾地区“公司法”规定:“公司与董事间之关系,除本法另有规定外,依民法关于委任之规定。”依我国台湾地区“民法典”第 528 条之规定,委任为当事人约定,一方委托他方处理事务,他方允为处理之契约。由此可见,委任关系其实质是一种合同关系。日本和我国台湾地区的公司法关于董事与公司之间为委任关系的规定,并不排除在公司法上对董事作出其他的要求。并且,从立法技术上讲,日本、我国台湾地区均有将商法置于民法特别法地位的法律结构,当商法、公司法中对董事的相关规

定不足于处理特定事务时,公司法中自然指向民法典上的关于委任的规定。与一般的民法上的委任关系相比,理解董事与公司之间的关系为委任关系时应把握以下几点内容:第一,董事与公司关系的产生基于股东会之选任,董事所应处理之委任事务已有股东会通过的章程加以规定,且相关内容要与公司法的规定保持一致,董事可以被遴选的个人人身资格得符合公司法的强制性规定条件。第二,依照委任之法理,受任人对委任人负有善良管理人的义务,得以必要的谨慎和细心打理委任人所交付的工作,但是传统的大陆法系国家的民法中并不要求受任人对委任人负有忠诚义务,从民事合同的双方应当遵循诚实守信的普遍义务的约束看,雇员与雇主之间一旦成立委任关系,也须受诚实守信规则的约束,但这与英美公司法中的董事的受信义务完全不一样,它也没有信托法律关系理论的背景支持。因此,依据委任理论就不可能对公司的利益给予周延的保护。为了防止受任人的个人利益与委任人的利益发生冲突,日本以及我国台湾地区的商法或者公司法就不得不另行嵌入英美法系中董事对公司的忠诚义务以弥补不足,日本于20世纪50年代修改其商法时添附了这方面的内容,我国台湾地区公司法中以列举禁止行为的方式补充了这些要求。第三,董事对公司所负的善管义务与一般受任人所负的注意义务的衡量标准不同。一般的受任人对于受任财产或其他受任行为必须谨慎管理,尽量避免风险,法律对一般受任人的注意义务有较严格的要求。董事,作为受任人不仅要管理受任财产,而且还应当担负必要的商业风险为公司赚取利润以使公司和股东的利益增加。因此,他们带领公司进入商场,在商业风险中获取机会和利益,就不可能要求他们总是作出唯一正确的每一个决定。法理在设定和适用标准方面就应当考虑其中的区别,当然董事也不能据此而懈怠职责,疏忽大意。

由于委任关系对于我国的民事法律界仍然是陌生的理论,而委任的理论框架中一般没有自然衍生的董事对公司承担的信义义务的内容,故需要在外部另行嫁接,而且当我国在公司法上确立董事对公司的忠诚义务和勤勉义务时,我们不能不持续地从制度的发源地去寻找理论源流的支持,否则我们就会在面对董事违反诚信义务或者违反勤勉义务疑难事务时困惑不解。以信托理论来解读董事与公司的关系的确有更大的困难,但是唯有源头才有活水,在这个问题上,我们应当坚持“唐僧取经”的精神,所取之经一定来自滥觞的西方而不是经过传输加工的东瀛。

英美法系各国以信托和代理阐释董事与公司的关系,与其有着历史悠久、建构完善的信托制度密不可分,其中最主要的是其继承了日耳曼习惯法中开放的所有权观念。从英美法系的普遍观念来看,并不存在绝对的单一方式的财产所有权,财产所有权不过是一系列权利的统称,是根据社会和经济发展的需要可以灵活组合与分解的权利,故在信托制度中,受托人为财产的普通法上的所有权人,受益人为财产的衡平法上的所有权人,而委托人在信托关系成立之时即已丧失了所有权。信义义务揭示处在信托法律关系中的受信人必须对委托人和受益人负有的诚信、忠实、正直并为其最佳利益工作的义务。在英国的历史上,信托法律关系只是产生信义义务的典型形式,衡平法院法官将信义义务适用于其他各种类似于信托法律关系的场合,如律师与其客户、合伙人之间、医生与病人、监护人与被监护人等。按照英国衡平法的精神,在衡平法律关系中,受信人处于一种相对优势的地位,而受益人则处于相对弱势的地位。委托人将某种利益的所有权交付给受信人,受益人的利益获取取决于受信人的行为,受信人对委托人和受益人的服务不能够按普通的专业服务标准约束,法律对其提出了强制性的信义义务,以保护受益人的利益和维护信托法律制度的庄严和权威。

信托法律关系是一种以义务为本位结成的法律关系。信托法律关系的当事人有委托人、信托人、受益人。信托关系具有如下的法律特征:(1) 委托人与信托人之间存在信赖关系。委托人信任受信人的个人品德、商业活动能力,受信人接受委托,处理委托人所委托的事务,对委托人负有忠诚义务和勤勉义务。(2) 受信人取得信托财产的所有权,但得以信托之目的行使权利。基于信赖,委托人得向信托人交付信托财产,委托人因财产交付行为失去所有权,信托人取得该笔财产的法定所有权(legal title),而受益人取得衡平法上的所有权(equitable title)。信托财产由信托人占有、管理和处分,第三人可以以信托人为财产的权利主体和法律行为的当事人与其进行交易,但信托交易的行为所产生的利益归属于受益人,受信人不得为自己的利益而利用信托财产,也不得使自己的利益和信托事项发生冲突。当信托财产的法定所有权和衡平法所有权归于一人时,信托关系归于消灭。(3) 信托财产存在相对封闭的独立运作机制。委托人设定信托关系时,赋予信托人得严格遵守的信托目的,这使得信托财产表现出人格化的倾向。信托财产应当是特定、独立的财产,信托人虽然成为法定的财产所有人,但是他既不能改变财产的使用途径,也不能从财产的孳息利益中获得好处,信托财产被置于严厉的信托目的之下。受益人作为衡平法上的所有权人,主要表现为信托利益的给付请求权,并不能直接占有和支配信托财产。信托目的如同灵魂一般,支配信托关系和信托财产,因此近些年来更有学者认为信托就是法人,具有法主体性,认为信托的本质在于信托财产具有独立的法律人格。信托制度使得委托人的意志通过信托目的和信托财产得到无限延伸,从而可以体现委托人的最终关怀,足以解决人类社会某方面的特殊生活需求。正是由于信托财产的独立性和信托目的的支配性,才使信托财产获得了相对封闭的独立运作机制,而保障这一机制运行健康的规则就是设定了信托人的强制性的衡平义务。这种义务更多的不是信托人对委托人和受益人所负的义务,而是对信托财产和信托目的所负的义务。(4) 信托管理的连续性。信托人受托管理信托财产,其管理行为具有长期性和连续性。信托财产不是一次性的商业交易活动的标的物,它如同公司那样依信托证书而设立,在法定条件或者信托文件设定的终止条件成就时才会结束。基于对当事人意思(信托目的)的尊重和现代社会财产管理(如信托基金、替人理财)和财产权扩张的要求,法院和行政机关往往介入信托活动,以保障信托管理的连续性。在英美法国家,“法院不会因受信人缺失而宣告信托终止”,而是根据信托证书规定选任或者也可由利害关系人申请法院选任受信人继续管理信托财产,以防止由于受信人死亡、破产、解散、丧失行为能力、辞职、解职或者其他事由发生不能履行受托义务给信托关系带来的危险。我国《信托法》第 50 条规定了同样的内容。

18 世纪以来,法院一直以信托理论解释董事与公司的关系,把董事看做是公司的受托人,对公司承担忠诚义务和勤勉义务。每一个董事都是以其自身与公司建立这种关系的,不管董事会有几名董事组成甚或公司只有唯一的一名董事担任执行董事(我国公司法规定有限责任公司的规模过小或者股东人数很少的可以不设董事会而只设一名执行董事)。但是,多数情况下,公司的董事会还需要以集体会议的方式商议公司的重大事宜并且作出集体决定。因此,董事既是董事会的成员之一,也是以单独人格对公司承担责任的管理者。这种单独人格构造了董事与公司关系的基本面,集体行动则会形成公司的决策意见。在英美法系国家,成文的公司法尊崇董事会的权力架构,确认董事会主导公司的全部运营事务,股东大会行使的权力范围渐趋狭窄,即使发生股东革命的场合股东大会的权力仍然没有发扬光大,只是有机构投资者可以在法律上获取了“报怨”的权力而已,一些大的持股的基金组织有时会抛出关于公司治理的一种倾向性意见对管理层施加压力。总之,董事是公司通过授权方式产生的，对公司负有忠诚义务和勤勉义务的受托管理人和代理人。这也就是说，董事与公司的关系是信托法律关系，公司是委托人，董事是受信人，董事得依法律之规定，对公司负有信义义务。

第二节 董事、监事、高管人员对公司的义务

一、董事、监事、高管人员的操守标准

依据信托法的精神，在现实的信托法律关系的社会实践中，负有信义义务的人应当是委托人的忠实朋友、意思执行人、信赖事项的受托付者，他们应当具备诚实、正直、谨慎的品质，应当是社会良心和社会道义的代表和维护者。信托人在道义上一定是委托人的朋友，这不是友谊层面的认知，而是信托人的忠诚度的外观结论。他们不能在履行职责时掺杂个人的私心和私利，不能把自己的利益置于和委托人、受益人利益相对抗的位置。美国联邦最高法院卡多佐大法官在一个案件的判词中也清晰地解释了信义义务的标准："在通常的对等性交易行为(acting at arm's length)中所允许的许多行为方式，在受信义务关系约束的场合则是禁止的。受信人的行为标准比之市场道德要严格。受信人的行为仅仅是诚实是不够的，在最敏感的细节上也必须正直，受信人的行为标准一直是维持在高于普通人之上的水平。"

公司的产生虽然不依赖于董事的行为，然而公司的存在和持续发展与董事的活动关系极大。董事在公司控制权的分配中处在承上启下的位置，参与制定公司的决策并负责或者监督付诸实施，公司的命运、股东的利益挑在双肩，除了董事应当具有的学识水平、商业判断经验、决策能力等质素外，董事的道德、信仰、价值观方面也必须满足社会公认的标准。董事首先得遵守公司章程，认真执行公司业务，对公司尽忠诚努力之责和勤勉谨慎之责，全心全意维护公司的利益。董事不得在公司外自营或为他人经营与公司同类的业务(竞业禁止)或者从事损害本公司利益的活动，不可以使自己的利益和公司的利益发生冲突。董事除公司章程规定或经股东会、董事会同意外，不得同本公司订立合同或进行商业交易。董事不得利用职务为自己牟取私利，不得收受贿赂或获取其他非法收入，不得侵占公司财产，不得将公司财产以任何个人名义存入账户，不得以公司财产为本人及股东的债务提供担保。

我国2005年修订的《公司法》关于董事的资格与义务专门设独立一章予以规定，足见立法机关对这个问题的强烈关注。我国《公司法》虽然没有正面提及董事、监事、高管人员的道德条件，这是因为通过制定法去描述董事、监事、高管人员的道德情操状态并把它上升为法律规范是极端困难的事情，这里需要解释，需要理论化的法律阐述，而不是罗列一些表达人品高尚、存心善良的似是而非的条款。董事的道德表现需要法官在个案中加以审慎判断，而很难去引经据典以裁剪丰富的社会实践。董事是人，是人就有私心，私心并不必然导致不正当地利用权力为自己牟取利益而损害公司的利益。心的宽度与深度只能用心去测度，而不能用法律的条款衡量。英美法中强调法官造法，强调由法官把人生的含义和生活的准则进行分析和推导，由此建立的案例分析意见足以表达出简单的条款所不能承担的法律真谛的解释，解释才是法律的生命所在。制定法是就最一般的行为规则所提炼出的语言精练的概括性表述，显然，不依托英美法系的判例的支持，我们甚至无法真正准确地把握忠诚义务、勤勉义务的内涵。然而，制定法针对董事、监事、高管人员的道德标准也并不是完全无所为，法律禁止某一类人员担任公司董事、监事、高管人员就已经是对管理人员的道德风险的控制。

我国《公司法》第 146 条规定了 5 种人士不可以担任公司董事、监事、高管人员,并且进一步规定违反法律规定的选举、委派、聘任无效,董事、监事、高管人员在任职期间发生 5 种情形的,公司必须解除其职务。法律已经作出了关于公司管理者道德风险的严厉控制,法律无法对适合任职公司管理者角色的人员的思想境界、公认评价作出进一步的规范,再进一步可能是荒谬的,也是危险的,毕竟选任董事不能像选拔政府官员那样做一些政审之类的条例规则。令人满意的是我国《公司法》第 147 条明明白白规定了董事、监事、高管人员对公司的忠诚义务和勤勉义务,这是历史的进步,也是现实的需要。

董事、监事、高管人员的操守是有标准的,其核心内容和道德底线就是信义义务。

二、董事、监事、高管人员的忠实义务

(一)忠实义务的含义

信托法律关系成立的基础是委托人对信托人产生信赖。由于人类具有自私的天性,加上信托财产完全转移至受信人名下,受信人很容易为自己的个人私利而利用信托财产。在早期,人们的财产有限,委托他人经营或者为特殊目的而利用财产,一般是托付给亲朋好友或教会,个人信用和宗教传统维系了信托关系的正常发展。对信托当事人提供法律救济始于 17 世纪的英国衡平法院,其核心价值是赋予受信人在衡平法上的信义义务和善管义务并强制实施。通过几个世纪的司法实践,特别是信托被用来形成为大规模的专业运作以及在 19 世纪把信托义务推行到公司中的董事和高管人员,信托义务逐渐丰富,除忠诚义务和善管义务作为基本义务外,还拓展了信托财产须分别管理的义务、账簿健全的义务、报告的义务、利益冲突避免的义务、共同信托人共同行动的义务、接受监管的义务和向受益人支付信托利益的义务等。

信赖是人类社会生存中伴生的合作状态的心理基础,是基于熟知、友情维系和公共道德而发生的不必刻意过度防范的内心信任和期望。信赖,既可以产生权利,也可以产生义务,其本身就是某种利益的衍生根源。信托关系产生的道德基础就是信赖。信托关系发生时,委托人把自己的财产、事业、未成年子女利益的安排、健康的恢复或者其他重大利益托付给信托人,他就可以安心了。无论信托人是依据法律设立的专门机构,如银行、证券公司、信托公司、行使公共权力的政府机构,还是获取专业资格后开业服务的律师、会计师、医生,甚或为私人保镖、合伙人、理财顾问等,他们都必须以最大限度地符合委托人心愿和受益人利益的方式行事,不可以从中谋求自己的私利,或者利用信托财产为第三人牟利。在 19 世纪中叶前,英国的私人公司主要是合股公司(joint stock companies),公司均未组成为法人企业,其独立性没有得以确认,尚未建立完全的有限责任制度。当时,公司行为的有效性有赖于股东将公司财产通过信托证书(deed of settlement)委托于受托人经营管理,而通常情况下,董事就是受托人。19 世纪中叶以后,现代公司制确立,英国衡平法院乃至司法改革后的英国法院将这种信托关系类推适用于公司与董事之间。依据信托关系的法理解释董事与公司的关系,就认为董事是公司的受托人即受信人,董事必须承担受信人对委托人的信义义务即忠诚义务,要求董事在任何情况下不得把自己的利益置于与公司的利益相冲突的位置。忠诚义务的核心价值要求董事或者其他的受信人得遵守信托法上著名的"利益冲突防范原则"。其具体含义是:第一,受信人不得利用信托财产和事业寻求为自己牟利和为受益人以外的第三人牟利的机会。在 1896 年布里诉福特(Bray v. Ford)一案中,法官劳德·赫赛尔(Lord Herschell)认为,处于受信地位的任何人,除非有明示的相反规定,他无权为自己获取利润;

法律不允许他将自己置于一种使其职责与个人利益相冲突的地位。一个处于受信地位的人,一旦存在重个人利益,轻受信责任的倾向,就可能会损害他有义务保护的人,因此,确立这一规则是建立在人性考虑的基础之上的。第二,信托人不得自己购买信托财产或者应当归入信托财产中的财产,这就是“禁止自我交易原则”。在存在自我交易的场合,受信人出于对自己利益的关心,最有可能会伤害信托利益。在公司中,董事负责运营公司的财产,支配公司的各类资源,董事一旦和服务的公司进行聘用目的以外的其他交易,作为卖方的董事会高价出售其财产给公司,作为买方的董事会压低公司出售财产的价格,即使交易的价格是合理的,也不可以由作为交易一方的董事代表公司与自己进行洽商和决策。第三,为“公平交易原则”。公平交易原则是禁止自我交易原则的发展形式,它要求在董事和公司的交易中,交易的董事必须回避表决,并得事先向无利害关系的其他董事披露其信息,交易数额较大时,应当依据公司章程的规定和商业惯例,向股东大会、股东会披露信息,接受监督,董事不得采取任何手段去影响公司的其他董事为自己获取商业机会和谋求利己损公的利益。董事对公司的忠诚义务还要求如下的内容,当与董事存在某种利益连接或者属于关联关系范畴的其他第三人与公司发生交易的,董事同样应当向董事会进行披露,是否参与表决按公司章程规定办理或者由董事会决定,但是公众公司即上市公司依据公司法或者证券法、证券交易所规则的强制性规定,该种董事必须回避表决,如我国《公司法》第 124 条就有这样的规定。

总之,董事、监事、高管人员对公司负有忠实义务,其内涵可以概括为:董事、监事、高管人员执行职务的心灵动机必须是实现公司的利益,不得利用职务机会谋求个人的私利;不能使自己处于和公司利益相对抗的地位;不能自行或代理他人从事与所任职公司存在竞争关系的业务;在作出公司的决策时不能偏袒大股东而损及小股东的利益;不能掠夺公司的商业机会;不得擅自决定以公司财产为他人债务提供担保;在与公司发生聘用目的以外的必需的业务时必须向董事会公开信息,并回避参与表决等。

(二)我国《公司法》对忠实义务的具体规定

我国《公司法》在总则部分第 11 条规定公司章程对董事、监事、高管人员具有约束力,第 21 条规定董事、监事、高管人员不得利用其关联关系损害公司利益,第 115 条规定,董事、监事、高管人员不得借用公司及子公司的资金,第 116 条规定公司得定期向股东披露董事、监事、高管人员从公司获得报酬的情况,第 124 条规定上市公司董事对存在关联关系因素的交易不得行使表决权,第 146 条规定 5 种人士不得担任公司董事、监事和高管人员,第 147 条规定董事、监事、高管人员得遵守公司章程,对公司负有忠实义务。上述内容,均在于表达公司法对董事等人对公司必须履行忠实义务的立法意见,是法律从规制董事等人的资格和行为的角度展示信托关系,所有条款出台的潜在宗旨在于促进董事以清白的心灵与洁净的双手为公司服务。

公司的治理水准表征国家的投资环境,董事、监事、高管人员在公司治理结构中处在关键的位段,我国 1993 年《公司法》颁行后的若干年内,公司董事、高管人员的专业表现实在差强人意,这种情况令参与我国《公司法》修订的议员、官员、学者忧心忡忡,基于我国的公司制企业制度已经进入向董事会中心主义过渡的阶段,我国《公司法》就必须通过全面约束董事、高管人员的行为而为未来的公司健康运行铺垫制度的基础。在这种思想背景指导下,以前述内容为核心指引,我国《公司法》增加了系统规定明示禁止董事不符合忠实义务要求的各类行为的单独条款,即第 148 条规定,董事、高级管理人员不得有下列行为:(1) 挪用公司资金;(2) 将公司资金以其个人名义或者以其他个人名义开立账户存储;(3) 违反公司章程的规定，未经股东会、股东大会或者董事会同意，将公司资金借贷给他人或者以公司财产为他人提供担保；(4) 违反公司章程的规定或者未经股东会、股东大会同意，与本公司订立合同或者进行交易；(5) 未经股东会或者股东大会同意，利用职务便利为自己或者他人谋取属于公司的商业机会，自营或者为他人经营与所任职公司同类的业务；(6) 接受他人与公司交易的佣金归为己有；(7) 擅自披露公司秘密；(8) 违反对公司忠实义务的其他行为。董事、高级管理人员违反上述规定所得的收入应当归公司所有，其行为给公司造成损失的，应承担赔偿责任。

三、董事、监事、高管人员的勤勉义务

勤勉义务(duty of diligence)也称为谨慎义务(duty of prudence)、注意义务、小心义务(duty of care)，它强调董事履行职责时得认真、仔细、专注、兢兢业业、虑事周延，董事应当具备公司所在经营行业的一般知识和特殊知识，有经验，董事在讨论和投票表决前明白所要议决的事项，对其中可能存在的风险有基本的了解，董事考虑了这种风险尔后依自己的学识和经验作出判断。董事对复杂的事务可以依赖专业人员的分析意见而表达自己的判断。董事对公司的业务所应尽到的注意义务，从客观方面看，应当符合一个有同样学识和经验的人在处理自己的事务时所应尽到的注意义务一样。

20 世纪中后期，美英国家关于公司董事与公司之间关系的理论迅速辐射到大陆法系国家，各国程度不同地接受这种法律理念和法律价值，通过修订其公司法或商法使董事对公司负上忠实义务和勤勉义务。这也为公司法人治理结构在全球的讨论和共同措施的采取铺垫了相同的语境和制度基础。就董事与公司的关系而言，我国 1993 年《公司法》确立了董事的忠诚义务但回避了勤勉义务的规定。即使是忠诚义务方面，强调了某些具体规范，缺少贯彻其中的灵魂原则；对勤勉义务的缺失更加突出了立法的空白。对于董事与公司的关系的基本面，我国 1993 年《公司法》没有作出回答，这不利于指导股份公司克服内部人控制的影响，无法拉近我国与其他发达国家在股份公司法人治理结构方面的差距，客观上也造成了非常严重的后果。早先的中国的证券市场上，劣币驱逐良币的恶性局面就是明证。我国 2005 年修订的《公司法》不仅系统规定了董事、监事、高管人员对公司的忠实义务，而且在其第 148 条(现为第 147 条)中也明确规定了勤勉义务。但是，勤勉义务在《公司法》上只是出现了四个字，如同故宫里太和殿上皇帝书写“正大光明”四个字一样，没有其他的注解，但它是制度理念的旗帜，其中包含的深刻意蕴洋洋万言也不足为解，只不过“正大光明”需要用中国的国学和厚重的历史解释其中演绎的皇家气象、治国方略以及眼泪和着血书写的事件、故事，而“勤勉义务”就不得不依赖于英美法系的信托理论。

大陆法系的传统民法和商法中规定了“善良管理人的注意义务”，如日本《民法典》第 644 条、日本原《商法典》第 254 条之一第 3 项。日本《信托法》第 20 条规定，受托人应依信托之本旨，以善良管理人之注意，处理信托事务。韩国《信托法》第 28 条规定，受托人应依信托之本旨，以善良管理人之注意义务来管理和处分信托财产。我国《信托法》第 25 条第 2 款规定，受托人管理信托财产，必须恪尽职守，履行诚实、信用、谨慎、有效管理的义务等。按照大陆法系的通说解释，善良管理人的注意义务包括管理技能和思想谨慎度的义务两方面。如果委托的设立是以受托人的特殊能力为前提，如医生、会计师、律师、信托投资公司等，则受托人负有该种职业所要求的专业水平的注意义务，或称为高度注意义务。大陆法系注重民事主体权利的平衡和当事人意思自治的精神的贯彻，在不危及公序良俗和不逾越社会普世

性道德原则的前提下允许委托人和受托人就减轻或者加重受托人的责任作出约定。但是理论上为防止受托人进行道德风险的勾当,主张约定免除受托人责任的无效,除非存在紧急万分的情势,或者受托人完全无利益,并且只能为委托人或者受益人的利益而行动。董事、监事、高管人员是公司的支薪管理人,他们对公司的勤勉义务依据法律的规定而确立,法律没有赋予公司通过章程减轻董事的责任,在我国的现实条件下,公司章程其实无法解决勤勉义务的复杂的认定标准,也不存在修正法律规定的空间。

在美国,董事勤勉义务的衡量标准基本上是一致的。《修正标准公司法》第 8.30 节第 1 项规定,董事履行作为董事(包括委员会成员)的义务时必须满足以下要求:(1) 处于善意(in good faith);(2) 尽到处于相似地位的普通谨慎之人在类似情形下所应尽到的注意(with the care an ordinarily prudent person in a like position would exercise under similar circumstances);(3) 以其合理相信的符合公司最佳利益的方式(in a manner he reasonably believes to be in the best interest of the corporation)处理事务。纽约州和加利福尼亚州的公司法采用了此种表述方式。但是在纯粹的信托业务中,为适应信托在商业和金融领域的复杂化要求,英美法系在受信人的普通义务之上增加了特殊的要求,如美国针对信托业和投资银行业确立的谨慎投资人规则(The Prudence Investor Rule)。20 世纪 40 年代以来,多数州的立法机构和法院采用了这一规则。该规则包括三层含义:(1) 注意的需要。受托人投资前应当对投资对象进行调查研究,接受咨询意见时应考虑提供意见的人士是否存在利害关系。(2) 技能的需要。受托人必须具备合理的知识与经验,若受托人的技能高于所需水平,投资时也应当竭尽所能,不得保留和大意。(3) 谨慎的需要。受托人应设法规避风险,避免采取投机行为,适时出售不良资产。英国于 1961 年通过受托人投资法案,规定了区别风险安排投资的原则。

较之忠实义务,把握勤勉义务的标准似乎更难,它需要以其他人的正常心态和智力水平作为参照去衡量董事在当时决策时的心理状态,而且事后判断会使错误的痕迹暴露无遗,判断者意识清醒没有压力,犯错的董事容易受到指责和惩罚。因此,法律主张采用以客观为主的综合性标准。即判断董事勤勉义务的履行状态,应当以普通谨慎的董事在同类公司、同类职务、同类相关条件和环境中所应具有的注意、知识和经验程度作为衡量标准。倘若有证据表明某董事的知识、经验和资格明显高于一般标准时,应当以该董事是否诚实地贡献出了他的实际能力作为衡量标准。如此,才可以克服单纯的客观标准和单纯的主观标准具有的缺陷,使事后判断符合实际。如按照英美法系国家普通法上的精神,董事应当对其他董事的行为负有监督之责,体现在董事会会议活动的层面上就是要求董事对其他董事决策时可能发生的错误要给予规劝,晓明道理,董事在董事会上没有洁身自好、明哲保身的权力。否则,董事有可能违反对公司的勤勉义务。

第三节 董事、监事、高管人员对公司的责任

一、归责原则和免责事由

(一) 归责原则

在公司法体系中,发生董事责任均得按侵权责任对处,而非合同责任,这是基本法理原理。

归责原则，区分为过错责任原则、过错推定原则、无过错原则（英美法中称为严格责任原则）和公平责任原则等。归责原则是法律上确定行为人侵权民事责任的根据和标准。董事、经理、监事在公司中处在决策与管理的位置上，对他们的职务侵权行为订定适当的归责原则对于保护公司利益、股东利益是非常重要的，对董事、监事、高管人员自身利益的保护同样重要。归责原则过严，董事职业就变成高危行业，董事谨小慎微，无所作为，公司没有活力和生气，没有前途；归责原则过宽，董事和高管人员会无所畏惧，加大公司的经营风险。董事、监事、高管人员占据大大小小的公司的领导者职位，他们领取较普通员工高得多的薪水，他们支配公司的资源，通过参加会议并讨论表决而决定公司运营的重大计划、发展方向甚至决定公司的命运。他们如果对公司不忠诚，或者因疏忽而作出了错误的决策，公司的利益就会受损，股东也就难免利益减损。但是，董事的身份，与传统的信托关系中的受托人的地位有所不同，公司是一种必须要承担经营风险的组织，而传统的信托财产只需要受托人谨慎管理就可以了，因此不能要求董事总能作出唯一正确的决定。各国公司法确定的董事责任的原则就是两种：一是无过错责任原则，另一是过错责任原则。日本公司法律制度原先规定董事的责任为无过错责任原则，鉴于董事责任风险被加大，董事过于谨慎而明哲保身导致公司的竞争力下降，2005 年修订并于 2006 年 5 月 1 日施行的《公司法》将董事无过错责任原则改为过错责任原则。董事因行为不当造成公司损失的，最高赔偿额限于其年薪的 6 倍。

我国《公司法》第 149 条规定，董事、监事、高级管理人员执行公司职务时违反法律、行政法规或者公司章程的规定，给公司造成损失的，应当承担赔偿责任。《公司法》第 112 条第 3 款规定，董事应当对董事会的决议承担责任。董事会的决议违反法律、行政法规或者公司章程、股东大会决议，致使公司遭受严重损失的，参与决议的董事对公司负赔偿责任。但经证明在表决时曾表明异议并记载于会议记录的，该董事可以免除责任。上述两条的规定，并没有明确揭示我国《公司法》关于董事责任的归责原则。在公司中，董事、监事的职务行为包括集体行为和单独行为两种模式，《公司法》第 112 条的规定主要是指董事的集体行为，第 149 条的行为包括了集体行为和单独行为，公司高管人员的行为多是单独行为，除非其个别人担任董事的当然存在集体行为。民事责任体系中的违法性和过错性是有区别的两个概念，违法性体现对行为的法律评价，董事、监事、高管人员的行为违法，其过错当然是成立的，如果其行为给公司造成损失理应承担损失赔偿责任。过错性标准不仅设定承担责任的法律前提，而且涉及举证责任的分配。董事、监事、高管人员的行为是一种特殊的职务行为，特别是他们的决策活动存在正常的商业判断风险，一项决策可能不违法，但执行的效果是失败的，公司和股东都会蒙受巨大的损失。这时是否确定董事、监事、高管人员的赔偿责任，违法性标准无法直接适用，不能从广义的角度讲违反勤勉义务就存在违法性，因为勤勉义务的认定需要从董事参与决策时的具体场景推理分析，它要比照董事的常态的精神集中度，比照同样智力水平的人的判断力，而且要祛除“事后诸葛亮”评价心态的影响。我国《公司法》上规定的董事、监事、高管人员行为的违法性，是就法律、法规的禁止性规定而言的，如董事挪用公司资金、擅自泄露公司秘密、超越公司的授权为他人债务提供担保等，在其违法性行为涉及公司章程的规定和股东会、股东大会决议时，也应理解为其行为违反了明确的授权安排或者直接与公司章程、股东大会、股东会的决议相冲突。按照我国《公司法》第 149 条、第 112 条的规定理解，董事、监事、高管人员的行为如果违反法律、行政法规、公司章程以及股东大会决议，给公司造成损失的，必须承担赔偿责任，这里是把违法性作为责任发生的前提确立的。显然，这似乎不是很全面，董事责任发生的场合有时难以确定其违法性，而且法律也不可能穷尽规定董事、监事、高管人员行为的全部准则。因此,依据违法性标准所导致的董事、监事、高管人员的赔偿责任只是部分,而不是全部。

结合国内外公司法律的规定及实践情况看,我国《公司法》框架内对董事责任追究的归责原则应当是过错推定原则。董事、监事、高管人员,因过错行为而对公司承担赔偿责任,无过错则不承担赔偿责任;董事、监事、高管人员的行为违法,其过错当然构成,诉讼中聚证的焦点就是行为违法与否。如果董事的行为在形式上不违法,判断实质违法与否的情况就会异常艰难。当针对董事、监事、高管人员的诉讼被提起,原告一方只承担简单的证明责任,那就是董事、监事、高管人员的行为给公司造成了损失,并间接造成了股东的损失,因为有可能诉讼是由股东提起的派生诉讼。董事、高管人员作为被告,他们应当负有证明自己没有过失的责任,不能证明的就应当承担责任。不同于严格责任原则或者说无过错责任原则的地方是,过错推定原则准许被告证明自己无过错的事实证据不以法定的免责事由和约定的免责事由为限,用以证明董事、监事、高管人员无过错的任何事实,只要与争讼事件存在联系并具备证明力的,法庭应当允许作为证据用以证明。如果适用普通的过错责任原则,举证责任转由遭受损失的股东和公司承担,特别是中小股东没有参与公司经营事务的机会,且对复杂的公司决策项目缺乏知识和信息,是无法完成证明责任的。因此,针对董事、高管人员侵权行为的归责原则应当为过错推定原则。

(二) 免责事由

基于过错推定原则的适用,董事、监事、高管人员的免责事由不局限于法定免责事由和约定免责事由的范围。由于董事在履行对公司的忠实义务的前提下,的确需要带领公司进行适当的冒险行为,没有风险也就没有企业,冒险成功后公司获得巨大利益,股东也是盆满钵满;冒险失败,公司或者股东挥起板子打董事也是失却公正的。公司法需要平衡地安排董事的利益安全和公司、股东的利益福祉,确定法律保护的最主要利益应当是股东与公司的利益,因而确认董事的忠实义务和勤勉义务,并把这两项道德义务直接上升为法律义务。同时,不仅仅是出于为了安抚董事,而是必须考虑到公司经营活动的自然冒险性和决策的失误率,就要安排保护董事的必要规则,规定法定的免责事由和准许公司章程、股东会、股东大会决议做出免责事由的规定,就体现了这种精神。

我国《公司法》第 112 条规定的免责事由是董事能够证明在表决时表明异议并记载于会议记录。此外,按照董事、监事、高管人员在公司中的位置来讲,如果他们的行为是执行股东会、股东大会的决议而致公司遭受损失的,应当可以成为免责事由。我国《公司法》没有给定其他的法定免责事由,按照民事法律、经济法律的一般规定因不可抗拒的事件导致的损失不能归责于董事的,也应当成为可以免责的事由;他人的违约行为、侵权行为致使公司遭受损失的,要区分董事、监事、高管人员在其中的作用而定。对于公司章程或者股东会、股东大会决议或者公司与董事、高管人员订有协议对特别事项安排免责事由的,一般应当允许,因为股东有权处分自己的财产利益。但是,以下两种情况显然例外,一是公司章程或者股东会、股东大会决议不是对董事的特定行为专门确定免责,而是一概予以免责的,与董事对公司承担忠实义务、勤勉义务的法律的基本原则相违背,应当是无效的,否则会引发董事、监事、高管人员的道德风险;二是免责事由的适用给公司的债权人利益产生重大影响的,对债权人不发生效力。在具体案件中确定董事责任时,应当借助美国法官所创造的“商业判断规则”。

二、法律救济途径

公司的董事、监事、高管人员违反对公司的忠实义务、勤勉义务，其行为给公司造成损失的，应当承担赔偿责任。尽管董事、监事、高管人员与公司之间存在某种委托、委任或受聘关系，但是他们的任职资格、职权、对公司的基本义务在我国《公司法》上有明确规定，其关系受信托法律制度的规制，因此对他们的越权、滥权行为和疏忽行为仅从违约责任认识或者归类是不适当的。董事、监事、高管人员的上述行为更符合侵权行为的构成要件。

针对公司董事、监事、高管人员对公司的侵权行为所造成的损失，公司应当采取必要的措施补救，包括对侵权行为人提起诉讼。侵权行为人是董事、高管人员的，由监事会或者不设监事会的公司的监事提起诉讼；侵权行为人是监事的，由董事会或者不设董事会的公司的执行董事负责提起诉讼。我国《公司法》第 148 条第 2 款规定，公司的董事、高管人员违反对公司承担的忠实义务，所获得的收入应当归公司所有。监事会、监事有责任代表公司向获得非法收入的董事、高管人员行使公司的归入权，通过其他途径不能实现公司利益的，可以提起诉讼。

为了防止董事、监事及高管人员之间照顾“同僚情义”而放水，英美法系国家在 19 世纪建立了派生诉讼制度，即法律允许由公司的股东代表公司向侵权的董事提起诉讼，以恢复公司受损的利益。我国 2005 年修订的《公司法》借鉴了英美法系国家公司法的规定，规定了派生诉讼。

股东派生诉讼涉及的程序制度比较复杂，如同时持股原则要否确立、公司在诉讼中的地位、诉讼费用的标准降低幅度、胜诉利益的归属、集团诉讼的规则、法官的特殊裁量权等，公司法不可能替代诉讼法而作出系统规定，在诉讼法修订完善以前，可由最高人民法院作出司法解释，以应亟须。

针对董事、高管人员对股东利益直接形成侵害的情况，我国《公司法》第 152 条规定股东可以直接提起诉讼。这种诉讼，在英国公司法上称为不公平妨碍诉讼（unfair prejudice action）。

三、商业判断规则

我国 2005 年修订的《公司法》突出强调董事、监事、高管人员的责任机制的建立，公司的管理层面临来自股东诉讼的现实压力，董事、经理的道德操守如果没有大的提升，将会变成一个与被告地位联系最多的职业。目前，中国经济的高速成长使得股东们好歹有钱可赚，经济一旦稍稍不如意，股东们就可能会拿起《公司法》拧就的管理人责任这条鞭子，把可怜的董事、经理们作为替罪羔羊而赶上法庭。我国《公司法》在维护公司利益和股东利益方面，向前迈出了重大的一步，然而由于没有同时引入商业判断规则，董事、经理利益的保护显然失去了平衡，也许我们需要矫枉过正，也许我们又一次对《公司法》赋予了解决当前社会急迫问题的任务而不得不忽视其公平性、规范性、平衡性的长远价值。好在中国已经进步了，国外公司法律中行之有效的许多制度在中国的学术界、律师界甚或司法机关先行发酵，最后酿成《公司法》上的一杯美酒。完全可以相信，尽管我国《公司法》没有规定，但很快，在被告为公司的董事、经理的法庭上，代理律师们会洋洋洒洒地讲述着“商业判断规则”的原理和故事……

商业判断规则（business judgement rule）是由美国法院在处理针对董事的诉讼中发展

起来的用以免除董事因经营判断失误承担责任的一项法律制度。商业判断规则强调法官不可替代公司的管理者而进行商业事务的事后评价。依据该规则，当董事们基于合理的信息对公司的商业事务作出决策，该决策的执行最终失败并给公司造成损失，即便在事后的司法检讨中发现的确存在决策的瑕疵，只要原告公司或股东无法证明董事们决策时没有满足商业判断规则的条件，董事就不必承担个人责任。美国法学会于20世纪90年代公布的《公司治理原则》第4.01条第3项将商业判断规则的内容概括为："如果公司的董事或经理人员在作出商业决策时，具备以下的三项条件，他或者他们就应当被认为正当地履行了职责：(1)董事或经理人员与该项交易或商业活动不存在利害关系；(2)他或者他们有正当理由相信自己已经掌握了准确、全面的信息；(3)他或者他们有理由相信所作的判断和决策符合公司的最佳利益。"特拉华州最高法院法官认为，商业判断规则是这样的一个假定，即公司董事在作出经营决策时是以透彻了解情况为基础，怀有善意，并且真诚地确信所采取的行动符合公司的最佳利益。如果原告无法证明董事在履行职责时违反了上述条件，法院就会保护董事的商业决策自由。

董事们掌控公司，需要在许多事项上参与讨论，发表意见并通过投票或者自行决定的方式作出对公司产生效力的决策。由于公司经营内容的万千变化和多样性，在董事决策可能涉及失当或者存在勤勉义务违反的情况下，股东或者公司对董事可能提起损害赔偿的诉讼。在这类案件的审理中，一个基本的事实存在是这样的：商业经营活动本身具有风险含量，董事的判断和决策是根据公司当时的情景作出的，审理活动则是在事后的冗长的程序中细细品味，结论形成的成本付出完全不同，法官在没有任何盈利压力的环境中审视专业人员的临机处置行为的妥当性当然是"事后诸葛亮"。美国法学家伯利(Adolf A. Berle)和经济学家米恩斯(Gardiner C. Means)在《现代公司与私人财产权》(The Modern Corporation and Private Property)一书中甚至断言："就本质而言，在经营管理公司方面，法院并不擅长，所以法院不愿、也不敢介入公司商业运作的事务中。"美国经济学家伊斯特布鲁克(Frank H. Easterbrook)和法学家费舍尔(Daniel R. Fischel)在《公司法的经济结构》(The Economic Structure of Corporate Law)一书中曾精辟地提问："为什么法院可以裁定工程师是否妥当地设计了喷气式的压缩部件(the compressors on jet engines)，可以裁定农民是否依照行业标准提供了石榴(pomegranate)，可以裁定狱政管理是否对囚徒的身心健康造成了损害，却在判断公司经理没有解雇行为轻率的员工是否构成过失时，犹豫再三?"虽然法官不能够对董事决策的技术事项作出任何判断，纯粹技术内容的判断法官也可能借助专业机构的鉴定，但法官仍不能避免就审理事项发表司法意见，商业判断规则正是基于这种情景在诉讼中形成，并且由法官加以总结完善。从这些解释可以看出，法院在介入商业决策的诉讼中，法官并不是关注市场、交易的成本与收益、交易的后果，甚至商业活动是否超出了公司的营业范围(即公司章程确立的目的)，而是以信义义务和勤勉义务作为司法判断的依据。从这个角度看，商业判断规则"是指豁免管理者在公司业务方面的责任的一个规则，其前提是该业务属于公司权力和管理者的权限范围之内，并且有合理的根据表明该业务是以善意的方式为之"。目前，商业判断规则已被美国各州所承认，在其他发达国家的司法实践中也被实际接受。

在我国，现行《公司法》还没有引入商业判断规则，但这并不影响法院在审查针对董事、高管人员因决策或者执行行为给公司造成损失的诉讼中借助其理论分析个案，以便准确判定被告的责任。由于我国并不具有美国鼓励商业冒险的环境、高等竞争的经理人市场和控制权市场，以及完善的股东派生诉讼制度，因此，美国式的商业判断规则在我国并不具有完全借鉴的条件。具体来讲，在董事会集体进行公司事务的决策时，哪怕各个参与决策的董事违反了勤勉义务的衡量标准，他们有权引用“商业判断规则”保护他们自己。只要他们自己能够证明他们在决策时符合了商业判断规则的三项条件，法院就应当否决原告的请求，虽然公司因案件争讼的决策事件而受到损失。如果原告提出了相反的证据，董事们就应当承担败诉的责任。董事长、总经理、执行董事作为法定代表人，在执行股东会决议、股东大会决议或者董事会决议时所作的临机判断，也应当如是对待。但是，董事、经理及其他高管人员在处理公司事务时，存在重大失误的，应当不适用商业判断规则。从我国的实际情况出发，笔者认为，董事、高管人员主张商业判断规则保护的，应具备以下条件：(1) 董事、高管人员的行为限于对公司事务作出判断的场合；(2) 董事、高管人员遵守了对公司的忠实义务，决策判断的事项中不掺杂个人利益和与其个人存在密切关联关系的他人的利益，公司的资源、财产、机会不会被董事利用来牟取自己的利益或者他人的利益；董事心存善意是指董事行为的目的和动机只是为了公司的利益；(3) 依当时的情形看，董事获取的信息在作出商业判断时被认为是充分的和准确的；(4) 董事有足够的理由认为其当时的判断符合公司的最大利益；(5) 董事在作出判断时不存在重大过失。

第四节　针对董事、监事、高管人员的派生诉讼法律制度

一、派生诉讼的制度沿革与适用范围

(一) 定义

派生诉讼，也称为代表诉讼，是指当公司的董事、监事、高管人员或者他人的行为损害了公司的利益，而公司怠于通过诉讼方式追究其责任以恢复公司的利益时，由公司的股东基于与公司的利益连接，径行代表公司对侵权方或者违约方发动的诉讼。

派生诉讼制度产生于19世纪中后期英美法系的衡平法律实践，20世纪逐渐导入大陆法系国家，成为公司法及民事诉讼法上所特有的一项法律救济程序制度。该制度的主要功能在于防止董事对公司违反信义义务，给公司造成利益损失，而其他董事可能碍于情面或者因其他理由放弃诉讼使公司不得不蒙受损失的情况发生。

(二) 制度沿革

与普通法相比，衡平法注重实现公平与正义而不拘泥于已有的规则，衡平法强调权利主体的权利受到损害时，法院就应当予以适当保护和补救，如果已有的规范中没有现成的保护规则，法院应当通过创造新的规则给予保护。处理纠纷时，与普通法的令状程序决定裁决事项的传统不同，衡平法注重一次裁判彻底解决诉讼涉及的全部纠纷事项。虽然如此，派生诉讼的制度形成还是经历了比较复杂的产生路径。1843年，英国发生的福斯诉哈波特尔(Foss v. Harbottle)一案，开启了股东派生诉讼的先例，但法官驳回了原告的请求，其理由是股东无权代表公司提起诉讼。1881年，美国法院否定了英国判例法的原则，确立了新的衡平规则(equity rules)，允许小股东为了公司的利益提起派生诉讼。该规则规定：(1) 在开始派生诉讼之前，打算提起派生诉讼的股东应当向所有的股东提出正式要求，要求他们解决引起争议的问题。(2) 提起该种诉讼的原告股东也须对董事会提出同样的请求，以为穷尽内部救济。(3) 然后原告才可以锁定有关的事实，并陈述当事人之间无串通共谋以便开始联邦诉讼程序而不是州诉讼程序。此后，派生诉讼在美国取得了较大规模的发展，成为小股

东监督公司经营活动预防大股东、董事滥权的重要的法律手段。

派生诉讼尽管以受损害的公司利益的恢复为其表征的目的,但其隐含的并且是本质的利益则归属于股东全体,当然包括提起诉讼的股东。从诉讼的情由讲,股东提起派生诉讼和提起不公平妨碍诉讼(unfair prejudice,就是股东直接诉讼)的选择的事实根据并不全是截然有别,两种诉讼的真谛是小股东利益保护的殊途同归而已。19 世纪末期,派生诉讼在美国联邦法院大量受理,大股东的多数投票权被限定在不得抢夺公司的商业机会、不得与公司的利益相冲突、禁止关联交易的区间,董事对公司的忠诚义务和勤勉义务通过派生诉讼的压力而变得强化。同时,派生诉讼体制本身也形成了自身运行的规则,与股东直接诉讼逐渐划清了理论和实践的分野界限。派生诉讼在美国长期属于由依据衡平法发展起来的一种诉讼制度,其规则散存于浩如烟海的案例之中。到了 20 世纪,美国的一些州在其公司法中规定派生诉讼程序,20 世纪 50 年代美国律师协会制定的《示范公司法》第七章第四分章也规定了“派生的程序”,1991 年对该法进行全面的修订时进一步加以完善。1966 年美国联邦政府在增补《联邦民事诉讼规则》第 23 条时新增了第 23.1 条,对股东派生诉讼作出了专门规定。1987 年又对该条作了一些技术性调整。依据美国派生诉讼制度的规定,派生诉讼既适用于股票上市公司的集团诉讼,也适用于封闭式公司的小股东的维权诉讼行为。20 世纪中叶以后,许多大陆法系国家借鉴美国的制度,创建了符合本国实际需要的派生诉讼制度。

股东派生诉讼与直接诉讼的最主要的区别在于侵权人实施的侵权行为的后果是否直接及于股东本身,以及诉讼的后果是归属诉讼提起人还是其持有股份的公司。侵权行为的对象是股东的,有时甚至是特定的股东,则由股东提起不公平妨碍诉讼或请求法院责令大股东购买其股份或申请法院颁布“公正合理清盘令”以解散公司;如果侵权行为是直接加害于公司,股东所受的损失是因为公司利益受损而引起的间接传输后的损失,则小股东可提起派生诉讼。具体讲,小股东提起不公平妨碍诉讼的请求原因从英美国家法院的判例来看,主要有以下方面:(1) 大股东利用资本多数决原则操纵股东会通过不利于小股东的公司章程修改决议;(2) 支付过高酬金给董事;(3) 支配股东不公平地将某一董事(通常是小股东)排挤出董事会;(4) 在公司进行收购与合并业务时,董事会和大股东向小股东发布误导信息;(5) 大股东或支配董事利用控制权掠夺公司的商业机会;(6) 在公司持续亏损的情况下,大股东不理会小股东的反对,坚持继续实施亏损经营方案;(7) 在公司持续有盈利的情况下,董事会无正当理由拒绝派付股利;(8) 董事在执行职务时违反其忠诚义务或谨慎义务给公司造成损害。不公平妨碍诉讼中的集团诉讼(class action)一般只会在公众公司中出现,因为封闭式公司的股东人数不可能达到集团诉讼的规模程度。在不公平妨碍诉讼进行的程序中,主要的被诉对象是实施不公平妨碍行为的董事或大股东,但公司法人通常也须以名义上的被告身份(nominal defendant)参加诉讼,因为公司法人有可能承担法官判决所定之义务,这与派生诉讼中公司以名义被告身份参与诉讼的情况大相径庭。小股东提起派生诉讼的事实原因主要有:(1) 董事、大股东违反对公司的诚信义务和勤勉义务,使公司遭受损失;(2) 董事、大股东支配公司与其发生关联交易,损害公司的合理利益;(3) 董事、大股东非法利用公司的资源为其牟取私利,如占用公司的资金或让公司为董事、大股东的其他债务提供担保;(4) 董事、大股东掠夺公司的商业机会牟取私利;(5) 公司为董事支付过高的报酬,致使公司的利润下降;(6) 其他人损害公司的利益。

我国 2005 年修订的《公司法》中直接确立了股东派生诉讼制度。依据《公司法》第 151 条的规定,有限责任公司的股东、股份有限公司连续 180 日以上单独或者合计持有公司 1%

以上股份的股东，在履行内部救济程序后可以对侵犯公司利益的董事、监事、高管人员以及包括控制股东、实际控制人在内的他人提起派生诉讼。但是，《公司法》没有对派生诉讼进行的其他必要程序和条件作出更细致的规定，法律的实际贯彻尚需要实践充实。在案例并非是法律渊源的中国，构建派生诉讼制度必须在成文法上尽善尽美，以便使不同地区、不同级别的法院在受案、审理、裁判上能够依循统一的标准和规则。在现实情况下，最高人民法院可以在总结审判经验的基础上颁行司法解释，以弥补制度的缺漏。此外，派生诉讼的进行对法官素质提高存在紧迫的要求。目前，最高人民法院不仅发布有关《公司法》的司法解释，而且还编纂发布指导性案例。

（三）适用范围

在美国，股东派生诉讼的对象实际上包括了公司的控制股东，而大陆法系其他国家的股东派生诉讼的对象一般是对公司存在侵权行为的董事。从我国《公司法》第151条的规定看，我国确立的股东派生诉讼制度的适用范围比其他大陆法系国家的法律规定有所突破，增加了“他人”，而“他人”的范围在法律上没有设定限制，凡是实施侵权行为或者违约给公司造成损失的任何人一旦公司怠于提起诉讼追究责任，均可以成为股东派生诉讼的被告。其实，立法的本旨是针对中国公司往往受到控制股东、实际控制人以及其他除董事、监事和高管人员以外的关联人通过关联交易掠夺公司利益的普遍现象，赋予股东诉权，其目的一是为了阻遏甚嚣尘上的滥权情势，二是为公司利益的实质恢复设置诉讼通道。就这一点看，我国《公司法》比其他大陆法系国家的制度安排走得更远，更贴近中国实际。

二、派生诉讼的立法形式

股东派生诉讼中包含了一定的实体规范和比较复杂的程序规范。由于我国没有制定统一的商法典，故在公司法的容量范围内难以全面规定所有的内容，并且公司法过多地规定诉讼程序性的内容是不适当的。但是公司法必须对股东派生诉讼的诉权和原告资格以及内部救济程序作出原则性规定。根据我国的现实情况，股东派生诉讼的其他内容也不可能在民事诉讼法中作出细致规定，较为稳妥的办法还是由最高人民法院依据公司法和民事诉讼法的原则要求作出司法解释，如股东派生诉讼的概念、豁免内部救济程序的条件、提起派生诉讼的股东在诉讼进行中是否必须遵守同时拥有股份原则、派生诉讼中公司的法律地位、判决利益在不同情况下的归属、时效等。

有关实体性规范的细则和程序性规范不在公司法中规定，这些内容首先通过最高人民法院的司法解释予以安排，其中的程序性规范待实施中总结成熟的经验后可以移植于民事诉讼法中。

由于派生诉讼体现了国家保护公司利益和股东利益的公共意志并规范司法机关的介入程序，因此公司章程不可以进行限制或者加码限制条件，更不可以在章程中作出禁止性规定，不可以通过股东会决议进行限制。派生诉讼的制度当然是公司法上的强制性规范。

三、派生诉讼中几项主要的制度规范

（一）原告的主体资格及诉权安排

为了在保障中小股东的诉权和防止滥诉两种情况间获得平衡，就必须对提起派生诉讼的股东资格作出法律的强制性安排。

(1) 持有股份是提起派生诉讼的首要条件。对于有限公司而言，我国《公司法》规定凡是股东均具有提起派生诉讼的资格,法律没有限定持股的比例;对于股份有限公司,由于其资本规模较大,《公司法》规定单独或者合计持有1%以上股份的股东有权提起派生诉讼。

(2) 无论是有限公司还是股份公司,提起派生诉讼的股东均须持有公司的股份达到合理的期限。有限公司股东的股权持有关系比较稳定,法律不作时间要求并无大碍;股份有限公司股东的股份转让比较灵活,为体现起诉的股东与公司利益的直接相关性和防止恶意滥讼发生,法律规定了连续180天的持股时间要求。

(3) 股东通过股份转让、证券市场交易或收购而取得公司的股份,应当事先对公司的经营状况做些调查,调查完毕仍然同意受让股份,除非事后发现在受让股份时公司、董事会、控股股东对受让方存在严重的欺诈行为,受让股东不得对其受让前的有关侵权事实提起派生诉讼。因离婚析产、继承、接受赠与、司法判决的执行等民事事实和法律事件成为公司股东的,其可以对该等民事事实和法律事件发生前和发生后的针对公司的不法侵权事项提出派生诉讼。

(4) 公司法应当奉行"同时持股原则",即坚持提起派生诉讼的股东从针对公司的不法行为发生时起到诉讼终结,必须持续拥有公司的股份。

(5) 股东提起派生诉讼一般不应当设置担保条件,这是因为在我国现实的条件下,许多股东不大可能拥有较大数量的资金履行担保义务,设置担保条件会实质阻却股东维护公司利益的正当行为;同时,鉴于大股东或经理人滥权情况严重,股东利益保护的制度供给资源贫乏,有必要向投资者放权,从而遏止公司控制者对公司的侵权行为和改变董事会对公司利益维护的懈怠状况。但是,被告如果提出证据证明原告股东的诉讼可能为恶意诉讼并提请法院裁定由原告提供担保的,法院可以决定由原告提供诉讼担保。

(6) 关于诉讼费的规定。依据我国的现实经济条件,为鼓励中小股东通过提起派生诉讼维护公司的利益和自身利益,应当根据公司的资本拥有量设置较低的收费标准。日本原来将股东派生诉讼作为财产诉讼案件对待,奇高的诉讼费实际上遏制了代表诉讼的发生,1993年的公司法改革改变了原来的规定,现实的日本公司法规定的派生诉讼费一律为1.3万日元,相当于900元人民币,美国的派生诉讼受理费在30—100美元之间。在我国,现实情况下,市场主体的诚信水准很低,当他人侵犯公司利益时公司可能为了减少向法院缴纳较高的诉讼费而指使股东提起派生诉讼,同时为防止法院应对派生诉讼不堪重负,故股东派生诉讼的诉讼费不宜比照日本、美国的做法立即规定为一个过低的数额。我们可以考虑先行按财产诉讼收费额的5%或10%收费,以便作出观察后再行逐步调整。

(7) 关于诉讼时效。股东提起派生诉讼的时效应当与我国《民法通则》规定的时效一致。公司董事、监事、高级管理人员针对公司的侵权行为如果被揭发,自揭发之日起为2年(与我国《民法通则》规定的时效一致),没有被揭发的,自行为发生时起算,时效可适当延长。

(8) 法律禁止起诉人与个别股东合谋通过派生诉讼敲诈公司管理层及损害其他股东的利益,不得与公司董事会合谋以虚假的派生诉讼阻却真正的派生诉讼,不得与律师合谋以派生诉讼为要挟,私下向公司或者被告索要金钱或者获取其他利益。

(二) 关于穷尽内部救济程序

穷尽内部救济程序是公司派生诉讼法律制度的一项成熟且必要的程序安排,其作用在于充分实现股东和公司管理层面在纠葛时实现信息和感情交流,寻求管理层和中小股东对公司利益的一致维护行动,化解公司和股东之间伴生的冲突。当准备提起派生诉讼的股东全面了解管理层披露的实情和解释后可能放弃派生诉讼,从而减少讼累;在中小股东的行动压力下管理层可能接受建议，不得不通过某种方式或者提起诉讼恢复公司的利益，即使只能通过诉讼解决也会在证据的搜集和整理、诉讼事实的把握方面比中小股东提起派生诉讼更加便捷、扎实。

穷尽内部救济程序是股东提起派生诉讼的前置程序，它应当是法定的，是一种普通程序，既不应允许随意免除(美国规定如起诉人有理由向法官说明启动内部救济程序是“无益的”，法官可能豁免此前置程序)，也不应允许公司章程或者股东会决议任意加设阻却樊篱。由于独立董事制度在中国的上市公司中存在明显的嫁接裂痕，其与中国公司社会的融合步伐如同早期的传教士般那样步履蹒跚，时时表现出水土不服的症状，尽管在体制的安排上独立董事能够直接介入公司董事会的运作去实施监管。但是，从鼓励发挥其功能的视角考虑，如果公司在独立董事中设立了诉讼委员会，股东派生诉讼的前置请求可以向独立董事提出；股东也可以向监事会提出，因为监事会必须承担代表公司向侵犯公司利益的董事、高管人员提起诉讼的职责，而且监事会制度在法律的名义上是常规的存在。对于非上市的股份公司和有限责任公司，监事会是受理内部救济请求的法定机关。

按照我国《公司法》第151条的规定，符合资格条件的股东向公司的监事会或者不设监事会的有限责任公司的监事提出诉讼请求后(针对监事的诉讼请求应当向公司的董事会或者不设董事会的有限责任公司的执行董事提出)，收到请求的机构或者责任人必须在30日内给予答复并作出决定：提出起诉，或是不提出起诉。上市公司在收到起诉请求和作出决定时应当分别作出披露，非上市公司应当将该等信息告知其他全部股东。公司在30日内没有作出决定的，视为不准备起诉，股东可直接提出派生诉讼。股东认为情况紧急、不立即提起诉讼将会使公司利益受到难以弥补的损害的，也可以径行提起派生诉讼。股东主张的所谓紧急情况，是否构成确实正当的豁免内部救济程序的理由，由法院裁量，但被告或者公司本身可以提出抗辩。公司与请求股东达成某种协议(包括书面的和口头的)导致诉讼活动不能正式形成的，不影响其他股东依照前述程序提起派生诉讼。

(三) 各诉讼主体的地位及职责

诉讼关系是由参加诉讼的各个当事人之间形成的法律程序关系。在派生诉讼中，参加的当事人主要有穷尽或豁免内部救济程序的原告股东、公司企业、不法行为实施者三种。

(1) 股东。股东是公司的投资者，是公司利益的最终所有人。处在股东地位的任何人可能不关心公司经营的具体事务，但不会不关心公司的经营业绩，在公司由于董事、监事、高管人员或者他人的侵权行为而招致损失时，股东就会间接地遭受损失，这不能不使股东引起关注。派生诉讼的整个程序首先是由股东发动的，提起派生诉讼的股东在诉讼中处于原告的地位。但派生诉讼是股东代表公司向被告人主张权利，其诉权的来源和诉权本身是公司的，股东推进诉讼的全部目标是公司利益的恢复。然而，股东毕竟是两造中的一方，股东如果在诉讼中丧失股东资格，公司的利益就与他无关，学界的主流观点是，继受股东地位的人不可以继受派生诉讼中的原告地位，诉讼当归结束。在派生诉讼中，提起诉讼的股东与侵权人之间的关系是平等的，股东需要自己就侵权的事实和后果向法庭举证，尽管他的利益在根本上和公司的利益保持一致，但正是因为公司不愿意起诉被告人才引起了派生诉讼，因此原告股东一般很难指望公司在诉讼中对他给以支持，除非公司和股东之间为了特殊的原因和目的就派生诉讼的进行事先达成了某种秘密交易，如公司不愿得罪侵权人而让股东发动派生诉讼，或者公司为了少缴诉讼费，有时公司为了阻止真正的派生诉讼而故意安排虚假的派生诉讼，在诉讼中以最低的代价与原告股东做虚假的和解，或者干脆让原告股东提出很低的赔偿额,或者让其在诉讼进行中放弃大部分诉讼请求,而真正的派生诉讼因为一事不二审而被彻底排斥。

原告股东得自行负担诉讼的各项费用,在有的国家还须提供诉讼担保,以供在原告方败诉时对被告及公司进行赔偿。在美国,股东派生诉讼往往案情复杂,且被认为是"寻求共同救济的集团诉讼",耗时长久,诉讼标的金额巨大,无论原告还是被告都要负担高昂的诉讼费成本。在 20 世纪 40 年代初,美国的一个由 Franklinwood 领导的商业调查委员会作出了关于派生诉讼对公司弊大于利的报告,导致许多州不得不设法遏制由律师和小股东合谋发动的派生诉讼潮流。1944 年,纽约州修订后的《公司法》第 267 条规定,如果提起派生诉讼的股东,其所持有的股份、表决权之信托证书或受益人利益所代表的股份,在公司已发行的任何种类股份的总额中不足 5%,且市场价值不到 5 万美元的话,则要根据被告的请求和法庭的命令提供诉讼费用担保。之后,另外一些州也相继修订其公司法,提高了进行派生诉讼的门槛,特别是派生诉讼形成为集团诉讼时,担保的费用往往超过千万美元,得由诉讼代表人和律师共同垫付,有时则由诉讼代表人垫付部分现金或流通证券,不足额由律师或他人提供担保解决。案件一旦败诉,代表人和律师自己承担诉讼费用损失,律师不仅没有报酬,而且要承担诉讼费和担保发生的费用的损失。这种规定,事实上构成了派生诉讼的另类条件,对诉讼提起人和律师合谋利用集团诉讼机制进行滥讼设置了防火墙。1993 年日本将代表诉讼的受理费一律降为 8200 日元,标的额一律定为 95 万日元,结果使诉讼案件大幅上升。韩国则将诉讼标的额一律定为 1000 万韩元,以此计算诉讼费。根据日本《公司法》第 847 条的规定,股东代表诉讼的被告提出请求并证明原告存在恶意时,法院得依被告之请求命令原告提供相当的担保。我国台湾地区公司法也有类似的规定,且对被告减去了证明原告存有恶意的义务。从中国的实际情况来看,除非被告证明原告提起派生诉讼存有恶意,否则法院不能勒令原告提供担保。日本的做法应当借鉴。

(2) 公司。公司因为种种原因本不愿意自己提起诉讼,而派生诉讼得以进行的目的又是为了它的利益。在英美法系中,判例确立的原则认为,股东是为了公司的利益提起诉讼的,因而他不是真正的原告,公司法上他仅仅是名义上的原告。但真正的原告公司其董事会并不批准本次诉讼,因而它无法成为具体的诉讼中的原告。公司又是派生诉讼中的必要的当事人,不仅诉讼的结果与其有关,且在诉讼进行中公司也有义务说明侵权的事实,提供相关的证据,并表达出它对诉讼的态度。为了使法院的判决能对公司直接产生拘束力,英美国家在派生诉讼中将处于真正原告地位的公司看做是名义上的被告。在大陆法系,代表诉讼中的公司被视为与起诉人利益一致的原告,公司是否参加诉讼要根据具体的案情由法院决定。按照日本公司法律的规定,公司可以参加诉讼,但在当它会延迟诉讼或法院负担显著增大时,则不在此限。这种规定的法律含义有三:一是公司可以以原告身份加入诉讼;二是公司可以参加诉讼也可以不参加诉讼;三是公司加入诉讼会使案件拖延或使法院负担增加时,可不许其参诉。即使公司不参加诉讼,按照日本《民事诉讼法》第 201 条第 2 款规定的"对于为了他人的利益而担当原告或被告的确定判决,对于该他人也有效力"看,派生诉讼的判决当然对公司产生效力。为了让公司有机会了解派生诉讼发生的情况,并使诉讼结果及于公司有合理的理由,法律要求诉讼提起人应在提起诉讼后的最短时间内将诉讼的事实告知公司,不管公司是否参加诉讼,如果判决给公司造成财产损失的,公司有权申请再审。如果公司在诉讼中出示了有关争议事实的证据,法庭视具体情况决定是否采用,但公司对诉讼案件所表达的意见往往与股东的意见冲突,其在诉讼中的有用价值不大。

无论公司是以原告身份或以名义被告身份参加派生诉讼，各国法律都确认派生诉讼的判决对公司及其全体股东具有即判力和拘束力，其他股东要受“一事不二审”规则的约束，不得重复就同一事项提起其他派生诉讼。

在中国的司法程序中，民事诉讼法上的第三人制度完全适合于派生诉讼中的公司地位。第三人分为有独立请求权第三人和无独立请求权第三人。有独立请求权第三人是对原告和被告提起诉讼的当事人，其制度设计不符合派生诉讼中的公司身份；而无独立请求权第三人，在一项诉讼中，诉讼的结果必然与他存在关系，因此他须与原告或者被告利益一致，参加进诉讼中表达其诉讼的主张，承担法院要求的义务，这符合派生诉讼的制度环境。股东提起派生诉讼的目的正是为了恢复公司的利益，公司是与原告利益一致的无独立请求权第三人。在我国已经发生的一些派生诉讼案件中，有将公司列为第二被告的，也有将公司列为第三人的。笔者的意见是应当列为第三人。最高人民法院的司法解释也如是。

(3) 被告。股东派生诉讼中的被告就是被原告股东指控曾经对公司施加不法侵害的董事、监事、控制股东、高管人员及其他任何人。公司的董事、监事、控制股东、高管人员等依法对公司负有忠诚义务和勤勉义务，他们在管理和运营公司中如有过错即会对公司造成损失，应向公司负赔偿责任。但由于他们在公司中的特殊地位，公司的股东会、董事会、监事会往往怠于起诉，即使小股东依内部救济程序提出请求也未必使然。因此，他们往往是大多数派生诉讼案件的被告。其他人包括政府机关，因为合同的履行、偶发侵权事件、施政行为等对公司的利益造成损害，也应负上赔偿之责，在公司机关不愿意起诉的情况下，其他股东有权提起派生诉讼。针对政府机关的诉讼归属于行政诉讼，故派生诉讼也属派生的行政诉讼。派生诉讼中的被告同其他直接诉讼中的被告当事人的地位没有什么不同，他们需要自负律师费用，向法庭提交涉案的事实证据，提出抗辩，依程序之规定推进诉讼。

(四) 法官的特殊裁量权

在派生诉讼中，法官拥有更大的裁判空间以决定诉讼的进程及若干重大事由，这是派生诉讼本身的特殊性所决定的。在案件的受理阶段，法官首先对诉讼提起人申请“穷尽内部救济”程序豁免的事由作出判断并独立决定是否准予豁免；法官针对派生诉讼的起诉书所指控的事实和陈述的理由，结合公司的“诉讼委员会”或者监事会、监事、董事会、执行董事的辩解作出派生诉讼案件是否实质性进入诉讼阶段的决定；法官在审查“集团诉讼的证明”中，对所诉案件作出是否为集团诉讼的结论，并依不同的程序对案件进行审理；在被告提出请求或者同时证明原告的起诉存有恶意时，法官需决定让原告提供诉讼费用担保；派生诉讼为集团诉讼的，在诉讼进程中，如果法官认为起诉人不能公正和充分地代表其他股东的利益时，可以随时终止案件的审理；对公司是否参加诉讼，法官可独立地加以决定；在诉讼双方提出和解或原告提出撤诉时，法官得依具体情势作出是否同意和解或撤销诉讼的决定。

(五) 诉讼结果的归属

派生诉讼的结果通常有原告胜诉、原告败诉、和解撤诉三种情况。

1. 原告胜诉

原告胜诉即表明公司的合法利益曾遭受被告不法行为的侵害，公司的利益将依判决之执行而得到恢复，起诉之股东和其他股东均从其中间接受惠，这是不言而喻的。但是，原告作为公司派生诉讼的代表，在诉讼中支付甚巨，劳心劳力，如果不能给予必要的补偿就会失去公平，进而会毁掉派生诉讼制度。况且，在派生诉讼中，被告如果是公司的大股东，公司利益的恢复使他(它)又成了最大的受惠者，派生诉讼几乎就变成了“诉讼游戏”。因此，各国法律都规定要对提起派生诉讼的胜诉股东给予合理的赔偿或补偿。

(1) 法院判令被告直接向原告股东赔偿。在美国,某些情况下法官可以根据原告股东持股比例判令被告将赔偿利益直接给付原告(在集团诉讼中给付于全体参加诉讼的处于原告地位的股东当事人),而不是给付于公司,这些情况包括:第一,如果被告还是多数股东且控制整个公司时,赔偿付给公司无异使被告在败诉时应当付出的利益转而通过股份持有从公司回流,形成判决效果“山体滑坡”;第二,大部分股东是作为诉因的违法行为的教唆者或支持者,此时将赔偿付给公司等于是让违法行为者及其支持者获益;第三,大部分股东是无资格起诉的股东,例如起诉后才取得股票的股东,他们并未因被告的违法行为在事实上遭受损害,赔偿付给公司就使得这些股东额外获利;第四,如果公司因合并而消灭,则赔偿应直接给付给合并前公司的股东,否则合并后存续公司的股东将获得不当得利。我国台湾地区“公司法”规定,当代表诉讼所依据之事实显属实在,经终局判决确定时,被诉之董事对于起诉之股东因此所受之损害,负赔偿责任。

(2) 由公司向原告股东补偿。日本公司法规定,股东胜诉时,在诉讼过程中除了诉讼费用以外所支出之必要费用以及所支付的律师报酬,该股东可以请求公司在其支出之费用范围内以及报酬额范围内支付相当之数额。美国早期判例主张只有公司从派生诉讼中获得财产利益时,原告股东才可以从公司就其支付的必要费用请求获得补偿;但美国现代的判例则倾向于认为只要公司从派生诉讼中获得实质性利益,即使从中未获得特定数量的金钱财产,仍应许可原告股东获得合理补偿。

2. 原告败诉

原告股东在派生诉讼中终局败诉,无论其提起诉讼是出于善意抑或其与律师恶意串通进行纠缠性诉讼,其在诉讼费用的支付上肯定是自食苦果,律师也不可能获得期望的报酬。不仅如此,输掉诉讼的原告还要对无端被扯进诉讼事务的被告和公司承担损害赔偿责任。

(1) 原告向被告的赔偿。在派生诉讼进行中,被告为了应对原告的诉讼需要聘请律师,甚至耽误其工作,影响其平静的生活,原告败诉虽证明了被告的清白,但如不从原告处获得赔偿,被告的损失就不能弥补。当然,被告的损失也应当局限于合理的范围之内,而且仅应就财产损失提出赔偿请求,如被告不能仅因被诉的事实向原告请求精神损害赔偿和名誉损害赔偿。各国和各地区的法律在赔偿的前提条件上有不同,如美国一些采纳诉讼担保制度的州,原告一旦败诉,大部分的州规定不论原告起诉是否属于滥诉,他所提供的担保财产就必须用来赔偿被告在诉讼中所支付的全部费用;只有少数几个州规定赔偿的前提是原告恶意诉讼或滥诉。我国台湾地区的法律要求原告起诉之事实显属虚构时,原告才对胜诉的被告负赔偿责任。

(2) 原告向公司的赔偿。首先,公司对原告股东败诉后产生的原告、被告的各种损失不承担任何责任,被告在派生诉讼中不可以向原告提起反诉,也不可以向公司提出自己的权利请求,因此派生诉讼程序已经排除了公司遭受诉讼费用以外的巨大损失的可能。就派生诉讼引致的公司的诉讼费用及其他的损失,公司有权请求原告股东赔偿。日本公司法规定,股东败诉时,除非是恶意提起诉讼,否则对公司不负损害赔偿之责。实践中,判断“恶意”的标准是明知诉讼是不适当的且有害于公司,仍执意进行起诉。我国台湾地区的公司法规定,如代表诉讼因败诉致使公司遭受损害的,起诉之股东对公司负赔偿之责。但在实践中,股东赔偿公司损失的案件并不多见。

3. 和解撤诉

普通的派生诉讼在进行中，原告与被告之间可以通过和解方式结束诉讼，双方在不损害公司利益的前提下，达成和解协议，从而终结诉讼。但是在集团性的派生诉讼中，和解协议的内容须向全体股东公开，并要经过法官的严格审查并批准，这是为了防止诉讼代表与被告甚或公司密谋串通，参与分配和解金，让律师和集团诉讼代表人发横财，而广大的集团成员在派生诉讼中获利甚微或无利可收的局面发生。

第十七章

公 司 债 券

第一节　公司债券的概念与特征

一、公司债券的概念

我国《公司法》第 153 条对公司债券所作的定义是公司依照法定程序发行的、约定在一定期限还本付息的有价证券。

公司成立后，由于设备更新、扩大业务规模、补充流动资金等，需要在原始资本外筹集其他资金。公司的筹资活动可以通过扩大资本发行新股的方式，也可以向商业银行抵押贷款。此外，公司还可以向社会公众举借债务，发行债券。公司发行债券的活动应符合公司法的有关规定，并且因为公司债券是证券的基本品种之一，其发行和交易应遵守证券法的规定，符合证券法规定的发行条件并依证券法规定的程序进行交易。

公司债券所反映的实质内容是以公司作为债务人，以债券持有人作为债权人的特定的金钱债务关系。债券本身是一种债权凭证，可以据以要求债券发行者到期还本付息。公司债券是公司债的载体，是发行人向认购人出具的债务凭证。因此，公司债券上应当清楚、明确地记载与债权、债务相联系的主要信息。根据我国《公司法》第 155 条的规定，公司发行的债券具有纸面载体的，即以实物券方式发行的，公司债券券面上必须载明公司名称、债券票面金额、利率、偿还期限等事项，并由法定代表人签名，公司盖章。发行可转换为公司股票的债券，应当在债券上标明可转换公司债券的字样。

二、公司债券的特征

公司债券的特征有以下方面：

(1) 公司债券是一种有价证券。有价证券是代表一定财产权利的法定要式凭证，是证券性质的财产。公司债券是由公司发行的表明在规定期限支付本金及利息的权利证书，它代表一定数额的金钱利益，并且其样式固定化为标准格式，盖有债券发行公司的公章并由其法定代表人签名。因此，它具有流通性，可以在证券市场转让交易，也可以在特定情况下与实物资产、现金实现交换。

(2) 公司债券是债权证券。有价证券的种类有许多，如提单、仓单、股票、国库券、特种金融债券(如我国的政策性金融债券、证券公司债券)、证券投资基金等，公司债券是非金融性的公司企业面向不特定的公众投资者举借现金设定债务关系的有价证券，其特征是一种借贷关系，到期应由债券发行公司还本付息。

（3）公司债券的发行须依公司法和证券法规定的条件和程序发行。《公司法》对可发行的公司债券的种类、公司债券管理、发行行为的公示性等作了规定，《证券法》对发行公司的资格、发行条件、发行程序及其交易作了规定。规范公司债券发行的基本法律文件是《公司法》和《证券法》。此外，还有一些有关政府主管机构颁行的行政规章，以及证券交易所发布的自律性规则。

（4）公司债券是到约定期限由发行公司还本付息的有价证券，是缴回证券。

三、公司债券与国库券的区别

公司债券是一种商业债权凭证，而国库券是由一国中央政府以财政名义发行的债券。国家在特定的历史时期，基于一定的原因向本国国民或向外国国民发行债券，如筹措重点项目建设基金、回笼货币、降低通货膨胀指数、弥补财政亏损等。我国近些年发行国库券筹集的资金有用于支持国有企业改制的，有用于西部开发建设的，有扩大内需实行积极财政政策的，等等。公司债券与国库券的主要不同点是发行主体不同。

此外，在保证兑现的效率上也不尽一致，国库券是主权债务的凭证，其还本付息以国家财政和税收为担保，而公司债券只是以公司财产提供担保，具有一定程度的商业风险，因此很多人把国库券称为金边债券。在流通性和转让方式上国库券与公司债券有一定的共同性，然而，公司债券在一定条件下可转换为股票，国库券只能是还本付息。

四、公司债券与股票的区别

公司发行债券与发行股票同样是筹集资金，债券和股票均作为典型的证券能在证券市场上流通和转让。但债券与股票所代表的法律关系截然有别，主要体现在以下方面：

（1）证券持有人与公司形成的法律关系的性质不同。债券只代表一定的债权债务关系，而股票则是一种所有权凭证，股票的持有者是公司财产的最终所有者。因此，双方的法律性质不同，权利义务也不同。债券持有者一般不介入公司的经营活动，而股票的持有者即股东则有权通过股东大会参与公司管理事务以及选择公司的管理者。

（2）证券发行主体的范围不同。按我国《公司法》的规定，股票只能由股份有限公司发行，发行债券的公司则有股份有限公司和有限责任公司两类。公司债券的发行主体的范围远大于股票发行主体的范围。

（3）证券利益实现的方式不同。公司债券的持有者，对于其债权利益的实现有直接的请求权，不管公司是否盈利或盈利多少，公司都应当履行按期给付本金及利息的责任。而股票的持有者，作为股东对公司利益的分配请求权，只是在公司有盈余的情况下才能实现。同时，公司债的利率是事先约定并保持不变的，股利则随公司的业绩灵活确定，盈利多，则多分；盈利少，则少分；无盈利则不分，最多是为了维持股票价格的稳定，借用上年盈利分较少的部分。正因如此，股票可以溢价发行，而债券虽然法律允许浮动价格发行，但很难溢价发行。另外，公司债券体现了债权优于股东权的原则，因此，股票与债券在利益分配的顺序上债券优于股票；在商业风险上债券小于股票；在利益分配的数额上，债券是预先确定的，而股票则含有较大的风险利益；在公司清盘时，债券应优先予以兑付清偿，而股票体现的股东利益在清算的最后阶段公司财产有剩余时才能分配。

五、公司债券与普通债务的区别

(1) 公司发行债券是面向社会发行的,往往为广大公众以及机构投资者持有,因而是否如期偿付会产生一定的社会影响;普通之债则是向特定的金融机构或企事业单位及个人借贷形成的。

(2) 公司债券的发行有严格的法定条件和法定程序,筹资的费用也较大;而普通债务则无需过分严格的审批与政府监管,由借款人与出借人协商确定即可。

(3) 公司债券可自由流通转让,但普通之债的有关契据则不具有自由流通转让的性能。

第二节　公司债券的种类

依据不同的标准,公司债券可作如下分类:

一、记名公司债券与无记名公司债券

记名公司债券是指在债券券面上记载债权人姓名或者名称的债券。与此相反,在债券券面上不记载债权人姓名或名称的债券为无记名债券。我国《公司法》第 156 条规定,公司债券,可以为记名债券,也可以为无记名债券。无论是记名债券还是无记名债券,首先均应当在债券券面上记载发行公司的名称、债券票面金额、利率、偿还期限等事项,并由公司法定代表人签名,公司盖章。这是法律对公司债券作为证券发行和流通所设定的标准化要求,发行公司必须要遵守。但记名债券还应在债券券面上记载债券持有人的姓名或者名称,同时在公司债券存根簿上记载以下的内容:(1) 债券持有人的姓名或者名称及住所;(2) 债券持有人取得债券的日期及债券的编号;(3) 债券总额,债券的票面金额、利率,还本付息的期限和方式;(4) 债券的发行日期。发行无记名债券的,在债券存根簿上记载的事项有:(1) 债券发行总额;(2) 利率;(3) 偿还期限和方式;(4) 发行日期和债券的编号。公司发行债券,前述的记载内容是公司应当保存的重要的财务资料,是公司建立与债权人金钱往来关系的凭证,特别是对记名债券的持有人应通过细致记载给予安全保护。记名公司债券与无记名公司债券是公司债券中常见的一种分类,世界上多数国家公司法对此均有规定,我国《公司法》第 156 条、第 157 条、第 158 条、第 160 条对此也作了规定。

法律上对债券作记名与无记名区分的意义在于以下两方面:(1) 便于公司作出选择,或是保持与债券持有人的稳定联系(如组建债券持有人会议,并由该会议选定监察人或委托第三人对债务人公司实施必要的监督)而发行记名债券,或是为避免记名之手续烦琐、广泛发行扩大认股人群体及方便债券交易流通而发行无记名债券;(2) 记名债券对债券持有人更有安全保障,而无记名债券的发行手续更灵活,流通更便利。

二、可转换公司债券与非转换公司债券

可转换公司债券,是指专由股份有限公司发行的依约定办法可变更为公司股票的债券。相反,不能变更为公司股票的债券则为非转换公司债券。

依据我国《公司法》第 161 条的规定,我国只允许股份公司中的上市公司才可以发行可转换公司债券。在我国,股份公司采取发起方式设立的,最少有 2 人即可设立,最多不得超过 200 人为发起人或者少数人发起设立公司并向特定募集对象募集股份的,发起人数目与

募集对象数目之和不超过200人;而以公开募集方式设立公司时,由于有成千上万的投资者会持有公司发行的股份,公司股票不能上市势必影响股份资本的流转,而且会产生社会所不能承受的安全隐患,过去曾经存在过的柜台交易被取缔,新的次级股票交易场所建设未能及时跟进,因此导致凡公开发行的股票必须同时符合主板、中小板或者创业板市场上市交易的条件而最终全部上市交易,不符合上市交易条件的公司不可以公开发行股票。我国《公司法》只允许上市公司发行可转换公司债券正是基于这种制度环境的特殊情况而定的。从道理上讲,非上市股份公司的股东所持的股份也是通过股票表现的,但其股东总数不超过200人,不具备上市条件,而发行可转换公司债券是公开募集资金行为,是面向超过200人的非特定人士发行股份。如果允许非上市公司公开发行可转换债券,致使成千上万的债券持有人依约申请转换股份,而转换前的债券在证券市场是自由流通的,发行债券公司的原股份和转换后的股份都不能在证券市场公开交易,问题就会非常复杂。其实,有限公司发行的债券也会流通上市,但有限公司股东所持股权是根本不可能流通上市的,因此,债券持有人不存在另一种预期,也就不会发生债券持有的公众其利益期望和社会制约之间的巨大分歧而导致社会冲突。目前我国《公司法》选择保守主义的思路,禁止上市公司以外的其他公司公开发行可转换公司债券,从而可以避免技术层面的衔接矛盾给证券市场带来的混乱。允许上市公司发行可转换公司债券,就会给债券持有人一种选择权,或按期要求还本付息,或将其债券变更为股票,使债权人变更为股东投资者。不允许非上市公司发行可转换公司债券,是具有稳健立法价值的安排。1997年3月25日,经国务院批准由国务院证券委员会发布的《可转换公司债券管理暂行办法》规定上市公司和"重点国有企业"在境内可以发行以人民币认购的可转换公司债券。所谓重点国有企业,在该《暂行办法》中未作定义,但从我国国企改革的背景情况可以理解为是指该类国有企业虽未正式改制为股份公司,但属于未来有可能一步到位直接改制为股票上市的股份有限公司的序列之中的优势企业。但是,基于前述理由,在2006年5月6日,中国证监会经国务院批准以证监发42号文件形式宣布废止《可转换公司债券管理暂行办法》,这也标志着"重点国有企业"不可以再行发行可转换公司债券。2001年4月26日中国证券监督管理委员会为规范上市公司发行可转换公司债券的行为,保护投资者的合法权益,根据我国《公司法》《证券法》及其他有关法律、法规的规定,制定发布了《上市公司发行可转换公司债券实施办法》,规定中国境内的上市公司申请在境内发行以人民币认购的可转换公司债券,并在证券交易所上市交易,适用该《办法》,以及由中国证券监督管理委员会依法对上市公司发行可转换公司债券及该债券上市交易等活动进行监督管理。

三、有担保公司债券与无担保公司债券(信用债券)

有担保公司债券是指发行公司以其财产作为偿还本息的担保或由第三人保证偿还而发行的债券。无担保公司债券是仅凭公司信用而不设定财产担保或第三人保证的债券,故此也称为信用债券。我国《公司法》对此种分类未作规定,但规定公司发行债券的担保事项为公告事项之一,由发行公司在发行时考虑是否设定担保。我国《公司法》《证券法》之所以对发行债券未提出强制担保要求,一是因发行的条件规定很严格,经营条件不好的公司不可能发行债券;二是发行公司债券要经历严格的核准程序。

从实践情况看,近几年来,债券市场逐步开始恢复,市场的选择渐渐表现出对无担保公司债券的冷淡,其原因主要有以下方面:(1)中国经济运行环境中的信用体系屡遭致命伤害,对股票投资者的信心打击严重,无担保公司债券的发行几乎对投资者没有吸引力;(2) 国家大规模发行国库券和国家金融债券、重点工程项目债券,其安全性远胜于普通公司债券,并且国务院对公司债券利息的约定实行了限制政策,公司如发行无担保债券是难以获得市场认可的;(3) 随着我国加入世贸组织和金融体制的改革,社会为投资者提供的投资产品日渐增多,如基金、集合信托计划、保险业务投资、股票、国债等,专家理财、成长性、安全保障等优势条件足以使投资者放弃对无担保债券的选择。1993 年国务院发布的《企业债券管理条例》和 1998 年 12 月发布的我国《证券法》以及 2005 年完成修订的《公司法》和《证券法》中对公司债券的发行并未提出强制性设定担保的要求。1993 年的《企业债券管理条例》中未提出担保的要求,原因是对公司和其他企业发行债券已经规定了严格的条件和程序,没有偿债能力的企业不大可能通过政府审查的关口。至于我国《证券法》对公司债券的发行未提出担保要求,应当说这并不是一种明显的疏漏,因为《证券法》所要规定的制度相当纷繁复杂,对于发行债券的担保要求完全可以在特别法中规定。中国证监会发布的《上市公司发行可转换公司债券实施办法》(2001 年 4 月)、《关于做好上市公司可转换公司债券发行工作的通知》(2001 年 12 月),以及国家发改委发布的(发改财经)1134 号文《关于进一步改进和加强企业债券管理工作的通知》(2004 年)中完全强制性地要求发行可转换公司债券的公司、发行债券的企业必须有担保的安排,其中国家发改委则明确要求"为了防范和化解企业债券兑付风险,发行人应当切实做好企业债券发行的担保工作,按照《担保法》的有关规定,聘请其他独立经济法人依法进行担保,并按照规定格式以书面形式出具担保函。以保证方式提供担保的,担保人应当承担连带责任"。例如,2003 年西宁特钢股份有限公司发行可转换公司债券 4.9 亿元人民币,就是由中投信用担保有限公司提供的担保。中国证监会通过股票市场的监管活动,切身体验了证券运营中的风险事实,故此强调债券发行中的担保制度的建立,一方面对投资者利益予以周延的保护,另一方面也使审核债券发行的政府机关能够避免拖进债券持有人可能发生的诉讼纠葛中。因此,从债券发行的实际层面考察,公司债券的发行在我国不能不具有担保的条件。这是对债券持有人的正常利益给予保障的必然要求。

四、登记公司债券和纸面公司债券

登记公司债券是指以电子、计算机技术为记载确认形式发行的无纸面载体的公司债券。与之相对应的是纸面公司债券。纸面公司债券也称为实物券债券,是指以规定的格式设计印制的以纸面为载体的载明发行公司名称、票面金额、利率、还本付息期限等事项,由公司盖章并由法定代表人签名的公司债券。纸面公司债券是传统的债券发行形式,我国《公司法》第 155 条对其作了规定。登记公司债券则是借助科学技术的进步和计算机的普及使用产生的公司债券公开发行形式,它依赖于由公司委托的证券公司的准确记载,确定债券持有人持有公司债券的种类、数量、面额、利率、偿付本金及利息的时间等。基于此,登记公司债券只能是记名债券,在证券市场购入特定债券的,同样经提供服务的证券公司的报告由债券登记结算机构记载。

五、其他分类情形

公司债券的其他分类的情形有:根据期限的长短划分为短期债券、中期债券和长期债券;根据可否提前赎回划分为可提前赎回债券和不可提前赎回债券;根据债券票面利率是否变动划分为固定利率债券、浮动利率债券和累进利率债券；根据发行人是否给予投资者选择权划分为附有选择权的债券和不附有选择权的债券等。

第三节 公司债券的发行

一、公司债券发行的条件

公司发行债券是一项涉及范围广、数额大的举债行为，公司法、证券法一般对此有条件规定，以保护社会公众的财产权益，防止商业欺诈或滥用社会资财的现象发生。

（一）发行主体

有些国家规定只有正式开业的公司才能发行公司债券，有的则规定开业时间应足满两周年。我国2005年修订的《公司法》认可所有依法设立的公司在公司债券的发行事务方面具有平等的机会。此外，考虑到公司债券是基本证券品种，故将公司发行债券的条件规定移入同时进行修订的《证券法》中。

（二）发行条件

按我国《证券法》第16条的规定，公开发行公司债券，应当符合下列条件：

(1) 股份有限公司的净资产不低于人民币3000万元，有限责任公司的净资产不低于人民币6000万元。公司的净资产是公司的资产总额减去公司负债的部分。这部分资产是公司发行债券的物质担保，必须达到一定数额才能充分保障公司有能力向债券持有人履行偿还义务。由于股份公司是大型公司居多，资金运作能力强，故法律规定的净资产标准要低一些；有限公司是小公司居多，抵抗经营风险的能力和运营的透明度低，个别大公司可发行债券，故法律规定的净资产额要高一些。

(2) 累计债券余额不超过公司净资产的40％。累计债券余额是指公司本次发行债券为首次发行债券的，其发行的总金额；本次发行并非是首次发行的，本次发行的金额与以前发行债券未得清偿余额的总和。我国《证券法》规定发行债券余额不得超出公司净资产额的40％，是考虑到公司在债券发行完毕后正常经营期间还可能有新的负债，或其净资产额在偿付债券本金、利息日前的消耗减损，有可能影响公司对债券持有人偿付本金及利息，故而作此限制，以保障债券持有人的权益。负债经营有利于盘活企业的资产，刺激公司的营利能力，有助于公司节约经营成本，但负债过高也会增加公司的经营成本和风险。法律根据企业经营中的资产负债的一般实践规定出上限的标准，对于舒缓企业的负债压力，控制公司举债规模过大所发生的风险很有必要。

(3) 最近3年平均可分配利润足以支付公司债券1年的利息。公司的可分配利润是指公司依法纳税后的利润，在首先用以弥补亏损、提取法定公积金、提取任意公积金之后用于向投资者分配利益的金额。拟发行债券总额经国务院授权的部门核准是一个定数，其利率也在国家规定的范围内事先确定，故而每年的债券利息额也是一个定数。法律规定发行债券的公司在发行日前3年的平均可分配利润须足以支付1年的债券利息，这是对企业信用经营能力的一种检验和考核，目的仍是保护债券持有人的利益。当公司前3年的平均可分配利润能够达到足以支付公司债券1年的利息，在公司股东分配以前首先可以将利润用来支付利息，而公司债券的本金应当体现在公司的资产中，资产与负债相抵应当没有超出预期的风险。如果公司前3年的平均可分配利润尚不足以支付1年的债券利息额，说明企业信誉和经营业绩不佳,因此也不会被核准发行债券。实践中,从实务角度看,原国有企业改组为有限公司的或改组为股份公司的,经营业绩考察的年限可上溯到原国有企业变更改组前,连续计算。《企业债券管理条例》第 12 条规定,企业发行企业债券必须符合的条件之一是企业经济效益良好,发行企业债券前连续 3 年盈利。现在看来,仅仅规定“盈利”的标准是不够的,对盈利的水平还应当参考《证券法》所规定的条件对申请发行债券的企业进行审查。

(4) 筹集资金的投向符合国家产业政策。公司发行债券,必须明确所筹资金的使用方向及项目,必须对这一项目制作可行性研究报告,并且该项目不是国家产业政策禁止或限制的,对环境不产生严重污染,符合城市规划要求,以及能源、原材料及其他综合条件有保障。不满足上述条件,所筹资金的使用就会受阻,导致最后影响对债权人支付本金和利息。关于国家产业政策对公司投资方向的引导和制约,伴随着我国向市场经济体制方向的发展,应当逐渐淡化。经济活动由政府对企业指手画脚的环境的确在发生变化,当政府的投资能力弱化,投资的后果由私人投资者自身承担时其决策权也必须由投资者行使,宏观调控的手段继续延伸到投资的具体项目的做法显然与经济民主的诉求相悖。产业政策就目前的主流而言,应该体现产业结构的调整,向环境友好、资源节约方向发展;产业政策的调控面应当局限在环保标准、技术进步、公用事业、自然垄断以及资源特别是土地利用和节约等因素上。投资者在选择项目时,必然会进行可行性研究,市场的容量、能源条件、产品销售、利润空间都会被考量,所以,产业政策不应该成为阻碍经济发展的篱笆墙。

(5) 债券的利率不超过国务院限定的利率水平。我国市场经济体制下,利率的调控是中央人民政府对国民经济实行宏观调控的一种手段。国务院有权根据市场情况调整规定企业发行债券的利率。由于企业发行债券一般是存有一定风险的,如果发行债券的利率和银行同期存款利率完全一致或更低的话,就不会有人去购买债券,发行也就不可能成功;但企业利率规定太高,一方面会干扰金融活动的有序运行,另一方面也会使企业兑付发生困难而造成债券持有人的利益难以实现。因此,国务院于 1993 年 8 月 2 日重新颁布《企业债券管理条例》,其中第 18 条规定“企业债券的利率不得高于银行相同期限居民储蓄定期存款利率的 40%”。公司发行债券,得遵守此规定。所不同的是,在未来的经济环境中,商业银行的利率水平可能会由中央银行即中国人民银行而不是国务院制定和发布。但在 2015 年 9 月 1 日开始施行的最高人民法院《关于审理民间借贷案件适用法律若干问题的规定》中规定,民间借贷,是指自然人、法人、其他组织之间及其相互之间进行资金融通的行为。借贷双方约定的利率未超过年利率 24%,出借人请求借款人按照约定的利率支付利息的,人民法院应予支持。

(6) 国务院规定的其他条件。由于公司债券的发行牵涉面广,国家有可能根据国民经济发展的实际状况对之作更多的干预。我国《证券法》授权国务院可对发行债券的条件作出补充规定,因而第六项条件即是授权性规范。比如,2004 年国家发改委发布的《关于进一步改进和加强企业债券管理工作的通知》中就补充了“近三年没有违法和重大违规行为”“已经发行的债券没有迟延支付本息的情形”“现金流状况良好,具有较强的到期偿债能力”等条件。

上述六项条件是公司发行债券的一般性规定。我国《证券法》的补充规定是:(1) 公开发行公司债券筹集的资金,必须用于核准的用途,不得用于弥补亏损和非生产性支出。(2) 上市公司发行可转换为股票的公司债券,除应当符合上述六项规定的条件外,还应当符合《证券法》关于公开发行股票的条件,并报国务院证券监督管理机构核准。(3) 有下列情形之一的，不得再次公开发行公司债券：第一，前一次公开发行的公司债券尚未募足；第二，对已公开发行的公司债券或者其他债务有违约或者延迟支付本息的事实，仍处于继续状态；第三，违反《证券法》规定，改变公开发行公司债券所募资金的用途。此外，中国证监会于2007年8月14日公布的《公司债券发行试点办法》中补充规定了一些发行条件和不准发行的事项，并规定公司债券每张面值100元，发行价格由发行人与保荐人通过市场询价确定。

二、公司债券发行的程序

公司债券的发行程序，一般应由公司作出决议、提出申请报政府核准、公告募集、资金缴付等阶段方得完成。

（一）决议

符合法律规定的发行公司债券条件的有限公司、股份有限公司欲发行债券，首先得由公司董事会制订方案，并由股东会或者股东大会作出决议。国有独资公司发行债券，按照我国《公司法》第66条的规定，必须由国务院或者地方人民政府授权的国有资产监督管理机构作出决定。非公司法人企业应当由其决策机关作出决定，国有企业同时还应由其主管机关批准决定。2008年4月3日，国务院国有资产监督管理委员会发布了《中央企业债券发行管理暂行办法》，其第6条规定：中央企业中的国有独资企业和国有独资公司发行债券，首先由国资委作出决定。

在授权资本制的公司资本制度框架下，公司发行公司债是由董事会决定还是由股东大会作出决定，要看公司章程的规定而定。我国台湾地区"公司法"只允许股份有限公司发行公司债，该法第246条规定，公司经董事会决议后，得募集公司债。但须将募集公司债之原因及有关事项报告股东会。董事会就发行公司债之事项作出决议，应由2/3以上的董事出席及出席董事过半数之同意为有效。就其决议仅向股东会报告而言，股东会只具有知情权，无否决权。我国台湾地区学者郑玉波、梁宇贤主张删除公司法中关于报告的条款，而柯芳枝、施智谋主张保留，其理由是在公司发行新股时由于股东有优先认购权，故董事会之发行新股的决定股东当然会知悉，而发行公司债不存在股东的优先应募权，故董事会应当将决议报告给股东会。

（二）申请

拟公开发行债券的公司权力机关决议或决定形成后，应由董事会负责依法向国务院授权的部门或者国务院证券监督管理机构提出申请并报送下列文件：(1) 公司营业执照；(2) 公司章程；(3) 公司债券募集办法；(4) 资产评估报告和验资报告；(5) 国务院授权的部门或者国务院证券监督管理机构规定的其他文件。依照《证券法》规定聘请保荐人的，还应当报送保荐人出具的发行保荐书。这里，受理公司公开发行债券申请的政府机关不仅仅是国务院证券监督管理机构，还提到"国务院授权的部门"，这是因为一些大型国有企业发行债券、金融公司发行债券、非上市的股份有限公司或有限责任公司发行债券，并不是归属于中国证监会主管(证监会只主管证券公司发行债券、上市公司发行普通债券和可转换债券)，国务院授权的部门都有核准公司债券发行的权力。按照国家发改委2004年发布的《关于进一步改进和加强企业债券管理工作的通知》的要求，在中国境内设立的一切有法人资格的企业都可发行企业债券，除金融债券、证券公司发行债券和上市公司发行普通债券和可转换债券外，其他的企业(含公司)发行债券的，一律由国家发改委依照规定的职责和国务院确定的企业债券发行总规模，会同有关部门，批准企业发行债券，并对其相关行为进行监督管理。全民所有制企业和国有独资公司发行债券则由国资委首先审定,国资委同意而再由申请企业向其他部门报审。国家发改委根据《企业债券管理条例》,按照先核定企业债券发行规模、再批准企业债券发行方案的方式,组织和实施企业债券发行审批工作。批准企业债券发行规模,按照以下程序进行:

(1)企业根据国家发改委的通知或公告,按照企业债券发行规模申请材料目录及其规定的格式,提出债券发行规模申请。中央直接管理的企业向国家发改委申请;其他企业通过省级发展改革部门或国务院行业主管部门审核后,统一由省级发展改革部门或国务院行业主管部门向国家发改委申请。

(2)国家发改委根据市场情况和已下达债券发行规模等有关情况,不定期受理企业债券发行规模申请,并按照国家产业政策和有关法律法规及国务院有关文件规定的发债条件,对企业的发债规模申请进行审核,符合发债条件的,核定发行规模和资金用途,报经国务院同意后,统一下达发债规模并通知有关事项。中央直接管理的企业由国家发改委下达;其他企业由国家发改委下达给省级发展改革部门或国务院行业主管部门后,再由省级发展改革部门或国务院行业主管部门下达给企业。

发行人应在企业债券发行规模下达之日起1年内发行。

发行人依法申请核准发行公司债券(证券)所报送的申请文件的格式、报送方式,由国家发改委和中国证监会分别负责制定和规定(金融债券除外,金融债券依据2005年发布的《全国银行间债券市场金融债券发行管理办法》的规定,由中国人民银行负责主管)。我国《证券法》第20条规定,发行人向国务院证券监督管理机构或者国务院授权的部门报送的公司债券(证券)发行申请文件,必须真实、准确、完整。因此,为公司债券(证券)发行出具有关文件的证券服务机构和人员,必须严格履行法定职责,保证其所出具文件的真实性、准确性和完整性。任何公司、任何人,未提申请或申请未被核准的,不得以任何方式私自发行债券;擅自发行的,由政府有关部门责令停止发行并退还已募资金并加付银行同期存款利息,并处非法所募资金1%以上5%以下的罚款。构成犯罪的依法追究刑事责任。

公司向国务院授权的部门或者国务院证券监督管理机构提出申请,应当在发行公司债券申请书中写明公司决议有关的内容或附公司关于发行债券的决议文本,说明债券发行总额与债券票面额、所募资金的使用方向及可行性分析等内容。在资产评估报告和验资报告中对企业净资产额以及以前发行债券的兑付情况及其他债务的履行情况向资产评估机构和验资机构作出如实说明。非公司的法人企业依据《企业债券管理条例》的规定,报送审核的文件与前述情况基本一致,不同的是以《发行章程》代替《公司债券募集办法》,经会计师事务所审计的企业近三年的财务报告代替《资产评估报告》和《验资报告》。

(三)政府审查与核准

根据我国《公司法》、《证券法》及国家发改委行政规章的规定,国家发改委和国务院证券监督管理机构是发行公司债券的主管核准部门,其中,国务院证券监督管理机构只负责证券公司发行的债券和上市公司公开发行的普通公司债券和可转换公司债券,而其他种类的公司发行公司债券由国务院授权的其他部门核准。从实务角度看,拟发行公司债券的公司向国务院授权的部门或是向国务院证券监督管理机构提出申请,应首先向地方政府的相关机构或部门或国务院授权的部门提出(中央企业首先向国资委申请,经批准后国家发改委申请提出),经核转后转呈国家发改委或中国证监会。按照过去的通例,国务院有权依据经济发展的总体水平而规定出每年公司债券发行的总规模,并将此规模分配至各省政府和中央有关经济管理部门,这种指标分配就代表了国务院授权。国务院授权的部门和国务院证券监督管理机构在核准公司债券的发行时,不得超过国务院确定的规模。国务院作为国家经济安全的总责任机关,对全国企业(包括公司)发债及中央政府发债、地方政府发债和金融发债的总规模有总体的筹划、决策、控制权。

对于公司发行债券的申请,国务院授权的部门或者国务院证券监督管理机构经过审查,根据情况作出以下不同的决定:对符合《证券法》规定的条件的申请,予以核准;对不符合《证券法》规定的条件的申请,不予核准。不过,2015 年,国家发改委办公厅发布《关于简化企业债券申报程序加强风险防范和改革监管方式的意见》,提出了"推进企业债券发行管理由核准制向注册制过渡",与股票公开发行的注册制改革方向是一致的。

对已作出的核准如发现不符合《证券法》规定的,应予撤销。尚未发行公司债券的,停止发行;已经发行公司债券的,发行的公司应当向认购人退还所缴款项并加付银行同期存款利息。此外,我国《证券法》还规定,国务院授权的部门或是国务院证券监督管理机构对不符合法定条件的债券发行申请予以批准,情节严重的,对直接负责的主管人员和其他直接责任人员,依法给予行政处分。行为构成犯罪的,依法追究刑事责任。

(四) 公告公司债券募集办法

公司债券的发行申请经国务院授权的部门或国务院证券监督管理机构核准后,公司应当依法公告其公司债券募集办法。

"公司债券募集办法"是公司就当次债券募集制定的内容全面并具有法律约束力的章程性文件,在《企业债券管理条例》中直称为"发行章程";根据我国《公司法》第 154 条的规定,公司债券募集办法应当载明下列主要事项:(1) 公司名称;(2) 债券募集资金的用途;(3) 债券总额和债券的票面金额;(4) 债券利率的确定方式;(5) 还本付息的期限和方式;(6) 债券担保情况;(7) 债券的发行价格、发行的起止日期;(8) 公司净资产额;(9) 已发行的尚未到期的公司债券总额;(10) 公司债券的承销机构。此外,还应说明国务院授权的部门或国务院证券监督管理机构核准的内容、文号和日期。上市公司发行可转换为股票的公司债券,应当在债券募集办法中规定具体的转换办法。

我国《证券法》要求公司在公告的募集办法中如实反映有关内容,涉及财务状况的部分由审计或会计机构验证。证券公司承销证券,应当对公开发行募集文件的真实性、准确性、完整性进行核查;发现有虚假记载、误导性陈述或者重大遗漏的,不得进行销售活动;已经销售的,必须立即停止销售活动,并采取纠正措施。《企业债券管理条例》明确要求企业发行企业债券所筹资金应当按照审批机构批准的用途,用于本企业的生产经营。该条例特别限制企业不可以将所筹资金用于房地产买卖、股票买卖和期货交易等与本企业生产经营无关的风险性投资。债券发行公司和企业如制作虚假的债券募集办法或发行章程,或在其中有虚假记载的,应由国务院授权的部门或者国务院证券监督管理机构责令停止发行,退还所募资金及利息,并处以所募资金 1%以上 5%以下的罚款。其行为构成犯罪的,依法追究刑事责任。

由于公司债券的发行和持有必定会产生主体间的债权债务法律关系,因此债券发行公司或企业向社会公告公司债券募集办法或发行章程,在合同成立的阶段上被看做是要约行为。发行人自公布募集办法或发行章程后,得受要约发出人在契约法上所受的一般规则的约束。

（五）应募与记载

应募是指社会公众及其他企业按公司债券募集办法规定的日期、地点、方式购买债券的行为。应募人一般应当填写应募申请单，确定应募的行为及金额。填写申请单并签字后将其交付给发行公司的代理人的行为被认为是承诺，表示发行公司与应募人之间在公司发行债券和认购债券的意思表示上已经达成一致，合同已经成立。依笔者之见解，债券发行的合同应当是诺成性借贷合同，应募人填写完应募申请单，在签字后交付给发行人的代理人(往往是银行的柜台)，即应向指定的承销机构交付金钱，领取债券。应募人不得迟延或拒绝交付应募之金钱。实践中如果应募人不履行金钱交付的义务，发行人有权催交甚至通过诉讼方式催交。发行人放弃催交权利的，只是发行人为自己利益考虑的选择，即没有必要为个别应募人的悔约行为而劳神累讼，毕竟理性的发行人理解诉讼的成本远大于胜诉的利益。发行人收到应募人交付的金钱，就必须向应募人交付债券，并承担到期还本付息的责任。至于债券因流动而改变持有人，这是债券作为证券资产的属性使然。即使从普通债权债务关系转移的法律理由上讲，也是明确和清楚的：即发行人在发行债券时，依据法律的制度设计承诺当债券持有人转移债券时，可以不必向发行人通知。债券的转移并没有实质性地增加发行人的义务，发行人当然不能以债券持有人的改变为理由谋求豁免自己按时还本付息的责任。对于记名债券来讲，发行章程或公司债券募集办法中已经就债券之转让提出特殊的要求，即债券的转让须经发行人或其代理人的认可，而应募人仍然应默视为接受这种条件，按合同规定的程序处理转让事宜当是有约在先。有的学者认为债券的发行与应募是实践性合同，即认为填写、签署应募申请单并将其交付给发行人的代理人尚不能构成合同完全成立，应募人只有交付了应募债券对应的金钱，合同才告成立。这样的观点主要考虑到如果应募人反悔，发行人大多放弃催交，往往把应募申请单一撕了之，实际上某些习惯的行为并不是商业之惯例，如果发行人以应募人签署的申请单催交应募的款项，应募人就不能不承担履行或者违约的责任。我国台湾地区学者对债券发行人与应募人之间的关系有诸多不同的认知和观点，如柯芳枝认为是类似有偿消费借贷之诺成契约；张国键认为是集团性之多数契约；郑玉波认为是以成立公司债为标的之预约；刘甲一、张龙文认为是债权之买卖契约；杨建华认为是类似借贷之无名契约；赖远河认为应属买卖契约；林咏荣认为不能一概而论，视发行公司债券类似于消费借贷之诺成契约或无名契约；但就债券卖出之方法，与有价证券具同一之法理，以买卖说为当。笔者的观点前已述之，不再赘言。

《企业债券管理条例》还明确限制财政预算拨款、银行贷款、救灾款等资金不得用于购买企业债券，《公司法》虽然对公司发行债券未明确作出要求，但根据我国国情理应受到同样的限制。

发行记名债券的，我国《公司法》第 157 条第 2 款规定要求在公司债券存根簿上记载下列事项：(1) 债券持有人的姓名或者名称及住所；(2) 债券持有人取得债券的日期及债券的编号；(3) 债券总额，债券的票面金额、利率、还本付息的期限和方式；(4) 债券的发行日期。我国《公司法》未明确要求在公司债券券面上是否记载持有人姓名或名称，这主要是考虑如果债券面额过小会导致填记姓名的困难和烦琐，但如发行的是记名债券，则必须在票面上标明“记名债券”字样，并留有持有人签名的空格，以便于背书转让。

发行无记名公司债券的，应当在公司债券存根簿上载明债券总额、利率、偿还期限和方式、发行日期及债券的编号。

债券存根簿在法律上有如此明确的要求，债券发行公司不可以对此存有疏忽之心态。

存根簿的记载与应募人或受让人持有的债券券面上的记载及编号当属一致。千百年来传承的票根一致的商业账簿惯例所表彰的规则继续发挥其效用是有着非常合理的原因的，它有助于厘清债权债务关系，固定当事人和表彰各方的权利义务，便于解决纠纷。如果债券以电子化发行，发行公司应当制作完整的电子账目记录。此外，根据法律要求，记名公司债券的登记结算机构应当建立债券登记、存管、付息、兑付等相关制度。

第四节 公司债券的清偿与转让

一、公司债券的清偿

公司债券按规定的期限偿还本金及利息。偿付本息的期限与方式不仅要在公司债券募集办法中加以规定，且要在债券券面上有记载。我国《公司法》未对期限加以限制性规定，但一般不宜发行长期债券，以使债券持有人的利益降低风险。对利息的支付可以是分期的，也可以是连本带利一次性的。分期支付利息时，应采取剪息票的办法。息票是有价证券，可以与债券分离而独立流通和转让。本金的支付可以是一次性付清，也可以到时抽签清偿，以缓解发行公司的压力。分期抽签清偿的，应在募集办法中作特别说明，未中签而逾期清偿的要加付利息。

可转换公司债券到期时，公司应当依募集办法中规定的程序和条件转换为股票，但应支付转换日发生前的利息，债券持有人对是否转换为公司股票或不转换为公司股票有选择权。

在公司债券未届偿还期限前，因债券市场的跌落，公司往往选择自行收买其发行的公司债券，于这种情况下，公司债归于消灭。

二、公司债券的转让

公司债券是有价证券。在证券市场上流通是有价证券的一个基本特征，公司债券具有这种流通性。当然，这种流通是有法定条件和程序的，与货币的流通有不同。我国《公司法》规定，公司债券可以转让，转让价格由转让人与受让人约定。公司债券在证券交易所上市交易的，按照交易所的规则转让。从我国的现实状况来看，证券交易场所除上海、深圳两个证券交易所外，银行作为代理人一般可以处理债券的受托发行及代收资金事宜，对转让交易无法安排。实践中，无记名债券的转让都集中在证券交易所进行，买进、卖出的投资者首先应当在证券公司开设账户，并委托证券公司操盘交易。对于记名债券，由于发行时事实上是一种定向募集，或是所谓私募，基本债券的券面面额较大，背书转让不一定必须在证券交易场所进行，出让人通过背书的方式，将受让人的姓名和身份证号或者其名称记载于债券券面(背面转让记载栏内)，并通知公司将受让人的姓名或者名称及住所记载于公司债券存根簿。记名债券的转让，如果没有背书记载和公司债券存根簿的记载，受让人不能仅以持有债券的事实对抗发行公司。对于转让的价格，我国《公司法》规定由转让方与受让方协商确定。事实上，在证券交易场所发生的转让，其价格与市场行情、通货膨胀率的高低、人民币储蓄利率的调整、还本付息的期限以及企业的经营状况、是否为可转换债券等均有关联。大致上会因不同的债券有不同价格的局面出现，记名债券的转让才会形成价格的协商机制。

第五节　可转换公司债券

一、法律指引

可转换公司债券在发行时虽然以债券的名义流向社会，但其具有向公司股份转化的事先安排，因此其运作的程序就比单纯的债券发行和单纯的股份发行要复杂。其基本制度层面包括发行、信息披露、上市交易、股东优先认购权、转换价格的确定、赎回与回售、转换等，伴生的问题既有债券方面的，也有股票方面的，还有公司资本制度方面的，如由债转股必然引起资本的变化，必然引起发行新股，可能稀释和摊薄公司的可分配利润，因增加流通之股份而影响股票的价格，甚至影响公司控制权之原有均势。中国证监会于 2008 年 8 月发布《证券发行上市保荐业务管理办法》，确定股份有限公司在首次公开发行股票、上市公司发行新股、上市公司发行可转换公司债券时，由担任证券发行主承销工作的证券公司作为保荐人负责依法对公开发行募集文件进行核查，向中国证监会出具保荐意见。从中可以看出，政府试图通过利用市场手段净化证券市场，让证券的经营者们在获利的同时负担上不小的责任从而努力地去辅导发行公司，规范和制约发行公司的行为。上交所于 2002 年 11 月发布了《可转换公司债券上市规则》，深交所于 2008 年 10 月发布了《可转换公司债券业务实施细则》，对该种债券的上市交易作了规定。

二、可转换公司债券的发行

（一）发行主体

在我国，法律许可发行可转换公司债券的主体只有上市公司。我国《公司法》第 161 条规定，上市公司经股东大会决议可以发行可转换为股票的公司债券，并在公司债券募集办法中规定具体的转换办法。上市公司发行可转换为股票的公司债券，应当报国务院证券监督管理机构核准。发行可转换为股票的公司债券，应当在债券上注明可转换公司债券字样，并在公司债券存根簿上载明可转换公司债券的数额。

（二）发行条件

法律对公司发行可转换公司债券的条件的规定比发行普通债券的条件要严格。我国《证券法》第 16 条规定，上市公司发行可转换为股票的公司债券，除应当符合法律规定的公开发行公司债券的条件外，还应当符合《证券法》关于公开发行股票的条件，并报国务院证券监督管理机构核准。依据中国证监会的有关规定，上市公司发行可转换公司债券须满足下述条件：(1) 最近 3 年连续盈利，且最近 3 年净资产利润率平均在 10%以上；属于能源、原材料、基础设施类的公司可以略低，但是不得低于 7%；(2) 可转换公司债券发行后，资产负债率不高于 70%；(3) 累计债券余额不超过公司净资产额的 40%；(4) 募集资金的投向符合国家产业政策；(5) 可转换公司债券的利率不超过银行同期存款的利率水平；(6) 可转换公司债券的发行额不少于人民币 1 亿元；(7) 国务院证券管理机关规定的其他条件。

（三）发行程序

由于可转换公司债券的发行必然会直接涉及上市公司股份的增加，由中国证监会主管其发行事宜自然是顺理成章的。可转换公司债券的发行仍应遵循公开、公平、公正的原则，而这三项原则实际上贯彻于具体的发行程序之中。如同股票的发行、普通债券的发行一样，可转换公司债券的发行遵循的程序有如下方面：

(1) 由上市公司的权力机关——股东大会作出发行可转换公司债券的决议。决议的内容应当具备如下内容：发行总额或者说发行规模；票面金额（上市公司发行的每一债券的面值为 100 元，最小交易单位为 10 张债券，即合计面值为 1000 元）；债券利率；转股价格的确定方式及调整原则；转股期或者说转换期；募集资金用途；还本付息的期限和方式（就债券的期限而言，法律规定最短为 3 年，最长为 5 年）；赎回和回售的安排；关于股东购买债券的优先权的安排；其他必要事项。根据 2006 年中国证券监督管理委员会颁布的《上市公司证券发行管理办法》，上市公司的股东大会发行可转换公司债券的决议，除应包括对发行规模、发行方式、向原股东配售的安排、定价方式或价格区间、募集资金用途等事项外，还应对债券利率、债券期限、担保事项、回售条款、还本付息的期限和方式、转股期、转股价格的确定和修正等作出决定。此外，因为法规明确了可转换公司债券的发行方式为无纸化记名形式，所以发行公司的决议对此不可以作另外的规定。

(2) 发行人在主承销商的协助下制作和准备申请文件。可转换公司债券作为证券的一个品种，非得专业性证券公司的协助而不能产生和运作。主承销商不仅在申请文件的制作中负有重要责任，而且在债券发行的全过程中扮演重要的角色。其他的中介机构如律师事务所、会计师事务所等都需要承担各自的责任，因为他们凭借其专业的优势在债券的发行中获取利益，而他们的商业活动直接牵涉到成千上万的投资者的利益。发行人及主承销商共同完成申请文件，主承销商在完成核查所涉事项后负责向中国证监会保荐，并负责报送申请文件。发行可转换公司债券时应准备的文件有：发行人的申请书；股东大会决议；省级人民政府或国务院有关机关出具的推荐意见；公司章程；可转换公司债券募集说明书；募集资金的运用计划和项目可行性研究报告；偿债措施与担保合同；经会计师事务所审计的公司最近 3 年的财务报告；律师事务所出具的法律意见书；与承销商签订的承销协议；中国证监会要求报送的其他文件。

(3) 由主承销商负责向中国证监会报送申请文件并出具推荐函。以发行人名义产生的各项申请文件，由主承销商即保荐人得依证监会颁行的文件格式准则制作完成，主承销商对各项文件中的实质内容进行独立的核查，以保证其真实、完整、准确。一项完整的可转换公司债券的发行与上市如同一项建设工程，发行人是建设单位，主承销商是总承包商，而律师事务所、会计师事务所、资产评估机构如同分包商，作为主承销商的投资银行或者证券公司须全面负责工程的质量。按照 2008 年 12 月 1 日施行的《证券发行上市保荐业务管理办法》的规定，证券的发行人及其董事、监事、经理和其他高管人员，为发行人提供专业服务的中介机构及其签名人员，依照法律、行政法规和中国证监会的规定承担相应的责任，并配合保荐机构履行保荐职责。作为保荐机构的主承销商应当对发行人、大股东、实际控制人进行尽职调查、审慎核查，根据发行人的委托组织编制申请文件并出具推荐文件。对申请文件中无中介机构及其签名人员专业意见支持的内容，应当进行充分、广泛、合理的调查，对发行人提供的资料和披露的内容进行独立判断，并须持有充分的理由确信所作的判断与发行人公开发行募集文件的内容不存在实质性差异。对申请文件中有中介机构及其签名人员出具专业意见的内容，应当进行审慎核查，对发行人提供的资料和披露的内容进行独立判断。保荐机构的判断与中介机构的意见存在重大差异的，应当对有关事项进行调查、复核，也可聘请其他中介机构提供专业服务。

可转换公司债券的发行与股票的发行一样依赖于中介机构的专业评价。其中有三大法律文件是债券发行开始和顺利完成的基础支柱,即主承销商的推荐函、律师事务所的法律意见书和会计师事务所的审计报告。推荐函中须有明确的推荐意见及理由,对发行人发展前景的评价,有关发行人符合可转换公司债券发行上市条件的说明,发行人主要问题和风险提示,简介证券公司内部审核程序及内核意见,附参与本次发行的项目组成人员及相关经验等。主承销商在推荐函中还应当就以下事项作出承诺:第一,符合可转换公司债券公开发行和上市的法定条件,公司具备持续发展能力;第二,发行人与发起人、大股东、实际控制人之间在业务、资产、人员、机构、财务等方面相互独立,不存在同业竞争、显失公允的关联交易以及影响发行人独立运作的其他行为;第三,公司治理、财务和会计制度不存在可能妨碍持续规范运作的重大缺陷;第四,有充分理由确信发行人申请文件和公开发行募集文件不存在虚假记载、误导性陈述或者重大遗漏;第五,有充分理由确信发行人及其董事在公开发行募集文件中表达意见的依据充分合理;有充分理由确信保荐机构与其他中介机构发表的意见不存在实质性差异;第六,保证指定的保荐代表人及本保荐机构的工作人员已勤勉尽责,对发行人申请文件进行了尽职调查、审慎核查;第七,保证推荐文件、与履行保荐职责有关的其他文件不存在虚假记载、误导性陈述或者重大遗漏;第八,保证对发行人提供的专业服务和出具的专业意见符合法律、行政法规和中国证监会的规定和行业规范;第九,自愿接受中国证监会的监管。法律意见书是由发行人聘请的仅为本次债券发行进行工作的律师事务所出具并由执业律师签字的文件,除满足一般的要求外,还应针对可转换公司债券发行的特点,对发行的实质条件、发行方案及发行条款、担保和资信情况等进行核查验证,明确发表意见。审计报告由会计师事务所出具,应当是标准无保留意见的报告。

此外,对于核查中发现的主要问题,主承销商应当向中国证监会申报清楚并说明结论。

(4) 由中国证监会进行审查核准。中国证监会核准可转换公司债券的发行事宜,参照有关股票发行核准的规定进行。按照我国《证券法》第 16 条的规定,核准的期限为受理申请文件齐备后的 3 个月内。在中国证监会核准期间,主承销商即保荐机构仍应主动配合审核工作:第一,组织发行人及其中介机构对中国证监会的意见进行答复;第二,按照中国证监会的要求对涉及本次证券发行上市的特定事项进行尽职调查或者核查;第三,指定保荐代表人与中国证监会进行专业沟通;第四,中国证监会规定的其他工作。

(5) 由发行人公布可转换公司债券募集说明书。募集说明书是发行人向社会公众发出的集合要约,必须按照法律法规的要求制定。由于作为认购债券的应募人不可能就认购行为与发行人进行条款的协商,发行人不应当在募集说明书中制定霸王条款,必须遵从中国证监会出于金融安全和保护公众投资者利益的需要而通过规章、命令设定的规则。募集说明书本身作为最重要的可转换公司债券发行的文件,是由主承销商即保荐人协助发行人制作完毕的,它应当具备的内容包括:发行人的名称;批准发行的文件及其文号;发行人的基本情况介绍;最近 3 年的财务状况;发行的起止日期;可转换公司债券票面金额及发行总额;利率及付息日期;募集资金的用途;承销及担保事项;可转换公司债券偿还方法;申请转股的程序;转股价格的确定及调整方法和原则;转换期;转换年度有关利息、股利的归属;赎回与回售;转股时不足一股金额的处理;由中国证监会规定的其他事项。

上述内容中,某些条款的制定受强制性规定的约束,发行人必须遵守。如最近 3 年的财务状况,发行人必须依据会计师事务所的审计报告作出;由于募集说明书的法定有效期为 6 个月,故发行的起止日期应局限于 6 个月内;债券面额为 100 元,发行总额最低为 1 亿元,最小交易单位为 1000 元;付息的日期应当每半年或每一年付息一次;所募集的资金必须用于公司的主营业务以及按照募集说明书披露的用途使用,确需改变的,得经公司股东大会批准,并赋予债券持有人一次回售的权利;募集说明书设置转股价格修正条款的,必须确定修正底限等。

(6) 由主承销商安排销售可转换公司债券,应募者交款并获取债券。

三、其他有关制度

(一) 信息披露

上市公司发行可转换公司债券,由于单笔发行之金额必须超过1亿元人民币(如采用代销方式发行,实际发行所筹资金不足1亿元时为发行失败,发行人得退还已收资金并加算银行同期利息),举债数额巨大,且其中相当部分会转换为股份,势必影响原有股东的利益,仅有股东大会之决议是不够的,发行活动的主要内容还需要进行披露。披露的具体要求是:(1) 本次发行议案经董事会表决通过后,应当在两个工作日内报告证券交易所,公告股东大会召开的通知。通知中应包括董事会决议、提交股东大会表决的具体发行方案等。(2) 董事会应当在股东大会召开日前至少5个工作日公告以下内容:涉及运用筹集资金收购资产的,被收购资产的评估报告;涉及运用筹集资金收购企业的,被收购企业最近一个会计年度及最近一期经审计的财务会计报告。(3) 股东大会通过发行决议后两个工作日内公司应当公布决议。股东大会对董事会决议修改的地方,应当作出提示性公告。(4) 中国证监会核准发行可转换公司债券后两个工作日内,公司应当公告核准的事项;未获受理或未获核准的,应当在收到通知后两个工作日内作出未获受理或未获核准的公告。

除了披露任何对投资可转换公司债券有重大影响的基本信息外,发行人还应当通过定期报告和临时报告的方式进行持续的信息披露。定期报告有年度报告和中期报告,其内容与格式得符合中国证监会的标准规定,另外补充以下的内容:转股价格的历次调整及最新价格,累计的转股情况,最大10名可转换公司债券持有人的名单和持有量的情况,发行人的负债情况和资信变化情况等。临时报告是对任何可能影响可转换公司债券交易价格、转股行为、回售、回赎和投资持有等的重大事项、事件的披露,如因发行新股(包括配股)、送股等行为引起股份变动需要调整转股价格的,债券转换为股票的数量达到公司已发行股份的10%时,发行人遭遇重大诉讼或其信用状况发生重大变化,可能影响还本付息的,担保人发生重大资产变动、重大诉讼或者涉及合并、分立等情况的等。

投资者通过在证券交易市场购买发行人发行的可转换公司债券至发行总量的20%时,应当履行披露义务,并向中国证监会、交易所和发行人作出报告,在规定的时间内不得购进该种债券。

可转换公司债券的持有人在转换后使其持有的公司发行在外的全部股份(包括转换股份)达5%时必须履行披露义务。

发行人的全体董事、保荐人及其他中介机构及在相关文件上签字的人得承诺保证可转换公司债券申请文件和其他由发行人披露的信息内容真实、准确、完整,不存在任何虚假记载、误导性陈述或重大遗漏,并要承担在这方面可能引发的行政、民事甚至刑事法律责任。

(二) 上市交易

可转换公司债券在发行人股票上市的证券交易所上市交易。发行人与证券交易所订立上市协议,由发行人上报中国证监会备案。可转换公司债券本身就是可流通的有价证券,政府核准其发行就意味着允许其上市交易,所以没有必要在其上市交易时安排另一次的政府核准。在募集说明书中发行人由于需要说明转股的程序,就应当原则性地说明上市的交易所,但因为债券尚未发行也就不可能预计准确的上市交易时间。在债券发行完毕后,发行人在保荐人的协调下与证券交易所洽商交易事项,安排出上市交易的时间。发行人在本次发行的债券正式交易开始日5个工作日前将上市公告书刊登在由中国证监会指定的至少一种全国性报刊上,并将其置备于发行人所在地、拟上市的证券交易所、证券经营机构的营业场所,供公众查阅,同时报中国证监会备查。可转换公司债券交易期间,发行人发布有关股份变动涉及调整转股价格的信息,应当暂停交易一天。当未转换的可转换公司债券价值少于3000万元时,由证券交易所立即发布公告,并在3个交易日后停止交易。转换期结束前的10个工作日停止交易。上市交易的其他业务规程在深交所、上交所的交易规则中有详尽规定。

(三)转换股份与债券偿还

上市公司发行可转换公司债券,在发行结束6个月后,持有人可随时依据约定的条件实现转换股份。可转换公司债券的转换价格由发行人在募集说明书中约定,以公布募集说明书前30个交易日公司股票的平均收盘价格为基础适当上浮。但基于近年来中国证券市场的非正常波动幅度大的现实,如果在转换期内公司股票价格偏低则会增加公司偿债的压力,发行公司一般会安排转股价格的修正条款,以便对股市非理性化的走势取得事先的约定机会能予应对。同时,行政规章也赋予发行人这种调控的临机处置权,允许发行人因新股发行、送股及其他原因引起公司股份发生变动的,发行人应当及时调整转股价格,并向社会公布。但是,发行人对转股价格的调整不可以损害债券持有人的合法期得利益。

可转换公司债券的持有人按约定的条件在规定的转股期内有权随时转股,转股的申请由债券持有人先行向委托保管债券的证券公司提出,证券公司替代向发行公司商洽安排转股,于完成转股的第二日(即T+1日)成为发行人的股东。发行人股票上市的证券交易所应当安排转股的股票上市交易。可转换公司债券持有人在请求转换股份时,所持债券面额不足转换一股股份的余额部分,发行人应当以现金偿还。在可转换公司债券停止交易后、转换期结束前,持有人仍有权依据约定的条件转换股份。发行人的资本因转换股份引起变化的,于每年年检时办理注册资本变更登记。可转换公司债券的持有人,不请求转换股份的,应当自债券清偿期开始的时间起,向发行人请求给付本金和约定的利息。对于因各种原因未能在规定的转换期进行股份转换的债券持有人,原则上只能请求给付债券本金和利息。

第十八章

公司财务制度与会计制度

第一节　概　　述

我国《公司法》第 163 条规定："公司应当依照法律、行政法规和国务院财政部门的规定建立本公司的财务、会计制度。"公司，包括有限责任公司和股份有限公司，都必须依据上述规定，建立规范、严谨的财务制度和会计制度。公司的财务会计制度，除要遵循国家有关法律、法规的规定外，可在公司章程中对适用于本企业的财务会计规则加以规定，同时也可以在章程之外依法建立具体的工作规程。

公司的财务会计制度，是公司利用货币价值形式组织生产、管理经营、管理分配的方式和手段。公司的财务会计制度，由于公司生产经营的社会化联系广泛，由于财务会计活动记录往往是国家征税的依据，也由于它直接涉及不参与公司管理的股东和债权人的利益，故而不仅仅是公司内部的事务，已经是必须由政府加以规范、指引、管理的目标和对象。鉴于此，各国公司法都要求公司建立财务会计制度，依法置备并向政府有关部门报送财务会计报告，反映其经营业绩。

公司的财务制度涉及公司的资本与股份，运营资金的筹集与管理，固定资产与流动资金的管理、经营成本管理、利润分配的管理，审计及监事会的监督等。公司应当建立一系列针对上述事项的财务管理制度，确保资产的完整和增值，提高资金使用效益。公司应当接受政府有关部门对其财务制度的制订及执行情况的监督。公司的会计制度是公司组织和进行会计工作的规范和准则，它不仅包括进行会计核算的科目、报表，还包括会计工作的组织、基本规则、成本核算、会计检查监督和会计人员依法行使的职权等。按照我国有关企业会计活动的法律和行政法规的规定，公司应当单独设置会计机构，配备会计人员。会计机构和会计人员的职责是进行会计核算，实行会计监督，拟定本公司处理会计事务的具体办法，参与拟定公司的生产经营计划，考核分析公司预算、财务计划的执行情况等。公司发生的经济业务应当按照规定填制会计凭证、登记会计账簿、编制会计报表。根据我国《公司法》第 164 条的规定，公司应当在每一会计年度终了时编制财务会计报告，并依法经会计师事务所审计。财务会计报告应当依照法律、行政法规和国务院财政部门的规定制作。公司的财务报告应当向全体股东公开，并要接受财政、税务部门的监督和稽核。

法律禁止公司私设其他会计账册或收入不入账的行为。我国《公司法》第 171 条规定，公司除法定的会计账簿外，不得另立会计账簿。对公司资产，不得以任何个人名义开立账户存储。

公司财务会计制度的建立除应遵守我国《公司法》的规定外，还应当遵守我国《会计法》《企业财务会计报告条例》《企业财务通则》《企业会计准则——基本准则》及具体准则、其他行业性的财务、会计管理规定。

第二节　公司财务会计报告

公司财务会计报告，也称为企业财务会计报告，是指公司对外提供的反映公司企业某一特定日期财务状况和某一会计期间经营成果、现金流量的文件。它是由各类会计报表及其附注组成的。公司财务会计报表(会计报表或会计表册)是用货币形式综合反映公司在一定时期内生产经营活动和财务状况的一种书面报告文件。在公司企业的日常经营活动中，各项经济业务已经按照一定的会计程序在有关的会计账簿中作了全面、连续、分类、汇总的记载和核算。但是，这种记载和核算的原始材料浩繁，不能够清晰、明了、集中地反映出公司经营活动的结果，无法为各种利害关系人直接使用，以作出针对公司财务状况方面的判断。因此，有必要制作出法定的一套财务会计报告，简洁、明了地表现公司的财务资源与经营成果的财务记载。制作此文件的目的除了整理本企业的财务资料、汇总经济信息、核算经营成果外，主要是向公司管理层、股东、债权人、未来投资者及政府有关部门提供必要的财务资料和会计信息。

一、财务会计报告的制作与审核

公司的财务会计报告是根据日常会计核算和记账的资料(包括各种凭证、单据)、账簿记载，按照规定的格式、内容和方法编制的。财务会计报告中会计报表的制作格式和方法均应符合法律、行政法规和财政部门规定的规则和式样。制作会计报表的工作应当由公司的财务部门和财会人员负责完成，并且要由主管会计工作负责人或会计人员签字。公司的财务会计人员虽然也是公司的雇员，但由于他们所从事的工作的性质不同，因而在法律上享有一定的权利并独立于公司领导人而承担一定的责任。法律对他们依法开展工作给予保护，同时也要求财务会计报告中不得作任何虚假、不实的记载，否则制作财务会计报告的财务会计人员会受到行政处罚，构成犯罪的，依法受刑事制裁，即使是在制作虚假财务会计报告时受公司领导指示也不能例外。鉴于我国上市公司在20世纪末期普遍发生了制作虚假财务会计报告的情况，我国1999年修订的《会计法》和国务院于2000年制定颁布的《企业财务会计报告条例》都直接规定了企业负责人对企业编制的财务会计报告的认可责任，如2001年1月1日施行的《企业财务会计报告条例》在总则中规定："企业不得编制和对外提供虚假的或者隐瞒重要事实的财务会计报告。企业负责人对本企业财务会计报告的真实性、完整性负责。任何组织或者个人不得授意、指示、强令企业编制和对外提供虚假的或者隐瞒重要事实的财务会计报告。"该《条例》第31条规定："企业对外提供的财务会计报告应当依次编定页数，加具封面，装订成册，加盖公章。封面上应当注明：企业名称、企业统一代码、组织形式、地址、报表所属年度或者月份、报出日期，并由企业负责人和主管会计工作的负责人、会计机构负责人(会计主管人员)签名并盖章；设置总会计师的企业，还应当由总会计师签名并盖章。"这种通过直接要求企业负责人为企业财务会计报告承担责任、加重其违法成本的方式，确实在一定程度上挫杀了企业特别是上市公司财务报告造假的恶风邪气，改善了上市公司的信用形象。

按照《企业会计准则——基本准则》的规定，企业的财务会计报告包括会计报表及其附注和其他应当在财务会计报告中披露的相关信息和资料。会计报表是一种表格化的会计情报，它是企业财务报告的主体，主要包括资产负债表、利润表、现金流量表等报表。资产负债表是指反映企业在某一特定日期的财务状况的会计报表。利润表是指反映企业在一定会计期间的经营成果的会计报表。现金流量表是指反映企业在一定会计期间的现金和现金等价物流入和流出的会计报表。附注是指对在会计报表中列示项目所作的进一步说明，以及对未能在这些报表中列示项目的说明等。

企业对外提供的财务会计报告以经营活动经历的期限为标准，分为月度财务会计报告、季度财务会计报告、半年度财务会计报告和年度财务会计报告四种。月度财务会计报告和季度财务会计报告通常仅指会计报表，至少应当包括资产负债表和利润表。这两类报表主要是企业向财政税务机关提交，内容简单，意义不是十分重要。半年度财务会计报告，俗称半年报，在上市公司中称为中期报告，是公司在每一会计年度的前 6 个月结束时就该期公司的财务状况和经营成果对外提供的财务会计报告。半年度财务会计报告应当包括资产负债表、利润表、现金流量表及其附注。上市公司的半年度财务会计报告可以不经审计，但拟在下半年利润分配、以公积金转增股本、弥补亏损，或者存在根据中国证监会或证券交易所有关规定应当进行审计的其他情形的，应当经注册会计师审计。年度财务会计报告是企业最重要的会计报告，是公司或企业在一个会计年度终了后对外提供的财务信息文件。我国《公司法》规定，公司应当在每一会计年度终了时制作财务会计报告，并依法经会计师事务所审计。年度财务报告的报表种类齐全，揭示的信息完整，要求准确、真实、全面地反映公司在上一年度的经营成果。对上市公司来讲，年度财务会计报告也叫年报，是上市公司披露信息的最重要的途径。上市公司应在每一会计年度结束之日起 4 个月内向中国证监会和证券交易所报送年度财务会计报告，年度财务会计报告还应当附加董事会的报告和监事会的报告。

公司的监事会或者监事的第一项职权是检查公司财务。因此，公司每一会计年度的财务会计报告应当经过监事会或者监事的审查。从工作程序看，股份公司的财务会计报告由监事会审核后委托注册会计师进行审计，上市公司在董事会讨论通过经外部审计机构审计的公司财务会计报告前增加一道由独立董事为主组成的审计委员会与外部审计机构和本公司财务负责人参加的预审会，有限责任公司的财务会计报告由监事会或者监事审核后委托注册会计师进行审计。审核与审计的内容有两项：一是财务会计报告的制作是否符合法律规定的程序、标准和样式；二是审查其内容是否真实可信。会计师事务所审计完结由负责的审计人员签字并加盖审计机构的公章确认。有限责任公司应当依照公司章程规定的期限将财务会计报告送交各股东。股份有限公司的财务会计报告应当在股东大会年会召开前 20 日置备于本公司，供股东查阅；公开发行股票的股份有限公司必须公告企业财务会计报告。

二、财务会计报告的种类

财务会计报告应当包括下列财务会计报表及明细表：

（一）资产负债表

资产负债表是反映公司在某一特定日期的资产占有、公司对外负债和股东权益的构成状况的财务报表。资产负债表是公司最重要的会计报表，它可以较全面地体现公司资金来源及其运营的情况。资产，是指过去的交易、事项形成并由公司拥有或者控制的具有经济价值的资源，该资源预期会给公司带来经济利益。在资产负债表上，资产应当按照其流动性分类分项列示,包括各类流动资产、长期股权投资、固定资产、无形资产及其他资产。负债,是指过去的交易、事项形成的现实义务,履行该义务预期会导致公司经济利益的外流。在资产负债表上,负债应当按照其流动性分类分项列示,包括流动负债、长期负债等。股东权益,也称为所有者权益,是指股东在公司企业资产中所享有的经济利益,其金额为资产减去负债后的余额。在资产负债表上,股东权益应当按照实收资本(股本)、资本公积、盈余公积、未分配利润等项目分项列示。

资产负债表所反映的会计信息有以下作用:一是反映公司资产的总量和分布构成情况。公司作为以营利为目的的经济体,对资产的占有具有本性和本能的渴望,而资产占有的数量直接表现公司的经济力,表现公司的盈利能力。阅读资产负债表可以帮助报表使用者了解公司经济资源的分布和结构,了解公司的财务状况。二是准确地反映公司资金的来源构成,也即公司的权益结构或是财务结构,体现公司资金形成中借入资本与积累资本的关系。报表使用者据以了解公司的债权人和投资者各自的权益。三是揭示资产构成与权益结构之间的对比关系,反映公司的短期偿债能力和支付能力,使得报表阅读者通过对资产负债表的分析,便于了解企业的财务实力。四是由于资产负债表应分期作出,形成各期报表流动的链条,阅读者通过对各期资产负债表的对比分析,看出企业资金结构的多种情况及财务状况的发展趋向。

资产负债表是根据"资产=负债+股东权益"这一会计平衡公式,依照一定的分类标准和次序,把公司在特定日期的资产、负债和股东权益静态地予以适当排列,按照规定的要求编制而成,具有国际通用性。资产负债表的格式有账户式和垂直式两种。账户式资产负债表分为左右两边,左方反映公司资产情况,右方反映公司负债和所有者权益情况。垂直式资产负债表则将资产、负债和所有者权益项目自上而下排列,目前我国上市公司的资产负债表通常采用垂直式。资产负债表应按月、季、年编制。为了对公司的财务状况进行更细致的说明,公司还可以单独编制某一重要资产或者权益项目的详细报表,构成资产负债表的附表,如存货表、在建工程表、固定资产变动与结存表和股东权益变动表等。

(二) 损益表

损益表,也称为利润表,是反映公司企业在一定会计期间经营成果的报表。具体地讲,损益表反映了公司一定时期的收入、费用(含成本)及盈亏,从动态上反映公司的经营结果,即盈利或亏损的事实的会计记载。按照国务院2000年6月21日发布并于2001年1月1日施行的《企业财务会计报告条例》的规定,企业的季度、月度财务会计报告通常仅指会计报表,而会计报表至少应当包括资产负债表和利润表。这也就是说,损益表应当每月、每季度编制。当然,半年度和年度的会计报告更是不能缺少的。资产负债表主要提供公司偿债能力方面的信息,而损益表则主要反映公司盈利能力方面的信息。

在损益表中,要把公司在一个会计期间的营业收入与营业费用(含成本)进行对比,从而求出当期净利润或亏损。其中,收入是指公司在销售商品、提供劳务及让渡资产使用权等日常活动中所形成的经济利益的总流入。收入不包括为第三方或者客户代收的款项。在损益表中,收入应当按照其重要性分项列示。费用是指公司为销售商品、提供劳务等日常活动所发生的经济利益的流出。在损益表中,费用应当按照其性质分项列示。利润是指公司在一定会计期间的经营成果。在损益表中,利润应当按照营业利润、利润总额和净利润等利润的构成分类分项列示。一般讲,损益表能够揭示如下方面的财务信息:(1) 反映公司经营活动的成果。损益表中的净利润数据最直接、明快、清楚地反映了公司在特定会计期间的收益。

(2) 反映公司债务清偿的能力。公司实现净利润的增加,表明公司的现金收入和应收账款的增加,这些资产当然增强了公司的支付能力。专业的财务分析人员更注重盈利能力体现出的公司的偿债能力。(3) 反映公司应纳所得税的应税基础。(4) 通过前后各期损益表的比对,可以预测公司未来一定时限内的盈利趋势,评估公司的经营管理水平。总之,通过损益表,使用者可以把握公司在一定会计期间的经营成果及状况,并可了解公司实现利润的构成、影响利润增减变动的原因,从而为报表使用者特别是投资者提供会计信息,作出恰当的决策;投资人可以分析投资的价值和报酬预期,公司的控制股东或者董事会可以检测经营管理层的利润计划完成情况。

损益表是依据"收入－费用＝利润"的会计公式编制的,分单步表格式与多步表格式两种类型。单步式损益表将各项收入、费用分别集中反映,从收入总额中直接减去费用总额,得出利润额。业务和收入种类单一的企业往往选用单步式损益表。多步式损益表依据利润的形成来源分别列示各项收入与费用的项目,揭示出各种收入与其费用的配比关系。它可以清晰地显示公司的不同收入与成本的比较关系,有助于进行财务报表的专业分析。用会计公式表示,就是:"净利润＝[(主营业务收入－营业成本－营业税金)－销售费用－管理费用－财务费用＋其他业务利润]＋投资净收益＋(营业外收入－营业外支出)－所得税"。

在国外,损益表中往往将利润与利润分配合并列表。我国实践中,会计法律制度上将利润分配表作为利润表或损益表的附表加以规定,但一些上市公司采取将两者合并列表的方式编制,称为"所有者权益(股东权益)变动表"。利润分配表揭示了公司利润分配的去向和比例,通常被视为是资产负债表和损益表之间的连接桥梁。损益表的附表还包括:主营业务收支明细表、管理费用明细表、销售费用明细表、营业外收支明细表、投资净收益明细表等。

(三) 现金流量表

现金流量表是反映公司企业一定会计期间现金和现金等价物流入和流出的财务报表。现金,在财务会计领域,包括公司企业的库存现金,在金融机构的存款,以及公司持有的期限短、流动性强、易于转换为已知数额现金、价值变动风险很小的投资资产。在现代企业经营中,现金流量被看做是企业运行正常、获取成功的最相关的一个因素。公司企业的现金流量如同人体的血液流动,如果发生贫血或血栓现象就会导致严重的后果。公司需要用现金支付各项费用,如工资、房租、原材料款、到期债务。当公司有巨额的应收款项尚未收回时,传统的财务会计报表还不能体现出公司面临的危险,某些公司企业恰恰是因为应收款项不能到账造成现金枯竭而最终经营失败。现金流量表正是适应这种情况产生出来的。现金流量表为会计报表使用者提供公司企业在一定会计期间内现金和现金等价物流入和流出的流量信息,以便进行如下方面的财务分析:(1) 了解和评价公司在未来获取现金的能力,预测其现金流量;(2) 判断公司有无足够的资金支付到期债务,有无剩余资金支付分红;(3) 比较各种会计报表之间的财务数据是否合理和依据是否充分;(4) 评价公司的经营活动是否正常,公司以现金和非现金的投资以及筹资活动(包括举借债务)对公司财务状况是否有影响。

现金流量表应当按照经营活动、投资活动和筹资活动的现金流量分类分项列示。其中,经营活动是指公司企业投资活动和筹资活动以外的所有交易和事项。在现金流量表上,经营活动的现金流量应当按照其经营活动的现金流入和流出的性质分项列示。投资活动是指公司企业长期资产的购建和不包括在现金等价物范围内的投资及其处置活动。在现金流量表上,投资活动的现金流量应当按照其投资活动的现金流入和流出的性质分项列示。筹资活动是指导致公司企业资本及债务规模和构成发生变化的活动。在现金流量表上,筹资活动的现金流量应当按照其筹资活动的现金流入和流出的性质分项列示。

我国1992年由国务院批准发布并于1993年7月1日施行的《企业会计准则》中规定了财务状况变动表或者资金流量表,但是实践中主要流行编制财务状况变动表。1998年3月20日,财政部发布《企业会计准则——现金流量表》并于1998年1月1日施行后,公司企业特别是股份有限公司会计制度正式启用现金流量表。2001年1月1日,财政部发布了新的《企业会计准则——现金流量表》,2006年作了修订。现代投资分析理论基本上将对公司企业未来发展前景的评价建立在目标公司对现金的需求以及创造现金流量的能力的基础上。因此说,现金流量表的重要性已经超过了资产负债表和损益表,业界甚至有人称现金流量表为"三大财务报表之首"。

(四) 所有者权益变动表

我国原《企业会计准则——基本准则》规定所有者权益项目应当计入资产负债表,但2007年后,新准则要求单独列示所有者权益(股东权益)变动,所有者权益变动表成为与资产负债表、利润表和现金流量表并列的第四张财务报表。所有者权益变动表应当反映构成所有者权益的各组成部分当期的增减变动情况。综合收益和与所有者的资本交易导致的所有者权益的变动,应当分别列示。与所有者的资本交易,是指企业与所有者以其所有者身份进行的、导致企业所有者权益变动的交易。所有者权益变动表应当单独列示反映下列信息的项目:综合收益总额、会计政策变更和前期差错更正的累积影响金额、所有者投入资本和向所有者分配利润等、按照规定提取的盈余公积、所有者权益各组成部分的期初和期末余额及其调节情况。

(五) 附注

附注是对在资产负债表、利润表、现金流量表和所有者权益变动表等报表中列示项目的文字描述或明细资料,以及对未能在这些报表中列示项目的说明等。它可以随附于任何一个独立的会计报表,也可以集中概括地单独成文。它说明的内容主要包括:公司的基本情况、财务报表的编制基础、遵循《企业会计准则》的声明、重要会计政策和会计估计、会计政策和会计估计变更以及差错更正的说明、报表重要项目的说明、或有和承诺事项、资产负债表日后非调整事项、关联方关系以及其交易等需要说明的事项、有助于财务报表使用者评价企业管理资本的目标、政策及程序的信息。附注主要是文字说明,必要时附以图表。它没有固定的格式,由公司根据需要予以制作。如对上市公司提交给中国证监会和向社会公众公布的附注,则要准确、真实、细致、全面,不允许有虚假、重要事项的遗漏、误导等,包括一些诉讼活动对企业资产和运营的影响等均应当作出完整的说明。

三、财务会计报告的报送与公告

按照我国《公司法》的规定,财务会计报告制作完毕,应当报送给股东或公告。这种财务会计报告一般是每一会计年度的财务会计报告,并经过注册会计师的审计。这是因为财务会计报告体现了公司的经营业绩和资金使用情况,与公司的投资者——股东有直接的利益关系,股东有权了解这种资料。有限责任公司向股东报送财务会计报告应依公司章程的规定进行,股份有限公司应当在召开股东大会20日前置备于本公司,供股东查阅,公众持股的股份公司应当将其财务会计报告予以公告。此外,公司财务会计报告也应依我国财务会计法律、法规的规定报送有关政府机关。

四、公司与审计机构

依照法律的规定，公司的财务会计报告需要经依法设立的会计师事务所或者审计事务所进行专业审计，以便确认其真实性和公允性。会计师事务所或者审计事务所是依法设立、提供财务会计和审计专门服务的营利性机构，对特定公司的财务会计报告进行审计是其主要的一项商业服务活动。虽然如此，会计师或者审计师是经过国家组织的专门考试获得专业资格的人员，法律对其工作有较高职业道德要求，违反职业操守的营利性活动对他们几乎是毁灭性的危险。法律依赖于制度的特殊要求对他们给予信任，规定其对公司的财务会计报告进行独立审计。为了防止公司的控制股东、董事、高管人员利用人际关系独断聘用会计师事务所，我国《公司法》规定："公司聘用、解聘承办公司审计业务的会计师事务所，依照公司章程的规定，由股东会、股东大会或者董事会决定。公司股东会、股东大会或者董事会就解聘会计师事务所进行表决时，应当允许会计师事务所陈述意见。"此外，法律还要求公司应当向聘用的会计师事务所提供真实、完整的会计凭证、会计账簿、财务会计报告及其他会计资料，不得拒绝、隐匿、谎报。公司除法定的会计账簿外，不得另外设立会计账簿，也不可以将公司的资产以个人名义开立账户存储。

公司与审计机构确定聘用关系的，应依法订立审计服务合同。从美国安然公司破产案的情况看，提供审计服务的会计师事务所，不应当为同一家公司提供会计咨询服务，因为其中存在着严重的利益冲突关系，可能会使审计业务丧失独立性的品格。我国的会计师事务所亦不被允许从事类似的活动。

第三节　公司的公积金

一、公积金的概念、性质与作用

公积金，也称为储备金，是指公司为了巩固资本基础，维护公司信用，适应扩大生产规模和经营范围的要求，弥补可能发生的意外亏损，按照公司法和公司章程的规定，从公司税后利润中提取的不作为股利分配的积累资金。

公积金的提取是法律对公司规定的强制性义务，不能由公司自行决定取舍，世界各国公司法均无例外地规定了公积金制度。公积金最早是1867年法国公司法规定的。公积金虽然不属于公司资本，但其功能与公司资本相类似，本质上仍属于股东权益，是股东未分配的利润的积累。公积金与公司资本同列于资产负债表的负债及所有者权益栏内，附于公司资本总额之后，故又称为附加资本。

公积金的提取对于公司的存在和发展是至关重要的，其作用表现在以下几方面：(1) 公司拥有财产的多少往往决定公司在市场经济发展中的地位，而财产不能仅靠股东的投资来积累。从公司所创造的利润中提取部分资金不作分配，就可以扩大公司资产拥有量，增强公司的经济实力和竞争能力。(2) 公司生产经营规模的扩大，必然使公司资本增加，从公司的公积金中补充公司资本，比发行新股扩展资本更快捷便利且省费用，也更符合公司原股东的利益要求。(3) 公司提取充裕的公积金，就增加了公司的商业信誉，对债权人及客户利益更有保障。(4) 当公司发生亏损时，可以用公积金弥补亏损，增强公司抗击各种商业风险的能力，使公司保持原有的生产经营水平。(5) 在特殊情况下，还可以用来分配股息和红利，维护公司的股票市值和商誉。

二、公积金的分类、提取及用途

公积金的分类在各国公司法中有不同,依我国《公司法》的规定,公积金主要分为盈余公积金和资本公积金两大类。盈余公积金是指公司在会计年度决算时从税后净利润中按一定比例提取的公积金。盈余公积金又依公司法的强制性要求和公司自行决定的不同分为法定公积金和任意公积金。资本公积金是由法律规定的来源于资本收益及其他与资本有关的收益的资本积累或资本储备。

(一)法定公积金

法定公积金是指公司依公司法的强制性规定而必须从公司当年净利润中按比例提取的储备金。法定公积金提留的必然性、提留的比例都由公司法加以规定,公司不得以公司章程或股东大会决议变更或违反,故而也称为"强制公积金"。

法定公积金的提留比例各国公司法规定不同,法国《商事公司法》第232-10条规定:"在有限责任公司和股份公司中,应在必要时,'减去'以前亏损的'会计年度的利润',至少提留1/20转为储备金,称作'法定储备金'。任何相反的决议无效。当储备金达到公司资本的10%时,此项提留不再是强制性的。"德国《股份公司法》第150条规定:公司"应将减去上一年度亏损结转账目后的年度盈余的1/20划入储备金中,直到法定储备金和资本储备金总计达到基本资本的1/10,或者章程所规定的更高数额"。我国《公司法》规定:公司分配当年税后利润时,应当提取利润的10%列入法定公积金。公司法定公积金累计额为公司注册资本的50%以上的,可以不再提取。

公司的法定公积金按规定只能用于弥补公司亏损和转增公司资本,扩大生产经营规模,以及摊销公司设立费用、发行股票、公司债券的费用和法律规定的其他费用。我国《公司法》规定:公司的法定公积金不足以弥补上一年度亏损的,在提取法定公积金之前,应当先用当年利润弥补亏损。法定公积金经公司股东会、股东大会决议转为资本时,所留存的该项公积金不得少于转增前公司注册资本的25%。

比较德国、法国和我国关于法定公积金提取的强制性规定,可以认定,我国的规定明显偏高。这种安排的导向是鼓励公司积累,抑制分配,间接引导公司董事会对公司向股东分配盈余轻视的倾向。最近几年,中国证监会倡导甚至督促上市公司向股东分配红利,提出了明确的要求,但我国《公司法》上仍规定注册资本50%的公积金提取比例的确不当,应当酌减。这是笔者的见解,一俟参与我国《公司法》修订时建言。

(二)任意公积金

任意公积金也称为任意储备金,是指根据公司章程规定或者公司股东会、股东大会决议于法定公积金提取后从公司当年税后利润中再行提取的积累资金。任意公积金也来源于公司的税后盈余,故属于盈余公积金的范围。之所以称为任意公积金,是因为它的提取不取决于法律的强制性规定,只根据公司章程的规定或股东会、股东大会的决议。任意公积金的提取往往具有明确的目的性。如以偿还公司债为目的而提取、以平衡历年盈余分配为目的而提取、以增加公司资本而提取、以准备公司应急之需而提取、以弥补亏损为目的而提取以及为特定的生产项目的启动和发展而提取等。我国《公司法》对公司任意公积金的提取采取了授权方式,即规定公司在提取法定公积金后,由股东会、股东大会决议提取任意公积金。据此,任意公积金的提取数额与使用方向皆由公司决定。但任意公积金作为公积金的一种,其使用范围应局限于弥补公司亏损、扩大公司生产经营或转为增加公司资本等方面。

（三）资本公积金

资本公积金也称为资本储备金，是指因法律规定由资本及与资本有关的资产项目所产生的应作为资本储备的利益收入。资本公积金的来源通常有：（1）超过股票票面金额发行股份所得的溢价款；（2）长期股权投资采用权益法核算取得的被投资单位除净损益以外的其他所有者权益变动；（3）以权益结算的股份支付换取职工或其他方提供的服务；（4）同一控制下企业合并继受之账面财产减去被合并企业的账面债务，并减除向该企业股东给付额的余额；（5）受领股东赠与所得。

资本公积金的收入是以收入的性质和来源确定的，它是一种资本的衍生利益而非公司的营业收入。凡属前述项下的收入均得列入资本公积金，法律上不存在比例或最高限额。由于资本本身是股东利益的体现，因而资本公积金也是股东利益的延伸，唯于公司存续期间，作为资本公积金的利益不能用于股利分配，属于专项资金。按照我国台湾地区“公司法”第239条的规定，“法定盈余公积及资本公积除填补公司亏损外不得使用之，但第241条规定之情形，或法律另有规定者，不在此限。公司非于盈余公积金填补资本亏损，仍有不足时，不得以资本公积补充之。”该法第241条是关于公司无亏损时可用法定盈余公积和资本公积之全部或一部拨充资本，按股东原有股份之比例发给新股的规定。我国1993年《公司法》第178条规定：“股份有限公司依照本法规定，以超过股票票面金额的发行价格发行股份所得的溢价款以及国务院财政主管部门规定列入资本公积金的其他收入，应当列为公司资本公积金。”第179条规定：“公司的公积金用于弥补公司的亏损，扩大公司生产经营或者转为增加公司资本。……”上述规定本来没有太大的问题，但是我国社会的诚信素养整体差强人意，许多上市公司为了欺骗公众和社会以及政府，制造虚假的盈利业绩记录，在公司经营业绩出现滑坡和溃坝的情况下，以流通股股东溢价交付给公司的资本公积金来弥补亏损，把公司亏损的事实掩盖起来。2005年修订的《公司法》基本保留了原《公司法》第178条规定内容，在修改后的第169条中明确规定“资本公积金不得用于弥补公司的亏损”。该第169条为2013年修订的《公司法》的第168条。

第四节　公司的股利分配

一、股利的概念

股利，是股息和红利的合称，是股东依据所持股份从公司的年度利润中分配所得的收入。

股息，是指在资本上计算的利息。公司可在公司章程或股东会、股东大会决议后按规定的期限和规定的比例向股东支付股息，也可以在股票上载明股息的利率，这一般适用于优先股的分配。当然，支付股息的资金来源仍是公司的利润，如果公司亏损，原则上不能进行分配。

红利，是指股息之外分配给股东的公司盈余。红利的分配数额或比例不确定，要根据公司年终决算的情况决定，税后盈余多，则可多分；盈余少，则少分。

实践中，一些公司往往将股息界定为对优先股的分配方式，即有事先确定的比例，分配时也不倾向于超出比例进行，但比普通股有优先权；将红利界定为普通股的分配方式，虽然是在优先股股息分配之后,但可以多分,并不封顶,如果没有盈余则不分或少分。我国法律及会计制度对股息、红利未作区别,统称为股利,是指可分配给股东的一切公司盈余。

二、股利分配的原则

公司分配股利,应遵循下列原则:

(1) 纳税优先原则。公司的年终决算,其收入总额应首先向国家缴纳所得税(事实上所得税按月或按季预交),在完税前公司不得向股东派发股利,完税后的利润才是公司的净利润,而股利分配是在公司净利润中安排提取的。

(2) 弥补亏损、提取公积金优先的原则。我国《公司法》同许多国家公司法一样,强制性要求公司应当从税后净利润中提取10%的部分补充法定公积金,在公司法定公积金的积累额达到公司注册资本的50%时可不再提取。公司的法定公积金不足以弥补上一年度公司亏损的,在提取法定公积金之前,应当先用当年利润弥补亏损。公司违反上述规定,在公司弥补亏损、提取法定公积金之前向股东分配利润的,股东必须将违反规定分配的利润退还公司。

(3) 公司亏损时不分配股利的原则。公司如果当年亏损,则不应当分配股利。但公司已用公积金弥补亏损后,为维护其股票信誉,经股东大会决议,公司可以将公积金转为股本,以股东持股比例派送新股或者增加每股面值。以法定公积金转增资本分配股利时,留存的该项公积金不得少于注册资本的25%。

(4) 实现同股同利的原则。同股同权与同股同利是股东权平等原则的具体体现。股东权的平等不仅体现在共益权,即公司事务管理权方面,也体现在自益权,即股利分配方面。同股同利,是指持有同一种股份的股东依同样的标准参与利益分配,持股多的多分,持股少的少分,不存在其他差别。同股同权、同股同利是原则性规定,但是允许存在例外。我国2005年修订的《公司法》中,对有限责任公司,原则上规定股东按照实缴的出资比例分取红利,但全体股东约定不按照出资比例分取红利的除外;对股份有限公司,第127条规定了“同种类的每一股份应当具有同等权利”的原则,但第167条规定,章程规定不按持股比例分配的除外。上述条款分别为2013年修订的《公司法》的第126条和第166条。

(5) 公司持有的本公司股份不得分配利润。

三、股利分配的形式

公司股利的分配,有限责任公司除全体股东一致约定的其他分配方式外,按股东出资的比例进行分配;股份有限公司按照股东持有的股份比例进行分配,但股份有限公司章程规定不按持股比例分配的除外。分配的时间,一般是在营业年度决算后,股东会或者股东大会对分配方案决议通过,即可进行分配。有些国家的公司法规定除年终分配外,还规定有中间分配,但同时规定有种种限制性条款。股利的具体分配形式有以下方面:

(1) 现金股利。是公司在年终决算后向股东派发的货币利润,是最普通的股利分配形式。

(2) 财产股利。是公司向股东以持有的有价证券或实物支付的利润。有价证券主要有股票、债券、应收票据等。实物股利则是公司以自己的产品或公司合法占有的其他企业的对股东有使用价值的产品。

(3) 股票股利。是公司用增发本公司股票的方式代替现金向股东派发股利。换句话讲，公司以股份分配股息及红利，即将股息和红利转为公司的资本，对原股东应交付股票，此种分配又简称为“送股”。实践中，一些股份公司往往把送股与配售新股联系在一起，作为一种融资活动利用。

（4）建业股息。又称为建设股息、建设利息、筹建股息，是指某些股份有限公司开业前需进行较长时间的基本建设等筹建业务，在此期间公司并未有利润产生，为维护股东利益，于章程中订明并报政府主管机关批准，用已筹的资本及贷款中抽出少量部分作为股息分配给股东。建业股息的派发直到公司正式营业后停止。我国《公司法》对建业股息未作规定。

四、违法分配的后果及法律责任

一般来讲，有限责任公司和股份有限公司违法分配利润的行为是无效的，这是因为公司法中对股利分配的条件、标准、原则的规定均是强制性规定，公司违法分配股利必然与这种强制性规范相冲突。同时，违法分配股利往往会损害公司债权人的利益，公司债权人在其债权利益的实现无保障的情况下可以通过诉讼途径确认分配的无效性，请求法院责令追回已分配的财产或停止违法分配行为。

违法分配股利，有形式要件上的违法与实质要件上的违法的区别。如果在具体分配的手续上有瑕疵，可以通过股东大会之决议变更，如公司不实行同股同利，则可由股东向公司监事会、公司主管机关提出控诉，也可由股东、监事会向法院提出以公司为被告的诉讼解决，这是形式要件方面违法分配股利的解决方式；如果公司违反《公司法》之规定，在未弥补亏损和提取法定公积金之前向股东分配利润，则属实质要件上的违法分配，是严重违法行为，公司的监事会、债权人均可提出诉讼，以期追回已分配的利润。

公司的董事因过失将违法分配方案提交股东会、股东大会讨论，对其分配的利益负向公司赔偿的责任。由此对第三人造成损害的，要负赔偿责任，但无过失的董事则不负赔偿责任，即在公司董事会讨论违法分配方案时明确持反对意见且有记载的或有合理原因未参加讨论的董事，不负赔偿责任。

公司的监事未查出问题，向股东会、股东大会作了分配方案合法的报告，对公司、债权人造成损失的，应和董事一样承担赔偿责任。

第十九章

公司代理与分支机构及外国公司

第一节 公司代理

一、公司法人代表

（一）法人代表的含义

在涉及公司代理的问题时，首先应当明了公司及其他非公司法人企业的法定代表人。法人，除了依特别法和习惯法而形成的在任何特定时间和特定场合只有单独一个自然人组成的组织外（具有连续性和永久性的职位，如皇位、教皇、主教、教区长、国家主席等），过去以来一直都是若干人的组合（一人公司除外），在任何特定时间都不同于和独立于作为其构成成员的自然人。它以自己的名义进行活动，有自己独立支配的财产，有一颗能证明其自立行为的印章，有自己的名称，能独立地从事诉讼活动。既然法人是独立的民事主体，就应有其意思表示的资格和能力，使其能和自然人一样地享受权利，承担义务。而要实现这一目标，法律上需要设定由一个自然人或若干个自然人成为法人的法定代表，他们在法人的章程允许范围内的意思表示和职务行为被看做是法人的意思表示和行为，他们是法人的意思机关和代表机关。这种代表机关的性质与代理，无论是法定代理、委托代理还是指定代理是有区别的，代表机关不仅对外代表该法人实体，并有权不经他人同意而委托另外的人代理法人从事一定的行为；在法人内部，代表机关即是法人的领导机关；而一般的代理人则既不是法人的领导机关，也无权在代理权存在期间将代理的事务转托他人，除非经法律许可的特别情况出现或经委托人同意。法人代表的权力的法理依据是一个由法律拟制的具独立人格的实体必须确立（通过章程或法律规定）一定数量的自然人为其意志的表达者，否则法人制度的存在是不可能的。

（二）公司代表人制度的比较

世界上多数国家的公司法中均规定了公司须以董事会为领导机关的体制，但在法人代表方面是有差异的。美国《标准商事公司法》规定：每个公司必须有一个董事会，但只有 50 个或更少些股东的公司可以不设董事会，办法是在公司组织章程中写明由谁来履行董事会的某些或全部职责。所有公司权力应当由董事会行使或在它的许可下行使，公司的业务和事务也应当在它的指导下经营管理，但上述活动均应受公司组织章程中写明的限制的约束。在美国公司中，董事会是领导机关，也是公司的意思机关，但美国的公司立法与习惯上没有公司法人代表的称谓，从实践中来看，公司董事对内对外履行职责是按信托责任进行的。从法理上讲，董事有当然的代表公司的权力，董事的具体职权由公司章程予以规定，董事的每一具体对外代表公司的行为是否有效，要依具体的公司授权确认。但一般来讲，除非第三人明知董事无权而故意为之，对董事超越授权的行为的认定不得侵害善意第三人的利益。英国公司法关于公司代表机关的规定，按照英国学者 R. E. G. 佩林斯和 A. 杰弗里斯的观点认为，因为公司并无实际的形态，其事务必须由某一具有实际权力和权威的人代表公司进行管理，这些人称为“董事”。“董事”一词包括处于董事地位的任何人，不论其名称如何，例如理事会、管理委员会、总裁、经理等。董事通常系由股东大会选出，但法令并未明文规定必须如此，因而一家公司可以有永久或终身董事，或在一定时期内不必退休或重选的常务董事，但即使如此，如股东大会通过了普通决议并发出了特别通知，亦可将其免职。英、美国家的法院在处理因董事行使权力而发生的案件时，在不同的场合将董事的地位认定为“代理人”“受托人”或“经理合伙人”。杰塞尔法官在森林煤业公司案(1878 年)判词中所作的说明是：“董事，不论怎样称呼他们都行，只要你能理解他们的真实地位，那就是，他们只不过是一些生意人，只是为了本身的利益和公司所有其他股东的利益，才对一家商业公司进行管理的。”英国的学者多倾向于将董事的地位概括成与公司有一种信托的关系。这种理论确认了董事是公司的代理人，是公司财产的受托人，对公司财产拥有运营管理和处分权力的受托人，因董事必须管理此项财产，并为公司的利益而履行其职责，而且：(1) 必须不是为了他们自身的利益；(2) 其行为受公司章程约束，如董事滥用公司财产，他们即犯有违背信托之罪，应归还公司所丧失的任何财产或赔偿公司所遭受的任何损失。董事不是股东个人的受托人，也不是与公司订有合约的第三者的受托人。由于对公司事务的管理系向所有董事集体授权，董事们必须依照董事会会议所作的决议办事。董事会会议可由董事会中的成员之一直接通知或经由秘书通知召开。董事会主席可以在章程中指定，或由董事会或股东大会选出。有时，公司可以将公司的部分事务或全部事务授权由常务董事执行(有的地区叫执行董事)。

法国公司法明确无误地规定了董事会是公司的领导机关，2001 年通过的《新经济规制法》(New Economic Regulation，NER)及 2002 年发布的《关于 NER 法律涉及公司事项的实施条例》都直接借鉴美国标准公司法的规定，规定除非法律明示赋予股东大会的职权，只要在公司经营范围内，董事会决定一切公司事务，董事会决定公司大政方针并兼督实施。在对第三人关系中，董事会决定超出公司经营范围也得由公司承担责任。根据法国《商法典》新订 L. 225-51 条，董事长只负责领导、组织、代表董事会，而不再对外代表公司。但董事长兼任总经理的除外。一位自然人不得同时担任五个以上的公司住所设在法国领土的股份有限公司的董事会的董事，但一位自然人不得同时担任一个以上公司住所在法国领土上的股份有限公司的总经理职务。

德国公司法突出强调董事会的集体领导职责，规定董事会本身负责领导公司，董事会必须由自然人组成(法国允许法人为董事会成员，但必须指定一自然人为代理人)，一人或若干人均可组成董事会。如果董事会由若干成员组成，那么全体董事会成员只有权集体执行业务，章程可以授权一名董事代表公司或者与一名经理人共同代表公司，但他不得违背多数董事成员的意愿对董事会中的分歧作出决定。德国法规定，董事会成员由监事会任命。

(三) 我国法律关于公司法人代表的规定

我国传统的纯粹性国有企业，法律规定其为企业法人，具有独立的民事主体资格，独立享有民事权利并独立承担民事义务。由于企业实行厂长(经理)负责制，故厂长(经理)是企业的法定代表人。事实上，厂长(经理)是企业法人的机关。法律上对厂长(经理)的职权作了规定。我国《公司法》在法人代表制度上继承了国有企业法律制度的做法,公司组织机构中虽然规定了股东会和董事会,但并未明确说明董事会是公司的机关,仍然规定了由董事长或者经理担任公司的法定代表人,不设董事会的有限公司由执行董事担任法人代表。《公司法》对董事、董事长、经理、执行董事在履行职责时的忠诚义务和勤勉义务作了规定,并规定董事执行职务时如违法和违反章程给公司造成损害,即应负赔偿责任。《公司法》对经理的职权作出了规定,对其是否对外代表公司采取了授权公司通过章程加以规定的态度,这与大陆法系国家公司法之传统规定有所不同。在我国《公司法》2005 年修订时,有学者建议我国公司法废除法定代表人制度,借鉴英美国家的做法确立执行董事或内部董事当然代表公司的制度。经过反复讨论,立法机关还是认为按照我国的体制惯例,不适宜建立多人同时代表公司的制度,由一个主要负责人担任法定代表人更容易形成公司管治的集中意志,也更顺理成章,避免公司内部混乱和外部关系不清。但考虑到法定代表人是一个必须处理公司日常事务的职务,个人可以在多个公司担任董事长,而分身乏术去担任多个公司的法定代表人,这样就许可公司通过章程对董事长还是经理担任法定代表人自行确定。这真是一个非常有创意的制度更新。按我国《公司法》理解,董事个人无权对外代表公司(除非执行董事),公司的代表具有唯一性,公司章程常常选择由董事长担任法定代表人;经理被公司章程确定为法定代表人时对外代表公司当无问题,但经理不是法定代表人时在何种范围内代表公司要由公司章程规定或是董事会授权。如果公司没有在章程中刻意对此作出规定,应当依照公司治理结构的一般原理对待。

二、公司的代理

(一) 代理的一般含义

我国《民法通则》第 63 条第 2 款规定:"代理人在代理权限内,以被代理人的名义实施民事法律行为。被代理人对代理人的代理行为,承担民事责任。"由此可见,代理是一种民事行为,是指行为人在权限范围内活动,而由他人承担法律后果所形成的主体之间的特定的相互关系。代理行为会形成三种法律关系:被代理人与代理人之间的代理权关系,根据法定、指定或委托授权由代理人取得基于被代理人在法律上享有的民事实体权利和程序权利而产生的代理权;代理人与相对人之间的代理行为关系,即代理人在代理权限范围内,以一个善良管理人之注意和谨慎行为履行代理职责与第三人发生本应由被代理人亲自进行的民事行为,从而形成了代理人与第三人之间的交易或者其他业务的具体形成关系;被代理人与相对人之间形成的代理行为的法律后果的承受关系,即是说被代理人通过代理人的代理行为与相对人发生了民事法律行为,由代理行为产生的权利义务关系,实质上是被代理人与相对人之间的关系,被代理人要对代理行为承担民事责任。

(二) 公司代理是商业代理

商业代理是民事代理在商事关系中的表现。从法律上来看,公司是最典型的商人,公司的大量业务活动都与追求商业利益有关,而这些活动又不可能都由公司的法人代表或有代表权的执行董事或经理去完成,公司的职员完成公司交办的与任何公司以外的第三人交易的行为涉及代理,某些技术性较强的工作也需要专业部门的人员去代理完成,公司发行股份、债券也要由法律许可的证券经营机构代理完成。这些代理都是公司在经营活动中发生的,是商事主体在追求商业利益过程中所必需的环节。因此,公司的代理通常来讲是商业代理,只是在较少范围内存在民事代理的现象。

(三) 公司董事是否为公司的当然代理人

正如前述,英国的法官在某种特定场合下对公司董事的地位认定是公司的代理人。在1856年前,英国的司法上有一种原则:每一个与公司进行交易的人,都被假定他们已经从公司注册的章程中和条例中知悉公司董事以及高级职员的权限,因为注册的章程和条例是公开可以查阅的。如果交易人不去事先查阅注册文件中有关董事的权限,当董事超越公司授权与交易人进行交易行为时,那么该交易人就不能根据所订契约取得对抗公司的权利。但这一原则在1856年"英国皇家银行诉特冈"一案中被作了修正,形成了新的补充原则。该案的案情是皇家银行凭公司债券的担保给特冈公司贷了款,这种债券按照公司条例规定已由两个董事签名并盖上公司印章,但条例还规定公司应通过一项普通决议后才能有权进行这样的借款。事实上,公司并没有通过这样的决议。法院认为,担保债券对公司具有约束力,因银行有权假定公司已通过了必需的决议。首席法官哲维斯说:"与公司交易的人必须阅读公司的公开文件,并必须注意所拟议进行的交易与此并无不合之处。但是与公司作交易的人也就仅限于做到这点,他们不需要探究其内部手续的各种规定。"由此形成的原则在另一案件"麦霍尼诉东霍莱矿业公司"中,又由高等法院法官海瑟雷加以确认:"当管理公司事务的人,在外表上完全符合于组织条例规定的方式办理公司事务时,外部与公司进行交易的人将不受公司内部管理中所发生的任何不符手续的影响。"由此可见,在英国公司法上,董事可以被看成是公司的代理人。董事,即使未经特别授权而在明显的董事权力范围之内从事一项不超越公司法定权限的交易,公司应对此项交易负责。当然,董事的行为明显是损害公司利益或明显是违法的,或者公司提交的证据表明交易人明知董事无权而仍与无权董事签署协议的,此时的代理关系又当别论。

我国法律更类同于大陆法系传统。按我国企业立法的规定,无论是公司还是非公司法人企业以及非法人企业,均应有一个符合法定代表人任职资格的自然人为其法定代表人,这种法定代表人的称谓有董事长,未改制公司的经理或总经理、厂长,合伙企业的执行合伙人等。2005年修订的《公司法》授权由公司章程确定选择董事长、经理担任法定代表人,不设董事会的有限责任公司可以由章程确定执行董事担任法定代表人。董事不能被当然地看成是公司的代理人,更不能看成是法人代表。董事单独对外代表或代理公司时仍要由法人代表或由公司以加盖公章的方式授权,出具法律上有效力的委托书。当然以下两种情况对董事的代理行为是成立的:公司的法人代表或公司的管理机关知道某一董事(甚至任何一个人)以公司名义与他人在进行商业交易而不表示反对者,或者公司已从董事的行为中受益,代理关系成立,这符合《民法通则》第66条第1款的规定;董事为了维护公司商业上的利益,在紧急情况下以公司名义与第三人发生的合理的民事或商事交往关系,公司在事后不得以未经授权为由对抗善意第三人。

董事不存在对公司的当然代表权和代理权,除非全体董事参加一个符合程式的会议,并形成了董事会决议。董事的这种地位适合于副董事长、非公司的法人企业的副厂长、副经理等。有限责任公司,因股东人数较少和规模较小的,可设1名执行董事,执行董事是公司的法人代表,其个人即构成公司机关,在法律上代表公司。

(四) 公司经理是否为公司的当然代理人

我国1993年《公司法》对公司对外代表权的规定基本上符合我国企业立法的传统,即公司作为法人企业,其法定代表人只能是一个自然人担任,即董事长。2005年修订的《公司法》采取了一点改良,即授权公司通过公司章程选择董事长、执行董事或者经理担任公司的法定代表人。公司章程选择经理担任法定代表人的,经理对外代表公司没有问题。公司章程确定由董事长或者执行董事担任法定代表人的,公司的经理只是由董事会聘任的公司的管理者。现行《公司法》第 49 条和第 113 条对有限公司的经理和股份有限公司的经理的地位和职责所作的规定,内容完全一样。概括来讲,公司设经理职务、董事会聘任或解聘经理、经理直接对董事会负责、经理行使以组织企业生产经营管理为中心的七项职权以及行使公司章程和董事会授予的其他职权。据此,我们不能确定公司经理是否在公司法上对外能代表公司或当然代理公司,而要由公司的董事会或公司章程另行授权才能明确。由此可见,公司的经理如果对外代表公司须经授权,未经授权就不能确认经理的代理权。这样理解是符合我国企业法人制度的法定代表人制度规定的。

现在,我们较为细致地分析一下经理的几项法定职权。依我国《公司法》规定,经理主持公司的生产经营管理工作,组织实施董事会决议;组织实施公司年度经营计划和投资方案;决定聘任或者解聘除应由董事会决定聘任或者解聘以外的负责管理人员。上述几项职权一旦付诸实施,必定会发生公司与外部世界的大量业务和人员的联系交往,经理不可能不与第三人签署有关的交易协议及其他文件。如果否定其对公司的当然代理权,则上述职权就不能体现和落实;如果承认其代表权或代理权,则在法律的规定上无明确依据,甚至与法人代表制度有悖。

在我国的商业实践以及司法实践中特别看重公司的公章。一项协议,如果加盖有公章,如无其他重大因素则确认盖章一方对交易的确认。这种做法与国际惯例并不十分相符,实践中需要改变,而且已经正在改变:即更注重法人代表的签字。这一方面是因为公司的业务量空前地扩大了,签字确认更方便宜行,不失商业机会;另一方面,公司的法人代表在公司住所地以外的地方签署商业文件时不可能常常携带公司的印章。如果签字人不是董事长或执行董事,而是组织实施公司的经营计划、管理公司的日常经营管理工作的经理,其效力如何就牵扯到商业秩序的正常与否,牵扯到交易的稳定性。笔者认为:我国《公司法》规定经理的法定职责,是对商业惯例的立法确认,公司有其经营范围,公司的行为有常规的交易行为和非常规的重大行为的区别,与公司发生交易的商人应该具有判断交易行为属性的能力,没有担任法定代表人的公司经理在一项履行前述职责的过程中应当具有对外代表公司签署有关的商业文件的权力(包括交易合同),而无须由法人代表单独授权,也无须适用表见代理原则来确认其代理行为的有效性(《民法通则》第 66 条第 1 款的规定)。经理签署的符合公司商业利益的合理性文件,公司不得以公司章程或董事会未经授权为由对抗善意的第三人,正如英国法院的一项判决中所述,在这种情况下,交易人“有权假定董事会已经有了授权”,且这也符合公司法关于经理职权的规定的立法精神。即是说,唯有如此,经理才能有效地组织企业的生产经营活动。当然,下列行为因涉及公司的根本利益,应由董事会或股东大会决议方可,经理无权独立签字确认,如处分公司的资产;为他人债务提供担保;捐赠公司财产;参加一项应负连带责任的投资项目;以公司名义举借大笔债务;公司债券及股票发行的文件签署等。

为了控制公司的商业风险,公司的副经理及其他高级管理人员非经授权不可以签署对外商业交易的文件,即他们和董事、副董事长一样,只是集体领导的一个成员,而非公司的当然代理人。第三人,即使是善意的第三人因有副经理代为签署的商业合同,除非有公司事后追认或已实际履行,或公司明知而不反对等情事,否则不得对公司主张抗辩权。

我国大量的不受公司法规制的原国有企业、集体企业及其他一些企业,因商业管理习惯上及注册文件中也是公司，并将法人代表称为经理的，不属于上述讨论中的事项，另当别论。

公司设事业部管理体制的，各事业部的经理（或叫部门经理），只是公司内部某一方面工作业务的负责人，非经法人代表授权不得独立对外代表公司签署文件。

（五）公司内部机构使用部门印章的对外代理效力

从我国市场经济主体立法的基本结构看，主体包括法人企业和非法人企业两种。非法人企业主要是指不取得法人资格但是经合法程序成立并有营业执照的个人独资企业、普通合伙企业和有限合伙企业以及其他各类经济组织。最高人民法院于 1992 年 7 月 14 日印发的《关于适用〈中华人民共和国民事诉讼法〉若干问题的意见》，其第二章诉讼参加人第 40 条中共列举了 9 种类型。这 9 种类型的组织实质上具有签署经济类合约的资格，且以非独立的身份参与民事活动以及民事诉讼活动。所谓非独立的身份是指它只是不能独立承担民事责任而已，当其支配的财产不能清偿债务时，则应由其投资单位、开设单位或投资者个人负责偿债。法律之所以允许它们介入民事活动是为了给设立单位提供交易上的便利和机会，繁荣市场经济；由于它们没有独立的民事主体资格，设立程序相对容易，资金不多，故为保护债权人利益，而确认它们责任的不独立性。

需要特别指出的是，在我国的商业活动中存在着大量的由公司或企业法人内部机构加盖印章的商业交易契约。对于这类契约的效力在过去一段实践中，法院在审理纠纷时多否定其效力，理由是企业内部机构并非企业主体，内部机构的印章也不具对外效力，且该内部机构未领取营业执照。一个典型的案例发生在 20 世纪 80 年代末期。1988 年 11 月 8 日，最高人民法院经济审判庭对福建省高级人民法院就《企业设置的办事机构对外所签订的购销合同是否一律认定为无效合同》作了电话答复，即确立了这种原则。该案的案情为：1985 年 3 月 14 日，福建省对外贸易总公司三明地区分公司福州办事处作为供方与宁德地区生产资料贸易公司在福州签订了一份购销 5 万只 838 型（日本东芝机芯）计算器合同。三明市对外贸易公司福州办事处是该公司设在福州的办事机构，没有申报营业执照，仅在银行开设有存款户头。但在履行合同中，双方电、信来往有时则以三明市对外贸易公司为合同一方，发生货款纠纷后双方均以三明市对外贸易公司为本案的诉讼主体。审判时，对该合同的效力问题在福建省高级人民法院经济审判庭内形成两种意见：第一种意见认为："福州办事处"签订购销合同应视为有效的法律行为，因为作为主管单位（三明市对外贸易公司）明知"办事处"签订了上述合同，在以后履约过程中往往以三明市对外贸易公司的名义进行，应视为事后追认"办事处"的代理权，故该公司应享有并承担由此而产生的权利、义务。第二种意见认为，既然不是以开办单位名义而是以"办事处"名义进行民事活动，即应认定其为主体不合格，所签订的合同为无效合同。福建省高级人民法院在请示该案的报告中倾向于第一种意见，认为企业法人设置的办事机构对外所签订的经济合同，只要没有超越企业的经营范围，没有其他违法行为，且经企业法人认可的，一般即应认定为有效合同，不应单纯以主体不合格而确认合同无效。最高人民法院对此案的正式电话答复是：三明市对外贸易公司福州办事处是三明市对外贸易公司的办事机构，没有申报营业执照，对外无权从事经营活动。该办事处擅自以自己的名义与宁德地区生产资料贸易公司签订的购销合同应认定无效，虽然三明市对外贸易公司对办事处在履行合同中有时以公司的名义进行信、电往来的行为未提出异议，但因该合同是办事处对外签订的，因此，不应视为三明市对外贸易公司事后追认了办事处的代理权。参照《民法通则》第 43 条的规定，三明市对外贸易公司对办事处的经营活动应当承担民事责任。本案形成的司法解释，在全国范围内具有拘束力。由于案件的成因是"办事处"

以自己的名义签署贸易合同,且未申领营业执照,当然与“办事处”的工作目的相违背,确属主体不合格。在我国,一个企业,包括外国公司在中国境内设立“办事处”“代表处”,其职责范围仅为联络、了解分析市场行情、参与商务谈判,而不可以直接进行营利性的贸易、投资活动。以“办事处”、“代表处”名义签署合同当属无效,也不存在代理权问题,因其没有以被代理人名义进行民事活动。

但实践中,有时一个公司的业务部门在其正常职责范围内使用该部门的印章,与其他民事主体形成了经济往来关系,公司机关对此也不否认,合同正在履行,如果一概认定为无效协议或没有代理权,则势必会给商业上的有效合作制造困难和麻烦,司法判决的后果在表面上看是符合成文法律规定的,但事实上已脱离了法律对社会生活正常调整的轨道,或者说它不能在法律的本源上体现公平和正义。针对这种情况,笔者的主张是:

第一,公司或其他法人的内部机构,一般不得以其名义对外直接签署合同,不能加盖自己的印章,这是法律的一般规定。

第二,公司或者法人的某些职能部门的印章已经依有关法律、法规或其他规则正常对外在商业交往中使用,当然应确认该职能部门的代理权。如公司法人的财务章,无论针对银行,或是针对其他民事主体,在资金往来与结算中是有效的,某些场合反而排斥行政公章的使用,只认可财务专用章或财务部门的印章。需要说明的是财务专用章仍属法人印鉴的种类,是法人处理财务往来的专用公章,这与财务部门的印章是有区别的。在一些商业资金往来中,财务部门的印章的使用当然应确认其效力。公司在一项收付单据上盖有财务部门的印鉴,如无相反证据,就不能否认公司实际上收到了该笔款项,或主张该财务部门未得授权而不予确认相关交易的效力,以损害善意债权人之利益。与此相同,公司或法人的人事部门的印章(不含公司或法人的人事专用章)在对外签署雇佣、劳务合同时也应确认其效力,即使该劳务合同足以给公司带来商业利益。

第三,按商业习惯上理解,公司或法人的其他一些部门在对外合同上加盖部门印章的行为,足以使交易对方理解到或依常人的智力程度应当理解到与之进行交易的实质对象是公司或法人,且公司法人知悉此交易活动,或已经有履行行为,则应确认此交易的有效性,即应认为代理权成立。这种情况是适应公司进行事业部管理体制的。如投资公司或贸易公司的业务部门使用其部门印章对外签署投资协议或贸易协议,视为公司在设立该部门时已经完成了常规性授权,与之交易的对象(不应称为第三人)在收到投资款项或购物货款后不能主张合同无效,反之,对该公司法人亦然。又如一个大学的基建处以该基建处的名义并使用“基建处”的公章与一施工公司签署了一项校舍建筑或修缮合同,即应确认其法律效力。另外,公司或法人的某一职能部门虽非常规意义上的专职部门,如办公室或计算机工程部,因在外地签署一项购买汽车的协议,公司的公章不便携带前往,但办公室或计算机工程部的公章可以携带前往,如公司出具了明确的授权证明,以该公司办公室或计算机工程部名义签署的购车合同对公司是有约束力的,则此项交易应视为有代理权,虽然其在法律上不甚规范,因没有以被代理人的名义签署购车协议。

(六) 公司公章的借用、盗用与代理

(1) 公司公章的借用及其法律后果。公司公章是公司法人在人格上独立和完善的标志。公司的公章在任何一项商业性文件上加盖,即表明公司法人对某一商业事实的确认或参加进某种民事或经济关系,享受约定的权利并承担相应的义务。因此,公司的公章与公司的人格有不可分割的联系。一般来讲,公章不具有商业上的价值,是不可以被用以进行借用、租用的标的物，否则，将会引起商业交易关系的紊乱，甚至会被用以进行经济诈骗等犯罪活动。我国法律禁止民事活动中借用公章的行为，借用公章不在任何意义上具有代理的性质。因为公章的出借人不适当地利用了自己的人格，它也不准备履行所涉合同，主观上存有欺诈的嫌疑。我国最高人民法院曾于 1987 年 7 月 1 日在《关于在审理经济合同纠纷案件中具体适用〈中华人民共和国经济合同法〉的若干问题的解答》中规定："单位业务介绍信、合同专用章和合同书是单位对外进行活动的重要凭证，不得借用，更不得借此非法牟利。对借用其他单位的业务介绍信、合同专用章或者盖有公章的空白合同书签订的经济合同，应当确认为无效合同。出借单位与借用人对无效合同的法律后果负连带责任，出借单位收取的'手续费''管理费'，应作为非法所得予以追缴，上交国库。"实践中，区分是否存在借用公章的情况，应主要审查合同利益的享受以及合同履行的责任是归属于哪一方，审查不清时，可将出借一方定为主债务人，借用方为连带债务承担者。在实践中，有些工程承包合同中限于施工单位的资质标准要求，签署施工合约的建筑公司可能只是名义上的合同一方当事人，实际履行人另有他人，这种情形如果没有其他严重违法行为，如工程质量不合格，且该建筑公司没有逃避履约责任的，也不宜一概认定合同无效，以避免给正常的积极活动造成困局。

如果公司被承包、租赁或收购后，权利人在整体上取得了支配公司的地位，在此状态下对公章的利用则不属于借用公章的行为。

（2）盗用公司公章的法律后果。任何人，包括公司内部的职员，采取秘密手段，未经公司法人代表或公章管理人员的准许而盗用公司公章的，是非法行为，不存在代理关系或授权关系。构成犯罪的要追究刑事责任。但是，当公司得知公章被盗用的情况后，应即向相对人履行告知义务，不清楚相对人的，也应登报声明，以使相对人减少损失及避免上当。

（七）公司进行重大交易时相对人的谨慎调查义务

对于依常人的智力水平判断，公司进行的交易超出常规范围的情况下参与交易的另一方是否承担审查公司决策行为的效力的问题，回答当然是肯定的。比如，公司作出与其他企业合并的决定，公司出售重大资产的决定，公司向某一慈善机构作出数额较大的捐款的决定，以及依据我国《公司法》第 16 条规定，公司作出对外投资或者对外提供担保的决定等。这些事项在我国法律的框架下应当是属于公司股东会或者股东大会的决议范畴，交易对方或者接受捐赠的慈善机构应当有义务审查公司是否召集了股东会或者股东大会，决议成立的条件是否符合《公司法》的规定和公司章程的规定，股东会决议通过的记录应当由出席会议的全体股东签字，股东大会决议通过的记录应当由出席会议的全体董事签字。交易对方还应当审查签署交易文件的代表人或者代理人的授权文件。又如，公司向银行举借数额较大的债务，银行不能仅仅只认公章或者只认法定代表人的签字，而是还要审查公司董事会会议的决议记录。无论是法定代表人还是代理人，他们对公司的代表权、代理权的安排，法律是就公司常规的活动范围作出的设计，公司法规定了对不同的问题在公司内部的决策权的分配，交易对方不能仅仅根据法定代表人的认可或者仅凭公司公章就确信其效力。对于《公司法》明确规定属于股东会、股东大会决议的重大事项，交易对方必须负责进行谨慎调查，包括阅读公司章程，要求公司的代表人、代理人出示相关的决议记录及其复印件，否则可能会承担交易无效的法律后果。基于这种制度安排，我们认为在非常规交易的场合，公司章程对交易相对方当然具有约束力。在我国，目前银行业在发放巨额贷款时已经要求借款人公司必须出示公司董事会会议的记录，并备案复印件。我们可以这样说，交易的规模和数量决定参与者的谨慎程度，买一包茶叶和买一处房产需要交易另一方付出截然有别的精力倾注，前者可能会掉以轻心、稍有疏忽,后者则需要选择、拿捏、反复掂量与评估。这是自然的,也是理性的。否则,就应承担可能发生的交易无效的法律后果。

第二节 公司分支机构(分公司)

一、公司分支机构的法律含义

我国《公司法》第 14 条第 1 款规定:“公司可以设立分公司。设立分公司,应当向公司登记机关申请登记,领取营业执照。分公司不具有法人资格,其民事责任由公司承担。”在公司法上所称的分支机构,从严格意义上讲是指分公司。子公司,即使是全资的子公司,以及公司的内部职能部门均不属于分支机构的范围。因此,分支机构的法律含义实质上是分公司的法律含义。概括地说,公司的分支机构即分公司,是由总公司依法定程序设立并隶属于总公司的,具有营业资格的不能独立承担民事责任的非法人经济组织。分公司虽然在整体上是总公司法人的必要组成部分,但由于其经合法设立,能领取自己的营业执照,以自己的名义开展总公司营业范围内的商业活动,并以自己的名义参与诉讼活动(责任不独立),因而从一定意义上讲,分公司即是总公司的不独立的当然代理人。这种代理权来自于公司法律制度的规定而不来源于总公司的授权,无论授权与否,分公司经营的后果总是要由总公司承担的。在分公司的经营业务致他人受损失的,总公司不得以未授权为理由对受损他人的索赔请求行使抗辩权,即使分公司的某一业务活动超出了总公司的营业范围。

二、公司分支机构的法律地位和特征

公司的分支机构,即分公司以及其他非公司的法人企业的分支机构,在法律上不存在独立的民事主体资格,因为它既不是法人,也不是自然人。就分公司而言,它在实质上并非是公司,而仅与其总公司构成为同一公司,是总公司实体的组成部分。所以,学界普遍认为分公司不是公司。分公司虽不能独立承担民事责任,但它又有营业的资格,通常所讲的非法人经济组织中当然有其位置。

分公司的特征表现为:第一,分公司不同于子公司,不具备独立的民事或商事主体资格;第二,分公司业经合法成立,可以以自己的名义在总公司营业范围内开展营业活动,其民事活动的后果由总公司承受;第三,分公司的名称通常是在总公司名称后加上“(区域名称)+分公司”构成,如“中国平安保险公司北京分公司”;第四,分公司一般没有董事会等公司机关或机构,只设分公司经理,其地位相当于业务部门负责人;第五,分公司没有自己独立的财产,其占用的财产直接归总公司所有,列入总公司的资产负债表中;第六,分公司的经营收益应纳入总公司的收益中,由总公司一并缴纳企业所得税。

三、公司分支机构的设立和撤销

分公司的设立程序相对简单易行。按照我国《公司登记管理条例》的规定,设立分公司,需要登记的事项为:(1) 分公司名称;(2) 营业场所;(3) 负责人;(4) 经营范围。按照《公司登记管理条例》的规定,分公司设立时向公司登记机关提交的文件有:(1) 公司法定代表人签署的设立分公司的登记申请书;(2) 公司章程;(3) 加盖公司印章的《企业法人营业执照》复印件;(4) 营业场所使用证明;(5) 分公司负责人任职文件和身份证明;(6) 国家工商行政

管理总局规定要求提交的其他文件。分公司的登记机关确认文件齐备予以登记的，发给《营业执照》。分公司凭《营业执照》刻制印章，办理税务登记，开设银行账号，开展交易活动。

分公司被撤销时，由总公司的法人代表签署《注销登记申请书》并提交《营业执照》、公章等。分公司不具备破产资格，由于分公司本身不独立承担民事责任，其被撤销时的财产及债权债务关系均转到总公司名下，因而总公司可不经清算程序径直撤销它。分公司一经撤销，它作为总公司代理机构的地位便消失了。

第三节 外国公司

一、外国公司的含义

外国公司，是本国公司的对应概念。公司法上所称谓的外国公司，是指依照外国法律在外国组建和注册、具有外国国籍并经申请获准在本国设立分公司进行直接经营活动的公司。

从广义的角度讲，凡不在本国组建注册的公司都是外国公司，但这一范围未免太过宽泛也不是严格意义的公司法上的外国公司。公司法上的外国公司，具有以下特点：

(1) 依照外国法律在外国组建和注册。在市场经济条件下，各国的公司立法虽然相互能够借鉴，甚至有较大的趋同，但仍属于各国的国内立法。外国公司就本国而言，非依本国的公司法在本国境内组建和注册，而是依照外国的公司法在外国组建和注册成立，至于是哪一外国和哪一外国的法律则在所不问。需要说明的两个问题是：第一，以我国为例，中国的A公司或居民个人在海外投资，依某一国法律之规定在该国注册了一家B公司，这一B公司是否于中国而言构成外国公司的基本条件？这一答案是肯定的。其理由如下所述：一是B公司在海外某国成立，即为该外国的居民公司，虽然中国A公司是B公司的母公司，甚或是全资母公司，但这只是表明母公司与子公司的国籍不同而已，确定外国公司的标准不含有投资来源关系；二是本国公司法并不要求外国公司的投资来源一定是外国的公司或居民的投资资本，公司国籍的确定依主权管辖为准。第二，鉴于我国在香港、澳门地区实行特别行政区特有的法律制度，公司法例也概莫能外，又鉴于祖国大陆与台湾地区尚未实现统一(即使统一，法律体系上亦可保持不一致)，故将在该三个地区依当地公司法注册之公司在管理上也视为外国公司。

(2) 具有外国国籍。如同自然人自出生时自应取得国籍一样，公司自成立之日也具有一国国籍，受国籍国之管辖与保护。国外在确定公司国籍上有准据法主义、股东国籍主义、设立行为地主义、公司住所地主义的区别。而住所地的确定又有两种标准：一是以管理中心即通常所讲的公司总部所在地为住所地；二是以公司营业中心所在地为公司住所地。上述各种主张中，准据法主义为多数国家采用以确定公司的国籍，我国也采取这种标准，即依照何国法律成立的公司即取得何国国籍，非依中国公司法成立的公司皆为外国公司。

(3) 经申请获准在本国取得直接经营的资格。此一特征的适用，将与本国没有联系的所有外国公司剔除出去，唯有在本国具有经营资格才符合本国公司法规定的外国公司的条件。在本国取得直接经营的资格在公司法上是有特定的含义的：一是须在本国设立代表该外国公司的经营机构，不设机构的外国公司偶尔与本国的公司有贸易往来，甚至有长期的贸易往来，均不被认为是本国公司法上的外国公司，即不以在本国的业务量为依据，而要求有机构设立。二是设立的机构只能是分公司，而不能是子公司或代表处。这是因为只有设立分公司时,外国公司才以其名义在本国取得经营之认许,领取《营业执照》,国家对其进行常规管理。而代表处不能在本国进行营利性活动,设立代表处的意义在于市场考察和商务联络,但未取得经营之资格。子公司由于依本国公司法成立,是本国的法人,具有本国国籍,故不属于公司法上的外国公司范畴。三是根据我国国家工商行政管理总局的调查,在我国境内登记设立从事经营活动的外国公司分支机构除分公司外,还有长期合作项目的登记。这是一种特殊情况。

据上分析,公司法上的外国公司,实质是在本国设立分公司的外国公司。

二、外国公司的进入及管理

外国公司欲取得某一本国的经营资格,与该本国的其他公司一样享受国民待遇,拓展在本国市场上的发展领域,就要依本国公司法及其他有关外资管理的法律法规的规定向本国政府提出申请,取得批准证书并在公司登记机关依法办理登记,领取营业执照。上述手续是一个外国公司进入本国进行经营活动的正常程序,完成这一程序,才被本国政府承认为本国公司法上的外国公司。

世界上多数国家的有关法律对外国公司进入本国规定有申请许可的程序,且往往实行对等原则,如某国政府对本国企业去某国进行经营活动、设立分公司实行歧视性待遇的,该本国政府也对某国企业进入本国设立分公司实施报复性措施。按照我国《公司法》第 192 条的规定,外国公司在中国境内设立分支机构即分公司,必须向中国主管机关提出申请,并提交其公司章程、所属国的公司登记证书等有关文件,经批准后,向公司登记机关依法办理登记,领取营业执照。按照我国法律和行政法规的规定,外国公司在我国设立分支机构的主管部门一般为商务部和省级人民政府的商务厅局,但涉及特定经营行业的尚需有关部门批准,如金融业需经中国银监会批准,保险公司须经中国保监会批准,建筑业需经国家建设部门批准等。政府批准后,在登记时,须依我国《公司登记管理条例》第七章分公司的登记的规定以及国家工商行政管理总局的专项规定办理有关手续。

鉴于外国公司在本国设立分公司以从事经营活动,因此,要求其在某些方面必须达到开展经营活动所必需的条件。以我国《公司法》规定为例,其条件有如下方面:

第一,外国公司在中国境内设立分公司,应当指定分公司的代表人或代理人;

第二,外国公司应向中国境内的分公司拨付与其从事的经营活动相适应的资金;

第三,外国公司在中国所设的分公司,应当在其名称中标明该外国公司的国籍及责任形式;

第四,外国公司在中国的分公司应当在该分公司置备该外国公司的章程。

从各国法律规定来看,一般都允许外国公司在其境内进行业务活动,享有与本国公司相同的权利能力和行为能力,但各国也对外国公司实施必要的管理,以保护本国社会公共秩序及维护善良风俗。这种管理的要求通常有:外国公司的分支机构要遵守本国法律;按要求向本国政府提供有关财务活动报表;缴纳税收;分支机构的营业范围不得超出该外国公司的营业范围,某些行业虽然外国公司有权经营,但本国政府不准许外国公司在本国经营的,必须服从,如法国禁止外国公司进行军火、酒精或医药方面的贸易,意大利禁止外国公司从事银行业、保险业、海运业等,我国不允许外国公司从事赌博业、色情服务业等。

三、外国公司分支机构的撤销及清算

外国公司分支机构的撤销有两种原因，一种是该外国公司在本国经营期间严重违法、危害社会公共秩序和善良风俗，东道国的政府下令撤销；二是该外国公司总部因自身原因决定撤销。因为外国公司的分支机构是不独立承担民事责任的分公司，所以法律上要求该外国公司对其分支机构的经营债务承担民事责任。按我国《公司法》第 197 条的规定，外国公司的分支机构撤销时，必须依法清偿在华经营期间的债务，并按《公司法》有关公司清算的程序进行清算，未得偿清之债权，由外国公司继续清偿。为保护中国债权人的合法权益，法律要求在债务清偿完毕前，外国公司不得将其分支机构的财产转移至国外。通常情况下，公司的分支机构撤销，可以不经清算程序完成；我国公司法对于外国公司分支机构的撤销强制性要求进行清算，是出于对外国公司分支机构的撤销可能会损害中国债权人的利益的考量所定的。进行清算，就要在撤销分支机构的决定形成后，向中国的主管部门汇报并在中国境内进行公告，通知债权人申报债权。该分支机构在中国境内的财产首先必须用来偿还中国债权人的债权，有剩余时才可以出售或者移出境外，不足偿债的部分，由设立该分支机构的外国公司承担补充清偿责任。

四、外国企业驻华代表机构制度介绍

外国企业驻华代表机构是外国公司、外国企业依照中国政府的规定在中国境内中等以上城市设立的不从事经营活动，只从事业务联络活动的常驻代表组织，不具备法人资格，其民事责任由派出公司、企业负责。

规范外国企业常驻代表机构的法律文件主要是国务院《关于管理外国企业常驻代表机构的暂行规定》和国家工商总局《外国企业常驻代表机构登记管理办法》。任何国家和地区的企业、公司、各类经济组织有需要的，可以向商务部门申请设立驻华代表机构，设立后的外国企业驻华代表机构的业务范围包括商业联络、信息收集、洽谈、市场推广、产品介绍和技术交流等，但不可以进行经营活动，如不能进行合同签署、发出订单、签收发票、收取款项、持有存货等，否则会受到处罚。国际上一些大型企业在进入中国市场投资前，一般会先设代表机构以为前期安排，如银行金融企业等。

第二十章

母子公司与关联企业关系

第一节　母公司与子公司的概念

我国《公司法》第 14 条第 2 款规定："公司可以设立子公司，子公司具有法人资格，依法独立承担民事责任。"上述法律规定，表征以下合法的法律事实和关系：(1) 公司不仅可以作为投资者设立公司，成为其他公司的股东；而且可以绝对多数地持有其他公司的股份，成为该其他公司的母公司。(2) 被公司绝对多数地持有其股份的公司，为持股一方的子公司，由此形成母子公司关系。(3) 子公司为独立的公司，有法人资格，独立承担民事责任。上述法律条款，是我国《公司法》中关于母子公司关系的绝无仅有的规定，相关的内容也仅仅是提示性地规定了控股股东、实际控制人的基本法律义务以及对他们的法律定义，而对控股股东的定义实际上包容了对母公司的定义，因为控股股东中还包含了自然人控股的情况；颇具"先进性"意蕴的地方似乎就是公司股东"不得滥用公司法人独立地位和股东有限责任损害公司债权人的利益"的规定，这种规定的指向就是控股股东。比较起来说，我国《公司法》对母子公司关系的规定很显简陋，条款的内容仅仅体现法律的承认功能，对其中的复杂的关系远没有涉入。这说明，立法机关对这个问题尚有保留，尚有期待，理论和实践自身可以在不违背上述原则的前提下先行发展。

母公司与子公司的概念在各国和地区公司立法中有不尽一致的表述，如日本《公司法》第 2 条规定，母公司是指以股份公司为子公司及法务省令规定的其他控制该股份公司经营的法人；子公司是指公司持有其全体股东过半数的表决权的股份公司及法务省令规定的其经营为其他该公司控制的法人。美国《公用事业控股公司法》(Public Utility Holding Act of 1935)中规定，任何公司已发行的有表决权的股票，如为另一公司控制 10%或更多，则该公司为该另一公司的子公司，该另一公司为该公司的母公司。在美国 1934 年《投资公司法》(Investment Company Act of 1934)中规定一个直接或者间接持有他公司 25%表决权资本的公司，推定为他公司的控制公司，即母公司，他公司为该公司的子公司。德国公司法中没有提到母公司和子公司的概念，但其总则中明确了关联企业的概念和范围，并以"拥有多数资产的企业""占有其多数股份的企业""从属企业"和"支配企业"等术语来确定子公司与母公司的关系。德国法中所讲的关联企业除前述四种外，还包括康采恩企业、相互参股企业及一项企业合同(专指企业之间具有支配权属内容的协议)的签约各方。德国《股份公司法》第 16 条规定："如果一个在法律上独立的企业的大部分股份属于另外一个企业，或者另外一个企业有多数表决权(占有多数股份)，那么这个企业就是一个拥有多数资产的企业，另外的企业则是占有其多数股份的企业”。该法第 17 条规定:“从属企业是在法律上独立的企业,另外一个企业(支配企业)可以直接或间接地对该企业施加决定性影响。由一个拥有多数资产的企业可以推测为它从属于一个占有其多数股份的企业。”法国《公司法》规定如果一个公司持有另一公司半数以上的股份资本时,前者应为母公司,而后者则为前者的子公司。如果一个公司拥有另一个公司 10%至 50%的资本时,那么前者享有对后者的参与权。英国公司法将母子公司关系构成的标准确定为对子公司董事会的实际控制或控有子公司一半以上的股份。我国台湾地区“公司法”、香港地区《公司条例》和瑞典《公司法》在母子公司关系确立的标准上都涉及持股 50%以上或有一半以上表决权的内容。如我国台湾地区“公司法”第 369 条之二规定:“公司持有他公司有表决权之股份或出资额,超过他公司已发行有表决权之股份总数或资本总额半数者为控制公司,该他公司则为从属公司。除前项外,公司直接或间接控制他公司之人事、财政或业务经营者亦为控制公司,该他公司为从属公司”;该法第 369 条之三规定:“有左列情形之一者,推定为有控制与从属关系:(1) 公司与他公司之执行业务股东或董事有半数以上相同者。(2) 公司与他公司之已发行有表决权之股份总数或资本总额有半数以上为相同之股东持有或出资者”。我国台湾地区“公司法”第 369 条之三中的第 2 项规定的情形实际是关联企业关系,是受同一股东控制的两个兄弟公司或姊妹公司之间的关系,是关联企业关系的一种,但我国台湾地区“公司法”规定的“关系企业”的种类只有两种:一是控制与从属关系之公司;二是相互投资之公司;而其“公司法”第 369 条之三又用了“推定”一词,当属考虑周延。

我国《公司法》没有使用“母公司”一词,更没有利用一章或一节甚至数条规定关联企业,没有形成体系化的“控制公司与从属公司”或者“母公司与子公司”的法律规范群组,也未对公司相互持股问题作出限制性规定;对子公司没有从与母公司的相互关系的角度加以定义,只是笼统地肯定其有法人资格,为独立承担民事责任的公司。但 2005 年修订的《公司法》还是在这个问题上有所进步,其第 217 条第 2 项(现行《公司法》第 216 条第 2 项)规定的控股股东的定义实际已经包容了母公司在其中:“控股股东,是指其出资额占有限责任公司资本总额 50%以上或者其持有的股份占股份有限公司股本总额 50%以上的股东;出资额或者持有股份的比例虽然不足 50%,但依其出资额或者持有的股份所享有的表决权已足以对股东会、股东大会的决议产生重大影响的股东。”此外,单独增加的一个“实际控制人”的概念,以定义方式把不具股东身份的各色控制主体悉数包揽了,其中当然包含了非典型的母公司。由上述可见,我国《公司法》对母子公司关系形成的持股比例已然规定,但是由于没有按照对应关系安排,需要从学理上加以整理时变得很困难,似乎出现了“控股股东与子公司”的关系模式。然而,依据传统公司法的一般理念,控股股东的概念是一个上位概念,其中包括持股 50%以上的母公司和自然人股东,这种情况被认为是绝对控股股东(下位概念),而持股不足 50%但仍然在所有股东中属于最多数股份持有者的,可称为相对控股股东(下位概念)。控股公司是控股股东的一种,另一种是自然人。控制股东的说法涵盖了依持股比例形成的控制关系和依其他方式形成的控制关系。这些概念再加上支配企业、拥有多数股份的企业、拥有多数资产的企业等,在各国的公司法中错落使用,恰如山重水复、峰回路转、似晴却阴的迷津与天候,表象如出一理,深处各具千秋。这个问题的确是公司法学习中的难点问题之一。

我们不妨着力探究一下公司法规定母子公司关系法律制度的公共意志的价值。公司与公司之间本应当是利益相互独立的个体,但公司之间的投资持股行为使公司之间的亲疏关系发生了变化,使得公司控制权的行使受到其他种种因素的干扰而偏离公司自身利益最大化的目标,这种偏离往往会对公司其他利益相关者(stakeholders)的利益造成损害。平衡公司各利益主体的利益是现代公司法的社会目标,确立母子公司关系并从公司法的制度体系中予以规范是符合这个目标的。母子公司的概念及制度安排本是传统公司法的内容,在现代社会中更显重要,因为围绕公司控制权的交易越来越多、越来越大、越来越纷繁复杂。无论从表现公司法的传统价值,还是追寻公司法的现代理念,我们都需要在公司法的框架下建立母子公司关系的完整制度。规范母子公司关系不仅可以在公司法领域对控股行为实施干预和引导、促进控股股东在公司决策活动中行为的合理化、增加公司投资关系的透明度、限制不合理的相互持股,而且可以对公司会计事务的处理提供立法阶位更高的依据支持。因为,如果母公司是上市公司,母公司自身的经营业绩需要向股东通过年报、半年报形式予以披露,由于子公司占有母公司的巨大投资,子公司的经营业绩不体现在母公司的信息披露之中,母公司的信息披露就存在重大遗漏,所以母公司的会计报表应当合并子公司的经营业绩,素称“合并报表”。由此可见,在母子公司关系形成的标准上不能不确定出一个数量的概念,它可能表述为股东大会上的投票权数量,也可能表述为公司资本中的持股比例。至于“控制权”在各国公司法或证券法上的表述大相径庭,采用不易。从持股角度看,50%以上为许多国家所采用,就一个子公司只能有一个母公司的视角看,是适当的把握。持股在10%—50%之间,可以认定为控股关系,或者说是关联企业关系。因此,我们给母公司和子公司所下定义为持有另一家公司发行在外的股份超过50%或在该另一家公司股东会中行使一半以上表决权的公司,为该另一家公司的母公司,该另一家公司为子公司。一家公司拥有另一家公司的一定数量的股份或资本(低于50%,超过10%),对其具有实际控制权的为控股公司。母子公司关系为绝对控股关系,后一种控制公司与从属公司的关系为相对控股关系。一家公司持有另一家公司10%以上的股份,该公司与该另一家公司形成关联企业关系。对于这一标准的比例,我国香港H股市场规定为10%,但国内A股市场规定的标准为5%。另外,在公司法的实践和理论层面已经形成了这样的法律判断或者说是法律的定理:即子公司的子公司也是母公司的子公司。换句话说,孙公司也是母公司的子公司。这样的制度规范的产生,主要是为了防止母公司通过孙公司去规避法律对关联交易的规制。受同一股东所控制的两个以上的公司之间是兄弟型或姊妹型关联企业关系。

第二节　母子公司间法律关系的特征

一、母公司与子公司各自具有独立的法人资格

母公司在公司形式上不论是股份有限公司,还是有限责任公司,抑或其他形式的公司,它本身在法律上具有独立的人格,是企业法人,独立对外承担民事经济责任;子公司虽其资本股份被母公司控有一定比例,或它与母公司订有支配合同,但这并不影响它在法律上的独立性,它也具有独立的法人资格,即使其全部资本来自于一个母公司的投资,成为该母公司的全资子公司,其法人地位依然成立。事实上,母公司选择组建和发展子公司的方式除了实现扩展其业务并且能够界分两个公司之间的行业、财务、人事的间隔外,还在于看重子公司在法律上具有独立人格和能独立承担民商事责任这一特质,如此便可以降低母公司进行商业投资的风险。

二、母公司持有子公司 50%以上的股份

母公司与子公司在法律上的连接因素是母公司持有子公司 50%以上的股本,如此便形成了母公司对子公司的支配关系。母公司通过购买子公司发行的股份,或与其他投资主体合资组建子公司,或单独投资设立全资子公司等方式达到这种目标。不存在投资关系的两个以上的公司,因在商业活动中存在着强烈的依赖关系,因而可以签订一份企业合同(也称为支配合同)。企业合同是指一个公司将公司的领导权置于另一企业之下(谓支配合同)或负有将其全部盈利或大部分盈利支付给另一企业的义务的合同(谓盈利支付合同)。公司承诺为另一企业的利益而经营本企业的合同,也被视为是全部盈利支付合同。在企业合同中,处于支配地位的公司即为控制公司,处于受支配地位的公司即为附属公司。

对于以投资方式形成母子公司关系的,各国公司法上所定的控股比例有不同,日本公司法律制度规定母公司持有子公司的股份占半数以上,德国则无具体比例的规定,但要求"大部分股份"或"多数表决权(占有多数股份)",欧共体委员会在一个案件(Arjomari-Prioux v. Wigging Teape)的处理报告中提出:如果一个子公司的其他股份非常分散,那么获得一个公司 39%的股份则构成母子公司控制关系。韩国《商法》规定母公司是持有其他公司股份 40%以上的公司,该其他公司为子公司。我国《公司法》规定控股股东的持股比例为 50%以上。实践中少数公司股份为全部流通的公司,某一公司持有其 30%或更低些时即可以达到相对的控股地位,形成控制与被控制的关系。至于以企业合同方式形成公司之间的控制关系,而这种控制关系必然是关联企业关系,我国法学界多数学者也是认可的,但大家多不认同这种方式形成母子公司关系。比如,一家公司承包经营另一家公司,承包方与被承包方之间一定会形成紧密的控制关系,这种控制关系必须被认定为关联企业关系,但无论如何不可以看成是母子公司关系。控制,是母子公司关系形成的结果而不是原因。

三、母公司对子公司有控制权

公司企业的管理权是依照股东在公司中的投资比例分配的。由于母公司在子公司资本构成中占有一半以上的集中的多数股份,而其他股份则被较多的股东分散持有,难以形成集合的优势。因此,母公司能够实际控制子公司。在公司股东大会上,正常决议事项范围内,母公司的意志往往就是公司股东大会的意志,因为公司法或公司章程一般对正常决议事项规定通过的持股比例为公司全部股本的 50%以上,而母公司已经具有了这个条件;股东大会通过非常事项因此规定有更高的持股比例时,没有母公司的同意,事实上根本不可能通过任何决议事项。当然,依据规范关联企业行为的法律或公司章程的规定,公司议决事项必须让母公司回避表决或限制母公司投票权数量的情况除外。此外,母公司通常还通过在股东大会上选举自己委派的人员进入董事会来实现对子公司的控制,以使子公司的业务活动符合母公司的总体规划和要求。

第三节 母子公司关系的商业功能分析

企业的竞争往往导致公司产业的规模集中,而企业集中又是大公司参与竞争的一种方式选择。形成母子公司关系便是企业集中的一种典型形式。在母子公司关系中,就企业规模而言,母公司一般是资产雄厚、较具竞争实力的大公司,子公司则相对较小,母公司在海外

的投资又使其变为跨国公司或跨国企业集团。事实上,西方国家一些较大的母公司不仅是跨国公司,且其一个公司在全球拥有的资产往往比一个中小型发展中国家一国的国民财富还要多,这已不是耸人听闻。公司企业因投资关系而形成母子公司关系后,就会形成规模经济效益,增强母公司的经济实力,对子公司而言也具有“背靠大树”图发展的积极价值。母子公司间在经济上的互补性和优势主要有以下方面:

第一,可以扩大母公司的资产规模和经营规模。一个公司在资本积累达到一定规模时,如果仅在其自身基础上发展,就会有许多困难,诸如资金利用效益会降低,或者没有可供就近开发的资源,能源供应限制等。这种情况下对外扩张的一个重要途径是设立子公司,扩大母公司的经营规模,或者购买其他公司的股份使其变成自己的子公司,以相对较少的投入支配更多的资本。如此,不仅使母公司的资产在实物形态上扩张,而且带来了资本的证券形式的扩张,而这后一种扩张往往会给母公司带来几何级数的效益增长。此外,也使母公司间接经营的范围和规模得以扩展。

第二,改善企业外部经营环境,通过增强企业经济实力提高竞争能力。市场经济条件下,商业竞争异常激烈,若非不断壮大自己,一个企业难以在竞争中持久发展或生存。母公司以其已有的资本实力并购其他企业,尤其是在经营业务上有竞争关系的企业,使其成为自己的子公司,就可以在一定程度上缓解甚至控制竞争的激烈程度,改善外部经营环境,提高自己的经济实力,以与其他未被并购的企业和国外企业展开新的竞争,从而发展自己。如日本细川株式会社是一家生产粉碎机和混合机的生产企业,1982 年它首先收购了世界有名的混合机械企业——荷兰的那乌达公司。1983 年,又经过艰苦努力收购了曾威胁那乌达公司生存的竞争对手——荷兰费利格公司。在收购费利格公司时,细川公司本部不同意见十分强烈,但收购后从费利格公司的文件中发现了打垮细川公司的详细方案,大家都庆幸避免了一场苦战。细川公司收购该两家公司为子公司后,调整了经营方针,迅速使圆锥形混合机、真空干燥机在欧洲占领 90%的市场,取得了空前成功。事实上,自然的竞争不仅会产生优胜劣汰,而且会使资源配置优化,使优势企业的经济地位更加巩固。因此说,通过并购确立母公司与子公司的地位与关系,这本身就是市场经济竞争的必然结果。

第三,提高母公司的商业知名度,取得企业经营的延伸利益,巩固其经济地位。通常情况下,一个公司拥有较多的子公司,在市场上的商誉就高,客户和消费者也容易认知并接受其产品和服务,企业的名称、商标、专利技术和专有技术以至于企业形象均可以为企业带来延伸利益,企业的融资能力、新产品开发能力均会得到提高。此外,在证券市场上,母公司在合法范围内购进子公司发行的股票,一般也会促使母公司或子公司股票价格的上扬,从而使母公司从中获利,不仅取得短期的控制权溢价利益,而且会获得在证券市场上融资的更多机会。这种情况在商业实践中不乏事例证明,如美国可口可乐公司宣称其产品的秘方价值为 30 亿美元,这与可口可乐公司在全球范围内组建庞大的子公司系统生产销售其产品有关,美国《幸福》杂志每年统计公布的全球 500 家大企业,无不具有其自己的母子公司系统。目前我国少数大型企业也正在依《公司法》的规定及其他国家相关法律规定在世界范围内发展母子公司关系,或组成企业集团,以提高自己的经济实力和国际知名度,参与国际竞争。

第四,可以分散经营风险,限制责任范围。股东对公司以投资额为限承担责任,这是人类商业文明史上的一大创举。按照我国《公司法》及其他各国公司法的一般规定,子公司是具有法人资格的独立承担民事责任的商业组织,母公司不论是持有子公司的一定比例的股份,或是全资设立子公司,母公司均不直接对子公司经营的后果负责,只要其对子公司的投资已到位，且不存在对子公司经营的非法操纵（有学者称过度操纵）。一个公司拥有较多的资产，经营项目又很多，地域分布广，管理上势必鞭长莫及，任何一个项目或一个地方的经营出现问题，产生大量债务，就会牵累整个公司的经营，风险管制就会很困难。在英语世界中有个说法，“Do not put all the eggs in one basket”，就是讲不要把所有的鸡蛋放进一个篮子里。子公司就是母公司分别盛放鸡蛋的篮子。同时，在不同的国家和地区，通过设立子公司往往可以起到避免汇率所致的风险的作用，这已为企业发展的无数事实所证明。一般来讲，当一个公司异地经营的项目是专事销售其产品并提供售后服务或不作经营只是考察当地经济、扩大联系的，风险本身较小或控制得当，为取得客户信任可以设立分公司（分支机构）或代表处、办事处；如经营项目不同，且存有较大商业风险的，则可以设立子公司。这样，子公司在经营中的正常负债，不由母公司承担，即使子公司破产，母公司所受损失仅仅限制在对子公司应当完成的投资部分，这种情况在母公司跨国经营或在风险较大的行业中投资时更为常见。

第五，可以降低母公司产品销往他国时的关税成本以及避开非关税与其他贸易壁垒的限制。国际投资是跨国公司采用的利用其他国家原料和自然资源、打入和占领当地市场的重要途径。由于各国尤其是发展中国家对本国经济发展予以更多的考虑，而对外国公司的产品进入本国实施较多的限制，或是制定较高的进口关税，或是安排进口产品配额，或是颁发进口许可证等，都使得外国公司产品进口至本国时代价昂贵，丧失价格优势，但如果该外国公司在本国境内设立子公司，利用本国资源及相对廉价劳动力，因为能促进本国经济的发展、带来高新技术、引入先进设备及管理机制，则往往受到资本输入国的欢迎，甚至规定税收及其他政策上的优惠来吸引跨国公司在本国设立子公司。对于跨国公司来讲，在资本输入国设立子公司生产产品，又在子公司所在国利用收购的子公司的销售渠道销售产品，就会减少产品进口的许多麻烦并降低成本，且所赚利润又能汇到母公司，这当然是利大于弊的良好选择，尤其是从要占领资本输入国市场的战略考虑方面，唯此才可制胜。20 世纪 80 年代中期，日本精钢公司面对国内市场需求下降，及时调整其投资方向和规模，制定了适应品种多、产量少的市场要求的少批量订货、短期内交货的生产体制，进军美国，设立并购子公司，提出了著名的“Manufacture where you sell”定理，即在哪儿卖就在哪儿生产。该公司在 1986 年收购了美国 Servise Spring 公司后，业绩辉煌。

据统计，目前全世界跨国公司的母公司已超过 4 万家，它们在他国设立了逾 30 万个子公司。

第六，可以促进子公司的经济发展水平。母公司一般来讲，财力雄厚，技术先进，管理规范科学，这对一些已有公司谋求变为其子公司是有吸引力的。如此，可获得母公司的资本、技术支持，提高管理水平，在生产环节上与母公司及其他子公司形成链条，大大降低交易成本，降低竞争风险，提高盈利水平。因此说，子公司受母公司控制，从子公司地位考虑也是极有商业价值的。单纯从商业利益上考虑，与大公司合作以至于谋求成为其子公司，受大公司控制对子公司的股东来讲，并非是坏的选择。正是基于这样的理念，目前我国许多国有企业寻求与国外公司进行合作，不仅期望企业获得在市场经济环境中的生存机会，而且谋求改制，这也是我国各级政府表彰和倡导的新产业政策。

第四节 对母子公司关系的法律规制

母子公司关系事实上是最大的股东公司与所投资公司(订有企业支配合同时则为控制公司与受控制公司)之间的关系,各国一般未有单独立法对其实施调整,主要仍是在《公司法》及《证券法》中加以规范。由于母公司能够控制子公司,因而母公司行为的合理与否就牵涉到子公司其他股东和债权人的利益,法律上既承认母公司的基本控制权,但也对其权利的滥用规定了限制制度,从而使基于这一关系而产生的各方权益及社会利益得到公平的维护。

一、法律许可的母子公司关系产生的方式

母子公司关系产生的方式有多种多样,而这种关系产生的主动权往往在于母公司一方。依母公司所作的决策选择和行为方式来看,产生母子公司关系大体上有以下几种:

(一)通过收购建立母子公司关系

母公司通过协议方式收购已有的企业,或通过协议方式或集中竞价方式大量买进另一公司的股票或股份。收购行为不同于企业合并(与此相关的是企业合并中的吸收合并)。发生企业吸收合并的场合,被吸收企业如是具有法人资格的企业,则要丧失其法人资格,其财产自然被融入合并企业之中,其债权债务也由合并方企业享受和承担。在收购发生时则情况有别,由于收购在法律上和学理上已然界定在公司与公司之间,公司是具有法人资格的经济组织,被收购的公司或非公司形式的其他有法人资格的企业不丧失其法人资格,公司的收购只是目标公司的股权发生转移,而不改变其独立法人状态。因此,母公司通过收购其他公司,使其变为自己的子公司,便是最为省力的发展子公司的方式。母公司收购子公司,该子公司的子公司则自然为母公司的"孙公司",正所谓"子公司的子公司也是母公司的子公司"。收购一般分为通过协议收购和通过证券市场的收购两大类。

(二)通过设立行为建立母子公司关系

一个公司其经营业务有必要扩展时,可根据各种因素(包括地域分布、投资环境、资产结构、行业区别、风险、税收、管理机制等)直接投资设立子公司。设立子公司,既可以将母公司的某些部分分立出去使其成为独立的公司,也可以单独在本地或异地另行融资设立子公司;既可以设立全资子公司,也可以同其他投资者联合资本设立合资企业,并在合资企业公司中占有使其成为子公司的资本比例;既可以设立生产经营性的子公司,也可以设立纯粹的控股公司或资产管理经营公司,去控制其他公司的业务活动,并使受控股公司支配的公司成为自己的子公司。

(三)通过订约方式形成母子公司关系

母公司与其他公司签订企业合同,使其他公司在商业上接受母公司的支配和指导,成为子公司。从这个意义看,我国《公司法》第 216 条规定控股股东的持股比例,然后补充"实际控制人"是科学合理的做法。

二、母公司与子公司相互持股的限制

从世界上商事法律较发达的国家和地区来看,多数国家的公司立法原则上对子公司持有母公司的股份是有限制性规定的。当然,这种限制的力度在不同国家有不同的规定,体现了不同国家立法者不同的公司管治政策。一些国家限制较严,不仅限制子公司持有母公司

的股份，对未履行告知义务前已经持有的股份要求在合理期限内转让或由母公司购回后消除，同时规定在处理以前不得行使股东权，如瑞典、日本、法国等。法国公司法规定：如果一个股份公司持有另一股份公司10%以上的股份，后者就不能取得前者的股份。已经取得的，则要在一定期限内转让或降至不超过10%，并不得行使表决权。再如瑞典《公司法》规定：子公司不得取得母公司的股份，唯一的例外情况是子公司接管了别的企业，而该企业刚好是母公司的股份持有者。对于由这种情况造成的子公司对母公司股份的合法持有则应通过母公司赎回以减少资本的方式注销或由子公司将其转让出去，不管哪种方式，应当在两年之内处理完毕。在该两年期限内，子公司持有母公司的股份不享有它所代表的权利和股东大会的表决权。日本原《商法》第二编是公司，其第210条之二规定，母公司持有子公司半数以上的股份，子公司不能取得母公司的股份，除非有以下情况：(1) 合并或受让其他公司的全部营业；(2) 行使公司的权利，为达到其目的而必要时。这种要求同样适用于子公司的子公司。原已持有的应在相当时间内处分掉。由于日本公司法律制度规定只有母公司持有子公司一半以上股份或资本时才限制子公司持有母公司股份，而在多数情况下，持有一个公司资本的20%—40%则完全可以控制该公司，因而实际上日本大公司相互之间持股现象十分普遍，形成了日本经济中环型企业集团的特殊景观。德国公司法不限制企业相互持股，只是要求持股达25%时应即通知对方。德国公司法将母公司称为支配企业，子公司称为从属企业，当相互都能支配时则看成是互为支配和互为从属。我国《公司法》对于子公司持有母公司股份未作规定，这并不是立法上的疏忽，主要原因还是我国的商事法律管制经验不足，国家管制难以一次性一步到位，需要通过实践逐步完善之。法律上限制母子公司相互持股，一是防止产生永久性封闭管理体制，因为子公司取得母公司的股份，实际上间接控制了自己的股份；二是防止公司资本空虚，并被无限制地重复计算和相互增加，危害债权人利益；三是防止公司董事为某种个人利益而滥用表决权，从而堵塞不公平选举交易的现象发生。

三、母公司持有子公司股份时的告知义务

现代各国公司法一般规定，母公司取得一股份公司发行在外的一定比例的股份时，必须向该股份公司及时告知，并要在指定报纸上公告。如德国公司法规定，当一个德国公司取得了另一个德国股份有限公司25%以上的股份时，必须通知该公司。被取得股份的公司则须负责在官方公报和公司指定的报纸上公告其收到的通知。在公司相互持股的情况下，首先通知的公司取得另一公司的表决权，但另一公司在该公司的表决权则不论持股多少，要限制在25%以内。法国公司法将通知义务发生的条件规定为持股10%。意大利公司法则规定为持股2%，但上市股份公司取得不上市公司股份的10%以上时才须通知，对未通知的持股，禁止行使表决权。有的国家未作规定，如比利时；有的国家和地区的公司法规定个人或公司取得公司股份时无须通知，如泽西岛公司法。我国《公司法》虽未规定，但《证券法》规定，通过证券交易所的证券交易，投资者持有或者通过协议、其他安排与他人共同持有一个上市公司已发行的股份达到5%时，应当在该事实发生之日起3日内，向国务院证券监督管理机构、证券交易所作出书面报告，通知该上市公司，并予公告；在上述期限内，不得再行买卖该上市公司的股票。投资者持有或者通过协议、其他安排与他人共同持有一个上市公司已发行的股份达到5%后，其所持该上市公司已发行的股份比例每增加或者减少5%，应当依照前款规定进行报告和公告。在报告期限内和作出报告、公告后2日内，不得再行买卖该上市公司的股票。书面报告和公告的内容应当包括：(1) 持股人的名称、住所；(2) 持有的股

票的名称、数额；(3) 持股达到法定比例或者持股增减变化达到法定比例的日期。

在大陆法系国家中，有限公司与股份有限公司有区别，欲持有一有限公司的股权而成为股东的，通常依法律和章程规定必须首先通知其他股东征求意见，而此时公司也会自然获悉。在股权发生转让的情形下，公司需要负责变更记载股东名册和变更登记，之前的获悉并非是股权持有变化前须履行的通知义务的结果，即股权流动不需要首先通知公司。

四、母公司与子公司间的基本关系

(一) 母公司对子公司实施管理

由于母公司在子公司的股份资本中占有足以控制子公司的比例，因此，母公司事实上有权对子公司的商务、人事、财务进行管理，这也是母公司发展子公司的目标之一。一般来讲，子公司不能对抗母公司的正常管理活动。母公司往往通过多数表决权将自己信任的人员选入子公司的董事会，以通过董事会多数执行母公司的指令。德国公司法规定，支配企业有权向公司董事会下达有关公司领导方面的指示，从属企业董事会有义务执行支配企业的指示。更有甚者，美国《标准商事公司法》第 11 章第 11.05 节规定，一家母公司拥有一家子公司的至少是 90%的各类已售出的股票的投票权，就可以由母公司的董事会独立决定把子公司合并进来，不必由母公司的股东会和子公司批准，这种合并被称为简易合并。这种对子公司的强制合并和股票收购，已大大地扩展了母公司的权限，省去了不必要的议决程序。

(二) 公司集团的合并报表

母公司与子公司各有法人资格，各是独立的纳税主体，因此在财务核算上是独立的。但对于母公司的股东来说，以母公司为核心组成的子公司群体的财务状况直接牵扯到他们的利益，因而法律上也要求母公司的年度财务报告中应包括子公司的部分。这即是说，母公司除了要制作自己的财务报告外，还要制作公司集团的财务报告。德国公司法与法国公司法对此均有较为详尽的规定。其主要内容有以下方面：(1) 商业公司应每年制作和公布集团账目以及关于集团经营的报告；(2) 集团账目至少包括集团的资产负债表和盈亏账目及必要的附件；(3) 集团账目及附件应按政府颁布的法令所确定的方式制作并公布；(4) 集团财务报告要经母公司董事会通过后，经母公司的审计员、会计监察人审核，提交股东大会讨论通过；(5) 集团财务报告的作用是有助于股东、公司和政府对集团经营状况的了解，而不具有单独公司财务报告的法律意义。

我国《公司法》对集团公司财务报告未作规定，以前的《股票发行与交易管理暂行条例》第六章中规定，公司的年度报告中要求列明："公司及关联人一览表和简况"，以及由注册会计师审计的上市公司为控股公司的连续两年的比较合并财务报告及附表、注释。从实践来看，1993 年后的上市公司年度报告中均明确列有"子公司与关联企业"或"下属单位与关联公司"。这种情况不是严格意义上的集团公司财务报告，只是母公司年度报告的必要补充。

1995 年 2 月，我国财政部发布了《合并会计报表暂行规定》，对母子公司财务合并报表作出了规定。1995 年 3 月 1 日，中国证监会向上市公司转发了该文件，要求各上市公司在编制年度报告时认真执行该《规定》。此外，1999 年 3 月 1 日，中国注册会计师协会发布了关于审计合并会计报表的专业规范——《独立审计实务公告第 5 号——合并会计报表审计的特殊考虑》，它在会计师审计合并会计报表的业务活动中具有指导功能。2006 年，财政部发布了《企业会计准则 33 号——合并财务报表》。该《准则》规定合并财务报表应该包括合并资产负债表、合并利润表、合并现金流量表、合并所有者权益变动表和附注。控制一个或一个以上主体(含企业、被投资单位中可分割的部分,以及企业所控制的结构化主体等,下同)的主体应编制合并财务报表。母公司应将其全部子公司(包括母公司所控制的单独主体)纳入合并财务报表的合并范围,除非如果母公司是投资性主体,则母公司应当仅将为其投资活动提供相关服务的子公司(如有)纳入合并范围并编制合并财务报表。该《准则》取代了财政部1995年发布的《合并财务报表暂行规定》,不再对构成母子公司关系的情形采取列举式规定,而是规定合并财务报表的合并范围应以控制为基础予以确定,并对控制给出明确定义,即“投资方拥有对被投资方的权力,通过参与被投资方的相关活动而享有可变回报,并且有能力运用对被投资方的权力影响其回报金额”。对投资方持有被投资方半数以上的表决权的,投资方持有被投资方半数或以下的表决权,但通过与其他表决权持有人之间的协议能够控制半数以上表决权的,推定为投资方对被投资方具有权力。在这里,我们承认财政部发布会计准则的积极作用,母子公司合并会计报表的业务规范由其制定和发布是适当的,但是由于《公司法》没有对母子公司关系构成作出明确规定,财政部的规定立法位阶太低,去定格显然有越权之嫌,且财政部对“控制”的定义与《公司法》第216条有明显不一致之处,产生实践适用的困难。

(三) 关于子公司利益的特别保护

子公司对母公司而言,是具有从属性的。子公司通常要执行母公司的指示,以使其业务活动符合母公司的要求和公司集团的利益。在德国,当母公司的一项指令有损害公司集团和子公司利益之虞时,通常要由子公司的监事部门讨论或执行,或向母公司提出意见停止执行。但母公司董事会再次决定执行的,子公司必须执行。由此,很可能会使子公司的利益以及子公司债权人、少数股东利益受损害。法律上一般要求母公司的董事长、总裁应以极认真、细心、正直的态度对子公司下指令,这是强制义务。如果违反这一义务,母公司应作为控股股东对子公司受到的损失负赔偿责任。

当一项要求母公司承担赔偿责任的诉讼提起后,应由母公司的董事自己证明其已尽了注意义务,举证责任由被告方承担。子公司、子公司的债权人、股东均可提起诉讼,子公司进入破产程序时,由破产管理人代股东和债权人提出。侵权行为构成时,母公司的负有责任的董事长、董事及行政管理人员还要承担个人赔偿义务。

五、公司并购、企业支配合同与反垄断

母公司通过合并和收购(merger & acquisition, M&A)方式及与其他企业签订企业支配合同发展以母公司为核心的企业集团,在客观上一般会对商业竞争形成程度不同的抑制。国外发达国家普遍制定反垄断的法律来限制过度的合并与收购行为以及以妨碍竞争为目标的企业支配合同。世界上第一部反垄断的法律是美国1890年颁布的《谢尔曼法》(Sherman Act)。根据该法第1条,限制交易的任何协议或垄断的企图及合并之行为,都是被禁止的。1914年,美国制定了《谢尔曼法》的修正案——《克莱顿法》(Clayton Act),开始直接调整妨碍竞争的合并行为。根据该法规定,通过合并或协议方式在相当程度上削弱竞争或可能导致垄断的股份收购或资产的购买是不适当的合并行为。1914年,联邦议会还根据法律成立了联邦贸易委员会,会同司法部共同执行和解释《克莱顿法》。在法律的执行中,最大的问题是母公司购并子公司时,如何把握对妨碍竞争的理解及确认的标准,并且随着时间的推移,竞争转入国际市场,限制国内企业的合并终究会导致削弱国内企业的竞争力,这是立法者所不愿看到的。到1968年,司法部反托拉斯局(antitrust division)规定了一个合并指导方针

(merger guideline),具体颁行了一些操作标准和规程。德国、日本等均有反垄断的法律对企业并购行为进行调控。一般来讲,政府要求对数额庞大的收购与合并要事先申报,经批准后才可签约实施;政府也依职权可对任何收购活动进行监控。当然,在如美国这样市场经济高度发达的国度中,M&A 已成为商业经营的战略方式而被广泛采用,每年约有 4000 件以上的购并活动,政府很难一一进行审查,只能是个案处理。进入 20 世纪 80 年代以后,政府事实上放松了监控,除了对一些重要行业(如与国防有关的产业)限制或禁止外国公司的购并活动外,对其国内母子公司关系的空前发展则放松了调查和管制。地方政府和联邦政府则鼓励本州或本国企业在海外并购子公司。

六、反避税

西方国家的税收法律制度中强调实质征税的原则,以体现税收的公平合理,同时也防止纳税人偷税漏税。在母子公司关系中,往往发生扩大成本、转移支付、交换摊销费用等方式逃避税负的事情,特别是在跨国公司中,还常常采用避税港来减少税收负担。税务机关在这种情况下正是利用实质征税这一原则予以对付的。如德国《租税通则法》第 42 条规定:"纳税义务人不能借民法之形式规避税收",日本税法也有类似规定,而美国则根本不承认税收饶让制度,即发展中国家对美国企业在东道国的投资收入予以减免税优惠的,美国概不承认,也不与任何国家签署不再征税的协定条款,只承认避免双重征税的协定,这是实质征税原则的彻底体现。随着国际经济的广泛发展,税收来源的国际化也呈现出扩大的趋势,许多发展中国家也在税收法律中规定了实质征税原则。

七、母子公司对第三人的财产责任

无论是从传统上还是在实际生活中,公司虽然具有独立的法人资格,但股东是公司的真正所有者,公司可以由股东整体出售或被解散。在母子公司关系中,子公司或者为母公司的全资子公司,或者由母公司持有子公司一半以上的发行股份,这些都构成了母公司财产的整体,只是存在形式不同而已。从对第三人的财产责任来讲,事实上有两种情况:第一,母公司直接占有并经营管理的财产不足以清偿对第三人的债务时,或破产或解散,母公司在子公司的全部股份应当用来为母公司偿债,这并不影响子公司的独立法律地位。当然这种清偿在政策上要考虑到子公司营业的继续性,不可以以连锁破产的方式去实现第三人债权,此时的清偿方式应当在资产评估的基础上整体出售、接管或由若干个股东(债权人演变而来)共同拥有。因此,母公司原有子公司的股份,不管是出资证明(有限公司)或是股票均可按市场价值仍以证券资本形式受让于债权人。第二,子公司以其直接占有的财产不足清偿对第三人债务时,或破产或解散,母公司一般只以投资额为限承担责任,只要其投资真实到位并未有撤资事实发生,就不发生连带清偿责任。子公司只以其全部财产(包括对孙公司的投资)对第三人负清偿责任。

西方国家在司法实践中形成的直索责任制度,或者说是对子公司法人人格的否认制度,我国《公司法》也已经作了原则规定。公司人格否认制度只是有限责任制度的例外安排,其法律机理比较复杂,本书在后面有专章介绍。

第五节　关联企业关系

一、关联企业的概念及法律适用

关联企业，是指与其他企业存在特殊经济联系的企业。关联企业作为一种具有法律内涵的术语，既揭示一个独立的企业，它与另外的特定企业之间存有某种必得由法律予以关注和规制的经济联系，处于这种联系中的企业相互之间一旦发生交易或者其他经济往来，决策的环节或者交易往来的内容会受到私利性、非市场化因素的影响；同时，又表达出企业之间存在的特殊经济关系，这种经济关系渗透至各关联企业的骨髓与血液中而不能不对企业的行为产生制约。从单纯语义学的角度理解"关联企业"，就如同我们理解"情侣"这个词语一般，"情"是指人与人之间的特殊关系，侣是指陷于爱河中的人。所不同的是，"情侣"一词代表了人类社会浪漫而美好的寓意，始终不变；"关联企业"一词正在逐渐失去其中性的语义定位，开始或多或少吸收了一些贬斥的意蕴。

实际上，从更精确的角度辨析，"关联企业"一词，在更多的场合是指称与特定的其他企业存有某种特殊联系的企业。这种关系的存在若不加规制的话，按照商业社会的运作常理足以让人们确信牵涉其中的企业难保其独立性，利益的输送会在更亲密的主体之间暗暗流动，或者在貌似公正的交易中让关联人获利，使以企业作为载体建构的利益存在和利益期望关系格局受到不合理的毁损。法律指称某一企业与他企业存在关联关系，正是为了防止他们发生损害他人利益的关联交易。最为广泛的关联企业关系是因企业之间纵横交错的投资活动形成的，母公司或持有被投资企业较多股份的控股公司通过控制子公司和被投资企业的管理权而追求自身的特殊利益，其行为同时自然会损害其他中小股东和公司债权人的利益以及政府的利益。然而从公司控制权的非正常行使导致的关联交易角度去观察，"关联企业"一词远不能包容与公司存在关联关系的各类主体，如一人公司的股东、公司的董事、经理人、公司高管人员的近亲属等，他们直接或间接地都会对企业的决策产生某种程度不同的影响以及参与决策，他们和企业之间除了雇佣合同以外的其他经济交易关系一般都属于关联交易，应当受到法律的管制。因此，在本节讨论关联企业问题时，我们只能将规制关联交易的法律适用范围自然地扩大到关联企业以外的其他关联主体中。

关联企业，在传统的公司法中作出系统规定的较少，德国股份法、我国台湾地区公司法率先示范，其他国家和地区的公司法方面成文性的规定付之阙如，在美国由法院审理涉及利益冲突的交易而形成了公司法的判例规范。德国的规定实质是与母子公司制度的规定相重合，我国台湾地区的规定除母子公司外还增加了相互持股公司。在关联企业中，母子公司是最为典型的，但构成关联交易标准的持股数量从实务的角度看可以远低于母子公司关系形成的标准，因此关联企业是包容母子公司的种概念。

我国 1993 年《公司法》对关联企业没有作出规定，相对于公司法在其他制度方面表现出的缺陷来讲，应当说是一个可以接受的合理的欠缺，因为世界上许多国家的公司法都还没有对此作出反应。按照传统公司法的原理，公司法最主要的内容首先是就独立成立和独立运行的公司加以规范，公司之间的复杂的往来关系不仅仅由公司法规范，还会有税法、反垄断法、证券法、会计法与审计法等规制，公司法的成文规定的滞后性似乎并不影响法律对关联交易的规制，即使在《OECD 公司治理原则》这个由经济合作与发展组织发布的文件中（没有强制性约束力)对关联公司或关联企业或关联交易也并未直接提及,而是通过倡导股东平等、信息披露以及明确和强化董事会职责、财务监控等方面去间接表达。1997年5月22日,我国财政部为适应关联企业和关联人之间交易的会计处理率先发布了两项关于关联企业关系的规范性文件:《企业会计准则——关联方关系及其交易的披露》《〈企业会计准则——关联方关系及其交易的披露〉指南》。这两项文件自1997年1月1日施行,成为我国有关规制关联企业行为的基础性法律文件,尽管其立法的阶位过低,内容的科学性和规范性方面也并非完全尽如人意。此外,我国税务机关也针对关联企业的关联交易发布过处理税务关系的行政规章。自《公司法》颁行实施以来,我国商业社会中的关联交易现象非常普遍,后果极其严重,许许多多的上市公司被控制股东通过关联交易的方式掏去了大量优质资产,公司治理结构丧失了制约作用。规制关联交易和规制关联企业关系是2005年修订《公司法》无法回避的任务,甚至是修订法律的目标之一。2005年修订的《公司法》超越了对关联企业关系的规定,而从广义角度规定了关联关系,扩大了《公司法》监管的视野区域,其(2013年修订前)第217条第4项定义的关联关系为:"关联关系,是指公司控股股东、实际控制人、董事、监事、高级管理人员与其直接或者间接控制的企业之间的关系,以及可能导致公司利益转移的其他关系。但是,国家控股的企业之间不仅因为同受国家控股而具有关联关系。"《公司法》不仅具体规定了董事、监事、高管人员对公司的信义义务,规定禁止董事、高管人员未经股东大会、股东会同意与本公司订立合同或进行交易,特别禁止上市公司的董事与董事会会议决议事项所涉及的企业有关联关系的,不得参与表决也不得代理其他董事表决,而且直接要求公司的控股股东、实际控制人、董事、监事、高级管理人员不得利用其关联关系损害公司利益。违反上述规定,给公司造成损失的,应当承担赔偿责任。据此可见,我国《公司法》并不反对关联交易,但禁止不公平的关联交易,禁止关联方利用关联关系损害公司的利益。公平的关联交易需要没有利益冲突的其他机构或者其他董事决定,特别是交易价格的确定。2007年3月16日,我国第十届全国人大第五次会议通过《中华人民共和国企业所得税法》,其第六章对关联企业(关联方关系)征税问题作了细致的规定。

二、关联企业关系及关联人关系的种类

明确关联企业及关联人的种类,首先应当理解划定企业关联关系以及企业与关联人关系构成的标准。由于公司负载着投资人、债权人、政府、企业管理者和普通员工等主体的期望和利益,而每一种主体的期望和利益在公司企业中的分布和排列都通过公司法的规则和公司章程的规定已经预案确定。当公司具有其独立性,且公司的运行与管治正常时,各利益主体的期望和回报处在公平的均衡状态。但是如果关联之企业或者关联人进行不为他人知晓的关联交易,不公平现象就会发生。这如同人们排队购买春节返家的火车票,排队的人们依据车站公布的当日当次车票发售量、每人可购车票限量和自己在队列中的位置,合理地预期自己购买到的车票数量和车票种类。但是如果出现下列情况,排队的旅客就有可能买不到车票或者买不到卧铺车票:(1) 队列混乱,有人加塞;(2) 有人虽然排队但凭借与售票员的特殊关系多买了很多票,车票提前售光;(3) 有人利用内部关系直接从售票室得票;(4) 有人可能不买票而在上车后得到卧铺席位。凡此种种,他们共同的特点是利用内幕关系进行关联交易,而这种情况的发生,对于排队的旅客来讲就是不公平的现象与后果。在这种情况下,足以影响车票发售秩序而不正当获利的人,就是与车站存在关联关系的人。对于企业来说,牟取关联交易利益的企业或者其他关联人,是与企业的决策机构存在某种联系的主体,

他们有能力影响企业的行为。这显然是一个笼统的标准。具体而言，划定关联企业或关联人的关系的标准是：一些企业、其他经济组织或者个人控制某一企业的决策权或者能对该企业的决策施加重大影响。

企业具有一些近乎自然的属性（本质上说是社会属性），如企业由投资者（包括机构投资者）的投资活动创建，企业须有若干自然人去管理，企业在经济活动中难免出于种种目的与其他企业建立稳定的业务往来关系甚至在不存在投资关系的环境中将本企业置于别的企业的控制之下。这些近乎自然的属性恰恰就是关联企业生存的经济土壤，以此为基础我们就能够提炼出对关联企业和关联人的种类的认识：依据投资行为形成关联企业关系或关联人关系；依据企业管理活动形成关联企业关系或关联人关系；依据企业支配合同形成关联企业关系；特定关联人的家庭成员，或与特定关联人关系密切并在关联交易中可能相互输送利益的其他人与关联人所在的企业之间是关联人关系。

（1）依据投资行为形成关联企业关系或关联人关系。企业的决策权在其根源上属于投资者，投资者可能是单个的或者联合的个人，也可能是单个的或者联合的企业，也可能是个人与企业联合投资。在个人独资企业中，个人投资者可以集中行使企业决策权；公司企业中投资者通过股东会行使决策权。由于个人独资企业的业主对企业债务承担无限责任，因此即使企业与业主之间发生“关联交易”，通常不损害对企业主张债权的第三人的利益，包括政府的税收利益，因为企业不需缴纳所得税，由业主个人缴纳个人所得税，因而不存在由税率高的纳税主体向税率低的纳税主体转移利润的问题。普通合伙企业的决策权往往由全体合伙人合议行使，合伙人对企业债务承担无限连带责任，故对普通合伙企业的债权人来讲，某一个合伙人与合伙企业之间发生关联交易，从理论上说也不损害债权人的利益和国家的税收利益。但是，如果执行合伙人背着其他合伙人让企业与自己或者其家人及其他利益合谋者进行交易，就可能构成不正当的关联交易，因为这种交易可能会损害其他合伙人的利益。有限合伙企业的决策权集中在普通合伙人手中，普通合伙人发生关联交易就有可能损害有限合伙人的利益，因此有限合伙企业中的普通合伙人与有限合伙企业之间存在关联关系。在公司企业中，母公司由于持有子公司过半数的发行在外的股份，母子公司关系是典型的关联企业关系。隶属于同一母公司的子公司们，每一个子公司的董事会受同一母公司的控制，子公司贯彻母公司的某种意志就可以指挥子公司和子公司进行关联交易，而有限责任制度又会给母公司的操控行为设置安全网，所以认定子公司之间是关联企业就可以制约关联交易。子公司的子公司是母公司的子公司，因而孙公司与母公司之间也是关联企业关系。对公司的控制权，可以是直接的，也可以是间接的，不同投资主体联合控制一家企业时，如果持股一半以上就视为存在母子公司关系，也属于关联企业关系。就投资的视角看，关联企业这一概念的外延是大于母子公司的，在国外相关立法中一般把持股10%定为关联企业关系构成的持股线标准，而母子公司关系的持股标准多是规定在50%以上。由于关联交易势必要事前披露，因此有的企业持有目标企业的股份故意安排在10%以下，如我国北京首都机场股份有限公司，其股票在香港联交所上市。按照我国香港地区法律的有关规定，母子公司关系构成的持股比例为超过一半以上，而关联企业关系为10%。首都机场股份有限公司是中外合资经营企业，外方即法国的某机场为避免成为该中外合资经营企业的关联企业，仅持有其9.99%的股份，不达至10%，因此在某些特殊情况下，外方可能与合资企业不得不发生的为合资企业之利益而进行的交易就不必以关联交易去对待，不必经过特殊的批准程序和不必予以特别事项披露。这种股份结构的布局是合法的，并非是投资者刻意规避法律。但是，如果外方与合资企业从事了对合资企业明显不利的交易，任何利害关系人都有权向合资企业的监事会、独立董事提出说明或者否决交易的请求，或者由中小股东提起派生诉讼。在一人公司格局中，投资者如果是自然人，他与该一人公司自然成为关联人关系，他的亲属或是主动或是被动地影响到企业的决策，自然也属于关联人关系的范围，与他有某种密切的关系并与他合谋与该一人公司达成实质是转移利润或一人公司资产、损害该一人公司债权人利益和政府税收利益的交易，当然应当认定为不正当的关联交易。一人公司与其投资者控制的其他企业之间也是关联企业关系。对于合股经营的有限公司来讲，持有该公司10%以上股份的股东被确定为关联企业和关联人是适当的。我国财政部于1997年5月22日发布的《企业会计准则——关联方关系及其交易的披露》中确定的上市公司的另一类关联方——“主要投资者个人”，为“直接或间接地控制一个企业10%或以上表决权资本的个人投资者”。但2006年财政部发布的《企业会计准则第36号——关联方披露》放弃了一刀切的数值标准，将“主要投资人”的定义修改为：“能够控制、共同控制一个企业或者对一个企业施加重大影响的个人投资者。”我国沪深两家证券交易所发布的自律性文件《上海证券交易所股票上市规则》和《深圳证券交易所股票上市规则》中规定的“关联自然人”股东为直接或间接持有上市公司5%以上股份的个人。对关联法人股东的定义，两家交易所则有所不同，上海证券交易所定义为“持有上市公司5%以上股份的法人或其他组织”，深圳证券交易所定义为“持有上市公司5%以上股份的法人或其他组织及其一致行动人”。

(2) 依据企业管理活动形成关联企业关系或关联人关系。企业的管理权包括决策权、执行权、监督权和日常事务的处置权等。管理权的核心是决策权，通常行使决策权的人或者机构本身就是投资者、投资者集体组成的会议形式，或者是直接受命于投资者的人或者机构。现代企业制度的一个特色是决策权适度地从投资者手中分离出一部分，公司的股东大会、合伙企业的合伙人、个人独资企业的业主愿意只保留企业最重要事务的处置权，而将一部分公司、企业营业中的发展计划、项目选择、投资活动等决策权交给董事会、经理人行使，使得传统框架中不同权力配置的区域如今变得边界不那么清晰可分了。因此，依据管理关系形成的关联企业关系和关联人关系，包括的主体范围就变得十分广泛，有支配股东、董事、经理、监事、普通合伙企业的全体合伙人、有限合伙企业中的普通合伙人、独资企业的经理人以及对企业行使管理权的厂长、矿长、场长、园长、院长等等。

(3) 依据企业支配合同形成关联企业关系。在德国公司法上，企业支配合同被认为是构成母子公司关系的一种途径。德国的这种规定为某些大陆法系国家和地区的公司法律制度借鉴并吸收。但是，法律规定母子公司关系的最重要的价值并非是企业之间的控制问题，而在于通过合并报表让母公司的投资者以及其他利益相关者明了公司的盈利状况和盈利能力。没有投资关系，虽然依据支配合同能够形成企业之间的控制关系，但合同可以在企业之间建立内容种类繁多的控制关系，控制的程度、控制的期限、控制的内容极其不同，不考虑这些因素对凡存在控制关系的企业之间的关系一概认定是母子公司关系显然是不妥当的。其实，从规范控制关系角度讲，确认投资不超过子公司股本总额一半以上或者没有投资关系但存在企业支配合同关系的企业之间构成关联企业关系就足够了，因为关联企业关系不要求合并报表，但法律对构成母子公司关系的企业所施加的其他限制对关联企业完全适用。因此，就我国而言，规定企业之间如签有承包经营合同、租赁经营合同、顾问管理合同、托管经营合同或企业集团加入合同的，关联方是企业的形成关联企业关系，关联方是自然人的形成关联人关系。

(4) 特定关联人的家庭成员，或与特定关联人关系密切并在关联交易中存在相互输送利益可能的其他人与关联人所在的企业之间是关联人关系。关联人的家庭成员对关联人所在的企业可能产生某种重要影响，他们在与关联人所在的企业的交往中更容易获取签约的机会和对企业不公平的利益安排，因此法律上为防患于未然而认定其为关联人关系是正当的。在现实社会中，关联人如果存心设计安排一项关联交易，会避开其家人的介入，选择与其有密切关系的其他人与所在企业进行交易，这种交易如果对企业不公平就可以认定为关联交易，而交易的另一方自然是关联人。

上述四种类型的关联企业关系和关联人关系完全符合划定关联企业和关联人关系的标准。我国公司法上规定的实际控制人当然是关联人关系，这是毋庸置疑的。

三、对关联企业关系的法律规制

关联企业关系是企业在现代化发展过程中因为追求规模效益、发展经济联盟、分配商业风险、强化竞争优势地位而自然形成的。创造利益并且在利益相关者间按事先认可的商业规则分配利益是企业存在和运行发展的最重要的社会职责，关联企业关系的合理利用有助于这种社会职责的放大实现。企业的活动不可能总是在独立自主的意识支配下完成，某种程度的企业联合会克服单一企业在资源利用、成本控制、市场空间拓展方面所受的限制，甚至成为企业摆脱经营困境、避免失败的阳关大道，毕竟处在经济全球化时代的企业远不是农业文明蛮荒岁月中的独行侠。

事实上，关联企业关系又是一把双刃剑。由关联企业关系导致发生的关联交易，在多数情况下会对以企业为载体生成并辐射的其他利益群体之利益产生损毁，使社会经济秩序和公义备受伤害。因此，在法律上特别是在公司法上对关联企业关系施以规制是十分必要的。法律规制关联企业关系应当通过三个途径实现，即对关联企业关系的直接规制、对关联交易的程序规则规制和规定法律救济途径。

(一) 对关联企业关系的直接规制

法律上规制关联企业关系的必要前提是对关联企业关系和关联人关系明确地公示昭彰，界定关联关系主体。之后，对关联企业关系的直接规制主要体现在母子公司关系的规制方面，如对收购与合并的反垄断的规制、对母子公司相互持股的限制、对相互持股的投票权的限制、对母公司持有子公司股份的通知义务的设定、对母子公司间董事交叉任职的限制以及公司人格否认制度和直索制度、对公司持股超过一定比例时的信息披露义务的规定、在证券法上对公开竞价收购的种种要求等。此外，母子公司合并报表制度的规定，也是这种直接规制的体现。

(二) 对关联交易的程序规则规制

关联交易在法律上并不是绝对禁止的，只要公平并予事先披露清楚且关联方回避决策就可以。之所以对关联交易施加一些特殊的限制程序，就是因为关联企业或关联人有可能利用企业的决策权同自己或者自己存在利益的其他人达成损公肥私的交易，从而掠夺公司财产或者让渡公司的商业机会。依据法律的普通要求，在一项将要发生的商业交易中，交易的对方与本企业的大股东或董事经理等存在关联关系，决策或参与决策的大股东或有关联关系的董事经理首先必须向董事会甚或股东会披露关联关系(这也是公司法对大股东、董事设定对公司的忠诚义务的要求)，非关联人在决策是否交易时应对交易进行公平性审查，关联人回避决策过程，一旦决策交易还应当向公司的其他股东披露，公司的债权人如认为交易非法也可以采取建议阻却的措施。《企业会计准则第36号——关联方披露》定义的关联方交易为在关联方之间发生转移资源、劳务或义务的事项,而不论是否收取价款。该《准则》以交易的内容为标准对关联交易作了以下的11种分类:购买或者销售产品、购买或者销售商品以外的其他资产、提供或接受劳务、代理、租赁、提供资金、担保和抵押、管理方面的合同、研究与开发项目的转移、许可协议、关键管理人员报酬。该《准则》由于在确定关联方关系中适用了"控制"术语,认为控制是指有权决定一个企业的财务和经营政策,并能据以从该企业的经营活动中获取利益,而当一方有能力直接和间接控制、共同控制另一方或对另一方施加重大影响,以及两方或多方同受一方控制时,即构成关联方关系,故要求当存在控制关系时如关联方为企业应按影响程度披露:(1) 关联方与企业之间没有交易,在会计报表中应当披露企业名称、业务性质、注册地、注册资本及其变化、持股比例和表决权比例。(2) 企业与关联方发生交易,还应当披露交易的性质、交易类型和交易要素,交易要素应当至少包括交易的金额,未结算项目的金额、条款和条件,以及有关提供或者取得担保的信息、未结算应收项目的坏账准备金额和定价政策。

披露,是现代公司制度针对关联交易的普遍的立法政策。披露可以让公司的各种利益主体知情,从而据以监督关联交易,使其符合公司的最大利益。阳光是最好的防腐剂。在股票上市的股份有限公司中,持有公司10%以上股份的股东虽然与公司不能形成母子公司关系,但是由于股份的分散程度可能很高,小股东因集体行动问题怠于参与股东大会,该股东也可能对公司的决策产生重大影响,该股东与公司发生的交易自然属于关联交易,应当经过特殊的批准程序,而且须披露;在该股东虽未与公司发生关联交易,但出于对小股东利益的保护并落实知情权,该股东的自然信息也须在股份公司的信息披露中特别列示。

在公司法上,规制关联交易的方式除强制性要求信息披露制度(包括年报、半年报中通过合并会计报表披露)外,还有回避表决制度、上市公司独立董事发表意见制度以及监事列席董事会时发表质询意见和提出建议等。在我国市场经济体制初建阶段,公司企业关联交易盛行,特别是上市公司中大股东滥权情况严重,通过让上市公司提供担保、占有上市公司资产和现金、与上市公司进行不公平交易、以劣质资产抵债等方式侵吞公司利润、损害公司利益和小股东利益的情况十分普遍。这些现象,已引起社会各界的关注,政府机关也尽可能动用公共权力资源干预,对关联交易加以规制。当然,对上市公司以外的其他企业中的关联交易同样应施以强力规制,从而建立针对关联交易的诚信法律环境和方圆规矩。

(三) 规定法律救济途径

法律救济的安排,可以针对发生关联交易的不同情境而预设规则指引或约束方向,也可以形成事后补救、由有关的利害关系人提起诉讼等制度路径。以下针对发生关联交易的场合的侵权现象就救济制度的建设作分别阐述:

(1) 交易的结果对公司企业是公平的,没有违反公司法的强制性禁止规定,但关联企业或关联人没有进行披露,在决策时也未回避。这种情况侵害了公司其他董事和其他股东的知情权。一定数量的董事或满足法定持股比例的股东可以要求决策董事或董事会给予解释或提议举行临时股东会讨论,在审查关联交易的全部资讯后由非关联的董事或股东表决是否批准交易。公司的监事会和独立董事应当负有同样的职责,依据公司章程的规定行使监督权。至于在董事会层面讨论还是在股东会层面讨论,要看实施关联交易的行为人是董事还是大股东以及发生交易的数额和公司章程的规定而定。在交易已经履行的场合,审查决策时应当注意撤销交易的成本。

(2) 交易对公司明显不公平，如大股东让上市公司为其债务提供担保或廉价购买上市公司资产或高价向上市公司卖出资产、无偿借用或上期占用上市公司现金等，无论是否披露信息，都是对公司权益和中小股东权益的严重侵害。公司的董事、监事应当通过公司章程规定的监督机制或是提议举行临时股东会，由无关联关系的股东针对交易的公司意见表决；或是代表公司向法院提起诉讼解决。公司的中小股东享有同样的权利，如提起派生诉讼。公司的董事、高管人员与公司发生同样情形的关联交易损公肥私的，其他董事、监事、中小股东都可提起无效之诉。

(3) 公司的债权人如发现公司的大股东、董事、高管人员利用关联交易方式转移公司资财可能损害债权人利益的，可以向公司提出阻却建议，也可以直接提起否定公司法人资格的诉讼。

(4) 政府的税务机关在发现公司通过关联交易转移盈利、财产，逃避税负义务的情况时，可以依税法赋予的职权径行征税并予以处罚，也可以向法院提起以交易的全部当事人为被告的诉讼。

第六节　几个相关的公司概念

一、控股公司

控股公司是指持有某公司一定比例以上的股票或股份，取得股东会表决权的多数，从而对该某公司实施控制和支配的公司。控股公司概念的外延比母公司要广，控股公司一定是被控股公司的关联公司，但未必与被控股公司构成母子公司关系。当某一公司股份的分散持有程度高，控股公司持有该某一股份发行公司的股份在低于50%而高于特定比例时，一样会控制股份发行公司，从而形成关联企业关系。控股公司所持股份达到母子公司关系标准时，才应当合并报表。控股公司对应的公司一般称为被控股公司。法律关于母子公司关系的规制制度，除合并报表要求外，其他规范均适用于控股公司与被控股公司之间。

控股公司有纯粹型控股公司和混合型控股公司之分。控制其他公司的股份并对被控制的公司进行业务指导与协调、推荐或委派董事参与决策和经营管理，自身不再进行具体商业活动的是纯粹型控股公司，如我国国务院专门批准设立的国有资产经营管理公司，又如美国百事可乐集团公司在中国上海设立的百事(中国)投资有限公司等；既控制其他公司的股份，自身也进行其他具体商业活动的为混合型控股公司，我国许多国有企业在改制为股份公司时，将部分优良资产及主营业务投入到股份公司中，与主营业务存在互补关系但非竞争关系的其他业务保留给持有股份公司股份的集团公司继续经营，这样一来，集团公司就演变为混合型控股公司。在国外，有些国家的公司法不允许混合型控股公司存在，如卢森堡公司法；有些国家则允许公司相互持股均可达至控股程度，由相互持股公司形成相互控股公司，如联邦德国股份公司法。从理论上来讲，控股的比例一般应达到受控公司资本的30%以上，但实际上在股票上市的股份公司中由于股份分散化程度高，往往在持有10%或者更少些时即可能成为控股公司。

与控股公司概念联系密切的另一个概念是控制公司。控制公司的说法并不是一个典型的公司法学概念，其含义中较多涉及管理学的知识框架。从公司法的视角讲，控制公司包括了依据持股多数形成的控股公司和以其他方式对其他公司形成控制权的控制公司。控制公司在法律上所受到的规制模式与控股公司一样，有时，人们依习惯表达，也把控股公司称为控制公司。

二、跨国公司

跨国公司(transnational company)并非公司法上的概念，通常在国际经济领域和国际经济法上使用，其称谓也不尽相同，如多国公司(multinational corporation)、国际公司(international corporation)、世界公司(world corporation)、全球公司(global corporation)、多国企业(multinational enterprise)等。目前，在世界上最流行的说法是跨国公司和多国企业两种。西方许多学者使用多国企业，认为一般习惯上，“多国”反映了“在两个以上国家内的活动或经营”，“企业”则说明“集团或公司和非公司实体网络，而非仅仅是一个公司”。联合国有关机构使用“跨国公司”，因为“跨国”一词更好地表达了这类公司从事以本国为基地跨越国界经营这一含义。

跨国公司就其一般学理上来理解，是指以一国为基地，在其他国家和地区设立分支机构(分公司)或子公司，从事国际性生产经营活动的经济组织。联合国《跨国公司行动守则》(1975年)将跨国公司定义为：“一个企业，组成这个企业的实体设在两个或两个以上的国家，而不论这些实体的法律形式和活动范围如何，这种企业的业务是通过一个或多个政策中心，根据一套决策办法经营的，因而具有一贯的政策和共同的战略；企业的各个实体由于所有权和别的因素有联系关系，其中一个或几个以上的实体能对其他实体的活动产生重要影响，尤其是可以同其他实体分享知识、资源以及分担责任。”综合国际上学术界或国际组织所作的解释和说明，对于跨国公司内涵的理解和确定，一般要符合如下标准：(1) 跨国的程度要满足4—5个以上的国家和地区。(2) 所有权联系方式各异。一国基地为母公司或总公司，他国所设的子公司可以是全资子公司，也可以是拥有50%以上的多数股权的子公司，也可以是对等拥有股份的合资公司，还可以是拥有低于50%而高于10%的股份的合资或合作公司。20世纪70年代以来，跨国公司通过非股权形式参与发展中国家的经济活动，主要通过技术、管理、销售渠道与东道国公司保持联系甚至以企业合同对东道国子公司实施控制，从中获益。(3) 高级管理人员应多国化。(4) 营业实绩来自于全球。(5) 行为特性标准。这一标准是指任何一个跨国公司都应有全球性的战略目标和动机，高级决策部门应视整个世界为一个市场，并无必要计较一个子公司的盈亏得失。发展到一定阶段，即可分部管理。

跨国公司有以下方面的特征：

(1) 以本国为基地跨国经营。跨国公司的实体分布于全球，在多国进行各种投资经营活动，但一般仍以一国为基地，由一国的母公司或总公司进行跨越国界的控制、管理和指挥。跨国经营并非是与多个国家的公司企业进行贸易活动，而是在3—4个以上的国家内通过投资设立经营实体进行经营活动，才视为满足此条件。

(2) 全球战略与内部一体化。跨国公司以世界市场的整体安排为战略目标，在全球范围内协调其子公司、分公司的生产、经营活动，谋求统一的长远的利益。正是由于跨国公司在世界经济发展中的巨大作用，才会在20世纪末催生出全球经济一体化的新的世界经济体系。分布于世界各地的因投资或签订企业合同而形成的子公司与关联企业，在跨国公司母国总部(也即母公司)的统一领导下，分工协作，形成了一体化的管理体制。

(3) 向综合型多种经营发展。在跨国公司系统内，母公司与子公司各自生产不同种类的产品，甚至彼此经营毫不相干的产业。这样，有利于全球战略目标的实现，适应各子公司所在国的产业发展政策要求，有利于资金的合理分配和使用，防止资本过剩形成，并可以分散风险，稳定收益，延长产品生命周期。

（4）对外直接投资是组织生产经营活动的主要形式。对外投资有直接投资和证券投资两种方式。证券投资也称为间接投资，是通过购买国外公司公开发行的股票或债券取得股息和利息的投资方式。国际货币基金组织在《国际收支指南》报告中称："直接投资是投资者为获得持久的利益，到国外经营所进行的企业投资；投资者这样做的目的是要在其投资的企业中行使管理权并具有有效的决定权。"自20世纪80年代中期以来，跨国公司为了尽快在投资国打开市场，利用其已有的商业销售渠道，节约时间及办厂成本，往往采用并购方式（M&A）进行快捷的直接投资。目前，全球500强中的绝大多数跨国公司已进入我国投资。

跨国公司就其性质来说，实质上是一种公司集团类的经济组织，只是其具有跨国性的特点，其子公司、分公司多分布于其他国家而已。跨国公司本身并非是一个独立的法律主体，母子公司的法律地位及权利义务均由各所在国法律管辖。一般来讲，子公司皆为东道国的居民公司，依据东道国的公司法律具备法人资格，母公司本身、母公司在其他国家设立的子公司对东道国讲，只是外国公司。当然现在在一些区域性的经济区域内，有将对跨国公司管辖权扩大的趋势。如欧盟竞争法规定，凡设于欧盟成员国境内的子公司，若在经营中实际执行其母公司的指示而非自主决定其行动，则欧盟之法院对其设于非欧盟成员国之母公司享有管辖权。这种规定，实际是依据直索责任而导致的管辖权。如果一国法律中规定了直索责任，则均对在其国设立子公司的外国母公司因具有滥用子公司人格的情由而产生管辖权，这一点同样适用于我国。

三、公司集团

公司集团（group of corporations），亦称企业集团，是指以母公司为核心，由母公司投资控股或与他企业签订企业合同形成母子公司关系和关联企业关系，母公司实施统一经营战略和经济政策的企业联合群体。公司集团的法律地位与跨国公司相同，并不具有独立的主体资格，因而也不是严格意义上的公司法的概念。

公司集团这一概念最早由日本学者提出，称为企业集团，但其组织形态早在19世纪下半叶欧美资本主义国家即已出现，是单个企业的独立经营向若干家企业联合经营发展的产物，是资本集中的另一表现形式。如卡特尔、辛迪加、托拉斯、康采恩等，都属于公司集团形态。1864年，德国成立了第一个卡特尔——德意志钢铁联合组织；1879年，美国出现了第一家托拉斯——美孚石油公司。20世纪初，资本主义垄断加速发展，生产资本的集中形成了第一次高潮，各类型的公司集团纷纷涌现。在公司集团形成的过程中，通常会使用收购与合并的手段，其发展的结果不仅产生了垄断，而且产生了反垄断法。到第二次世界大战结束后，跨国公司（公司集团的国际化发展形态）首先在美国发展起来，到20世纪70年代中期后，日本的公司集团也得到了迅猛发展。我国大规模组建企业集团是自20世纪80年代中期开始的，目前正处于规范阶段，少数公司集团已发展为跨国公司集团。

公司集团的特征、性质及法律适用除了跨国因素外与跨国公司相似。公司集团或企业集团，和我国大量存在的集团公司的概念有严格区别。集团公司是独立的企业法人，其往往持有其他公司发行的股份或者设立有从事不同业务、执行集团经营体系中不同产业功能的全资子公司。公司集团一般就是以集团公司为核心企业组建形成的网状公司体系。

第二十一章

公司的变更与分立

第一节　公司的变更

一、公司注册事项的变更

按照我国《公司登记管理条例》的规定，公司的登记事项包括：(1) 名称；(2) 住所；(3) 法定代表人姓名；(4) 注册资本；(5) 公司类型；(6) 经营范围；(7) 营业期限；(8) 有限责任公司股东或者股份有限公司发起人的姓名或者名称。前述内容整体的有机组合，事实上就构成了一个公司法人所具有的独立人格的核心素质。其中，每一内容都为法人企业构成的必要条件，一旦其发生变化，就意味着该法人企业的内涵或者重要的外观事项的调整，需要登记其变化后的内容以保持该企业的法人人格的连续性，使得政府、社会公众及债权人对该企业的识别不发生错误。

在公司注册事项的变更中，公司经营范围的变更如果涉及国家专控产品的经营的，则应由公司报国家有关机关批准。相对较为复杂的两项内容的变更是公司注册资本的变更和公司类型的变更，这两项内容的变更在本节第二、三部分中讲述。除上述几种情况外，其他事项的变更在公司的董事会、股东会或者股东大会作出有关之决议后，即可向公司登记机关申请变更登记，以确认变更之事实。

公司进行变更登记时，应当提交下列文件：(1) 公司法人代表签署的变更登记申请书；(2) 依照《公司法》之规定作出的变更决议或者决定，这里的决议是指董事会或股东会依公司章程规定所作的正式决议，决定是指按照《公司法》规定设立的国有独资公司，其国家授权履行出资人职责的国有资产监督管理机构对公司登记的重大事项所作之决定；(3) 国家工商行政管理总局规定要求提交的其他文件，如修改后的公司章程或章程修正案，原公司的营业执照等文件。其中，公司变更住所的，应提交新住所的使用证明文件，如公司迁移发生变更公司登记管辖机关区域的，应先行向迁入地公司登记机关申请变更登记，尔后再回原登记机关将公司登记档案移送新的登记机关。公司变更法人代表时，往往可能发生原法人代表不签署变更文件之情事，此种情况下要由公司形成董事会决议或股东会决议、股东大会决议或对国有独资公司履行出资人职责的国有资产监督管理机构作出决定，解除原法人代表职务并任命新的法人代表，由新的法人代表签署变更登记申请书即可，登记机关不得拒绝登记。公司的董事、监事、经理发生变动的，应当向原公司登记机关备案。公司的变更登记事项涉及公司的《企业法人营业执照》载明事项的，公司登记机关应当换发新的营业执照。公司依据《公司法》第22条规定申请撤销变更登记的，应当提交法定代表人签署的申请书和人民法院的裁判文书。

二、公司注册资本的变更

公司的注册资本是由投资者在公司成立时认缴并依章程规定的方式、时间投入到公司的资产总额。注册资本的数额虽然与公司运营过程中的实际净资产不尽一致，但这并不表明注册资本只具有象征意义或仅仅是公司规模的一个符号。由于我国公司法秉承资本法定原则和资本维持原则，因而在正常情况下的多数公司中，公司的注册资本与其净资产应不存在过于悬殊的差别，公司正常经营中的亏损是无法避免的，但法律禁止虚假出资、抽逃资本以及在运营中出现亏损时分配利润、不履行留存充实公积金等法定强制义务等行为。

由上所见，我国《公司法》所规定的注册资本制度对公司债权人的利益保护仍然会发挥一定程度的作用，与公司准备进行交易的任何人在不确切了解公司的偿债能力时，可据公司企业法人营业执照所体现出的注册资本额对公司的实力作出初步的判断。商人们的实践已经形成了惯例，社会的诚信水准或者对公司设立中的风险控制意识和制约机制还没有达到取代严格的资本制度所能提供的安全屏障时，我们还应当维持这个现实的结构，这如同以色列人在边境修筑隔离墙一样，尽管有许多的批评指责其笨拙、违反道德，但对于恐怖主义袭击却是有效的，我国的公司资本制度就是防范公司风险的“隔离墙”。当公司因经营上的需要而变更注册资本时，减资则表明公司的资产含量的降低，增资则表明公司资产的增多，这对于已经与公司进行商业交易的主体、对于即将进行交易的客户均具有实质意义。注册资本的法定性，体现了公司立法中的大数定理判断原则，不可能作一一对应的法律效果的求实评判。

公司变更注册资本分为增资和减资两种情况。公司增资通常是因为公司生产经营之规模有所扩大或吸收了新的股东加入所致，公司也可以将法定公积金和资本公积金转增为公司的资本。公司减资往往是公司为了压缩生产经营规模、转让部分经营项目，或因吸收合并了持有本公司股份的其他公司，公司确定注销这部分股份，或公司股东因《公司法》第74条规定的情形而请求公司回购股份等情况下发生。公司为减少其资本可以收购并注销本公司发行的一定量的股份。

在公司法上，增资和减资均属于股东会或股东大会的权力，董事会只能就公司增资、减资作出方案，报由公司股东会、股东大会批准。一人公司、国有独资公司，由于公司不设股东会，公司增加或者减少注册资本的事项由一人股东或者必须由政府授权的国有资产监督管理机构决定，但其董事会有权就增减资本拟订方案。有限责任公司的股东会在决定公司增减资本时，必须经代表2/3以上表决权的股东通过；股份有限公司的股东大会作出决议时，得经出席会议的股东所代表的2/3以上表决权的多数通过。

对于增资，由于它不对公司债权人产生消极的影响，因而法律上不要求其变更要经债权人同意。有限责任公司的股东认缴新增资本的出资，按照《公司法》关于设立有限责任公司缴纳出资的有关规定执行；股份有限公司增加注册资本发行新股则按《公司法》关于设立股份有限公司缴纳股款的规定执行，如向社会公众公开募集资本在股东大会作出决议后，要制作招股说明书，报告国务院证券监督管理机构核准，向社会公告，同时得委托证券公司承销和保荐发行股份，并得委托银行代收股款。公司资本的增加额缴足以后一般在30日内向公司登记机关申请变更登记。在进行登记时，公司应提交有关增加资本的决议或决定和变更申请书,股份有限公司以公开发行新股募集资本的方式或者上市公司以非公开发行新股的方式增加注册资本为变更申请时,还应提交国务院证券监督管理机构的核准文件。公司以法定公积金转增为注册资本的,留存的公积金不少于转增资本前公司注册资本的25%。

对于减资,由于公司注册资本的减少直接降低了公司的偿债能力,这对债权人的利益实现有形成损害的可能。为了保障在公司减资时给债权人以充分有效的权利宣示,法律设定了制约公司和股东行为的救济程序制度。我国《公司法》第177条规定,公司需要减少注册资本时,必须编制资产负债表及财产清单。公司应当自作出减少注册资本决议之日起10日内通知债权人,并于30日内在报纸上公告。债权人自接到通知书之日起30日内,未接到通知书的债权人自公告之日起45日内,有权要求公司清偿债务或者提供相应的担保。在公司不能清偿债务或不能提供有效的担保的情况下,公司债权人可以阻止其减资行为。债权人阻止减资生效有两种方式选择:一是向公司登记机关致函,要求不为变更登记;二是向人民法院起诉,请求人民法院确认减资无效,要求公司停止妨害(妨害债权人实现债权利益)行为。债权人也可不选择阻止公司减资,径直向人民法院起诉要求公司债务人偿还债务(包括对未到期债务的提前偿还,需扣除时间差额形成的利息)。特殊类型的公司减少其注册资本时,不得减至低于法定注册资本最低限额。上市公司的股东大会一旦作出公司减资的决定,应当立即向国务院证券监督管理机构、证券交易所作出临时报告,并予以公告。

公司减资的变更登记,应当自减资公告之日起45日后申请,并要向公司登记机关提交在报纸上登载减资事项公告的有关证明和公司债务清偿情况或为其债务提供担保情况的说明。当公司债权人已向公司登记机关提出异议并明确要求不得准予减资登记时,公司登记机关应当暂缓登记,一俟争议之事处理完毕后再作登记。

三、公司组织形式的变更

变更公司形式,是指原来的公司从一种组织形态不经清算程序而变更为另一种组织形态的法律行为和结果。在大陆法系国家,公司组织形式的变更属于公司法制定法上需要加以规制的事项,公司变更其形式的,不仅要遵从制定法的依据,而且还要在公司法规定的公司组织形式中选择安排。我国《公司法》第9条规定了有限责任公司和股份有限公司的双向变更,规定了变更后的公司应当符合《公司法》对该种公司所规定的条件和变更后的公司承继变更前公司的债权债务的原则。我国《公司法》第37条规定的有限责任公司股东会的职权第9项中包括对变更公司形式作出决议,第99条规定股份有限公司股东大会的职权,以直接引述的方式肯认了两种形式的公司的权力机关的权限一致,这也就确认了股份有限公司变更为有限责任公司时其决定权属于公司的股东大会。我国《公司法》未规定无限公司、两合公司、股份两合公司三种公司形态。据上所述,在我国,公司形式的变更包括并且限于有限责任公司向股份有限公司的转变和股份有限公司向有限责任公司的转变。有限责任公司的股东会在决定公司形式的变更时,必须经代表2/3以上表决权的股东通过;股份有限公司的股东大会作出变更为有限公司形式的决议时,得经出席会议的股东所代表的2/3以上表决权的多数通过。

我国《公司法》没有对公司形式变更作出其他的规定,以下我们依据公司法的原理对两种公司形式的变更作出最一般的解释。

(一) 有限责任公司变更为股份有限公司

有限责任公司和股份有限公司具有绝大多数的共同素质,有限责任公司向股份有限公司变更就是按股份有限公司的法定条件和程序改变自身，使公司变成为股份有限公司。其中，共同的素质仍然保留，不同的地方得满足股份有限公司的要求。共同点比较集中，主要是均有法人资格，股东投资方式一样，股东对公司所承担的责任也一样。共同的东西是不变的。需要改变的内容主要有：(1) 首先由有限责任公司的股东会作出变更为股份有限公司的决议。在决议中需确定变更后的股份有限公司的名称，确定新的符合《公司法》要求的注册资本数额并把全部资本分解为等额股份，如果向原股东以外的投资者私募资金，则要作出相关的决定并准备股份发行的相关文件。(2) 进行资产评估，以准确确定股份数额和资本总量。(3) 通知和公告通知公司的债权人、债务人以及主要的客户及交易当事人。这种通知和公告不是可以影响变更效力的法定义务，而是为了保持公司原有的业务联系的谨慎与严密的商务礼节。(4) 修改公司章程以及申请股份公司名称预先核准。(5) 资本筹集完成后进行审计并出具审计报告。(6) 成立股东大会，选举符合股份有限公司要求数量的董事、监事等。(7) 设计印制股票。(8) 向公司登记机关申请变更登记，缴销旧的营业执照，领取新的营业执照，刻制新的印章等。按照中国证监会《首次公开发行股票并上市管理办法》第 8 条的规定，有限责任公司如通过公开发行股份方式变更为股份有限公司，需要国务院批准。因此，这种途径的变更基本上是一种理论上的模型而已。此处不再赘述。

（二）股份有限公司变更为有限责任公司

股份有限公司是公司形式中的高级类型，从股东投资公司企业的一般商业理性出发，由有限责任公司向股份有限公司的变更具有更鲜明的合理性，而从股份有限公司向有限责任公司变更肯定是出于某种特殊的原因。这种原因也不居于公司变更的主导方面。公司形式的变更一定得从经济利益性去加以解释，股东个人的情趣偏好不能作为变更发生的合理的依据。笔者以为，下述原因是股份有限公司公司形式发生变更的几种情况：(1) 公司资本大幅度减少，公司运营成本需要降低；(2) 股东人数不足 2 人时公司可变更为一人公司；(3) 公司发生了某种变故而不再符合《公司法》关于股份有限公司的条件，但符合有限责任公司的条件。德国股份公司法、法国公司法等也规定了股份有限公司向有限责任公司的转变。日本最新颁布的并于 2006 年 5 月 1 日施行的《公司法》，已经取消了有限责任公司，故股份有限公司不可能再行转变为有限责任公司。

股份有限公司向有限责任公司变更，首先由股份有限公司股东大会作出决议，该公司如为上市公司，则意味着公司退市，情况极其复杂，需要上报中国证券监督管理委员会，报告股票上市的交易所并进行公告，披露信息。公司还应当进行资产评估、修改公司章程及申请公司名称预先核准、通知或者公告通知公司的债权人、债务人及其他利害关系人。变更的原因涉及公司减资的，应当按照公司减资的程序办理。最后，依据股东大会的决议申请变更登记，领取新的营业执照，注销原先发行的股票，更换为出资证明书。

（三）其他企业改制为公司

我国《公司法》颁行以来，传统体制下的各类企业多选择通过改制变更为公司企业。传统企业中的全民所有制企业和多数的集体所有制企业具有法人资格（城镇集体所有制企业一律具有法人资格，乡村集体所有制企业部分有法人资格），全民所有制企业以其经营管理的财产对外承担民事责任，有法人资格的集体所有制企业以其所有的财产承担民事责任。有法人资格的企业通过改制变更为公司的，通常有两种方式：一是原企业将其核心资产剥离作为向新设公司的投资，与其他投资者共同组建有限责任公司或者股份有限公司，改制过程中对原企业的债权债务的处理作出妥当的安排，在形式上看起来改制的过程像是企业对外投资或者分立,对外投资的原企业是新设公司的股东,或者分立的原企业的其他利益主体是新设公司的股东。一些早先改制为上市公司的国有大中型企业多采取这种模式。其中,也有一些企业通过这种安排进行了逃废债务的行为,让新设公司轻装上阵,把原来的债务留给资产被掏空的原企业或者被转移给其他机构,债权人的利益可能受到损害。二是以原企业整体财产为基础、保持原企业法人资格不变直接与改制中设定的目标公司对接,原企业的债权债务关系向改制选择的公司移转,在改制中明确投资者的股东身份并吸收新的股东参股。这种模式适应于原企业没有债务或者债务不多的集体所有制企业的改制,对于债权债务关系极其复杂且债权人非常分散的金融企业的改制也很适应,如我国的工商银行、建设银行等超大型企业,其改制中可以剥离非核心资产,通过明确股东关系、发行新股、引进战略投资者完成向股份公司的过渡,原企业的存贷款关系就由企业平移到新公司中。以第二种方式实现企业改制的,因为过去的企业具有非公司形态的法人资格,企业为避免与企业债权人利益的冲突和复杂的协调环节,选择在原始企业的基础上进行改造,这种改造使得新旧企业之间仍然存在人格的继承关系,与新设公司有较大的区别。其他类型之企业凡具有法人资格的,无论所有制关系如何,在转变为有限责任公司或股份有限公司时大体上有以下几种方式:

(1) 原国有企业已经具有法人资格,可按国务院有关规定和《公司法》所规定的公司形态予以变更,或是改为有限责任公司,或是改为股份不上市的股份有限公司。其中,有的属于国务院确定的生产特殊产品或者属于特定行业的公司,则按《公司法》规定改采国有独资公司形式。

(2) 城镇集体所有制企业虽然按法律规定均具有法人资格,但其财产关系较为复杂,一时难以确定投资关系者,需要在以前几次清产核资的基础上按《公司法》关于财产关系明晰的要求重新核实,要考虑到原始投资者、职工劳动积累、其他投资主体的投入等因素以确定投资者利益,但要规范就要彻底排除所谓本企业股以及本企业劳动者集体股的做法,本企业已经形成的公共积累可以转为公司的公积金。全员股份制的办法是可行的,但那样改制势必突破有限责任公司股东人数最高为 50 人的限制,将其分解为几个股东人数为 50 人以下的有限责任公司的方案不足取,那将会使每一个公司都不具备生产经营的能力。因为集体企业大多是规模不大的小企业,如果将其改制为股份有限公司,原《公司法》规定由省级人民政府批准是一个重大障碍,有的资产规模往往又达不到原《公司法》所定最低资本额的要求,其名与其实不符。股份合作制的办法又失去了企业制度的规范性。在 2005 年《公司法》修订前的一段时间中,许多企业施行的股份制改造中将企业的实际出资人分为股东和投资人两类,成为公司股东的投资者由实际出资人选出,代表投资人的利益,股东人数不超过 50 人,召开股东会时,由股东事先征求其所代表的投资者的意见,实际投资人可以列席股东会议,但无投票权和发言权。股东的发言和投票可以按投资人的意见差别进行,也可以在投资人小组会议上集中后由股东合并表达。这种做法,适应了我国改制集体企业和国有小企业的具体情况,有现实合理性。但它仅仅是转轨阶段的临时性制度塑造,未来的时间中可通过股份在股东间的转让逐步予以解决,有一些也可能发展变更为股份有限公司。需要注意的是从现在起,应当停止登记设立股东不明确的所谓集体所有制企业。2005 年《公司法》修订后,股份有限公司的注册资本降低了,并且可以分期交付,股份有限公司的设立也不需要省级人民政府的批准了,集体所有制企业的改制中因为职工人数超过 50 人而采取的变通做法可以终止采用,只要公司的资本达到《公司法》规定的标准,径行改造成股份有限公司就可以。国有小型企业的改制可以比照办理。以前进行股份合作制改造的企业,以及把职工投资者分解为股东和非股东投资者的有限责任公司改制模式也可以终止采用，而进一步改制为规范的股份有限公司。2013 年修订的《公司法》取消了股份公司最低资本人民币 500 万元的要求，改制就更容易了。

（3）外商投资企业中凡具备法人资格的大多是有限责任公司，少数为股份有限公司，我国《公司法》已在原则上适用于它们，不存在根本上改制的问题，个别问题可通过修改立法加以解决。

（4）私营企业中有限责任公司的形式，和外商投资企业一样，其特殊的立法例是基于我国的改革进程而先于《公司法》采用的，这些问题因国家未及进行立法的整合工作至今存在叠床架屋的局面。在《私营企业暂行条例》中所规定的有限责任公司形式，因为其准据法法律位阶较低，体现了改革进程中的阶段性政策选择，内容简单，形式不完备，公司设立和运行中的各种关系没有系统性规定，直接适用《公司法》应当不存在问题；由于按所有制进行立法在整体上已经过时，或早或晚其立法模式必将被取缔，所以其中的有限责任公司可按《公司法》的规定完成简单的改造就可。私营企业中为合伙企业的，适用我国《合伙企业法》；为独资企业的，适用我国《个人独资企业法》。

（5）关于独资企业、合伙企业（包括普通合伙企业和有限合伙企业）向公司制企业的转变。独资企业是一人所有制经济组织，是一个自然人开办的企业，业主负无限责任；普通合伙企业虽有二人以上组建，但业主负无限连带责任。这两类企业欲变更为有限责任公司或股份有限公司，法律上未有明确规定，按投资关系的一般原理理解虽然说可以，但变更前后的债权人处在不同等的地位，使得公司的外部法律关系非常复杂，而且由于投资者责任形式的极大差别，造成用以投资的财产的形式以及投资人之间的关系迥然不同，适用的法律完全有别。直接变更比新设公司更加麻烦，所以法律没有规定，即直接变更没有法律依据。实践中需要做这种安排的，应当先行解散企业，了结企业债权债务或者固化其责任关系，然后以相关资产新设有限责任公司或者股份有限公司，原个人独资企业或合伙企业在经营期间形成的无形资产、客户资源可以通过协议的安排进入新设的公司中。明确地讲，在我国现行法律框架下，个人独资企业、合伙企业的确无法直接变更为有限责任公司或者股份有限公司。

其他法人企业通过改制的方式变更为有限责任公司、股份有限公司，均要履行一定的程序。这种法律程序的设置除了体现国家对企业运作活动的管治以保护公共利益、社会利益外，还体现对原企业债权人的合法权益的保护。共同的程序一般包括：（1）企业投资者或企业的机关形成变更组织形式的决定或决议；（2）通知债权人并公告改制变更事宜，在特定期限内就企业债务问题的解决与债权人达成协议；（3）完善新企业组织形式所要求的各种条件，如企业名称的预先核准申请、公司章程的订立、未来公司董事会人选的确定、资产评估、审计等；（4）办理变更登记手续。

第二节　公司的分立

一、公司分立的概念

公司分立（separate），是指公司依照法定程序分解为两个或两个以上财产责任相互独立的公司企业法人的行为。我国《公司法》第 175 条、第 176 条对公司的分立作了规定，我国其他的企业立法文件中对非公司的法人企业包括外商投资企业的分立也作了规定。为了不致重复,我们谨以公司的分立为主线进行介绍。外国公司法中鲜见公司分立的规定,在发达国家中,唯有法国公司法中对之进行了规定,我国台湾地区“公司法”称其为“分割”,并作了规定。在美国,依据反垄断法的规定,有时法院会根据利害关系人(包括联邦政府和州政府)的请求,对已构成严重垄断行为的巨型公司下令分拆。

公司的分立从公司主体变化的结构来看,可以分为新设分立和派生分立两种。新设分立是指公司将其全部财产进行分割,形成两个或两个以上的公司,新公司为设立,原公司为注销的情况;派生分立是指公司以其部分财产分离出去而成立另一公司,原公司为减少资本之变更,新设公司为设立之行为。须知,公司分立不是分设;一旦公司分立后,除非特殊情形,既不是母子公司关系,也不是兄弟姊妹公司关系,各公司之间相互割裂利益链条,甚至可以是竞争对手。

二、公司分立的方式

通常来讲,公司的合并导致资本的集中,可能形成规模化的生产并降低经营成本,提高生产效率,强化公司的竞争实力。但某些情况下,公司的资本过度集中,会形成资本使用效率降低,机构臃肿,战线过长。如果通过分立方式将一部分产业分离出去,使其独立,反而使企业有减轻包袱并降低风险的便利。公司分立的方式与公司分立的原因及结果有关,大体上有以下两种:

(1) 公司的某一部分业务或者分公司整体脱离公司而成为另一个独立的公司,脱离的公司与原公司不存在资产连接关系,但不排除在极个别情况下该两公司同为某一公司的子公司。这种情况,保留的公司与分立的新公司之间仍属于关联公司关系。如果公司用一部分资产投资设立全资子公司,或者与他人成立合股公司,这种情况不是公司分立。

(2) 公司的股东经过协商,形成一致意见,将公司分为两个或两个以上的公司,各自独立经营,两个分立后的公司的股东没有重大的交叉持股的关系,相互切断资金方面的联系,因此不属于关联公司关系。

三、公司分立的程序

我国《公司法》中涉及公司分立的条款共有 14 条之多,即第 37 条、第 43 条、第 46 条、第 66 条、第 74 条、第 99 条、第 103 条、第 108 条、第 142 条、第 175 条、第 176 条、第 179 条、第 180 条和第 204 条规定了公司的分立或涉及公司分立的相关事项。上述的条款规定中,第 74 条、第 142 条规定了有限责任公司股东和股份有限公司股东对公司合并、分立的决议持有异议可以请求公司回购股权与股份的权利,第 180 条确定了分立是导致公司解散的法定原因之一,第 204 条规定了对在公司合并、分立、减资或进行清算时违反法定程序不通知债权人和公告的由公司登记机关予以处罚的内容,其余 10 条均关涉分立的法定程序。此外,如果上市公司分立,还应当依循我国《证券法》的规定。综合上述的法律规范的具体内容,公司分立的法定程序如下:

第一,由公司的董事会对公司分立的事项提出方案(我国台湾地区“公司法”称其为分割计划),公司的股东会或者股东大会应当就公司的分立及方案作出决议。有限责任公司经代表 2/3 以上表决权的股东通过;股份有限公司经合法召集后出席会议的股东所持表决权的 2/3 以上通过;国有独资公司分立的,必须要由国有资产监督管理机构决定,其中重要的国有独资公司分立的,应当由国有资产监督管理机构审核后报本级人民政府批准。按照我国台湾地区“公司法”的规定，“股份有限公司分割者，其存续公司或新设公司以股份有限公司为限”。我国《公司法》没有作这种限制性规定。

第二，上市公司的股东大会作出上述决议后，要立即报告国务院证券监督管理机构和证券交易所，并进行公告。我国《证券法》对此有明确规定。

第三，由公司成立资产清算机构，负责清理管理企业的各类资产，编制资产负债表、财产清单、债权与债务清册，以便为财产的分割、债权债务的分配做好准备。受理对公司分立持有异议的股东的股权或者股份的回购请求，并予以处理。需要明确的是，如果支持异议股东的股份回购请求权，涉及数额较大时，则会损害债权人的利益，公司应当首先启动减资程序，以给债权人以保护。

第四，自形成分立的决议或决定之日或决定被批准之日起 10 日内通知债权人及债务人（公司的债务人不得对公司的分立主张抗辩权），并于 30 日内在报纸上公告。

第五，债权人自接到通知书之日起 30 日内，未接到通知书的自第一次公告之日起 45 日内，有权要求公司清偿债务或者提供相应的担保。我国《公司法》第 175 条规定了通知和公告的程序，但没有规定债权人行使权利的程序和期限，而在第 176 条中规定：“公司分立前的债务由分立后的公司承担连带责任。但是，公司在分立前与债权人就债务清偿达成的书面协议另有约定的除外。”这种安排是便宜于公司改制的：在公司分立时，债权人的人头和公司负债本身是确定的，分立没有增加公司债权人债权实现的直接风险，没有扩大公司的债务数额，法律规定债权人可以请求公司立即清偿债务，一是债权人担心分立后的公司其偿债能力会有降低的可能，二是分立增加了债权人请求偿债的一定的负担（即改为向两个以上主体追索债务）。但是公司分立是公司谨慎选择的改制行动，因由分立后的公司对债务承担连带责任，因此在总体上没有增加债权人的债权实现风险，一些小小的麻烦可以忽略不计，债权人不享有阻止公司分立的权限。

第六，公司在向债权人清偿完毕债务或通过提供担保的方式与债权人达成协议或者和债权人就债务清偿的安排达成一致意见后，即可实施分立方案，并在公司登记机关进行变更登记。当然，上述条件未届满足时，公司也可继续其分立的改制行动。按照我国《公司登记管理条例》的规定，因合并、分立而存续的公司，其登记事项发生变化的，应当申请变更登记；因合并、分立而解散的公司，应当申请注销登记；因合并、分立而新设立的公司，应当申请设立登记。公司进行注销登记、变更登记及设立登记的，均要符合法定条件和程序。因公司进行合并、分立而进行上述登记的，要在公告之日起 45 日后申请，要提交合并协议和合并、分立的决议或决定以及公司在报纸上登载公司合并、分立公告的有关证明及债务清偿或者债务担保情况的说明。法律、行政法规或者国务院决定规定公司合并、分立必须报经批准的，还应当提交有关批准文件。

四、公司分立纠纷的解决

公司分立是一种民事行为。公司实施分立行为往往会产生并引发几个方面的法律关系的变化，形成不同主体之间的具有特定内容的权利义务关系。因此，纠纷的发生也在所难免。因公司分立而发生的纠纷，既不是一般意义上的合同纠纷，虽然涉及履行合同主体的变化；也不是狭义上的侵权纠纷，如按法定程序进行就不会自动构成对不特定主体利益的损害。在公司分立过程中，债权债务关系通常会发生一些变化，公司法对调整这类关系只能作出原则性的规定，具体处理纠纷往往要配合适用普通的民事法律相关制度及原理。

（一）股东之间的纠纷

对于有限公司来讲，由于是小公司，资产联合的因素与人合因素均存在。股东之间合作不好，通过公司分立可以避免股东矛盾加剧，如果股东起诉请求公司分立，法院尚无明确的法律依据去支持，甚至无法受理诉讼。在股东间其他诉讼进行过程中，特别是股东针对公司提起的解散案件中(其原委和分歧的实质是股东之间的合作关系破裂)，基于明确是非的基础，法院可根据实际情况将引导股东形成分立之决议作为一种解决方案。司法解散公司是法院在管辖公司纠纷中所能行使的较为严厉的手段，其在法理上是成立的，而司法分立公司对于法院而言似乎是逾越了商业判断规则的限制。这正如跨一大步是到了小溪的对岸，是正常的选择；而迈一小步则掉进了河沟，两脚淤泥，得不偿失。一旦股东就公司分立达成一致意见，并且公司的股东会作出决议时，即由起诉的一方申请撤诉处理，或者由法院进行调解解决。法院在对公司分立事务调解解决时，由于涉及资产分割和债权债务分配，在没有债权人普遍参与的情况下无法真正适当处理，因此公司分立的调解需以公司债权人的参加为前提。分立的确定是法律赋予股东会的权力，法院的调解是外部的促成因素。

股东之间合作的亲善关系一旦破裂，公司治理就会陷入僵局，与其解散公司，不如通过分立加以处理，这样就能够保留股东们在商业方面已经形成的客观空间和主观能力，保留公司作为经济发展的基础元素，也能对社会有所良益。

（二）债权人与公司间的纠纷

按照我国《公司法》的规定，公司的债权人没有实质权利阻止公司的分立活动，也就是说公司不经债权人同意的情况下也可实现分立。债权人在收到公司分立事项的通知后 30 日内，未接到通知的债权人在公告日起算的 45 日内，即与公司开始谈判，要求履行债务或要求对债务的履行提供担保。(1) 债务人公司立即清偿了债务或债务之大部；(2) 债务人公司提供了担保，债权人接受了此项担保；(3) 债权人认为其债权的实现不受公司分立的影响，同意了债务人公司所提议的债务偿还安排。发生这三种情况中的任意一种，意味着公司的分立排除了债权人阻却的关口。在公司分立的情形下，债权人的利益保障有两种法律机制：一是请求公司立即偿还债务或者与公司达成提供担保或者同意公司的偿债安排，债权人处在主动地位且有选择权；二是立即向法院起诉公司偿还债务，即使债务未到期也视为到期。债权人的目的在于其债权利益的实现，而公司分立因法律规定在债权人与公司就债务清偿安排未达成协议的情形下由分立后的各家公司连带承担偿还责任给债权人以保障，故不赋予债权人实质阻止公司分立的权利是合理的。毕竟，公司分立不同于公司减资。公司分立是公司迫不得已的举动，或者是公司改革之举，债权人在自己利益不会被损害的情形下，不能阻止公司分立。

（三）公司与其债务人的纠纷

公司分立时，公司的债务人因欠公司的钱物，负有给付义务，或已到期尚未履行完毕，或尚未到履行期间，或为分期履行但延时较长，在公司分立完成时无法履行完毕。未到期之债务，处于分立程序中的公司不得以到期债务论。由于债务履行的接受方的变更没有对债务人增加新的义务或风险，故只要债权人同意即可实现债权债务关系之转化。这就是说，债权人公司在分立时，就某一债权的受偿在未来分立后的公司间作出分配，并由债权人公司书面告知债务人，即可以实现转移，债务人不具有非经其同意不得变更债权人的抗辩权，任何状态下的诉讼均得为债务人败诉，除非债权人公司与债务人互负义务而未得公平实现，或者分立后的公司在法定的诉讼时效内未曾主张债权。

第二十二章

公司的合并与收购

第一节　公司合并与收购的法律含义

公司的合并(merger, consolidation)与收购(acquisition),简称 M&A,是以英美国家为中心发展出来的集合概念。在英美国家的公司立法上,公司的合并与收购一般作为资本集中和产业外向性发展的相互融合的方式。在大陆法系国家,公司的合并与收购在立法上有较清晰的区别,即合并与收购虽然导致资本和产业的整合、集中,但其法律运行方式与后果毕竟不同。在 M&A 制度最发达的美国,一般认为企业并购是指以取得企业财产权与经营权为目的的合并、股票买入、营业权的买入等活动的总称,也即个人、团体或企业成为另一个企业资产的所有者或者取得其经营支配权的一项或多项活动之总称。在美国《标准商事公司法》中对合并和股票交换作了专章规定。英国公司法中虽未对合并与收购给出定义,学理上一般将合并理解为两个或两个以上的公司联合组成一个新公司;而收购为一公司用取得股份的方法及企业资产整体购买的方法接管一个或一个以上的公司的控制权,为相反行为的公司的活动则称为公司重组。

一般来讲,合并会导致至少一个原有公司的消亡,而公司收购则不尽然。公司收购可能导致被购公司并入收购公司,也可能是不并入,收购公司只取得被购公司的控制权,使目标公司成为其子公司。如德国《股份公司法》第 346 条第 3 款规定:合并一经在接收公司所在地的商业登记簿中登记注册,转让公司就不再存在(吸收合并)。该法第 353 条第 6 款规定:新设公司一经登记注册,要联合的公司就不再存在,无需对要联合的公司进行特别清算,从登记注册之日起,要联合的公司的股东就成为新公司的股东(新设合并)。法国《商事公司法》第 372-1 条规定:合并或分立导致被撤销的公司不经过清算而解散,在合并或分立最后完成时,将其财产全部转移到受让公司。使公司作为买卖关系标的物的公司的收购要较合并为晚,因而在公司法理论上有较多的分歧,认识不尽一致。从实践的情况来看,公司收购基本上可以分为公开收购与协议收购两大类。公开收购是指在证券市场上购买目标公司股份以达到控股之地位,此种行为要受证券法之规制,其后果并不导致目标公司的必然并入,除非母公司与子公司的股东会通过了合并之决议。协议收购包括公司的整体收购、经营性财产的收购、营业权益的收购及参股收购。公司的收购是公司集合财产整体的出让,被收购公司可以并入收购公司,也可以不并入而成为收购公司的子公司或被控制公司。财产的收购与营业的收购一般是对经营资产或某种商业经营权益的购买,往往只是收购公司资本和经营规模的扩大而非合并,因为被收购的对象并非是公司法人企业本身。参股收购是购买收购对象的一定的股份,并不改变目标公司的实体地位,收购后成为合股公司或合营公司。

我国《公司法》对合并作了极原则的规定,而对收购则未作规定,对上市公司的公开收购(即在证券市场上的集中竞价收购)和协议收购由《证券法》、中国证监会发布的行政规章予以调整;不上市的股份公司、有限公司的收购只能是协议收购,虽然它们的股份有时也会在特定的场合被公开拍卖以发现出价更高的收购者,原则上由《公司法》所规定的股份转让制度和国务院有关部委发布的行政规章实施调控。

据上,笔者认为,公司的合并是指某一公司将其他的公司通过股票交换或企业整体的买入等方式并入本公司,该某一公司续存而其他被并入的公司归于解散,或由两个以上的公司签署协议参加设立一新公司,新公司成立而各参加公司因加入而解散的行为。公司的收购是指某一公司通过证券市场购入另一公司发行的股票达到控股地位,使该另一公司成为被控股公司或子公司,或通过与另一公司的股东会或股东签署协议将该另一公司整体购入、部分参股收购、部分经营性财产收购及某些营业性权益购入的行为,其中整体收购可以同时为合并,也可以是不改变公司实体,只使其成为被控股公司或子公司的行为。

公司的收购与合并是现代经济生活中的一个极其重要的现象,是市场经济高度发展的产物。它作为企业产权交易的形式,是企业由资产经营向资本经营转化的有效扩张手段,在欧洲、美国、日本等国家和地区的跨国公司中十分流行,成为公司经营战略的一项重要措施。20 世纪 90 年代以来,我国也已引入该种经营机制,发展规模逐渐放大,法律调控体系尚需完善。

第二节 公司合并的法律规制

各国公司立法虽然鲜见对公司合并的定义,但一般都对合并的方式与程序作了严格的规定,其他有关法律如反垄断法、税法也对之加以规制,以使其符合所涉各方利益公平保护的原则。

一、合并的种类

合并的本质是公司资本的集中。在一定意义上讲,合并会造成公司数量的减少,但会形成留存公司的规模扩大,成为资源配置的一种市场手段和公司外部成长的途径。公司合并的形式主要有吸收合并和新设合并两种。另外,在某些国家,公司合并的方式有一些新的发展。

(一) 吸收合并(merger)

吸收合并也可以称为吞并式合并或接收合并,在经济学上也称为兼并。吸收合并是指一个或几个公司(转让公司)的财产通过协议安排整体并入到另一个公司(接收公司),转让公司的股东变为接收公司的股东或取得接收公司的价款支付(consideration),转让公司免经清算程序而解散,其权利义务由接收公司承继的行为。

吸收合并的特征是:(1) 接收公司是原已存在的公司,合并后其继续存在,主体不发生变化,但资产规模会相应扩大,而转让公司的股东可能是得到价金支付(cash-merger,cash-out merger),也可能是通过交换取得接收公司的股份,成为接收公司的股东。(2) 转让公司因合并而解散消亡,其原有的法律主体资格及实体不复存在。它不同于目标公司成系统的经营性资产的收购,资产收购不涉及出让方公司的主体地位变化;也不同于目标公司的收购,因公司收购未必导致目标公司的解散,只是公司股东的变更。(3) 转让公司的解散可不必经过清算程序,因其权利义务由接受公司全盘承继,转让公司原来履行的合同继由接收公司履行。

吸收合并在许多国家的公司法上作了规定。我国《公司法》第 172 条规定,公司合并可以采取吸收合并或者新设合并。一个公司吸收其他公司为吸收合并,被吸收的公司解散。

(二) 新设合并(consolidation)

新设合并也称创设合并或新建合并。新设合并是指两个以上的公司(加入公司)共同组建一个新的公司(新设公司),每个加入公司的财产作为整体转让给新设公司,由加入公司的股东交换获取新设公司的股份或价款支付,各加入公司免经清算程序而解散,其权利义务由新设公司承继的合并行为。

新设合并的特征是:(1) 新设公司是由各加入公司共同组建的,在合并开始前本不存在,这与吸收合并不同。各加入公司组建新设立公司的目的是为了合并,即以各公司的加入为前提和条件。(2) 新设公司的成立与加入公司的解散同时发生,因每个加入公司的财产在整体上已然并入新设公司,新设公司的资产是由各加入公司的资产统合形成的。(3) 各加入公司的股东直接取得或经交换取得新设公司的股份或价金给付,取得股份者为新设公司的股东,获得价金给付者实际是其股权实现转让,获得转让价款而不成为新设公司的股东。(4) 由于加入公司的债权债务均要新设公司承继,各加入公司的未履行完毕的合同由新设公司继续履行,因而加入公司可不经清算程序即解散。

新设合并在许多国家的公司法上均有规定,但美国《标准商事公司法》未对此种合并加以规定。该法只承认吸收合并,学术上解释的理由是合并以吸收之方法已很充分,即使有新设合并也应先设立一新公司然后再由该新公司吸收两个以上的公司加入,说到底仍是吸收合并。我国《公司法》第 172 条规定,两个以上公司合并设立一个新的公司为新设合并,合并各方解散。

(三) 现金合并(cash-merger,cash-out merger)

现金合并是指被合并公司的股东以其所持有的被合并公司的股份不与合并公司新发行的股份进行交换而成为合并公司的股东,而只取得合并公司给付的财产或现金,财产包括合并公司持有的其他公司的股票、债券、政府债券及其他利益。

一般来讲,股东对公司所为的投资除非公司解散参与分配剩余财产或者有其他的特殊原因外,不能撤回而只能转让。但在合并发生时,一方面被合并的公司意味着不经清算可以解散;另一方面是原股东将其所拥有的公司卖掉,可以取得对价给付;第三方面是股东有权不愿选择为合并后公司的股东。上述三方面的理由导致了现金合并的发生。在 20 世纪 60 年代前,美国几乎所有的州的公司法都规定,在公司合并中被消灭公司的股东应把其所拥有的本公司的股份交换为存续公司或新设公司的股份而成其为股东。后来,公司合并实践对这一问题有了发展,并在法律上被确认下来,被消灭公司的股东可要求合并公司只交付现金或财产,不接受其股份的交换;在某些情况下,合并公司为了排除被消灭公司的小股东,也选择只给付现金或财产,而不交换其公司的股份。这样,公司的收购与合并融为一体,同时发生,公司在商业上不仅成为交易的主体,也可成为交易的客体。而且,现金合并常被用来在大股东母公司将子公司并入时,作为排挤(freeze out,squeeze out)小股东的法律手段。

(四) 简易合并(short form merger)

简易合并是在美国产生发展起来的。简易合并最早由特拉华州的公司法规定,后为美国《标准商事公司法》及其他大部分州公司法所认可。简易合并是指当一个母公司拥有一个子公司的至少是90%的各类已售出的股票时就可以把该子公司并进来,而不必由母公司和子公司的股东会批准。联邦德国《股份公司法》第352b条也有类似规定。按照美国《标准商事公司法》的规定,简易合并只要求母公司的董事会应当通过一项合并计划,在计划中列明母公司与子公司的名称以及把子公司的股票兑换成母公司或任何其他公司的股票、履行义务证明书或其他证券或全部或部分地兑换成现金或其他财产。母公司应当邮寄一份合并计划给子公司的各个未放弃书面邮寄通知权利的股东,并在30天后将合并计划及有关事项的文件送交州务长官归档。当然,这类合并的计划书不能含有对母公司组织章程的修订。在合并文件送交州务长官归档之后,子公司即丧失独立人格,完成了合并。

简易合并的实质是扩展母公司的商业行动能力,而不必太多顾忌子公司的中小股东的感受。简易合并不仅简化了合并的程序,即只是经母公司董事会讨论通过即可进行,而无需母公司与子公司的股东会决议;同时,母公司在合并时可并用现金合并,将子公司的小股东通过股票交换而成为母公司的股东的机会取消,使其丧失股东地位。这种合并被认可的理由是即使要经过子公司的股东大会讨论,因母公司持有子公司股份的90%以上,小股东的反对意见也是不可能成立的;另一方面,由于母公司持有子公司90%以上的股份,母公司将子公司合并了,也不影响母公司的股东的利益,母公司股东大会的召集也无意义。简易合并虽然排斥了子公司小股东在股东大会上以不公正合并为由反对合并的权利,但为保护其利益,法律也赋予其股份收购的请求权。我国台湾地区"公司法"于2001年11月12日修订版中增加第316条之二,规定:"控制公司持有从属公司90%以上已发行股份者,得经控制公司及从属公司之董事会以董事2/3以上出席,及出席董事过半数之决议,与其从属公司合并。——从属公司董事会为前项决议后,应即通知其股东,并指定30日以上期限,声明其股东得于期限内提出异议,请求从属公司按当时公平价格,收买其持有之股份。"立法者解释公司法增加简易合并规范的理由时认为:"基于关系企业控制公司合并其持有大多数股份之从属公司时,对公司股东权宜较不生影响,为便利企业经营策略之运用,参照美国《标准商事公司法》第11.04条关于简易合并之规定,控制公司及从属公司得不召开股东会,以节省劳费,爰增订第一项,为简易合并之规范。"

此外,在美国还产生并广为发展了三角合并(triangular merger)与反三角合并(reverse triangular merger)。

二、合并的程序

公司合并的程序各国之规定有所不同,且因合并方式的不同也存在差异。这里,仅以吸收合并和新设合并为例,谈谈最一般的步骤。

(1) 订立合并合同。公司合并合同的当事人是公司本身,而非公司的股东。公司合并时,首先应由各合并公司的机关即董事会形成意向性决定,随即相互进行谈判,磋商合并事宜并签署合并合同。合同的内容一般应包括:第一,所有参加合并的公司的名称、住所、公司类型、法人代表;第二,合并的方式、合并的目的条款及合并各方在合并中的地位;第三,合并的条件,包括:各转让公司将其财产在整体上转入接收公司或新设公司,转让公司股东获接收公司或新设公司股份的明确的意思表示;对不愿成为接收公司或新设公司股东的各转让公司的少数股东所作的财产给付或现金给付的考虑和安排;股票兑换的比例或股票与财产的交换价格;股票的种类;接收公司的股票转让的细节性安排;第四,新设合并时新设公司的公司类型、章程起草及其他筹建工作的安排及各方需要履行的其他义务；第五，接收公司章程修改的考虑；第六，合并各公司的股东会或股东大会批准本合同的时间安排；第七，并入各方财产的核查与管理；第八，并入各公司财务状况的调查与确认；第九，审计机构的聘任；第十，其他需要约定的事项，如职工和高管人员的安排、特许经营事项的处理等。

（2）合并合同的批准。在公司立法上，除美国多数州的公司法及德国《股份公司法》所规定的简易合并外，世界各国均将公司合并的权力赋予股东会或股东大会。只有公司的投资者才可以决定公司的命运。因此，公司董事会制作的合并方案和所签署的合并合同应经股东会或股东大会批准。我国《公司法》对合并的权属规定是董事会可以提出方案，要使该方案生效则要由公司的股东会或者股东大会作出决议。股份公司股东大会对合并问题作出决议时，须经出席股东大会股东所持表决权的2/3以上通过；有限公司股东会对合并问题作出决议时，须经代表2/3以上表决权的股东通过；国有独资公司，由公司董事会提出方案报履行该公司出资人职责的国有资产监督管理机构决定或者由该机构非经董事会提出方案而直接决定；重要的国有独资公司的合并，应当由国有资产监督管理机构报本级人民政府批准。

按照我国《证券法》的规定，上市公司股东大会作出合并的决定，应当立即向国务院证券监督管理委员会和证券交易所作出临时报告，并予以公告。对并入公司的股东如以股票换发作为支付的对价方式，则还应当在支付前报国务院证券监督管理机构核准。

（3）通知并公告通知债权人。按我国《公司法》之规定，在参加合并的各公司的股东会、股东大会作出决议日的10天内，公司应通知其债权人，并于30日内在报纸上公告。

（4）债权人债权请求权的行使。为保护债权人之合法权益，法律赋予其在债务人公司合并时的实体上与程序上的请求权。债权人应自接到通知之日起30日内，未接到通知的自公告之日起45日内，有权要求债务人公司清偿债务或提供担保。不清偿债务或不提供担保的，债权人可以向法院提起诉讼请求判令债务人公司立即偿还债务。债权人超过法定权利行使期限没有提出相关主张，即丧失了阻止合并的抗辩权，但其实体债权并未消亡，其债权由合并后存续的公司或新设的公司清偿。债权人认为合并后的公司更能保障其债权的实现，可放弃请求权而不要求立即清偿债务或提供担保。

（5）编制资产负债表及财产清单，并由存续公司或新设公司相关机构接管并入公司的财产。在吸收合并的情况下，各并入公司应组织编制其资产负债表并提交财产清单，接受公司可委派财务人员或聘用审计事务所、会计师事务所的财务专家协助处理，查明并入公司之债权债务状况，接管财产。在新设合并的情况下，各并入公司应共同组建一个新设公司的筹建机构，履行前述职责或协调各并入公司履行前述职责。

（6）向原并入公司的少数股东支付现金并与其他股东交换股份（股票或投资证明书）。由于少数股东不同意继续为存续公司或新设公司之股东，应当给其以公司净资产同所持股份数比例相当之现金补偿，以实现其股份收购的请求权。我国《公司法》第74条和第142条规定在股东会、股东大会上投反对票的股东有权请求公司按合理的价格收购其股权或股份。合并时选择继续为存续公司或新设公司股东的，则由存续公司或新设公司与之进行符合合并合同要求的比例的股票或股权证书的交换。现金支付或股票交换的比例规定过低不利于保护小股东利益的，小股东可向法院请求予以调整（联邦德国《股份公司法》第352条即有此规定）。

（7）组织修订存续公司章程或制定新设公司章程并选举公司领导机构。

(8) 进行登记并向合并各方的债权人、债务人发出通知。登记时,存续公司涉及章程内容变化的,提交修改后的章程或章程修正案并为变更登记;新设公司为设立登记;并入公司不经清算直接为注销登记。此外,因合并使各合并公司的原债权债务关系发生变化,需要以书面形式将合并完成的结果告知债权人及债务人。

由于合并可能会发生一定程度的混乱及时间拖延,在合并期间要注意保管各并入公司之财产,防止不测损失发生。同时,要由接收公司或各并入公司及时保持与公司债务人之联系,防止债务超过诉讼时效,因合并行为不能被理解为时效的中断。

三、合并的效力

(1) 合并导致存续公司资产的扩张,或者使新设公司成立。

(2) 除接收公司外,加入合并之各公司自合并登记之日起,不经清算可解散,丧失其主体资格,它们的不动产和其他财产包括知识产权都不可逆转地、无损害地、无条件地授予存续公司或新设公司,归入其法人财产权范围。

(3) 接收公司或新设公司承继并入公司的债权与债务,并履行并入公司未履行完毕之合同。

(4) 并入的各公司的股票、投资证明书,都要兑换成接收公司或其他公司的股票、履行义务证明书或其他证券资产或者兑换成现金或其他财产。并入公司的原股东只能依合并合同之规定成为接收公司或新设公司的股东,或者行使少数股东的收购请求权获得对价。

(5) 不同类型的公司合并时,留存的公司必须为某种特定的公司形式,如股份公司与有限公司的合并,存续的公司应为股份有限公司。联邦德国《股份公司法》第 355 条有此规定。我国《公司法》对此尚无规定,但原对外贸易经济合作部、国家工商行政管理总局《关于外商投资企业合并与分立的规定》(〔1999〕外经贸法发第 395 号,2001 年 11 月 22 日修订)中第 10 条规定“上市的股份有限公司与有限责任公司合并后为股份有限公司。非上市的股份有限公司与有限责任公司合并后可以是股份有限公司,也可以是有限责任公司”。这个规定赋予公司合并的各方以选择权,有积极的因素,但在实践中操作起来可能会产生困难,因为即使不上市的股份有限公司,正常情况下其股东会远多于有限责任公司的股东人数,并且股份有限公司的商业外观形象比有限责任公司好,投资者一般不会舍弃。我国台湾地区“公司法”第 316 条之一规定,股份有限公司相互间合并,或股份有限公司与有限公司合并者,其存续或新设公司以股份有限公司为限。这一规定对我国今后修订完善《公司法》时可为镜鉴。

(6) 合并登记已然完成,任何人不得主张合并无效,尽管在合并中存在某些非欺诈性质的缺陷。但联邦德国《股份公司法》第 352 条却有相反之规定,即合并在接收公司所在地的商业登记完成后,转让公司仍可向法院提起确认合并决议无效之诉,其相对人是接收公司。

(7) 并入公司的职工,在实施合并时如无其他的安排并经过工会集体或职工个别的同意,应当无保留地将雇佣关系转入合并后存续的公司中。这一点,在我国有着极为重要的法律价值和现实意义。

第三节 公司收购的法律规制

一、公司收购的形式

公司收购存在以下三个法律属性:

(1) 公司收购对于收购方来讲，一般只取得目标公司的达到支配程度的股份，或者虽然取得目标公司的部分经营性资产及营业权益的所有权，而不能必然导致目标公司的解散，除非在收购的同时将目标公司予以吸收合并。

(2) 一般情况下，公司收购的最终决定权掌握在收购方与目标公司的股东，除非目标公司的股东会、股东大会股东等公司所有者通过决议或章程之规定授权董事会出售公司整体、经营性资产及营业权益；上市公司由于公司股东分散持有公司股份，董事会负有管理股东整体利益使其最大化的职责，收购发生前或者收购进行中收购方必须和目标公司董事会进行接触甚至直接谈判。

(3) 由于收购不改变目标公司的实体法律地位，或者收购了某些经营性资产及营业权益，收购方并不直接承担目标公司的债务，除非在收购的同时将目标公司予以吸收合并，或者在收购经营性资产及营业权益的合同中有明确的约定并得到目标公司债权人之同意。

公司收购，是在市场经济条件下对经济资源的重新配置，其为公司的成长提供了外部途径。从公司收购取得目标公司控制权的交易方式来看，公司收购有公开收购(其具体形态为要约收购)与协议收购两大类；从收购的内容看，有股份的收购(包括整体收购、参股收购)、经营性资产的收购及营业权益的收购；从收购的资金筹集看，有实力收购、杠杆收购；从被收购的目标公司董事会的合作态度看，可分为善意收购和敌意收购；从收购主体与目标公司的关系看，有外部收购与管理层收购。此外，还可根据公司收购中体现出的种种因素划分出不同的收购类型，如全面收购和部分收购、独立收购和联合收购(一致行动人共同收购)、直接收购与间接收购、现金收购与股权置换收购等。需要着重说明的是，上述所提的关于公司收购的分类及称谓，多数情形集中在对上市公司收购进行总结概括的场合。以下，对几种重要的公司收购的制度作简要的概念性解读。

(一) 公开收购

公开收购，也称为集中竞价收购，它是指收购人通过证券市场公开购买一家上市公司的一定比例的股份，以达到足以获得目标公司控制权的股份的交易活动。公开收购包括收购人持有股份达到目标公司发行股份总数5%数量以后的持续性的非要约公开收购(也称为梯级披露公开收购)以及达到持股30%后的强制要约公开收购。虽然我国《证券法》没有使用“非要约公开收购”的术语，但从法律规定继续增持股份必须做变动报告和公告，以及禁止收购人在禁购期内(持股变动达到5%以后的3天内和报告公告后2天内)购买目标公司股份的规定导致股价上扬和可能引发竞争收购或引发上市公司反收购措施的效果看，从实际持有上市公司股份比例可达到控股程度的水准下倾趋向来看，持股5%至持股30%期间的竞价购股实实在在就是公开收购，笔者称之为“非要约公开收购”。

公开收购与非公开收购即协议收购相对应，是就收购所采取的途径所作的学术视角和法律安排的分类的称谓。由于证券市场对收购行动具有灵敏的反应效果，公开收购的成本会伴随收购的公开进行而不断加大，且投资者有正当的理由在出售股份方面期望获得全面、真实的信息和公平的机会。上市公司股权分散导致被买进其发行在外的股份达到20%时就已经构成了控制权的转移，收购已经实现，因此为了维护证券市场的透明、公正和机会同等，法律要求公开收购必须履行公告及报告义务，并在达到更高持股比例标准如30%且欲继续收购的，则强制启动要约收购程序。从这个角度看，公开收购是方法论上的学术概括，它包含收购人持有一家上市公司发行在外的全部股份的5%以后通过在证券交易市场集中竞价继续购买同一公司达5%数量股份的非要约公开收购行为和持股达30%以上的要约公开收购行为,公开收购法律制度规制收购行为的核心内容是信息披露、遏止资本市场操纵行为、保护中小投资者利益,规制的重点阶段是要约公开收购,简称为要约收购。

(二) 协议收购

协议收购是由收购人与目标公司的控制股东或其他个别股东就大宗股权转让经协商达成协议,各方履行该协议并按照公司法、证券法的规定执行相关程序规范从而实现目标公司控制权转让的公司收购方式。

协议收购的对象还可以涵盖不上市的股份有限公司、有限责任公司、其他非法人企业以及经营性资产和经营性权益等。协议收购中如果没有上市公司参与其中,即收购主体不是上市公司也不是其子公司,收购对象不是上市公司也不是上市公司的子公司、经营性资产或权益,只是普通的公司收购行为,相关事务按公司法、合同法、反垄断法及国家经济安全方面的法律法规处理即可,不涉及证券法律、法规、规章的适用。

如果协议收购的主体或者对象涉及上市公司,收购行为还应当遵守证券法律、法规、规章的规定,按特别规定的程序进行,如披露和报告,以及必须聘请专业机构等。

证券法上所提到的协议收购仅是指以上市公司为目标公司的通过与股东签署协议的方式进行的股份收购行为。

(三) 要约收购

要约收购也称为要约公开收购,在英国称为 takeover bid,在美国称为 tender offer,是指收购人依据证券法的要求,须在证券交易市场向目标公司全体股东发出公开要约,收购部分或者全部股份,以期实现目标公司控制权掌控的收购方式。要约收购,是公开收购的最典型的形式。

在资本市场健全的环境中,上市公司控制权的获得存在溢价的利益,而资本市场的灵魂是公开、公平和公正,要约收购制度是保障资本市场纯洁、稳健、有序运行的重要制度之一,其内涵的强制收购人发出公开要约、信息披露、报告、专业机构强制参与、格式法律文件制作、接受监管和行动约束以及机会同等,就能够对公众投资者以利益保护。要约收购制度对收购方施加了较重的法律义务,要约须向全体股东发出,要约发出后在承诺期限内不可以撤销,在收购期限内不可以卖出目标公司股票也不可以通过其他方式收购和超出要约条件收购(除非经法定程序变更要约条件),要约收购的期限得符合法定标准。要约收购是上市公司收购中的典型形式和传统形式,各国公司法或证券法对此都有规定。

按照我国《证券法》及中国证监会《上市公司收购管理办法》(2008 年 8 月 27 日修订之版本)的规定,收购人及其一致行动人通过协议或者证券交易所的证券交易取得一家上市公司发行在外的股份的 30%时,得首先履行以下法律义务:(1) 停止购进目标公司的任何数量、任何种类的股份;(2) 向证券监管机关报告上市公司收购情况,向证券交易所、目标公司董事会通知收购情况;(3) 向社会公众公告股份收购情况。收购人在完成前述法律义务后,需继续收购股份的,应当以强制要约方式向目标公司所有股东发出收购上市公司全部或者部分股份(部分收购时其要约的数额不得低于上市公司全部股份 5%的数量)的要约。收购要约的期限不得低于 30 日,多于 60 日。要约收购期满,收购人应当按照收购要约规定的价格收购目标公司的股东预受的全部股份;预受要约股份的数量超过要约所定收购数量时,收购人应当按照同等比例收购预受要约的股份。收购要约所定的收购条件,同等适用于目标公司的所有股东。证券监督管理机构可以根据收购人的请求,作出免除其发出要约的义务。

（四）杠杆收购

杠杆收购(leveraged buy-out，LBO)，不是典型的法律术语，但实践中关涉到不同内涵的法律事务，以及法律适用的特殊内容。杠杆收购是指收购者在针对目标公司实施收购行为时，以自己所能支付的少量资金做启动资金，以目标公司资产和未来收益做抵押，通过向银行、各类金融机构借款或者发行垃圾债券(高利率并高风险债券）筹资对目标公司进行收购的方式。融资是杠杆收购的基本属性，借贷费用巨大，通常占收购资金的70%以上，以被收购公司的未来现金收入支付借贷资金和偿付利息。目标公司可以是上市公司，也可以是其他企业。

杠杆收购的主体一般是专业的金融投资公司，以及目标公司的管理层集体。投资公司或者管理层收购目标企业的目的是以合适的价钱买下公司，通过经营使公司增值，并通过财务杠杆增加投资收益。收购方经过仔细调查或者本身就在管理目标公司，一般比较了解目标公司的真实价值，通过谈判确定适当的价格，再通过举借私人债务或者发行私募债券，筹集到交易的资金。如果收购成功并取得预期效益，资金提供者不参与分享公司资产升值所带来的收益(除非有债转股协议）。在操作过程中可能要先安排过桥贷款(bridge loan)作为短期融资，然后通过举债完成收购。杠杆收购在国外往往是由被收购企业发行大量的垃圾债券，成立一个股权高度集中、财务结构高杠杆性的新公司。在中国由于垃圾债券尚未兴起，收购者有的用被收购公司的股权作质押向银行借贷来完成收购。

（五）敌意收购

敌意收购是指遭目标公司管理层反对和抵制的收购行为。公司收购，不仅仅意味着公司的控制股东的改变，可能随之而来的是公司经营方向、经营规模的调整以及管理层的人事变动。针对一项特定的收购行为，无论是协议收购还是要约公开收购，目标公司特别是上市公司的董事会应当就收购的行为向全体股东作出评论分析，提出支持或者反对的意见，供全体股东尤其是公众股东决策参考。董事会成员也可能仅仅出于保障自己的一己私利而发表反对之意见劝阻股东向收购方出售所持股份，甚至会利用管控目标公司的机会采取种种手段增加收购的成本甚至吓退收购者。这些手段包括但不限于“白衣骑士”计划、“毒丸”计划、“黄金降落伞”计划等。因此，为了防止一项收购计划被演化为敌意收购，收购者通常应当和目标公司的董事会进行适当的沟通，减少阻力。

（六）管理层收购

管理层收购(management buy-outs，MBO)是指公司的董事会成员及经理层出资并通过将所购公司整体及股权抵押、质押的方式向银行、其他金融机构借贷融资将所管控的企业收购的一种行为。管理层通过收购行为，使自己转换为公司的所有者。由于管理关系所导致的公司信息偏在和融资行为的必然伴存，管理层收购容易导致机会主义利益驱动，因此对管理者的道德检视一般比较苛刻。国内以前在国有企业改革中曾经发生过的管理层收购遭受学界和媒体诟病较多，甚至被指责为“空手套白狼”以及“监守自盗”，遂被搁浅。现实条件下，管理层收购应当被视为最重大的关联交易对待，增加审计程序为必要步骤，且学界主张收购之资金应当是真金白银，反对利用杠杆收购掏取公司资源。我国《上市公司收购管理办法》第67条规定，被收购的上市公司董事会或者独立董事聘请的独立财务顾问应当根据委托进行尽职调查，对本次收购的公正性和合法性发表专业意见。该条具体内容除对收购人资格是否适当作出评价，对收购人的经济实力和收购对公司的长远影响提出分析意见，对是否恶意收购或者在收购中利用了上市公司财务资源作出说明，对要约收购的条件加以评论并对中小股东是否接受要约提出建议,以及对证券支付条件下的证券作出价值评估等外,对涉及管理层收购的,特别要求对上市公司进行估值分析,就本次收购的定价依据、支付方式、收购资金来源、融资安排、还款计划及其可行性、上市公司内部控制制度的执行情况及其有效性、上述人员及其直系亲属在最近24个月内与上市公司业务往来情况以及收购报告书披露的其他内容等进行全面核查,发表明确意见。此外,按照中国证监会2001年8月16日发布的《关于在上市公司建立独立董事制度的指导意见》第6条的规定的精神看,独立董事应当针对上市公司管理层收购的情况发表独立意见。

二、公司收购的程序

(一)公开收购的程序

公开收购非上市股份公司、有限公司以及营业性资产(如一家分厂、一条生产流水线)、权益(如航空线路、特种业务经营许可等)只是表明收购活动在特定场合通过集中竞价实现交易的情境,如国有企业产权的出让必须挂牌公开拍卖。其中的公开性只要满足相关法律规定和制度规则就是正当的,其程序也有其他相关法律规定和特定市场规则规定。这里所讲的公开收购程序是指上市公司的非要约公开收购程序和要约公开收购的程序。

上市公司收购活动应当遵循公开、公平、公正的原则,相关当事人包括收购人及其一致行动人、上市公司董事、中介服务机构应当诚实守信,自觉维护证券市场秩序,维护目标公司和中小股东的合法权益。鉴于公开收购事实上存在制度安排的较大差异,为了增进读者对公开收购细节的了解,本书在此处将非要约公开收购的程序和要约公开收购的程序分别加以叙述梳理,法律依据是我国《证券法》和中国证监会《上市公司收购管理办法》。

1. 非要约公开收购的程序步骤

(1) 收购准备。收购人和一致行动人在证券公司开立股票经营账户,并存入足够的资金以应支配。必要时,根据自愿安排聘请专业财务顾问加以指导协助。

(2) 达到公开持股情形触发点。收购人(含一致行动人)通过证券公司代理在证券市场一次或者分次进行购入目标公司一定数量股份的证券交易,或者通过协议和其他安排持有目标公司的股份达到其发行总数的5%时暂停继续购进股份。其中,其他安排包括但不限于通过行政划转或者变更、执行法院裁定、继承、赠与、偿债、实现质押权等方式拥有上市公司股份权益的方式。

(3) 公告及报告义务。收购人和一致行动人应当在已持有目标公司向社会发行股份总数5%的股份的事实发生之日起3日内编制"简式权益变动报告书",说明持有股票的名称与数量的事实及时间、方式,持有主体的名称及住所,持有的理由及目的等(其中收购人和一致行动人为上市公司第一大股东的,应编制详式权益变动报告书),向中国证监会、证券交易所提交书面报告,抄报该上市公司所在地的中国证监会派出机构,通知该上市公司,并予公告。上述3日的报告和公告期及报告公告后的2日内为禁购期,在上述期限内,不得再行买卖该上市公司的股票。

(4) 持续公告及报告义务。收购人和一致行动人持有一个上市公司已发行的股份达到5%后,其所持该上市公司已发行的股份比例每增加或者减少5%,应当依照前述规定进行报告和公告。在报告期限内和作出报告、公告后2日内的禁购期内,不得再行买卖该上市公司的股票。投资者依据前述法律规定所作的书面报告和公告,还应当包括持股增减变化达到法定比例的日期;其中如果投资者及其一致行动人拥有权益的股份达到或者超过一个上市公司已发行股份总数的20%但未超过30%的，应当编制详式权益变动报告书，增加披露：投资者及其一致行动人的控股股东、实际控制人及其股权控制关系结构图，取得相关股份的价格、所需资金额、资金来源或者其他支付安排，投资者、一致行动人及其控股股东、实际控制人所从事的业务与上市公司的业务是否存在同业竞争或者潜在的同业竞争及是否存在持续关联交易，未来12个月内对上市公司资产、业务、人员、组织结构、公司章程等进行调整的后续计划等内容。

上市公司收购活动相关当事人报告、公告的信息，包括上市公司董事会的独立评价意见以及采取反收购措施所发布的信息，必须真实、准确、完整，不得有虚假记载、误导性陈述或者重大遗漏。

2. 要约公开收购的程序要点

（1）启动强制要约收购。通过证券交易所的证券交易，投资者持有或者通过协议、其他安排与他人共同持有一个上市公司已发行的股份达到30%时，继续进行收购的，应当依法向该上市公司所有股东发出收购上市公司全部或者部分股份的要约，除非收购人经申请获得中国证监会的豁免。依据我国《证券法》和中国证监会《上市公司收购管理办法》的规定，收购人在发出收购要约前，必须首先聘请在中国注册的具有从事财务顾问业务资格的专业机构担任财务顾问。收购人未按照本办法规定聘请财务顾问的，不得启动要约收购程序。财务顾问应当勤勉尽责，遵守行业规范和职业道德，保持独立性，保证其所制作、出具文件的真实性、准确性和完整性。

（2）编制并报告要约收购报告书，公告要约收购报告书摘要。在财务顾问的协助下，收购人应先行向国务院证券监督管理机构报送上市公司收购报告书。要约收购报告书，应当载明下列事项：第一，收购人的姓名、住所；收购人为法人的，其名称、注册地及法定代表人，与其控股股东、实际控制人之间的股权控制关系结构图；第二，收购人关于收购的决定及收购目的，是否拟在未来12个月内继续增持；第三，上市公司的名称、收购股份的种类；第四，预定收购股份的数量和比例；第五，收购价格；第六，收购所需资金额、资金来源及资金保证，或者其他支付安排；第七，收购要约约定的条件；第八，收购期限；第九，报送收购报告书时持有被收购公司的股份数量、比例；第十，本次收购对上市公司的影响分析，包括收购人及其关联方所从事的业务与上市公司的业务是否存在同业竞争或者潜在的同业竞争，是否存在持续关联交易；存在同业竞争或者持续关联交易的，收购人是否已作出相应的安排，确保收购人及其关联方与上市公司之间避免同业竞争以及保持上市公司的独立性；第十一，未来12个月内对上市公司资产、业务、人员、组织结构、公司章程等进行调整的后续计划；第十二，前24个月内收购人及其关联方与上市公司之间的重大交易；第十三，前6个月内通过证券交易所的证券交易买卖被收购公司股票的情况；第十四，中国证监会要求披露的其他内容。

收购人还应当将上市公司收购报告书同时提交证券交易所，并抄报中国证监会在上市公司所在地的派出机构，同时对要约收购报告书摘要向社会公众作出提示性公告。提示性公告要约收购报告书的要求来自于《上市公司收购管理办法》第28条的规定，这一补充要求非常重要，因为收购行为是影响股价变动的大功率牵引机，报告一旦提交给证监会、交易所、派出机构、上市公司董事会，至少数十人到上百人知悉了这个内幕信息，如果不同时作出简要披露就难免会有人"捷足先登"，利用内幕信息低价抄进目标公司股份，致使股东在不知情的背景下出售股份造成损失，也使证券市场秩序遭受侵害。

收购人的要约收购报告书应当由律师出具法律意见书核实其真实性、准确性、完整性，并且应当由收购人的财务顾问对收购人履约能力作出专业评价。收购要约中所提的各项条件适用于目标公司的所有股东。收购人发布部分收购要约的,其预定要约收购的数额不得低于上市公司全部发行股份5%的比例的数量。收购要约拟定购买股份低于承诺出售股份的数额时,得按比例从受要约人手中收购。收购人发出全面要约的,应当在要约收购报告书中充分披露终止上市的风险、终止上市后收购行为完成的时间及仍持有上市公司股份的剩余股东出售其股票的其他后续安排。

(3) 公告要约收购报告书。收购人报送上市公司收购报告书之日起15日后,可以公告其要约收购报告书、财务顾问专业意见和律师出具的法律意见书。在上述15日的期限内,国务院证券监督管理机构发现上市公司收购报告书不符合法律、行政法规规定的,应当及时告知收购人,收购人不得公告;中国证监会无异议的,收购人在期限届满后可以公告。收购要约的期限不少于30日,并不超过60日。在收购要约确定的承诺期限内,收购人不得撤销其收购要约。收购人需要变更收购要约的,必须事先向国务院证券监督管理机构及证券交易所提出报告,经批准后,予以公告。采取要约收购方式的,收购人在收购期限内,不得卖出被收购公司的股票,也不得采取要约规定以外的形式和超出要约的条件买入被收购公司的股票。

(4) 要约收购期间董事会的行为规范。被收购公司董事会应当对收购人的主体资格、资信情况及收购意图进行调查,对要约条件进行分析,对股东是否接受要约提出建议,并聘请独立财务顾问提出专业意见。在收购人公告要约收购报告书后20日内,被收购公司董事会应当将董事会报告书与独立财务顾问的专业意见报送中国证监会,同时抄报派出机构,抄送证券交易所,并予公告。收购人对收购要约条件作出重大变更的,被收购公司董事会应当在3个工作日内提交董事会及独立财务顾问就要约条件的变更情况所出具的补充意见,并予以报告、公告。收购人作出提示性公告后至要约收购完成前,被收购公司除继续从事正常的经营活动或者执行股东大会已经作出的决议外,未经股东大会批准,被收购公司董事会不得通过处置公司资产、对外投资、调整公司主要业务、担保、贷款等方式,对公司的资产、负债、权益或者经营成果造成重大影响。在要约收购期间,被收购公司董事不得辞职。

(5) 竞争要约的出现及应对安排。收购要约期限届满前15日内,收购人不得变更收购要约;但是出现竞争要约的除外。出现竞争要约时,发出初始要约的收购人变更收购要约距初始要约收购期限届满不足15日的,应当延长收购期限,延长后的要约期应当不少于15日,不得超过最后一个竞争要约的期满日,并按规定比例追加履约保证金;以证券支付收购价款的,应当追加相应数量的证券,交由证券登记结算机构保管。发出竞争要约的收购人最迟不得晚于初始要约收购期限届满前15日发出要约收购的提示性公告,并应当履行法定报告、公告义务。上市公司董事会应当公平对待收购本公司的所有收购人。

(6) 股东预受要约及股票的临时保管。同意接受收购要约的股东,应当委托证券公司办理预受要约的相关手续。收购人应当委托证券公司向证券登记结算机构申请办理预受要约股票的临时保管。证券登记结算机构临时保管的预受要约的股票,在要约收购期间不得转让。在要约收购期限届满3个交易日前,预受股东可以委托证券公司办理撤回预受要约的手续,证券登记结算机构根据预受要约股东的撤回申请解除对预受要约股票的临时保管。在要约收购期限届满前3个交易日内,预受股东不得撤回其对要约的接受。在要约收购期限内,收购人应当每日在证券交易所网站上公告已预受收购要约的股份数量。出现竞争要约时,接受初始要约的预受股东撤回全部或者部分预受的股份,并将撤回的股份售予竞争要约人的，应当委托证券公司办理撤回预受初始要约的手续和预受竞争要约的相关手续。

（7）收购完成。收购期限届满，被收购公司股权分布不符合上市条件的，该上市公司的股票应当由证券交易所依法终止上市交易；其余仍持有被收购公司股票的股东，有权向收购人以收购要约的同等条件出售其股票，收购人应当收购。收购期限届满后3个交易日内，接受委托的证券公司应当向证券登记结算机构申请办理股份转让结算、过户登记手续，解除对超过预定收购比例的股票的临时保管。收购期限届满后15日内，收购人应当向中国证监会报送关于收购情况的书面报告，同时抄报派出机构，抄送证券交易所，通知被收购公司并公告。在上市公司收购中，收购人持有的被收购的上市公司的股票，在收购行为完成后的12个月内不得转让。

（二）协议收购的程序

如同前述，此处阐述的仅仅是上市公司协议收购的程序，不涉及其他公司股权或者经营性资产、营业性权益的收购。

（1）选择收购的对象。收购人采取收购的方式以实现本公司外延的扩展，是根据其自身发展的综合情况决策进行的。选择收购的对象对于收购公司来讲是关键的一个环节。选择时所考虑的因素较多，如竞争的格局，资本的运作，被购对象的技术、市场占有、规模、盈利状况，母子公司体系和产业链的结构建设等。当然，选择不能不考虑目标公司控制股东是否具有转让可能性的态度。

（2）依法聘请专业机构参与。必须聘请财务顾问系统设计收购方案并负责制作各式报告文件，提供合法性、合规性咨询，受委托参与协商谈判；聘请会计师事务所或审计事务所及其他专业机构进行资产负债状况评估，以确定收购价格的确定标准；聘请专业律师进行尽职调查，查清目标公司的治理状况和法律风险事务，同时为收购的合法性出具法律意见。

（3）协商。协商，是同上市公司的控制股东或者其他个别股东就收购其持有的部分或全部股份所展开的沟通和谈判。协商期间是不公开的，一般应同目标公司的股东进行，必要时和目标公司的董事会建立联系，取得互信。收购行为必然引起股价波动，可能改变公司的经营方向，或演变为全面要约收购和导致公司终止上市，因此协议收购也定然牵涉到其他非参与协议转让股份的中小股东的利益和公司利益。为保护中小股东利益，资本主义公司治理先进国家不仅强调转让股份的股东对公司和中小股东承担尽职调查义务，而且赋予公司董事会为保护公司利益和公众股东利益对大宗股份转让发表董事会独立评价意见的职责，以使公司的其他股东能够参考董事会的立场针对转让行为采取自己的应对措施，即出售、观望或者吃进公司股份。因此，在协议收购上市公司股份时，收购人不光要和持股股东协商，还应当和目标公司董事会进行沟通，以便促进相互了解，争取董事会的积极配合，为董事会发表独立意见创造正面的氛围。但是，董事会没有权力阻止协议收购；发表针对协议收购的负面意见必须有理有据，否则应承担损害赔偿责任。

（4）签署收购协议。

（5）履行报告、通知、公告义务及申请豁免发出要约。协议收购同样存在持股30%以下的协议收购和持股30%以上的须经豁免的协议收购的区别。

按照我国《证券法》和《上市公司收购管理办法》的规定，收购人通过协议或者其他安排（不包括集中竞价方式）持有上市公司5%的股份时，以及之后在30%持股数量以下通过协议或者其他安排增持收购股份达5%以上或减持达5%以上时，须依照非要约收购的制度规定，在收购协议达成后的3日内向中国证监会及其派出机构报送上市公司收购报告书和收购协议,抄送证券交易所,通知目标公司并作出公告。在公告前不得履行收购协议。同时进行集中竞价收购的,也受禁购期规定的限制和非要约公开收购制度的规制。和非要约公开收购不同的是,协议收购的特定一笔交易的股份数量可能超过5%的比例标准,法律没有必要以5%作为裁剪尺度加以切割,把一笔交易分切成报告公告的数段去刁难转让人和收购人。中国证监会颁行的《上市公司收购管理办法》第47条规定的"收购人通过协议方式在一个上市公司中拥有权益的股份达到或者超过该公司已发行股份的5%,但未超过30%的,按照本办法第二章的规定办理"是非常合理适当的,该《办法》第二章即是"权益披露",笔者概括称之为"非要约公开收购"或"梯级披露公开收购"。

收购人已经持有达上市公司30%的股份并试图通过协议收购方式继续收购,或者虽未持有股份或者持有股份数量低于30%,但签署的一次性协议收购合约所定数额会超过30%,就超过的部分应当适用要约收购制度,向公众投资者发出部分要约或者全面要约,除非收购人向中国证监会提出了豁免发出要约的请求并获批准。要约收购的程序制度前已述及,以下只就豁免要约申请及其他配套制度作些介绍。

收购人申请豁免的,应当在与上市公司股东达成收购协议之日起3日内编制上市公司收购报告书,提交豁免申请及相关文件,委托财务顾问向中国证监会、证券交易所提交书面报告,同时抄报派出机构,通知被收购公司,并公告上市公司收购报告书摘要。派出机构收到书面报告后通报上市公司所在地省级人民政府。

收购报告书参照要约收购报告书的格式和内容制作;豁免申请应依照《上市公司收购管理办法》第61条、第62条、第63条的规定单独提出,细述申请的理由,附加相关证据材料并附律师事务所、收购财务顾问的专业意见;需提交的文件包括:第一,收购人的中国公民身份证明或中国企业法人、其他组织的证明文件;第二,收购人对上市公司后续发展计划可行性的说明,拟修改公司章程、改选公司董事会、改变或者调整公司主营业务的,还需补充其具备规范运作上市公司的管理能力的说明;第三,收购人及其关联方与被收购公司存在同业竞争、关联交易的,应提供避免同业竞争等利益冲突、保持被收购公司经营独立性的说明;第四,收购人为法人或者其他组织的,其控股股东、实际控制人最近两年未变更的说明;第五,收购人及其控股股东或实际控制人的核心企业和核心业务、关联企业及主营业务的说明;收购人或其实际控制人为两个或两个以上的上市公司控股股东或实际控制人的,还应当提供其持股5%以上的上市公司以及银行、信托公司、证券公司、保险公司等其他金融机构的情况说明;第六,财务顾问关于收购人最近3年的诚信记录、收购资金来源合法性、收购人具备履行相关承诺的能力以及相关信息披露内容真实性、准确性、完整性的核查意见;收购人成立未满3年的,财务顾问还应当提供其控股股东或者实际控制人最近3年诚信记录的核查意见。境外法人或者境外其他组织进行上市公司收购的,还应当补充提交以下文件:境外自然人或者法人的身份证明文件,财务顾问出具的收购人符合对上市公司进行战略投资的条件、具有收购上市公司的能力的核查意见,收购人接受中国司法、仲裁管辖的声明等。之所以要求由中国证监会派出机构向当地省级人民政府汇报,是考虑收购上市公司可能改变当地经济发展格局,产生产业链变更,引起地方区域性资本市场的变化,以及影响就业安排等,需要地方政府的关注和适度合理的协调参与,化解伴生风险。

收购人报送的豁免申请文件符合规定,并且已经履行报告、公告义务的,中国证监会予以受理;否则不予受理。受理豁免申请后20个工作日内,中国证监会须作出是否予以豁免的决定:取得豁免的,收购人在3日内公告其收购报告书、财务顾问专业意见和律师的法律意见书，履行收购协议，增持股份；发现收购报告书不符合法律、行政法规及相关规定的，应当及时告知收购人，收购人未纠正的，不得公告收购报告书，在公告前不得履行收购协议；不予豁免的，也要在 3 日内予以公告，收购人得取消 30%以上的收购安排或者发出全面收购要约。

（6）其他重要规则安排。其他重要规则是贯穿于协议收购全过程或者在某一环节具有决定性影响的制度设计，包括：

第一，上市公司控股股东向收购人协议转让其所持有的上市公司股份的，应当对收购人的主体资格、诚信状况及收购意图进行调查，并在其权益变动报告书中披露有关调查结果。

第二，为了保证被收购公司在收购期间平稳运行，签订收购协议后至收购完成，收购人不得通过控股股东进行上市公司董事会的改选，确有充分理由改选董事会的，来自收购人的董事不得超过董事会成员的 1/3；被收购公司不得为收购人及其关联方提供担保；被收购公司不得公开发行股份募集资金，不得进行重大购买、出售资产及重大投资行为或者与收购人及其关联方进行其他关联交易，但收购人为挽救陷入危机或者面临严重财务困难的上市公司的情形除外。

第三，目标公司在收到通知后，董事会应当就收购活动对公司发生的影响进行评估，发表意见，独立董事应当单独发表意见。

第四，上市公司被以 MBO 方式（即管理层收购）收购的，公司董事会成员中独立董事的比例应当达到或者超过 1/2。公司应当聘请具有证券、期货从业资格的资产评估机构提供公司资产评估报告，本次收购应当经董事会非关联董事作出决议，且取得 2/3 以上的独立董事同意后，提交公司股东大会审议，经出席股东大会的非关联股东所持表决权过半数通过。独立董事发表意见前，应当聘请独立财务顾问就本次收购出具专业意见，独立董事及独立财务顾问的意见应当一并予以公告。

第五，协议收购由国家授权投资的机构持有的股份，需经批准才可以履行收购协议。

第六，基于我国上市公司被控制股东掠夺的情况的严重性，中国证监会在《上市公司收购管理办法》第 7 条中规定，被收购公司的控股股东、实际控制人及其关联方有损害被收购公司及其他股东合法权益的，上述控股股东、实际控制人在转让被收购公司控制权之前，应当主动消除损害；未能消除损害的，应当就其出让相关股份所得收入用于消除全部损害作出安排，对不足以消除损害的部分应当提供充分有效的履约担保或安排，并依照公司章程取得被收购公司股东大会的批准。

第七，经中国证监会和证券交易所同意，上市公司股东通过公开征集方式出让其所持有的上市公司的股份的，应当委托证券公司办理。收购人通过国有股权行政划转、法院裁决、继承、赠与等合法途径持有、控制一个上市公司的股份，致使其获得对上市公司控制权的，遵照前述有关程序办理。

（7）协议收购完成及履行交割。协议收购的相关当事人应当向证券登记结算机构申请办理拟转让股份的临时保管手续，并可将用于支付的现金存放于证券登记结算机构指定的银行。收购报告书公告后，相关当事人应当按照证券交易所和证券登记结算机构的业务规则，在证券交易所就本次股份转让予以确认，凭全部转让款项存放于双方认可的银行账户的证明，向证券登记结算机构申请解除拟协议转让股票的临时保管，并办理过户登记手续。

三、上市公司反收购措施

针对上市公司控制权的争夺,自20世纪下半叶以来在世界范围内愈演愈烈,这迫使公司的实际控制人和控制股东开始研究各种制约的方案加以应对,而上市公司的管理层为了防范敌意收购、保护中小投资者的利益和公司利益,同时也出于维护自身利益的目的,尝试安排种种措施抵制不受欢迎的收购行为和合并行为。从政府监管层面看,目标公司被允许采取反收购措施,以保护公司的战略、文化和企业价值。但对目标公司内部谁有权决定反收购措施,则有不同模式。一些国家不反对董事会单独采取反收购安排,如美国;而有些国家则将采取防御措施的权力保留给股东会。在我国,公司法、证券法上对上市公司反收购措施采取了回避正面支持或者否定的态度,但从立法规范所体现或默认的精神看,具有两重含义:一是不禁止上市公司通过章程或者股东大会决议预先设置各式防鲨网,一旦出现收购行动触发临界线并由此引发反收购计划实施的,公权力机关没有预设自己的立场观点;二是在收购已经开始的情形下,目标公司董事会针对收购的任何决策及措施,得符合维护公司利益和股东利益的宗旨,不能滥用职权对收购设置不适当的障碍,也不能动用公司资源为收购者提供资助,在存在竞争收购的情况下或者说在基本理念上应当公平对待所有收购人。《上市公司收购管理办法》第8条规定的基本态度是反对董事会临时性的反收购措施出台。该《办法》第33条、第34条规定,收购人作出提示性公告后至要约收购完成前,被收购公司除继续从事正常的经营活动或者执行股东大会已经作出的决议外,未经股东大会批准,被收购公司董事会不得通过处置公司资产、对外投资、调整公司主要业务、担保、贷款等方式,对公司的资产、负债、权益或者经营成果造成重大影响,以及公司董事不得辞职。由此可见,这里的原则是肯认股东大会已经形成的决议,包括执行反收购的行动;董事会未经股东大会决定不得私自采取紧急制动、强行采取拐弯、逆行、超载等破坏、恐吓、鱼死网破的手段抵制收购,但也不反对即使在收购已经启动的情形下,董事会可以召集股东大会临时会议作出应对决定。

(一)“白衣骑士”计划

西方社会所崇尚的“白衣骑士”(White Knight)如同中国的侠客,仗义行善,除暴安良,扶困于危难之际,除恶在凶险关头,罗宾逊、佐罗、007以及中国的梁山好汉、展昭、大刀王五等,都是世俗传诵的英雄。当目标公司董事会对收购方的收购行动判定为恶意收购,并决定采取抵制措施时,主动寻找一家或数家“友好”公司加入竞争收购的队列,且对这种受约请的收购者予以和谐的配合,而对敌意收购方百般阻挠,从而促成敌意收购失败的结果。这种受约请的收购者被称为“白衣骑士”,相关的约请行为及其实施计划被称为“白衣骑士”计划。一般来说,受到管理层支持的“白衣骑士”的收购行动成功的可能性很大,并且公司的管理者在取得机构投资者的支持下,甚至可以自己成为“白衣骑士”,实行管理层收购。

管理层熟知目标公司的商业实力和软肋,知道公司的命门所在,其与“白衣骑士”一经合作,就会致使敌意收购者处在盲人摸象的境地,行动往往不得要领,“白衣骑士”则是招招给力,几套组合拳出击,胜券在握。当然,商业社会以利益为首要目标,不谋求自身利益而“肯为朋友两肋插刀”的企业几乎是不存在的,“白衣骑士”并非不惹铜臭,不染红尘。对于目标公司董事会而言,“白衣骑士”也许是绿林豪杰,而对于敌意收购者而言,就是趁火打劫的捕食者。目标公司董事会为了吸引“友好”公司加入进来与敌意收购者竞价并最终击退后者,会向其提供情报支援,并通过签署“股份锁定协议”或者“资产锁定协议”或者“非售协议”给以好处,同时处处挟制敌意收购者。竞争收购结束,“白衣骑士”不仅领略了胜者的风光快意，而且会收获新的公司控制权地盘的巨大溢价利益。

例如，2002年，在我国上市公司丽珠集团的股权之争中，公司管理层与第一大股东光大集团不合，光大集团有意将全部股权转让给合作伙伴东盛科技。为了避免公司控制权落入东盛科技之手，公司管理层主动与太太药业配合，安排将公司第二大股东丽士投资所持有的丽珠集团的股份以较优惠的价格全部转让给太太药业，而丽士投资由丽珠集团员工持股会持股90%。太太药业同时通过二级市场收购流通A股和B股，以及协议收购法人股等方式最终成为丽珠集团的实际控制人。太太药业与丽珠集团有很强的互补性需求，前者缺少像丽珠集团那样的优势品牌的处方药以及销售渠道，而后者也需要“太太式”的管理。所以，通过引进“白衣骑士”，丽珠集团既避免了被非友好方所控制，又促进了行业发展，提高了公司的整体质量和竞争力。

在引入“白衣骑士”时，公司管理层的立场和谨慎是十分必要的。董事会应当经过充分讨论确认最初的立场，避免急躁和主要出于个人私利的保护去采取措施，必须出于对公司和中小股东的责任与善意作出判断和决策。为避免“引狼入室”，对“友好”公司的遴选和给出的优惠条件也应当以不伤及公司的长远利益为原则。如果是基于有利于股东的原则而采用“白衣骑士”计划来抵御恶意收购，那么白衣骑士的收购条件应当比敌意收购者更加优厚。从本质上说，白衣骑士策略就是寻找能够提供更优厚收购条件的收购者与敌意收购者展开竞争收购来保障投资者的权益。但是在实践中，由于公司治理结构不健全和中小股东“搭便车”效应，公司的外部监管乏力和存在信息盲区，“白衣骑士”计划有时直接沦为管理层自我保护和自肥的工具。

经济社会生活云波诡异，“白衣骑士”计划有时会被利用为一种谈判手段。2006年年初，世界上第一大钢铁巨头印度米塔尔公司向行业老二阿塞洛伸出“合并”之橄榄枝，后者当即表示坚决反对。之后将近半年的时间里，该并购动议遭到了来自中国、美国、法国等诸多国家的反对与调查，阿塞洛甚至和俄罗斯商人莫绍尔达夫旗下的北方钢铁公司签署合并协议，以示拒绝米塔尔公司的决心。然而，正当舆论一边倒地认为米塔尔公司肯定“没戏”的时候，阿塞洛的态度却突然180度大转弯，表示“只要价钱够，一切好商量”。几天之后，这场起初被阿塞洛首席执行官多尔称为“150%的恶意收购”的案件以“阿赛洛·米塔尔集团”的成立戏剧性收场。信誓旦旦的拒绝背后，也许是为了得到更多的嫁妆，也许是为了满足管理层的要求，寻找“白衣骑士”竟然是刻意安排的新婚伴郎，白马王子恰恰就是早先的被拒者，而且是在全世界面前公开拒绝。阿塞洛显然达到了这个目的，它迫使米塔尔公司最终支付350亿美元来完成这笔交易，相比较最初的报价整整高出100多亿美元。寻找“白衣骑士”是这类案件中的惯用手法，其实质通常是被并购者对收购价格和公司现任管理层去留问题的不满。对于有幸充当“白衣骑士”的企业来说，并非完全是一个“冤大头”的角色，俄罗斯富商如愿获得了阿塞洛支付的1.3亿欧元“分手费”，受益不菲。

（二）“毒丸”计划

“毒丸”(Poison Pill)计划产生于20世纪80年代的美国资本市场，最早的滥觞形式是股东认股权证计划，其目的是加大收购方的公司收购成本从而阻却收购。该认股权证计划授权目标公司股东可以按照公司事前宣布的高折扣价认购目标公司的股票，致使收购方所持股份被严重稀释。“毒丸”计划由美国著名的并购律师马丁·利普顿(Martin Lipton)于1982年首创，其正式名称为“股权摊薄反收购措施”。“毒丸”计划的最初的形式很简单，就是目标公司向普通股股东发行优先股，一旦公司被收购，股东持有的优先股就可以转换为一定数额的普通股股票。“毒丸”计划于1985年在美国特拉华州的法院被判决合法，确认“毒丸”计划的实施无需股东会再行批准就产生效力，条件就是收购事实发生。

“毒丸”计划在性质上是对公司收购重组的反向防御方式，用中国俗语可称为“掺沙子”行动。通常情况下，当目标公司面临收购威胁时，董事会根据公司章程的规定或者董事会早先宣布的安排，启动股东高折扣买进公司新股的“股东权利计划”，特别是保障原控股股东低价吸纳新股以加大其持股量，坐稳最大股东的交椅。通过这种股本结构重组，降低收购方的持股比例或表决权比例，或增加收购成本以减低公司对收购人的吸引力，达到反收购的效果。美国普通公司法确认只要公司章程有明确授权，公司就有权在收购发生时发行各种类别的股份而无需其他股东大会决议。由于美国多数州的公司法的放行，毒丸计划成为最流行和最有效的理想的公司收购防御武器，在美国适用尤其广泛，至少超过200家上市公司在其章程中构筑了这样的混凝土工事，以期对抗未来可能的敌意收购。不仅如此，公司反收购的践行者们还衍生创造了种类繁多的毒丸术，如负债毒丸计划和管理层毒丸计划。负债毒丸计划是指目标公司在恶意收购威胁下大量增加自身负债，提高企业的杠杆比率，降低企业被收购的吸引力。例如，目标公司发行债券并约定在公司股权发生大规模转移时，债券持有人可要求立刻兑付，从而使收购公司在收购后立即面临巨额现金支出，降低其收购兴趣。管理层毒丸计划是指目标公司全部或绝大部分高级管理人员共同签署协议，在目标公司被以不公平价格收购，并且这些人中有一人在收购后被降职或革职时，全部管理人员将集体辞职。管理团队集体坍塌给公司即将带来的地震灾难足以恐吓住收购者的决心。其他的毒丸计划行动中还包含有出售或者分拆被收购者看重的优良资产、向股东发放额外的红利等一般性的财务性措施以降低敌意收购者收购价值。

毒丸术是反并购的最有力的事前防御准备手段，它有助于抑制敌意收购，在公司内部多种防御策略选择中成为首选，在美国很有市场。许多有一定远期前景的公司出现暂时性股价暴跌，则这些公司极易成为被收购目标。譬如许多互联网公司在遭遇股价暴跌时就会面临敌意收购，因此互联网公司往往采用毒丸术，驱赶潜在的套利者，防范可能发生的敌意收购。在过去的三十年中，采用毒丸术抵御收购的案例不在少数，最著名的案例有仁科与甲骨文案、新闻集团与自由传媒集团案、克朗·兹拉巴与戈德史密斯案等等。

在英国，由于公司法中明确规定采用毒丸术作为反并购手段不合法，故遭禁止。

(三)“黄金降落伞”计划

“黄金降落伞”(Golden Parachute)计划，是指通过在公司与其高管人员签署的雇用合同中约定或者公司在其薪酬政策中规定，公司被收购时将向遭到解聘的董事和解职的高管人员一次性进行巨额经济补偿，从而对收购者制造困境心理，使其临危退却的反收购措施。“黄金降落伞”形象地表示公司的董事、高管因公司控制权变动而离职时可满载而去。

“黄金降落伞”计划虽然其设计的主旨是通过支付巨额的离职补偿金加大收购者夺取公司后的财务负担以阻却收购，以及滋养董事、高管对公司的忠诚，但其实施效果却不如“毒丸计划”和“白衣骑士”计划那样有力和有效，某些情况下甚至走向了反面：因为目标公司的董事、高管会为了获取高额补偿金转而支持敌意收购，即使收购对公司和股东利益可能有损害。

“黄金降落伞”计划中主要包括一次性的契约解除补偿金、津贴和股票期权等。

（四）其他几种反收购措施

1. “金手铐”计划

“金手铐”计划，本意是指通过高额薪酬安排稳定公司管理团队和技术团队，培养员工忠诚，将股东利益和员工利益捆绑拉近的一种激励机制，实质上就是股票期权计划。在特殊情况下，其被设计为对抗敌意收购的一种预案方式，在反收购措施的分类上可归入“黄金降落伞”计划类。股票期权计划的相关内容请参阅本书的附录。

2. 公司控制障碍条款

该种类反收购措施设计不在于加重收购者的财务负担以达到阻却敌意收购的目的，而是通过公司章程的条款安排设定种种公司控制障碍，为收购者制造未来控制公司的各式麻烦，使其如鲠在喉，进退维谷，荆棘丛生，由此望而生畏，不敢伸手。这种反收购措施渗透到公司治理的一些环节，其功能作用如同毒丸，只是其毒药效力相对稍低一些。其条款主要有股东会超级多数条款、董事会改选分组条款以及累计投票制条款、黄金股条款等。

此外，公司章程还可以设定公平价格条款以对抗收购者在要约收购中以先高后低价格分阶段实施收购的战术行动方案，以期挫败收购者分而治之的收购计划。

四、收购的法律效力

（一）关于股份收购的效力

收购公司通过公开方式或协议方式取得了目标公司一定比例的股份，就可以实现对目标公司的控制。至于比例是多少，实际上取决于目标公司股份的分散程度，如果目标公司是上市公司，一般持有其发行在外的股份总数的20%甚至更少些即可达到控股地位。上市公司被全面要约收购的，必须退市。对于有限公司和股东人数较少的且股票不上市的股份公司来讲，可能形成合资的企业，或将全部股份收购后变为全资子公司。在实施收购时如不同时实施合并行为，则目标公司不改变其独立主体资格，其法律上的地位不变，股东责任也不会变化。收购公司可依据控股权调整目标公司的经营方向、董事会组成人员等。

（二）关于经营性财产收购的法律效力

经营性资产的收购只能通过协议方式完成，即使通过特定的公开程序，最后完成势必通过协议。当然政府划拨、法院判决又当别论。在收购公司同目标公司的董事会（须经股东会授权）、股东会形成收购部分或全部资产的协议时，对于目标公司来讲，其转让的标的是资产而非企业，目标公司的独立存在是毫无疑问的，只是其财产的存在方式由实务形态变为货币形态，收购公司不必承担原目标公司的债务，也不享有原目标公司的债权。目标公司股东会决定将公司的部分或全部财产卖掉，公司的财产在法律上并未受损，出售公司财产的行为并不能使股东直接受益，除非解散公司，股东不可以分配。事实上股东个人只能有权出售股份，而股东会、股东大会作为公司的意思机关才可以决定整体出售财产或出售公司的核心资产。如果购置公司经营性资产的协议中述明由收购者承担转让方特定或者全部债务的情况下，如果债权人同意，收购者自然应该承担责任。收购行为发生时，同时对转让方施行合并的，按合并行为对待与处理。

（三）关于营业性权益收购的法律效力

收购公司经过谈判、协商，买得目标公司的某些营业性权益，此种交易行为类似于财产的收购交易，并不导致收购公司为目标公司承担债务责任，收购公司一般仍然独立存在，其债权、债务关系不因某部分营业性权益的转让而发生转移。如某航空公司将其某一航线上的运输权转让给另一个航空公司,该另一个航空公司在收购了某一航线的运输权益时并不承继出让公司的债权债务,协议另有约定且经债权人同意的除外。收购行为发生时,同时对转让方施行合并的,按合并行为对待与处理。某些经由政府特许的营业性权益,在收购中还应报经政府审批机构批准。

第二十三章

公司人格否认法律制度

第一节　公司人格否认的法律含义

一、公司人格的概念

公司是企业的一种形式，是从事商业活动的经济组织。公司区别于其他形式的企业，关键在于其具有法人资格。法人也即法律上的人，是指具有民事权利能力和民事行为能力，依法独立享有民事权利和承担民事义务的组织。法人的本质特征是它具有独立人格。所谓公司的独立人格是指公司能够独立地作为一个法律主体参与民事活动，能够独立享受民事权利并承担民事义务的资格。

“人格”，是指法律上作为“人”的资格，也即作为民事主体的资格。人和人格的概念不是完全相同的。在人格学说起源的罗马法中，自然人不一定具有人格，奴隶和非罗马人就不具有人格，只有罗马市民才具有人格。也就是说，自然人是否具有人格需要得到法律认可。随着人类社会经济生活的发展，现代社会中自然人都获得了人格，而团体作为法律主体参与民事活动也逐渐得到了法律的认可。但是，各国法律对团体是否具有人格的规定有所不同，英美法系的国家通常将法人团体和非法人团体都作为“人”，而大陆法系国家只认定法人团体具有人格，非法人团体则不作为具有法律人格的“人”。因而，对于团体是否具有人格，也即是否能够作为独立的法律主体，取决于法律规定。只有符合一定的法律规定的团体才能够获得法人人格，而不具备法律规定条件的团体则不被认为具有法人人格。

我国《公司法》第 2 条规定：“本法所称公司是指依照本法在中国境内设立的有限责任公司和股份有限公司。”该法第 3 条规定：“公司是企业法人，有独立的法人财产，享有法人财产权。公司以其全部财产对公司的债务承担责任。有限责任公司的股东以其认缴的出资额为限对公司承担责任；股份有限公司的股东以其认购的股份为限对公司承担责任。”因此，我国目前所确认的公司法人只限于有限责任公司和股份有限公司，符合这两种公司形态法律要求的企业才具有公司人格。但是，除公司法外的其他企业法律也赋予了全民所有制企业、集体所有制企业、外商投资企业以法人资格，本章讨论的公司人格独立和人格否认制度当然适用于这些企业。

二、公司人格的制度要素

公司作为法律上独立的民事主体，被设立人赋予某种能够自在自为地表达其意志的意思能力,其在从事生产和经营活动中应该同自然人一样为其自身利益最大化而行为,经济学上称之为理性人或经济人。然而,公司毕竟是一种法律的创造物,没有自然人赖以进行理性行为的大脑和四肢,不能天然地拥有一种理解财富、风险、责任和恩怨情感的有机的生态系统。如何能够使其具备独立人格所需要的权利能力和行为能力呢?这需要符合以下要求:

(1)有独立的公司财产。

财产是商品经济社会评价人格的重要因素之一,在道德指引的最低标准之上,财产不仅仅表征人类生活的品质,而且可以带给人们尊严。有一定的财产是公司设立的要件之一,是公司进行经营活动所必备的物质基础。公司财产,无论是资金形式,还是实物形式,抑或是知识产权等非实物形式,都是公司进行生产经营活动的生产资料,同时,也是公司对自己经营活动承担风险尤其是对经济损失承担责任的基础。没有财产就无法进行独立经营,公司就无从存续和发展,就无从谈起具有独立人格。因此,对于公司来讲,财产是公司人格的物质基础。公司的财产由股东的投入资产和经营积累的财产组成。

(2)股东出资到位。

公司的原始财产来源于股东出资。如果股东出资不到位,公司不能够形成符合其独立进行经营活动的财产,也就不能够具有独立承担责任的能力。股东出资是股东享有股东权利的对价,是股东享有股东权的前提。

(3)股东承担有限责任。

股东承担有限责任是指股东作为投资者只承担在公司设立时的出资义务,并以其出资额或所持股份为限对公司负责,股东履行完毕出资义务后对公司在经营中产生的债务不承担额外的责任,公司的债权人不得直接向股东主张债权或请求清偿。

股东承担有限责任是公司法的一个重要基石。尽管除了有限责任公司和股份有限公司以外,还曾有无限公司、两合公司等其他的公司形态,但是,历史证明,只有拥有了股东有限责任的公司形态才富有生命力,因而,现实中有限责任公司和股份有限公司成为许多国家立法确认的公司形态。有限责任具有降低监控成本、刺激管理者实施更加有效的管理、使市场价格更能反映企业价值的附加信息、允许更加有效的多样化投资以及有利于投资者实现最优化投资决策等好处。股东有限责任对于促进投资者进行投资和促进股份的流通起到了巨大作用,成为现代公司的最重要的特征之一。

(4)有规范的组织机构,公司决策和管理符合法律要求。

公司的组织机构是公司进行经营决策、管理、执行和监督的组织体系,是公司形成自己独立的意思能力和行为能力的关键。为了降低社会成本和建立商业交易的安全体系,同时便于公司自身的稳健运行,公司法强行要求所有公司必须设立权力机构、决策机构、执行机构和监督机构。因此,公司法对有限责任公司和股份有限公司的组织机构的产生、构成、职权分配和议事规则等都有相应的规范,对于一些可以体现公司自主情景并且不影响公司外部交往的事务,法律允许在公司章程中予以规定。所有这种制度的安排,目的在于通过一定的程式来保证公司的决策、管理和行为保持独立性,使公司的利益得到保护和发展。公司利益得到维护,股东及其他利益相关者的利益实现就有了基础支持。

(5)独立承担责任。

公司独立承担责任有两方面含义,一方面,是公司以自己的财产独立地承担责任,这与股东有限责任是一体两面;另一方面,是公司只为自己的行为承担责任,而不为他人的行为后果承担责任。

三、公司人格否认的法律含义

无论法人实在说，还是法人拟制说，都不能否认的一个问题是法人与自然人有着截然的区别，法人不可能像自然人那样依靠大脑形成自己的独立意志，不能脱离自然人的代理而进行独立的行为。因此，法律对赋予公司以法人人格是有一定条件约束的，只有公司法人真正具备了这些条件才被认可其具有独立人格。

在现实社会中，公司的地位常常表现脆弱，公司的意志在很多情况下为控制股东、实际控制人或者高管人员的不正当意图所左右，导致公司为他人的利益而行动，失去人格的独立性。在这种情形下，公司法人徒有其表，实际上并不具备独立人格的条件，而与之交易的相对人也很容易受到利益侵害。在公司人格制度和股东有限责任制度确立之初，就曾有过激烈的争论：一方面由于它给投资者提供了有限责任的保护，有力地促进了投资和社会经济发展，被誉为一项伟大的发明；另一方面，也有人指责它为欺诈提供了貌似合法的外衣，如19世纪中叶英国的《法律时报》就称1855年有限责任法案为“无赖特许状”。这种争论以及对有限责任的负面作用的矫正制度的建设一直伴随着公司法的发展。公司法律理论和司法实践同时承担了这种兴利除弊的任务，其共同的目标是在维护公司法人制度带来的经济效率、促进投资的同时，对那些实际上是一个被过度控制了的、失去人格独立性的法人空壳进行甄别和否认，借此使股东利益、债权人利益、社会利益获得平衡的保护。于是，经过了历史的磨砺，公司人格否认制度作为一种对公司人格滥用的矫正措施被法官创设出来，以为有限责任制度的合理的辅助制度而存在。

公司人格否认，在英美法系国家称为“揭开公司面纱”或“刺破公司面纱”，是指为了制止滥用公司人格，保护公司债权人利益或社会公共利益，司法机关可以在特定情况下否认公司的独立人格和股东的有限责任，判令公司控制股东或实际控制人对公司债务或对公共利益的损害承担责任的一种法律救济制度。公司人格否认首先是在英美法系国家以判例的形式确立的一项司法原则，其目的是为了弥补公司法人制度的不足，将公平、公正的原则运用于具体判例之中，对股东滥用公司人格来逃避法定义务和合同义务的行为予以惩治，取消该股东的有限责任保护，使之对债权人利益或公共利益的损失承担责任。这与大陆法系国家民法中诚实信用和禁止权利滥用的原则的运用，有着异曲同工之处。在通过此类判例长期积累基础上，有些国家已将在某些特定情况下对违反公司法人制度的公司的法人人格予以否认，通过一定成文法形式确立下来，以维护市场经济的良性运转，同时给公司的控制者、债权人以明确的指引，共同警惕和防止公司人格被滥用的现象发生，实现各方当事人对公司人格制度的准确预期。随着滥用公司人格行为在市场经济各个角落的出现，已经有很多国家开始建立公司人格否认制度。

当然，公司人格否认制度不同于法人否认说。公司人格否认制度的前提，首先在于普遍承认公司具有法人人格，只是在特定情形之下，对公司人格进行否认，目的在于追究滥用公司人格的股东的责任。而法人否认说是对法人本质在学理上进行的一种解说，此说从根本上就否认法人人格的客观存在，认为法人不过是个人或财产的集合而已。此外，公司人格否认制度也不同于公司的强制解散。公司人格否认是由司法机关对个案中滥用公司人格行为的矫正，而不是对公司人格存在现实的全盘否定即不是对公司人格的全面、根本和永久的取缔。一旦被滥用的情形消失，公司又恢复正常的人格状态。而公司的强制解散，则是指国家主管机关对公司人格的永久的、彻底的剥夺，其结果是公司人格完全被消灭，不再能够作为独立的民商事主体进行活动。因此,公司人格否认是一案一决,不衍生,不扩散,不自动生效于其他非涉案的债权债务纠纷。

四、公司人格否认的制度特征

(1) 公司人格否认以公司具有法人人格为前提。如果公司没有法人人格,公司人格否认也就无从谈起。

(2) 公司人格否认的结果是要求滥用控制权的控制股东或实际控制人承担法律责任。因为,只有公司控制股东、实际控制人才可能操纵公司的重大事务,滥用公司人格和股东有限责任为自己牟利,因此,由公司的控制股东、实际控制人为其滥用公司人格的行为所产生的后果承担法律责任才会使正当的法律利益得以保护。公司的其他股东则不必受其所累,仍受股东有限责任制度的保护。

(3) 公司人格否认只是公司人格制度的一种例外,不能普遍适用。公司人格否认只是对特定法律关系中公司人格的否认,而不是全面、彻底、永久的否认,即只是针对具体个案中公司人格被不当滥用,以至于背离了法人制度的价值目标——公平、正义时,对实际上不是独立的法律主体而只是被借用的工具或外壳的法人人格予以否认,由其后面的滥用者直接承担法人应当承担的责任。而后,在消除股东的滥用行为后,该公司又恢复其法人机能,公司人格依然为法律所承认。从字面上来看,英美法系国家"揭开公司面纱"的比喻更为形象。

(4) 公司人格否认是对公司中股东与债权人利益的再调整,其目的是实现社会的公平和正义。债权人明知股东对公司债务承担有限责任仍选择与公司进行交易,是其对公司人格的独立价值心存信任,对其债权的实现抱有制度预期,公司人格一旦被滥用,这种预期利益就会遭受破坏。法律如果容忍这种现象,整个公司体制的基础就会松软。亚里士多德曾提出将公平区分为分配的公平与矫正的公平,他认为,分配的公平是指利益、责任、社会地位等在社会成员之间的分配;而矫正的公平则是指在社会成员之间重建原先已建立起来,又不时遭到破坏的均势和平衡。原本公司人格独立是以股东放弃对出资的直接控制权,并将其经营权交与公司的经营者,以此换回债权人对其只承担有限责任的容忍,这体现了"分配的公平"。如果股东滥用公司的独立人格,给债权人造成损害,那么,为体现公平与正义,就应该承担无限责任,以实现"矫正的公平"。

五、对我国建立公司人格否认制度的认识

我国 2005 年《公司法》修订前,学界对我国是否应引进该项制度存在长时间分歧,特别是对是否在制定法上作出原则性规定争论不休。一种观点认为,公司人格否认制度是对公司人格制度和股东有限责任原则的否定,此项由判例法发展而来的制度难以用成文法的形式将适用标准确定下来,在现实中容易引起该制度的司法滥用,有可能损伤作为公司制度根基之一的股东有限责任制度,严重的甚至会导致公司制度颠覆性的破坏。所以,不赞成引进公司人格否认制度,主张通过其他既有的民商法规则来解决问题。另一种观点认为,我国社会经济现实中已出现不少滥用公司人格和股东有限责任逃避债务、侵害债权人利益或公众利益的事件,而现有制度难以解决此类问题,因而,借鉴外国经验引进公司人格否认制度,有助于保证交易安全和维护债权人利益,更好地体现公平和公正。该种观点甚至认为公司人格否认制度对中国而言,不仅急需,而且最为适合,因为中国公司业界的诚信水准实属偏低。我国 2005 年修订《公司法》时,立法机关采纳了后一种意见,在《公司法》第 20 条中对公司人

格否认制度作了原则规定。我们认为,确立公司人格否认制度是因应解决现实问题的需要而为,实践上有重要价值。目前的关键在于如何全面地认识此项制度,并在司法实践中审慎、适度地适用并逐步加以完善。

其一,公司人格否认制度是对公司法人制度的完善和发展。现代各国的公司法对于符合法定条件的公司普遍赋予了独立人格,也即公司法首先是从正面为公司设定满足人格条件的标准,通过公司的注册设立使之具体落实,公司组织的产生和公司人格的独立同时体现。公司人格的内涵要求公司只能为自己的行为负责和为自己的利益行动,公司不可以成为某个个人获取私利而损害他人的工具。但是,没有公司人格否认制度作为必须的补充,有限责任制度就会被利用到极端状况,自私自利的公司控制者会把公司人格当做敛财的工具和保护屏障,整个公司法律制度大厦就会遭受侵蚀而动摇根基。因此说,公司人格否认制度是公司法人制度的完善和发展。从我国的公司运行现实情形看,在公司法上刻不容缓地添附公司人格否认制度,意义十分重大;从我国的立法结构和状态看,一方面《公司法》没有足够的篇幅去详写公司人格否认,另一方面公司人格否认的司法实践还不充分,细致的表述也有困难。所以,我国 2005 年修订的《公司法》对于公司人格否认只作出原则规定是符合现实的,是立法理性的精致表现。在司法实践中,对被滥用的公司人格进行否定,就是从反面来界定公司人格的制度边界,为公司独立人格正名,这同样是对公司法人制度的完善和发展。也就是说,公司法人制度是基本制度,而公司人格否认制度只是一种例外,公司人格只有被用于背离了公正、公平的目的时,才会被否认。

其二,对公司人格否认制度的运用要适度。有学者将公司人格制度比喻为墙,而公司人格否认只是上面的一些小洞,不会伤及该制度自身。实际上,对于公司人格否认这项矫正制度的适用,也会存在一个适度问题。在哪些情况下需要对公司人格予以否认,在维护债权人利益的同时,又不会普遍地危及股东有限责任,关键在于对其适用的度的把握。发达国家的经验表明,公司人格否认制度只能是公司法人制度的补充,而绝非是一种相同数量级上的对立的制度。

其三,借鉴国外经验,建立符合我国国情的公司人格否认制度。公司人格否认制度毕竟是发端于判例法国家,也主要是以判例的形式表现出来的,其存在的经济背景、法律制度、社会心理等方面与我国有很多不同之处。法律规定的原则性,可能导致实践中的标准混乱,适用失当。因此,由最高人民法院在吸收国外理论和实践经验的基础上,制定系统的司法解释是恰当的选择。借此,我国的公司人格否认制度才会稳健建立,可靠施行。

第二节　发达国家公司人格否认理论与实践

一、美国

19 世纪下半叶,随着公司法人制度的不断成熟,公司独立人格和股东有限责任原则得以稳固确立,公司在美国进入蓬勃发展时期,不仅数量激增,而且公司的规模也迅速扩大,在一些行业出现了巨型公司。与此同时,公司股东滥用公司独立人格和股东有限责任的问题也日益突出,集中表现为利用公司形式规避法律义务、契约义务以及欺诈第三人等情况大量出现。这种情形严重地危害了经济的发展,破坏了商业社会的秩序,当然也催生了司法实践对公司人格滥用的制止立场。于是,在 20 世纪初“揭开公司面纱”的法律理念被法官所创造出来。1905 年,桑伯恩法官(Sanborn)在审理美国诉密尔沃基冷藏运输公司(U. S. v. Milwaukee Refrigerator Translt Co.)一案中,首先运用了公司人格否认原则。1912 年,沃赛尔(Wormser)发表的文章“Piecing the Veil of Corporate Entity”中,将这一原则形象地比喻为“揭开公司面纱”,之后逐渐成为人们广泛接受的概念。

“揭开公司面纱”原则在美国主要是以判例形式体现的,随着判例增加逐渐得以完善,而法官在审理有关的案件时“揭开公司面纱”的理由也逐步丰富。据美国罗伯特·汤普森教授的研究,有关理由达到 85 个之多,主要涉及资本严重不足、公司管理缺乏手续、股东与公司账户或人事混同、对公司资产及财务状况的虚假陈述、股东过度控制公司、公司与股东缺乏实质分离等等。总体来说,法院在审理适用公司人格否认案件时,除了有公司致他人损害的事实外,还需要符合两个要件:一是形式要件,主要是看是否存在公司设立上的瑕疵;二是实质要件,主要是看公司是否有正常的资本金,是否有偿债能力和经营自主权。法官往往以独立性和公平性测试作为裁决标准断案。独立性是看公司是否被股东当做一种不断改变的“自我”而无视其独立性,而公平性则是考察公司是否缺乏充足的资本,是否因资金匮乏而导致从事极易发生风险的经营。在美国,“揭开公司面纱”原则的适用范围比较广泛,涉及契约、侵权、破产、税收等领域,特别是公司的自然状况、组织体系或交易活动处在一人公司、家族公司、母子公司、关联公司等情形时很容易引起公司债权人和法院的关注。

除了判例以外,美国通过总结长期的司法实践,将建立在大量判例基础上的原则逐渐上升为成文法上的规定。例如,美国《标准商事公司法》第 6 章第 22 条第 1 款规定:“对公司股票的购买人,就其所购股票而言,除了付清对价之外,不对公司或公司的债权人承担任何责任。”该条第 2 款规定:“除非在公司组织章程中另有规定,公司的股东并不对公司的活动或债务承担个人的责任,除了因为是他自己的活动或行为,他才可能对上述公司活动或债务承担个人责任。”这一规定首先是贯彻了股东有限责任的原则,然后又对否认有限责任即揭开公司面纱的情形进行了原则性的补充。在处理具体案件时,如何判断股东的活动或行为是为公司还是为股东自己的利益,则留待法官针对个案中的诉讼请求和事实证据进行具体分析和判断。

美国学者对于公司人格否认问题进行了广泛探讨,形成了理论层面的一些核心观点:

(1) 代理说。此说认为,如果一个公司的设立、存续和经营完全是依附于控制股东的指令,则该公司只是以控制股东的代理人身份存在,而实质上是已经丧失了独立性的一种“外壳公司”,其背后的控制股东才是“未露身份的本人”。这种代理关系未必依授权代理而生,只要控制已达相当程度,并使被控制公司的经营行为达到控制股东的目的,即可推定为事实代理。在此情况下,公司实际上已丧失了独立人格,因此应否定公司人格,而使其被代理人——控制股东承担责任。

(2) 企业整体说,也称同一体说。这是由美国法学家伯利(Berle)教授提出的。他认为,股东如果设立若干公司以经营同一事业,或者各公司之间存在着经营业务和利益的一致性,这些公司实质上为同一企业的不同部门而已。这些公司以各自独立的形式存在,只是为了使企业整体逃避可能发生的契约责任或侵权责任,从而导致自愿债权人或者非自愿债权人无法获得补偿,危害正义和公平的实现。

(3) 工具说。该说为美国学者鲍威尔(Powell)提出。该说认为当公司已成为控制股东的“工具”或“另一个自我”时,就应该揭开公司面纱,由控制股东或控制参与方对公司债务直接承担责任。一般地,引用工具说作为判决之理论依据需具备三个要素:一是过度控制,致使公司在财务、交易方针、经营决策等方面被全面控制，已完全丧失了其独立的思想、意志和自身的存在；二是违法或不公平行为，即这种控制是控制股东用来实施欺诈、规避法律义务或侵犯公司权利等不诚实或不正当行为；三是控制与公司损失之间存在因果关系，即这种过度控制的违法行为是被控制公司遭受损害和不合理损失的直接原因。

(4) 另一自我说。美国布拉姆伯格(Blumberg)教授提出，如果两个关联公司在所有权和利益方面非常一致，以至于失去相互独立性，或者一公司(子公司)完全为另一公司(母公司)的利益而存在，则该公司被认为是该另一公司的另一个自我。如果承认其为各自独立的实体，则将支持欺诈并导致不公平的结果，因而要刺破公司面纱。此说与工具说基本一致，没有什么本质区别。

二、英国

同样作为判例法国家，英国对于否认公司人格的法理适用要晚于美国和其他大陆法系国家，这可能与英国人注重“实体法则”的理念和相对谨慎的性格有关。然而，客观经济现实中，屡屡出现的利用公司独立人格和股东有限责任进行的不法行为，使得立法机关不得不举起重锤砸开公司外壳，直接追究藏在公司面纱后面股东的责任；当具有法人资格的公司以它形式上的独立性存在，会导致非正义与非公平的结果时，就可针对特定的法律关系否认公司的独立性，将公司和股东看做同一主体，也即否认公司人格，英国也称之为“刺破公司面纱”。

英国在公司法和破产法中对于适用否认公司人格作出了比较具体的规定，根据2006年《公司法》第993条、1986年《破产法》第213—215条等规定，如果发现资不抵债的公司实施了有意欺诈其债权人的活动，或虽无意欺诈，但实施了非法行为，法院可以应清算人、债权人或其他关系人的请求，以适当的方式判定实施该欺诈交易行为的积极股东承担对公司资产进行资助的责任，以保护受侵害的债权人。

除成文法规定外，揭开公司面纱制度主要源自英国法院的判例。基于Salomon v. Saloman案所确立的原则，英国法对揭开公司面纱较为谨慎，只在几种情形中适用：(1) 公司作为欺诈和非法目的的工具。公司被用于非法目的，公司的行为就被视为以实现该非法目的而组成该公司的人的活动，公司的面纱就要被揭开。(2) 公司成立的目的在于伪装或者逃避法律的强制性规定。如果公司的设立具有非法的宗旨，那么法院就会追究公司的真正目的而不是一般目的。此外，在公司集团中，若母子公司、姐妹公司之间的人格如此混同，只是虚构了相互独立的人格，其实本质上是一个经济单元，法院可能会揭开公司面纱，要求母公司对子公司的债务承担责任。

三、德国

19世纪末，德国经济也进入了一段迅速发展时期，公司的经济活动非常活跃，既出现了卡特尔、康采恩等巨型企业形式，也出现了大量的“稻草人形设立”的一人公司。稻草人形设立的一人公司是指为了规避法律上的规定，某些公司设立时在形式上符合公司法对发起人人数的最低要求，而实际上在成立后，受真正单独股东之托参与公司设立的受托人，即按照事先的约定将全部股份转让给该单独股东，该公司成为实际上的一人公司。为处理卡特尔、康采恩和一人公司大量出现的滥用公司独立人格和股东有限责任的情况，德国最高法院于1920年的一个案例中，首次将单独股东与公司视为一体，开创了德国公司人格否认法理适用的先例，为形成德国的“透视理论”打下了基础。德国法院认为，“资合公司的法人性质只有在其使用和整个法律制度的目的不违背的情况下才是值得维护和尊重的"。当公司人格被滥用于规避法律、违反契约、侵害社会利益或者其他第三人个人利益时,应当否认公司人格。

德国对适用公司人格否认制度非常严格,只要能够依据相关法律处理问题,法院很少去"揭开公司面纱"直索股东责任。例如,德国在《股份公司法》中设有关系企业一章,对何种情形下母公司对子公司债务负责作了直接规定。在涉及追索控制股东责任的案件中,只有在现有法律没有明确规定,股东行为同时违反了善良风俗和诚实信用原则,并且具备了财产混同、股东操纵经营、有限责任制度被滥用等要件时,法院才会考虑否认公司人格,直索支配股东的财产责任。

随着公司人格否认案例的积累,德国学者进行了大量的研究和讨论,对"透视理论"加以不断发展和完善,形成了多种学说,主要包括:

(1) 滥用说。德国法学家赛里克、霍夫曼等人认为,凡有意滥用公司法人的法律性质,从而背离了法人制度的目的以规避法律、违反契约或侵害第三人利益时,应当否认公司的法人人格。该说把滥用区分为主观滥用和客观滥用。二者的区别在于,前者强调股东要有主观上滥用的故意,而后者则认为,不必以股东主观上的滥用意图的存在为前提,而是把违反法人制度之目的的滥用行为的客观发生作为适用公司人格否认原则的前提。

(2) 法规定适用说。该说由穆勒、莫顿、雷宾德等法学家所主张,认为公司人格独立及有限责任制度都是人为创立的法律制度,公司只有规范地适用公司法人格制度的法律规定(除了公司法,还包括契约法、租税法等其他相关法律),才可以证明自己的正义性,也才被尊重。当公司未履行公司法的规定时,即为公司人格滥用,依公司法规定处理即可。

(3) 分离说。德国法学家威廉从维护公司财产所有权和经营权分离的原则出发,认为当公司股东不是公司董事时,应负有不对公司的经营管理构成重大影响的谨慎义务。否则,违反分离原则,该股东对公司的经营后果承担法律责任。

四、日本

20世纪50年代,日本引进美国判例法中的法人人格否认制度,而在学理上的研究却主要受德国学说的影响。以适用范围划分,日本有关公司人格否认的理论有中义说、广义说和狭义说。其中,中义说为目前日本的通说,认为法人人格否认法理的适用主要有两种场合。一是为回避法律的适用而滥用法人人格的场合,二是法人人格被纯粹形骸化的场合。

与德国相类似,日本适用公司人格否认制度也十分严格。在法院判例中,主要以公司被实质上形骸化作为适用公司人格否认的要件,表现为公司机关运营有名无实,股东和公司的业务、财产相混淆以及公司资本不足等情形。

第三节 公司人格否认制度的适用

法律的目标是实现公平正义,促进社会和谐发展。当公司独立人格和股东有限责任被滥用导致利益失衡,违反公平正义原则时,就应当依据公平正义之理,否认公司人格。公司人格否认理论的提出,是因为出现了依据法人制度理论不能解决的公司人格被滥用的问题,且滥用公司人格的形式也在不断地发展和变化,社会利益和债权人利益处在危险状态,司法机关不得不突破原有体制的边界寻求社会正义的维护。由于英美法系国家和大陆法系国家立法和司法体系的差异，各国对于公司人格否认原则运用的范围和形式各不相同，有的国家侧重在立法中有较详细的成文法规定，有的国家则更多地体现在判例中。我国《公司法》对公司人格否认已作了原则规定，理论界的任务就是要斟酌中国实际，借鉴国外学说，总结司法实践情况，构建一套合理、现实的理论指引模型。

一、适用要件

我国《公司法》第 20 条规定："公司股东应当遵守法律、行政法规和公司章程，依法行使股东权利，不得滥用股东权利损害公司或者其他股东的利益；不得滥用公司法人独立地位和股东有限责任损害公司债权人的利益。公司股东滥用股东权利给公司或者其他股东造成损失的，应当依法承担赔偿责任。公司股东滥用公司法人独立地位和股东有限责任，逃避债务，严重损害公司债权人利益的，应当对公司债务承担连带责任。" 据此，我们可以归纳我国公司人格否认的适用要件，包括主体要件、行为要件和结果要件。在主体要件方面，需有公司人格的滥用者和公司人格否认的主张者；行为要件，则是指公司人格利用者已经实施了滥用公司人格的行为；结果要件，是指公司人格滥用行为造成了实际民事损害，并且这种滥用行为与造成损害的结果之间有直接的因果关系。

（一）公司人格的滥用者

公司人格滥用者是指为了自己的利益，利用公司人格和股东有限责任进行不正当行为的控制股东及实际控制人，也即在公司人格否认诉讼案件中的被告。公司人格之所以会被滥用，是因为公司受到人为操控，而能够有可能、有机会对公司决策活动施加决定性影响的，主要就是控制股东和实际控制人。这里，需要细加说明的几点情形是：

一是控制股东不一定拥有公司多数股权，而是以是否能够对公司实施控制作为判断标准。在实践中，除了通过持有全部或者多数股权实现对一公司控制的情形外，持有少数股权甚或在公司登记簿上不记载为股东的实际控制人也能控制一家公司。这种情形虽不是通常状态，但绝不是没有，如能够以隐名股东身份控制公司，通过签署承包经营合同、租赁经营合同、托管协议控制公司等。此外，由于社会腐败的原因，一些党政官员，暗中持有某些暴利行业的公司的股份，利用职务方便为其公司争取商业机会，掠夺公共财富，他们往往是一些公司的实际控制人。

二是并非公司所有的股东都有可能滥用公司人格。根据在公司中的地位的不同，股东可以分为积极股东和消极股东，前者实际参与公司经营管理，能够对公司的主要决策活动施加影响，而后者则不能，甚至本身在公司中备受欺压。只有积极股东能够实际控制公司，有可能滥用公司人格。

三是公司的董事、经理或其他高级职员利用职务方便滥用公司人格，为个人谋利的情况。公司的董事、经理和其他高管人员，掌控公司的人、财、物权力，公司的监督机制一旦失灵，其中的一些人就会发生道德堕落行为，利用机会谋取私利是非常可能发生的情形。对于董事、经理、高管人员违反忠实义务和注意义务的行为，一般不能适用公司人格否认制度追究责任。但是，股东身份和董事、经理、高管人员重合的场合，债权人可以提起公司人格否认之诉。当董事、经理、高管人员把持公司，以公司作为敛财的工具，同时以雇员身份保护自己的安全，如果公司的中小股东因懒惰、灰心、无法满足法定条件、畏惧诉讼成本或者被收买，不能够提起派生诉讼以恢复公司的利益时，债权人怎样扮演一种积极的诉讼角色，在公司法律实务中目前仍然是盲区。由于公司派生诉讼在公司法上的规定指向十分明确，提出债权人派生诉讼的理论支点显然困难很多,现实条件下我们主张借用合同法上的代位诉讼加以解决。但是,深究公司人格否认的法理元素,当公司成为某人的工具时,该人可能利用有限责任保护自己或者利用雇员身份保护自己实质差别并不大,在特定的案件中通过债权人提起否定公司人格之诉,解决非股东身份的董事、经理、高管人员滥权的问题还是比较在理的。法律制度不能有重大缺口,理论应当解决现实的问题,这是我们思考问题的出发点。

(二)公司人格否认的主张者

公司人格否认的主张者即公司人格否认案件中的原告方,一般是指因股东滥用公司人格的行为使其利益遭到损害的债权人,或者是代表国家利益和社会公共利益的政府部门。当他们的利益受到公司控制股东滥用公司人格行为的侵害时,他们有权向法院提起诉讼,要求否认公司人格,由实施侵权行为的公司的实际控制股东与公司共同承担连带责任。

一般地,法院不接受公司本身或者公司股东提出否认公司人格的主张。因为,如果允许公司提出否认自身的人格,这既不符合逻辑,也与基本的法理相悖。同样,公司股东也无权提出否认公司人格的诉求。股东在出资设立了公司后,他对公司的出资就不能再享有直接的所有权,只享有股东权,同时受到有限责任制度的保护;股东出于某种目的,想再重新获得对公司财产的占有而要求否认公司人格,这显然有失公平。在美国曾有过股东要求揭开公司面纱胜诉的案例,称之为"反向揭开公司面纱"。但是,一般认为,这样不利于公司人格制度的维护,不宜效仿。对于公司小股东因大股东滥用公司人格的行为受到利益侵害的情况,按照公司法的规定,可以借助已有的股东权救济制度实现,并不需要借助公司人格否认制度。

(三)公司人格滥用行为及其带来的损害后果

公司人格滥用行为就是指公司实际控制股东滥用公司人格规避法律而给他人造成损害的行为,这是否认公司人格的起因。公司正当行为是受到保护的,但是,如果股东滥用了公司人格实施了违反公平、正义的行为,使债权人利益或者国家利益、社会公共利益受到损害,引起利益分配的失衡,这与公司人格法律制度的目标背道而驰。因此,根据权利禁止滥用原则,法律必然要加以规制。当然,要想否认公司的独立人格,直接追究隐匿于公司人格背后的控制股东的责任,不仅要有公司人格滥用行为的发生,还必须能够证明该公司人格滥用行为造成了实际民事损害,并且该滥用行为与损害的结果之间有直接的因果关系。

对在确定公司人格的滥用行为时是否需要具备主观标准,各国的理论与实务部门一直存在着争论。持主观标准论者认为,为确保法的稳定性,防止公司人格否认法理被滥用,应确定控制股东在主观上具有违法或不当利用公司人格的意图。德国、澳大利亚等国的法律坚持此标准。而另一些学者认为,强调主观要件不合乎社会需求,应该采取客观主义的标准,以减轻公司人格滥用目的的举证困难。瑞士法律采用此说。随着司法实践的积累和对社会需要的研究深入,越来越多的学者接受客观说标准,而且大部分国家包括日本、德国逐渐从立法上放弃主观标准转为采用客观标准。我们认为,根据我国的具体情况,公司人格否认的诉讼中采用客观标准比较适当。

二、对公司人格滥用行为的判断依据

公司人格否认的判定,关键在于如何判断是否存在公司人格被滥用的行为。我国《公司法》第20条的规定仅对公司人格否认提出了原则性要求,而对于何种行为构成了滥用却没有给出判断依据。事实上,在首开此项制度先河的美国揭开公司面纱也一直没有统一的标准，其依据主要体现在一系列判例之中。尽管不同案例中认定的理由有很多，但总体上来看，主要涉及公司资本是否充足，是否存在欺诈行为，是否遵守公司程式，是否存在人格混同，是否存在股东对公司的过度控制等因素。在法院进行审判时，通常很难以单一标准否认公司人格，而是需要综合考虑各种因素，根据每个案件的情况来进行判断。因此，借鉴其他国家经验，我们可以在判断股东行为是否构成对公司人格滥用时，综合考虑如下一些因素作为依据：

（1）公司资本显著不足。

公司资本是否充足是决定它是否有独立人格的重要方面，如果资本不足，则没有足够的能力进行运营并承担经营风险。尤其是在交易对方是非自愿的情况下，资本不足的公司实际上是将风险和损失不公平地转嫁给了无辜的非自愿交易人，不利于交易安全和交易公平。在实际的情形中，有一些公司从设立开始就一直没有与其运营相应的足够资本，这是公司股东有意规避风险的一种做法，即当经营成功时享有收益，而经营一旦失败，又以股东有限责任为由逃避责任。因此，公司资本显著不足是一个十分重要的判断公司人格不独立的标准。需要说明的是，公司资本不足是与公司所从事的经营事业需要相比而言的。判断公司人格是否独立的标准主要在于考察公司设立时的资本是否充足，股东的真实投入与公司所经营的事业是否存在合理的比例关系。比如，公司的资本虽然已经符合了公司设立的要求，但公司获得了重大的商业交易项目，使其资本金与项目之间形成了“小马拉大车”的局面，公司在此时没有注入新的资本，而是通过筹措借贷资金的方式维持（个别的情形下，股东给公司出借资金并以公司资产作担保），股东们试图玩玩“空手道”“四两拨千斤”，如其结果是损害债权人利益的局面形成，股东就应当对公司债务承担连带责任。美国法院判例中确立的“深石原则”（deep-rock doctrine）或称“衡平居次原则”即是如此。该原则是指在公司经营事项庞大而资本严重不足，导致公司无力维持经营而破产时，股东给公司出借资金的债权处在普通债权人分配完毕后的末端，如果公司剩余资产为零，则不能获得分配。

（2）欺诈或者错误行为。这里所讲的欺诈或者错误行为包括股东对债权人的欺诈和股东对公司的欺诈或错误行为。

股东对债权人的欺诈，主要表现为通过虚假陈述来误导债权人与公司进行交易或业务往来，在需要履行对债权人债权支付的义务时，因公司没有足够的财产而导致债权人受到损失。这主要包括三种情况：第一种是直接的虚假陈述，即股东对公司的财务状况的虚假陈述以及对债务履行的承诺误导交易的相对方以为是在与股东本人而非公司交易等情况；第二种是新设公司逃债，即股东放弃旧公司，重新组建新公司，继续从事原来的业务，利用公司独立人格达到逃避原有公司债务的目的；第三种是分设公司，即股东将原来的一个经营实体人为地分割为不同的公司，这样原来一个公司的资产就被分成若干部分，以降低其资产上的责任。股东对公司的欺诈，主要表现为自我交易，即公司的控制股东以被公司雇佣的名义，从公司获得不合理的高额薪酬，这样的行为实质是自我交易，不公平的自我交易被视为欺诈。

（3）公司人格混同。

公司人格混同是指公司与其股东或与另一公司之间没有严格的区别，包括财产混同、业务混同和人员混同。财产混同是指公司的财产与其股东或其他公司在财产方面难以区分，比如营业场所或住所相同、账簿不分、资本或其他财产混合等。如果发生了财产混同，则公司难以实行有限责任，很容易产生一些人借此隐匿财产、非法转移财产或者逃避债务与责任的行为。业务混同主要表现为公司与股东或受同一股东控制的其他公司从事相同的业务活动;具体交易行为不单独进行,而且受同一控制股东或同一董事会指挥、支配、组织。在此情况下,极易发生股东利用混同营业,剥夺对公司有利的机会而损害公司利益,或者借公司名义为自己牟利。人员混同则是指表面上相互独立的公司,在控制股东相同的情况下各公司的董事会成员及高管人员等由同一些人担任,每一公司的董事会的决策对其他公司不能完全独立,在系统内可能统一安排有组织的经营行为,使某些被选定的公司故意遭受交易损失,其决策与管理受到操纵。在这种情形下,公司丧失独立的意志和理性人的基本品格。

人员混同往往是财产混同、业务混同产生的根本原因,三方面的混同纠结在一起,使公司人格失去独立性,公司完全成为控制股东利用的工具。

(4) 公司管理和运作没有遵守公司程式。

公司程式是指公司法规定的所有公司一体遵行的机构运作程序。法律依据公司事务的重要程度作出一般要求,以便使公司的意志能够以适当的方式产生,对内对外发生法律效力,降低交易成本并能控制事业风险。不遵守公司程式的行为,包括不召开股东大会或董事会,没有会议记录或其他非正式程序等。公司的独立人格和股东的有限责任,是建立在公司管理和运作严格遵守公司程式的基础上的。如果公司的管理和运作不遵守法定程式,公司的独立人格将无从得以保障,债权人的利益也将失去应有的保护。因此,在公司设立、公司管理机构产生以及高管人员分工、公司进行经营决策和商业运作的过程中,如果债权人有证据表明公司没有按照法定或章程规定的程式进行,或者没有记录,表明股东很可能只是将公司作为为自己牟利的工具或者"另一个自我",而不是将公司作为独立的存在,则公司可能被揭开面纱。

(5) 股东过度控制。

公司人格存在的前提是它作为"理性人"能够形成自己的意志,为实现自身利益的最大化而行为。而在现实经济生活中,公司的运营往往直接受到控制股东的影响。当控制股东为了自己的利益而非公司利益,在公司运营决策、贷款担保、费用支出等方面直接控制超过一定限度,使公司以非正常的方式运营,导致公司从未赢利,或者股东吸干公司资金而未考虑公司的需求和发展,或者公司始终游离在破产边缘。这表明公司受到股东的过度控制,公司人格不具有独立性。这种情况通常发生在一人公司、母子公司或姐妹公司之间。

三、几种特殊结构公司的法人人格否认

在一些公司中,由于具有独特的股东结构或者公司之间的特殊关系,比较容易产生公司人格被控制股东滥用的情况,典型的主要有:一人公司、母子公司、姐妹公司、相互投资公司等。所以,非常有必要针对这些公司的特点,确立不同的适用公司人格否认的判定标准。

(一) 一人公司

一人公司确实存在着公司人格被股东滥用的很大的可能性。由于一人公司只有一个股东,不可能像拥有数个股东的公司那样建立比较规范的公司组织机构,股东之间可以进行相互制约和监督,往往该唯一股东既是所有者,又是管理者,很难将公司的意志和行为与股东个人的意志和行为截然区分。一人公司较之有数个股东的公司更容易发生公司人格与股东人格相混同的情况。所以,公司法一般对一人公司的规定更加严格,如我国《公司法》第 63 条规定:"一人有限责任公司的股东不能证明公司财产独立于股东自己的财产的,应当对公司债务承担连带责任。"也就是说,对于一人有限责任公司人格否认案件彻底实行举证责任倒置,如果股东不能证明公司财产独立于股东自己财产的,应当对公司债务承担连带责任。

这与一人公司人格很容易被股东滥用的情况相适应。一旦发生一人公司人格被滥用的情况,受害的债权人就可以依据《公司法》第 20 条和第 63 条的规定,请求法院否认该一人公司的人格,维护其利益。

(二)母子公司

母子公司虽然均为独立法人,但由于母公司可以利用其控股地位,为了自身利益完全控制子公司的经营决策,甚至可以通过签署合约转移子公司的利润,无偿划拨子公司的财产和收益。美国著名法官卡多佐指出:过度控制使"母公司变为被代理人,子公司成为代理人",这种情形就应当"揭开公司的面纱"。美国学者奥托·卡恩—弗里温德(Otto Kahn-Frevnd)曾将母公司对子公司的控制分为两种方式,即资本控制和职能控制,资本控制就是通过股份资本的所有权实施控制,而职能控制则涉及直接经营管理另一个公司。他认为,资本控制本身并不能在两个公司之间形成代理关系,而职能控制则有可能形成代理关系,从而造成人格混同。

在实际运营中,如果子公司事实上是作为母公司的一个部门或者分支机构存在,完全缺乏独立性;或者子公司的业务完全由母公司决定,并且子公司与母公司或者是同一母公司的不同子公司之间的业务被母公司进行混同管理;或者母公司与子公司或者不同的子公司之间由共同的管理人员进行管理,并且职责不清;或者母子公司的财产处在混同状态,诸如使子公司为母公司提供担保,不遵守正常的贷款程序将资金从一公司转移到另一公司,或者使用共同的银行账户等情形;那么,这就表明,子公司实际已在母公司的过度操纵之下,完全成了母公司的代理人,子公司完全成为母公司规避法律、逃避债务的工具,一旦出现债权人利益受到侵害并诉诸法院的情况,子公司的人格应予否认,由母公司对债权人承担连带法律责任。

(三)姐妹公司

姐妹公司也称为兄弟公司,是指由同一股东控制的数个公司。姐妹公司在表面上彼此独立,但由于各公司的经营决策权利掌握在同一个股东手中,容易导致各公司在财产、盈利分配等方面形成一体,从而在各个姐妹公司之间以及各个公司与该控制股东之间发生人格混同。如果姐妹公司受到控制股东的过度控制,公司之间转移利润的交易极易发生。因此,根据企业整体说,可以将人格混同的姐妹公司视作一个整体,共同对债权人承担责任。如果母公司对其控制的姊妹公司施加不当指挥,获取不当利益而损及姊妹公司债权人利益的,也可请求法院追加母公司承担连带责任。

(四)相互投资公司

如果一个公司持有另一个公司一定比例的股份,而后者又持有前者一定的股份,就形成了相互投资关系。从各国情况看,相互持股也容易引起公司人格混同。在相互持股情况下,甲公司所持有的乙公司的一定量的股份,很可能就是该乙公司给甲公司的出资,这样双方在这部分股份的出资上形成亏蚀重叠,却又各自享有出资带来的利益,包括在对方的股东会上行使表决权。这种现象容易引发公司管理团队的经理人集团行为,即两个公司的董事会成员和经理人在对方公司的股东会选举中相互投票支持,借以实现封闭的内部人控制结构。如果相互持股公司所持有的股份占据了相对方公司发行股份的大部分,则两个公司虽在表面上是独立的,实际上形成了极为紧密的控制关系,在利益上往往结为一体,从而导致二者人格的混同。如果相互投资公司确已发生了人格混同的情况,并因此导致了损害债权人利益或公共利益的结果,则应对其进行人格否认,由相互持股的公司共同对债权人承担责任。

第二十四章

公司重整法律制度

第一节 概　　述

一、公司重整的概念

公司重整(reorganization),也称为公司整理(rearrangement)或公司更生(regeneration),是指具有一定规模的公司企业出现破产原因或有破产原因出现之虞时,为预防破产,经公司利害关系人申请,在法院干预下对该公司的债权债务关系重新作出安排并对公司实施强制治理,使其复兴的法律制度。由于公司重整制度的宗旨是防止公司的破产,因此也被称为破产保护制度或破产预防制度。公司重整制度与破产法上的和解制度有共同的作用,即调整债务人面临破产时的特定的债权债务关系,谋求减缓债务人面临的支付压力,以使债务人公司获得再生发展的机会。公司重整制度较和解制度产生晚,它适应了后工业时代政府、社会对大企业经营状况的关注和支持的要求,规定采取比和解制度更强劲的手段挽救处在破产边缘的公司企业,以期稳定社会经济关系,促进经济的发展。

二、公司重整制度的产生

公司重整制度首创于英国,被称为公司整理制度。后来,传至美国、日本(日本分解为公司再生和公司更生两种制度)及我国台湾地区。

破产制度自罗马时代建立以后,发展至中世纪中期以前,其功能仅在于解决债权人与债务人之间、债权人相互之间因债务人无力向多个债权人清偿债务形成的纠纷,尚不具有预防破产的功能。1637 年,法国国王路易十六颁行的商事敕令中开始允许债权人与债务人之间就债务的清偿形成和解协议,这是破产法律制度中预防破产的和解制度产生的萌芽。到了工业社会时代,人类的商业文明有了进一步发展,商业交易方式增多,规模扩大,大的商业机构的活动愈来愈涉及社会公众利益,无论是政府还是债权人都意识到大量债务人的破产不仅会损害债权人的利益,也会损害社会利益,于是和解制度得到了较大的发展。到 19 世纪末,世界上主要市场经济国家大多建立了和解制度。

进入 20 世纪以来,资本主义垄断经济迅猛发展,大的股份公司纷纷产生,并且在企业经营中超规模的负债经营方式被广泛应用,社会经济的信用程度和交错联系更为广泛和深入,和解制度已不能适应预防大企业破产的积极要求。大企业的破产固然反映了商品社会优胜劣汰的规律,但由于它们在一国经济中具有举足轻重的地位,且经济联系往往超越国界,雇用的职工也是成千上万，它们一旦破产，大量人员失业，会给社会经济生活带来混乱，甚至引发经济萧条与政治动乱。和解制度由于其固有的消极因素，不利于防止大企业破产，于是在20世纪初，发端于英国的公司重整制度很快为其他国家效仿采用。公司重整制度作为现代破产制度的最新组成部分，体现了国家对经济生活的强烈干预和渗透，在预防破产方面起着重要的作用。

三、公司重整制度的特征

相比于破产清算与和解制度，公司重整制度主要有以下几个方面的特征：

第一，从制度目标和价值来看，公司重整制度旨在积极挽救有重建希望的困境企业，通过使其扭亏为盈和持续经营，来保护社会整体利益。破产清算制度仅在于将债务人财产公平清偿给各债权人，和解制度虽然也有避免债务人受破产宣告的目的，但是从其实质上来说与破产清算制度一样重在清偿，债权人并不关心债务人在清偿完债务后是否继续经营，在债务人财产不变情况下，由于和解费用小于破产清算费用，债权人可以获得更多清偿，因而实践中债权人愿意采纳和解方案。

第二，从适用主体来看，各国或地区立法规定不一，美国的适用范围较为宽泛，日本、英国以及我国台湾地区的重整制度只适用于股份有限公司，其中我国台湾地区更是将主体范围限制为公开发行股票或公司债的股份有限公司。重整程序侧重的是对社会大众利益的维护，中小型企业影响社会公众利益较小，债权规模以及债权人人数不多，有重建希望的中小企业完全可以通过与债权人一一协商或者和解程序就债务关系重新作出安排。另外，重整程序中聘请专业人员等所耗费的巨额费用也非中小企业所能承受。美国的实证研究表明，公司经过重整程序能继续生存的概率与公司规模成正相关关系。

第三，从程序启动的条件来看，公司重整程序的启动条件与破产清算程序、和解程序相比更为宽松。破产清算与和解程序的启动均要求债务人具备破产原因，且破产案已经被正式申请到法院。按照我国《企业破产法》第2条的规定，有以下两种破产原因：一是债务人不能清偿到期债务且资产不足以清偿全部债务，即现金流量标准与资产负债表标准的重叠适用；二是债务人不能清偿到期债务且明显缺乏清偿能力。而债务人在有明显丧失清偿能力可能的情形即有破产原因出现之虞时，即可直接申请启动重整程序。

第四，从重整手段来看，公司重整手段较为丰富，不仅包括和解制度中债权人对债务人诸如债务减免、延期履行等妥协与让步，还包括剥离、股权出售、合并与分立、股份置换等一切有利于改善公司绩效、带来积极的净现金流量的措施。另外，债务关系重新安排以外的手段对于公司重建来说更为重要，由于这些手段的采取对于财务管理技能和经营管理技能的要求较高，所以公司重整中通常都需要企业管理专家作为重整人主持或者参与。在发达国家，一些公司积极申请获得法院认可向进行重整的公司提供资金支持，从而获得极大的商业机会。因为进行重整的公司如同一个水坝，其债权现金可以无限制地流入，而债务支出却被闸门控制。公司重整有时被逃废债务的动机所支配和利用。

第五，从重整的参与主体来看，公司的股东与债权人作为利害关系人共同参与公司的重整，而不同于和解、破产清算程序中股东无所作为。因为当公司出现或者可能出现破产原因时，双方利益都会受损，因而能在重整中相互协作，共担损失并参与重整事务，共谋公司更生。

第六，从公权力及其干预力度来看，公司重整是在法院的干预下，由债务人、债权人和出资人等多方主体依法对公司债权债务关系和经营事务进行的有序整理,这使之迥异于我国长期存在的带有浓厚计划经济色彩的企业整顿制度,后者完全由政府一手操办,整顿手段以行政命令方式为主,甚至派出各种工作组进驻企业。另外,公司重整中法院的干预力度远大于和解程序,和解程序中对债务人特定财产享有担保权的债权人可以行使权利,但是重整期间该担保权暂停行使,以此保障债务人财产的完整和重整的物质基础;和解协议草案的通过与否完全取决于债权人会议决议,而重整计划草案即使未获部分表决组的通过,在符合特定条件时法院也有权强制批准。

四、公司重整制度的立法形式

综观各国立法,公司重整制度有三种立法体例:一是在破产法中加以规定,如美国《破产法典》第 11 章专门规定了重整程序;二是单行立法,如日本制定了《会社更生法》;三是在公司法中作出规定,我国台湾地区"公司法"第五章股份有限公司第十节规定了股份公司的重整制度。

我国采纳了美国的立法体例,2006 年颁布的《企业破产法》第八章规定了企业法人的重整制度,与和解制度、破产清算制度一起作为我国破产制度的三个组成部分。

第二节 公司重整程序的开始与进行

一、重整申请

根据我国《企业破产法》第 2 条、第 7 条和第 70 条的规定,结合重整申请条件,主要有如下三类申请人:

第一,债务人。具体来说又分两种情形:一是债务人不能清偿到期债务,并且资产不足以清偿全部债务或者明显缺乏清偿能力的,或者有明显丧失清偿能力可能的,债务人可以直接向人民法院申请重整;二是债权人申请对债务人进行破产清算的,在人民法院受理破产申请后、宣告债务人破产前,债务人可以向人民法院申请重整。债务人最了解自身经营状况和财务状况,外部债权人得知其不能清偿到期债务的信息往往具有滞后性,允许债务人提出申请,有利于展现其重整诚意,尽早、及时地开始重整程序,实现挽救企业的目标。我国台湾地区"公司法"规定,公司提出重整申请的,应经董事会以董事 2/3 以上之出席及出席董事过半数同意之决议行之。我国《公司法》对此没有明确规定,如果公司章程对此也未作规定,是否经由董事会之决议即可提出重整申请呢?我们认为可行。首先,当债务人出现或者可能出现破产原因时,股东在公司已无资产或者只有很少资产,债权人实际承担着剩余风险,股东一般来说只需按照自身利益行事,而作为信托财产受托人的董事需以符合公司利益和债权人利益原则独立行事,所以由董事会作出决议是合适的。其次,重整申请往往由大公司提出,根据公司法的规定召开临时股东会议程序繁琐、成本较高,可能会造成重整最佳时机的延误以及资产的进一步浪费。再次,重整申请毕竟不同于破产申请,是属于积极挽救公司的特殊治理措施,而非公司终止的解散或者破产措施。

第二,债权人。债务人不能清偿到期债务的,债权人可以直接向人民法院提出对债务人进行重整的申请。当公司实际处于破产状态时,债权人在法理上应当取得对债务人的控制权,有权集体决定债务人财产的处分,自当有权提出重整申请,无论债权有无担保。我国台湾地区“公司法”规定，持有的债权额相当于公司已发行股份总数金额10%以上之公司债权人有权申请重整。依据我国《企业破产法》规定，凡出现破产原因或有破产原因出现之虞的企业法人均可适用重整制度以期挽救，不能受偿的到期债权的债权人无论持有多少债权额，均可提出申请。

第三，出资额占债务人注册资本1/10以上的出资人。债权人申请对债务人进行破产清算的，在人民法院受理破产申请后、宣告债务人破产前，出资额占债务人注册资本1/10以上的出资人可以向人民法院申请重整公司。出资人有权提出重整申请，是重整程序与和解、破产清算程序的重大差别，和解和破产清算程序往往只解决债务关系的调整问题或者对债务人财产的分配问题，出资人对此基本处于完全消极被动地位；而在重整程序中，虽然出资人受有限责任保护，但公司陷入困境，其股权价值一落千丈，出资人有足够的激励通过追加投资等方式在重整程序中保存公司、挽回损失，这充分体现出重整制度调动各方积极参与的特点。

另外，根据我国《企业破产法》第134条的规定，对商业银行、证券公司、保险公司等金融机构的重整，只有国务院金融监督管理机构有权向人民法院申请。

根据我国《企业破产法》第8条的规定，重整申请人应当向人民法院提交申请书，申请书应当载明下列事项：(1) 申请人、被申请人的基本情况；(2) 申请目的；(3) 申请的事实和理由；(4) 人民法院认为应当载明的其他事项。债务人提出申请的，还应当向人民法院提交财产状况说明、债务清册、债权清册、有关财务会计报告、职工安置预案以及职工工资的支付和社会保险费用的缴纳情况。

二、重整受理与裁定

法院接到重整申请后，应当依法进行形式审查，形式审查包括如下几个方面的内容：(1) 申请人和被申请人资格。法院收到重整申请后，应当审查申请人是否是具备法定条件的债权人、债务人和出资人，被申请的公司是否具有已为破产宣告、已经达成和解协议、已被政府机关依法撤销以及已被法院判令解散等情形而不能适用重整程序。(2) 管辖。法院收到重整申请后，应当查明其对案件是否具有管辖权。根据我国《企业破产法》第3条之规定，重整案件由债务人住所地法院管辖。(3) 重整申请的形式是否符合法律规定。主要是指申请书所载内容是否符合法律规定，申请人是否提交了法律规定的文件。申请形式不符合法律规定的，法院可以要求申请人补足，并不当然构成不予受理的事由。

认为符合法律规定条件的，法院应当进行实质审查，实质审查包括如下几个方面的内容：(1) 重整原因。重整原因前已述及，即债务人出现破产原因，或者有破产原因出现之虞，对此申请人应当负举证责任。(2) 债务人有无挽救之必要与可能。债务人具备重整原因不一定意味着即可开始重整程序，重整是一个对多方权利限制较多、程序复杂、成本较大的制度，破产法立法对此采取了较为宽泛的规定，但是法院在实际适用时应当从严掌握，认真履行审查义务，除非确信债务人有重建之必要与可能，不宜轻易开始重整程序，否则会对债权人等利害关系人造成极大的损害，不当拖延债务人履行义务。正确地作出关于是否同意债务人重整的判断，需对债务人公司业务及财务状况有通盘了解，并对债务人公司实际情况作现场调查。法院受职务、经验及知识和时间的限制，往往无法亲力为之，对此，我国台湾地区“公司法”规定了检查人制度，法院认为必要时可以选任，检查人受法院委托对债务人进行全面调查评估。具备专门知识、经营经验且非利害关系人的检查人，基于债务人公司业务、财务、资产状况以及管理人员经营得失的总体判断,出具公司重整必要性、可能性及可行性的报告,作为法院作出司法判断的有力辅佐。我国在司法实践中可以借鉴。

在法院作出受理裁定以前,公司尚未丧失其经营业务及管理处分财产的权利,个别人员已知悉公司财务状况恶化欲施以重整的信息,唯恐自己之权利将受重整之不利影响,极有可能在法院尚未裁定前为自己的利益而采取不利于公司重整之行为。我国《企业破产法》第31条、第32条和第33条规定了管理人对于自人民法院受理重整案件之日起前1年内债务人不当行为和前6个月内债务人个别清偿行为的撤销权,并规定债务人隐匿、转移财产以及虚构债务行为自始无效。尽管如此,我们认为这一适用于重整、和解和破产清算三个程序的规定,尚有制度漏洞,不足以全面保护此一期间待重整公司及利害关系人的利益。首先,从主体上来说,上述规定只限制了债务人自身的行为及其与债权人的勾结行为,但是公司的董事、监事及其他持有公司股票的高级管理人员可能会利用信息优势立即抛售股票,致使其价值下跌、公司利益受损;其次,从内容上来说,公司进入重整阶段说明经营业务已经出现问题,如果允许公司继续作出错误的经营决策将导致损失扩大和重整难度的加大。所以,我国《企业破产法》或最高人民法院的司法解释应当规定重整制度特有的受理裁定前的保全措施,包括对债务人业务的限制,维持现状,不得继续扩大业务范围,以及禁止持有公司股份的董事、监事、经理及其他高级管理人员转让其所持有的公司股份。

法院经审查认为重整申请不符合法律规定条件的,应当裁定不予受理,自裁定作出之日起5日内送达申请人并说明理由。申请人对裁定不服的,可以自裁定送达之日起10日内向上一级人民法院提起上诉。

法院经实质审查认为重整申请符合法律规定条件的,应当裁定予以受理。根据我国《企业破产法》第11条规定,法院应当自裁定作出之日起5日内送达申请人,申请人是债权人的,法院应当自裁定作出之日起5日内送达债务人,债务人应当自裁定送达之日起15日内,向人民法院提交财产状况说明、债务清册、债权清册、有关财务会计报告以及职工工资的支付和社会保险费用的缴纳情况的报告。根据该法第13条、第14条和第71条,法院作出重整裁定的,应当指定管理人,一并予以公告,公告应当载明下列事项:(1)申请人、被申请人的名称或者姓名;(2)人民法院受理重整申请的时间;(3)申报债权的期限、地点和注意事项;(4)管理人的名称或者姓名及其处理事务的地址;(5)债务人的债务人或者财产持有人应当向管理人清偿债务或者交付财产的要求;(6)第一次债权人会议召开的时间和地点;(7)人民法院认为应当通知和公告的其他事项。

三、重整机关

公司进入重整程序,公司原来的机关——股东大会、董事会、监事会、经理机构等均停止行使职权,而由法院选任或依法组织其他机构在法院监督下管理公司并负责重整事务。

(一)债权人会议

公司在正常经营状态下,股东承担着剩余风险,享有剩余收益,公司最终控制权归股东享有;在破产状态下,股东在公司中已无资产或者资产只占总资产中很小的一部分,原本享有固定合同收益的债权人已经无法通过固定合同保护自身利益,并实际承受着剩余风险,公司最终控制权应当转移给债权人,债权人有权决定如何利用债务人资产并进行合理分配。因此,债权人会议应当成为重整公司的最高权力机关,对重整期间公司的重大事务享有最终决定权,集中体现为通过或者拒绝通过重整计划草案。

根据我国《企业破产法》第62条之规定，第一次债权人会议由人民法院召集，自债权申报期限届满之日起15日内召开；以后的债权人会议，在人民法院认为必要时，或者管理人、债权人委员会、占债权总额1/4以上的债权人向债权人会议主席提议时召开。根据我国《企业破产法》第61条之规定，债权人会议在重整程序中行使如下职权：(1) 核查债权；(2) 申请人民法院更换管理人，审查管理人的费用和报酬；(3) 监督管理人；(4) 选任和更换债权人委员会成员；(5) 通过重整计划；(6) 人民法院认为应当由债权人会议行使的其他职权。

另外，公司重整不同于和解与破产清算程序之处在于它会涉及对于出资人权益的调整以及出资人对重建的积极参与，故我国《企业破产法》第85条规定，债务人的出资人代表可以列席讨论重整计划草案的债权人会议，重整计划草案涉及出资人权益调整事项的，应当设出资人组，对该事项进行表决。对此，我国台湾地区"公司法"直接规定公司重整组成"关系人会议"，由公司债权人与股东共同组成。

(二) 管理人

由于债权人在时间、能力、经验、信息获取等方面的困难，特别是任何单个的债权人在处理公司事务时与其他债权人的利益存在冲突，难以直接管理重整公司的财产和营业事务，必得由处于中立地位的专门机关代表重整公司和处理重整程序中的公司事务。综观各国立法，主要有三种模式：第一种是由债务人继续管理公司，如美国的"占有中的债务人"模式(debtor in possition)；第二种是由法院直接指定管理人，如英国的管理令程序；第三种是折中模式，由债务人在法院指定的管理人的监督下管理公司。由债务人继续管理公司，可以充分利用其信息优势和娴熟经验。但是，公司面临破产本身就是债务人的董事、经理等高级管理人员管理失败所致，公司不得已进入重整程序，让债务人企业原管理层继续经营管理能否重建公司值得怀疑。此外，公司经营失败往往存在内部管理人员的败德行为，如果仍让其管理公司，该类行为很难尽早被揭发，导致公司经营失败的因素始终无法排除。

我国采取了管理人自动接管重整公司、债务人经人民法院批准可以重新获得在管理人监督下自行管理公司事务的债务人公司控制模式。根据我国《企业破产法》第13条、第22条、第73条、第74条之规定，人民法院裁定公司重整的，应当同时指定管理人接管债务人财产与营业事务。管理人负责管理财产和营业事务的，可以聘任债务人的经营管理人员负责营业事务；在重整期间，经债务人申请，人民法院批准，债务人可以在管理人的监督下自行管理财产和营业事务，已接管债务人财产和营业事务的管理人应当向债务人移交财产和营业事务。

关于管理人的地位和权力来源，有三种学说。第一种是代理说，即管理人是全体债权人的代理人，并为他们的利益行事，不同于一般代理理论的是管理人以自己的名义而非以全体债权人的名义行事。第二种是信托说，一旦进入重整程序，重整公司即自动成为信托财产，管理人是信托人，全体债权人是委托人和受益人。第三种是法定说，即管理人的任命、职责均为法律明确规定。我国法律采纳的是第三种学说。我国《企业破产法》第23条规定管理人依照本法规定执行职务，向人民法院报告工作，并接受债权人会议和债权人委员会的监督。

经济学、管理学研究成果表明，在正常经营环境下，常见的导致破产的原因主要有如下三种：经济因素(如行业不景气)、财务因素(如资本不足、运营支出过高)和管理层经验因素(如管理知识、经验的缺乏)。后两个因素突显了财务管理和经营管理这两方面管理技能的重要性，因此，要实现挽救一个濒临破产企业的目的，必须由具备较强管理技能的企业治理专家作为“重整人”积极介入,而不是如破产清算与和解制度中只需设立负责债务人财产收回、保管与分配的“管理人”即可。即使立法上采用统一的“管理人”概念,重整程序中管理人的任职资格显然应当高于和解与清算程序中管理人的任职资格。我国《企业破产法》采纳了“大破产”的概念,同时规定了重整、和解与破产清算程序,第三章规定了三个程序共同适用的管理人制度。这样一种制度安排模糊了重整程序中的管理人与和解、破产清算程序中管理人的差异,统一规定一个较高的任职资格,会造成和解与破产清算程序中不必要的浪费,损害债权人利益;统一规定一个较低的任职资格,又会造成重整程序流于形式,无法起到重建公司的效果。

我国《企业破产法》第 24 条规定,管理人可以由有关部门、机构的人员组成的清算组或者依法设立的律师事务所、会计师事务所、破产清算事务所等社会中介机构担任。人民法院根据债务人的实际情况,可以在征询有关社会中介机构的意见后,指定该机构具备相关专业知识并取得执业资格的人员担任管理人。有下列情形之一的,不得担任管理人:(1) 因故意犯罪受过刑事处罚;(2) 曾被吊销相关专业执业证书;(3) 与本案有利害关系;(4) 人民法院认为不宜担任管理人的其他情形。从该条规定来看,关于管理人的任职资格是“就低不就高”,主要着眼于债务人财产的清理和分配;而管理人担当拯救重整公司任务应当具备的专家技能,包括熟悉公司实务、具有经营公司与资本运作能力等,没有得到体现与强调,这是整个重整程序制度建设最败笔的安排,使得重整不突出治理而沦为普通的财产的仓库保管员和看门人。有一种理由认为,这样规定就是立法机构不敢认同债务人以外的第三人担任“重整人”会有移山填海的能力挽大厦于既倒,而且可能使原管理团队有免责之机可乘。

关于管理人的一般职责,我国《企业破产法》第 25 条作了规定(本书第二十六章另有介绍)。另外,根据该法第 79 条、第 80 条的规定,负责管理财产和营业事务的管理人,应当自人民法院裁定债务人重整之日起 6 个月内,同时向人民法院和债权人会议提交重整计划草案。根据该法第 90 条、第 91 条的规定,自人民法院裁定批准重整计划之日起,在重整计划规定的监督期内,由管理人监督重整计划的执行,接受债务人关于重整计划执行情况和财务状况的报告。监督期届满时,管理人应当向人民法院提交监督报告。自监督报告提交之日起,管理人的监督职责终止。经管理人申请,人民法院可以裁定延长重整计划执行的监督期限。

四、重整计划

(一) 重整计划的概念与草案制定

重整计划的制订完成是重整程序的核心。重整计划是旨在通过对债权债务关系以及出资人权益等作出重新安排,并制订出具有可操作性的经营措施,实现被重整公司的重建与更生。重整计划经草案制订和批准两个程序而生效,生效的重整计划对各利害关系人产生约束力。重整计划的特征可以从其与和解协议的区别中得见,这种区别体现在如下几个方面:第一,目标不同。重整计划旨在帮助挽救公司,虽也有债务清偿的安排,但不是主要目标,而和解协议旨在就债务清偿达成协议以避免破产清算。第二,制作主体不同。重整计划草案一般由管理人制作,而和解协议草案由债务人制作。第三,内容不同。重整计划草案包括债权债务关系调整和帮助公司走出困境、改变盈利状况的可行性方案两方面的内容,而和解协议草案只涉及债权债务关系的调整。第四,通过程序不同。重整计划草案由债权人会议分组表决,涉及出资人权益调整的还需由出资人参与表决,而和解协议草案只需债权人会议集体表决。第五，法院干预的力度不同。有部分表决组未通过重整计划草案的，符合特定条件时法院可以强制批准，而法院不能强令债权人接受和解协议。

根据我国《企业破产法》第79条和第80条的规定，债务人自行管理财产和营业事务的，由债务人制订重整计划草案；管理人负责管理财产和营业事务的，由管理人制订重整计划草案。重整计划草案未能在规定期限提交，经债务人或者管理人请求，有正当理由的，人民法院可以裁定延期3个月。重整计划草案应当包括如下内容：(1) 债务人的经营方案；(2) 债权分类；(3) 债权调整方案；(4) 债权受偿方案；(5) 重整计划的执行期限；(6) 重整计划执行的监督期限；(7) 有利于债务人重整的其他方案。

（二）重整计划草案的通过与批准

重整程序对债务人及其利害关系人利益影响甚巨，处于不同序位清偿地位的债权人会有不同的利益诉求，对待重整的态度也不一：有担保的债权人通常要求对担保财产进行变现以获得债权的立即实现，重整不会给他们带来什么好处，相反如果担保权拖延实现，担保物还有贬值的风险；债务人的职工可能比较欢迎重组，因为至少短期内不会失业；处于清偿顺序末位的普通债权人通常倾向于要求企业重组，因为按照破产清算程序他们得到的份额会很少，企业继续经营并不会使他们损失更多。为了缓和多数决原则可能带来的过分注重效率而损失公平的压力，保证重整计划充分考虑各类利害关系人利益，各国和地区立法对重整计划草案的通过一般采取了分类分组表决机制。

分组表决的规定大致有两种：一种是以德国及我国台湾地区为代表的强行性分组，法律明确规定了分组的标准，法院及利害关系人都不能改变；另一种是以美国为代表的任意性分组，法律虽然规定了分组的标准，但是法院和重整人可以根据实际情况加以改变，只要有利于重整计划的通过，并且符合衡平法的原则，即不给某一类债权人或出资人造成不公平待遇。

我国《企业破产法》采取了折中的规定：法律明确规定了分组的标准，在必要时人民法院得增设个别表决组。根据该法第82条，债权人会议依照下列债权分类分组对重整计划草案进行表决：(1) 对债务人的特定财产享有担保权的债权；(2) 债务人所欠职工的工资和医疗、伤残补助、抚恤费用，所欠的应当划入职工个人账户的基本养老保险、基本医疗保险费用，以及法律、行政法规规定应当支付给职工的补偿金；(3) 债务人所欠税款；(4) 普通债权。人民法院在必要时可以决定在普通债权组中设小额债权组对重整计划草案进行表决。对于上述第二项规定以外的社会保险费用，主要是指所欠的应当划入社会统筹账户的失业保险、工伤保险及住房公积金等，考虑到其社会公益性，该法第83条明确重整计划不得规定减免欠缴的该项费用，该项债权人的利益不受重整程序的影响，故无需参加重整计划草案的表决。另外，根据该法第85条的规定，重整计划草案涉及出资人权益调整事项的，应当设出资人组，对该事项进行表决。

关于表决规则，我国《企业破产法》第84条和第86条规定，出席会议的同一表决组的债权人过半数同意重整计划草案，并且其所代表的债权额占该组债权总额的2/3以上的，即为该组通过重整计划草案。各表决组均通过重组计划草案时，重整计划即为通过。

重整计划草案经债权人会议通过后，只有经过法院裁定批准的，才对债务人和全体债权人有约束力，具备强制执行力。根据我国《企业破产法》第86条和第87条的规定，人民法院的批准分为两种情形：

第一，重整计划通过后，债务人或者管理人向人民法院提出批准重整计划的申请。人民法院经审查认为符合《企业破产法》规定的，应当裁定批准。法院审查时，应当关注重整计划的通过是否存在欺诈，胁迫，恶意串通、损害国家、集体和第三人利益，违反法律或者损害社会公共利益，以合法形式掩盖非法目的以及显失公平等情形。具体来说，法院应当考察的因素包括：重整计划的通过程序是否正当；债权人按该计划的所得至少相当于其本可在破产清算程序中的所得，除非其已特别同意接受较低的待遇；重整计划中不存在违法的内容；重整计划的未来执行存在现实可行性。

第二，部分表决组未通过重整计划草案的，债务人或者管理人可以同未通过重整计划草案的表决组协商，该表决组可以在协商后再表决一次，未通过重整计划草案的表决组拒绝再次表决或者再次表决仍未通过重整计划草案，但重整计划草案符合下列条件的，债务人或者管理人可以申请人民法院批准重整计划草案：一是按照重整计划草案，对债务人的特定财产享有担保权的债权就该特定财产将获得全额清偿，其因延期清偿所受的损失将得到公平补偿，并且其担保权未受到实质性损害，或者该表决组已经通过重整计划草案；二是按照重整计划草案，债务人所欠职工的工资和医疗、伤残补助、抚恤费用，所欠的应当划入职工个人账户的基本养老保险、基本医疗保险费用，以及法律、行政法规规定应当支付给职工的补偿金以及所欠税款将获得全额清偿，或者相应表决组已经通过重整计划草案；三是按照重整计划草案，普通债权所获得的清偿比例，不低于其在重整计划草案被提请批准时依照破产清算程序所能获得的清偿比例，或者该表决组已经通过重整计划草案；四是重整计划草案对出资人权益的调整公平、公正，或者出资人组已经通过重整计划草案；五是重整计划草案公平对待同一表决组的成员，并且所规定的债权清偿顺序不违反《企业破产法》相关规定；六是债务人的经营方案具有可行性。赋予法院对重整计划的强制批准权是合适的，它可以保证重整计划的顺利通过，以免延误重整时机。另一方面，从上述关于被强制批准的重整计划草案须符合规定的条件可以看出，法院行使此项权力时应当审慎，遵循的基本准则就是帕累托最优定理，即一个人比原来状态变得更好而同时无其他人比原来状态变得更差，当未表决通过的是有担保的债权人组或者职工债权人组的，重整计划的强制批准须保证该两类债权人获得正常情况下的完全清偿；当未表决通过的是普通债权人组时，保证其获得的清偿不低于当时按照破产清算程序分配所能获得的清偿，因为如果重整计划无法通过，债务人只能进入破产清算程序。

五、重整程序对相关主体权利义务的影响

法院作出受理重整申请的裁定，对债务人企业、债权人和出资人具有约束力。

（一）对公司权利义务的影响

对公司权利义务的影响，表现在如下几个方面：

第一，公司财产和营业事务的移交。法院裁定受理重整申请的，公司应当向管理人移交财产和营业事务。至破产程序终结之日，公司的法定代表人或者法院指定的公司财务管理人员和其他经营管理人员承担下列义务：一是妥善保管其占有和管理的财产、印章和账簿、文书等资料；二是根据人民法院、管理人的要求进行工作，并如实回答询问；三是列席债权人会议并如实回答债权人的询问；四是未经人民法院许可，不得离开住所地；五是不得新任其他企业的董事、监事、高级管理人员。

第二，公司财产处分行为和受领行为受到限制。自法院裁定受理重整申请后，公司对个别债权人的债务清偿无效；法院受理重整申请前 1 年内，公司有无偿转让财产、以明显不合

理的价格进行交易、对没有财产担保的债务提供财产担保、对未到期的债务提前清偿以及放弃债权的行为的,管理人有权请求法院予以撤销;法院受理重整申请前6个月内,公司已经出现不能清偿到期债务,并且资产不足以清偿全部债务或者明显缺乏清偿能力的情形,仍对个别债权人进行清偿的,管理人有权请求人民法院予以撤销,但个别清偿使公司财产受益的除外;公司为逃避债务而隐匿、转移财产或者虚构债务或者承认不真实的债务的行为无效;法院受理破产申请后,债务人的债务人或者财产持有人应当向管理人清偿债务或者交付财产,债务人的债务人或者财产持有人故意违反前款规定,不向债务人清偿债务或者交付财产,使债权人受到损失的,不免除其清偿债务或者交付财产的义务。

第三,与公司有关的司法程序中止。针对公司财产的保全措施应当解除,执行程序应当中止,因为保全公司财产是公司重建的物质基础;已经开始而尚未终结的有关债务人的民事诉讼或者仲裁应当中止,在管理人接管债务人的财产后,该诉讼或者仲裁继续进行,由管理人代表公司参加诉讼、仲裁或者其他法律程序。

(二)对债权人权利义务的影响

法院作出受理重整申请的裁定以后,债权人应当在法院确定的债权申报期限内向管理人申报债权,职工债权人不必申报,由管理人调查后列出清单并予以公示。未到期的债权,在重整申请受理时视为到期,附条件、附期限的债权和诉讼、仲裁未决的债权,以及受理重整申请后管理人或者债务人依法解除债务人和对方当事人均未履行完毕的合同、对方当事人因此而产生的损害赔偿请求权,债权人均可以申报。债权人未在法院确定的期限内申报债权的,不得享有重整程序中赋予的表决权等权利,在重整期间及在重整计划执行期间不得行使权利,在重整计划执行完毕后,可以按照重整计划规定的同类债权的清偿条件行使权利。

受理重整申请时对债务人享有的债权,在我国台湾地区"公司法"上被称为"重整债权",包括有担保的债权和无担保的债权,这一点不同于和解债权,后者不包括有担保的债权。重整程序着眼于社会利益的维护与公司重建,对私权限制较多,重整债权人行使债权需依照重整程序进行,而不能依照一般债法进行。重整债权人的权利义务受到的影响具体表现在如下几个方面:

第一,对有担保的债权人,在重整期间,对债务人的特定财产享有的担保权暂停行使。此一规定是防止担保权一旦行使,公司已无财产可剩,重建基础丧失。该规定突破了物权优于债权的一般原理,对担保权人利益影响甚大,也是重整制度区别于和解制度的重要特征,和解程序中担保权自和解裁定之日起可以行使。我国《企业破产法》通过分组表决的机制,单设有担保的债权人组参与重整计划草案的表决,以保障其利益,并避免颠覆担保权制度。有担保的债权人仅于担保物所担保之限度内为有担保之债权人,如果其债权不能就担保物完全受偿时,不能受偿之部分作为普通债权,二者分开申报、分别行使表决权。另外,担保物有损坏或者价值明显减少的可能,足以危害担保权人权利的,担保权人可以向人民法院请求恢复行使担保权。

第二,对普通债权人,与和解及破产清算程序一样,进入集体清偿程序。

另外,我国《企业破产法》第41条、第42条和第43条规定了法院受理重整申请后发生的重整费用和共益债务,由债务人财产随时清偿(相关内容见本书第二十六章)。

(三)对公司出资人权利义务的影响

对公司出资人权利义务的影响,表现在如下几个方面:

第一,履行出资义务。法院受理破产申请后,重整公司的出资人尚未完全履行出资义务的，管理人应当要求该出资人缴纳所认缴的出资，而不受出资期限的限制，这是与我国《公司法》采纳注册资本的法定资本制相配套的制度规定，不受2013年公司资本制度改革取消最低资本和实缴要求的限制，公司根据法律及章程规定对出资人已认购而尚未实缴的出资享有请求权。

第二，资产收益权中止行使。在重整期间，出资人不得请求投资收益分配。即使重整期间公司成功地弥补亏损，在提取法定公积金以后仍有盈余，符合公司法及财务会计制度关于盈余分配的规定，但是毕竟公司刚刚走出困境，在重整期间将盈余更多地留给公司符合公司利益，也符合出资人的长远利益，而且一般来说重整期间时间不长，对出资人利益影响不大。

第三，特定身份出资人股权转让受到限制。在重整期间，除经法院同意外，公司的董事、监事、高级管理人员不得向第三人转让其持有的公司的股权。高级管理人员对公司状况甚为了解，其股权转让行为势必会引发外部出资人抛售股份，使得公司重整处于一个十分不利的环境中，而且公司经营失败导致重整，董事等高级管理人员负有不可推卸的责任，若准许其自由转让股权，有违商业伦理，也不利于调动他们参与重整的积极性。

第三节　公司重整程序的终止与重整计划的执行

一、重整程序的终止

自法院裁定债务人重整之日起至重整程序终止，为重整期间。按法律后果的差异，重整程序的终止分为如下两类情形：

第一，法院裁定终止重整程序，并宣告债务人破产，债务人进入破产清算程序。根据我国《企业破产法》第78条之规定，在重整期间，有下列情形之一的，经管理人或者利害关系人请求，人民法院应当裁定终止重整程序，并宣告债务人破产：一是债务人的经营状况和财产状况继续恶化，缺乏挽救的可能性；二是债务人有欺诈、恶意减少债务人财产或者其他显著不利于债权人的行为；三是由于债务人的行为致使管理人无法执行职务。另外，根据该法第79条和第88条之规定，出现以下三种情形，人民法院应当裁定终止重整程序，并宣告债务人破产：债务人或者管理人未按期提出重整计划草案的；重整计划草案未获得通过且未能获得法院的强制批准的；已通过的重整计划未获得法院批准的。

第二，法院裁定批准重整计划，重整程序终止，进入重整计划的执行阶段。对此，我国《企业破产法》第86条和第87条作了明确规定。

二、重整计划的执行

重整计划由债务人负责执行，自法院裁定批准重整计划后，已接管财产和营业事务的管理人应当向债务人移交财产和营业事务。自法院裁定批准重整计划之日起，在重整计划规定的监督期内，由管理人监督重整计划的执行，债务人应当向管理人报告重整计划执行情况和债务人财务状况。监督期届满时，管理人应当向人民法院提交监督报告。自监督报告提交之日起，管理人的监督职责终止。管理人向人民法院提交的监督报告，重整计划的利害关系人有权查阅。经管理人申请，人民法院可以裁定延长重整计划执行的监督期限。

债务人不能执行或者不执行重整计划的，法院经管理人或者利害关系人请求，应当裁定终止重整计划的执行，并宣告债务人破产，转入破产清算程序。法院裁定终止重整计划执行的，发生如下法律效力：第一，债权人在重整计划中作出的债权调整的承诺失去效力；第二，债权人因执行重整计划所受的清偿仍然有效，债权未受清偿的部分作为破产债权，但该债权人只有在其他同顺位债权人同自己所受的清偿达到同一比例时，才能继续接受分配；第三，为执行重整计划就债务人财产新设定的担保继续有效。

重整计划执行完毕，按照重整计划减免的债务，不存在恢复问题即债务人不再承担清偿责任。

第二十五章

企业解散与清算法律制度

第一节 企业解散制度

一、企业解散的概念

企业解散(dissolution),是指企业作为一个组织实体因某种原因而归于消灭的一种事实状态和法律行为与法律程序。

在企业进入解散的阶段,企业为公司的,其法人资格并未消灭,可以被视为为进行清算而存在的公司;企业为非法人企业的,如独资企业或合伙企业,其经营资格也未得消灭。法律上一般要求进入解散程序的企业,非出于必要不得继续进行与清算无关之业务。在法律上,企业的"出生",是一种具有法律内涵的民事行为,需要投资人的设立行为,需要登记公示;而企业的解散,除非是政府和法院的强力所致,也是基于投资人的愿望而使之归于消灭的行动,是企业彻底退出商业社会舞台的一个步骤。解散不能在广义上被理解成包括清算及注销登记程序在内的一个总体概括性的概念,解散仅仅是对企业的生存有决定权的机关或人们作出的一个关于永久性停止企业经营业务的决定以及该决定实施的简短过程。

在立法与司法实践中,在企业法学研究领域,人们在多种场合下使用了另外一些与企业解散类同的概念,如破产、关闭、撤销、歇业、倒闭、终止等,这些概念有的本身具有相关的法律制度的支持,具有明确的含义,如破产、撤销、终止等,有的则只是表示了一种结果现状,但没有法律所规定的必要程序予以规范,含义存在含混,如关闭、歇业、倒闭等。对此,本书不准备对这些概念作更深入的探究。以下,通过对解散的法律特征进行概括抽象,从而试图让读者更透彻地理解企业的解散制度。解散的特征大体上可从以下方面把握:

第一,企业解散是企业将要永久性停止存在的首先发生的事实状态。企业作为人类社会进行商业运作的一种载体,产生于设立,消亡于解散。当企业因各种原因而被决定解散时,企业即进入了最终目标为消亡的事实状态及法律状态。此时,企业虽然仍存在,但其业务活动已被大大地局限在债权、债务的处理及资产处理方面,法律往往限制此时的企业再进行新的商业活动。法律的限制来源于对企业投资者决策权的肯认和尊重,投资者作出解散企业的决定表征其对财产权的合法处分和对企业命运的选择,企业的行为能力因解散的决议而被限制。法律限制被决定解散的企业再行进行生产经营活动符合企业投资人的意愿,同时也防止企业把其债权债务关系复杂化,使后来的交易处于灰色区域地带。自然人大抵也是如此,正常的生命终止的最后阶段,通常也就是交代后事,立遗嘱,期盼与亲人的见面等等，不大可能再去购置房产，在法院提出诉讼，给券商下达出售股票的指令等，所谓“刑场上的婚礼”的民事行为实际并不产生权利义务价值。

第二，企业在解散之决议形成后，因未履行注销登记程序，故企业在法律上并未归于消灭。这时的企业要组织进行清算活动，也可出于维持企业的存在而进行必要的支付，或因特别需要继续履行在企业决定解散前已签订的某些合同，但企业不可以进行不公正的债务清偿活动，导致企业的财产不正常减少，对其他债权人实现其利益形成威胁。这种限制因企业法律形式上的不同而有差别，独资企业、普通合伙企业、有限合伙企业最终注销后，其业主或普通合伙人仍对企业债务承担无限责任或无限连带责任故而限制不严；公司企业因股东仅以投资额为限对企业债务承担责任，进入解散状态的企业如对某些债权人进行优惠性清偿，势必对其他债权人造成不公平对待，故限制要严。在公司解散而清算过程中，发现公司资产不足以清偿债务，除非债务人公司和全体债权人达成协议，以现有财产和权益结构向债权人进行公平清偿而免除另行启动破产程序，否则公司的清算要停止，转而开始申请破产，依破产法处理企业未了结之债权债务。

第三，企业形成解散之决议后，除非两种特别情况，企业必依法进入清算阶段。此两种情况如下：一是企业被其他企业吸收合并，企业虽然要消亡，但此时主动实施合并的企业要在整体上接受被合并的企业的资产及债权债务，故可不必经过清算程序。二是企业又形成了不解散或撤销解散决议的决议。如美国《标准商事公司法》第 14.04 节规定，公司在解散生效日后的 120 天内可以撤销解散。我国法律没有明确规定企业解散之决议作出后，在多少时间内企业仍可以作出否决解散决议的新决议，但按照正常合理的精神看，在企业结束清算和完成注销登记之前，企业作出撤销解散继续存在的决议应当是有效的。

二、企业解散的原因

企业解散的原因也称为企业解散的事由。企业成立的原因，一般是投资者从事商业经营活动并谋求利润，而企业解散的原因则相对复杂，不简单是投资者放弃前述目标，也有投资者以外的其他因素使然。企业解散，其原因通常在企业法律法规中加以规定，由于企业分为独资企业、合伙企业和公司企业，故在独资企业法、合伙企业法和公司法中分别规定。在我国现阶段，企业立法尚存在依所有制和内外资分别立法及政府发布较多行业管理规定的情况，有关企业解散的规定在诸多企业法律文件中有所体现，这需要注意到。

（一）非法人企业解散的原因

非法人企业包括独资企业和合伙企业两种，公司设立的分公司或非法人企业设立的分支机构虽然也领有营业执照，但它们是隶属于公司或者非法人企业的组成部分，没有独立的成立和解散的能力，其消亡时一般不存在完整的清算程序。它们所负债务本来就是隶属企业的债务。所以，我们所讲的企业解散不包括分公司和其他分支机构的撤销活动。

对于独资企业来讲，企业解散的原因有以下方面：(1) 投资自然人决定解散。(2) 经营期限届满，但投资人(业主)未申请延长经营期限。独资企业是一个自然人投资兴办的企业，故不存在由多个投资人共同出资设立企业的合同，又因无法人资格，故也不存在企业章程，其经营期限完全取决于投资者一人的意愿，经营期限只在企业注册申请书中体现出来。(3) 投资人死亡或被宣告死亡，无继承人或继承人决定解散。独资企业的业主死亡，表明以其名义设立的独资企业在商事法律关系中的消亡，当然它不等于企业实体的消失，其继承人仍可继承财产，通过变更登记设立为新的独资企业或继承人为数人时变更设立为合伙企业或经非常复杂的改造程序而另起炉灶成为有限公司。(4) 因违法经营被登记机关吊销营业执照。(5) 法律、行政法规规定的其他情形出现,如被有关政府机关下令撤销。

对于合伙企业来讲,我国《合伙企业法》第 85 条规定了应当解散的原因或事由:(1) 合伙期限届满,合伙人决定不再经营;(2) 合伙协议约定的解散事由出现;(3) 全体合伙人决定解散;(4) 合伙人已不具备法定人数满 30 天;(5) 合伙协议约定的合伙目的已经实现或者无法实现;(6) 依法被吊销营业执照、责令关闭或者被撤销;(7) 法律、行政法规规定的其他原因,如《合伙企业法》第 75 条所规定的"有限合伙企业仅剩有限合伙人的,应当解散"和合伙企业被其他企业吸收合并等。

(二) 法人企业解散的原因

现阶段,由于我国有法人资格的企业体系中还存在全民所有制企业、集体所有制企业,外商投资合资、合作和外资企业,虽属公司型企业,但具有另类特质,而且调整不同企业组织行为和经营行为的法律、法规也是单行独立,因此有关法人企业解散的规定除公司法的系统规定外,全民所有制工业企业法、集体所有制企业法律法规、外商投资的企业法律法规中均有体现。这里,我们以公司法的规定为主,以其他相关法律规定为辅,对此予以叙述。

我国《公司法》第 180 条、第 182 条规定了公司解散的事由,结合其他法律的相关规定,法人企业解散的事由可以概括为以下方面:(1) 公司企业章程规定的营业期限届满,公司股东会或股东大会未形成延长营业期限的决议;(2) 公司章程规定的其他解散事由出现,如公司设立的目的已经实现或根本不能实现;(3) 公司的股东会或者股东大会决议解散;其中,一人公司由一人股东作出决定;国有独资公司由国务院或者地方人民政府授权的国有资产监督管理机构决定,重要的国有独资公司的解散事宜,由国有资产监督管理机构审核后报同级人民政府批准;外商投资企业中的中外合资企业和中外合作企业因不设股东会,其董事会代行股东会权力,故董事会决议解散,董事会不能形成决议时由合资合作一方向政府机关提出解散之申请,由受理机关协调处理;集体所有制企业解散的决议由职工代表大会通过;(4) 因公司合并或者分立需要解散;(5) 依法被吊销营业执照、责令关闭或者被撤销(即行政强制解散);(6) 司法解散。

在国外公司立法中对解散的原因往往直接区分为自愿解散、行政命令解散和司法解散几大类,并且对每一类解散的事由及形成解散的程序均以列举形式加以规定,如美国《标准商事公司法》第十四章即如此。英国《公司法》则规定了自动歇业、强制歇业、在法院监督下歇业等。

三、公司的司法解散

公司,特别是有限责任公司是股东相互信任与合作,共谋事业发展而创设的负载全体成员利益的组织载体,由于利益的格局和期望不同,由于个人处事态度与情商的差异,这种基于利益共享而建立的共同志向和齿合常常会受到冲击与腐蚀,冲突的确就在利益关系最紧密的团体中酝酿、发酵,产生裂变。股份公司为股东不和与不赏识提供了极为便利的"脱离接触"防止"擦枪走火"的通道,而有限公司则没有这种退出的便道小路。我国 1993 年《公司法》既没有规定股东的回购请求权,也没有规定股东起诉解散公司之权,在后来的十多年实践中备受投资者和学界、实务界诟病。我国 2005 年《公司法》修订时不仅增加了第 75 条(现为第 74 条)股东请求公司回购股权的内容,也在第 183 条(现为第 182 条)中增加了股东请求人民法院解散公司的规定。其原理为:当公司股东之间形成较大的分歧意见,从而导致公司管理层运作困境，在学理上称为“公司僵局”，公司继续存续会使股东利益遭受更大损失，通过别的法律救济方式又不能弥合股东冲突或者无法获取解决路径的，为保护处于弱势地位的股东的权益，准许持有10%以上表决权的股东向法院提出解散公司的请求。2008年5月最高人民法院发布的《关于适用〈中华人民共和国公司法〉若干问题的规定(二)》中规定持有公司股东表决权10%以上的股东提出以下几种解散公司诉讼的，人民法院应予受理：(1)公司持续两年以上无法召开股东会或者股东大会，公司经营管理发生严重困难的；(2)股东表决时无法达到法定或者公司章程规定的比例，持续两年以上不能作出有效的股东会或者股东大会决议，公司经营管理发生严重困难的；(3)公司董事长期冲突，且无法通过股东会或者股东大会解决，公司经营管理发生严重困难的；(4)经营管理发生其他严重困难，公司继续存续会使股东利益受到重大损失的情形。股东以知情权、利润分配请求权等权益受到损害，或者公司亏损、财产不足以偿还全部债务，以及公司被吊销企业法人营业执照未进行清算等为由，提起解散公司诉讼的，人民法院不予受理。

公司因股东合意而成立，但是利益有时会腐蚀股东们的亲善关系，公司章程的规则不完善，或者有人不守规则，往往会伤害股东基于自身利益而固守的心理预期。我国《公司法》已经提供了股东知情权、股东请求公司回购股权、公司分立、累计投票权、限制控制股东掠夺公司利益等制度，以维护公司的利益和中小股东的利益，但是的确不够，司法解散仍然是必要的。它是股东之间绝对“僵局”的最后应对手段。

在司法实践中，法院对于解散公司的诉讼一方面具有很大的自由裁量权，另一方面也是进退困难，尤其在股东间水火不容的案情面前。前述最高人民法院《关于适用〈中华人民共和国公司法〉若干问题的规定(二)》的第5条明确要求：“人民法院审理解散公司诉讼案件，应当注重调解。当事人协商同意由公司或者股东收购股份，或者以减资等方式使公司存续，且不违反法律、行政法规强制性规定的，人民法院应予支持。当事人不能协商一致使公司存续的，人民法院应当及时判决。”法院可选择的其他调解路径还可以有分立、利益补偿等。总之，股东诉讼解散公司应被看成是中小股东制约大股东、保护自己合法权益的一件利器，但真正让它导引出实际结果却对其他股东和公司以及就业职工、社会难免不造成伤害。公司在进入正常的运行状态后，一定会与社会利益紧密连接，保持公司的存在毕竟有利于社会，因此无论是股东，还是司法机关，应当慎用此种方式。笔者本人曾经坚定主张赋予股东该项权利，但也坚决反对在这种诉讼中一味顾及原告股东的不合理要求。相关的系统性思考请阅本书的附录部分。

股东提起解散公司诉讼的，以公司为被告，以其他股东为第三人；其他股东或有关利害关系人可以申请以共同原告或第三人身份参加诉讼。

第二节 企业清算制度

一、企业清算的概念

企业的清算(winding-up)，是指企业解散后，依照法定程序了结企业未了结之事务，包括收回债权、变现财产并清偿债务，其目的是完成企业归于消灭前的所有剩余事务的一种活动和制度的总称。

在企业被决定解散，即将永久性停止其商业活动时，企业存续期间的许多事务尚未处理完毕,如职工的工资可能未清付,国家的税款可能尚未缴清,也可能有其他的经营中之债务拖欠情况以及其他企业欠付的款项未得收回等,故清算是一项法律规定的以财产收付和债权债务清结为核心内容的必经程序,不经此程序企业无法正常注销消亡,企业的投资者也就不能够从中解脱。

企业清算具有以下的特征:

(1) 企业清算期间,有法人资格的企业并未丧失其法人人格,故有些国家将处于清算阶段的公司称为“清算法人”或“清算公司”;无法人资格的企业,也并未丧失其经营资格,其作为经济组织实体的存在并不受影响,只是在清算阶段,清算企业只能在清算业务范围中开展活动,行使权利并承担义务,不得从事新的经营活动,企业或公司的能力受到强制法的限制。如我国《公司法》第 186 条第 3 款、《合伙企业法》第 88 条第 3 款都规定了清算期间公司或合伙企业存续但不得开展与清算无关的经营活动的内容。

(2) 企业清算一般由专门的清算机构负责进行。在清算期间,企业原管理机关不再依其职责对外代表企业,企业的财产、印章、财务文件均由清算机构接管,较为复杂的清算事务还要公告清算机构负责人和联络人的名单、住址,刻制清算机构的印章等。企业尚未履行完毕的合同是否继续履行或决定终止,由清算机构依实际情况决定。为方便清算工作的顺利进行,清算机构可决定对部分小额债务先行清偿,如对职工支付必要的生活费,向企业租用房屋的房主交付租金及其他水、电费及电话费等。企业原法人代表或负责人除非参加清算组否则不得干扰清算组的工作。

(3) 企业清算工作得依法律规定的程序进行。其最核心的职能就是收回企业的债权及财产,向企业的债权人偿还债务或与债权人协商作出偿还安排。

(4) 企业清算的结果是直接导致企业法人资格的消灭或企业营业资格的终止,这是法律为清算工作设定的方向。

二、企业清算的分类

企业清算因清算对象、清算的复杂程度不同而在立法上有不同的分类规定。企业清算在法理上主要有以下的分类:

(一) 破产清算和非破产清算

破产清算(winding-up of bankruptcy),是指企业被宣告破产,依破产程序所进行的清算。我国《公司法》第 187 条规定:“清算组在清理公司财产、编制资产负债表和财产清单后,发现公司财产不足清偿债务的,应当依法向人民法院申请宣告破产。公司经人民法院裁定宣告破产后,清算组应当将清算事务移交给人民法院。”但是,需要说明的是,在最高人民法院民二庭讨论《关于适用〈中华人民共和国公司法〉若干问题的规定(二)》时,笔者建议在法院受理的强制清算程序中,清算组发现公司财产不足以抵偿债务,可以首先和全体债权人协商,如果全体债权人一致同意的,不必再行提出破产申请而浪费金钱、时间和资源,径行组织清算的建议,获得会议主持方和其他与会专家的赞同。之后,2008 年 5 月 12 日最高人民法院公布施行的该文件第 17 条规定:“人民法院指定的清算组在清理公司财产、编制资产负债表和财产清单时,发现公司财产不足清偿债务的,可以与债权人协商制作有关债务清偿方案。债务清偿方案经全体债权人确认且不损害其他利害关系人利益的,人民法院可依清算组的申请裁定予以认可。清算组依据该清偿方案清偿债务后,应当向人民法院申请裁定终结清算程序。债权人对债务清偿方案不予确认或者人民法院不予认可的,清算组应当依法向人民法院申请宣告破产。”我国《公司法》第190条规定，公司被依法宣告破产的，依照有关企业破产的法律实施破产清算。破产清算，是因为债务人的财产不足于偿还全部债务，而得由法院介入对破产财产强制进行分配的一种特殊程序。破产清算制度有其特别的目的，非由法院介入不可启动。非破产清算，简言之是企业不因破产而解散时的各种清算。我国《合伙企业法》第92条规定，合伙企业不能清偿到期债务的，债权人可以依法向人民法院提出破产清算申请，也可以要求普通合伙人清偿。合伙企业被依法宣告破产的，普通合伙人对合伙企业债务仍应承担无限连带责任。我国《企业破产法》第135条规定“其他法律规定企业法人以外的组织的清算，属于破产清算的，参照适用本法规定的程序”。如此可见，我国《企业破产法》主要适用于法人企业的破产清算，但是合伙企业的债权人在合伙企业停止支付时担心企业财产被其他债权人不公平受偿而普通合伙人的个人偿债能力有限，或者担心无力清偿债务的合伙企业继续存续只会增加新的债权人，可以提出合伙企业破产清算的申请。

非破产清算是指破产清算以外的其他清算。非破产清算既可以由解散公司自己组织安排，特殊情况下也可以由政府管理机构主导协调进行，还可以由法院依当事人之申请受理后组织进行。非破产清算中，应当自解散事由出现的合理时间内（如15日内）依法成立清算机构接管企业的管理实务。如果清算企业的剩余财产足以偿还其债务，或者因投资者承担无限责任或无限连带责任而使清算活动简便易行，没有法律上的必要原因去适用破产清算。相反，如果清算组不是由法院组织成立，一旦发现清算法人企业的剩余财产不足以偿还债务的，就应当立即终止清算活动，向法院提起破产申请。但是，笔者个人认为，债务关系简单、规模不大的公司企业，在不遗漏任何债权人且与全部债权人达成一致意见的情况下，仍可进行直接清算而免经申请破产清算，以节约资源和时间。按照我国法律的规定，个人独资企业不适用破产清算程序，合伙企业适用破产程序清算债权债务的前提是只能由企业债权人提起，而债务人企业不能主动提起。

（二）任意清算和法定清算

任意清算是只适用于个人独资企业、合伙企业、无限公司和两合公司的相对简易的一种清算制度。任意清算依全体投资人的决定或企业设立时所定的协议、章程进行，即可以不按法律规定的强制程序处分企业财产。法律之所以对这一类企业允许任意清算，方便投资人尽快了结企业未了之事务，是因为这类企业清算消亡后，其投资人对企业未能清偿之债务仍负无限责任或连带责任，并不会对社会利益（包括国家税收）、债权人利益形成损害。如果债权人对任意清算有异议，则由清算企业或投资者予以先行清偿或提供担保。在税收方面，个人独资企业与合伙企业并非是纳税主体，个人独资企业业主与合伙人才是纳税主体，因而不必以税的原因强令该类企业适用法定清算。这两类无法人资格的企业清算完结后，业主或合伙人仍要对未得清结的债务负无限责任或无限连带责任。但是，伴随着企业的发展，企业的法律关系日益走向复杂，债权人倾向于在企业现实财产中获得分配而担心无限连带责任的承担者其偿债能力有限或者债权实现成本可能大增，迫使传统体制下的任意清算也越来越趋向于适用法定的程序，以便在企业清算中体现制度公正和全面维护无法人资格企业的债权人的利益诉求，特别是出现有限合伙企业后任意清算变成了一种清算的补充或者说是清算的结果，而法定清算程序的适用就是非常必要的，我国《合伙企业法》的规定就是例证。传统的商法中的一些制度安排，在市场主体立法发展到企业立法的经济法化时代，已经被修改得面目全非了。

法定清算则主要是适用于投资人负有限责任的公司类法人企业清算时的一种制度。法定清算要求企业(主要是公司)解散后,必须按严格的法律程序进行清算工作,否则就会影响清算的效力,甚至引发某些法律责任或者不得不在清算进行中转为破产清算,造成社会资源浪费。法定清算的本旨在于以最有效的手段保护清算企业的财产不被浪费或恶意侵占与分配,使债权人之利益公平地得以保护,因为股东作为投资者不对企业债务承担无限连带责任,对企业剩余财产加以严格控制以确保债权人的债权完全实现是适当的,是民事权利公平原则的要求和体现。清偿债权人的债权完毕后的剩余财产,才能按投资比例分配给股东。法定清算也可以保障股东对剩余财产的正当分配和索取。

(三)普通清算和特别清算

普通清算(general winding-up)和特别清算(special winding-up)是法定清算的两种不同形式。普通清算是指公司或其他企业在解散后由自己组织清算机构进行的清算;特别清算是指公司、企业解散时或解散后不能由自己组织进行普通清算,或进行普通清算中发生显著障碍,或公司财产超过公司债务有不实之嫌时,由有关政府机关或法院介入而进行的清算。特别清算中,一定会有公共权力机关的介入,这是它与普通清算相区别的主要特征。特别清算与破产清算不同。我国《公司法》第183条规定,当公司解散后不能在15日之内有效地组成清算组进行清算的,债权人可以申请人民法院指定有关人员组成清算组进行清算。人民法院应当受理该申请,并及时组织清算组进行清算。这种情况就属于特别清算。我国《合伙企业法》第86条第2款规定:“自合伙企业解散事由出现之日起15日内未确定清算人的,合伙人或者其他利害关系人可以申请人民法院指定清算人。”当人民法院受理申请并指定清算人组织进行清算时,为特别清算。独资企业一般不适用特别清算。特别清算,除了规定由公共权力机关(包括法院)介入企业清算事务、明确相关权利与义务外,在清算的原则、程序、财产分配顺序上均应依普通清算的规定进行。

三、普通清算(含特别清算)的法定程序

(一)组成清算机构

1. 清算机构的称谓

对清算机构的称谓各国或地区法律之规定不尽一致。美国《标准商事公司法》上称为财产管理人及保管人,德国公司法上称为清算人,并且规定法人可以为清算人,股东大会可以随时罢免非由法院任命的清算人。日本公司法律制度称为清算人,且规定除合并及破产的场合外,董事为清算人;董事不能为清算人时,由法院依利害关系人的请求选任清算人。我国香港地区《公司条例》中则称为清盘官。在我国,清算机构的称谓也不尽一致,在《公司法》上称为清算组,《企业破产法》中称为管理人,《合伙企业法》中称为清算人。由此可见,这些称谓也有统一的必要。独资企业的清算由业主自行安排。

2. 清算机构的组成

依照我国《公司法》之规定,除特别清算的情况外,公司自行解散的,应当自决定解散之日起15日内成立清算组,有限责任公司的清算组由股东组成,股份有限公司的清算组由董事或者股东大会确定其人选。公司法对清算组成员的人数、资格均未作规定,应视企业规模酌情拟定。我国《合伙企业法》第86条规定,合伙企业解散,由清算人进行清算。清算人由全体合伙人担任;经全体合伙人过半数同意,可以自合伙企业解散事由出现后15日内指定一名或数名合伙人,或者委托第三人担任清算人。

3. 清算机构的职权

按我国《公司法》《合伙企业法》的规定，清算机构的职责主要有：(1) 清理企业（公司）财产，分别编制资产负债表和财产清单；(2) 通知和公告债权人；(3) 处理与清算有关的企业（公司）未了结的事务；(4) 清缴所欠税款以及清算过程中产生的税款；(5) 提出财产评估和作价的依据；(6) 清理债权、债务；(7) 处理企业（公司）清偿债务后的剩余财产；(8) 代表企业（公司）参与民事诉讼或者仲裁活动；(9) 清算结束后，编制清算报告，经权力人或者权力机关确认后报企业登记机关，申请企业注销登记。

4. 清算机构成员的法定义务

清算机构在公司法理论中被视为清算中公司的公司机关，对内有围绕清算事务的决策权，对外有清算中公司的代表权。清算组成员的法律地位如同公司正常运营期间的董事一样。法律对清算机构的成员设定了忠实履行职责、依法办理清算工作的义务。我国《公司法》第 189 条规定，清算组成员应当忠于职守，依法履行清算义务。清算组成员不得利用职权收受贿赂或者谋取其他非法收入，不得侵占公司财产。清算组成员因故意或者重大过失给公司或者债权人造成损失的，应当承担赔偿责任。我国《公司法》第 204 条第 2 款、第 205 条、第 206 条分别规定了清算组成员在清算过程中，违反法定义务，隐匿财产、对资产负债表和财产清单作虚假记载、未清偿债务前对公司财产作分配、进行与清算无关的经营活动、不报送清算报告或者在清算报告中有隐瞒事实或重大遗漏、徇私舞弊谋取非法收入或者侵占公司财产等行为的法律责任，《合伙企业法》第 100 条、第 101 条、第 102 条规定了相似的行为及处理办法。我国《公司法》第 215 条、《合伙企业法》第 105 条分别规定清算组成员的行为违反法律规定，构成犯罪的，由其负刑事责任。

（二）通知并公告债权人及登记申报债权

企业清算机构应负责通知并公告债权人。清算机构成立后应即在法律规定的期限内通知已知的债权人并公告通知未知的债权人。我国《公司法》规定为 10 日内通知债权人，并于 60 日内在报纸上公告。债权人应当自接到通知之日起 30 日内，未接到通知的债权人应当自公告之日起 45 日内向清算组申报债权。我国《合伙企业法》的规定和《公司法》的规定一致。债权人申报债权，应当说明债权的有关事项，并提供有关材料。清算组、清算人应当对债权进行登记。债权申报期间，公司企业的清算组不得对债权人进行清偿；但我国《合伙企业法》未作相似之限制性规定，只是规定进入清算阶段的合伙企业继续存在，但不得开展与清算无关的经营活动。这里，法律在法定清算程序上作区别规定，其理由显而易见，除非债权人对合伙企业提起破产清算程序或者对债权申报期间的债权清偿提出异议，合伙企业的清算人是可以在债权申报期间即期清偿的，因为普通合伙人对合伙企业未清偿的债务仍负无限连带责任，债权申报经核实就可以及时偿还，便于及早处理完结清算事务。

（三）清理财产

企业清算机构要全面清理企业财产，收回企业债权，并为此代表企业提出诉讼或者仲裁，接管企业财务文件和印章，编制资产负债表和财产清单。企业与他人在合约中约定以仲裁方式处理纠纷的，由于清算企业仍然保留其主体资格，仲裁约定继续有效，只是其代表人由原来的法人代表、执行合伙人改变为清算机构，这当然是法定代表的一种。

（四）提出财产估价方案和清算方案

企业清算机构要提出财产估价方案，以供法院、政府有关机关、投资者（股东或合伙人）、债权人审查和质疑。对某些难以确认价值的贵重设备可通过拍卖等方式确定价值。清算方案应当经过股东会、股东大会或全体合伙人批准确认,由法院介入的清算事务,则要报法院确认。

（五）分配财产

企业清算的核心之一是分配财产。财产分配的法定顺序依次是:(1) 支付清算费用;(2) 支付职工工资及社会保险费用和法定补偿金;(3) 清缴所欠税款;(4) 清偿企业债务;(5) 向投资人分配剩余财产。其中,合伙企业按合伙协议约定分配财产;合伙协议没有约定或者约定不明确的,由合伙人协商确定;协商不成的,按照各合伙人出资比例分配;无法确定出资比例的,由各合伙人平均分配。公司企业中有限责任公司按照股东的出资比例分配财产(公司章程另有约定的除外),股份有限公司按照股东持有的股份比例进行财产分配。企业(公司)财产在债务清偿完毕后,才可以将剩余部分分配给合伙人和股东。在清算期间一旦发现法人企业之财产不足以偿还企业债务的,应即向人民法院申请宣告破产,法院受理后,即将清算事务向法院移交。合伙企业因合伙人对企业债务负无限连带责任,合伙企业未能清偿的债务,仍应由合伙人负责清偿。独资企业存续期间,企业对债权人所负之债务本来就是业主的个人债务,该债务不以企业存在与否为转移,虽经企业清算而不消灭,业主应继续负责偿债,此所谓无限责任。

第三节　企业注销登记制度

企业注销登记,是指将清算完毕之企业由登记机关加以记录确认,记载该企业永远结束存在状态的商业注册行为。企业清算完结后,即由企业清算机构制作清算报告,报企业决策机关或决策人如股东会或者股东大会或者全体合伙人确认或者人民法院确认,并报送企业登记机关提出注销申请,业经其核准注销,将企业消亡的事实加以记载,企业法人资格及非法人企业经营资格即在法律上彻底消亡。

申请企业注销登记,应向企业登记机关提交下列文件:(1) 企业(公司)清算机构负责人签署的注销登记申请书;(2) 人民法院的破产裁定、解散裁判文书,股东会、股东大会解散的决议或者全体合伙人解散合伙企业的决议,行政机关责令关闭或者企业(公司)被撤销的文件;(3) 经股东会、股东大会、一人公司股东、外商投资公司董事会、合伙企业全体合伙人或者人民法院、公司批准机关备案、确认的清算报告;(4) 企业法人营业执照或者营业执照;(5) 法律、行政法规规定应当提交的其他文件。国有独资公司申请注销登记,应当提交国有资产监督管理机构的决定,重要的国有独资公司,还应当提交同级人民政府的批准文件。经公司登记机关核准,收缴营业执照及副本、公章,并通知开户银行,公告企业注销的事实,企业(公司)终止。

第二十六章

企业破产法律制度

第一节　破产与破产法

一、破产的概念

“破产”(bankruptcy)一词，源自于拉丁文的(falletux)，其本意为失败。法律上的破产则是指债务人的全部财产不足以抵偿其债务，或债务人无能力清偿到期债务的一种事实上和法律上的状态，它表明债务人之经营活动已然失败。在这种情况下，依照法定程序对其财产实行强制清算，并令其退出正常的市场经济竞争环境或消灭其法人资格，对债务人来讲就是破产。

当债务人所负的全部或部分债务清偿期限临界，债务人无能力予以清偿时，如果债权人仅为一人，债务纠纷可按普通诉讼程序予以解决；如果有两个以上的债权人，债权人为了各自债权的实现会争相要求债务人予以优先清偿，就会产生混乱，迟到的债权人可能会一无所获。为防止这种不合理现象发生，公平地保护各债权人的利益，体现债权人地位平等原则，社会就需要一种特殊的救济制度——在债务人经营活动失败的条件下，合理处理债权人之间的关系和债权人集体与债务人的关系，对债务人的财产由法院予以强制管理和变价，使所有债权人得到公平清偿，未能清偿的部分也由全体债权人公平地承担损失，从而结束债权债务关系。债务人为自然人的，退出竞争市场；债务人为法人的，丧失法人资格。这种法律制度就是破产制度。

“破产”一词除表明债务人经营活动失败的状态外，还可用以指解决债务纠纷或企业终止的一种法律程序和方式，有时指破产制度本身。

破产的特征是：(1) 债务人经营活动失败，不能支付到期债务；(2) 应当存在两个以上债权人；(3) 公平保护债权人及债务人的利益，债权人应按比例受偿并按比例承担损失，破产人用以维持其基本生活必需的财产禁止扣押，破产清算完毕后未能清偿的部分不再清偿；(4) 以处理破产案件的特定方式予以解决；(5) 破产还债后，原债务人或丧失其主体资格或终止商业行为；(6) 某些行为在平时不构成犯罪，但在破产条件下则是犯罪，受刑事制裁，如过怠破产罪。

二、破产法概述

破产法(bankruptcy law)，是规定在债务人不能清偿到期债务的情况下，宣告其破产并对其财产进行清算与分配,以及确定当事人在破产过程中权利义务的法律规范体系。

破产法最早起源于罗马法。罗马法是商品经济的第一个世界性法律。在以《十二铜表法》为代表的罗马法中规定,债务人不能清偿到期债务时债权人有权将债务人变卖为奴甚或处死,如果债权人在两人以上就可以肢解债务人以分配其身体。当债务人逃跑时,则由法官将债务人之财产总括拍卖,按比例分配给债权人,法官也可委任一人为财产管理人进行上述工作。但罗马法中的破产法规范并非现代意义上的破产法,它在适用范围上仅限于罗马市民,且破产还债以后,不免除债务人的清偿责任。到了欧洲中世纪和资本主义阶段,商品经济有了进一步发展,破产法也有了相应的发展。著名的破产立法或与之有关的立法有:1244年的《威尼斯条例》、1341年的《米兰条例》、1415年的《佛罗伦萨条例》。1538年后,法国等国开始颁行破产法令,如1637年法国的《路易十四商事条例》、1542年英国颁行的《破产条例》、1807年法国的《拿破仑商法典》、1855年的《普鲁士破产法》、1883年比利时的《预防破产之和解制度》、1914年奥地利颁行的《和解法》、1914年英国颁行的《破产整顿法》、1927年德国的《和解法》等。此外,各国为适应时代的发展要求,不断地修改破产法,完善和解制度和公司重整制度,使破产和预防破产的法律均有较大发展。

破产法的内容主要包括实体规范、程序规范、罚则和复权制度。实体规范主要有破产界限(或称破产原因)、破产当事人、破产债权、破产财产、破产费用、取回权、别除权(或称有担保债权的优先权)、抵销权、追回权、否认权等。程序规范主要有破产申请、破产管辖、破产案件审理机构、和解、重整、破产宣告、债权登记和确认、公告、裁定、上诉、复议、破产财产管理人、破产清算、债权人会议及职责、关系人会议及职责、破产程序的中止与终止等。罚则部分是针对破产犯罪的罪名与处罚的规定,现代破产法中也包括对违反破产法规则但不构成犯罪的行为的司法处罚制度。现代各国破产立法中一般不认为破产本身是有罪的,但对妨碍法院调查的行为和故意损害债权人利益的行为规定为破产犯罪并予以惩罚。各国规定为犯罪的主要有诈欺破产罪、过怠破产罪、第三人诈欺破产罪、违背提交义务罪、违背说明义务罪、渎职破产罪等。原来关于破产犯罪的规定大多在破产法或商法典中,目前趋势是将这些规定移入刑法典中,以减少破产案件审理的负担和时间周期,保持刑法体系的完整。对于有些有关人员轻度违背说明义务、提交义务、隐匿财产、伪造销毁文件账册、擅自离开住所地、管理人失职的,法院可以训诫、拘留、罚款。上述行为构成犯罪的,承担刑事责任。免责和复权是少数国家的特别规定。免责是对"有罪破产"和"破产后仍负清偿责任"的否定,主张诚实的破产人破产无罪并免除继续清偿的责任使其经济复兴;而恶意破产人、犯有破产罪的破产人和在一定时间内又破产的人不免除继续清偿的责任。复权是指在破产案件审理期间和审结后特定时间内对破产人各种公权进行的限制,因破产人申请法院调查认可后,决定结束的规定。

破产法在立法体例上主要有两种:一是放在商法典中,作为商法的一个组成部分;二是单行独立。前者如法国,后者有美国、中国、英国、德国、日本等。在内容编排上,有些国家实行实体与程序分编规定,如德国、日本;有些国家则混在一起,如英国、美国及我国等。

破产法在其适用范围上来看有以下几种情况:有的只适用于商人,不管是商法人,还是商自然人均得适用,称商人破产主义,如法国、意大利、巴西等国;有的则适用于各种人,称一般破产主义,如德国、日本、智利、英国和我国香港地区等;有的虽然适用于商人、非商人以及普通消费者,但对低工资者和农民等不适用强制破产的规定,如美国。对于涉及外国人和财产在外国的破产宣告,英国、美国、瑞士等国规定,对外国侨民及本国公民的破产宣告,其效力及于债务人在国外的财产，日本则规定只限于在本国的财产。许多国家拒绝承认外国法院宣告破产时对债务人处于本国的财产的效力，而把国内财产留归国内债权人执行，除非与该外国订有互惠协定。我国破产法规定，在中国境内发生的破产案件，其效力及于债务人在国外的财产；对于外国法院宣告的破产，其债务人财产在我国境内的，按照我国参加的国际条约或者互惠原则办理。

第二节 我国企业破产立法及适用范围

一、我国的企业破产立法

中国的破产立法最早是从清朝晚期开始的。1906年，清政府曾聘日本专家借鉴日本破产立法制定了《破产律》，但由于宫廷内部斗争，该法在1907年便被废止了。1915年，中华民国制定了《破产律草案》；1934年，制定了《商人债务清算暂行条例》；1935年，制定了《破产法》和《破产法实行法》。1949年，中华人民共和国建立，在1956年私营工商业社会主义改造完成以前，私营企业的倒闭处理曾按一般破产程序进行。1986年12月2日，第六届全国人大常委会第十八次会议颁布了《中华人民共和国企业破产法(试行)》，并于1988年11月1日正式施行。该法只适用于全民所有制企业，非全民所有制法人企业的破产在1991年4月9日第七届全国人大第四次会议通过的《中华人民共和国民事诉讼法》第十九章中作了规定。1993年12月，我国颁布的《中华人民共和国公司法》中第189条和第196条对公司的破产作了原则性规定。2005年修订的《中华人民共和国公司法》第188条(现为第187条)、第191条(现为第190条)规定了与破产有关的破产解散和破产清算的内容。2006年8月27日，我国第十届全国人大常委会第二十三次会议通过了《中华人民共和国企业破产法》，当日由国家主席胡锦涛签署，公告于2007年6月1日起正式施行。同日，完成修订并公告于2007年6月1日起施行的《中华人民共和国合伙企业法》第92条规定："合伙企业不能清偿到期债务的，债权人可以依法向人民法院提出破产清算申请，也可以要求普通合伙人清偿。合伙企业依法被宣告破产的，普通合伙人对合伙企业债务仍应承担无限连带责任。"此外，我国最高人民法院对司法系统具体适用破产法律制度正在作系统的司法解释，其中第一份司法解释文件即《关于适用〈中华人民共和国企业破产法〉若干问题的规定(一)》于2011年8月29日最高人民法院审判委员会第1527次会议通过并发布施行；第二份司法解释文件即《关于适用〈中华人民共和国企业破产法〉若干问题的规定(二)》于2013年7月29日最高人民法院审判委员会第1586次会议通过并发布施行；第三份文件时下正处在征求意见、完善修改阶段。

二、我国《企业破产法》的适用范围

我国《企业破产法》第2条第1款规定："企业法人不能清偿到期债务，并且资产不足以清偿全部债务或者明显缺乏清偿能力的，依照本法规定清理债务。"该条不仅规定了企业的破产条件，而且也规定了《企业破产法》的适用范围：即我国《企业破产法》在原则上只适用于在我国已取得法人资格的各类企业，而无法人资格的合伙企业、合作企业、个人独资企业、全外资企业、联营企业、企业分支机构、个体工商户、农村承包经营户及公民个人、其他的各类社会团体、政府机关均无破产资格，与它们有关的债权债务则依普通诉讼程序及仲裁或其他

方式予以解决。在我国《企业破产法》起草过程中，参与起草的有关专家曾经力主增加合伙企业的破产资格，并且在草案中已经加入。在草案的深入讨论中，全国人大常委会法制工作委员会作为立法机关的专家工作机构，其主流意见虽然同意赋予合伙企业以破产资格，但认为法人企业与非法人企业由于投资人的风险责任不同，在同一部《企业破产法》中规定该两类企业的破产清算制度非常困难，在法律条款的布局安排上往往顾此失彼，照应不能周延。故决定把合伙企业的破产问题从《企业破产法》中迁出，移植到同时修订的《合伙企业法》中，在《企业破产法》中保留一条指引条款。于是，我国《企业破产法》有了第 135 条的规定“其他法律规定企业法人以外的组织的清算，属于破产清算的，参照适用本法规定的程序”；而在同一天颁行的修订的《合伙企业法》中有了第 92 条规定的内容：“合伙企业不能清偿到期债务的，债权人可以依法向人民法院提出破产清算申请，也可以要求普通合伙人清偿。合伙企业依法被宣告破产的，普通合伙人对合伙企业债务仍应承担无限连带责任。”

由上述内容可见，我国《企业破产法》原则上适用于法人企业，补充适用于合伙企业。并且，合伙企业的破产清算程序只能由其债权人提起，合伙人或者合伙企业自身无权提出。我国《企业破产法》第 135 条的规定实际上可以理解为一项扩大法律适用范围的宽口径许可条款，将来伴随企业立法和其他组织的立法的修订发展，法律仅仅是指法律而不包括行政法规，一旦赋予某类企业或组织适用破产清算程序了结业务和债权债务关系的，《企业破产法》就自动适用于该类企业或组织。

依目前立法看，我国《企业破产法》只适用于法人企业和非法人的合伙企业。这种情形，从破产法的理论上来说，可概括为有限的企业破产主义，因它只适用于法人企业和特定的非法人企业，而不适用于个人独资企业、自然人个体经营者，更不适用于普通消费者和政府机关及其他事业单位、社会团体。

第三节　我国企业破产制度的主要内容

一、破产界限

关于破产界限，也即破产原因，我国法律采用概括主义方式进行规定，但内容极其复杂。如前所述，我国《企业破产法》第 2 条规定“企业法人不能清偿到期债务，并且资产不足以清偿全部债务或者明显缺乏清偿能力的，依照本法规定清理债务”。对本条规定的内容，目前学者们的理解有较大差异，主要的争论点在于三个条件句的关系是怎样排列的。第一种理解是“不能清偿到期债务”是总括句，而“资产不足以清偿全部债务”和“明显缺乏清偿能力”是二选一的递进条件句，如此就会形成两个标准，即：(1) 企业法人不能清偿到期债务，并且资产不足以清偿全部债务的；(2) 企业法人不能清偿到期债务，并且明显缺乏清偿能力的。第二种理解是以“或者”为界限，划分为前后两个并列的独立的条件，即：(1) 企业法人不能清偿到期债务，并且资产不足以清偿全部债务的；(2) 企业法人明显缺乏清偿能力的。最高人民法院《关于适用〈中华人民共和国企业破产法〉若干问题的规定(一)》采用了上述第一种解释意见。事实上，“资产不足以清偿全部债务”，简称“资不抵债”，是对债务人债务超过资产的财产现状的实质概括，可以作为债务人自己申请破产的原因是合理的，因为债务人自己最明了其财产状况；如作为债权人申请债务人破产的原因，则必然会成为债权人提起破产程序的障碍，因为债权人仅凭债务人企业提供的资产负债表还不能完全判断债务人是否完全满足破产条件。因此，把“不能清偿到期债务”和“资产不足以清偿全部债务”并列为破产原因，是迁就债务人企业的非理性安排，是对国情因素的过分考虑所致。这里存在一种恶性循环，立法者担心债务人企业一旦暂时存在给付不能被申请破产，会造成社会资源的浪费和损失，故而增加“债务超过”作为另一项充分必要条件以遏止假破产或者轻率的破产宣告，给负债企业起死回生留有空间；但也造成负债企业欠债不还天经地义的“滚刀肉”心态，实际加重了中国商业社会中的失信弊端，使破产法清理瑕疵企业出市场、把社会资源的浪费减少到最低限度的功能大打折扣。

结合法律制定者对我国国情的深层考虑，笔者认为上述理解中的第一种才是唯一符合立法精神的。由于企业破产必然会导致一部分员工失业，关注就业和社会安定是我国政府许多重大经济、社会决策的基本出发点，企业破产的原因规定上，把清偿不能和债务超过并列起来，就充分体现了政府在其中的苦心孤诣。这也可以看出破产法在理念方面的过渡性。最高人民法院上述司法解释第 2 条规定：“下列情形同时存在的，人民法院应当认定债务人不能清偿到期债务：（一）债权债务关系依法成立；（二）债务履行期限已经届满；（三）债务人未完全清偿债务。”

从实际操作角度看，债务人企业一旦发生不能清偿到期债务的事实，债权人与债务人没有达成延期还款协议的，债权人当然可以提出破产申请，这是毋庸置疑的，而且我国《企业破产法》第 7 条第 2 款规定债权人提出对债务人进行破产清算的申请的唯一条件就是不能清偿到期债务。但是，法院在受理以后是否宣告破产，则还必须结合债务人企业是否存在债务超过或是否存在明显缺乏清偿能力作出判断。法院在处理破产案件中，应当全面分析债务人企业的综合情况，而不仅仅依据不能清偿的事实，甚至要将职工就业问题纳入法官的必要考量范围。我国《企业破产法》第 6 条规定“人民法院审理破产案件，应当依法保障企业职工的合法权益”并不仅仅是指在破产财产的分配方面要周到地安排职工利益，更主要的是必须建立破产——职工失业——社会安定这样的审判理念，特别是在处理国有工业企业的破产案件时法院似乎要承担高度谨慎的注意义务。破产法受国家政策的高度干预，这是明示规则，也是现实。

最高人民法院《关于适用〈中华人民共和国企业破产法〉若干问题的规定（一）》第 3 条与第 4 条分别就此作了细解：“债务人的资产负债表，或者审计报告、资产评估报告等显示其全部资产不足以偿付全部负债的，人民法院应当认定债务人资产不足以清偿全部债务，但有相反证据足以证明债务人资产能够偿付全部负债的除外。”“债务人账面资产虽大于负债，但存在下列情形之一的，人民法院应当认定其明显缺乏清偿能力：（一）因资金严重不足或者财产不能变现等原因，无法清偿债务；（二）法定代表人下落不明且无其他人员负责管理财产，无法清偿债务；（三）经人民法院强制执行，无法清偿债务；（四）长期亏损且经营扭亏困难，无法清偿债务；（五）导致债务人丧失清偿能力的其他情形。”此外，按照最高人民法院上述司法解释的规定，企业法人已解散但未清算或者未在合理期限内清算完毕，债权人申请债务人破产清算的，除债务人在法定异议期限内举证证明其未出现破产原因外，人民法院应当受理。

二、破产案件的管辖

我国《企业破产法》第 3 条规定破产案件由债务人住所地人民法院管辖。之所以如此规定，是因为一揽子处理债务人企业的债权债务关系，是决定企业生存与否的命运问题，而查清债务人企业的财产状况和债权债务,非债务人住所地法院是无法承担如此复杂、耗费时间的案件的。至于由哪一级法院管哪类企业的破产申请,依据最高人民法院的相关司法解释确认管辖:基层人民法院一般管辖县、县级市或区的工商行政管理机关核准登记企业的破产案件;中级人民法院一般管辖地区、地级市以上工商行政管理机关核准登记企业的破产案件;个别案件的级别管辖,可以依照《民事诉讼法》的相关规定办理,即可以实行指定管辖和提审管辖。

三、破产案件的申请与受理

债务人不能清偿到期债务,债权人可以申请对债务人进行重整或者宣告债务人破产。债务人无力偿还到期债务,并且其资产不足以清偿全部债务或者明显缺乏清偿能力的,也可自行申请重整、和解或者宣告破产。已经解散的企业法人,清算期间发现资不抵债的,清算机构负责提出破产清算申请。依据我国《企业破产法》的规定,提出破产申请,应当向人民法院提交破产申请书和有关证据。破产申请书的内容包括:申请人、被申请人的基本情况;申请目的;申请的事实和理由;人民法院要求说明的其他事项。债权人提出破产申请时,其证据应当包括:债权发生事实的证据、证明债权的性质和数额的证据、债权有无担保及证据、债务人不能清偿到期债务的证据等。债务人,包括企业法人清算机构提出破产申请时,还应当向法院提交财产状况说明、债务清册、债权清册、有关财务会计报告、职工安置预案以及职工工资的支付和社会保险费用的缴纳情况的报告。

人民法院收到债权人提出的破产申请后,在5日内通知债务人。债务人对申请有异议的,自收到通知之日起7日内提出。其间,法院首先应当进行形式审查,形式审查是看申请人有无申请权,被申请企业有无破产资格,申请提交的材料是否齐备,申请人是否交了申请费用等,材料不齐的应责令补交。人民法院自异议期满之日起10日内裁定是否受理。其他情形如债务人或负有清算责任的人提出破产申请,法院自收到申请之日起15日内裁定是否受理。特殊情况经上级人民法院批准可延长15日作出裁定。受理破产申请的裁定,应当在5日内送达申请人和债务人;债务人应在收到裁定之日起15日内向人民法院提交财产状况说明、债务清册、债权清册等材料。人民法院受理破产申请后,对破产申请进行实质审查,实质审查主要是看被申请破产的企业是否已经符合《企业破产法》第2条规定的破产条件。对不符合条件的申请,可裁定驳回申请;申请人不服的,自收到裁定之日起10日内提起上诉。

对于破产申请,最高人民法院《关于适用〈中华人民共和国企业破产法〉若干问题的规定(一)》补充规定:人民法院收到破产申请时,应当向申请人出具收到申请及所附证据的书面凭证。人民法院收到破产申请后应当及时对申请人的主体资格、债务人的主体资格和破产原因,以及有关材料和证据等进行审查,并依据《企业破产法》第10条的规定作出是否受理的裁定。人民法院认为申请人应当补充、补正相关材料的,应当自收到破产申请之日起5日内告知申请人。当事人补充、补正相关材料的期间不计入《企业破产法》第10条规定的期限。申请人向人民法院提出破产申请,人民法院未接收其申请,或者未按前述要求执行的,申请人可以向上一级人民法院提出破产申请。上一级人民法院接到破产申请后,应当责令下级法院依法审查并及时作出是否受理的裁定;下级法院仍不作出是否受理裁定的,上一级人民法院可以径行作出裁定。上一级人民法院裁定受理破产申请的,可以同时指令下级人民法院审理该案件。

人民法院裁定受理破产申请的,应同时指定管理人。自裁定受理破产申请之日起25日内通知已知的债权人,并发布公告。通知和公告中应载明下列内容:(1) 申请人、被申请人的名称或者姓名;(2) 人民法院受理破产申请的时间;(3) 申报债权的期限、地点和注意事项;(4) 管理人的名称或者姓名及处理事务的地址;(5) 债务人的债务人或者财产持有人应当向管理人清偿债务或者交付财产的要求;(6) 第一次债权人会议召开的时间和地点;(7) 人民法院认为应当通知和公告的其他事项。

自人民法院裁定受理破产申请后到破产程序终结前,债务人的法定代表人及由法院决定的其他高管人员承担下列义务:(1) 妥善保管其占有和管理的财产、印章、账簿、文书等;(2) 根据人民法院、管理人的要求进行工作,并如实回答询问;(3) 列席债权人会议并如实回答债权人的询问;(4) 未经人民法院许可,不得离开住所地;(5) 不得新任其他企业的董事、监事、高级管理人员。

人民法院受理破产申请的裁定对关涉债务人的其他一些行为发生效力:第一,债务人无论经其法定代表人还是管理人都不得对个别债权人进行债务清偿,发生清偿的行为无效;第二,债务人的债务人或者财产持有人应当向管理人清偿债务或者交付财产,故意违反此规定对作为债权人的债务人造成损失的,应负赔偿责任;第三,管理人决定解除或者继续履行债务人与他人早先订立的合同;第四,有关债务人财产的保全措施解除,执行程序中止;第五,牵涉债务人的未审结的民事诉讼和仲裁案件由管理人接管;第六,新的有关债务人的民事诉讼只能向受理破产申请的人民法院提出。

四、管理人

管理人是由法院指定的专门负责管理被申请破产清算的债务人企业事务的人。管理人既可以是一个临时机构,也可以是个人。债权人会议对特定的管理人有异议的,可以申请法院更换。管理人依法履行职责,向人民法院报告工作,并接受债权人会议和债权人委员会的监督,列席债权人会议、向债权人会议报告工作及回答询问。考虑到国有企业、商业银行、证券公司、保险公司破产的情况下,政府有关部门和机构势必组织清算组介入破产企业的事务处理的情形,我国《企业破产法》第 24 条规定清算组可以担任管理人。其他担任管理人的包括律师事务所、会计师事务所、破产清算事务所或者这些中介机构中的专业人员。法律规定管理人履行的职责有:(1) 接管债务人的财产、印章和账簿、文书等资料;(2) 调查债务人财产状况,制作财产状况报告;(3) 决定债务人的内部管理事务;(4) 决定债务人的日常开支和其他必要开支;(5) 在第一次债权人会议召开之前,决定继续或者停止债务人的营业;(6) 管理和处分债务人的财产;(7) 代表债务人参加诉讼、仲裁或者其他法律程序;(8) 提议召开债权人会议;(9) 人民法院交办的其他事项。当然,管理人有职责代表债务人收回债权财产。管理人应当勤勉尽责,忠实履行职责;根据需要,经法院同意,管理人可以聘请必要的工作人员;管理人的报酬由法院确定,债权人会议对其有异议的,可向法院提出。

管理人因其工作失误,给债务人企业和债权人造成损失的,应当承担赔偿责任。

五、债务人财产

债务人财产是指破产申请受理时债务人拥有的全部财产以及破产程序终结前债务人取得的其他财产。债务人财产的多寡直接涉及债权人分配的比例,因此债权人一定会格外关注。为了防止债务人在破产前的特定时期不正当处理其财产,从而减少其财产数额,损害债权人利益,法律规定债务人企业在破产申请案受理前 1 年内的下列行为,管理人有权请求人民法院予以撤销:(1) 无偿转让财产;(2) 以明显不合理的价格进行交易,即压价出售债务人财产或高价买进他人财产;(3) 对没有提供财产担保的债务提供财产担保;(4) 对未到期的债务提前清偿;(5) 放弃债权。对于法院受理破产申请前 6 个月内,债务人已经出现破产原因而仍对个别债务进行清偿的,除非清偿行为使债务人财产受益,管理人有权请求人民法院予以撤销。对于受理破产申请后,债务人的出资人未完全履行出资义务的,管理人有权请求其缴纳所认缴的出资,而不受出资期限的限制。我国《企业破产法》第 35 条对此有明确规定。我国《公司法》在 2013 年年末进行资本制度改革后,《企业破产法》的这一规定成了债权人的护身符。对于他人占有的债务人的财产,管理人应负责追回;债务人占有的不属于债务人的他人财产,该他人可通过管理人取回。债权人和债务人互负债务的,依据法律规定可以向管理人主张抵销。

六、债权申报

债权申报的期限自法院公告受理破产申请之日起算,最少为 30 日,最多为 3 个月。未到期的债权视为到期,附利息的债权停止计息,附条件、附期限的债权和诉讼、仲裁未决的债权,可以申报。债务人所欠职工工资、医疗伤残补助、养老保险金、补偿金等,不必申报,由管理人调查后列出清单公示。债权人应当在法院确定的申报期限内向管理人申报债权。申报时,应书面说明债权的数额和有无担保,并提交有关证据。债权人超过法院规定的期限未申报债权的,可以在最后分配前补充申报;但对前面已经进行的分配不作补充分配。未申报债权的债权人,不得依照本法规定的程序行使权利。管理人对债权申报应当登记造册,对申报的债权负审查之责,并编制债权表。债权表和债权申报材料由管理人保存,供利害关系人查阅。债权申报期限届满后,管理人应当向第一次债权人会议提交债权表供核查。债务人和债权人对债权表记载的债权无异议的,由人民法院裁定确认;有异议的,异议人可以向受理破产申请的人民法院提起诉讼。

七、债权人会议与债权人委员会

债权人会议是债权人集体为处理有关破产问题而组成的临时议事机构。依法申报债权的债权人为债权人会议的组成成员,有权参加债权人会议,享有表决权。债权尚未确定的债权人,除人民法院为其行使表决权而临时确定债权额的外,不得行使表决权。对债务人的特定财产享有担保权的债权人,在其未放弃优先受偿权时,对债权人会议讨论通过和解协议和通过破产财产的分配方案事项不行使表决权。债权人会议应当有债务人的职工和工会的代表参加,对有关事项发表意见。债权人会议设主席一人主持会议,其由人民法院从有表决权的债权人中指定。管理人、债务人的法定代表人及其他高管经营人员应要求得列席债权人会议,回答债权人的询问。

债权人会议行使的职权包括:(1) 核查债权;(2) 申请人民法院更换管理人,审查管理人的费用和报酬;(3) 监督管理人;(4) 选任和更换债权人委员会成员;(5) 决定继续或停止债务人的营业;(6) 通过重整计划;(7) 通过和解协议;(8) 通过债务人财产的管理方案;(9) 通过破产财产的变价方案;(10) 通过破产财产的分配方案;(11) 人民法院认为应当由其行使的其他职权。债权人会议应当对所议事项的决议作成会议记录。

第一次债权人会议由受理破产申请案的人民法院召集,在债权申报期限届满之日起 15 日内召开。以后的债权人会议,可根据人民法院要求召开,或在管理人、债权人委员会、占债权总额 1/4 以上的债权人向债权人会议主席提议时召开。召开债权人会议，由管理人负责通知，须在会议召集日 15 日前通知到各债权人。

债权人会议的决议，由出席会议的有表决权的债权人过半数通过，并且其所代表的债权额占无财产担保债权总额的 1/2 以上。债权人认为债权人会议的决议违反法律规定，损害其利益的，可以自决议作出之日起 15 日内，请求人民法院裁定撤销该决议，责令债权人会议依法重新作出决议。债权人会议的决议对全体债权人均有约束力。

债权人会议可以根据需要设立债权人委员会。债权人委员会的成员由债权人会议选任的债权人代表和一名职工代表组成，总人数不超过 9 人。债权人委员会组成后应当经人民法院书面决定认可。债权人委员会的职权是：(1) 监督债务人财产的管理和处分；(2) 监督破产财产分配；(3) 提议召开债权人会议；(4) 债权人会议委托的其他职权。管理人实施下列行为时，应当及时报告债权人委员会，未设债权人委员会的，则应及时报告人民法院：(1) 涉及土地、房产等不动产权益的转让；(2) 探矿权、采矿权、知识产权等财产权的转让；(3) 全部库存或者营业的转让；(4) 借款；(5) 设定财产担保；(6) 债权和有价证券的转让；(7) 履行债务人和对方当事人均未履行完毕的合同；(8) 放弃权利；(9) 担保物的取回；(10) 对债权人利益有重大影响的其他财产处分行为。

八、和解

和解是由债务人发起，在债务人出现破产原因时与债权人集体达成的旨在挽救债务人，避免其破产清算的一种制度安排。和解的基础在于债务人和全体债权人之间达成谅解协议，债权人接受一定程度的损失的前提下重新确立对债权实现的期望，并给债务人以谋求翻身发展的机会。和解形成的成本较公司的重整成本低，司法干预的力度较弱，主张尊重当事人之间的意思自治。

依据我国《企业破产法》的规定，债务人可以向有管辖权的法院直接申请和解，也可以在法院受理破产申请后提出和解申请。提出和解申请的，应当同时提出和解协议草案。人民法院裁定准许和解的，予以公告并召集债权人会议讨论和解协议草案。和解不影响对债务人的特定财产享有担保权的权利人行使其权利，但担保权人未放弃优先受偿权的对和解协议不得行使表决权。债权人会议通过和解协议的决议，由出席会议的有表决权的债权人过半数同意，并且所代表的债权额须占无财产担保债权总额的 2/3 以上。

债权人会议通过和解协议的，由人民法院裁定认可，终止和解程序，并予以公告。此时，管理人应当向债务人移交财产管理和营业事务。和解协议未获通过，或者法院对通过的和解协议未认可的，法院应当裁定终止和解程序，宣告债务人破产。经法院认可的和解协议，对全体和解债权人有约束力，未申报债权的和解债权人在和解协议执行期间不得行使权利，在和解协议执行完毕后可以按照和解协议规定的清偿条件行使权利。和解协议不影响债权人对债务人的保证人和其他连带债务人所主张的权利。

债务人须严格执行和解协议。债务人对订立和解协议有欺诈行为，无力执行或者不执行和解协议的，债权人可随时请求人民法院裁定和解协议无效或终止和解协议的执行，宣告债务人破产。债权人此前因执行和解协议所受的清偿不予退还，对债权的让步承诺失效。执行和解协议期间，为债务人企业复兴而设定的担保继续有效。在人民法院受理破产申请后，债务人与全体债权人自行达成债权债务处理协议的，可以请求人民法院裁定准许，终结破产程序。按照和解协议减免的债务，在和解协议执行完毕后，债务人不承担清偿责任。

按照法律原理,同一申请人不得同时提出和解申请和重整申请,在法院裁定准许和解后,任何人包括债务人、债权人、债务人的出资人均不得另行提起重整申请。在和解协议不能达成、不获法院认可或执行严重受阻的情况下,债务人企业应当受破产宣告,而不是启动新的挽救程序继续拖延和苟延残喘。

九、破产清算

人民法院宣告债务人破产,应当作出裁定。自裁定作出之日起 5 日内送达债务人和管理人,10 日内通知已知债权人并公告。在破产宣告前,如发生第三人为债务人提供足额担保或者为债务人清偿全部到期债务的,或者债务人已经清偿全部到期债务的,人民法院得裁定终结破产程序,恢复债务人的一切营业条件,并予公告。上边所提足额担保是指令到期债权的债权人满意的担保;所提到期债务不包括破产申请受理时视为到期的债务。行使优先受偿权的债权人不能完全受偿的部分,作为普通债权;放弃优先受偿权的,其全部债权作为普通债权。

债务人的非货币财产的变价,应当由管理人及时拟订变价方案,提交债权人会议讨论通过,尔后实施变价处理。出售破产财产应当通过拍卖进行,以使变价活动满足公示条件,使债权人利益最大化。但是,债权人会议另有决议的按决议办理。破产企业可以整体变价出售,其中无形资产还可以单独变价出售。国家规定不能拍卖或者限制转让的资产,依国家规定的方式处理。

破产财产首先应当扣除破产费用和共益债务。破产费用包括破产案件的诉讼费用,管理、变价和分配债务人财产的费用以及管理人执行职务的费用、报酬和聘用工作人员的费用。共益债务是指人民法院受理破产申请后发生的合理费用,包括继续履行合同发生的债务,债务人财产受无因管理所产生的债务,因债务人不当得利所产生的债务,为债务人继续营业需支付的劳动报酬、社会保险费用和其他债务包括小额水、电、暖费用和租赁设备、房屋、场地费用等,管理人和相关人员执行职务致人损害所产生的债务,债务人致人损害所产生的债务等。破产费用和共益债务由债务人财产随时清偿。债务人财产不足以清偿破产费用的,终止破产程序并公告。

债务人财产优先清偿破产费用和共益债务后的余额,按下列顺序清偿:(1) 破产人所欠职工的工资和医疗、伤残补助、抚恤费用,所欠的应当划入职工个人账户的基本养老保险、基本医疗保险费用,以及法律、行政法规规定应当支付给职工的补偿金;(2) 破产人欠缴的除前项规定以外的社会保险费用(主要是指工伤保险、失业保险和住房公积金等)和破产人所欠税款;(3) 普通破产债权,包括所欠税款。破产财产不足以清偿同一顺序的清偿要求的,按照比例分配。破产企业的董事、监事和高管人员的工资按照该企业职工的平均工资计算。

在美国法院处理的深石公司破产案中确立的衡平居次原则,又称深石原则,在我国《企业破产法》中并没有加以规定。这里最主要的原因应该是不同的资本制度。我国法定资本制条件下,法律修改已取消了最低注册资本标准,公司的注册资本数额和缴付期限由公司章程确定,如果章定资本很小,而公司向股东借钱运营,在公司破产清算时,法院应当对公司实际拥有的资本弱于公司经营的项目作出判断,针对公司出现的"小马拉大车"局面将股东对公司的债权置于普通债权人债权之后作出决定。如果股东出资不到位或者有抽逃资金行为,则属于其他法律规范调整的事项。因此,笔者主张破产法应规定适用衡平居次原则是有道理的,或应当由最高人民法院司法解释予以补充规定。

除非债权人会议另有决议，破产财产的分配应当以货币方式进行。破产财产的分配方案由管理人拟定，经债权人会议讨论通过后，再由管理人报人民法院裁定认可。法院认可的分配方案，由管理人负责执行。分配方案应当包括以下内容：(1) 参加破产财产分配的债权人名称或者姓名、住所；(2) 参加破产财产分配的债权额；(3) 可供分配的破产财产数额；(4) 破产财产分配的顺序、比例及数额；(5) 实施破产财产分配的方法。按照破产财产分配方案进行多次分配的，每次分配须公告当次分配的财产额和债权额。对于附生效条件或者解除条件的债权，管理人应当将其分配额提存。前述提存的分配额，在最后分配公告日，生效条件未成就或者解除条件成就的，应当分配给其他债权人；生效条件成就或者解除条件未成就的，应当交付给受提存的债权人。债权人未受领的分配额，自最后分配公告日起满 2 个月仍不领取的，视为放弃权利，管理人或者人民法院应将提存的分配额分配给其他的债权人。诉讼或者仲裁未决的债权，管理人提存其分配额，自破产程序终结之日起满 2 年仍不能受领分配的，由人民法院将提存额分配给其他的债权人。

破产人无财产可供分配或者最后分配完成，管理人应当向人民法院提交分配报告，提请法院终结破产程序。法院在收到管理人请求后 15 日内作出是否终结破产程序的裁定，裁定终结的，予以公告。管理人在破产程序终结之日起 10 日内持人民法院终结破产程序的裁定，办理企业注销登记，缴销企业法人营业执照、印章等。管理人自办理完毕注销登记的第 2 日解除职责，但如果破产企业仍有未结案的诉讼或者仲裁的，继续其代表人行为。债权人自破产程序终结之日起 2 年内，发现破产人有其他财产的，可请求人民法院追加分配。破产人的保证人、其他连带债务人，对债权人未获清偿的债权，继续承担清偿责任。

十、法律责任

我国《企业破产法》关于法律责任方面的制度安排顺应了法人企业治理的现实需要，与《公司法》的制度要求形成呼应，突出了法院在处理破产案件中的权威，较之以前的企业破产制度更加周延、细致，可操作性更强。

企业董事、监事或者高管人员违反忠实义务、勤勉义务，致使所在企业破产的，依法承担民事责任。对企业破产承担个人责任的上述人员，自破产程序终结之日起 3 年内不得担任其他企业的董事、监事、高管人员。企业的董事、监事、高管人员统领企业的事务，他们如果违反对企业的忠实义务和勤勉义务，导致企业破产，就是严重的失职行为，其所造成的股东、债权人的损失需要其承担民事责任。在处理破产案件的过程中，蒙受损失的股东投资者、债权人不能不关注造成企业破产的管理原因，如果发现任何管理者存在个人原因，他们完全有权利通过管理人启动追究责任的程序，或者提起派生诉讼。这样具体的制度规定，反过来就会促使管理者忠实、精心、敬业地履行职责，他们若要避免在破产案件中被调查，被起诉赔偿，必然要在其位，谋其政，谋好其政。

有义务列席债权人会议的债务人的法定代表人和其他有关人员，经人民法院传唤，无正当理由拒不列席的，人民法院可以拘传，并依法处以罚款。虽出席会议，但拒不陈述、回答，或者作虚假陈述、回答的，人民法院可以罚款。债务人拒不向人民法院提交或者提交不真实的财产状况说明、债务清册、债权清册、有关财务会计报告以及职工工资的支付情况和社会保险费用的缴纳情况的材料的，人民法院对直接责任人员予以罚款处罚。债务人拒不向管理人移交财产、印章和账簿、文书等资料的，或者伪造、销毁有关财产证据材料而使财产状况不明的，人民法院对直接责任人员予以罚款处罚。债务人的有关人员违反法律规定，擅自离开住所地的,人民法院可以训诫、拘留,可以并处罚款。人民法院通过罚款、拘传等强制措施,保证有关的义务人认真履行破产程序中的法定义务,杜绝假破产、真躲债的社会劣迹,促进社会的诚信。

我国《企业破产法》关于法律责任制度方面最富创造性的安排是其第128条的规定。该条规定,债务人有违反该法第31条、第32条、第33条规定的行为(第31条规定了破产申请受理前1年内,债务人有无偿转让财产等5种行为;第32条规定了破产申请受理前6个月内,债务人已满足破产条件仍对个别债权人进行清偿;第33条规定了债务人为逃避债务而隐匿财产、虚构债务等行为),损害债权人利益的,债务人的法定代表人和其他直接责任人员依法承担赔偿责任。法律列举的这些行为,是债务人在经营中完全无视债权人利益的极不诚实、不负责任的行径,法律应当严厉禁止。当企业处在破产程序中,对这种行为的处罚无法落实到债务人身上,法律也并非寻求一个或几个替罪羊,而是完全尊重现实,因为企业在正常经营的时期里,上述的行径经由法定代表人和其他责任人员的个人行为而发生,对他们设定制度追究责任,挽回债权人的损失理所当然。具体操作中,可以由管理人代表企业提起,也可以由债权人集体提起代位诉讼。

此外,我国《企业破产法》还对管理人违反忠实义务、勤勉义务的行为规定了处罚措施。管理人的职责来源于法律的规定和法院的任命,管理人履行法定职责,应当忠实、勤勉地执行职务,有违法行为的,法院可以罚款处罚。管理人的行为给债权人、债务人、第三人造成损失的,依法承担赔偿责任。

一切有关的人员违反法定义务,其行为构成犯罪的,依法承担刑事责任。

公司重整法律制度,本书第二十四章已有详述,本章作删减处理。

主要参考书目

1. 杨紫烜主编:《经济法》(第三版),北京大学出版社、高等教育出版社 2008 年版。
2. 〔英〕R. E. G. 佩林斯、A. 杰弗里斯著:《英国公司法》,《公司法》翻译小组译,上海翻译出版公司 1984 年版。
3. 〔日〕滨田道代、〔中〕吴志攀主编:《公司治理与资本市场监管》,北京大学出版社 2003 年版。
4. 王保树主编:《中国商事法》,人民法院出版社 1996 年版。
5. 叶林著:《中国公司法》,中国审计出版社 1997 年版。
6. 卞耀武主编:《当代外国公司法》,法律出版社 1995 年版。
7. 刘瑞复著:《企业法学通论》,北京大学出版社 2005 年版。
8. 李曙峰著:《商业组织法》,三联书店(中国香港)有限公司 1993 年版。
9. 朱慈蕴著:《公司法人资格否认法理研究》,法律出版社 1998 年版。
10. 赵旭东著:《企业与公司法纵论》,法律出版社 2006 年版。
11. 徐燕著:《公司法原理》,法律出版社 1997 年版。
12. 江平主编:《法人制度论》,中国政法大学出版社 1994 年版。
13. 佟柔主编:《论国家所有权》,中国政法大学出版社 1987 年版。
14. 〔日〕竹中征夫著:《企业收购与兼并》,杨瑞等译,北京经济学院出版社 1995 年版。
15. 王利明主编:《民法 · 侵权行为法》,中国人民大学出版社 1993 年版。
16. 廖大颖著:《公司制度与企业金融之法理》,台湾元照出版有限公司 2003 年版。
17. 张建清著:《战后外国在美国投资发展研究》,武汉大学出版社 1995 年版。
18. 最高人民法院研究室编:《司法文件精选》,经济日报出版社 1996 年版。
19. 柯芳枝著:《公司法论》,台湾三民书局 1996 年版。
20. 周友苏著:《公司法通论》,四川人民出版社 2002 年版。
21. 史际春、温烨、邓峰著:《企业和公司法》,中国人民大学出版社 2001 年版。
22. 刘燕著:《会计法》,北京大学出版社 2009 年版。
23. 刘俊海著:《股东权法律保护概论》,人民法院出版社 1995 年版。
24. 黄荣坚、詹森林、许宗力、王文宇编纂:《月旦简明六法》,台湾元照出版有限公司 2002 年版。
25. 〔英〕阿德里安 · 卡德伯里(Adrian Cadbury)著:《公司治理和董事会主席》,陈海威、唐艳辉译,中国人民大学出版社 2005 年版。
26. 〔马来西亚〕罗修章、〔中国〕王鸣峰著:《公司法:权力与责任》,杨飞、林海全、张辉、钟秀勇等译,法律出版社2005年版。
27. 何宝玉著:《英国信托法原理与判例》,法律出版社2001年版。
28. 周玉华主编:《信托法学》,中国政法大学出版社2001年版。
29. 张开平著:《英美公司董事法律制度研究》,法律出版社1998年版。
30. 何美欢著:《公众公司及其股权证券》,北京大学出版社1999年版。
31. 〔美〕罗尔斯著:《正义论》,何怀宏、何包钢、廖申白译,中国社会科学出版社1988年版。
32. 徐爱国、李桂林、郭义贵著:《西方法律思想史》,北京大学出版社2002年版。
33. 〔美〕玛格丽特·M.布莱尔(Margaret M. Blair)著:《所有权与控制:面向21世纪的公司治理探索》(Ownership and Control: Rethinking Corporate Governance for The Twenty-First Century),张荣刚译,中国社会科学出版社1999年版。
34. 熊道伟著:《现代企业控制权研究》,西南财经大学出版社2004年版。
35. 朱羿锟著:《公司控制权配置论——制度与效率分析》,经济管理出版社2001年版。
36. 王文宇著:《公司法论》,台湾元照出版有限公司2003年版。
37. 罗培新著:《公司法的合同解释》,北京大学出版社2004年版。
38. 〔日〕奥村宏著:《股份制向何处去:法人资本主义的命运》,张承耀译,中国计划出版社1996年版。
39. 梁能主编:《公司治理结构:中国的实践和美国的经验》,中国人民大学出版社2000年版。
40. 吴建斌主编:《日本公司法规范》,法律出版社2003年版。
41. 倪建林著:《公司治理结构:法律与实践》,法律出版社2001年版。
42. 〔加拿大〕布赖恩·R.柴芬斯著:《公司法:理论、结构和运作》,林华伟译,法律出版社2001年版。
43. 〔日〕布井千博等主编:《中日公司法比较研究》,上海社会科学院出版社2004年版。
44. 王晓晔著:《企业合并中的反垄断问题》,法律出版社1996年版。
45. 苏力著:《波斯纳及其他》,法律出版社2004年版。
46. 王文宇著:《控股公司与金融控股公司法》,台湾元照出版有限公司2001年版。
47. 《2003年上市公司收购分析总结》,载东方高圣投资顾问公司研究发展部撰写:《中国并购评论》,清华大学出版社2004年版。
48. 潘敏著:《资本结构、金融契约与公司治理》,中国金融出版社2002年版。
49. 张文显主编:《法理学》,北京大学出版社1999年版。
50. 唐士其著:《西方政治思想史》,北京大学出版社2002年版。
51. 吴敬琏著:《现代公司与企业改革》,天津人民出版社1994年版。
52. 青木昌彦、钱颖一著:《转轨经济中的公司治理结构》,中国经济出版社1995年版。
53. 刘连煜著:《公司监控与公司社会责任》,台湾五南图书出版有限公司1995年版。
54. 张民安著:《公司法上的利益平衡》,北京大学出版社2003年版。
55. 王红一著:《公司法功能与结构:法社会学分析——公司立法问题研究》,北京大学出版社2002年版。
56. 盖哈德·劳乐著:《美国公司法》,戴奎生译,法律出版社1997年版。
57. 吴志攀、白建军主编:《经济的法制框架》,法律出版社2004年版。
58. 张晋藩主编:《中国法制史》,群众出版社1982年版。

59. 蒋大兴主编:《公司法律报告》,中信出版社 2003 年版。
60. 张维迎著:《产权、政府与信誉》,三联书店 2001 年版。
61. 沈四宝等编著:《揭开公司面纱·法律原则与典型案例选评》,对外经济贸易大学出版社 2005 年版。
62. 安建主编:《中华人民共和国公司法释义》,法律出版社 2005 年版。
63. 赵旭东主编:《新公司法条文释解》,人民法院出版社 2005 年版。
64. 殷召良著:《公司控制权法律问题研究》,法律出版社 2001 年版。
65. 崔延花译:《日本公司法典》,中国政法大学出版社 2006 年版。
66. 彭冰著:《中国证券法学》,高等教育出版社 2005 年版。
67. 邓峰著:《普通公司法》,中国人民大学出版社 2009 年版。
68. 周友苏主编:《新证券法论》,法律出版社 2007 年版。
69. 施天涛著:《公司法论》,法律出版社 2006 年版。
70. 张守文著:《经济法学》,中国人民大学出版社 2008 年版。
71. I. J. Dawson & I. S. Stephenson, *The Protection of Minority Shareholders*, Tolley Publishing Co. Ltd., 1993.
72. Roger Bernhardt, *Real Property*, West Publishing Co., 1981.
73. John H. Williamson, *The Law of Small Business Enterprises*, Fourth Edition, Argyle Publishing Company, 1993.
74. S. H. Goo, *Minority Shareholders' Protection* (*A Study of Section 459 of The Company Act 1985*), Cavendish Publishing Limited, 1994.
75. Bryan A. Garner Editor in Chief, *Black's Law Dictionary*, Seventh Edition, West Group, 1999.
76. Harry G. Henn & John R. Alexander, *Law of Corporation*, Horn Book Series, West Publishing Co., 1983.
77. Frank H. Easterbrook & Daniel R. Fischel, *The Economic Structure of Corporate Law*, Harvard University Press, 1991.
78. Adolf A. Berle and Gardiner C. Means, *The Modern Corporation and Private Property*, New York, The Macmillan Company, Reissued January, 1933, and Reprinted March, April, 1933.
79. G. M. D. Bean, *Fiduciary Obligations and Joint Ventures*, Clarendon Press, 1995.
80. Paul L. Davies, *Gower and Davies' Principles of Modern Company Law*, Seventh Edition, Sweet & Maxwell, 2003.
81. Phillip I. Blumberg, *The Law of Corporate Groups* (*Substantive Law*), Little, Brown and Company, 1987.

附录

一、我国私营企业与个体工商户法律规定

(一) 私营企业

私营企业,是指由私人投资、企业资产归私人所有、实行雇工经营的营利性经济组织。私营企业作为一种在法律上具有特定含义的经济组织的概念性术语,体现了我国依所有制为标准划分企业类型的制度环境的特性。"私营企业"这一称谓是否恰当,自 1988 年国务院颁布《中华人民共和国私营企业暂行条例》之后,在理论界和工商管理部门一直存有争论。有的学者认为,财产属私人所有制或公民个人所有制的这种企业,应与国有企业、集体所有制企业相对应,称为"私有制企业"才能充分反映其财产方面的本质特性,而"私营"的说法则难以与国有企业、集体所有制企业的私人承包或者租赁经营形成区分,也不规范;经济学界有的学者认为应称为"私有企业",其理由与上述意见有相近之处;还有的学者认为应称为"个体企业",主张取消个体户与私营企业的界限标准等等。

笔者认为,称"私有企业"更能贴近我国的企业立法的实际体例现状,又具有相对鲜明的资产属性。但在立法称谓未改变且我国社会各界已经普遍认知该类企业的情况下,本书作为教科书而非学术论文,仍沿用"私营企业"这一称谓。

私营企业的提法和制度建设,反映了我国经济体制改革的阶段性状态。基于我国在整体的市场主体立法体例上已经遵循了企业组织形式的普适性路径,且已建构完毕,因此私营企业虽然还有现实存在,《中华人民共和国私营企业暂行条例》目前也未废止,但是其制度价值事实上已经归零。这个曾经代表社会进步,如今如同鸡肋一般的体改产物应当归入历史档案了。或早或晚,国务院于 1988 年颁行的《中华人民共和国私营企业暂行条例》应予废止。

(二) 个体工商户法律规定

个体工商户是我国个体所有制的一种存在方式,是我国公民个人或者家庭从事个体工商业的个体经营的市场主体。在本质上来讲,允许和鼓励个体工商户的存在和发展,是我国繁荣社会主义市场经济、解决就业的一种经营方式和就业方式。按组成形式分,个体工商户可分为个人经营和家庭经营两类,个人经营就是以个人投资经营并由该个人承担民事责任,家庭经营就是由家庭投资经营并以家庭共同负担能力承担民事责任。个体工商户具有两种社会属性:一方面,它是以户主为主体的具有营利性目的的最小的商业单元,具有营销成本的核算,为社会提供商业服务和商品,它的常态的行为是商业交易;另一方面,它是以投资者自身从事生产经营事务的自雇就业者,它也可以根据自身业务的需要雇佣其他社会成员。

个体工商户也可称为有固定经营处所的商贩,在世界各国,属于自雇就业人员,城市或者乡村的社区为他们的就业提供便利,税负和公共摊销费用较低。我国的个体工商户在申

领营业执照后，得办理税务登记，按规定缴纳个人所得税。

我国个体工商户于20世纪80年代初被允许设立。1987年8月5日国务院发布《城乡个体工商户管理暂行条例》规范个体户的设立及经营行为。2011年3月30日，国务院废止了原《城乡个体工商户管理暂行条例》，颁行了《个体工商户条例》。《个体工商户条例》取消了个体工商户的城乡区别，取消了雇工人数的限制(原先的限制人数为7人)，允许香港、澳门和台湾地区的居民在祖国大陆设立个体工商户从事经营活动。此外，个体工商户的经营范围也大大扩展，凡法律不禁止的行业，均可申请经营。个体工商户的登记机关为市县工商局。2014年2月19日，国务院对《个体工商户条例》作出了修改，主要内容涉及推行电子营业执照、取消年检并实行年度报告、异常名录和信息公示等。

按照《个体工商户条例》第8条的规定，在我国申请办理个体工商户，应当向经营场所所在地登记机关申请注册登记。申请人应当提交登记申请书、身份证明和经营场所证明。

个体工商户登记事项包括经营者姓名和住所、组成形式、经营范围、经营场所。个体工商户使用名称的，名称作为登记事项。经营资金不作为登记事项。登记机关对于申请材料齐全的申请人，在10日内发给营业执照。

个体工商户也可以申请变更为企业组织。

个体工商户由个人经营的，个人对其债务负责；家庭经营的，由家庭承担责任；合伙经营的，合伙人对经营债务承担连带责任。

二、股票期权法律制度概要

(一) 股票期权制度介绍

所有权和经营权相分离是现代企业制度的重要特征。在人力资本和金融资本相结合的公司体制中,公司治理所面临的一个永恒问题即是如何使公司所有者和公司经营管理者的利益相一致,以实现公司利益、公司所有者利益的最大化。这就在客观上要求公司员工能够有效地从公司的正向发展中受益,而通过特定的奖励制度安排使员工持有本公司的股票,无疑是一种适宜的方式。

股票期权计划(Stock Option)是公司员工持股计划的一种形式。员工持股计划(Employee Share Ownership Plan, ESOP)指的是公司将股票/股份作为员工薪酬的一部分授予员工,是一种基于普通股的员工延递补偿计划。在员工持股计划下,公司向员工提供在一定时期内以特定价格购买公司股票/股份的机会,对公司发展有所贡献的员工通过持股计划成为公司股票的所有者。广义的员工持股计划可以采取直接购买、股票期权、限制性股票、影子股票、股票升值权等形式进行。员工股票期权(Employee Stock Option, ESO)是员工持股计划的一种形式。员工股票期权即对公司普通股的选择购买权,是一种长期激励计划。员工股票期权计划通过设定行权条件、行权方式、股票可转让性等限制性条件,寻求将期权持有人的利益同公司股东的利益相一致。期权持有者通常将直接从公司股票价格上升中获益,因此有动力为促进公司股价上升而努力工作。而公司在员工股票期权计划下减少了支付员工薪酬所需的现金支出,并可享受一定的税收优惠,降低了持股成本。员工股票期权计划的制订及执行通常有以下步骤:(1) 由董事会制订股票期权计划,股票期权计划合同期限一般较长,有利于员工的贡献程度在公司的会计利润和股票的市场价格中得到真实体现。员工股票期权计划需要规定有权获得股票期权的人员范围、行权期间、行权价格、行权方式以及相应的股票发行和回购计划,通常员工股票期权计划还会作出对通过行使期权获得股权的限制性规定,主要对通过行权获得股票的投票权、可转让性、转让条件等进行限制来进行。(2) 董事会制订的股票期权计划经由股东会批准后,列入公司章程并进行相关登记和公示。(3) 当股票期权计划中规定的行权条件满足时,股票期权的持有者可按照规定条件行权。

作为一种长效激励机制,股票期权计划的顺利实施需要以下制度保障:(1) 股票期权计划所需股票有合法来源。期权计划受益人通过支付行权价格获得的股票可以有三种来源:在公司设立时预留部分股票、从公司已经发行的股票中回购部分股票或者增发新股。这就在制度上要求公司有权为施行股票期权计划决定预留股票、回购股票和发行新股。(2) 公司有权对股票/股份权利设定限制。对期权股票设定的权利限制应当通过公司章程列明,对通过行权获得股票的可转让性、转让条件、投票权、参与分红权利等进行限制,以使股票期权的长效激励功能实现得到切实的保障。(3) 股票期权计划的执行能够得到法律的强制力保障。股票期权计划是一种长期激励计划，计划的执行本身也是一个相当长的过程，如何确保公司和期权计划受益人双方遵守期权计划合约，保障期权受益人在期权计划项下的各项权益，是股票期权相关制度建设的重要内容。股票期权作为一种员工参与形式，从本质上讲是由公司为主导制订的一种公司政策，最初主要通过公司和被激励者之间的合同进行规范。随着股票期权制度在实践中的广泛应用，在各相关方的利益诉求推动下，公司法中及其他有关部门法中逐渐出现了一系列旨在规范股票期权制度的法律规范，股票期权制度的法律规范体系得以逐步建立。

（二）美国的股票期权制度

美国是股票期权制度最为发达的国家，关涉这一行为的最重要的法律是《国内税务法则》。美国与股票期权制度相关的法律法规主要见于美国《标准商事公司法》、《证券法》、《证券交易法》以及各州的《公司法》。美国的股票期权法律制度完备，对诸如实行股票期权所需股票来源、股票期权计划相关税收措施、相关会计准则、股票期权计划有关的信息披露制度等股票期权计划相关的制度都有较为详尽的规定。

在美国，股票期权分为激励性股票期权（Incentive Stock Options，ISOs）和非法定的股票期权（Non-qualified Stock Options，NQSOs 或 NSOs）。激励性股票期权又称合格的股票期权，非法定的股票期权又称非合格的股票期权，二者的主要区别在于税收待遇不同。激励性股票期权符合一定的税法要求，期权持有者能够得到税收优待，期权持有者的期权收益（行权价和出售价的差额）可以作为长期资本增值收益纳税，并且延迟到出售期权股票时纳税。非法定的股票期权则不符合激励性股票期权所具备的税法条件，期权持有者不能得到税收优待，期权收益中的行权收益部分（行权价和行权日股票的公允市价差额）要在行权时按照普通收入纳税，资本增值收益部分按照资本增值收益纳税。

股票期权计划减少了公司用于支付薪酬的现金支出，延迟、减少了期权收益的相关税费缴纳，优化了期权计划双方主体的会计和税收成本，为美国的经济增长提供了助力，自诞生以来受到越来越多的企业，特别是处于初创时期的高科技企业的青睐。但也有对股票期权持批评态度的意见认为股票期权制度是企业经营管理者追求高风险投资、甚至进行财务造假的根本动因之一。即便是在公司和广大股东蒙受巨大损失的金融危机期间，公司的经营者仍有可能通过股票期权计划获得巨额回报，而这无疑背离了股票期权制度设计的初衷。2001 年美国安然公司的破产以及施乐、世界通讯等公司的一系列财务丑闻曝光后，人们对股票期权制度产生了大量质疑。在此背景下，美国国会于 2002 年颁布了《公众公司会计改革和投资者保护法》（又称《萨班斯—奥克斯莱法》，简称《SOX 法》）。2007—2009 年世界金融危机，华尔街的投资银行损失惨重，但高管依然领取高额薪酬，招致社会公众的强烈不满，不少公司的董事高管薪酬被依据《SOX 法》追回。危机后出台的《多德—弗兰克法》第 951 条，不仅要求公司披露内部薪酬的公平性，还要求公司赋予股东对董事高管的薪酬这一问题的更多话语权（say on pay）。

（三）我国法律、法规针对股票期权的制度规范

我国对股票期权制度的最早探索被普遍认为始于深圳万科。1993 年，深圳万科股份有限公司起草了《职员股份计划规则》，其中涉及了股票期权的有关内容。但由于法律、法规发展滞后以及其他诸多限制，这份《职员股份计划规则》后来未能实施。1999 年 8 月 20 日，国

务院发布了《关于加强技术创新、发展高科技、实现产业化的决定》,该《决定》指出:"允许和鼓励技术、管理等生产要素参与收益分配。在部分高新技术企业中进行试点,从近年国有净资产增值部分中拿出一定比例作为股份,奖励有贡献的职工特别是科技人员和经营管理人员。"同年颁布的中共中央《关于国有企业改革和发展若干重大问题的决定》中提出:"要建立和健全国有企业经营管理者收入与企业的经营业绩挂钩,少数企业试行经理(厂长)年薪制、持有股份等分配方式。"在中央政府的政策指引下,许多地方政府在企业自发实践的基础上相继出台了有关股票期权制度的政府指导意见或地方政策。由于涉及股票期权基本制度的法规缺失,股票期权制度虽在企业层面多有实践,但在具体制定实施过程中存在着无法规范统一的问题,客观上阻碍了股票期权制度正面激励作用的功能发挥。

1.《公司法》及《证券法》有关股票期权安排的制度规定

股票期权计划的顺利实施有赖于股票期权计划所需股票有合法来源、期权计划受益者通过行权所获得的股票可以在资本市场上正常流通,前者使股票期权计划的实施成为可能,后者使股票期权计划的激励作用能够真正得以实现。《公司法》关涉股份有限公司股票期权计划制定和执行的内容主要包括以下一些:

(1) 注册资本及缴付期限由公司章程规定,使采取发起方式设立的股份有限公司实行股票期权计划而预留股份成为可能。《公司法》第 80 条第 1 款规定,股份有限公司采取发起设立方式设立的,注册资本为在公司登记机关登记的全体发起人认购的股本总额。在发起人认购的股份未缴足前,不得向他人募集股份。因此,公司用来作为股票期权的激励安排,只能是新增资本或者是公司回购股本或控制股东出让股本。以募集方式设立的股份有限公司在形式上仍为严格的法定资本制,在实际上通过预留股票来作为股票期权计划所需股票的来源合法性不足,且中国证监会通过发布首次公开发行股票的行政规章封死了募集设立股份有限公司的通道,事实上没有空间操作股票期权。

(2) 拓宽公司股份回购的许可范围,为实行股票期权计划的股票来源提供了途径。《公司法》第 142 条规定了禁止公司收购本公司股份的例外情况,将"将股份奖励给本公司职工"作为例外情况之一加以规定,使股份有限公司通过回购来提供股票期权计划所需股票具备了合法性基础。但在实际操作中,缺乏对回购资金来源、数量和决策程序等回购所涉及的重要内容的规定,使得回购在实际上无章可循,难以操作。

(3) 对公司高管股份转让的绝对禁止调整为限制性规定,使得公司高管通过股票期权计划所获得的股票流通成为可能。《公司法》第 141 条规定:发起人持有的本公司股份,自公司成立之日起 1 年内不得转让。公司公开发行股份前已发行的股份,自公司股票在证券交易所上市交易之日起 1 年内不得转让。公司董事、监事、高级管理人员应当向公司申报所持有的本公司的股份及其变动情况,在任职期间每年转让的股份不得超过其所持有本公司股份总数的 25%;所持本公司股份自公司股票上市交易之日起 1 年内不得转让。上述人员离职后半年内,不得转让其所持有的本公司股份。公司章程可以对公司董事、监事、高级管理人员转让其所持有的本公司股份作出其他限制性规定。

(4) 通过增发新股获得股票期权计划所需股票面临的问题。我国《证券法》对公司发行新股设立了较为严格的条件,规定有权发行新股的公司需满足以下条件:具备健全且运行良好的组织机构;具有持续盈利能力,财务状况良好;最近 3 年财务会计文件无虚假记载,无其他重大违法行为;经国务院批准的国务院证券监督管理机构规定的其他条件。此外,上市公司非公开发行新股,应当符合经国务院批准的国务院证券监督管理机构规定的条件,并报国务院证券监督管理机构核准。中国证监会《上市公司证券发行管理办法》对非公开发行股票的特定对象也进行了限制要求，规定发行对象应当符合以下条件：特定对象要符合股东大会决议里规定的条件；所发行对象不得超过10名。遗憾的是，现有《公司法》对此没有提供相应的制度配合，其关于原股东优先认股权的规定为在实际中通过发行新股来提供股票期权所需股票来源制造了制度困境。

（5）关于《证券法》的指导规范作用。虽然，我国2005年修订的《证券法》没有对股票期权作出对应性很强的直接要求，但《证券法》的原则以及公开、公正、公平的规定，信息披露的规定，股票发行的一般规定，上市公司治理及监管的种种规定，都是公司实行股票期权激励计划的约束准则。

2.《上市公司股权激励管理办法（试行）》对股票期权制度的原则性规定

中国证监会2005年发布《上市公司股权激励管理办法（试行）》，对上市公司的股权激励实施办法和相关监管处罚措施作了较为详细的规定，构建了我国股票期权制度的基本框架。其主要内容如下：

（1）股票期权计划的相关主体资格规定。《办法》将股票期权的授予主体规定为上市公司，将股票期权的授予对象规定为董事、监事、高级管理人员和其他员工，不包括独立董事。

（2）股票期权计划所需股票来源的规定。《办法》第11条规定拟实行股权激励计划的上市公司，可以根据本公司实际情况，通过以下方式解决标的股票来源：向激励对象发行股份；回购本公司股份；法律、行政法规允许的其他方式。

（3）对上市公司股票期权计划的内容规定。《办法》第13条规定上市公司应当在股权激励计划中对下列事项作出明确规定或说明：股权激励计划的目的；激励对象的确定依据和范围；股权激励计划拟授予的权益数量、所涉及的标的股票种类、来源、数量及占上市公司股本总额的百分比；若分次实施的，每次拟授予的权益数量、所涉及的标的股票种类、来源、数量及占上市公司股本总额的百分比；激励对象为董事、监事、高级管理人员的，其各自可获授的权益数量、占股权激励计划拟授予权益总量的百分比；其他激励对象（各自或按适当分类）可获授的权益数量及占股权激励计划拟授予权益总量的百分比；股权激励计划的有效期、授权日、可行权日、标的股票的禁售期；限制性股票的授予价格或授予价格的确定方法，股票期权的行权价格或行权价格的确定方法；激励对象获授权益、行权的条件，如绩效考核体系和考核办法，以绩效考核指标为实施股权激励计划的条件；股权激励计划所涉及的权益数量、标的股票数量、授予价格或行权价格的调整方法和程序；公司授予权益及激励对象行权的程序；公司与激励对象各自的权利义务；公司发生控制权变更、合并、分立、激励对象发生职务变更、离职、死亡等事项时如何实施股权激励计划；股权激励计划的变更、终止以及其他重要事项。

（4）对股票期权计划的制订批准程序的规定。《办法》规定实行股票期权制度的公司必须首先制订本公司的股票期权计划，计划草案由公司董事会下设的薪酬与考核委员会负责拟定并提交董事会审议，审议通过后交股东大会表决，经出席会议的股东所持表决权的2/3以上通过作出决议通过。

（5）对股票期权计划行权价格、行权资金来源的规定。《办法》规定股票期权享有者要行权取得公司股票，必须支付约定的价款，但该笔价款不得是公司为其提供的贷款或其他任何形式的财务资助，包括为其贷款提供担保。股票期权合同约定的行权价格不得低于股票期权计划草案摘要公布前一个交易日的公司标的股票收盘价和股票期权计划草案摘要公布前30个交易日内的公司标的股票平均收盘价的价格较高者。

(6) 股票期权计划的有效期间的规定。《办法》规定股票期权的有效期从授权日开始不得超过10年,其中行权等待期不得少于1年。股票期权享有者在其行权等待期满后,且在其股票期权有效期内可以行使其股票期权,但必须在公司定期报告公布后第2个交易日至下一次定期报告公布前10个交易日内,且必须分次进行。股票期权有效期过后,已授出但尚未行权的股票期权不得行权。

3. 股票期权有关税务制度

2005年财政部和国家税务总局发布了关于《个人股票期权所得征收个人所得税问题的通知》,对股票期权计划受益人在期权计划的各个期间所涉及的个人所得税问题进行了原则性规定。《通知》规定:(1) 员工接受实施股票期权计划企业授予的股票期权时,除另有规定外,一般不作为应税所得征税。(2) 员工行权时,其从企业取得股票的实际购买价(行权价)低于购买日公平市场价(指该股票当日的收盘价)的差额,是因员工在企业的表现和业绩情况而取得的与任职、受雇有关的所得,应按"工资、薪金所得"适用的规定计算缴纳个人所得税。对因特殊情况,员工在行权日之前将股票期权转让的,以股票期权的转让净收入,作为工资薪金所得征收个人所得税。(3) 员工将行权后的股票再转让时获得的高于购买日公平市场价的差额,是因个人在证券二级市场上转让股票等有价证券而获得的所得,免征个人所得税。(4) 员工因拥有股权而参与企业税后利润分配取得的所得,应按照"利息、股息、红利所得"适用的规定计算缴纳个人所得税。

4.《国有控股上市公司(境内)实施股权激励试行办法》对国有控股境内上市公司实施股票期权计划的规定

2006年,国务院国有资产监督管理委员会和财政部出台了《国有控股上市公司(境内)实施股权激励试行办法》,对国有控股上市公司实行股权激励制度的条件、原则和股权激励计划的制订等作出了指导性规定,内容在与上述《试行办法》保持基本一致的同时对国有控股境内上市公司实施股权激励计划作出了更为严格的限制性规定,主要见于以下几个方面:(1) 规定实施股权激励的上市公司外部董事(含独立董事)占董事会成员半数以上;薪酬委员会由外部董事构成,且薪酬委员会制度健全,议事规则完善,运行规范。(2) 规定实施股权激励计划所需标的股票来源不得由单一国有股股东支付或擅自无偿量化国有股权。(3) 规定股权激励对象原则上限于上市公司董事、高级管理人员以及对上市公司整体业绩和持续发展有直接影响的核心技术人员和管理骨干。上市公司监事、独立董事以及由上市公司控股公司以外的人员担任的外部董事,暂不纳入股权激励计划。明确规定授予对象不包括上市公司的独立董事,主要是出于保证独立董事客观独立性的考虑。

5.《股权激励有关事项备忘录1、2、3号》对上市公司股票期权计划的有关规定

2008年,中国证监会上市公司监管部接连发布了1、2、3号《股权激励有关事项备忘录》,对上市公司股票期权授予对象的资格、行权指标设定、期权计划所需股份来源等作了进一步限制规定,主要内容如下:(1) 关于股票期权授予对象的限制性规定。规定持股5%以上的主要股东或实际控制人原则上不得成为激励对象。除非经股东大会表决通过,且股东大会对该事项进行投票表决时,关联股东须回避表决;持股5%以上的主要股东或实际控制人的配偶及直系近亲属若符合成为激励对象的条件,可以成为激励对象,但其所获授权益应关注是否与其所任职务相匹配,股东大会对该事项进行投票表决时,关联股东须回避表决;激励对象不能同时参加两个或以上上市公司的股权激励计划;董事、高级管理人员、核心技术(业

务)人员以外人员成为激励对象的,上市公司应在股权激励计划备案材料中逐一分析其与上市公司业务或业绩的关联程度,说明其作为激励对象的合理性。(2)关于行权指标的设定。规定公司设定的行权指标须考虑公司的业绩情况,原则上实行股权激励后的业绩指标不低于历史水平。鼓励公司同时采市值指标和行业比较指标。(3)关于股份来源。规定股东不得直接向激励对象赠予(或转让)股份。股东拟提供股份的,应当先将股份赠予(或转让)上市公司,并视为上市公司以零价格(或特定价格)向这部分股东定向回购股份。然后,按照经证监会备案无异议的股权激励计划,由上市公司将股份授予激励对象。上市公司必须在一年内将回购股份授予激励对象。(4)关于行权限制。规定股权激励计划中不得设置上市公司发生控制权变更、合并、分立等情况下激励对象可以加速行权或提前解锁的条款。

6. 同股票期权计划相关的其他规定

2008年,国务院国有资产监督管理委员会和财政部发布了关于《规范国有控股上市公司实施股权激励制度有关问题的通知》,对国有控股上市公司股权激励的绩效考核、股票期权收益水平的合理控制、股权激励对象离职、退休等行为的处理方法等问题的处理作出详细规定。2009年国家税务总局发布了关于《股权激励有关个人所得税问题的通知》,区别了纳税年度内第一次取得股票期权所得和两次以上(含两次)取得股票期权所得的应纳税额计算方法。同年,财政部和国家税务总局发布了关于《上市公司高管股票期权所得缴纳个人所得税有关问题的通知》,规定对上市公司高管人员取得股票期权在行权时,纳税确有困难的,经主管税务机关审核,自其股票期权行权之日起,在不超过6个月的期限内分期缴纳个人所得税。

我国现有的股票期权法律制度散见于各种文件之中,多以位阶不高的通知形式出现,缺乏相关的配套规定,且具体规定存在着不统一的现象。股票期权作为一种长期的激励机制,其顺利实施有赖于稳定统一的法律规范体系的保障,应当尽快建立协调完善我国的股票期权法律法规体系。虽然目前我国对上市公司实施员工股票期权计划已经制定了大致的程序规定和监管体制,但是大量非上市公司股票期权计划的实施尚无明确法律规定可供遵循,特别是有限责任公司的股权期权计划实践,由于制度的缺失,集体游走在法律规范的灰色地带。在实践中,有限责任公司股权期权计划主要通过公司股东之间签订决定赋予公司管理者、员工以股权期权的协议、股权期权合同以赠与的方式在多方当事人之间以合同形式缔结来实现。而在我国严格的注册资本审核制度下,公司登记机关在执行操作中实际将拒绝带有股权激励内容的条款进入公司章程或进行备案。作为一种长效激励机制的股票期权计划仅能依托于合同方式存在,其实施无法得到法律制度的有力保障。

(四)对我国股票期权制度的评价

股票期权制度内生于英美法体系之中,长期的制度实践表明,在英美法体制下,通过各种制度安排强调激励与约束并重的股票期权制度整体运行良好,充分有效地发挥了其长效激励机制作用。而在我国,实行股票期权制度除了存在不同法系之间天然存在的制度隔阂所造成的制度障碍外,还要面对我国传统公司治理观念中重约束、轻激励的理念偏差。制度加理念的双重障碍,使得现阶段我国所实行的股票期权计划,激励效果大打折扣,形似而神不似,在很大程度上背离了股票期权制度设计的初衷。导致股票期权计划激励效果不佳的原因主要有以下几点:第一,对期权计划受益人的权益保障制度缺位。在我国,如果发生在股票期权计划下公司对期权受益人违约的情形,权利人往往难以得到救济。在实践中,法院倾向于将员工期权计划作为公司和员工双方的合同来对待,不愿也无从对行权条件是否满足进行事实判断。第二,缺乏与期权计划相配套的税收优惠制度的激励。我国没有给予期权计划双方主体以任何税收优惠,造成公司引入股票期权计划作为长效激励方式的动力不足。第三,资本市场的不透明、不健全使得员工的努力程度在多大程度上能够影响公司的股票价格成为疑问,这在很大程度上制约了股票期权激励效果的实现。

三、我国《公司法》适用中若干疑难争点条款的忖度与把握

（本文完成于2011年6月，故文中法律条文序列采用2013年《公司法》修订前的安排，特作说明）

我国2005年修订的《公司法》在借鉴西方国家公司法律制度和揣摩我国国情方面达到了一种比较理想的完美结合的境界，此前我国严重缺失但在西方已经普遍适用的许多制度如法人资格否认、一人公司、关联交易、累计投票权、股东知情权、红利分配请求权、异议股东股份回购请求权、临时股东会议召集请求权和召集权、股东申请解散公司、董事监事高管对公司的勤勉义务、股东派生诉讼等得到了及时的填补；另外一些制度和理念如商业判断规则、公司自治等虽然在公司法上没有明确提出，但按照我国2005年修订的《公司法》昭示的改革精神，这些原则实际上在实践中已经被有效适用，最高人民法院的司法解释和地方法院的一些判例作出了制度创新的尝试；此外，我国的《公司法》甚至超前性地把公司社会责任直接写进了其第5条中。

上述制度的引进，彻底改变了我国旧公司法过度体现政府严格管控的计划经济容貌和内涵，彰显了现代社会中对围绕公司组织体而发生的各样权益交织关系的制度调整和各样冲突的解决机制的建设安排，为我国经济社会有秩序的发展提供了与时俱进的法律保障，为各级法院和仲裁机构解决公司各类纠纷提供了制度依据。

从北京市近几年来的司法实践看主要存在两方面的情形：一是公司案件的数量，经历了一段鲑鱼回游式的发展路线，2006年、2007年比较平缓的上升，但到2008年以来却是大幅度的上扬；二是疑难案件在法院的处理常常使法官处在情理和法理的进退两难之间，公司法安排的制度条款仍显原则和笼统，同一类型的案件在不同的法院作出意见完全对立的判决的情形时有所见，另有一些颇具中国乡土因素的案件的确不能够容易裁断，公司法上的一些制度安排至今在实务部门和学界争论不休。

事实上，在完成2005年《公司法》修订后，我国的公司法律制度本身在整体上已经达到了现代化的水准，其中体现的一些具有浓厚的中国情结的制度元素如国有独资公司、公司中设立党组织等，一方面短期内不可能被取缔，另一方面这种“特色内容”的存在也不影响公司法所调控的公司主体和行为的主流方面，制度引进和填补的巨大空洞现时已不复存在。未来，我国的公司法应当进入一个常态的隔三差五微调的修订程序，就是通过法律实施的实践，特别是律师界的集体行为和集体意识，配合法院的司法判例，把不再适宜的规定取消或者修改，把有遗漏且证明效果俱佳的做法填补进去，把成熟的细则性安排补充到公司法中。这种修订应当像其他发达的市场经济体那样每年都有修法行动，渐入佳境。但是，这种模式的选择，一点也不否定我们还要持续地向国外先进公司法律理论学习的冲动和理性需求，特别是英美国家体现在判例中的法理理念，这需要我们律师、法官和学者一道努力通过案件处理中的法律解释和学术研究制造出源源不断的“血和肉”结构到公司法的躯干上，从而丰富

法律的肌体活性,不断增强其规范的实际指导力和执行力。这其中,对于一些绝对中国化的特殊案例,我们从国外的法律和理论中无从发现任何拨云见日的思想灯塔,只能立定本土,仰望星空,苦苦探索,也许会存在激烈的争论,把最后的为难留给法官,让他们承载公平和正义衡量与选择的全部痛苦。制度的创新,也许不流血,但负有社会责任的人需要在良心和道义的把握中备受煎熬是在所难免的。

从广义视角说,公司法任何条款的适用解释都可能存在争议。但我们今天的讨论不是哲学层面的,绝大多数法律规范具备具体语境下的标准内涵。笔者也不设定原被告代理人由立场决定的解释法律的天然的意见分歧场景,试图对个别公司法条款在适用中作出个人的评价,包括探讨立法的目的,当然这种解释不存在当下的利益冲突,如前所述是一己之见。

(一) 关于《公司法》第 16 条第 1 款规定的解读

我国《公司法》第 16 条第 1 款规定:"公司向其他企业投资或者为他人提供担保,依照公司章程的规定,由董事会或者股东会、股东大会决议;公司章程对投资或者担保的总额及单项投资或者担保的数额有限额规定的,不得超过规定的限额。"

《公司法》第 16 条的规定,在分布上处在总则部分,当然对其后规定的两种公司形式具有原则约束效力。目前针对该条款效力的争论集中在下述观点上:(1) 认为该款是强制性规范,不仅对公司形成约束,且对担保权人形成约束,但对于专事担保业务的公司企业按照公司公章或法定代表人的签字外观为公司的真实意思表示,豁免担保权人对担保人公司章程及有效决议的审查义务。对于其他非专门从事担保业务的公司,凡仅以公司公章或法定代表人签字形成的担保书或担保协议不确认其效力,由此给担保权人造成的损失由实施该行为的法定代表人和其他行为人承担赔偿责任。(2) 认为该款仅是强制性规范中的管理性规范,或者说是赋权性规范,只能约束公司董事和高管,对外不能约束担保权人。担保权人没有法律义务审查担保人公司的章程,公司提供担保的行为和公司常态的经营行为及其他民事行为一样,法定代表人或者公司公章对外代表了公司的意思。该种观点还以《公司法》第 11 条规定的公司章程约束范围(公司、股东、董事、监事、高级管理人员)作为根据说明章程对外不具有约束力。(3) 认为本款的规定应当依据公司的形式不同而产生不同的效力约束:对于股份有限公司,由于该种公司集中了成千上万股东的资金,社会风险很大,且股份公司的章程完全是公开披露的公司文件,任何人方便查阅,知悉公司章程规定内容的成本很低,因此该款规定对担保权人有约束力;相反,有限公司章程具有封闭性,外人查阅程序复杂,且真假难辨,公司一般也是私人公司,规模不大,即使发生履行担保义务的情形,只是少数投资者的利益受损,不会牵动引发社会危机,因此主张该款对于有限公司作为担保人时不对担保权人产生强制性约束。

近年来,学界对该条款的讨论异常活跃,发表的论文在数十篇以上,另有许多专著教材均有涉及。笔者既在教材中讨论过,也有文章集中探讨过这个问题。笔者的观点是《公司法》第 16 条第 1 款是强制性法律规范,对公司和担保权人均有约束力。笔者按照以下的逻辑说明自己的看法:

首先,从我国新旧公司法的衔接背景和立法目的看。2005 年修订的《公司法》第 16 条第 1 款是由 1993 年《公司法》第 60 条第 3 款演绎而来,原《公司法》规定:"董事、经理不得以公司资产为本公司的股东或者其他个人债务提供担保。"当时的规定试图通过限制董事、经理的权力以实现防止个别股东或者社会个人利用控制权、人情关系或者私人利益交换将公司拖进担保泥潭,保护公司的正常生存状态和资产完整性。但是,那个时期,我国的市场经济体制刚刚孕育,作为董事、经理个人的行为规范基本缺乏责任约束,社会造假、失信以及滥权现象在利益驱动下成为常态,特别是国企改制设立的上市公司在政治文化引导下和董事个人地位保障压力下董事们为控制股东占款和提供担保集体开启绿灯,上市公司大面积地演变成了控制股东的自留地和摇钱树。《公司法》的该条款完全被作了扭曲性解释或者干脆被弃之不理。国企在被救赎的过程中扮演了贪吃贪占、毁坏秩序、公然损害他人利益而又不受追究的纨绔宠儿的角色。2005 年《公司法》修订前的四五年内,中国证监会为了履行本职和维护资本市场的整体形象,已经采取了系列性的手段扼制上市公司违法担保的情形,形成了全社会对公司担保的普遍关注。2005 年修订的《公司法》第 16 条第 1 款的出台,把原《公司法》第 60 条第 3 款的"实体禁止"改为"程序控制",且放在总则部分告知天下,其立法的目的不是给董事、经理个人的放权,而是公开授权给公司章程。这里,基本的解读是法律不禁止公司对外提供担保,但是法律也明确要求公司对外担保得按照公司章程的规定进行。在 2009 年 11 月 6 日由最高人民法院民二庭和中国政法大学民商经济法学院举行的"公司法适用高端论坛"中就 2005 年修订的《公司法》第 16 条第 1 款的规范性质不仅发生了激烈的争论,而且现场提请全国人大法工委经济法室副主任袁杰作了关于立法目的的解释,记得袁主任当时的解释理由是为了保护中小股东的利益和公司的利益。事实上,在前述背景下由原来的禁止性规定演化为现在的规定,其立法宗旨不会滑落到彻底放松管控的程度。单纯把这个条款解释为"赋权性"规范甚至如一些民法学者解释的"管理性"规范,是完全脱离立法背景的语义曲解。把法律规范借用物理学原理无限细分为原子规范、质子规范的做法增加了法律的模糊和不确定性,对司法的统一标准适用形成了高水平的误导。

其次,从普通公司提供担保的行为性质、后果反观公司法的规范的真义。担保不是普通公司的常业营业内容,担保不慎肯定会造成公司财产损失甚至在没有任何获益的情形下导致公司解体。一家公司在其主营业务范围内,主管经营的总经理、业务经理及其门店的工作人员都是合法的公司代理人,即使发生营业人员超过授权从事交易行为的,一般将与之交易的第三人推定为善意或者以表见代理确认交易效力是没有问题的;但是,现代公司不是个人神体的复制模型,特殊事项下的公司意思的形成一定是经董事会或者股东会机构按照投票程序决定的,这一点是为任何理性经济人所周知的。比如,公司出售核心资产,公司对外投资,公司收购、合并,公司解散,公司对外担保等,是不可能由董事长或者总经理个人所能独立决定的。交易安全的控制取决于交易事项的种类和复杂程度,不要说法律已经很公开地明示了对担保的行为有明确要求,即使一项重大的交易,比如董事长宣称可将公司数千万资产愿意 1 万元出让,交易的对方根据一眼可看透的简单判断就可确认董事长是无权处分的,签署合约还要主张行为有效岂不是滑稽可笑?按我国过往的担保实例看,许多担保的形成基于人情关系,董事长、总经理为私人面子或者个人私利将公司拖进风险深渊,损害公司利益和其他股东利益,恶果昭彰。按公司法的要求,这样的事务交由公司的股东会或董事会按照章程规定讨论决定,借以体现出公司决策的集体意志。处在获益地位的担保权人,明知公司法的规定,不履行必要的审慎调查义务,采取与担保人公司法定代表人私下沟通或者仅获取公司盖章的捷径方式是不可接受的。在这种情况下获取担保,担保权人无论如何不是法律关系中的善意第三人。赞成此种担保合约有效的几种论据认为:(1) 确认担保有效有利于提高效率,节约交易成本。但是,这种效率的提高是以担保人公司承担全部风险作为前提的,最终把董事、经理人轻率行为的损失加诸于公司和未参与公司管理事务的股东们,破坏了公司建立合理的治理机制。再说,担保事务,毕竟对担保人是重大交易,主债务人和担保权人既然需要担保人提供服务,等待合理的时间又会有多大损失,担保的事务主要发生在主债务人贷款的场合,这种业务对于债务人公司而言是未雨绸缪、早早计划的事项,很难说是以小时来计算其效率价值损益,更何况,时下有许多的担保公司在提供专业服务,业务确实急迫,当有所找,而且可以找。(2) 有学者认为对于担保权人而言,其作为外人很难简捷、真实地了解到担保人公司的章程,也无法确认担保人公司提供的股东会决议或董事会决议的真伪。笔者认为,这是一个比较现实的问题。上市公司的章程完全是透明的文件,任何人均可通过网络查询,不上市的公司的章程应当由担保权人径直向同意提供担保服务的公司索要,并根据章程规定索要适当的决议文本。相关的文件只要来自担保人公司的代表人、代理人之手,如果文件存在虚假、伪造情势,则不影响担保合约的效力。如此看,担保权人的审查义务止于形式审查,而非实质审查。许多学者持有这个观点,笔者也是这个观点。(3) 有学者认为作为公司以外的人,可以从公司公章和代表人签字推断出公司已经依法履行了内部表决程序,而无需再行获得表决的结果意见,而且外人又无机会参与公司内部的表决程序。这个说法从表面上看是有道理的,但其理论缺陷仍然存在:担保权人的审慎调查义务涵盖的是查阅担保人公司的章程和获取按照章程规定形成的董事会或股东会的决议文本,不能参加担保公司内部决策程序并不妨碍其获得决议文本,而决议文本的直接获取是担保关系成立的前提条件。我们可以设想,担保人公司按《公司法》第 16 条第 1 款的规定履行决议程序,担保权人在签署担保合约时除了担保人代表签字和盖章之外,索要决议文本又能增加多大的负担呢? 人的一生中,许多的事务可以不要仪式,不要复杂的程序规矩,但是一些事情仍然要按照风俗惯例和社会的理性常理举行特别的仪式,不仅有程序,而且要有很大的费用开销,如成人仪式、婚庆、毕业典礼等等。对于普通公司而言,对外担保要经历一项法定的繁琐程序,就如同人生中的重要生活经历一样。

再次,从公司章程的效力范围看。公司章程的约束范围超越公司、股东、董事、监事、高管的情形历来有之。这种超越来自于对于特殊交易的安全的公共理解和认知,来自于商业社会的普通的理性判断和惯例积累。公司负载了众多社会主体的利益,公司的治理结构中存在股东会、董事会集体决策机构是任何人都明知的事实。公司运营中凡关涉公司命运的交易其相对人理应知道代表人、代理人签字的行为仅仅是交易达成的必要步骤,而不是交易的有效成立。国家的对外交往中也存在这种现象,就是外交文件在元首签署后还要等待国会批准,未经国会批准就不能生效。公司的治理和国家相仿。这种关涉公司命运和股权结构发生重大变化的交易,分两种情况在法律上和商业实务上加以区别对待:其一,立法机关根据社会公共理性作出判断将某类行为和交易条件直接规定在法律中,如我国《公司法》第 44 条、第 104 条关于股东会、股东大会讨论公司合并、分立、增加或减少注册资本等事项的规定,第 16 条关于对外投资、对外担保的规定,第 122 条关于上市公司在 1 年内购买、出售重大资产或者担保金额方面限制的规定,都是这种情况。这些规定集中体现了国家意志对公司行为的直接干预,明明白白就是强制性法律规范,其本质不是赋权,而是一种轨道限制,是一种安全通行的交通标志。其二,根据商人们的基本理性判断,一件交易关系到交易对方基本生存条件引起变化或者涉及其核心利益处置的,在任何公司完全不可能由法定代表人或者普通代理人单独决定此类业务,相对交易方自动产生审慎调查义务。如一家宾馆要卖掉用以经营的房产、一家高技术公司要转让其核心技术等。这种情形,类似于和未成年人的交易关系,可以和他做一瓶醋、一盒蛋糕的生意,但不能做汽车或者房产买卖交易等。公司治理的原则完全支持如下的判断:公司的法人代表不是不分青红皂白在任何情况下都可以单独决策公司事务,公司的重大交易中的对方有义务获取公司机关的决议意见,无论该种交易来源于法律规定,还是来自常人的理性判断。我国《公司法》第11条规定的公司章程的约束范围,是就其最主要的方面作出规定,并不排斥在特殊的场合其可约束交易相对方。特殊场合是一种个案状态,存在不确定性,法律回避表达是一种选择,也许可以说是法律的不完备性。

从目前各地法院处理此类案件的情况看,涉及《公司法》第16条第1款的多数案件是按照有效处理的。这种情况让人着实忧虑,法官们习惯于以法人代表的签字或者公司公章被加盖的外观视为公司的意志,把公司法规定的决策程序只是看作公司内部操作的安排,无视公司法上的董事会、股东会体制和全民企业法上的厂长经理负责制的制度差别,简单对待。这是一种极为消极的心理上的路径依赖,是不分青红皂白的思想方式。

(二)关于《公司法》第22条第1款规定的解读

我国《公司法》第22条第1款规定:"公司股东会或者股东大会、董事会的决议内容违反法律、行政法规的无效。"

公司法的这项规定显然是一种性质判断。为了讨论的便利,笔者只是将决议无效的问题点局限于有限公司股东会决议被认为无效的范围。

公司法基于对公司社会性质的把握而强制确立其为公司的决策机关,它体现了股东以股权为基础在公司社团联合行动中各自表达私权的意思集中,公平、节约成本、合法、对公司形成最高约束是这一机关运作的经济和法律属性。

股东会决议形成一般需在程序上满足召集、主持(讨论)、表决几个步骤。由于股东会的成员必须是公司股东,所以向股东会发出效力挑战诉讼的只能是股东,公司外部的第三人虽然预测或判断股东会决议对其利益将会造成损害或者已经造成损害,但在法理上说,股东会只是公司自身的意思机关,公司实施股东会决议中对他人的损害是为公司的行为,其提出侵权之诉可直接针对公司提出,而不涉及公司内部运作的过程,如公司的职工和债权人就属于这种情况。但是,也有例外情况:即公司内部机构之间如果形成权益结构冲突,如董事会、董事、监事会、监事对股东会决议提出反对意见而不受接纳,可能形成董事会、董事、监事会、监事针对股东会决议效力的诉讼。这种情况在欧洲一些法制完备国家已经形成了案例。实际上,在150年前的英国,就有董事向法院提出宣告股东会决议无效的诉讼,而且法官支持了董事的请求,理由是股东会在完成向董事会授权经营后不可以自行再作出让董事们必须执行的干涉董事经营权的股东会决议。因此,虽然在我国并没有形成董事会中心主义的制度结构,股东会通过具有经营内容的决议董事会当然得无条件执行,除非公司章程中对股东会的权限有明确限制,而股东会通过解除董事会、监事会集体的职务或者对某一董事、某些董事、某一监事、某些监事职务的解除,有关的董事、监事仍可有权对股东会决议提出诉讼,而不是必然唯一的仅仅针对公司提出经济补偿性诉讼。这种理解可能在英美法系法律体制下不被接受,相关的意见将在后面讨论。

股东会通过的决议除程序瑕疵导致股东提出诉讼外在内容上可能涉及方方面面,很难说哪些类事务方面的决议会牵涉到效力诉讼,但是依循对具体事务可以分类的情况确定诉讼中法院的主导意见还是可行的。这些情况可以作以下的分类解读。

(1) 股东会决议在程序上存在严重瑕疵,影响其效力的诉讼案件。

公司法对股东会决议的诉讼区分为可撤销和无效两种情形,规定在程序上违法的或者内容违反公司章程的属于可撤销的范围。这里提出程序严重违法的情形,一是因为存在一些边缘化的客观情况,二是可撤销的规定时限较短,为彻底保护股东利益应当补充为无效之诉。公司法的前述分类只是照顾到最一般的情形,例外的现象是客观存在的。

公司法规定了首次股东会会议、定期股东会会议和临时股东会会议三种情形。

第一,首次股东会会议。就召集和主持程序而言,法律明确规定了首次股东会会议由出资最多的股东召集和主持的制度,但公司法没有规定表决方式。首次股东会会议由于要对公司设立作出决议,通过公司章程,选举公司董事会、监事会,因此全体股东都必须参加。如果没有通知到全体股东,其决议对于未受通知的股东没有约束力,因为公司事实上尚未成立,章程未获其同意,股东间实质上处于投资合同当事人之间的关系,该股东仍有退出投资的机会,该决议当然对他没有效力。如果该股东提出决议无效之诉,法院可根据实际情况分类解决:该股东依据投资协议仍坚持为股东的,判决决议无效;该股东退出投资的,可径行判决股东会决议对其不生效力。经调解,该股东接受决议的,确认股东会决议的效力。

首次股东会的表决必须采用两种表决方式:对于决议公司设立和签署公司章程两项事项,得按股东人头表决,投反对票的股东事实上就意味着退出公司设立行动,发生的纠纷得按合同法处理相关事宜;因此导致公司设立不成功的,按公司法相关法律规定处理善后(决议公司设立的决定也可被章程签署行动所吸收而合并对待,共同签署公司章程实质上表达了首次股东会的决议);对于其他选举事项则按公司法规定的出资比例进行投票,当然如果公司章程有另外的规定则依其规定。

全体股东受通知实际参会,不受《公司法》第 42 条有关提前 15 天通知的限制。

第二,定期股东会会议。公司法规定了由董事会负责召集、董事长主持(含执行董事召集和主持)以及由监事会召集和主持、十分之一以上股东召集和主持的补救预案安排。

公司的股东会定期会议的举行是表明公司的治理和运营处于正常状态的标志行为,也是公司及其董事会遵行公司法、尊重国家意志、维护社会利益和股东利益的法定义务。定期股东会会议讨论公司预算、决算、分配、章程修改、董事会选举、监事会选举等重要事项。定期会议不能正常举行,除非董事会有合理的理由且短暂延期外,一定是公司在治理方面发生了重大混乱所致。在混乱的情形下,定期会议能够被举行,往往也会遭受到异议股东和个别董事、监事对决议的抵制,包括向法院提出决议无效的诉讼。仅就程序问题而言,法院需要把握的是召集人的资格是否合法,特别是持有十分之一以上股权的股东是否首先建议董事会、监事会召集,是否在形成决议时其持股达到法定十分之一以上标准,到会股东所持股份是否超过公司资本总额的半数以上,通过的决议是否符合章程的规定(章程没有规定时是否符合公司法的规定)等。如果不符合上述标准,在我国公司法未规定“股东会决议不存在”之诉的情景下,一旦有股东提出股东会决议无效之诉就应当予以支持。

公司法对公司股东会决议的事项规定了两种决议生效的支持股权比例:对于一般事项,如选举董事会、监事会,通过预算方案、决算方案、分配方案,决定重大投资项目和对外提供担保等,规定由公司章程安排(如果公司章程没有规定按股东人头表决或者按资本表决有其他比例安排的,依公司法确定资本制度的原则精神和商业惯例确立超过全部资本半数的比例确定效力);对于关涉公司合并、分立、章程修改、增资减资、解散、变更组织形式等重大事由的,规定了三分之二的通过比例要求。股东都是理性的经济人,公司自治也是我国公司法总体立法精神的目标导向之一，股东在公司章程中针对其公司股权结构的实际情况，如果对公司法规定的重大事项决议比例提出更高或者更低的比例安排（安排更高是追求制约，安排更低是追求效率），法院对符合公司章程标准的决议就不能认定无效。公司安排的比例标准，在其章程中已经明确，而章程是全体股东签署确认的（新加入的股东虽然未在章程上签字，但法理推定其加入必然意味着承认章程），这种安排没有损害社会利益和债权人利益，法院认定其决议无效就有违商业判断规则。但是，最高人民法院的一位资深法官和我讲，同意我的理性分析，但认为法官在这种情形下很难判定决议有效，因为《公司法》第 44 条第 2 款有关于达到三分之二标准的明确规定。

数年前，北京市高级人民法院在处理一起股东会决议修改章程无效之诉的案件中，发现按照我国《公司法》第 44 条规定的条件通过的章程修改议案，恰恰对少数股东的权利造成侵害，因此提出在北京市高级人民法院的有关公司法的司法解释中规定“有限责任公司的章程修改应当经全体股东同意”的意见，该项意见当时在征求我的意见时，我表达了支持的意思。现在看来，这种安排是有问题的，法院不能直接修改公司法的制度安排，公司法确定三分之二的标准是照顾了公司运作中的最普遍情形，公司法的尊严不能被颠覆。事实上，这里的问题是决议内容违反公司法的精神，章程修改的决议侵犯少数股东利益的，不是三分之二的结构比例出问题，而是多数股东滥用公司控制权的问题，反对决议的股东应当提出决议无效的诉讼，法院由此案推导出三分之二标准存在问题并自行认定须经全体股东一致同意才可修改章程是错误的。否则，会在公司治理中形成小股东对公司和多数股东的绑架，持有一股的股东可以否决公司章程修改，后果是非常荒诞的。为此，我在最近已给北京市高级人民法院的法官提出了新的意见。

第三，临时股东会会议。临时股东会会议在程序上存在严重瑕疵影响股东会决议效力的情形和前述情形大体一致，这里不再赘言。

(2) 股东会决议内容单纯关乎公司经营事项的效力诉讼案件。

按照我国公司法的制度设计，股东会和董事会在公司经营事务方面是分权决策的机制，不存在英美法系国家董事会依据授权包揽经营决策一切事务的治理结构。股东会是公司的最高权力机关，股东会决策的事项，董事会作为执行机构必须执行。此处所讲的公司经营事务，一般不涉及股东利益的直接的增减和损益，比如按照公司章程的安排超出一定数额金钱数目的对外投资明确属于股东会决策的事项，以及对外提供担保的决策，通过公司的预算方案、决算方案、年度经营计划，表决公司抵押资产以实现巨额资金借贷、发行公司债等。在这些事项的决策中，全体股东的价值判断往往是围绕议决行为对公司长远和短期利益的影响角度展开，不牵动股东间此起彼伏的利益纠结，因此以多数股东的判断为公司的判断符合公司运行的基本规则。

在股东会决议形成后，如有股东提出决议无效诉讼，除非以下两类情形存在，法院不得宣告股东会决议无效，以尊重公司自治的权力和不逾越商业判断规则。两种例外的情形是：

第一，对外担保或者投资事实上存在大股东或者董事、高管的隐秘利益，而这种关联性的关系事先没有披露，利益相关方又参与了议决的全过程，且未回避表决，因此可以宣告决议无效。我们以倡导公司股东平等、决策信息透明、诚信公平、反对控制权滥用为价值导向，就应不论其他因素坚决地表明司法的严肃态度。至于可能涉及第三方的利益平衡，是另一个法律问题，当然存在酌情处理的余地和空间。

第二，对外投资的项目存在违法情节，可能使公司处在法律上的巨大风险之中，遭受政府处罚或者资金损失。但起诉股东仅仅依据商业风险而主张股东会决议无效的,法院不予支持。

(3) 股东会决议内容限制股东个体权利或影响、损害其利益的效力诉讼案件。

本部分涉及的股东会决议内容可以分成三个方面论述。

第一,我国《公司法》第 44 条规定的议决内容。公司股东会讨论议决公司的合并、分立、章程修改、增资减资、变更组织形式、解散等事项,公司法规定了全部资本的三分之二多数通过的比例条件。这些事项一旦发生变动,不仅对公司的资本结构、股东地位、控制权、公司命运会产生影响,还直接对股东个体的权利发生影响,可能造成损害。由于公司法对这类问题自身规定了更高的效力标准,这对异议股东实际上形成了一种警示,即在股东会形成决议中一旦投票达到法定标准,提起决议无效的诉讼是很难得到法院支持的。在这种案件中,法院关注的重点非常清楚,即要审查所诉案件的决议形成中是否存在控制股东和董事的特殊利益,是否在实质上会损害小股东的利益而同时却对控制股东带来利益。如果存在这些现象,法院可宣告股东会决议无效。控制股东试图通过修改公司章程去限制股东的诉权,超过 5 年的时间去锁定股东股权的流转,都是不公平的,因此相关的决议应当被宣告无效,法律上的理由是侵权。除此以外的诉讼情形,法院一般不可以宣告股东会决议无效,以避免与商业判断规则发生冲突。最近,我和其他的几位教师参加了北京市朝阳区法院的一个专业会议,那里发生了章程规定股东身份与员工身份捆绑的案例以及投资合同约定将员工除名时其连带失去股东身份的案例,其中又形成了专门的股东会决议,有的专家认为属于公司自治范围的事情,章程约定或者合同约定就有效,建议法院支持公司的请求可剥夺股东资格;我和另外的教师认为约定的条件与投资成为股东无关,法院不可以剥夺股东资格。我个人认为股东可被强制剥夺资格的情形只是以下三种:一是在司法程序中被强制执行偿债;二是其拒不履行出资义务;三是身为股东却从事了对公司不利益的极其严重的损害行为,如偷窃公司资产。除此以外,我个人认为股东会决议剥夺股东资格属于无效行为。

第二,股东会决议否决股东分配利润请求或者限制股东行使知情权、投票权。在公司是否分配利润的事务上,股东间可能存在纯粹出于公司营业局面分析判断的争执,也可能存在大股东和小股东从公司获取利益的不同等现象的分歧,即大股东担任董事享受高额报酬而小股东则无此种回报。我们无法完全消除这种差别,法院只是在适当的司法空间中作出平衡一点的司法评价。公司法照顾到公司储备和股东期望之间的适当协调,规定了 5 年的期限,让股东请求公司回购其股份。但是,公司法没有明确规定股东的分配请求权的司法支持,这在理论界和实践领域留下了一片是非不白之地。股东可能向法院直接提出分配请求,也可能针对股东会不分配决议提出无效的诉讼。我的意见是分配利润是股东投资的正当期望,法院予以支持是天经地义的。但是,公司法关于 5 年不予分配的安排已经形成了制度预期的底线,我认为也是公司不作分配的极限条件。在超过 5 年后的期限里,股东的分配请求权应予支持,除非公司在某一年度因为特殊的事由而作出不分配的决议具有正当的理由,并且只是限制在当年。

股东的知情权产生于股东资格。正常情况下,侵害股东知情权的主体往往是公司董事会,但在特殊的情况下董事会为了避开股东请求的锋芒而提请股东会作出妨碍股东行使知情权的决议。股东会原则上不可以作出此类决议,凡股东提出请求宣告无效的,法院应予支持。

股东会以决议方式限制、禁止股东行使投票权和诉权的,应当自始无效,法院确立姿态比较容易。

第三,股东会决议对外捐款的效力诉讼案件。股东会依据章程规定决定对外捐款,关涉公司社会责任的公司法制度落实。公司的捐款决定权可能由董事会作出,也可能将数额超过一定标准的捐款决定权规定在股东会。如果公司章程没有就这个问题作出规定,按照股东会中心主义的制度逻辑,剩余权应当归于股东会。法院审查股东会捐款决议无效的诉讼请求,首先应查阅公司章程的规定看决议捐款数额是否符合章程所定标准;其次,审查受捐款的人或单位与控制股东、董事是否存在利益紧密的连接关系,是否存在暗藏的利益输送;再次,根据公司的实际财务状况判断捐款数额是否能让公司合理承受;最后,决议的捐款是否已经被执行。根据以上情形,综合分析后作出判断。

(4) 股东会选举董事、监事或者罢免董事、监事职务被诉决议无效的案件,以及董事会、监事会、董事、监事对股东会其他决议提出无效诉讼的案件。

如前所述,股东会决议选举董事会、监事会,更换、撤销董事、监事职务的,属于公司内部治理活动中的人事变动,董事、监事虽然在制度设计和公司法原理上讲是公司的受托管理者,但股东仍然具有强烈的愿望将自己信任的人选进公司机构,以便实现对股东利益的公平对待,以及控制股东能够实现对公司的有效控制。否则,在董事、监事的选举中推行累计投票制就是没有意义的。因此,董事的选举必然是公司股东间形成博弈的一个角力场。针对股东会选举董事会、董事的决议有股东提出决议无效的诉讼在所难免。此外,被股东会决议提前解职的董事、监事,一方面会失去职务,另一方面也会遭受道德、操守方面的社会负面评价,其可能对解职所依据的事实理由持否定意见,进而对解职决定不服,也有必要的动机对相关的股东会决议提起无效之诉。由于董事属于公司内控体系的必要组成部分,其与公司股东会决议的作出有直接的利益联动,因此法律许可其直接对股东会决议提出无效之诉讼,当然如果被解职的董事仅仅是对公司给予的补偿不满,他也可选择在接受解职决定的情况下与公司发生仅仅是经济补偿的诉讼。

针对这类诉讼,法院应当采取格外谨慎的态度,一般不介入股东间因为董事会选举中的“不公”评价,除非有确凿的证据表明在董事会选举中存在非法的胁迫、商业性贿选、欺诈、虚假统计票数、非法操纵等。股东会的选举结果违反《公司法》第 147 条的规定,一切利害关系人均可提起股东会决议无效之诉。对于董事被无故解职的,一般不可否决股东会决议的效力;对于董事被以误认的过失和错误遭股东会解职的,董事提出的证据证明其清白或其履行职责无误的,在查明事实的基础上可宣告股东会决议无效。

董事会、董事、监事会、监事对公司股东会的其他决议持有强烈的反对意见,认为决议内容违法的,可提出决议无效之诉。法院根据诉请的理由审查,如属确实违法的,当然要宣告其无效。

(三) 关于《公司法》第 183 条规定的解读

我国《公司法》第 183 条规定:“公司经营管理发生严重困难,继续存续会使股东利益受到重大损失,通过其他途径不能解决的,持有公司全部股东表决权 10%以上的股东,可以请求人民法院解散公司。”

1. 该条出台的历史背景

公司因公司章程规定的经营期限届满,公司的经营目标已经达到或者根本无法达到,股东大会作出特别决议,公司分立或者合并,公司被吊销营业执照、责令关闭或者被撤销,以及人民法院根据有适当资格的股东的请求作出判决等事实依据发生解散的法律行为。公司的解散是公司归于消灭的一种必要步骤,公司发生解散行为时其法人资格并未消灭,只有经过清算,公司才能在法律上和物理意义上彻底终止。

公司因股东的共同意志而解散是一种主体自愿,我国1993年《公司法》第39条、第106条、第190条对于这种解散作了规定。但是,没有规定公司的司法解散。一般而言,判断公司在特殊场景下是否有必要继续存在,股东之间会有分歧,如果公司的经营管理处于常态,股东间某些利益和经营管理理念方面的冲突可能在多数决原则的支配下得到消解,不至于演化成股东关系的严重对立。但是,公司是众多个人和单位的投资利益组合体,章程、议决、协商、妥协未必能够化解各类矛盾和冲突,即使公司的经营活动比较正常的情况下股东之间的利益对立也会处在激化的情形,通过由异议股东向法院起诉解散公司从而化解对立纠纷仍然是一种必要的制度选项。就这一点而言,我国1993年《公司法》没有规定公司的诉讼解散是一种制度缺失。

仅仅从制度充实周全的视角是不能适当理解我国2005年《公司法》修订时对这一制度的填补的,现实的需要才是最具压力的动因。我国的公司,特别是有限责任公司,有三类情形迫使异议股东悔恨与其他股东的联合投资甚而铤而走险,以极端的方式推演公司僵局:一种情形是:控制股东包揽一切,中小股东在公司中没有享受到利益回报,在和大股东发生争执后其地位有的还不如公司的管理层成员,大股东的至高无上的滥权行为和他们一手培养的企业控制系统可以非常羞辱地对待中小股东,没有担任董事、监事、高管的薪水待遇,长期没有利益分配,不能查账,甚至不能走进公司的大门。另一种情形是:持股比例接近的二股东、三股东等,在经营方针和理念及利益配置方面同大股东形成抗衡,谁也不让谁,股东会、董事会不能有效召集或者不能形成决议,抢公章,夺账目,相互拆台,大打出手,公司陷入乌烟瘴气的局面。第三种情形是:公司因为管理混乱或者财务状况恶化而处在四面楚歌、生意清淡、门可罗雀的境况,或者公司除了债权人上门外,无人问津,铁锁站岗,半死不活,成为无营业、无利益流动的植物法人。这三种情形下,应当允许负责任的股东向法院提起司法解散公司的诉讼,即使该股东完全是为了维护其私人的利益。在我国《公司法》2005年修订前,股东提出解散公司的诉讼,法院一般不予受理,个别的受理了也是直接裁定驳回请求,理由是法律没有规定公司的司法解散通道。这样,造成的公司僵局无法破解,实际上严重伤害了股东、公司、债权人的合法权益,公司成为烂摊子而失去收拾整理的机会,也丧失了正常健全的法律制度给社会经济秩序所带来的引导、期望和教育价值权益。正是在这种现实需求的压力下,2005年修订的《公司法》添附了这项制度。

在我国2005年《公司法》修订前,我在《法商研究》《中国律师》等刊物发表过论文呼吁建立司法解散公司的制度;在参加《公司法》修订的过程中,原稿中仅提“经营发生严重困难”,而我的理解是公司僵局反映的主要是股东之间的冲突已经激化,无法和解或调解,因此我建议应当加上“管理”二字,这是原创的意思,也许仅从这里看,我的解释还是非常主流的和本源的。

2. 本项规范的文义解读和合理扩展

股东是公司的最本源的利益主体和责任主体,本条规定仅是赋予股东在特殊情景下针对公司的诉权安排。因此,只有股东才能提出这种诉讼,原告是适格的股东,被告是公司,公司的其他股东或者作为共同原告或者作为第三人参加诉讼。

(1)“公司经营管理发生严重困难”含义的理解在学界和实务部门存在争议。

在我国,小规模的有限责任公司往往股东会和董事会重叠行动,界限不清,许多公司的股东会直接选出董事长做法人代表,董事会存在冲突直接源于股东冲突。因此,公司的经营管理困局一般是因为股东之间发生严重对立而引发。但是,股东之间存在利益意见的不一致是一种常态的现象,正因为如此才需要在股东会会议上协商各自的立场,对公司的重大问题经充分讨论后表决决定,以多数决意见为公司的意见。长期以来,我国缺乏选举文化的孕育养成,选举或者投票中的失败一方有时会心生怨恨,积累对立情绪,逐步演变为股东对抗。另外,有些公司的控制股东凭借优势地位,滥用权利,挤压中小股东,掠夺公司财富,造成严重的利益倾斜,进而逼使小股东以抵制或造反心态对抗公司,对抗控制股东。股东之间的意见对立和利益对抗久而久之会刺激产生情绪对抗甚至撕破脸皮,发生肢体冲突,人合基础丧失殆尽,通常也可能先期发生其他的诉讼。如果其他的诉讼不能圆满解决纠纷,跟进的诉讼就会是申请解散公司。那么,法院应该以什么样的视角解读“股东之间的感情彻底破裂”和“公司经营管理发生严重困难”之间的联系呢?法律设定这种诉讼的目的之一本来就是为中小股东赋予一种最后救济手段,真的让这种目的达到前司法理性的标准应该如何拿捏?最近,在浙江发生的一件诉讼案也许会为我们提供一点启示。2002 年 10 月,适逢开化县招商引资,嘉兴人沈坤松约曹永明与开化县中村乡树范村村民郭正全合作创办香香公司经营木质家具生产。公司注册资本 188 万元,沈坤松出资 88 万元,占比 46.8%;曹永明出资 50 万元,占比 26.6%;郭正全和树范村村委会各出资 25 万元,合并占比 26.6%。2004 年 7 月,香香公司与郭正全签订承包经营协议,约定承包期限到 2009 年 12 月 31 日。2006 年 6 月 7 日,香香公司与郭正全解除承包协议;6 月 30 日,公司股东会罢免了郭正全的法人代表职务,选举沈坤松为执行董事和法人代表,任命曹永明担任经理,郭正全在股东会决议上拒绝签字;9 月 11 日,香香公司完成工商变更登记,之后郭正全和香香公司之间为移交文件和要求继续履行承包经营合同互发通知,提出权利请求。2006 年 10 月 24 日,郭正全向开化县法院提出诉讼,要求继续履行承包协议,香香公司则向衢州市中级人民法院提出诉讼要求确认承包协议终止,要求郭正全移交印信文件资产并赔偿承包期间的损失,后由衢州市中级人民法院提审后合并审理。2007 年 7 月,衢州市中级人民法院作出一审判决驳回了郭正全的全部请求,支持了香香公司的请求,郭正全上诉后,浙江省高级人民法院于 2007 年 11 月驳回郭正全的上诉。之后,2008 年 3、4、6 月,郭正全又与案外人发生债务诉讼,法院查封了郭正全在香香公司的股权,阻止其股权被执行赔偿,以及郭正全和香香公司承包经营期间的借款纠纷案,继续查封其股权。2007 年 12 月 10 日,郭正全向开化县法院起诉解散香香公司,开化县法院于 2008 年 4 月 30 日作出解散公司的判决,香香公司向衢州市中级人民法院提出上诉,该院于 2008 年 12 月 1 日作出维持原判的判决。香香公司向浙江省高级人民法院申请再审被驳回。于是,沈坤松和香香公司向衢州市检察院提起申诉,2009 年 10 月 19 日,浙江省人民检察院向浙江省高级人民法院提起民事抗诉,浙江省高级人民法院在再审期间,召集双方调解,沈坤松提出以合理且略高的价格收购郭正全的股权,郭正全不同意,坚持让香香公司解散,于是浙江省高级人民法院于 2010 年 7 月 20 日作出判决,驳回抗诉,维持原判。目前,香香公司已向最高人民法院提出再审。这件案子也许是另一类的典型,即控制股东没有对异议股东实施任何压榨行为,“捣乱”的小股东为所欲为,制造连串的无理诉讼绑架公司和大股东,公司和大股东处在穷于应付、按下葫芦起了瓢的窘境,左冲右突无法跳出小股东的围困,疲于奔命,公司没有专心营业的条件,一旦解散必将造成投资者的巨大损失。对这个案件的分析,可以在多个层面令我们获得教益。

首先,股东之间关系破裂与公司完全丧失经营管理价值不能等同。特别是公司存在多个股东,只有个别股东或者少数股东提起解散诉讼时,要严格按照最高人民法院《关于适用〈中华人民共和国公司法〉若干问题的规定(二)》的规定判断公司是否已经达到"经营管理发生严重困难,继续存续会使股东利益受到重大损失"的标准,而不受股东之间关系破裂程度的影响。公司的继续存续所影响的股东利益不仅包含原告股东的利益,而且包含其他股东的利益。

其次,法院应当充分注意,在股东冲突中的成因、过错,区别公司解散诉讼提起前的合理期望与故意刁难、正当诉求与制造麻烦、经济利益与非分欲望;要有善恶的价值判断,尽管这种主观性的看法可以在判决中避免提及,但不能由此造成是非不分。如果原告股东在诉讼中不顾自己经济利益的合理实现而以违反社会理性标准的行为谋求公司解体,其目的在于报复其他股东或者贪求掠夺性利益的,法院一定不能支持。

(2) 如何理解"通过其他途径不能解决的"。

股东纠纷演变成公司解散诉讼,往往成因复杂,有公司管理权分配不公的,有大股东领取董事薪水或者贪占公司资源而拒绝向中小股东分配的,有中小股东知情权、参与权遭受长期侵犯的,有股东会不能定期举行的,也有小股东把持公司而使大股东遭受利益损失无法正常补救的,不一而足。股东之间通常应该依赖于协商、谈判、召开股东会、仲裁或其他诉讼解决纠纷。"通过其他途径不能解决的",具有两种含义:一是程序方面的,如前所述的协商、其他诉讼等;二是指原告的股权利益合理实现的兑现方面,如转让股权、公司减资回购、公司分立、分红兑现等。就程序而言,在股东提起公司解散诉讼时并不是必要的前置程序。法律规定的"通过其他途径不能解决"主要是指股东之间的冲突能够被采用股权转让、公司回购等方式加以化解,公司可以被保留下来,而不是为起诉股东设定一个先于公司解散诉讼而提起另外的解决纠纷的诉讼的义务。但是,公司的司法解散对法院而言,仍然是一个最终且残忍的决定,因此说,"通过其他途径不能解决的"应当是法院在受理公司解散诉讼且完成事实调查后必须进行的一种程序,法院应当尽一切可能对诉讼各方做出调解,力求达成调解或和解协议,避免公司解体。否则就是司法机关对社会责任的忽视和罔顾,也有违反商业判断规则的嫌疑。

(3) 一种不得不为的制度解释扩展。

商业社会虽然认可唯利是图的基本追求和职业贪婪,但也遵循以善良人品格为基础塑造的商人道德和伦理,即使商人们违犯了律条、道义,法院也应当代表公权在相关案件的审理中厘清公断,从而使判决的结果合乎公义。每一件诉请解散公司的案件都会有不尽相同的案情背景,法院在调解不成功时到底采取怎样的司法态度才合乎立法精神的本义?公司生存下去或者立即死亡的条件判断由法官作出时其凭借的正义标准是什么?这个问题的确非常棘手,我试图分三类情况进行司法政策的梳理,以供大家参考。

第一类是原告股东纯粹出于个人报复公司和大股东的诉讼。前面提到的浙江省的案例中,原告股东郭正全具有在前的无理纠缠和诉讼中的"我承包经营不成,你就别想活"的偏离正常经济利益诉求的褊狭的图谋,试图借法院之手焚毁家园,而开化县法院和衢州市法院以及浙江省高级人民法院在审理该案中不应当不明白郭正全诉请理由的非正当性,但是从浙江省高级人民法院再审的情况看,至少法院进行了一系列的调解而被郭正全拒绝。法院无法逼使原告股东接受合理甚至优厚的退出股权回报,仍顽固坚持公司解散。司法中调解需要尊重当事人自愿的原则，法院的确无能为力。但法院不能在这种情况下一味支持恶意股东的请求，而无视无过错的大股东及公司的意愿，抛弃正当理性的判断而堕落为恶人的“杀人”工具。面对这种对正当利益回报、保全公司生命的合理的调解安排完全拒绝的诉请，法院应当坚决驳回。针对这种情形，未来的公司法修订中应当加入公司对不适格股东除名的安排，如股东超过一定时间不履行出资义务，股东存在偷窃公司财产或者其他严重故意毁损公司利益的行为，应当列为除名的条件。在前述案中，被告公司和第三人股东如果提出除名之诉，法院在合并审理时伸缩的空间就会更加合理，尺寸拿捏也会更加精准，原告当事人不顾一切的冒险态度也会收敛许多。

第二类具有典型性的案件中，原告股东往往是备受大股东凌弱的中小股东，他们要求公司分配、要求公司财务透明、要求大股东把侵占的公司资源、利益回归公司，虽经诉讼却无结果或一案解决后不断再犯以至于形成一种集合的压迫，导致股东关系彻底破裂，中小股东提出转让股权、公司回购股权等方式仍不能解决，进而提出解散公司的诉讼。这种案件，如果股东仅以损害知情权、分配权为由提出公司解散诉讼，按最高人民法院的解释规定法院不能受理，但是如果存在持续数年的综合压迫，提出过其他诉讼或者提出过其他方式仍然未能合理解决的，股东通过提出公司解散诉讼试图在法院调解中达成问题的一揽子解决，其诉权权益就应当予以保障。在这种案件中，法院在判决前的调解中，如果控制股东和公司能够积极配合使原始纠纷获得圆满解决，以原告撤诉处理；如果原告股东提出极端不合理请求，使得公司和控制股东难以满足的，法院可以判决驳回原告诉讼请求，并告知其提出其他诉讼；如果原告股东提出退出股东资格的补偿条件符合资本比例和财产比例，而遭控制股东或公司拒绝的，法院根据实际情况选择确认判决按原告所提条件解决纠纷或者径行判决解散公司。以前，有一位吉林大学的法学教授问到我北京地区的法院在处理判决解散公司诉讼案件中，针对原告请求合理退出条件是否支持的态度，我作了一点解释。案情是公司有两个股东，股权比例是40％和60％，大股东绝对控制公司，小股东长期无分配，无法参与管理，股东会也不召开。公司净资产2000多万，大股东开出的条件是给小股东300万净身出户，而小股东主张按持股比例分钱走人，公司保留给大股东。我的意见是支持小股东的请求。

第三类公司解散诉讼，是排除前两种案情背景的其他各种诉请情形。它包括公司管理瘫痪、公司财务陷入持续性的严重危机、股东们持股相对均衡且对公司僵局都负有责任，公司继续存续会使股东利益受到更大损失的状况。在这种诉讼中，股东之间的对立情绪不居主导地位，只是对解散公司未形成股东会或股东大会决议，个别股东提出解散诉讼。法院应当充分听取原被告及第三人的意见，本着尽量保留公司的审判方针，促进和解或调解，使原告利益合理满足，进而保全公司；如果原告利益不能满足，被告和第三人其他股东对保存公司缺乏信心或意见不很坚定的，可判决解散公司。

（四）关于《公司法》第5条第1款“社会责任”规定的解读

我国《公司法》第5条规定：“公司从事经营活动，必须遵守法律、行政法规，遵守社会公德、商业道德，诚实守信，接受政府和社会公众的监督，承担社会责任。”

关于这个命题，我近几年在《北京大学学报》《清华法学》等杂志上发表过数篇文章，这里不再讨论太多的法理问题，仅就司法适用本条本款规定谈几点意见。

评价这些年来中国法律事业的进步，学界普遍承认2005年修订的《公司法》在制度创新建设方面是极其卓越的，这当然包括《公司法》第5条规定公司承担社会责任的安排。该条被置于公司法总则的部分,且使用了“必须”的语气词,自然可以被理解为一种强制性规范,公司不能以自治或者章程行动排斥该条法律规范对公司行为的制约。

公司在经营期间需要承担对他人和社会的种种法律义务,公司也要遵守社会公德,这是不争的事实。既然有了法律的约束和道德的约束,为什么还要添加社会责任义务呢?中国公司法率先在全球就社会责任做出突破性制度安排后,学术上将公司社会责任仅仅局限于道德属性的讨论已经过时了,它的的确确就是一个与道德存在血统衍生关系的法律规范。事实上,社会责任概念最初的提出就具有整合公司面对社会的道德义务和法律义务的理论倾向,比如生产治疗艾滋病药品的企业降低产品售价的问题、公司进行人道主义捐款的问题,以及公司在生态保护方面的责任问题等。公司社会责任概念被提出并最终被置入到公司法中,具有三种价值:一是它对公司的各种法律义务和公司需要遵守的特别重要的社会公德进行了提炼,升华为一种具有法律意思内涵的普遍准则;二是为制度的设计者、公司利益分配的裁决机关在平衡股东利益和社会利益时,提供了新的评判思路和法律工具;三是向公司的董事会、股东们打了一个非常严肃的法律招呼:必须接受和理解与公司有密切利益关系的其他社会主体存在的事实,根据社会情势的变化法律已经发生了变革,股东在绝对意义上拥有公司已经不现实了,股东仍然保留决定公司命运的权利,但公司不仅仅为股东利益最大化而存在,公司家庭中已经加入了被称为利益相关者的债权人、职工、社区、环境等组织成员。公司已经演变成为以股东为核心的社会共同体。

我国立法机关在这一点上确实代表了历史的进步和方向,无论以何种理由去批评《公司法》第 5 条关于公司必须承担社会责任的制度建设是不可取的学术态度。司法机关只能面对现实,对《公司法》第 5 条关于公司“必须……,承担社会责任”作出正面的回应。法律的权威性效率直接产生于可以依据其规定而启动诉讼,通过法院的裁判而对社会主体发生强制性执行力。但截至目前,我国的法院系统除上海黄浦区法院在 2010 年 4 月 2 日就一起消费者起诉中国移动通讯集团上海有限公司的案件的判决[(2010)黄民一(民)初字第 226 号判决书]中提到“社会责任”几个字之外,尚未发现有直接适用《公司法》第 5 条判决公司承担社会责任的案件。这使得公司法的制度创新被置于尴尬的窘境,姑娘长相不算不漂亮,养大了却嫁不出去,容颜渐老,似有成为无人问津的“制度剩女”的可能。

造成这种局面的原因是多方面的,我的分析如下:一是学界有一种意见认为社会责任本来就是道德层面的事务,不能作为法院裁判的依据;二是认为《公司法》第 5 条虽然在总则部分规定,但社会责任只是一种法律原则,是一种社会精神的宣示和提倡,不宜援引去裁判断案;三是当事人、律师没有直接援引《公司法》第 5 条提出告诉,造成法院无法超越审判机理做出裁判;四是法官自身习惯于依据实体法律规范审查法律事实,判处案件,在公司侵权案件中就事论事,缺乏以社会责任法理提升分析案情的理性思路和理论储备,审判意识保守、谨慎,特别是法官对《公司法》第 5 条没有形成适当理解的情况下更是不敢、不愿触及;五是最高人民法院没有在司法解释中列出“公司社会责任”案由,没有给社会一种相关诉讼的灯塔指引。

公司社会责任的司法救济取决于引发纠纷的事件本身所具备的法律性质,公司违反法定义务是诉讼发生并由法院进行审理和判处的前提条件。那么,这里所讲的法定义务是否包括《公司法》第 5 条的单独条款?我个人认为是包括的,即在没有其他实体法配合适用的情况下可以单独适用该条判处相关案件。如此一来,就需要说明《公司法》第 5 条中“社会责任”的规定并没有囊括公司自处(或者说静态情形)和经营中(或者说动态情形)所要接受的全部道德约束，即不是所有的人间道德都上升成为第 5 条中的社会责任的法律规范了。因为法院的确不能按照道德规范去判决案件。公司公民和自然人一样，虽然有了“社会责任”的法律约束，但其行为如果仅仅违反道德，则还只是通过社会监督、公众舆论加以规范，而不属司法救济层面。

厘清社会责任条款到底提升了哪些道德规范使其具有法律意思是非常费劲的事情，恐怕需要针对据以发生诉讼的事件本身来界定才会科学合理。我的意见是：公司在经营活动中（即动态情形下）发生的行为违反道德的一般就会是违反社会责任条款的违法行为，如公司夸大产品性能的宣传行为；而公司在自处情景中（即静态情形下）的违反道德的行为，一般不上升为违反社会责任条款的违法行为，如公司面对社会公共灾难应施援手而表现冷漠，“一毛不拔”。这是一个大概的判断。

据上，我对《公司法》第 5 条公司社会责任条款的司法适用提出如下意见，以与大家商榷。

（1）以第 5 条规定处理涉及违反入法道德条款的行为。

由于引道入法的原因，公司社会责任中的某些道德规范与法律规范重叠交叉，或者说道德规范披上了法律的外衣。法律中的道德条款，是法律文本中那些充盈道德内容、借助道德约束力，而非完全依托国家强制力来实施的条款，它是一种法的正当形式。道德从来都是法律产生的渊源之一。与法律外的道德规范不同，法律中的道德规范关注那些最低程度的道德伦理，那些维持人类生存所必需的基本生存规则。对于法律化的公司社会责任道德规范，除具备法律的综合性指引和校正约束外，还可以继续借助道德本身的社会力去促进执行。

存在于法律结构中的道德条款在特殊的场景下是完全具有司法直接介入的空间的。在金融领域，近二十年来被广泛解释为行业性社会责任的一个做法是打击金融犯罪行动中明确银行承担的社会责任。传统的商业银行一般不过问存款人的资金来源，这为黑社会组织特别是毒品销售组织和恐怖组织洗钱和筹集恐怖活动资金提供了方便。这种情形在上世纪末已经被国际社会高度重视，为此先于 1988 年制定了《禁止非法贩运麻醉品维也纳公约》，1999 年又制定了《制止资助恐怖主义纽约公约》。“9·11”事件之后，金融业许多非政府组织参与这项工作，发布了较多的行业规则，如“巴黎金融行动特别委员会”发布的“软法”文件得到广泛共识，沃夫市博金融集团提出了“了解你的客户，反洗钱和打击资助恐怖主义”为核心的金融政策。中国于 2007 年实施了《反洗钱法》，中国人民银行发布了《金融机构反洗钱规定》和《金融机构大额交易和可疑交易报告管理办法》。金融公司如果违反上述规定，其行为必受法律制裁，不仅可以发生民事、行政诉讼，甚至会触发刑事诉讼。因此，可以说在二十多年前银行需要关注客户身份（包括存款人和贷款人以及资金流向的最终用户，防止为洗钱、恐怖组织、毒品贩售组织提供服务）仅仅是一种道德义务的话，如今已经是法律义务了。

公司的捐赠行为要受合同法有关赠与合同规定的约束。根据我国《合同法》第 186 条的规定，具有救灾、扶贫等社会公益、道德义务性质的赠与合同，不可以撤销赠与。所以，公司一旦承诺要对灾区进行捐赠，则赠与合同生效，且不得撤销。这不仅仅是合同法的问题，其实质是公司社会责任的强制性要求。

公司在专项救灾的义演、募捐等公开场合做出捐款的承诺，捐款的目的指向明确，往往也会有灾区的相关机构主办或协办，依据诺成性合同法原理，在公司事后违反承诺时，当事方有权提起诉讼。

公司在做出捐赠承诺后反悔或者在履行捐赠合同中存在捐赠产品的瑕疵，受捐赠人当然可以通过多种途径寻求权利救济,包括提起诉讼。

(2) 在诉讼中将公司社会责任条款与其他法律规定并行适用。

《公司法》第5条中规定公司承担社会责任,从立法的系统性上看,是对其他法律所规定的公司在不同的经营事务中对社会所承担的法律义务的主体法上的积极回应,是一种针对纷繁复杂的公司义务零乱房间的法律整理。它与其他法律法规的相关规定存在一脉相承的互补关系。经过几十年的法律发展和法理讨论,已经在以下两方面形成了普遍的社会共识:其一是公司社会责任体系中包括了环保、劳工权益保护、消费者利益保护、公司经营合法合规、将公司资源向社会做适当捐献等;其二是在上述方面国家已经制定发布了相关的法律。由这两点可以判断出,公司的行为凡违反上述法律规定时,既违反了具体法律制度,又违反了公司法关于公司承担社会责任的规定,在相关案件处理时法院当然而且应该同时适用两方面的法律。我国法院在判处普通民事案件时,常常会认定当事人的行为违反了两个以上的法律条款的情形,并合并适用两个以上法律规定去判处案件。因此,如果公司破坏环境的行为被政府或者遭受损害的当事人提起诉讼,法院判处该案件时完全可以同时适用环保法和《公司法》第5条的规定。公司的行为违反其他法律时也一样如此。

并行适用公司社会责任条款的第一个案件一旦作出,其社会价值就有彪炳史册的位置。我们的法院面临挑战,但其实这第一步是完全没有法律风险的情形下迈出的。我们的面前似乎是一整座泰山,但第一个台阶的跨上是完全不费力的。公司社会责任的司法适用毫无疑问是社会趋势,我们关注中国的第一例判决在什么案件和在哪家法院首先作出。然而,我们律师处在创造公司社会责任诉讼案的最前沿,希望各位律师能够保持这种制度再造的灵性敏感,以适用《公司法》第5条第1款的规定提出中国第一例诉讼。不是刻意去找寻,而是在到手时不要让它流产掉。

(3) 意识转换与路径选择:独立适用公司社会责任条款判处案件。

在人类社会诉讼制度演进中,法律法规的空白或者条款语焉不详一般会对诉讼的推进产生妨碍性影响,但不会绝对阻止诉讼的发展。在第二次世界大战中,法西斯德国和日本的一些战争决策者和指挥者违反了人类的基本道德,在战争中滥用军事手段对待战俘或者平民,在战后被纽伦堡国际军事法庭和远东军事法庭判处刑罚,而当时国际社会并没有首先建立相关的战争法;在我国台湾的民法中规定,法官判处案件,有法则适法,无法适商业惯例,无惯例可适用法理,即学者普遍所持的学理主张。在英美判例法系环境中,法律的许多规则首先就来源于法官的适法解释。在人类社会的法庭上,现在已经有了其他动植物和风景做原告的诉讼案件,当然这首先是由美国的律师们启动的。毕竟,中国公司法在其原则一章中明明白白规定了公司应当承担社会责任的要求,司法适用是必然的。

在不属于前述两种情形的情况下,即公司的行为明显不是仅仅违反商业道德,而是在性质上具有违法性,在程度上具有可惩罚性,案件已被起诉而违法事实又不属于在其他法律中能够对号入座,法院能否独立适用《公司法》第5条的规定加以裁判。另一种情形是公司的行为在股东和董事之间分歧严重,法官如何对董事的某些履行社会责任的行为作出是否适当的判断。在这样两种情况下,法官不得不面临更大的挑战和压力,就是要在对案情全面分析之后独立适用《公司法》第5条关于公司社会责任的规定判处案件。

第一种情况,虽然局面会非常复杂,但现实社会中实际案例可能很少甚至不可能出现,因为我国的关涉公司社会责任的具体法律完全空白的地方很少,即使案情无法在具体法律中找到对应度很强的条款规范,但法律的原则还是会有相当的覆盖,此外我国法律的一大特色是在罗列违法现象时往往用“其他”一词作出兜底陈述，这样也会穷尽某种违法现象的种类列举。但是一旦出现制定法方面空白的违法情形，独立适用公司法上的社会责任条款就会成为可能。在这种状况下，司法的困难在于一是怎样区分道德责任和法律责任的界限，纯粹的道德问题司法只能退出干预机制；二是在确定公司应当承担社会责任的情形下，又如何去把握公司承担的社会责任在司法评价后转化为经济责任，极其类似于个人精神损害的赔偿。这些地方，目前存在模糊状况是正常的，我们只能期望在未来的具体诉讼中摸索发展，而无法提出预设的对策方案。当然，法官的适度的自由裁量权将被认可采用。

第二种情况，在公司董事会作出捐赠决议的情况下，股东可能提出撤销董事会决议之诉或者提出董事侵权赔偿之诉，法院需要在公司行为的效力、股东权益保护、公司承担社会责任几项法律权益之间进行平衡性评判。评判这类案件，法院无疑需要查看公司的章程规定，需要考察公司之所以捐赠的客观情景包括受捐赠的对象，也要区别公司的具体法律形态而研究以及捐赠财物是否已经交付给受捐赠人等，但最重要的考察事项是捐赠的数额多少与公司自身的资金实力之比是否恰当。如果公司章程规定禁止捐赠，但董事会决议捐赠的事项非常公正，且数额与公司规模适当，法院可以认定捐赠合法，径行适用《公司法》第 5 条的规定就可以确认董事会决议的效力或者保护董事不予赔偿原告股东的诉讼请求；即使公司章程允许捐赠，但董事会决议捐赠的数额远远超出公司承受的能力，或者董事会决议捐赠时董事与公司决议捐赠的对象存在利害关系，就应当否决捐赠的效力。因此，可以说，在评价董事捐赠行为的效力时，《公司法》第 5 条的规定恰恰具备独立适用的诉讼条件和环境。

从我国诉讼法律制度的远期发展目标看，吸收英美法系的案例法模式，通过法官对案情和法理的分析以填补法律机械条款所形成的空荡荡的间隙，以及解决同样案情而裁判结果严重不同的问题，更重要的是我们有必要转换意识，建构能够面对各类社会问题而没有无所适从表现的强大的司法体系。在针对公司社会责任的复杂案件时，如果我们准备接受判例法的制度嫁接，这将是解决公司社会责任诉讼困境的恰当路径选择。

此外，推进公司社会责任案件的发展，在现实条件下如果最高人民法院能够列出“公司社会责任”案由以及降低此类案件的诉讼费用，就可以鼓励公民、社会团体向法院提出诉讼。

（此文原为作者给北京市律师协会的演讲稿，2011 年 8 月发表于《法律适用》）

四、关于将我国《公司法》修订列入近期立法计划的建议

（本建议书应约完成于2013年12月3日，2013年12月28日第十二届全国人大常委会第六次会议修订《公司法》，《公司法》条文顺序有变化，本文援引条文是修订前的条文安排，特作说明）

全国人大法工委各位领导：

我国《公司法》自2005年10月27日作重大修订后已经过了七年时间，本次修订主要是落实国务院第28次常务会议关于公司注册资本登记制度改革的主要内容，涉及面比较局限。七年来，我国的经济社会发展快速，特别是召开了党的十八届三中全会，对改革事业作出了重大的全面部署，《证券法》将在近期内完成修订，我国外商投资企业立法也要实现和内资立法的无缝并轨，从外部环境看各国的《公司法》都在频密修订且体现了制度趋同化的趋势，我国《公司法》作为市场经济的基本主体立法应当进行第二次的系统性重大修订，以适应服务于社会主义市场经济的重大社会实践需要，促进投资，平衡保护各相关利益主体的权益，为经济社会的和谐、稳健发展保驾护航。

一、针对《公司法》本次修订的制度体系化

本次修订完成后，我国《公司法》长期坚持的法定资本制取消了最低资本要求和附期限实缴要求（尽管如此，仍然是法定资本制而不是授权资本制），虽然通过构建市场主体信用平台可以起到一定的防范化解交易风险的作用，但债权人群体和全社会目前一时不能适应这种变化，投资者获取有限责任风险隔离利益的对价发生了重大调整，理论上“注册资本为10亿，但实缴资本仅有2元、其余资本按章程要求在公司设立后第30年缴付的股份有限公司”，在其到期债务不能偿还时如何向债权人赋予法律救济手段，就是非常有必要添加的制度。我国《企业破产法》第35条虽然已经有了保护性安排，但公司的情况千差万别，因为股东承诺的出资不缴付就导致适用破产制度，对有成长价值的公司（包括发展势头很好、客户关系广泛特别是承担较多的产品维修服务责任、雇员较多等的公司）采用破产极刑手段处理，对社会经济的负面作用太大，因此应当添加公司债权人起诉股东提前缴付资本用以偿还到期债务的诉权制度和债权人起诉解散公司的制度（只要公司被解散，股东未缴付的资本应立即缴付，不受投资协议或者公司章程安排的缴付期限的约束，对看重公司存在价值的未实际缴付出资的股东形成压力，与债权人达成妥协），从而以较小的社会成本实现对债权人利益的保护。

基于同样的理由，在公司资本未实际缴付或者股东挪用、抽逃资本的诉讼中，必须设定举证责任倒置制度，即只要债权人提出请求，股东负有举证证明自己投资已到位和未挪用、未抽逃公司资本的义务，不能证明的承担败诉责任。这一点，也需要在修订《公司法》时加以明确。此外，对于资本被抽逃或者挪用，公司董事应承担连带赔偿责任，我国最高人民法院

司法解释已有规定,《公司法》应当吸收。德国公司法上关于董事明知公司已经满足破产条件,隐瞒公司债务状况仍持续经营造成债务扩大,对新增债务承担连带赔偿责任的规定,我国《公司法》实有借鉴价值。

至于注册资本为2元或者100元甚或1万元、认购或认缴的股东已经交付完毕的股份有限公司、有限责任公司,在我国实在是一种制度的滑稽,但以后将成为合法的现实,对这种公司的债权人如何提供保护必然是个难题。美国曾有资本显著不足创造出"深石原则"的案例,我国的法院引用这一制度非常困难,公司法上也不易规定。哪个债权人与这种公司发生交易,如果没有股东或者他人为特定交易提供担保,一旦被骗,自然血本无归。政府试图通过社会信用平台来为债权人提示风险以及将公司、股东列为"黑五类",都不能为债权人挽救损失,工商局某些领导所谓加强监管的表达,只不过是自说自话,坟地里吹口哨为自己壮胆而已。由此可见,此次取消股份有限公司500万元最低注册资本的做法,实属愚蠢至极,必将祸遗国家经济秩序,直接加重我国商业环境的诚信缺失,令人担忧。

二、《公司法》第16条规定的内涵厘清

关于公司对外投资和对外提供担保的规定,实践中争议太大,主要集中在公司章程中对外提供担保的具体规定(禁止或者限制)其效力对担保权人有无约束力的问题上。本条规定的主要立法价值是保护公司中小股东的利益,但公司的法定代表人往往滥用权力以加盖公司公章和签字的行为为他人债务提供担保特别是为其亲朋好友的举债提供担保,致使公司蒙受损失导致中小股东利益受损,股东通过提起派生诉讼也不能使公司利益得以恢复。因此,建议增加"前款规定对提供担保的公司的担保权人有约束力",或者,增加一款:"担保权人在接受公司提供担保时应当查阅公司的章程,并依章程之规定要求提供董事会或者股东会、股东大会的决议"。由此,使保护中小股东利益的制度安排贯彻彻底。

三、关于有限公司股利分配的制度再造

我国《公司法》针对有限责任公司的股利分配没有正面安排,仅仅在第75条第1款第1项中作为股东请求公司回购股权的事由加以规定,对股东分配权的保护不够周延。实践中,有的法院判决分配,有的法院以"分配是公司自治范围的事项"而避加干预,援引商业判断规则驳回原告股东起诉,最高人民法院也未出司法解释,类似案件又比较多,司法政策比较混乱。有限公司的分配大致分为两种安排:一是在公司章程中对分配加以限制;二是在公司章程中对分配没有限制。结合《公司法》第75条第1款第1项规定的精神,凡有章程限制的,以5年为限;凡无章程限制的,以3年为限。《公司法》第75条的规定没有考虑到有的股东既想获得分配,又想继续保留股东资格,不能以失去一种权利的方式获得另一项权利。实践中,有的大股东就是利用这条规定把中小股东挤出公司,这是非常不公平的。

四、关于补正股东被除名的制度

公司是一个社团法人,社员拒不履行义务可以被社团除名是维护社团整体利益的必要组织手段,《公司法》没有作出规定是重大遗漏。而一般的公司章程中也未作相关约定。时下,我国《合伙企业法》规定了合伙人的除名,最高人民法院在《关于适用〈中华人民共和国公司法〉若干问题的规定(三)》中对此作了补充以填补空白。《公司法》下一轮修订应对此加以规范。规范的方向应该包括三方面内容:(1)依据公司章程办理;(2)公司章程无规定的,以

股东会决议通过为准,股东会的决议须由代表股份表决权的三分之二以上通过或者过半数的股东通过;(3)被除名的股东存在以下两种情形中的一种:一是不依公司章程或者股东投资协议的约定履行出资义务;二是故意损害公司利益,造成公司重大损失(如股东偷窃、非法侵占公司财产等)。

五、对公司章程条款明确宣布为无效的规定

公司章程条款一般以意思自治为原则,但是有些方面的规定法律应当作出明确要求。参考法国公司法的规定,我国《公司法》在总则第11条中应当增加两款,分别是:

"公司章程中限制或禁止股东行使诉权的条款自始无效。"

"禁止公司的控制股东或实际控制人在公司成立后,利用控制地位强迫公司通过不公平对待中小股东利益的章程修改条款。"因为,公司的原始章程是由全体股东一齐签字确认的,而修改章程则仅要求投票权的三分之二以上通过的条件,实践中有的公司的绝对控股股东利用这项制度强行通过只肥自己而损害其他中小股东利益的条款修订,破坏了股权实质平等。我们显然不能规定章程修改仍然要全体股东一致通过的内容,不能对公司章程的合理修订设置障碍,谨防小股东绑架公司,但作出前述规定就可以阻却大股东滥权挤压中小股东,也为中小股东行使诉权请求人民法院判决不合理、不公平的章程修订条款无效设置制度保障。

六、关于《公司法》第35条的改造

《公司法》第35条原则上没有问题,只是在公司选择了战略投资者欲引入为公司股东时,往往遭受个别中小股东的挟制而不能实现,影响公司发展。最高人民法院在一起诉讼中已经突破了《公司法》的这一规定。能否考虑增加一款:

"股东会以股权比例的三分之二多数通过接受新的投资者的决议时,原股东不得以优先认缴出资的权利加以对抗。"

这样,不把股东的优先认购权置于绝对的位置,便利公司吸收战略投资者做强做大。

七、《公司法》第31条存在错别字的纠正

《公司法》第31条中的"实际价额"应改为"实际价值",才符合逻辑和语义准确含义。此问题我曾经给袁杰主任讲过,她也认可。

八、《公司法》第152条的补充内容

《公司法》第152条第3款后应当补充规定:

"公司的控制股东或者实际控制人为被告的,其赔偿或返还给公司的利益,人民法院可以直接判给其他股东。"

这种规定在美国的派生诉讼中已经有先例,主要是防止侵害公司利益的控制股东或实际控制人在败诉后通过分配还能获得好处,致使股东派生诉讼的价值被打折扣。

九、关于股东出资的多样化问题

在取消公司最低注册资本和限期实缴后,股东是否出资、以什么形式出资将是股东们协商的问题,政府层面、立法层面很难继续作出干涉,除上市公司外也无权实施所谓的"监管"。

《公司法》第 27 条、第 31 条、第 83 条、第 94 条应该作相应调整,调整的方向总的来讲是继续确认上述各条的规定精神,但补充规定:

"股东以非本法规定的财产形式出资且经其他股东同意的,该出资的股东应当向公司作出保证,在公司清算且债权人无法接受其出资用以抵偿债务时,该股东得以等值货币购回该出资,其他股东承担连带责任"。

这样规定,既便利了股东投资,对债权人也有保障。这种制度在香港公司条例中有规定。

十、《公司法》第 15 条规定的逻辑问题

《公司法》第 15 条和《合伙企业法》第 3 条的规定存在严重的逻辑安排冲突,应当修改为:

"公司可以向其他企业投资;但是,国有独资公司、上市公司不得成为对所投资企业的债务承担连带责任的出资人。

公司章程对所投资企业的形式有禁止性规定的,从其规定。"

十一、关于股东会决议不存在的制度补充

日本公司法上有股东会决议被撤销、被宣告无效、被确认不存在三种诉讼模式,我国只规定了前两种,是为缺漏。实践中,确实发生了没有合法召集、股东会表决数不足等根本没有形成决议却被有的股东假冒合法决议的情形,被撤销或者被宣告无效的对象是假的,是不存在的,"不存在"就不能用被撤销、被宣告无效的方式处理,以免陷入司法混乱。因此,要借鉴日本公司法的规定,补充"股东会决议被确认不存在"的诉讼模式。

十二、《公司法》第 44 条增加第 2 款的意见

《公司法》第 44 条增加第 2 款的内容,就是要明确股东会通过一般决议的条件。增加的第 2 款内容为:

"除公司章程另有规定外,股东会作出公司一般事务的决议,必须经代表过半数的表决权的股东通过。"

原第 2 款顺延为第 3 款。

十三、关于募集设立的股份有限公司的最低注册资本的标准

此次国务院决定没有触及募集设立的股份有限公司的注册资本的实缴,是恰当的、正确的。该种公司的最低注册资本和证券法关于公募、私募设立股份有限公司制度直接衔接,建议按照创业板上市公司的标准设定募集设立的股份有限公司的最低注册资本标准。

十四、与《证券法》直接联动的相关修订

我国《证券法》的修订已经列入全国人大法工委的一类修法、立法计划,《公司法》与《证券法》是母子法律关系,联动的因素太多,如何切分、配套、协调都需要通盘考量,所以建议尽快把《公司法》的修订计划纳入近期立法计划。否则,会拖延《证券法》的修订,通过后也会掣肘《证券法》的施行。

十五、关于原则规定商业判断规则的问题

商业判断规则由美国司法判例首先确立,现已广泛普及到各国的公司法及司法活动中,其对于明确董事、监事、高管对公司的责任以及保护他们的合法利益有重要价值。建议在我国《公司法》第六章中加入一条,即形成新的第154条:

"公司董事、监事、高级管理人员的职务行为符合商业判断规则要求的,可以免责。"

加上本条后,原第154条顺延。

十六、全面清理《公司法》第十二章中关涉公司注册资本的责任规定

在完成《公司法》本次修订后,除特殊公司外,原《公司法》第十二章中关涉公司注册资本的行政责任、刑事责任安排必然失去正当性基础,股东缴不缴、何时缴都由公司章程或者投资协议安排,已缴的资本被抽逃、被挪用只能由公司或无责任股东或公司债权人通过民事手段追究,公权力机关除了在信息平台上作出负面公示外无权过问,更无权实施所谓的监管,因为不缴资本或者抽逃资本不再违反公司法的强制性规范,公司法已经没有了强制性规范。因此,清理是必然的。当然,这种清理必须把普通公司和特殊公司加以区别(特殊公司是指法律、法规、国务院决定对注册资本有最低资本和实缴要求的公司)。

十七、有限责任公司和股份有限公司分别立法的思考

有限责任公司和股份有限公司在资本结构、治理、股权流转等许多方面的制度设计上差异很大,2004年、2005年《公司法》修订时我曾经提出过分别立法的建议。上世纪,包括德国、日本等国都是分别立法,我国20世纪90年代初体改委的两个公司条例就是分别的。分别立法可以避开许多纠结和缠绕,聚焦于不同的法律环节和核心问题,容易把条款设计得更全面、更细致、更合身,更有其自身特质。而且,我国不安排无限公司、两合公司和股份两合公司,也就不存在泛滥复制立法的困扰。

上述意见,供参考。

北京大学法学院　甘培忠　敬上

2013年12月3日